武田佐知子 編

交錯する知

衣装・信仰・女性

思文閣出版

序

この論文集は、大阪大学大学院文学研究科教授、武田佐知子先生のご退職を記念して編まれたものである。

先生は早稲田大学文学部をご卒業後、同大学院文学研究科、東京都立大学大学院人文科学研究科に進学され、一九八五年、大阪外国語大学外国語学部助教授に就任された。一九九七年には教授に昇任され、二〇〇七年からは、大阪大学大学院文学研究科教授となられ、大阪大学理事・副学長の重責も担われた。多くの学生の教育と後身の育成につとめ、大学の発展に尽くされ、二〇一四年三月に定年を迎えられることになった。

先生のご専門は日本古代史で、衣服制の問題を身分標識や東アジアの国際関係の観点から捉え直す研究から出発された。その後、道路をめぐる空間認識論、衣服を軸にしたジェンダーの歴史的研究、図像研究、そして日本文化論など、幅広い問題に関心をもたれ、各分野で成果をあげておられる。

学説史上もっとも大きな業績の一つは、古代衣服制の研究である。最初のご著書、『古代国家の形成と衣服制——袴と貫頭衣——』（吉川弘文館、一九八四年）は、衣服制が身分制の現象的形態であると同時に、社会構造に対して働きかけ、歴史の推進を担う主体でもあるという視点に立ち、衣服制の形成を東アジア世界における国家形成の指標の一つとして捉えるべきことを提起された。そのなかでは、正倉院文書の「籍帳」の身体特徴注記を分析して、農民の衣服形態を明かすなど、きわめて斬新な研究を試みられ、一九八五年度サントリー学芸賞を受賞された。

先生は、その後、衣服制の分析をさらにすすめられるとともに、聖徳太子信仰や一遍聖絵の問題解明に着手された。『信仰の王権　聖徳太子——太子像をよみとく——』（中央公論社、一九九三年）、『衣服で読み直す日本史

——男装と王権——』（朝日新聞社、一九九八年）、『一遍聖絵を読み解く——動き出す静止画像——』（編著、吉川弘文館、一九九九年）、『太子信仰と天神信仰——信仰と表現の位相——』（編著、思文閣出版、二〇一〇年）、『着衣する身体と女性の周縁化』（編著、思文閣出版、二〇一二年）、などを世に問われた。これらの研究業績により、一九九五年度の濱田青陵賞を受賞され、二〇〇三年には紫綬褒章を受章された。

先生は母思いの人でもあった。『娘が語る母の昭和』（朝日新聞社、二〇〇〇年）は、激動の昭和の時代を生き抜いた母の姿を生き生きと描き、大きな話題を呼んだ。『虹の橋かかれ——武田道子書・歌遺作集——』（嵯峨野書院、一九九七年）は、母の残した日記や書を、日本女性のライフヒストリー復元の視点から編集されたもので、母を客観的に見つめ直そうとする娘の姿が垣間見られる。

この論文集は、そうした武田先生の歴史学の魅力と、お人柄にひかれた者たちによって作られた。まず先生ご自身に、「平安貴族における愛のかたちと衣服のかたち——『とりかえばや』の復権——」という巻頭論文を書いていただき、本書全体を厚みのあるものにできた。そのほかの執筆者は、大学の同僚のほか、学会活動や研究会を通じた研究者仲間、そして大阪外国語大学や各地の大学で先生のご指導にあづかった教え子たちである。

寄せられた三一本の論考は、多彩な内容になった。日本に関連する分野では、古代から現代にいたる歴史、文学、絵画、習俗、信仰などがあつかわれている。海外・異文化交流の分野では、中国・琉球・東南アジアなどのほか、スペイン・イタリア・スウェーデンなどの政治・文化現象が分析対象となっている。また執筆者の専門分野は、歴史学のみならず、考古学・文学・美術史学・民俗学・言語学・ジェンダー論など、多岐にわたる。まさに先生の問題関心の深さと、研究者ネットワークの広がりを示す顔ぶれとなった。

論考の配列については、これを時代別・地域別・専門分野別に構成するのではなく、先生のこれまでの研究業績にも関連づけて、「Ⅰ衣装」「Ⅱ信仰」「Ⅲ古代史の諸相」「Ⅳ女性」「Ⅴ文化の交錯」の五つのテーマ別にすることにした。

「Ⅰ衣装」には、先生のメインの研究テーマである衣服・異性装・図像・ジェンダー表象に関わる論考を配置した。「Ⅱ信仰」では、先生が着手された太子信仰研究などのさらなる深化をめざす論考や、海域や西洋における信仰・祭祀に関わる研究業績を集めた。「Ⅲ古代史の諸相」の論考は、先生の専門分野である日本古代史の研究者が、王権・都城・祭祀・伝承論などについて書きあげたものである。「Ⅳ女性」は、婚姻・出産・参政権・女性解放の問題など、先生が一貫して問題関心をもってこられた、女性史研究・ジェンダー論に関わる諸論考によって成り立つ。さらに「Ⅴ文化の交錯」は、先生の交通史研究・国際交通論研究に引きつけた、異文化交流や地域論などの研究業績によって構成されている。

各論考はそれぞれの学問分野の新地平を拓く力作ばかりだと確信する。先生のみならず、多くの読者の皆様にお読みいただき、ご批判・ご指導をいただければ幸いである。

武田先生には今後ともご健康に留意され、ますますご活躍されることを、心よりお祈り申し上げる。

二〇一四年三月九日

武田佐知子先生退職記念論文集刊行世話人
市大樹・坂江渉・松下正和

Ⅰ 衣装

平安貴族における愛のかたちと衣服のかたち――『とりかえばや』の復権――

武田佐知子

平安末期に成立したとされる『とりかえばや』は、関白左大臣家に産まれた異腹の男女――男君は、内気で引っ込み思案、女気味は活発で積極的という性格――が、父左大臣によって、性を取り替えて育てられ、やがて中納言となった女君が、宰相中将におかされて身ごもり、宇治の山中に男君とともに身を隠してひそかに出産するという展開である。出産を待つ間に、二人は再び性を取り替えて本来の性に戻り、男君は中納言に成り代り、女君は尚侍となって都へ戻り、それぞれ中納言は関白左大臣に出世し、尚侍は、帝の求愛を受け入れて入内し、やがて儲君を産んで、国母になるというストーリー展開の物語である。この物語は『源氏物語』を下敷きにしており、二人の男女のイメージが相俟って、光源氏という至高の理想の男性像に集約されるという構造を持っている。光源氏が、いわば男女両性の究極の理想の姿として存在したことの証左でもある。つまり光源氏は、男性としてはもちろん、女性としても最高の魅力をそなえた人物像として設定されているのである。

先に筆者は、『とりかえばや』を、「異性装の男女が、それぞれ位人臣を極めるという筋書きの、シリアスなサクセス・ストーリー」と規定した。このような物語が平安末期に成立した背景にあったのは、性差が少ないことを特色とする当時の貴族社会の美意識の存在、すなわち理想の男性像と理想の女性像がきわめて近接・類似していたという事情があったからであり、さらにそこには「魏志」倭人伝に記述された三世紀以来、我が国にあった、そして現今のキモノにも受け継がれている、衣服の性別分化が希薄だという基層文化が関係していると考えた。(1)

明治三八年、国文学の大家、藤岡作太郎は、『国文学全史』平安篇を著し、『夜半の寝覚』『浜松中納言物語』『狭衣物語』など「平安末期の散文」は『源氏物語』を下敷きとした、亜種であって、「創作にあらずして、編録にあり。(中略)明らかにこの時代の小説として評論すべきもの殆ど存在せず」と評した。そして『とりかえばや』についても、特に院政期という動乱の世相を反映した、「頽廃的、分裂病的」な作品として、以下のように酷評している。「人情の微を窺てるところなく、同情の禁じ難きところなく、彼此人物の性格十分に発揮せず、ただ叙事を怪奇にして、前後応接に暇あらしめず、つとめて読者の心を欺騙し、眩惑して、小説の功成れりとす。その奇変を好むや、殆ど乱に近づき、醜穢読むに堪えざるところ少なからず」と。

藤岡は、古本「とりかえばや」と、それを改訂した「今とりかえばや」を、前者は平安末期＝院政期のもの、後者を鎌倉時代中期の成立とする黒川春村の説を支持して、以下のように述べる。紫式部ほどの才能のない著者の手になる『源氏物語』以降の物語は、登場人物の心情や性格を活写することが出来ず、代わりにやむを得ず奇想天外なストーリーを組み立てて読者を驚かすことに終始する傾向があるが、そうした変幻怪奇の極に陥っているのが、古本「とりかえばや」であるとしている。

当時の風俗、貴族は男子も白粉臙脂を装い、翠黛鮮やかに、鉄漿黒々と、冠は塗桶の如く、袍は糊こわく張りて、荒ぼりの木像の如く、強装束の体、優美の境を超えて、怪醜に傾きぬ。形式の工夫も過ぎたるは、服飾においてかくの如し。文学何ぞひとりこの数に漏れんや。風俗の然るが如く、平安末期の小説は決して健全なるものにあらず。才なくして奇を求む、奇は奇なりといえども、幻怪なる立案の、ただ不快の感を与うるに過ぎず。

と、平安末期の貴族男子も化粧する風俗に象徴されるような世相のなかで、文学もそれに洩れず、対応して成立したのが、「出没変化、奇に流れ、怪に趨りて、一時の軽佻浮華の風と呼応したる」古本「とりかえばや」であるとするのだ。

これに対して、「鎌倉時代のはじめ頃に至りて、形勢の漸く転ずるあり、従来の物語のあまりにめざましくおどろおどろしきに飽きて、実世間にもさもあるべしと思わるる結構を喜ぶこととなりぬ」、つまり鎌倉初期には転じて、ありそうなことを尊重する形勢となり、そうした状況下で「今とりかえばやは成れるなり」としている。

こうした藤岡の捉え方は、質実剛健の武士の世となったことをプラスに評価する価値観を背景にしてのことであるが、今日では、「今とりかえばや」の成立は、鎌倉中期までさげて考えるべきではないとされている。新旧とりかえばやを対比して論じる『無名草子』が、正治二年（一二〇〇）から建仁元年（一二〇一）までには成立したものとみなす説が有力視されており、[2]「今とりかえばや」もまた、平安末期の作品と考えなければならないのである。

とすれば新旧とりかえばやは、双方ともに平安末期の成立であり、時代差が両者の異同に繋がったとする藤岡の評価は、明らかに誤謬である。

ともあれ、上述したような藤岡の評価によって、以後『とりかえばや』は、ほとんど国文学者の研究の対象とされることなく、あえてこれをとりあげようとする研究者は、アカデミズムの中で生きる途を失わなければならないという運命にさえなった。しかし一九九二年に岩波書店の『新日本古典文学大系』の中の一冊として刊行され、あたかもこれに呼応するかのように、一九九一年には、大学入試センターの試験問題としても出題されるなど、二〇世紀の末にやっと現代社会に認知を受け、復権を果したといえよう。同じ一九九一年一月に刊行された川合隼雄の『とりかえばや、男と女』（新潮社）が、九二年にはたちまちに一〇刷と版を重ねたのも、これと軌を一にしているだろう。

そして戦後発見された『有明の別れ』も、「今とりかへばや」とならんで、文学史において「退廃の果て」とみなされて来た。それは両書ともに同性愛という、平安期に盛行した愛のかたちが、物語展開に大きな役割を果たしており、これが明治中期以降の大国意識の発露、富国強兵策に相反するものとして反感をかったからにほかならない。

時代によって、文学作品の価値も評価も、大きく変化するのは常である。しかしここでまず注目しておきたいのは、『とりかえばや』の主題ともいえる性の偽装、すなわち「異性装」が、当該成立期の人々にとって、けっして猟奇的なものとして受け取られてはいないことだ。

『無名草子』にも、「かかるさまになる、うたてけしからぬ筋にはおぼえず、まことにさるべきものの報いなどにてぞあらむ、と推し量られて、かかる身のありさまをいみじく口惜しく思ひ知りたるほど、いといとほしく、尚侍もいとよし」と、同情的で、嫌悪の対象にはなっていない。そしてそれは近世にいたるまで一貫していたと指摘されている。(3)

そこには藤岡作太郎が感情をむき出しにして非難したような、異性装に対する違和感が感じられず、異性装に対する許容性がうかがえるのだ。中世に見られるこうした感覚は、どこに淵源するのだろうか？　それを当該時代の衣服の特質に求めて考えようとするのが、本稿の目的である。

平安時代の女性の装束、たとえば女房装束、いわゆる十二単姿といえば、みやびな日本的なるもの、そして女性美の代名詞のように見なされているが、はたして女性性のシンボルとして、女らしさの象徴であったといえるのだろうか。

いわゆる十二単は、下半身に紅袴を身につけた上で、上半身には、まず肌に直接単をはおる。単衣は裏をつけない絹の衣の総称だが、広袖で、袴に着込めず、身丈より長く裾を引いて着る。本来は肌着だが、袴に単を一枚はおっただけの単・袴姿が、もっとも簡略な女性たちの衣服の組み合わせで、あとはこれに袿《うちき》その他、衣を重ねていけばいいのである。

『枕草子』一九三段に、「しろき生絹の単、紅の袴、宿直物には、濃き衣のいたうは萎えぬを少しひきかけて伏したり」とあるのは、夏の夜、まだそんなに萎えていない濃き紅の衣（袿か）を夜具として、横たわって恋人の訪れを待って臥せっている女性の姿だが、白い単と紅の袴の対照があざやかである。衣服の色にも、鋭い美的センスを発揮した清少納言だが、単はあくまでも白が良いと主張している。「単は白き。日の装束の、くれなゐの単の袙《あこめ》など、かりそめに着たるはよし。されど、なお白きを。黄ばみたる単など着たる人は、いみじう心づきなし。練り色の衣どもなど着たれど、なを単は白うてこそ[4]」と、単はなんといっても白が良い、それも黄ばんでは駄目だと、白の単の良さを強調しており、彼女のめがねにかなったこの女性が、白の単を着ているのは当然ともいえよう。ここでは単と袴は、下着であり、寝間着でもある。

ちなみに生絹《すずし》は、繭から紡いだままで練っていない生糸を、紗のように薄く織ったもので、見るからに涼しく、肌に直接まとうと体が透けて見える。清少納言が、「やせて色黒き人の生絹の単着たる、いと見ぐるしかし[5]」といっているのは、薄い生絹の単から、まさに黒い貧相な体が透けて見えるからである。

単は袴に着込めることはせず、紐などで結びとめもしないので、「白きうすもののひとへかさね、二藍の小袿だつもの、ないがしろに着なして、紅の腰ひき結える際まで胸露わに、ばうぞく（＝品がない）なるもてなしなり[6]」とあるのは、夏の季節の話だが、紅袴の紐をバストの下の、ウエストより高い位置で結んでいるので、乳房が露わに覗けて見えたことを示している。また宇治十帖では薫君が、薄物に袴姿でいた女一宮の姿をかいま見て、妻の女二宮にも同じ格好をさせようと、薄物のひとえをまとわせようとする。恥ずかしがって着ようとしない妻にむかって「なぞこは奉らぬ。人多く見る時なむ透きたるもの着たるはばうぞくに覚ゆる、ただ今は敢え侍りなむとて、手づから着せ奉り賜ふ」と、妻を説得して、みずから妻に着せ掛けている。セクシー肌着を妻に着せて喜ぶ男の心情が見て取れよう。

透けて見える単衣でなくても、「単の御胸のすこし開きたるより、さばかりうつくしき御乳の……」[7]と、単衣の胸のあわせ目から、美しい乳房がみえることがあり、それは当時、乳房が女性のセックスシンボルとして、秘されるべきものでは、必ずしもなかったことと関係していようが、かかる描写も、単を袴に着込めることなく、紅の袴の上に、単衣を打ちかけるという衣服の着装状況下で出来した事態なのである。

そして一番肌の近くに単衣をまとうことは、男女共通であった。しかも後述するように男女が単衣を取り交わす例もあることから、この単衣は、男女同形であったことが知られるのだ。

ところでたしかに引目かぎ鼻に象徴される平安貴族の美意識は、男女の性差をあまり意識しないものであった。こうした状況下で、紅袴が男性の束帯の表袴や指貫と並んで、女性の装束であったことの意味は、慎重に考えねばならない。たとえば古代律令国家の朝服は、男子＝衣袴の制、女子＝衣裳の制であった。つまり前代の女性は、裳《も》、すなわちスカートをはき、ズボン姿ではなかったのだが、この時代は、ズボンが表面に顕れている。つまり男女ともに、下半身衣としてはズボンを穿いているのだ。このことは、じつは重要な意味を持っている。なにゆえに平安期以降、女房装束として紅袴が着用されることになったのだろうか?

それは朝廷の内部、律令用語でいえば、「公門」という限られた空間の内部でのことではあったが、実は袴は、律令制段階では、朝服としてすべての男性官人が、袴を着用し、天皇に対する一律・平等なかたちでの従属と奉仕の関係を象徴するものとなっていた。

こうした位置づけのもとに、袴が国家の公的な衣服として法制化されたため、釆女や女房など、宮中に出仕する女性もまた、袴をはくことになったのだと考えられる。『寛平の御遺戒』には、桓武天皇が采女に袴を着用させたとある。天皇への奉仕を便ならしむるためという。「天皇に対する従属と奉仕」という点において、采女も女房も、男性官人と、なんら変わるところはなかったからである。むろんそうした衣服を可能にしたのは、「魏志」倭人伝以来の、我が国における男女同形の衣服という基層の衣服文化があることを付言しておきたい。

さて、『源氏物語』帚木の巻の、有名な「雨夜の品定め」の場面で、宿直のつれづれに、理想の女性像をああでもない、こうでもないと、言い立てた貴公子たちは最後に、世の中には思い通りの理想の女はなかなか居ないものだと、嘆息をついた。傍らには、こうしたとりとめもない話を聞くでもなく、ふせっていた光源氏のなまめかしい姿があった。その場にいた者たちが一様に思ったのは、こんなに理想の女性が見出し難いのなら、いっそのこと光源氏その人を、女と見立て、彼を女にしてしまったらどうだろうか、ということであった。

でなぜ貴公子たちは、理想の女を、光源氏の姿に重ねて思い描いたのか？　それは当時、男性と女性の下着姿が、共通していたことに、実は大いに関係があるのではないだろうか。

この時の源氏の姿を、

白き御衣どものなよらかなるに、直衣《なほし》ばかりをしどけなく着なしたまひて、紐などもうち捨てて、添ひ臥したまへる御火影、いとめでたく、女《をんな》にて見《み》たてまつらまほし。

と紫式部は描写している。

ここにいう「おんなにてみたてまつらまほし」については、さまざまの議論があり、吉海直人氏は、源氏物語の「女にてみる」の表現は、王権に係わる究極の男性美であり、両性具有美であると主張している。(8)いずれにせよこのくだりは、源氏を女として見たてるとも、見る側がおんなになってとも、読めるのである。

直衣《のうし》は、『和名抄』に「欄衫、すそつけのころも、一に云う、なほしのころも」(9)とあって、袍《ほう》の一種で、形は束帯の袍と同じく、欄がある縫腋袍であり、直《なお》し衣の意であるという。伊勢貞丈は、「直衣はもと朝服にあらず、私の家に在る時、常に着る衣と云ふ事を、直衣と名付けたるなり」としている。(10) 直衣の初見は『西宮記』だが、ここでは殿上人は旧例では直衣を束帯の袍にしていたとし、また「更衣の後、殿上人が未だ新たに直衣を服用するようになる以前は、旧時の袍もしくは直衣を、宿衣となした」(11)とあるくだりを、石村貞吉は、殿上において束帯の袍を、直衣で代用するとは考えにくいので、これは宿衣、すなわち宿直の時の衣と見るべきであろうとし、宿直の衣を略して直衣といったものであろうとしている。(12) つまり直衣は、宿直の衣から発したものだとするのだが、直衣は天皇、皇太子、親王、公卿が日常着・私服として用いた衣服である。位階によって色が決まっていた「位袍」ではないため、「雑袍」といわれた。直衣装束の構成は、衣冠とほぼ同じであるが、烏帽子をかぶり、直衣、袿、単を着て、指貫《さしぬき》、下袴をはき、冬には檜扇を、夏にはかわほり扇を手にした。平安時代末期になると雑袍の勅許といって、「直衣宣下」を受けて天皇の許可を得ると、公卿とその子息は直衣で参朝できるようになり、そのときは烏帽子のかわりに冠をかぶった。そこでこの姿を冠直衣という。

同じく『源氏物語』の松風の巻に、

いとなまめかしき袿姿うちとけたまへるを、いとめでたううれしと見たてまつるに、閼伽の具などのあるを見たまふに、思し出でて、「尼君は、こなたにか。いとしどけなき姿なりけりや」とて、御直衣召し出でてたてまつる

とある光君の「袿姿」とは、袿は単と同じかたちの垂領の衣で、単の上に纏う衣服であり、この場合も直衣・指貫は脱いで、袿と下袴のみを穿いたくつろいだ姿でいたが、尼君がいらっしゃるのを知って、袿姿では失礼だと思って、直衣を取り寄せて着用したのである。

雨夜の品定めでの「白き御衣どものなよらかなるに、直衣ばかりをしどけなく着なしたまひ」という光君の姿

も、おそらく宿直の長い夜更け、直衣の紐を解いて打ちかけるようにして、下に着ていた白い衣服を表に露わにしていたと考えられる。そもそも「御衣」とは、装束の総称であり、特に上半身に着る衣服の総称なので、光君が直衣の下に着ていたものが単衣か袿だったのかは不明とせざるを得ないが、直衣の紐を解いて、しどけなくではあるけれどもかろうじて引っかけるように着ていたのは、直衣を脱いでしまうと、あまりにもくつろいだ姿になってしまうので、宮中のことゆえ遠慮したものと考えられよう。

ともあれ、直衣がくつろいだときに脱ぐ衣料であることは、『源氏物語』紅葉の賀で、源典侍のもとに通っていた源氏が、頭中将に踏み込まれてしまい、慌てて隠れようとするシーンで、「直衣ばかりを取りて、屏風のうしろに入りたまひぬ。中将、をかしきを念じて、引きたてまつる屏風のもとに寄りて、ごほごほとたたみ寄せて、おどろおどろしく騒がすに」とあり、かろうじて脱いでいた直衣だけをあわてて手に取って、屏風の内側に入っている。

この時の源氏は、具体的にどのような服装で源典侍と愛を語らっていいのだろうか。ここでは源氏は、慌ててともかくも直衣を着て取り繕おうとしたが、踏み込んできた頭中将がしっかり直衣の端をつかんで離してくれず、取り合いになって、とうとう袖が破れて取れてしまった。そして、

あさましくおぼえければ、落ちとまれる御指貫、帯など、つとめてたてまつれり。

と、指貫と帯が、翌朝、内侍から返却されて来たとあって、この愛の場面で光源氏は、直衣だけでなく、帯も指貫袴も脱いで、おそらく下袴姿になっていたと推察されるのだ。

先掲の雨夜の品定めの場面での源氏の「直衣ばかり」という姿を、『細流抄』巻一では、「夜陰なれば知音の中にては指貫を略して直衣ばかりを引きかくること勿論なるよし一条禅閤説なり。然れども直衣には必ず下にきぬを重ぬる物なり。ここはきぬを重ねざるを直衣ばかりとは云ふ歟。指貫を略する説はあまりなる歟云々」として

いる。『細流抄』の著者は、指貫を省略することはあり得ないとしているのだが、衣を着ずに直衣指貫ばかりを着た姿は、「御ぞの鳴れば脱ぎおきては直衣指貫の限りを着て」（宿木）とあって、薫が浮舟を覗き見るとき、衣ずれの音がしてはいけないので、御衣を脱いで直衣と指貫だけの姿になったことを指している。しかしこれも、常にそうかといえば、「なつかしき程の御ぞどもに直衣ばかり着給ひて」（宿木）とあることは、着慣れて衣ずれの音のしない御衣（＝単衣かあるいは袿）に直衣だけを重ねて着た例であり、『細流抄』のいうとおりにはなっていないので、ここは宿木の巻も、帚木の巻も、指貫を身につけない姿を、「直衣ばかり」と表現したものとする伊藤慎吾氏の説に従いたい。(13) つまり薫も光源氏も、直衣だけをもうしわけばかりに引っかけて、指貫も脱ぎ、下袴姿のくつろいだ姿でいたのであった。

さらに付け加えておけば、『枕草子』に、宮中の局などで、宿直する人々の夜更けの生態を描いた中に、「直衣・指貫など几帳にうちかけたり」(14) と、深更になれば直衣も指貫も脱いで几帳に掛けて寝入っている男性貴族の姿が活写されているのも、彼らが実は赤い下袴に単だけを着た姿であったことを証しているといえよう。

さらに『源氏物語』宿木三段で、匂宮が「なつかしきほどの御衣どもに、直衣ばかり着たまひて琵琶をひきゐ給へり」とある場面を描いた『源氏物語絵巻』を見ると、中央公論社本『日本の絵巻』が、「妻戸を押し開けて柱に寄りかかる匂宮は、直衣の肩を脱いで打ちとけた姿」と解説しており、画面には赤い下袴が大きく顕れていることが見て取れる。この場面を「平安時代の容儀・服飾」も、「直衣を脱ぎたれて袿が見え、下には指貫をつけない姿に描く」と解説している。(15)

鈴木敬三氏も、「直衣は頸上の紐もかけずにはおり、袴も蘇芳の切袴で、指貫を省いた下袴のまま打ち解けた姿を示して居る」(16) と、絵巻の画面を読み解いている。要するに「直衣ばかり」という形容は、直衣には指貫がセットで着用されるべきところ、指貫をはかないことを指して、特にいった言葉だったと結論できるのである。

そして指貫の下に穿いた下袴は、成年男子の場合、多くは赤であった。

『明月記』建仁二年条に、

小事ありて出でしめ給ふ。蘇芳《すおう》の狩衣裏同じ色の、薄色なり紫浮文《うきもん》の指貫《さしぬき》、白き綾御衣、単衣、紅の下袴布を入れず

とあって、四一歳だった定家が狩衣姿で出かけた際、紅の下袴を指貫袴の下にはいていたことを書き留めている。(17)『十訓抄』は、粟田讃岐守兼房の夢に登場した「かたはらに年たかき人あり」と、年長者のふうだった人麻呂の風体を「直衣にうすいろの指貫、紅の下袴をきて、なえたる烏帽子をして、ゑぼしの尻いとたかくて、常の人にも似ざりけり」(18)と解説しているが、直衣・指貫の下に紅の下袴を穿いていたことがここでも明らかである。だから「宿木」の「御ぞの鳴れば脱ぎおきては直衣指貫の限りを着て」との場面では、薫は音がしないようにあえて袿を脱いで、浮舟の元へ行き、おそらくは白き単衣に赤い袴を着た姿で、頭中将と応酬したと想定されるのだ。また「帚木の巻」において、雨夜の品定めが行われたのは、宮中における光源氏の御殿、淑景舎《しげいしゃ》である。ここに集った四人の貴公子のうち、直衣を着ることの出来るのは、光君と頭中将だけであった。五位、六位相当の左馬頭や、藤式部は、直衣は着られない身分であり、狩衣か緋袍、あるいは緑袍だったのではないかと近藤富枝氏は推定している。頭中将も、直衣は着ていただろうものの、光君の前で、直衣の衿紐までは解かなかっただろうとしている。(19)そんな中、光源氏だけが指貫を脱ぎ、直衣の紐も解いて、白き御衣に下袴を身につけた姿でいたとすれば、実はその姿は、女性の下着姿に共通するとしなければならない。光君の着ていた「しろき御衣」が、単だったのか袿だったのかは不明とせざるを得ないが、いずれにせよ単と袿は同じ形態であるし、女性も、一番下に肌着として白の単と、紅袴を着たからである。

『落窪物語』には、男性用の下着であった単と、女性用のそれが、相通じる衣服であったことを示す恰好のくだりがある。継子いじめの結果、着るものもまともに与えられなかった落窪姫のもとへ、少将が忍び込んでくる。

思いがけない成り行きに、

　女、死ぬべき心地したまふ。単はなし。袴ひとつ着て、所々あらはに、身につきたるを思ふに、いとどいみじとはおろかなり。涙よりも汗にしとどなり。

と、袴を着ただけで、単も身につけていないことを、死ぬほど恥ずかしがったのであった。

　先に「紅の腰ひき結える際まで胸露わに」した様子が、「ばうぞく（＝品がない）なるもてなしなり」と評されていた（『源氏物語』空蟬）ことからも、単さえ持ち合わせがなかった故に着られず、胸が露出していることに、羞恥の感覚が生じたのであろう。いわば紅袴は、最小限の肌着として、いかなる場合にも、愛の場面においてさえ、貴族女性が身につけていた衣料であった。それは『松崎天神縁起』の狂気の女房の姿の描写や、『北野天神縁起絵巻』の地獄の責め苦に遭う女房たちの姿からもうかがえる。

　後朝《きぬぎぬ》の朝、少将は、着ていた自分の単を脱ぎ置いて帰っていく。単すら持ち合わせず、着ていなかった姫に、せめて自分の単をとの、少将の心遣いであった。

　ここで少将の単は、姫にも着ることができるという前提があることが確認されるが、だとすれば、男女の単に、性差はなかったことが理解されよう。そのうえ、同じ紅色の袴を着たのであるから、下着については、まったく性差がなかったということになる。

　『古今著聞集』には、衣服の取り替えに関する興味深いくだりがある。一番記憶に残る昔の恋を懺悔せよとの、後白河院の求めに応じて、若き日の忘れがたい情事の告白をした小侍従の語りである。(20) ある夜、かねてから恋い焦がれていたさる高貴なお方から迎えの車が来て、慌ただしくも激しい、夢のような一夜を過ごしたが、秋の夜長も限りあれば、たちまちに時間は過ぎ、鐘の音が聞こえ鳥も鳴き始めたので、魂も此処にあらずの気分ながら、その場を辞して戻った。後朝の朝に、小侍従が、衣服の残り香を嗅いで昨夜のことばかりを偲んでいると、使いが取り違えた衣服を交換に来たというくだりである。

ただ世に知らぬにほひのうつれるばかりを形見にて臥ししづみたりしに、その夜しも、人に衣置きかへられたりしを、朝にとりかへにおこせたりしかば、うつり香の形見さへまたわかれにし心のうち、いかに申しのぶべしともおぼえず、せんかたなくこそ候ひしか。

帰りついても、その夜の情事のことを飽かず夢に見たいと、取り違えて着て帰った、この世ならぬ良い香りのする衣を形見に、沈んだ心で臥せっていたところへ、次の朝、間違えた衣を取り替えに使いを寄こしたので、移り香の形見とさえも別れなければならない心の内を、申し上げたくても術がなかったと、やるせない胸の内を述懐したのだった。

この話の落ちは、迎えを寄こした高貴な人とは、実は今、恋の懺悔を迫った若い日の後白河院その人であったというところなのだが、夜の闇の中で、衣服を取り違えて帰ったことの背景には、ここでも男女の衣服の共通性があったことは自明であろう。

とすれば、雨夜の品定めに加わった公卿たちの視線の先にしどけなく添い臥しする源氏の姿は、ほとんど女性のそれであることが理解されよう。かかる事情を背景に、以下の『とりかえばや』の物語はある。

中納言の、紅の生絹の袴に、白き生絹の単衣着て、うちとけたるかたちの、暑きにいとど色はにおひまさりて、常よりもはなばなとめでたきをはじめ、手つき身なり、袴の腰のひき結はれて、けざやかに透きたる腰つき、色の白きなど、雪をまろがしたらんように、白うめでたくをかしげなるさまの、似るものなくうつくしきを、「あないみじ、かかる女のまたあらん時、わがいかばかり心を尽くしまどわん」とみるぞ、いみじう物思はしうて、乱れよりて臥したるを……

男装してはいるが、実は女性である中納言は、ある夏の午後、宿下がりをしている時に訪れた宰相中将に、思わず抱きつかれ、そのままおかされて身ごもってしまう。そのシーンが、上記のように表現されているのだ。

宰相中将が恋していたのは、中納言ではなく、その姉（＝実は男性）の尚侍であったのだ。しかし宰相中将は、中納言の後ろ姿に、女性美の理想像をみて取ったのだ。その意味において宰相中将は、同性愛の嗜好があったわけではない。しかし衝動的に愛の行為におよぼうとしたところで、はじめて中納言が実は女性であったことに気がつくのだが、そこで宰相中将は、行為を中断させることなく、思いを遂げてしまう。そこにまず出来した事態は、同性愛の行為であった。同性愛と異性愛が、相容れない性情として存在するのではなく、同じ人物の中に並存しているのだ。つまりある人間が異性に対して愛情を抱きながら、またある時は同性に対しても愛を感じるのである。同性に対しても異性に対しても、性愛が向けられる環境の形成に、ユニセックスな美意識が機能した部分が少なくないと考えられよう。

ここでは、宰相中将が、同性愛者でなく、本来は異性愛者であったことが鍵になっている。宰相中将が同性愛志向者であったとすれば、愛の行為は中納言が女性であったことに気がついたとき、中断されただろうからであり、物語を大きく展開させる中納言の妊娠という事態も、惹起されようがなかったからである。そしてそこでは、男女の理想像に関する美意識が近似していたことと、下着として着ていた衣服が男女共通であったことが、大きな要素を占めていたと筆者は考える。男性用と女性用の下着がまったく形態のことなるものであったとすれば、異性愛を好む宰相中将にとって、中納言を女性に見立てて愛を感じるという事態も、起こりようがなかったと考えられるからである。

以上本論では、『源氏物語』の時代の衣服の性差について論じ、実は当該期には、男女の下着は、同じであったという事態が、我が国のこの時期に始まるとされる性愛の特殊性の、淵源としてあったのではないかと、問題提起してみた。

（1）拙著『衣服で読み直す日本史――男装と王権――』（朝日選書、一九九八年）。
（2）新潮日本古典集成版『無名草子』（一九七六年）解説。
（3）石埜敬子「『いまとりかえばや』――偽装の検討と物語史への定位の試み――」（『国語と国文学』二〇〇五年五月特集号）。
（4）『枕草子』二八三段。
（5）『枕草子』三二〇段。
（6）『源氏物語』空蟬　軒端萩。
（7）『狭衣物語』巻二。
（8）吉海直人「『女にて見る』と皇族美」（『源氏物語の新考察』おうふう社、二〇〇三年一〇月）。
（9）『和名抄』巻一二　衣服。
（10）伊勢貞丈『貞丈雑記』。
（11）『西宮記』臨時四　袍。
（12）石村貞吉『有職故実』（講談社学術文庫本、一九八七年、下巻七四頁）。
（13）伊藤慎吾「男子の装束」（『風俗上より見たる源氏物語描写時代の研究』風間書房、一九八六年）。
（14）『枕草子』二〇一段。
（15）石埜敬子・加藤静子・中嶋朋恵「平安時代の容儀・服飾」（「国文学解釈と鑑賞」別冊『平安時代の信仰と生活』至文堂、一九九一年一月、二二二頁）。
（16）鈴木敬三『初期絵巻物の風俗史的研究』（吉川弘文館、一九六〇年、七九頁）。
（17）『明月記』建仁二年（一二〇二）三月一一日条。
（18）『十訓抄』十の二。
（19）近藤富枝「流嫡の光源氏が着ていた無紋の直衣」（『服装から見た源氏物語』文化出版局、一九八二年）。
（20）『古今著聞集』巻八　好色三二一話「後白河院の御所にして小侍従が懺悔物語の事」。

青い鳥と紅いスカーフ――杜甫「麗人行」の「青鳥飛去銜紅巾」をめぐって――

矢田尚子

はじめに

盛唐の詩人、杜甫に「麗人行」という楽府体の詩がある。陰暦三月三日の上巳節に、長安の水辺で宴を張る貴人たちの様子を描いた作品である。

上巳節とは本来、水辺で日頃の穢れを祓い清め、一年の豊穣を願う儀式であったが、杜甫の時代には、長安の東南隅にある曲江池のほとりに大勢の人々が集い、春の一日を楽しむという行楽に変化していた。毎年三月三日、曲江池の周辺には、身分の高い人たちの豪華な車がひしめきあい、美しい幔幕《まんまく》が連ねられ、盛大な春の宴が催されていたのである（傍線は矢田による。以下同じ）。

1　三月三日天気新　　三月三日　天気新たなり
2　長安水辺多麗人　　長安の水辺　麗人多し
3　態濃意遠淑且真　　態は濃《こま》かに意は遠く淑にして且つ真なり
4　肌理細膩骨肉匀　　肌理は細膩にして骨肉は匀《ととの》う

5 繡羅衣裳照莫春
6 蹙金孔雀銀麒麟
7 頭上何所有
8 翠微㔩葉垂鬢脣
9 背後何所見
10 珠圧腰衱穏称身
11 就中雲幕椒房親
12 賜名大国虢与秦
13 紫駝之峰出翠釜
14 水精之盤行素鱗
15 犀筋厭飫久未下
16 鸞刀縷切空紛綸
17 黄門飛鞚不動塵
18 御厨絡繹送八珍
19 簫管哀吟感鬼神
20 賓従雑遝実要津
21 後来鞍馬何逡巡
22 当軒下馬入錦茵
23 楊花雪落覆白蘋

繡羅の衣裳　莫春を照らす
蹙金の孔雀　銀の麒麟
頭上には何の有る所ぞ
翠は㔩葉に微《ほの》かにして鬢脣に垂る
背後には何の見る所ぞ
珠は腰衱を圧して穏やかに身に称《かな》う
就中　雲幕なる椒房の親
名を賜う　大国の虢と秦と
紫駝の峰は翠釜より出だされ
水精の盤は素鱗を行《や》る
犀筋は厭飫して久しく未だ下さず
鸞刀は縷切するも空しく紛綸たり
黄門は鞚を飛ばして塵を動かさず
御厨は絡繹として八珍を送る
簫管は哀吟して鬼神をも感ぜしめ
賓従は雑遝して要津に実《み》つ
後れ来たる鞍馬は何ぞ逡巡たる
軒に当たりて馬を下り錦茵に入る
楊花は雪のごとく落ちて白蘋を覆い

24　青鳥飛去銜紅巾　　青鳥は飛び去りて紅巾を銜《ふく》む
25　炙手可熱勢絶倫　　手を炙《あぶ》れば熱《や》くべし　勢いは倫《ともがら》を絶つ
26　慎莫近前丞相瞋(1)　　慎《つつ》しみて近く前《すす》む莫《な》かれ　丞相瞋《いか》らん

第一句から第一〇句までは、水辺に集う高貴な女性たちの絢爛豪華な装いを中心に、その美しさを詠っている。続いて第一一句から第二〇句までは、そうした「麗人」たちのなかでも、楊貴妃の姉妹である虢国夫人と秦国夫人の一団が、山海の珍味を惜しみなく並べた、とりわけ贅沢な酒宴を催している様子を描く。

そして第二一句から第二六句では、そうした宴の場に、遅れて馬で乗りつけたある人物について詠う。彼はしばらく「逡巡（しりごみ）」したのち、(2)馬を降り、「錦茵（錦のしとね）」に踏み入っていくのであるが、最終句である第二六句にいたり、その人物が時の「丞相」、つまり楊国忠であることが判明する。彼も虢国夫人・秦国夫人と同様、楊貴妃の血縁者であることによって、玄宗期に権勢をほしいままにした人物である。

この詩に登場する楊国忠と虢国夫人とが、同姓の血族でありながら、男女の関係にあったことは、史書にも言及があり、盛唐の当時においても周知の事実だったようである。(3)そのため、第二三・二四句は、この二人の醜聞を暗示したものであると解釈されることが多い。たとえば蕭滌非氏は「どちらも隠語であり微詞である。巧妙に眼前の風景と結びつけながら、楊国忠と従妹の虢国夫人との姦通という醜聞を暴いているのである」(4)と述べる。また近年では川合康三氏が「このあと隠微な表現で暗示されるのは、楊国忠と虢国夫人との醜聞である。同姓の血族間の交わりは中国では許しようのない破廉恥な行為であった。「楊花」「青鳥」の二句は情事をきれいに描く。「青鳥」は仙界の西王母と漢の武帝の恋の仲立ちをした神秘の鳥であって、「紅巾を銜」んで飛んでいく青鳥は二人の睦み合いを象徴的に表現している」と述べている。(5)

これらの解釈はいずれも首肯できるものではある。ただし、この二句のうち特に第二四句については、その意味するところが、いまひとつ明らかにされていないように思われる。小論は、この第二四句「青鳥は飛び去りて紅巾を銜む」の解釈について、「青鳥」「紅巾」という語のもつイメージを手がかりに、考察しようとするものである。

一　第二三句「楊花は雪のごとく落ちて白蘋を覆い」について

第二四句について検討する前に、まず、それとゆるやかな対句をなす第二三句の解釈について確認しておきたい。「楊花は雪のごとく落ちて白蘋を覆い」は、文字通りには「楊《やなぎ》の種子の白い綿毛が、白い花をつけた浮き草の上に、雪のように降り積もり」という意味であるが、清代の銭謙益によれば、この句は次の楽府「楊白花」を典故として踏まえているという(6)。

陽春二三月　　陽春　二三月
楊柳斉作花　　楊柳　斉《ひと》しく花を作《な》す
春風一夜入閨闥　　春風　一夜　閨闥に入り
楊花飄蕩落南家　　楊花　飄蕩として南家に落つ
含情出戸脚無力　　情を含み戸を出ずれば　脚は力無く
拾得楊花涙沾臆　　楊花を拾い得れば　涙は沾臆たり
秋去春還双燕子　　秋に去り　春に還る　双燕子
願銜楊花入窠裏　　願わくは楊花を銜みて窠裏に入らん(7)

『楽府詩集』にみえる「楊白花」の序は、この作品を魏の胡太后の手に成るものであるとして次のような故事を引く。

魏の胡太后は、楊華という男に迫って情を通じたが、そのことで自身に禍がおよぶことを恐れた楊華は、梁に逃げてしまった。彼を追慕する胡太后が、その心情を詠んだのが「楊白花」である、という。(8)

銭謙益はこの序の記述にもとづき、傍線部「楊花　飄蕩として南家に落つ」は、楊華が梁に逃げたことを、「願わくは楊花を銜みて窠裏に入らん」は、楊華に対する胡太后の恋情を、それぞれ暗示するものとみなしているようである。そして、この「楊白花」が楊華と胡太后との関係を詠うのと同様に、「麗人行」の第二三句「楊花は雪のごとく落ちて白蘋を覆い」もまた、楊国忠と虢国夫人との関係を詠っていると解釈するのである。

加えて「楊花」と「白蘋」との関係については、次のような指摘もある。すなわち、『爾雅』釈草に「苹、蓱、其の大なる者は蘋なり」とあり、『埤雅』巻一六に「世に説くらく、楊花　水に入れば、化して浮萍と為ると」とあることから、「楊花」と「白蘋」とは、本来同じものだと考えられていた。したがって「楊花」が「白蘋」を覆うとは、楊国忠と虢国夫人が、血縁者同士で男女の仲にあることを暗示する、というものである。(9)

これらの指摘は、いずれも相応の説得力をもつものである。それゆえ、第二三句「楊花は雪のごとく落ちて白蘋を覆い」が、楊国忠と虢国夫人との関係を暗示しているという解釈は、動かし難いとみてよいだろう。

二　第二四句「青鳥は飛び去りて紅巾を銜む」について

では、第二四句「青鳥は飛び去りて紅巾を銜む」の方はどうであろうか。

まず「青鳥」が西王母の伝説に関係していることは、ほぼ間違いないだろう。『山海経』海内北経に「西王母は几に梯《よ》りて勝杖を戴く。其の南に三青鳥有りて、西王母の為《た》めに食を取る」とあり、「青鳥」は西王母の使いとされている。(10)また『漢武故事』では、西王母が漢武帝を訪問する前触れとして、「青鳥」が宮殿に集まって来る場面や、来訪した西王母の傍らに二羽の「青鳥」が侍っているという描写がある。(11)

これらの例にもとづき、「青鳥」という語には、主に女性から男性にメッセージを伝える「使者」というイメージが付せられるようになったようである。たとえば、隋の薛道衡《せつどうこう》による楽府「豫章行」は、夫に対する思婦の想いを詠ったものであるが、そのなかで「青鳥」は次のように用いられている。

偏訝思君無限極　偏《ひと》えに訝《いぶか》る　君を思うこと限極無きを
欲罷欲忘還復憶　罷《や》めんと欲し　忘れんと欲すれども　還《ま》た復《ま》た憶《おも》う
願作王母三青鳥　願わくは王母が三青鳥と作《な》りて
飛来飛去伝消息　飛び来たり飛び去りて　消息を伝えん(12)

こうした、男性に対する女性の想いを伝える使者としての「青鳥」のイメージをふまえるならば、「麗人行」において、「青鳥」が「銜みて飛び去る」という「紅巾」には、男性に対する女性からのメッセージが込められているのではないかと推測される。しかしながら、従来の注釈では、この「紅巾」について、女性の持ち物・服飾品、つまりハンカチやスカーフのたぐいである、という以上の言及はなされておらず(13)、当該句において「紅巾」がもつ意味は、いまひとつ曖昧なままである。

近年、康保成「説〝青鳥飛去銜紅巾〟」(14)は、こうした状況を把握した上で、史書の記述をもとに、当該句の「紅巾」に関して新たな見解を提出している。楊国忠の政敵である李林甫が病に臥した際、玄宗が彼を招くために「紅巾」を用いた故事をふまえているとするのである。

たとえば『資治通鑑』には、玄宗が「紅巾」を手にする場面が次のように記されている(15)。

南詔　数《しば》しば辺に寇し、蜀人は楊国忠に鎮に赴《おもむ》くを請う。左僕射兼右相の李林甫は、之れを遣《つか》わさんことを奏す。国忠　将《まさ》に行かんとし、泣き辞して上言せんとするも、必ず林甫の害する所と為る。貴妃も亦た之れが為めに請う。上　国忠に謂いて曰く、「卿は蹔《しば》らく蜀区の処の軍事に到れ。朕は指を屈して卿の還《かえ》りて当《まさ》に入相すべきを待たん」と。林甫　時に已《すで》に疾有り、憂懣して為す所を知らず。巫　言うらく、「一たび上に見《まみ》ゆれば、小愈すべし」と。上　就きて之れを視《み》んと欲するも、左右固く諫《いさ》む。上　乃ち林甫をして庭中に出でしむ。上　聖閣に登降し、遥かに望みて紅巾を以て之れを招く。林甫　拝すること能わず、人をして代わりて拝せしむ。国忠　蜀に至るに比《およ》び、上　中使をして召還せしむれば、至りて昭応し、林甫に謁して牀下に拝す。林甫　涕《なみだ》を流して謂いて曰く、「林甫死なんとす。公は必ず相と為れば、後の事を以て公を累《わずら》わさん」と。国忠　謝して、敢えて当たらず、汗は出でて面を覆う。[16]

李林甫は、政敵の楊国忠を蜀に派遣して玄宗から遠ざけようとするものの、みずからは重病に陥る。彼を診察した巫医が「皇帝にお目にかかれば少し良くなるでしょう」というので、玄宗は李林甫に会いに行こうとするが、周囲の反対に遭う。そこで聖閣の上から庭中の李林甫に向かって、「紅巾」を示して招くのであるが、林甫は病が重く、みずから拝することができないほどである。そうするうちに、蜀に派遣されていた楊国忠が呼び戻され、死の床にある林甫と対面して後事を託されることになる。

このあとまもなく李林甫は亡くなり、権勢を手にした楊国忠は、彼を誣告して庶民の地位に落とし、その子孫たちからも官位を剝奪するにいたる。[17]

こうした歴史的背景に加え、楊貴妃がしばしば詩文のなかで西王母にたとえられることから、康氏は、「麗人行」中の「青鳥」を、楊貴妃自身を指したものとみなす。楊貴妃の玄宗への口添えによって、楊国忠は蜀から呼び戻されて権力を掌握し、一方、死後に庶民に落とされた李林甫は、もはや「紅巾」によって玄宗から招かれることもない。「青鳥は飛び去りて紅巾を銜《ふく》む」は、そうした状況を詠うことで、楊氏一族の世に驕るさまを暗示しているのだと康氏はいう。

康氏のこの説は斬新ではあるが、「麗人行」の「紅巾」を、李林甫と玄宗の上記のエピソードにみえるものに限定して解釈している点が気にかかる。先にも触れたように、従来の注釈では、「紅巾」を主に女性の持ち物とみなしており、したがって「紅巾」という語はそうした女性的なイメージをともなうことが予測されるからである。そこで、その点を確認するため、次節では「紅巾」という語のもつイメージを唐代の他の詩において確かめてみたい。

三　唐詩に見える「紅巾」

本節では、「麗人行」の「紅巾」がもつ意味について探るため、唐代の他の作品における「紅巾」という語の使用例を確認したい。

まず、思婦を詠った閨怨詩である李白の「擣衣篇」をあげる。詩の終盤に、「紅巾」の語がみえる。

閨裏佳人年十余　　閨裏の佳人　年十余
嚬蛾対影恨離居　　蛾を嚬《ひそ》め　影に対《むか》いて　離居を恨む
忽逢江上春帰燕　　忽ち逢う　江上　春帰の燕
銜得雲中尺素書　　銜み得たり　雲中　尺素の書
玉手開緘長嘆息　　玉手は緘を開きて長く嘆息す
狂夫猶戍交河北　　狂夫は猶お戍す　交河の北
……　　……
有便憑将金剪刀　　便有り　憑《よ》りて金の剪刀を将《と》り
為君留下相思枕　　君が為めに　留下す　相思の枕
摘尽庭蘭不見君　　庭蘭を摘み尽くせども　君を見ず

紅巾拭涙生氤氳　紅巾もて涙を拭《ぬぐ》えば　氤氳《いんうん》を生ず
明年若更征辺塞　明年　若《も》し更に辺塞を征すれば
願作陽台一段雲　願わくは陽台の一段の雲と作《な》らん(18)

この「紅巾」は、思婦が涙を拭っていることから、ハンカチかスカーフ、手拭いのたぐいであり、また「氤氳を生ず」とあることから、それにお香などで芳香を含ませたもののようである。(19)

香りを含ませた「紅巾」に関連するものでは、晩唐の詩人である徐夤《いん》に、「紅手帕」を詠んだ「尚書の筵中にて紅手帕を詠ず」という作品がある。

鶴綾三尺暁霞濃　鶴綾　三尺　暁霞のごとく濃し
送与東家二八容　送与す　東家の二八の容に
羅帯繡裙軽好繫　羅帯　繡裙　軽やかにして好《よろ》しく繫《つな》ぐべし
藕絲紅縷細初縫　藕絲　紅縷　細かくして初めて縫う
別来拭涙遮桃臉　別れ来たるに　涙を拭《ふ》きて桃臉を遮《おお》い
行去包香墜粉胸　行き去るに　香を包みて　粉胸に墜つ
無事把将纏皓腕　事無くして　把《と》り将《もっ》て　皓腕に纏《まと》えば
為君池上折芙蓉　君が為め　池上に芙蓉を折らん(20)

詩の内容はおおむね次のようになるだろう。

朝焼けのように鮮やかな三尺の絹の布を、（宋玉の「登徒子好色賦」に歌われる）東隣の女のように美しい一六歳の君に送り届けよう。薄く軽いので、刺繡を施したスカートの帯として使うのもよいだろう。蓮根の糸のように細い紅糸で縫われており、先ほど出来上がったばかりだ。別れる際には、君はその桃の花のように美しい顔をその布で隠しつつ、涙を拭うことだろう。去り行く際には、その布に包まれたお香が、おしろいを塗った白い胸にこぼれ落ちることだろう。君と私のあいだに何の障害もなく、君が布を手にとって、その白い腕に巻いてくれたなら、私は君のために池のほとりで蓮の花を折り取って送り届けよう。

この詩で、男性から女性への贈り物として描かれる「紅手帕」は、帯として用いたり、泣き顔を隠しつつ涙を拭ったり、腕に巻いたり、という描写から、さまざまな用途に適した、大きめのスカーフのようなものであると考えられる。お香を包んで香りを含ませるという点でも、先にみた「擣衣篇」と同様、女性の持ち物というイメージが強い。加えて、女性がその紅いスカーフを白い腕に纏うという行為が、男性に対する好意を示す手段として描かれている点にも注目しておきたい。

次に、宮廷内の瑣事を詠んだ王建の「宮詞一百首」から、「紅巾」の使用例をみてみよう。

叢叢洗手遶金盆　　叢叢として手を洗い　金盆を遶《めぐ》る
旋拭紅巾入殿門　　旋《めぐ》りて紅巾に拭いて　殿門に入る
衆裏遥抛新橘子　　衆裏　遥かに抛《なげう》つ　新橘子
在前収得便承恩　　前に在りて収め得れば　便《すなわ》ち恩を承《う》けん(21)

宮女たちが金の盥を取り囲んで手を洗い清め、順番にその手を「紅巾」で拭いたのち、宮殿の門に入る。みなで一斉に橘子（蜜柑）の実を投げ、投げた実が皇帝の手で拾われれば、それを投げた宮女が寵愛を受ける、という内容の詩であると思われる。晋の潘岳が美男子であったことから、洛陽の女性たちが争って彼の車に果物を投げいれたという故事にもとづく(22)、宮中の娯楽を詠ったものであろう。

ここでの「紅巾」は、宮中で用意されたものであろうか。あるいは、宮女たちが個々に身につけていたものであろうか。いずれにせよ、宮女たちが洗い清めた手を拭くのに用いていることから、この「紅巾」も女性が使用するものというイメージが強いと考えられる。

王建の「宮詞一百首」には、次のような作品もある。

移来女楽部頭辺　　移し来たる女楽　部頭の辺
新賜花檀大五絃　　新たに賜う　花檀の大五絃
纓得紅羅手帕子　　纓《ぬ》い得たり　紅羅の手帕子
中心細画一双蟬　　中心　細かに画く　一双の蟬

皇帝から新しい楽器を下賜された女楽の宮女が、紅いうすぎぬの「手帕子（ハンカチ）」を縫い、中心に二匹の蟬を描いて贈った、という内容である。紅いハンカチに「一双の蟬」を描いて贈るという行為には、楽器を下賜されたことへの感謝の気持ちのみならず、女性（宮女）から男性（皇帝）に対する恋慕の意味が含まれていると考えてよいだろう。

四　木の枝に掛けられた「紅巾」

次に、白居易の「孤山寺の山石榴花に題し諸僧衆に示す」詩をみてみよう。この作品では、山石榴（ツツジ）の花を、むすんだ「紅巾」にたとえている。

1　山榴花似結紅巾　　山榴花は紅巾を結ぶに似たり
2　容艶新妍占断春　　容艶　新妍　春を占断す
3　色相故関行道地　　色相は故《ことさ》らに行道の地に関わり
4　香塵擬触坐禅人　　香塵は坐禅の人に触れんと擬す
5　瞿曇弟子君知否　　瞿曇の弟子　君　知るや否や

6　恐是天魔女化身　　恐らくは是れ天魔の女の化身ならん(23)

詩の内容はおおむね以下の通りである。

鮮やかな山石榴の花は、まるで「紅巾」を枝にむすんだかのようだ。艶やかな美しさで、春を独り占めしている。目に鮮やかなその花の色は、故意に仏道修行の地に干渉するかのようであり、香気を放つ花びらは、座禅を組む人たちに触れんばかりである。仏弟子の諸君はご存じだろうか、この花は恐らく天魔の女の化身なのだ。

まず第一句で、真っ赤に咲き誇る山石榴の花を、枝にむすびつけられた「紅巾」にたとえ、第六句でそれをさらに、仏弟子の修行を妨げる「天魔の女の化身」にたとえている。

美しい花を女性にたとえることは、詠物詩の修辞法としてよくみられる。では、山石榴の花を、女性の持ち物というイメージの強い「紅巾」に、さらにはそれが枝にむすばれている様子にたとえているのは、単に見た目の類似性に注目してのことにすぎないのだろうか。

木の枝に紅い巾をむすぶという行為に関していえば、唐代伝奇の有名な「南柯《なんか》太守伝」に次のような場面がある(24)。

主人公の淳于棼《じゅんうふん》が、庭の大きな槐の木の下で酔いつぶれ、夢の中で槐安国に招かれて国王の娘と結婚することになる、その婚礼の場での出来事である。

……復た一女有りて生に謂いて曰く、「昨の上巳の日、吾は霊芝夫人に従いて禅智寺に過《よぎ》り、天竺院に於いて右延の婆羅門を舞うを観る。吾と諸女と北牖の石榻の上に坐す。時に君は少年なるも亦た騎を解して来たりて看る。君は独り強いて来たりて親洽にして言調笑謔すれば、吾と瓊英妹と、絳巾を結びて竹枝の上に挂く。君独り之れを憶念せざるか」と(25)。

婚礼の場に現れた一人の女性が淳于棼に、かつて上巳節の際に会ったことを憶えているか、と尋ねる。淳于棼はその当時、まだ少年であったにもかかわらず、女性たちになれなれしく話しかけてきたのであった。女性たちはそこで「絳巾（紅い巾）」をむすんで竹の枝に掛けたのであるが、そのことを憶えているか、というのである。「南柯太守伝」の当該箇所に関して、岡本不二明氏は、「男女の間で恋情の印として手巾を贈る例は、『法苑珠林』巻五九所引『続捜神記』（『広記』巻三一七、呉詳の条、出『法苑珠林』）にみえる。漢代に県吏の呉詳が山中で女と一夜を共にし、別れる際互いに手巾を贈ったという」と指摘する。[26]

岡本氏が例示する「呉詳」というのは、次のような話である。

漢の時、諸暨県吏の呉詳なる者、役を憚《はばか》りて委頓し、将《まさ》に深山に投竄せんとし、行きて一溪に至る。日暮れんと欲するに、年少の女子の采衣甚だ端正なるを見る。女云う、「我は一身にして独居し、又た郷里無し。唯だ一孤嫗有りて、相い去ること十余歩なるのみ」と。詳 聞きて甚だ悦び、便即《すなわ》ち随いて去り行くこと一里余り、即ち女の家に至る。家甚だ貧陋なるも、詳の為めに食を設く。一更に至り、竟《つい》に一嫗の喚《よ》びて、「張姑子」と云うを聞く。女応えて曰く、「諾」と。詳 問う、「是れ誰に答うるか」と。云うらく、「向《さき》に道《い》う所の孤独の嫗なり」と。二人共に寝息し、暁鶏鳴に至る。詳 去るに、二情相い恋えば、女は紫巾を以て詳に増（贈）り、詳は布手巾を以て報ゆ。行きて昨に応ずる所の処に至り、溪を過ぐ。其の夜、水大いに瀑し深く溢《み》ちて、渉《わた》るべからず。乃ち廻《めぐ》りて女の家に向かうも、都《すべ》て見えず。昨の処 但だ一塚有るのみ。[27]

確かにこの話では、一夜を共にした男女が、翌朝の別れに際して、互いの「巾」を交換している。女性は自分の持ち物である「紫巾」を男性に贈り、男性は自分の「布手巾」を女性に贈っているのである。

しかしながら、この「呉詳」における例と、「南柯太守伝」において、女性たちが「絳巾」をむすんで竹の枝に掛け、淳于棼に示した例とでは、その意味するところが異なるように思われる。呉詳と相手の女性が、身につけていた「巾」を交換するのは、互いにそれを手元におくことで、離れていても常に相手を想う縁《よすが》とするためである。一方、「南柯太守伝」においては、なれなれしく声をかけてきた少年、淳于棼に興味をもった女性たちが、彼の気を惹くために「絳巾」をむすんで竹の枝に掛けたのだと考えられる。したがって、竹の枝に掛けられた「絳巾」には、男性に対して好意を示し、誘いをかけるという、女性の意図があるとみなすことができよう。

女性が木の枝に紅い巾をむすんで掛ける行為に、そうした意図があったとするならば、白居易が「孤山寺の山石榴花に題し諸僧衆に示す」詩で、山石榴の花を、木に結んだ「紅巾」にたとえ、さらにそれを、仏弟子の修行を妨げる「天魔の女の化身」にたとえた理由も、より明確になるのではないだろうか。

白居易は、咲き誇る山石榴の花の様子が、木の枝にむすんだ「紅巾」に似ているという単純な理由からだけではなく、木の枝に「紅巾」をむすぶ行為に、女性が男性に対して好意を示し、誘いをかけるという意味が含まれていることを十分に理解した上で、妖しく咲き誇る山石榴を、仏弟子たちを誘惑する女性にたとえたと考えられるのである。

おわりに

以上の考察結果から、唐詩にみえる「紅巾」という語には、まず、女性の持ち物というイメージが強くあることが確認された。また、女性が「紅巾」を男性に贈ったり、腕に纏ったり、木の枝に掛けたりすることで、女性から男性に対する好意を示したり、誘惑の意を表したりする、いわば意思伝達の手段として描かれていることも確認された。つまり「紅巾」は、男性に対する女性の想いを伝える媒体としての役割を有するのである。

このことをふまえて、改めて杜甫「麗人行」の第二四句「青鳥は飛び去りて紅巾を銜む」の意味するところを考えてみたい。

まず該句中の「青鳥」は、先述したように、『漢武故事』において、西王母が漢の武帝を訪問する際の使者として描かれていたことから、「女性から男性へのメッセージを伝える使者」というイメージを持つと判断される。

そして女性からの使者である「青鳥」が銜《くわ》える「紅巾」には、女性の持ち物としてのイメージが付帯されているとともに、持ち主である女性から男性へのメッセージ、すなわち恋慕の情や誘惑の意が含まれている。

これらのことから、杜甫「麗人行」の第二四句「青鳥は飛び去りて紅巾を銜む」は、女性から男性へ、すなわち虢国夫人から楊国忠への恋慕の情、誘惑の意を表したものと解釈できるのである。

宋の蘇軾に、杜甫「麗人行」の第二四句を典故として用いた「贈別」という作品がある。

1　青鳥銜巾久欲飛　　青鳥は巾を銜みて久しく飛ばんと欲するも
2　黄鶯別主更悲啼　　黄鶯は主に別れ　更に悲しみ啼《な》く
3　慇懃莫忘分携処　　慇懃　忘るる莫《な》かれ　分携せし処
4　湖水東辺鳳嶺西(28)　　湖水の東辺　鳳嶺の西

『蘇軾詩集校注』によれば、杜甫「麗人行」の「青鳥飛去銜紅巾」以降、一般に「青鳥」は「男女伝信の使者」を指すようになり(29)、第一句「青鳥銜巾久欲飛」はそれをふまえているという。そして、第二句「黄鶯別主更悲啼」は、唐の孟棨《もうけい》『本事詩』情感にみえる次の説話および詩を典故とすると考えられている。

唐の韓滉《かんこう》が浙西を鎮めたとき、部内の刺史に戎昱《じゅういく》という者がいた。当時、郡には歌がうまく非常に美しい一人の妓女がおり、戎昱は彼女を愛した。ところが、浙西の楽将がその妓女に目をとめ、韓滉の元に召し抱えることにした。戎昱は敢えてとどめることをせず、「好《よろ》しく去るべし　春風　湖上の亭、柳条藤蔓　離情を繋《つな》ぐ。黄鶯久しく住まるは　渾《すべ》て相い識ればなり、別れんと欲するに頻《しき》りに啼く四五声」という詞を贈って妓女と別れた。妓女が韓滉の前で歌を求められた際にそれを歌ったところ、韓滉は戎昱と妓女との関係を悟り、楽将を罰するとともに、妓女を送り帰したという(30)。

説話中で戎昱が妓女に贈った詞の中の「頻りに啼く」「黄鶯」は、別れに際して涙する妓女をたとえたものであろう。同様に、蘇軾「贈別」の「更に悲しみ啼く」「黄鶯」もまた、別れを嘆く女性のたとえとして用いられていると考えられる。

第一句は、第二句とのつながりや、『漢武故事』の、西王母から武帝へのメッセージを伝える「青鳥」をふまえるならば、やはり、女性の側からの男性に対する恋情を表していると考えられる。(31) つまり第一・二句は「青鳥が女性の想いを託した紅巾を銜え、ずっと男性の許へ飛び立とうとしていたが、その想いを伝える前に、（『本事詩』において妓女が戎昱と別れねばならなかったように）女性は男性と別れなければならなくなり、悲嘆に暮れる」と解釈するのが妥当であると思われる。この解釈があたっているとするならば、蘇軾もまた、「麗人行」の第二四句「青鳥は飛び去りて紅巾を銜む」を、女性（虢国夫人）から男性（楊国忠）への愛情表現を詠んだものとして理解していたことになるであろう。

（1）引用は仇兆鰲『杜詩詳注』第一冊（中華書局、一九七九年）による。

（2）この「逡巡」について、仇兆鰲『杜詩詳注』は「軒に当たりて馬を下りるに、意気洋洋として、傍若無人の状を見わす（當軒下馬、意氣洋洋、傍若無人之状）」とする。これに対し、川合康三『杜甫』（岩波書店、二〇一二年）は、「あとからやってきた馬が「逡巡」するのは、その場に居合わせた人々に対して傍若無人ぶりを見せつけるかのように、と解釈されているところだが、さすがに天幕のなかに入る踏ん切りがつくまでのためらいであるかもしれない。あるいはまた、ここまでうたってきた奢侈とは異質の行為にここから舞台が転換することを示す、演出上の「みえ」のようなものかも知れない」と述べる。

（3）以下、『旧唐書』『新唐書』『資治通鑑』『晋書』『白氏長慶集』『太平広記』『法苑珠林』『本事詩』の引用には『四庫全書』所収のものを使用した。

貴妃姉虢国夫人、国忠与之私。於宣義里構連甲第、土木被綈繡、棟宇之盛、両都莫比。昼会夜集、無復礼度。有時与虢国並轡入朝。揮鞭走馬、以為諧謔、衢路観之無不駭歎。（『旧唐書』巻一〇六「楊国忠列伝」）

楊国忠与虢国夫人、居第相隣、昼夜往来、無復期度。或並轡走馬入朝、不施障幕、道路為之掩目。（『資治通鑑』巻二一六、唐紀三二「天宝十二年」）

虢国素与国忠乱、頗為人知、不耻也。毎入謁、並駆道中、従監・侍姆百余騎、炬密如昼、靚粧盈里。不施幃障、時人謂為雄狐。（『新唐書』巻七六「楊貴妃列伝」）

（4）这和下句都是隐语、也是微词、妙在结合当前景致来揭露杨国忠和从妹虢国夫人通奸的丑恶。（蕭滌非『杜甫詩選注』人民文学出版社、一九七九年）

（5）前掲註（2）川合書。

（6）銭箋……楽府「楊白花歌」曰、「楊花飄蕩落南家」。又曰、「願銜楊花入窠裏」。此句亦寓諷於楊氏。（前掲註（1）書、仇兆鰲『杜詩詳注』）

（7）『楽府詩集』巻七三、雑曲歌辞一三（中華書局、一九七九年）。

（8）『梁書』曰、「楊華、武都仇池人也。少有勇力、容貌雄偉。魏胡太后逼通之。華懼及禍、乃率其部曲来降。胡太后追思之不能已、為作「楊白華」歌辞、使宮人昼夜連臂蹋足歌之、声甚悽惋」。故『南史』曰、「楊華、本名白花、奔梁後名華、魏名将楊大眼之子也」。

（9）『尔雅』釈草「萍、蓱、其大者蘋。」『埤雅』巻一六「世说杨花入水化为浮萍。」据此、是杨花、萍和蘋虽为三物、实出一体、故以杨花覆蘋、影射兄妹苟且。（前掲註（4）『杜甫詩選注』）

（10）西王母梯几、而戴勝杖。其南有三青鳥、為西王母取食。（袁珂『山海経校注』巴蜀出版、一九九六年）

（11）王母遣使謂帝曰、七月七日我当暫来。……七月七日、上於承華殿斎。日正中、忽見有青鳥、従西方来、集殿前。……有頃、王母至。……有二青鳥如烏、夾侍母傍。（『古小説鈎沈』、『魯迅輯録古籍叢編』所収、人民文学出版社、一九九九年）

（12）前掲註（7）『楽府詩集』巻三四、相和歌辞九。

（13）たとえば前掲註（1）『杜詩詳注』には「趙注……紅巾、蓋婦人之飾」とある。

（14）『文学遺産』一九九六年第五期。

(15) 玄宗が「紅巾」あるいは「絳巾」を手に李林甫を招いたことは、『旧唐書』『新唐書』にもみえる。玄宗がなぜ、女性の持ち物というイメージの強い「紅巾」を使って、李林甫を招いたのか、という点については、紅い色が遠くからでもよくみえるから、あるいは、女性が意中の男性を紅巾で招くのになぞらえたから、などの理由が考えられるが、詳しくは、別の機会に改めて考察したい。

(16) 南詔数寇辺、蜀人請楊国忠赴鎮。左僕射兼右相李林甫、奏遣之。国忠将行、泣辞上言、必為林甫所害。貴妃亦為之請。上謂国忠曰、卿蹔到蜀区処軍事。朕屈指待卿還当入相。林甫時已有疾、憂懣不知所為。巫言、一見上、可小愈。上欲就視之、左右固諫。上乃令林甫出庭中。上登降聖閣、遥望以紅巾招之。林甫不能拝、使人代拝。国忠比至蜀、上遣中使召還、至昭応、謁林甫拝於牀下。林甫流涕謂曰、林甫死矣。公必為相、以後事累公。国忠謝、不敢当、汗出覆面。（『資治通鑑』巻二一六、唐紀三二）

(17) 二月癸未、制削林甫官爵。子孫有官者、除名流嶺南及黔中、給随身衣及糧食、自余貲産並没。官近親及党与坐貶者、五十余人。剖林甫棺、抉取含珠、褫金紫、更以小棺、如庶人礼葬之。（『資治通鑑』巻二一六、唐紀三二）

(18) 瞿蛻園・朱金城校注『李白集校注』巻六（上海古籍出版社、一九八〇年）。

(19) 『漢語大詞典』（漢語大詞典出版社）の、「氤氳」の項③に「濃烈的気味。多指香気」とあり、梁の沈約「芳樹」詩の「氤氳非一香、参差多異色」が引かれている。

(20) 『全唐詩』巻七一〇（中華書局、一九六〇年）。

(21) 前掲註(20)『全唐詩』巻三〇二。

(22) 岳、美姿儀、辞藻絶麗、尤善為哀誄之文。少時常挟弾、出洛陽道、婦人遇之者、皆連手縈繞、投之以果、遂満載以帰。（『晋書』潘岳伝）

(23) 『白氏長慶集』巻二〇。

(24) 「南柯太守伝」のあらすじは次の通り。
主人公の淳于棼は、自宅の南にある大きな槐の古木の下で酒を飲んで酔いつぶれ、夢うつつになる。紫衣の使者につれられて、槐の古木の穴に入って行くと、そこは槐安国という国で、淳于棼は国王の次女と結婚して、南柯郡の太守となる。二〇年後、郡をよく治めた功績により、淳于棼は宰相に任ぜられる。しかし、檀蘿国との戦争に敗れ、妻も亡くなったため、辞職して都に戻ることにする。都における淳于棼の権勢を恐れた南柯国王は、三年後に迎えを遣ることを約束して、彼を帰郷させる。そこで目を覚ました淳于棼は、槐の古木の下で酒を飲んで酔ってから、ほんの短い時間しか経っていないことを知る。そして、槐の木の下を掘ってみると、大きな蟻の巣があり、そこが槐安国であったことがわかる。その三年後、槐安国王との約束通り、淳于棼は亡くなった。

(25) ……復有一女謂生曰、昨上巳日、吾従霊芝夫人過禅智寺、於天竺院、右延舞婆羅門。吾与諸女坐北牖石榻上時、君少年亦解騎来看。君独強来親洽言調笑謔、吾与瓊英妹、結絳巾挂於竹枝上。君独不憶念之乎。（『太平広記』巻四七五、昆虫三「淳于棼」）

(26) 岡本不二明『唐宋伝奇戯劇考』（汲古書院、二〇一一年、第二章「唐代伝奇と樹木信仰——槐の文化史——」第八節「南柯太守伝」をめぐって、註16）。

(27) 漢時、諸暨県吏呉詳者、憚役委頓、将投竄深山、行至一溪。日欲暮、見年少女子采衣甚端正。女云、我一身独居、又無郷里。唯有一孤嫗、相去十余歩耳。詳聞甚悦、便即随去行一里余、即至女家。家甚貧陋、為詳設食。至一更、竟聞一嫗喚云、張姑子。女応曰、諾。詳問、是誰答。云、向所道孤独嫗也。二人共寝息、至暁鶏鳴。詳去、二情相恋、女以紫巾増詳、詳以布手巾報。行至昨所応処、過溪。其夜、水大瀑溢深、不可渉。乃迴向女家、都不見。昨処但有一塚耳。（『法苑珠林』巻五九、「呉詳」）

(28) 張志烈・馬徳富・周裕鍇主編『蘇軾詩集校注』（河北人民出版社、二〇一〇年）。

(29) 杜甫「麗人行」、「青鳥飛去銜紅巾」後一般以青鳥指男女傳信之使者。

(30) 韓晋公鎮浙西、戎昱為部内刺史。郡有酒妓、善歌、色亦爛妙。昱情属甚厚。浙西楽将聞其能、白晋公、召置籍中。昱不敢留、餞於湖上、為歌詞以贈之。且曰、至彼令歌、必首唱是詞。既至、韓為開筵、自持盃命歌、送之。遂唱戎詞。曲既終、韓問曰、戎使君於汝寄情耶。悚然起立曰、然。涙下随言。韓令更衣待命席上、為之憂危。韓召楽将責曰、戎使君名士、留情郡妓。何故不知而召置之、成余之過。乃十笞之、命妓与百縑即時帰之。其詞曰、好去春風湖上亭、柳条藤蔓繋離情。黄鶯久住渾相識、欲別頻啼四五声。

(31) 王水照選注『蘇軾選集』（上海古籍出版社、一九八四年）は、「青鳥二句」について「第一句は相手と離れがたい気持ちを、第二句はついに涙ながらに別れなければならないことをいう（上句言対方有情難離、下句言其終於含涙別去）。」

とし、「青鳥」に関して『漢武故事』の例を引き、「これより後、伝信の使者の別称となった。ここでは広く女性を指す（後作為伝信使者的代称、這裏泛指女性）。」と述べる。

唐代侍女男装雑考

菅谷文則

はじめに

唐代墓葬壁画に男装した侍女[1]が描かれていることは、よく知られている。一般的には、則天武后（以後は武則天とする）が大周を建国し、皇帝であった時代（六九〇年九月～七〇五年二月）に始まるとされることが多い。

近年の唐代墓葬の発掘調査の増加と、詳細な報告書の刊行が増加していることから侍女男装の確実な資料が増加してきている。また、男装を着した女の墓葬内での配置、つまり描画されている墓葬内での部位も明らかになってきている。侍女の描画位置の確定はきわめて重要である。なぜなら、唐代墓葬では、なかでも大規模なものは生前の邸宅[2]の配置と構造を墓室の構造に反映させていたからである。唐代の墓葬のうち、首都長安近郊の大規模なものは、南から墓道・甬道・過道と天井《てんせい》下部・墓室が連続して一直線上に配置されている[3]。墓室には石槨が置かれていることが多い。中・小規模墓葬においても甬道・過道・墓室が布設されているのが、普通である。奥壁を北として、いわゆる朝南に配されている。長い甬道には途中に石門・木門があり、長い甬道の性格を変えている。この墓葬、各空間の配置は、唐代邸宅の正寝が石槨、正殿が墓室にあたり、墓門が大門にあたると考えられている。生前の邸宅での生活空間を、冥界の墓室空間の構造に反映させているのである。このことを李憲墓を中心として明確に考証したのが、陝西省考古研究所・研究員の張蘊氏である。(4)

李憲は玄宗皇帝の実兄（本名は李成器・李憲）である。皇帝位の継承を弟の李隆基（玄宗）に譲った李憲（六七八～七四一）の陵を発掘し、調査報告書を執筆した張蘊氏は、李憲墓の甬道の東西壁に描かれていた各二八人の女性の壁画が、『唐六典』巻一二に記されている宮官の典および掌のおのおの二八人に相当すると考証している。また、壁画の侍女の持ち物と、『唐六典』に記された尚宮・尚儀・尚服・尚食・尚寝・尚功の六局の掌事とのあいだに、一定の相関関係があることを論証している。ただし、唐代壁画研究の多くの書籍には、女の男装着用のことは指摘されてはいるが、それを専論で述べたものはない。

一　侍女の男装と、男装の種類

女人の男装は発掘調査報告書の中国語による表現では「女着男装」「男装打扮」「身着男装」「女為男装」などと表記されている。その壁画の人物が、女性であって、男装している根拠としてあげられているのは、①描かれている体つき、②描かれている顔面の表現、③描かれている墓室での位置などを総合的に勘案して女性としている。実は厳密には女性とする確実かつ客観的根拠はないとせざるを得ない。壁画以外にも、人物俑、騎馬俑などにも、男装の女性が表現されている。俑の場合も、やはり総合的判断としておくほかはない。本稿では、壁画資料を主として用いて述べることとする。

唐代の墓葬年代が明確な壁画墓のうち、年紀のもっとも早いものは、唐建国（六一八年）直後の武徳四年（六二一）の賀若厥墓であるが、簡略な概報だけであるので、詳細を知ることが出来ない。二番目に古いものは、高祖李淵の従弟である李寿墓（貞観五年〈六三一年没〉）である。李寿墓の壁画は壮大な出行図と荘園図が中心で、前代からの画題を引き継いでいる。石槨の線刻には侍女の姿があるが、男装はない。三番目以降は、太宗李世民（五九八～六四九）の九嵕山の陪塚群の壁画である。昭陵には多くの陪葬墓がある。[5] また、発掘調査された陪葬墓も多い。発掘調査はいく基にも及んでいるが、その多くは簡報の発表のみ、あるいは出土品などの一部分が図録類に発表されているのみで、正確な資料報告は極めて少ない。[6] 一七基の陪葬墓に壁画が確認されているが、まとまって図版が発表されているのは一三基である。これらは『昭陵唐墓壁画』[7]と『唐新城長公主墓』[8]として発表されている。

楊温（六四〇年埋葬）、長楽公主（六四三年埋葬）、李思摩（六四七年埋葬）の墓葬には、女人男装像はなく、六五一年埋葬の段簡壁（六一七～六五一・没年に埋葬）にいたって始めて見られる。段簡壁は、太宗の外甥女である。一八歳で長孫氏に嫁し、邳国夫人といわれた。第三天井・第四天井・第五天井の東西両壁にあわせて一三名の侍女が描かれていた。各三人が四組に描かれているが、ともに先頭が男装侍女で、二～三番目が女装の女人である。男装の四名は、ともに、黒色の幞頭をかぶり、円領長袖袍を着している。袍の下には波斯錦褌といわれる足首をしばった褌（ズボン）を穿いている。腰間には黒色の革帯をまき、帯の先には金具がつけられている。靴は黒い革製の長靴が二人。ほかの一人は女性用の方頭履をはいている。長靴の二人の褌は、長靴のところで、しぼっていて、長靴には入れられていない。すでに指摘されているが、両手を胸前で拱挙し、男子礼の形態を示している。四人のうち、カラー模写図と、写真が公表されている西壁の二人は、ともに柳眉で、小さい口唇には鮮明な赤色を加えていて、身体が女性であることを強調している（図1）。

図1　段簡壁墓侍女（模写）

六五一年埋葬の段簡壁墓につづく三基の昭陵陪葬墓の壁画は、すべて壁面から脱落していて画題がよくわからない。

それらにつぐ龍朔三年（六六三）埋葬の新城長公主墓は、単行本として報告書が刊行されていて状況がよくわかる。新城長公主は唐太宗李世民の第二一女で、太宗の末娘である。公主は一六歳で唐建国の功臣である長孫操の長子である長孫詮に嫁したが、長孫詮が政変の影響を受け巂州に流放後に殺害されたので、いわゆる離婚となり、つづいて韋正矩に再嫁した。韋正矩の公主に対する処過が悪かったので、公主は暴死してしまった。高宗は大いに怒り、附馬であった韋正矩を殺害した。このように太宗と高宗の厚遇によって、その死後は、皇后礼をもって昭陵に陪葬された。

このことは、新城長公主墓の位置が九嵕山頂に営まれていることによっても示されている。発掘調査の結果では、さほど大規模な墓でなかったことから、皇后礼が、墓葬の構造を主としたものではなく、殯宮から墓までの葬にいたる過程の礼式（いわゆる儀式）に重きをおいていたことがわかる。このことは後述の李憲の皇帝礼による造墓にも通じている。

新城長公主墓は墓道、過道、天井《てんせい》、甬道と墓室で構成されている。壁画は墓道口から墓室にいたる墓壁と、天《てん》井《じょう》に及んでいる。墓道には出行図がある。女性墓主らしく、墓道東壁には擔子図（屋根付きの轎）と牽馬図が描かれ、西壁には牛車図と牽馬図が描かれている。過道・天井・甬道・墓室には、円柱と梁などを描き、柱と柱の間に侍女図を描いている。過道には二人一組の侍女を描き、墓室では三人から四人一組の侍女を描いている。過道は、第一から第五まであるので、一〇枚の壁画がある。第一過道には男性像（侍男）が東西各五人で計一〇人。第二から第五過道までは四壁（東西で八壁）の壁画があり（図2）、表1のように三六人が描かれている。

このうち東壁では四人、西壁では六人の合わせて一〇人が男装である。その持ち物等は、表2のようになる（無と表示したものには、拱手、指先で何かを指し示す、裾を持ち上げるなどが含まれている）。

表1　新城長公主墓の第2～第4過道の侍女の衣服(右側)と持ち物(左側)

	東壁	西壁
第2過道	無	無
	無	盤
	柱	
	無	無
	蓮花	団扇
	柱	
	無	蓮花
	団扇	包
第3過道	無	花束
	蓮花	羽
	柱	
	果盤	無
	果物	無
	柱	
	無	羽根
		花束
第4過道	無	無
	無	無
	柱	
	包	無
	無	無
	柱	
	巻絹	無
		燭台

	東壁	西壁
第2過道	女	女
	男装	女
	柱	
	女	男装
	女	女
	柱	
	女	女
	女	男装
第3過道	女	女
	女	男装
	柱	
	女	女
	男装	女
	柱	
	女	男装
		女
第4過道	女	女
	女	女
	柱	
	男装	女
	女	男装
	柱	
	女	女
		男装

墓室の四面の壁にも柱と梁が描かれ、柱と柱の間に三人から四人の侍女の群像が描かれている。人物は、合わせて三九人に及ぶがすべてが女装の女性である。典型的な侍女は、下半身には縞柄の長裙をつけ、長袖かつ手首までの襦衫をつけ、半帔を着、その上から帔帛を被る。襦衫は身の前面の中央で合わせている。甬道と墓室の女性像の着衣・髪型・花頭靴などの履物には大差はないが、墓室東壁中央間に描かれている四人は髪型が双環望仙髻に結った高髻で、半帔の端を手にとるなど表情豊かに描かれていて、他の墓室壁面の侍女とは少し趣が違っている。

過道と天井に描かれた男装の侍女の衣服は二種に大別できる。第一は、頭部に黒色の幞頭をつけ、各種色彩の円領袍を着し、腰には黒皮の帯をし、脚には黒色の皮製長靴をはく外装である。袍の内着には足首までの細い縞柄のいわゆる波斯褲をはくものである。皮帯には、しばしば嚢を吊る。第四過道西壁北部の一人は、ローソク台を両手で捧げているが、髪型も男性のように編み上げ、額にも扶帯をしている。ただし、口唇には紅をさしてい

図２　新城長公主墓第５天井西壁（右が女装、左が男装）

て女性であることを示している（図２）。第二の衣服は、第三過道西壁の持大羽扇女侍図と名付けられた一人である。この一人は、大襟を折り返したソグド式衣服の特色を取り込んだやわらかい絹地で仕上げた膝下丈の袍を着し、頭には黒色の幞頭を被る。腰帯は黒色の細い物で、向かって右側に嚢と、三本の鞢韄帯《しょうれんたい》を吊っている。手には大きい羽扇を持ち右肩にのせる。顔面には紅を塗り、口唇に小さく紅をさし、女の顔面を表現している。新城長公主墓に描かれたこの一人が、男装の女侍像としては今日までのところ年代が確実な初出資料である。

なお、「大襟」と中国考古学でいっている衣服は、中央アジアからの胡人の来華が多くなった北魏後半から北周代にかけて、中央アジアから流入してきたもので、[9] 男性の衣服であった。形状の特色は、太腿部までの革製上衣で、正中線前面で、とじ合わせていて、袖は細く、大きい襟が特徴である。時には襟を立てて、頸部から頭部上面を覆うことがあった。この形状は、北朝の俑で知ることが出来る。時には片袖脱ぎでも表現されている。俑と北朝の壁画表現からはもとは皮革製の上衣であったらしく、シルクロードの過酷な旅に耐えるものであった。ところが、唐では、もともと円領であった袍に、大襟が取り入れられ、男女なかでも、筋骨たくましい儀衛の男性の服装となっていった（後掲図16）。

大襟の儀衛の代表は、王の身分が回復された七〇六年に乾陵の陵域に埋葬され、七一一年になって章懐太子号が追封された雍王李賢（六五四～六八四、六八〇年に庶人とされた）の墓道壁画（雍王としての壁画）で、皮革ではなく、布帛製となっている。下半身には褲をはく。章懐太子墓の打球図などで騎馬しているものは、上衣の大襟と同色の褲をつけて、長靴を履いている。先の新城長公主墓の羽扇をもつ男装の侍女の着衣として描かれてる大襟

図3
韋貴妃の頭部

図5　韋貴妃墓扶額侍女

図4
韋貴妃墓侍女

図6　燕妃墓侍女

は、章懐太子墓に比べて、約四三年も早い資料(10)である。

昭陵陪葬墓では、麟徳元年（六六四）の鄭仁泰（正一品）、同二年の李震墓(11)（梓州刺使で、李勣の子供）などにも壁画があるが、男装侍女の絵の資料公開はされていない。

乾封元年（六六六）建墓の韋貴妃（五九七〜六六五）は、太宗李世民の貴妃であったが、その祖父が北周の承相で、父は開封儀同三司の貴族世家の娘であった。最初は李珉に嫁したが、李珉が反隋の兵を揚州において挙げ、死亡したので、唐朝成立後に太宗李世民に再嫁した。太宗が六四九年に死亡したのちも高宗の初期に紀国太妃に封ぜられていた。六九歳で東都洛陽において死亡したが、西都郊外の昭陵に陪葬された。その位置は昭陵にもっとも近い。

韋貴妃墓壁画の墓主の面部表現では、新城長公主墓では認められなかった面鈿を加えるなど、新しい顔面装飾が見られる（図3）。また、眉も細い柳眉から、七〇〇年代に流行する荒眉への過渡期で、太い眉の表現となる。甬道などの五人の男装侍女像が公表されている。四人が幞頭をつけ円領長袍に長靴をはく姿で描かれている。面部は化粧が充分されているが、花鈿などはない（図4）。花鈿などの面部への化粧が、貴妃という上位者から始まり、下位におよんだことを示している。他の一人は、幞頭を着けず、幞頭の代わり扶額といわれる帯を巻いている。面部は化粧をしている（図5）。袍の下端には、大きい縫い合わせていない部分（いわゆるスリット）があり、赤地の袍の裏地が白色の布帛を用いていることがわかる。さきの四人のうち、一人が着ている緑色の袍の裏地が赤色であるが、三人にはスリットが認められない。

同じ太宗の貴妃の一人であった燕妃（六〇〇～六七一）も昭陵に咸亨二年（六七一）に陪葬された。男装女人像の壁画は四人が公開されている[12]。ともに幞頭をつけ、膝下丈の円領長袍をまとう。下半身には、縞の褲をはく。脚部の表現は二種あり、尖頭履というサンダルのようなものを履くものが三名（図6）、高頭靴ともいわれる女性用の花頭靴をはくものが一人である。燕貴妃墓は近年の盗掘のために墓主の壁画が失われたことがくやまれる。もし、墓主像が残されていたならば、韋貴妃の像と対比が出来た。

燕貴妃に年代的につづく昭陵陪葬の壁画も多いが、つぎに唐高祖（五六六～六三五）の第六女で、房陵大長公主（六一九～六七三）墓を紹介する[13]。

大長公主は咸亨四年（六七三）に五五歳で没し、高祖の献陵に陪葬された。公主は、はじめは宝奉竇節に嫁し、のちに大長公主として賀蘭僧伽に再嫁している。房陵は献陵の九二・五キロ東北に位置している。過去の乱掘が著しく、封土さえなくなっていたが、二七幅の侍女図があり、うち一五幅の鮮明な写真が公開されている。五人が男装である。五人のうち二人のみが幞頭、大襟の袍、縞の褲をつける。他の三名は、頭髪と面部は女性の表現で大襟の袍と縞の褲をはく。幞頭の二人の面部はともに紅を口唇と頬に入れ、眉は太いが、丸味をもっている。房陵大長公主墓の侍女を描いた壁画の特色は、大胆な墨線描と、頸部から脚底までの人体の比率が、頭部に比べて大きい。男装の侍女の持ち物は、幞頭のものが、銀高脚盃と花盆で、そうでないものは銀八曲杯（左手）・銀小高脚盃（右手）が一人いる。
献陵では、上元二年（六七五）の墓がある。李鳳は高祖の第十五子で、正一品であった。壁画は簡略な見取り図のみが知られている。甬道には一六人の侍女図が描かれていて、そのうち八人の白黒写真が簡報[14]に掲載されているが、うち六人が男装である。描画と、男装の衣服はともに燕貴妃墓のそれに似ている。幞頭の二人は、頭髪は女性のものである。円領が三人、大襟が一人（図7）、不明一人である。

図7　大長公主墓侍女

唐中宗（六五六～七一〇）と則天武后が合葬されている乾陵の陪塚である永泰公主墓は、中国の一九四九年建国から約一〇年目にあたる一九六〇年に発掘調査され、一九六四年に雑誌『文物』一九六四年一期に彩色図版入りで公表された[15]。全長八七・五メートルもの長大な地下墓葬の天井《てんじょう》・床面・側面などを、鮮明な壁画で飾っていた。床面のものは文字報告はない。床面にも加彩されていたことが発掘調査参加者の間に言い伝えられている。その後の発掘調査では墓道床面にも花文が描かれている例が確認されている。

永泰公主・李仙蕙（六八五～七〇一）は、唐中宗の第七女であり、高宗と武則天の孫であった。大足元年（七〇一）に一七歳で武則天によって杖殺された。のち中宗が神竜元年（七〇五）に即位し、七〇六年に公主号を追封した。その遺骸は洛陽から乾陵に運ばれ、附馬の武延基と合葬された。同年、墓を陵とすることも許された。一九六四年に雑誌『文物』一九六四年第一期に簡報が報告され、世界に発信されたところ、世界各地においてその鮮明な墓室壁画、なかでも前室東西壁の宮女図とされている侍女像が注目された。

わたしが男装する侍女に気付いたのは、もう少し遅れてからであった[16]。前室東壁北側の七人の侍女のうち、左端の箱を持つ侍女が大襟の袍を着し、線草靴をはいている（図8）。対する西壁南側の九人のうち、やはり左端一人が（持ちもの不明）袍の男装である。前室東壁南側の九人の侍女のうち左から三人目で杖のようなものを持つ侍女は大襟の袍を着ている。前室では合わせて二五人中三人が男装である。他に出行図、楼閣図などもあったようであるが、詳細な図面または写真の公開はなされていない。この墓は合葬墓である。石槨外面には、侍女の線刻があるが、大襟と円領の袍を着るものがいる。

乾陵の神道を挟んで、西側に章懐太子・李賢墓（七一メートル）と、懿徳太子・李重潤墓（一〇〇メートル）があり、墓道と墓室までの規模は、永泰公主墓（八七・五メートル）に比して大規模である。

懿徳太子墓(17)では、墓道の闕楼図・出行図、そして第一天井東壁の列戟図などがよく知られている。過道には多くの侍女が描かれ、前室・後室にも多く描かれている。なかでも前室東壁南側には六人の群像があり、最後尾の一人が、布包みをもつ男装として描かれているが、頭部以上が脱落していてわからない。同じ前室東壁北側の七人の群像はすべて女装である。向かい合う前室西壁南側の六人、北側の七人の合わせて一三人もすべて女装である。石槨を安置している后室東壁南側の九人の群像では後三人が円領袍を着している。冠や帽子は着用していない。北側にも九人が描かれているが、すべて女装の表現である。後室西壁の大部分は壁面に接して石槨が安置されていて、壁画は描かれていない。

先にも触れた章懐太子墓(18)は、墓道の狩猟出行図と馬毬図・客使図（図9）で知られている。この墓の甬道は中間の門によって前後に分けられているが、前甬道では、侍女とともに、内侍と報告されている宦官が描かれてい

図8　永泰公主墓侍女

図9　章懐太子墓客使男性

る。円領長袍の男装の侍女もいる（図10）。侍女同士は向かい合って会話している情況、宦官と侍女では距離をとった背中合わせや、にこやかに見上げる宦官を冷たく見下ろす侍女の姿もある。男装侍女が、侍女につき従うようにしている状況も認められる。

図10　章懐太子墓侍女

図11　章洞墓侍女

この墓葬では長い甬道の奥（北）に前室と後室があり、その両室をつなぐ短い后甬道がある。ここには笏をもつ宦官が描かれている。後室東壁南側の「小憩図」と名付けられた壁画では女主人が小さい宮苑あるいは府邸のストールに坐り、その後方に二人の円領袍を着た男装侍女が立ち、庭園木と庭石の傍らに大柄な侍女が立つ。その前に笏をとり、躬身拝謁する宦官が描かれている。

また、後室北壁の「游園図」と名付けられた壁画では、女主人が、低木の樹下の庭石に坐して憩う情景を描いているが、左右各二人の侍女（うち一名は男装）を配し、右手前に膝を折った宦官を描き込んでいる。このわずかな事例をもって、全体に及ぼすことは避けるべきであるが、侍女の男装は、宦官の代替ではなかったことを示している。

通説では武則天の時代に宮廷の主人が女性であったので、あえて男装させたといわれているが、武則天よりも遥かに早い時期の昭陵陪葬墓群の新城長公主墓に多くの男装侍女が描かれていることは、武則天の時代に始まったことを示していない。さらに重要なことに、墓室壁画の良好な保存例が少ないなかにあって、章懐太子墓では、男装侍女と宦官が同じ場面に描かれていることで、女主人の後方あるいは側方に立ち、宦官を見下ろすかのように厳粛な状況で描かれている男装侍女は、宦官にはない美を増加させているかと思えるのは、わたしの妄想であろうか。

武則天につづく玄宗時代は、安史の乱によって終末を迎える。そして、唐墓の規模の縮小化が著しくなる。李星明氏が二〇〇五年に発表した唐代壁画墓一覧表によっても陝西省中心の壁画墓一〇一基のうち、七五五年以降のものは、きわめて簡素な壁画を持つ末代皇帝の僖宗陵（文徳元年〈八八八〉）を含めても一六例に過ぎない。

玄宗時代の代表は、玄宗皇帝に皇位を譲った、その兄である李憲（六七九～七四二）の恵陵である。李憲は睿宗の長子であったが、実父である睿宗の橋陵の陪塚として陵制をもって築墓されている。「陵制をもって」とはいえ、墓の規模では橋陵の大面積に比べるべくもない小規模であるが、葬制に関しては皇帝の葬に準じたのであろう。李憲墓は、二〇〇〇年三月から二〇〇一年一月までの間に発掘調査され、二〇〇五年に『陝西省考古研究所田野考古報告』第二九号として報告書が刊行された。

李憲墓には、甬道の左右壁に合わせて五六人の侍女（報告書では、「仕女」と表現している）が描かれている。東壁では二八人、西壁も二八人である。このうち東壁では八人が、西壁では四人が男装である。持ち物は、東壁では、団扇・馬球杆・如意などをもつ。他は胸前で拱手する。持ち物は不明である。西壁では宝函・馬球杆・団扇・包裹などである。墓室東壁壁画では、女主人がストールに腰をおろし、三人の侍女に囲まれている。剣袋様のものをもつ一人が幞頭を着用し、円領長袍の男装である。前面で演奏する五人は男楽人で、その中間で男女各一人が合唱している。墓室北壁では、六人の侍女の群像があるが、後方の一人は幞頭円領袍の男装である。

ところでこの墓室壁画は重要なことを知らせてくれている。女主人の座している後宮に男性楽人と歌手が演奏のため進入していることである。この女主人は李憲の元妃の妻で、開元二八年（七四〇）に没し、恭皇后の称号を贈られている。正妻の正朝に男子が入ることはない。このため正朝と後宮の中間地帯まで御座を進めた思い出

図12　李憲墓石槨侍女線画

の一コマを描いたかもしれない。わたしはまったく根拠はないが、中間地帯での演奏ではないかと思っている。

李憲墓では壁画以外に、男装の侍女を表現した俑が出土している。「大立俑」として報告されている一二体の「男装仕女俑」である。高さが七五センチ～七六・五センチの大形である。他にも大形俑としては「便装仕女俑」とされている三六体の女性俑がある。男性を表したものは、高さが五五センチ以下である。また、石槨の表面に線刻されている一五人の人物は、門扉に描かれた二人の笏を持つ門吏以外は、すべて女性で、うち九名は男装である。持ち物は、剣袋風三人、宝函・如意・団扇（図12）各一人、拱手二人である。女装の四人のうち二人は冠を着している。この冠は、近年に西安南郊の西安理工大学曲江新校区建設にともない発掘調査された高祖李淵の玄孫である李僅（七七一～七三六）の頭上を飾っていたものと似ており、侍女に比して高位の女性であった可能性が残る。このように高位の女性像とともに男装の侍女が描かれていることは、男装が必ずしも、『唐六典』に詳細に分類されている宮官の下位のものではないことを示している。

唐都であった長安の故地である西安市の近郊では多くの壁画墓が発掘調査されていて、上述したように男装を系統的に知ることが出来る。ところが、他の地域ではまとまって出土している壁画墓においては、女装を確認することが出来ない。都の風潮であったことを示している。(19)

二〇〇三年には唐建国の高祖李淵の玄孫にあたる嗣虢王李邕と王妃である扶余氏の合葬墓が発掘調査されている。(20)この墓は七二七年に建墓されているが、王妃は、百済義慈王の息子である隆の子供である扶余徳璋の娘である。隆は唐朝に入ったのちは帯方郡王となっているが、百済王そのものであった。後宮の壁画が示すように王妃が現実の生活していたとするならば、彼女はこの扶余氏が百済王であった時代の百済王室にはなかった男装を取り入れていたらしい（壁画と実生活が完全に一致していたか否かは実証の方法がないため）。唐朝の高位者間における流行の力の大きさを示している。[21]

二　侍女男装のゆくえ

中国古代絵画の一つである張萱筆の『虢国夫人遊春図』の男装は、よく知られている。八頭の馬上に八人が騎馬している。先頭の楊国志につづいて、幞頭長袍の男装が随行している。二人の中間を男装の少女が進む。後方には五頭の馬が二列に描かれていて、最後方の中間の婦人が子供を抱いている。この女性は虢国夫人とする説と乳母とする説などがある。後方には鞭をふっている男装の少女が従っている。この張萱筆と伝える絵画の具体的年代は判明しないが、盛唐とされている。

『宮楽図』は大きい食卓をとり囲んで醴酒を飲み、楽を奏している一〇人の貴婦人に奉仕している二人の少女を描いている。うち一人は拍板を打っている（図13）。二人はともに袍を着した女性であり、晩唐から初宋にも、このような男装があったようである。

唐都長安から遠く離れた高昌国では、男装が流行する。高昌国は、中国新疆ウイグル自治区のトルファンを中心として栄えた漢民族の王国で、一種の植民王国である。麴嘉（四九七～五二〇頃）が建国した。第八代王の麴文泰の時に太宗の派遣した遠征軍のため、麴文泰は突然的に発病して死亡した。ただし、高昌の地は、その後も経済力をもって発展した。この状況をアスターナ墓地などから出土する多くの文物が物語っている。[22]

図13　宮楽図男装女子（模写）

アスターナ墓地第一八七号墓出土の『弈棋仕女図』（日本では美人図とも表現されている）には花紋のある絹地の長

袍を着し、美しく顔面を飾った男装侍女が七人のうち六人いる（図14）。ともに顔面、髪型は女性のそれで、各種の図紋の面鈿が男装侍女にも描かれている。

アスターナでは女性の半披にも大襟が装飾として取り付けられる。アスターナ第二三〇号墓出土の『舞楽美人図』では、向かって右側のみ、大きな三角形の襟が付けられている（図15）。女性本来の衣服に変化しているようである。この片方の襟のみを装飾豊かにすることは、アスターナ第二〇六号墓出土のキルギス風の帽子を着している胡人木俑によって、それが男性から始まっていることがわかる。向かって右側の大襟のみ赤地として、そこに真紅の珠点を加えている。この第二〇六号墓は、高昌国時代のものである。麴氏高昌国とそれにつづく唐の直接支配期には、唐都長安の文化や風潮が色濃く伝えられている。

三　男性官人の服装の変化

乾陵の陪葬墓である懿徳太子墓の墓道には、大画面の出行図がある。公開されている写真と、唐昌東氏による復元的模写図も公開されている。墓道東壁の楼闕図に続く全長八メートルもの出行図には、一〇四人の男性が描かれている。徒歩以外に騎上の八人、牽馬の三人も含まれている。太子大朝時の儀仗場面で、車隊・騎馬隊・歩行隊の三隊で構成されている。三隊の周辺に立つ一四名は赤色の衣服を着るものは、すべていわゆる和服と同じ左前の太腿丈の袍を着けている。下には白色の褲をはく。頭には冠をつける。線皮靴をはく。戦国時代以来の伝

図14　アスターナ187号墓侍女

図15　アスターナ230号墓侍女

統の衣服である。他は、全員が円領の袍を着け、幞頭をかぶる。大襟はいない。西壁の儀仗は九二人で、騎馬・歩行・車輌からなる。衣服は、東壁に同じである。第一天井の列戟図では少し様相が違う。東壁の一三名、西壁では一二人が描かれているが、円領袍のなかに、二人が大襟で描かれている。西壁は全員が円領袍である。いっぽう第一過道の馴豹図では、大襟袍と円領袍が同数に描かれている。

同じ七〇六年の章懐太子墓の墓道東壁の狩猟出行図は一二メートルもの画面に五〇騎の騎馬像と、二匹のラクダが描かれている。円領袍が中心であるが、豹を馬上に座らせているもの、タカを手首に載せている者らは、大襟に描かれている。あるいは漢人の袍と、西域移民の大襟という描き分けがあったようである。ほぼ三割が大襟、三割が円領、三割が側面、背面などで識別できないものとしてよい。西壁の馬球図も大襟が中心で、ともに長靴の表現なども、西域風に描かれている。男性の門吏は大襟を着している（図16）。

すこし、時代の古い壁画の男性の着衣を見てみることとする。北朝の河北省磁県湾漳墓の四二人にもおよぶ儀仗図では、すべてが袍を着している。頭部は幞頭ではなく、平巾幘である。少し遅れる山西省太原の北斉武平元年（五七〇）の婁叡墓では、斜領と表記される和服式の左前の襟のものを着している。ただし、馬上のものは、円領袍の着丈が、腰下ほどで、褌と長靴をつける。西域風がはじまっていることを示している。なかでも、墓道西壁第二層の馬上の一人は、顔つきも西域人に描かれていて、大襟の上衣を着している。この人物は西域人その

図16　章懐太子墓門吏

図17　除顕秀墓儀衛兵（男）

ものであろうか。同じ西壁第三層の部曲鼓吹と名付けられて相対する二人ずつ計四人のうち、大角を吹いている前身頃が描かれている二人は胡服で、黒帯には、嚢・玉環・小刀などが吊り下げられている。

同じ山西省太原の北斉武平二年（五七一）の徐顕秀墓の墓室北壁画は、墓主夫婦が張下に設けた床榻に座している。向かって右に徐顕秀、左に夫人がいて、左右に演奏する人々などがいる。墓主は毛皮をえり巻きとしたユキヒョウ柄の皮外套をはおっている。三〇人に及んでいる男女は、円領袍と、日本の和服系の衣服であるが、ヒザ丈に黒靴を履いている。また、女性の衣服に大きい連珠文が描かれていて西域のしつらえを楽しんでいるように思える。いっぽう、大きい蓋をかけられた引き馬を中心とした出行図の侍者の多くは、胸ぐりが三角形で、そこに小さい三角形の大襟を付けている（図17）。

この大襟の西域から唐への路線上に位置する新疆ウイグル自治区鉄干裏克の鄯善王国墓地で二〇〇三年に発見された四名の男性の飲酒場面は、左手を腰にあて、右手に各種の酒杯をもつ図柄である。ペンジケント最大の邸宅跡から切り取られて、エルミタージュ美術館に所蔵（臨時所蔵番号　一三六〇—一三六二）されている『承認の祝宴』と名付けられたカフタン（長衣）を着ている図像と、描図がきわめて似ている。唐都長安に到着した西域人が着ている衣服は、異文化世界の衣服であって、人々の関心を強くひいたものであった。また、これらの人々が出入りする邸宅の主は、富裕な皇族・高官などであり、有力な商人や地主階級であった。唐墓出土のラクダ引きの俑の大部分の顔面が西域人に作られていることは、西域風のしつらえが富の多いことを示す象徴であったといってもよい。

まとめ

唐王朝における侍女の男装について墓室に描かれた壁画から紹介してきた。墓葬出土の陶俑についても、もう少し詳しく紹介するべきであるが、紙幅などの関係で後日としたい。

北魏の時期から中央アジアから、いわゆる西域人（西国人とする記述も多い）が、陸路を通って移入してきた。さらには、海路を通ることも多かったようである。北魏の西魏・東魏への分裂・独立につづく北周、北斉の建国をへて北中国は、境界の管理がゆるむことを避けることができなかった結果として、西域からの往来が増加し、さらには移民も増加した。このことについては、唐代墓誌の分析を通じて私見を述べているので、再論はしない。(23)

初唐の新城長公主墓から盛唐への時期の長安を中心とする大形の墓葬墓画には、ほぼ男装の侍女が描かれている。また、この風潮は高昌国、渤海国の墓葬にも及んでいて、周縁文化論の立場からも検討する必要があるが、これも後日にしたい。同じ周縁文化圏に属する平城京朝廷の日本ではどうかについても、日本服装史の面からの検討が必要であろう。後世のハカマに通じる貴族女性の下袴などの成立についても考えを及ぼすべきであろう。

ところで、なぜ男装が長安を中心とする都城文化の中で生まれたのであろうか。大袍・長靴・波斯褲などは、もともとはソグドの地域を代表する衣服などであった。太宗李世民が貞観一四年（六四〇）に高昌国を滅亡させ、西州設置以降に、西域人と西域文化が、堰を切ったように唐朝に流入してきた。その中心にいた民族が、突厥であり、ソグドであった。色鮮やかなカフタンを着て、皮の長靴を履いた人々と、大襟を表裏ともに、色とりどりに飾っていた人々の姿は、長安の人々の耳目をそばだてるのに充分であった。

来華した西域人が持ち込んだ胡風は、住の面でも、食の面でも、衣の面においても長安に満ちあふれていたことは、唐詩がよく伝えている。あらためて唐詩をここに転記する必要がない。長安城下の衣服の新鮮さは、ただちに宮殿の奥深くまで情報として伝達されたことであったらしい。それを積極的に女性に着用させたのは、決して通説のように武則天の時代ではなく、太宗の時代には始まっていた。

さらには、宦官とともに墓室壁画に描かれていることは、これら男装の女性が、男性の少ない特別な宮殿に、

図18　薛儆墓石槨の侍女（720年）

男性の代わりとして、男装していたのではないことを示している。多くの墓葬の墓室壁画は、盗掘の目的の中心が、墓室であったことから、多く残されていない。そこに男性の楽人も描かれていたことは、きわめて重要で、男装が男性の代替でなかったことをよく示している。また墓室には配偶者（正妃）が埋葬されているために、明確にしがたいが、附馬と公主（長公主）の合葬では、明らかに公主の墓である壁画にも男装の女性が描かれている。男性を主要な墓主とする多くの墓葬にも男装の女性も描かれている。邸宅内での性差による立ち入り可能地域にも、宦官と楽人は立ち入ることが出来たことをも示している。

こうして考えてみると、城市における最流行の衣服を少し地位の低い侍女に着用させ、そこから速やかにかつ多種の変化系が生み出されたのが男装ではないだろうか。男装自身が女性の好みをひく衣服であったのではないだろうか。ともかくも、男性の代替としての男装ではないことを再度記して、筆を置きたい。

なお、石槨の線刻については、ほとんど述べなかったが、注目すべき資料を一例のみあげておく。山西省万栄県で発掘された唐睿宗（七一〇～七一二）の娘の附馬であった薛儆墓（七二〇年に四二歳で死亡）の墓室に安置された石槨内側に精妙な線刻があった。内側には一七人の侍女が線刻されていたが、六人が幞頭を着用した大襟の侍女で（図18）、手に銀皿二人、小筐一人、包裹二人が彫刻されている。外面には二人の女装の侍女を彫る。[24] 二度と人目にふれないところに男装侍女を彫っていたことにも注目を要しよう。いずれ論じたい。

（1）皇帝宮殿における女性の成員は、皇后以下は、宮官といわれていたが、現在中国の発掘調査報告書や壁画の研究書においても、仕女や侍女らの用語が用いられているので、本稿では侍女で統一しておく。

（2）皇帝および皇后以下の后妃、その子供らの生活する場所は、その身分によって宮殿内の場所と、名称も異なるので、ここでは、一般的な名称を用いている。皇族や高官は、皇帝にならって邸宅や墓葬を設計していた。

（3）宿白『漢唐宋元考古――中国考古学（下）――』（宿白未刊講稿系列、文物出版社、二〇一〇年）。

（4）張蘊「従李憲墓壁画人物職官談墓主墓制規格」（『陝西省考古研究所田野考古報告書』二九、科学出版社、二〇〇五年）。なお、『唐六典』巻一二を表示し、墓葬壁画と関連づけたのは、李求是「談章懐・懿徳両墓的形制等問題」として『文物』一九七二年第七期に掲載されたが、李求是は筆名である。個人による文章なのか、一九七〇年代初期に流行した集団討議記録なのかわからない。

（5）李星明『唐代墓室壁画研究』（陝西省人民美術出版社、二〇〇五年）、羅世平・廖暘『古代壁画』（二〇世紀中国文物考古発掘与研究叢書、文物出版社、二〇〇五年）などに一覧されている。

（6）昭陵陪葬墓の数は、『唐六典』では一五五座である。『長安志』では一六六座としている。考古学の分布調査では一八八座としている（陳志謙『昭陵文物勝跡』陝西省旅游出版社、一九九〇年）。『文物』一九七七年第一〇期では、一六七座としている。

（7）昭陵博物館編『昭陵唐墓壁画』（文物出版社、二〇〇六年）。

（8）陝西省考古研究所・陝西省歴史博物館・礼泉県昭陵博物館編『唐新城長公主墓』（陝西省考古研究所田野考古報告二七、科学出版社、二〇〇四年）。

（9）ソグドの衣服に関しては、影山悦子「ソグド人の壁画」（『ソグド人の美術と言語』臨川書店、二〇一一年）に概説されている。日本での展覧会図録としては、一九八五年の日本経済新聞社などによる『シルクロードの遺宝――古代・中世の東西文化交流――』が美しい。

（10）陝西省博物館、礼泉県文教局唐墓発掘組「唐鄭仁泰墓発掘簡報」（『文物』一九七二年第七期）。墓道の大規模な出行図の線描のみが公表されている。

（11）前掲註（7）に、一二場面の鮮明な写真がある。

（12）前掲註（7）に、三八場面の鮮明な写真がある。

（13）周天游『新城・房陵・永泰公主墓壁画』（唐墓壁画珍品、文物出版社、二〇〇二年）。

(14)　富平県文化館など「唐李鳳墓発掘簡報」(『考古』一九七七年第五期、一九七七年)。
(15)　永泰公主墓の壁画は多くの図録に収録されているが、発掘調査が早い時期にされていて、その後に文化大革命があるなど、社会の激変のために、未刊行と聞いている。現地の壁画は、すべて模写と置き換えられているが、天井(てんじょう)部のものにオリジナルがある。
(16)　菅谷文則「隋唐文化と飛鳥――天平文化のシルクロード――」(『シルクロード学研究叢書』七、シルクロード学研究センター、二〇〇二年)。
(17)　周天游『懿徳太子墓壁画』(唐墓壁画珍品、文物出版社、二〇〇二年)。
(18)　周天游『章懐太子墓壁画』(唐墓壁画珍品、文物出版社、二〇〇二年)。
(19)　註(5)の二書には、陝西関中地区一〇一座、北方地区一八座、南方九座と一覧されている。その後新報告例もない。
(20)　陝西省考古研究院『唐嗣虢王李邕墓』(陝西省考古研究院田野考古報告六四、科学出版社、二〇一二年)。
(21)　なお、開元九年(七二一)の昭陵陪葬墓である契苾夫人墓があることにも注意を払う必要がある。侍女像のいくつかが陝西歴史博物館『唐墓壁画真品選粋』(陝西人物美術出版社、一九九一年)に写真がある。契苾夫人は、鉄勒別部酋長であった契苾何力の娘で、太宗の宮に入っていた。
(22)　以下に紹介する壁画の、美しい全体写真は、東京国立博物館・NHK・NHKプロモーションなど編『日中国交正常化三〇周年記念特別展　シルクロード　絹と黄金の道』東京国立博物館など発行、二〇〇二年)に鮮明な写真が掲載されている。
(23)　菅谷文則『中国出土のソグド人墓誌の考古学的研究』(シルクロード学研究一三、なら・シルクロード博記念国際交流財団、二〇一〇年)、その他で論じている。
(24)　山西省考古研究所『唐代薛儆墓発掘報告』(科学出版社、二〇〇〇年)。

〔図版出典一覧〕

図1　昭陵博物館『昭陵唐墓壁画』(二〇〇六年)。

図2　陝西省考古研究所など『唐新城長公主墓発掘報告』(二〇〇四年)。

図3　昭陵博物館『昭陵唐墓壁画』（二〇〇六年）。
図4　同右。
図5　同右。
図6　同右。
図7　陝西歴史博物館『唐墓壁画珍品　新城、房陵、永泰公主墓壁画』（二〇〇二年）。
図8　中国歴史博物館『中国歴代女性像展』（一九八六年）。
図9　福岡市博物館『唐代壁画展』（一九九二年）。
図10　同右。
図11　同右。
図12　陝西省考古研究所など「唐李憲墓発掘報告」（科学出版社、二〇〇五年）。
図13　中国歴史博物館『中国歴代女性像展』（一九八六年）。
図14　東京国立博物館など『シルクロード　絹と黄金の道』（二〇〇二年）。
図15　同右。
図16　福岡市博物館『唐代壁画展』（一九九二年）。
図17　昭陵博物館『昭陵唐墓壁画』（二〇〇六年）。
図18　陝西省考古研究所など「唐代薛儆墓発掘報告」（二〇〇〇年）。

［追記］　唐中宗の定陵に陪葬された節愍太子墓（七一〇年埋葬）の報告書なども出版されているが、小文の結論には大きく影響しないので、紹介しないこととした。

小文の作成と図版作成については、奈良県立橿原考古学研究所の箕倉永子氏のご援助を受けた。感謝したい。また、武田先生と私を結びつけて下さった朝日新聞社の編集委員であった高橋徹氏にお礼を申し上げたい。

『中国歴代帝后像』と南薫殿《なんくんでん》の図像

堤　一昭

はじめに

大正九年（一九二〇）、内藤湖南は「日本の肖像画と鎌倉時代」と題する講演を行った。聖徳太子の唐本御影から説き起こし、神護寺蔵のいわゆる平重盛・源頼朝像に言及しつつ、鎌倉時代こそが日本の肖像画の全盛期であると結論づけた。その中で、中国の肖像画の作例を紹介するために、『閻立本《えんりつぽん》帝王図』とともに、もう一つの書物をあげている。(1)

近頃支那にて出版されしものに『中国歴代帝后像』と言ふ本あるが、此本は、元来清朝の宮中に南薫殿といふ処ありて歴代帝后の像を蔵し、それに関して清朝の胡敬が『南薫殿図像考《(ママ)》』を著せしが、其記事と『歴代帝后像』とが、大体に於て一致せる所を見れば、帝后像の写真のもとが、南薫殿の原本なる事を推測し得べし。

この『中国歴代帝后像』は、概説書をはじめ各種の書物の図版出典として長らく用いられ、我々の図像イメージの源となってきた（キャプションには、「南薫殿旧蔵」とも記される）。だが南薫殿蔵の図像にもとづくとの内藤の推測は、自明のこととしてとくに論じられることもなかった。本論は、『中国歴代帝后像』とはどのような書物であるのか、また南薫殿蔵の図像との関係はどのようなものなのか、また所載の図像はその後どうなったのかについて、歴史的状況も含めて検証するものである。

一　『中国歴代帝后像』とその周辺——刊行の歴史的意義——

『中国歴代帝后像[2]』は、縦三六・五センチ×横二五センチの大判洋装本一冊である。表紙中央に、縦書きで「中国歴代帝后像」、その上部に英文で“*PORTRAITS OF EMPERORS AND EMPRESSES OF CHINA*”とタイトルを記す。奥付には「珂羅版印　中国歴代帝后像　定価大洋拾元」「印行者　高山澤」「寄售所　有正書局」とあるのみで、刊行年は記されない。各図版の前には半透明の薄紙の頁が入る（同一人物の図像が複数ある場合は最初のみ）。その頁の上部には英文で像主名と治世年代の西暦表示が記される。下部に漢文で像主名（「〇〇〇真像」）、尺寸による図像のサイズ表記、図像状態や服飾の簡単な説明、像主の事蹟が記される。図版の頁には、中央部にモノクロ写真のコロタイプ版（珂羅版）が各一枚載せられる。図版の中には題箋が欠けて見えないものもあるため、図版が一部トリミングされていることも分かる。

扉や目次もなく、図版の通番や頁数もないが、伏羲《ふくぎ》から明熹宗《きそう》（明朝最後から二番目の天啓帝）まで合計で九三名・一一七図像が収められている。本論末尾に、図像の一覧を示す。

一覧して注目すべきは、宋・元・明朝については、次節で述べる南薫殿所蔵図像のまとまり・順序を変えて、皇帝・皇后をペアにして配列していることである。英文での像主名表記、西暦による在位表記とともに欧米からの視線を強く意識している[3]のが本書の特徴といえるだろう。

では本書刊行の歴史的背景と意義はどのようなものだろうか。一九一八年までには刊行されていた本書[4]の前後には、類書も相次いで刊行されていた。『前清十一朝皇帝真像』(有正書局、一九一五年)、『唐閻立本歴代帝王図真蹟』(上海・商務印書館、一九一七年)、『元朝歴代帝后像』(北京・雍和宮、一九一八年)である。[5] 閻立本の「歴代帝王図」と『前清十一朝皇帝真像』を本書の前後に加えれば、「中国」の歴代の君主像がほぼ通覧できることになる。[6]

辛亥革命(一九一一年)ののち、中華民国大総統・袁世凱《えんせいがい》による帝政樹立の動きとその失敗(一九一六年)前後という激動期にあったが、当時は巨視的に見れば欧米の国民国家をモデルとした「中国」の国民/民族国家の創成期にあり、技術史的には印刷により図像が大量生産/消費しうるようになった時代であった。皮肉にも君主制の最末期にあたって、『中国歴代帝后像』は、類書と合わせて「中国」創始から当時までの君主たちの図像を社会にむけて可視化する機能を持ち、それを通して長い歴史をもつ「中国」の存在を内外にアピールする効果を有したのではなかろうか。[7]

なお類書のうち『元朝歴代帝后像』はチンギス・カンから寧宗皇帝后まで一四像を収め、図像の周囲にモンゴル文・漢文対訳の説明文を付したものだが、その体裁からもモンゴル人のナショナリズム興起を背景に持つことが看取される。[8]

二 『中国歴代帝后像』所載図像の由来とその後

所載図像の由来は、内藤が推定したように南薫殿所蔵の図像である。ただし、所載図像を後述する『国朝宮史続編』所載の南薫殿の図像リストと対照すると(本論末の表参照)、帝后のペアになるよう全面的に順序を変え、もとにはない則天武后の図像を加えていることが判明する。また、『中国歴代帝后像』に部分的に載せられた図像(「宋朝后像」「明朝帝后像」など)、まったく載せられなかった図像(「梁武帝像」「歴代帝王像」「聖君賢臣像」など)もある。では、そもそも南薫殿所蔵の図像とは何なのか、それがどのような経緯をたどり、現在どうなっているのかを述べていきたい。

（1） 乾隆帝による改装と南薫殿への収蔵

南薫殿所蔵の図像は、直接には清朝の乾隆帝が宋・元・明朝より伝来した図像を整理・表装し直したものに由来する。(9) 内務府の倉庫に所蔵されていた明朝以前からの歴代帝后の図像を見た乾隆帝は、他の図像と混在して傷みも目立つことから、乾隆一二年（一七四七）一〇月にそれらの整理・改装と、紫禁城の南西隅の南薫殿での保管を命じ、事業が成った翌々年にそのいきさつをみずから文章と詩に記して石碑を南薫殿前に立てた。(10)

この整理・改装後の図像のリストは、清朝宮廷の故実を記した『国朝宮史続編』巻九六に「南薫殿尊像図像」として載る。(11) リストは「軸（掛け軸）」七九、「冊（画帳）」一五、「巻（絵巻物）」三から成る。軸については図像名・材質（絹本、紙本）・縦横寸法・図像中の像主の様態（坐像、立像、半身像）などが、冊については図像名・材質・縦横寸法のほか、最初と最後の像主名、葉数などが、巻については図像名・材質・縦横寸法・像主の様態についての情報が記される。

表では、「南薫殿尊像図像」掲載順に図像の通し番号を施し、同一人物の図像が複数ある場合には図像名に番号（1）（2）……を付した。図像の情報については、まず軸・冊・巻の区別、材質、像主の様態のみを記し、「冊（画帳）」からの図像については、各々その何番目の誰の図像であるかを、後述する胡敬『南薫殿図像攷』『石渠宝笈三編』『（光緒）大清会典』によって付記した。

なお乾隆帝は、乾隆一五年（一七五〇）に清朝の歴代皇帝・皇后の図像を、南薫殿にではなく、紫禁城外の北にある景山の北に寿皇殿を修築して収めた。(12) 前述の『前清十一朝皇帝真像』所載図像はそれに由来する。

（２）嘉慶年間の『石渠宝笈三編』編纂と胡敬による調査・考証

嘉慶二〇年（一八一五）、嘉慶帝により宮中所蔵の書画の詳細な記録『石渠宝笈三編』の編纂が命じられた。それにたずさわった翰林編修の胡敬は、南薫殿所蔵の各図像の詳細な調査・考証を行い、翌年にその成果を『南薫殿図像攷』二巻にまとめ刊行した。『石渠宝笈三編』も二五年（一八二〇）に完成した。これら二書がとりあげる図像は、順序はやや異なるものの『国朝宮史続編』所載の「南薫殿尊像図像」とほぼ同一である。[13]なお嘉慶一一年（一八〇六）に完成した『国朝宮史続編』も、『石渠宝笈三編』も清代には刊行されず、内藤湖南の講演当時（一九二〇年）には見ることができなかった。[14]彼が『南薫殿図像攷』のみをあげているのはそのためである。

（３）清末から民国初期の状況

清末の光緒年間に最後の『大清会典』が編纂され、光緒二五年（一八九九）に漢文版が石版印刷で刊行された。南薫殿を管轄する内務府の広儲司の箇所（巻九〇、２ｂ～４ｂ）に「南薫殿尊蔵古昔帝后聖賢名臣図像」と題するリスト（軸一〇〇、冊一八、巻三）が載せられている。順序は異なるものの『国朝宮史続編』『南薫殿図像攷』『石渠宝笈三編』のリストとほぼ同じである。[15]乾隆帝による改装後の状態が清末まで維持されていたと考えられる。

辛亥革命（一九一一年）ののち、南薫殿を含む紫禁城の「外朝」部分は、民国三年（一九一四）に中華民国内務部の「古物陳列所」管轄下に入った（「内廷」部分には宣統帝がなお住み続けていた）。[16]この時期に歴代帝后の図像は、南薫殿から出されて内々に展観されていたらしい。『九朝律考』で知られる程樹徳は、その年に袁世凱の次子・袁克文《えんこくぶん》の「流水音書屋」（中南海か）を訪ね、「三巨帙」に収まる歴代帝王図像を閲覧している。[17]時は中南海に総統府を置く袁世凱が翌年のみずからの帝政宣言を目ざしている最中である。この状況と『中国歴代帝后像』刊行とがどう関わるのかはまだ分からない。

袁世凱の帝政失敗と死亡後、軍閥内戦期の民国一三年（一九二四）一一月に、馮玉祥《ふうぎょくしょう》のクーデターによって宣統帝は紫禁城を追われ、同月発足した「辨理清室善後委員会」が紫禁城全体の文化財の点検を開始することになる。翌年九月には紫禁城の建物を利用した「故宮博物院」が発足し、南薫殿の図像もその「文献館」に収められたと考えられる。(18)

（4）台北・故宮博物院への収蔵までと元朝図像冊の分散

北京の「故宮博物院」の文化財が、日本との戦争に向かう満洲事変（一九三一年）後の政治状況に鑑みて、上海・南京そして四川・貴州へと疎開したこと、国共内戦後は国民政府とともに台湾に移されて（一九四八年一二月～一九四九年二月）、現在は台北の故宮博物院に収められていることはよく知られている。(19) では南薫殿旧蔵の図像はどうなったのか。

大部分は台北の故宮博物院に収められたが、移らなかったものもあった（表の右端に台北側から見た存（○）佚（×）を記す）。(20) その中で特筆すべきは「元朝帝像」「元朝后像」が台北に、「元朝后妃太子像」が北京に分散したことである。満洲国・蒙疆政権・国民政府そして中国共産党もチンギス・カンの図像を掲げて、モンゴル人の支持を競った時期もあるなど、歴代の帝后図像の中でも元朝の部分、とりわけチンギス・カン像は特別な意味を持つ。(21) 中華人民共和国（国内に内モンゴル自治区を有する）では、一九五三年にチンギス・カンのみの図像を新たに発見し、出版物にはその図像が用いられるようになった。(22) 歴代受け継がれてきた君主図像を所有することの政治的意義をここにも見ることができるのである。

おわりに

『中国歴代帝后像』はそれ自体が、中華民国初期の歴史的条件の中での産物であった。その刊行から百年後の現在も、日本の肖像画史を中国のそれと対照する内藤湖南の視点はなお有効と思われる。「中国」歴代の政権に受け継がれた帝・后をはじめとする図像の全容を知らしめる新たな出版、画像公開が望まれるところである。

(1) 内藤湖南「日本文化史研究」(『内藤湖南全集　第九巻』筑摩書房、一九六九年、一〇〇頁)。内藤は神護寺五像(後白河法皇・平重盛・源頼朝・藤原光能・文覚上人)のうち、重盛・頼朝像と他像の手法の違いに注目し、像主の名づけに疑問を投げかけている。卓見といえるだろう。

(2) 国立情報学研究所のCinii Booksによれば六機関の所蔵にとどまるが、筆者は京都大学文学研究科図書館・桑原(隲《じつ》蔵《ぞう》)文庫所蔵本により調査した。奥付の「有正書局」の上部には、この書局の店舗所在地である蘇州・杭州・北京・上海・天津も記されている。奥付の前の四頁は、書画の複製本を主とする有正書局の刊行書目一覧が入る。

(3) 類例をあつかったものとして、一九世紀後半以降のヨーロッパにおける君主肖像写真の持った社会的意味、その影響を受けた日本における「御真影」の誕生について論じた多木浩二氏の研究(『天皇の肖像』岩波書店、二〇〇二年)や、ヨーロッパの王権にならって天皇と皇后とをペアで国民に示すという意図が形成される状況を論じた武田佐知子氏の研究(「明治天皇の御真影と男性美」『衣服で読み直す日本史　男装と王権』朝日新聞社、一九九八年)が想起される。『中国歴代帝后像』などに所載の過去の君主たちの図像のみならず、同時代の清末民国初の「中国」での君主・統治者・指導者たち(光緒帝、宣統帝、西太后、袁世凱、孫文ら)の図像が社会にどう現れ、どのような意味を付与されたか、日本との違いは何だったかを問い直す必要があるだろう。

(4) 東洋文庫に文求堂(田中慶太郎)から大正七年(一九一八)八月三〇日に納入されたとの記録がある(「東洋文庫大正時代の購入書籍リスト(和書・漢籍)」。東洋文庫のウェブサイト「蔵書検索・書誌・(二)古典籍」参照)。なお本書は再版、複製版刊行はなされていないようである。

（5）『元朝歴代帝后像』の初刊情報は、東堂「成吉思汗画像跋」（『文物』一九六二年第一〇期、一七頁）による。大阪大学外国学図書館・石濱文庫所蔵本（北京・蒙文書社刊行）と『全国蒙文古旧図書資料聯合目録』（呼和浩特、内蒙古人民出版社、一九七九年）の著録情報は一九二六年の再版。なお『清代帝后像』全四期（北平・故宮博物院）の刊行はやや遅れて一九二九〜一九三一年。

（6）前者には一三像（漢昭帝・光武帝・魏文帝（曹丕）・蜀主劉備・呉主孫権・晋武帝・陳文帝・廃帝・宣帝・後主・後周武帝・隋文帝・煬帝）が描かれ、後者の清の十一朝とは太祖・太宗・順治・康熙（二枚）・雍正・乾隆・嘉慶・道光・咸豊・同治の各帝であり、宣統帝は含まれていない。

（7）同様の機能を果たしたものとして、歴史教科書（とくに中華民族の始祖としての黄帝の記述）や歴史地図・歴史図録などもあげられよう（孫江「連続と断絶――二十世紀初期中国の歴史教科書における黄帝叙述――」、並木頼寿ほか編『近代中国・教科書と日本』研文出版、二〇一〇年。田中比呂志「創られる伝統」『歴史評論』二〇〇五年三月号）。中国歴代君主の図像を太古から当時まで一覧しうる先行例として明・王圻『三才図会』人物一〜三（一六〇九年頃刊）などはあるが、各図像は線描でおおむね類型的である。二〇世紀初頭の諸書は、図像の質や、宮廷秘蔵で一般の目に触れなかったものが一挙に現れた点で大きな差異がある。

（8）元朝帝后像のうち、とくにチンギス・カン図像がモンゴル人のナショナリズムにおいて持つシンボル性については、堤一昭「チンギス・カン画像の〝興亡〟――石濱文庫所蔵の満洲国モンゴル人向けカレンダーをめぐって――」（『石濱文庫の学際的研究』平成二三年度大阪大学文学研究科共同研究研究成果報告書、二〇一二年）、および小長谷有紀「チンギス・ハーン崇拝の近代的起源――日本とモンゴルの応答関係から――」（『国立民族学博物館研究報告』三七―四、二〇一三年）参照。清末からのモンゴル語出版物全体を視野に入れた研究がさらに必要であろう。

（9）明朝以前の制作・伝来については、以下の先行研究参照。雷聞「論唐代皇帝的図像与祭祀」（『唐研究』九、二〇〇三年）、小川裕充「北宋時代の神御殿と宋太祖・仁宗坐像について――その東アジア世界的普遍性――」（『國華』一二五五、二〇〇〇年）、井手誠之輔「宋太祖坐像」（『世界美術大全集・東洋編　五　五代・北宋・遼・西夏』小学館、一九九八年、三四六頁）、傅申『元代皇室書画収蔵史略』「二、元初内府収蔵淵源」（台北、国立故宮博物院、一九八一年）、尚剛「蒙、元御容」（『故宮博物院院刊』二〇〇四年三月）、宮崎法子「宮廷絵画」「宮廷画家 太祖洪武帝肖像」（『世界美術大全集・東洋編　第八巻　明』小学館、一九九九年、九九～一〇一頁、三五二頁）、Wen C. Fong, Imperial portraiture in the Song, Yuan and Ming periods, *Ars Orientaris: the art of Islam and the East*, vol.25, 1995, pp.47-60.

（10）『大清高宗純皇帝実録』三〇一（12ａ～13ｂ）、乾隆一二年一〇月辛巳条。鄂爾泰ほか編『国朝宮史』一一宮殿一・外朝、「御製南薫殿奉蔵図像記」ほか（北京古籍出版社、一九九四年、一九九～二〇〇頁）。慶桂ほか編『国朝宮史続編』五三宮殿三・外朝三（北京古籍出版社、一九九四年、四二九頁）。『欽定日下旧聞考』一三国朝宮室（北京古籍出版社、一九八三年、一七四～一七六頁）。

（11）『国朝宮史続編』九六書籍二二・図像（北京古籍出版社、一九九四年、九四三～九四九頁）。ここには続けて、紫光閣に蔵された乾隆時代に武勲を建てた功臣像の記事、茶庫に蔵された歴代の功臣像のリストも載せられている。なお、呉昌綬輯『松鄰叢書』「南薫殿尊蔵図像目」（民国六～七年（一九一七～一八）仁和呉氏雙照楼刊本）、朱偰『北京宮闕図説』（北京古籍出版社、一九九〇年（原著：上海・商務印書館、一九三八年）、四〇～四五頁）所載のリストは『国朝宮史続編』によったものである。

（12）『大清高宗純皇帝実録』三六四（10ｂ～13ａ）、乾隆一五年五月辛亥条。『国朝宮史』一四宮殿四・景山（二六四～二六六頁）。『国朝宮史続編』六一宮殿一一・内廷八・寿皇殿（五一一～五一三頁）。『欽定日下旧聞考』巻一九国朝宮室（二五九～二六一頁）。

（13）『国朝宮史続編』の「南薫殿尊像図像」、『石渠宝笈三編』には載る「唐太宗像」二軸（宮九、一〇）、満漢合璧の「孔子世家像」が『南薫殿図像攷』にはない。胡敬の伝は『清史列伝』巻七三所収。

（14）『国朝宮史続編』が活字版で刊行されたのが民国二一年（北平・故宮博物院、一九三二年）、『石渠宝笈三編』全体が影印版で刊行されたのは民国五八年（台北・故宮博物院、一九六九年）のことである。なお『石渠宝笈』の正編・続編は乾隆年間に完成したが、南薫殿の書画はとりあげられていない。

（15）「冊（画帳）」の図像の内訳を記し、『国朝宮史続編』巻九六では別の「茶庫蔵貯図像」のリストに載る二一軸（漢張良像から明姚広孝像まで）と三冊（「歴代功臣像」「唐名臣像」「唐宋名臣像」）をも含んでいる点が異なる。

（16）荘厳著／筒井茂徳・松村茂樹訳『遺老が語る故宮博物院』（二玄社、一九八五年、六頁）。

（17）程樹徳『国故談苑』二「歴代帝后図像」（上海・商務印書館、一九三九年、一一八～一二〇頁）。「三巨帙」は帝王・

皇后・名臣の三つで、彼は半日で前の二つを見たのみという。「梁武帝」「唐太宗」「明成祖」「明武宗」のような軸、元の皇后像のような冊、「明宣宗行楽図」のような巻と思しきものについての記述がある。南薫殿の図像が当時どんな形態で保管されていたのか、さらに考察を要する。

（18）古谷奎二『故宮博物院物語』（頑文社、一九八三年、一二三～一三七頁）、前掲註（16）『遺老が語る故宮博物院』一三三頁。

（19）前掲註（18）『故宮博物院物語』第六章、第七章。一九三九年九月一三日の見聞が記される今西春秋「北京通信：文淵閣・寿皇殿・皇史宬を観るの記」（『東洋史研究』五―一、一九三九年）には、すでに寿皇殿の清朝歴代帝后の図像も「南遷」したことが記される。なお先述の閻立本「歴代帝王図」がボストン美術館に収まる前の状況については、青江舜二郎『竜の星座――内藤湖南のアジア的生涯――』（中公文庫、一九八〇年、二五三～二五四頁）参照。

（20）蔣復璁「国立故宮博物院蔵清南薫殿図像存佚考」（『故宮季刊』八―四、一九七二年）。

（21）前掲註（8）参照。

（22）前掲註（5）東堂論文。西澤寛ほか編『中国・内モンゴル自治区博物館所蔵 チンギス・ハーンとモンゴルの至宝展』（東映、二〇〇八年）には、このチンギス・カン像とともに「元朝后妃太子像」の四像（本論末の表の番号で55、60、72、73）がカラー図版で掲載される。なお、二〇〇五～二〇〇六年にドイツで開催された、モンゴル帝国創立八〇〇年を記念した大規模な展覧会「チンギス・カンとその後継者たち：モンゴルの世界帝国」とその図録によって、「元朝帝像」「元朝后像」両図冊の全貌が明らかになった（*Dschingis Khan und seine Erben: Das Weltreich der Mongolen*, München : Hirmer, pp.303-311）。なお図録中の「元朝后像」の図版三四九と三五〇の順序は逆になっている。

「『中国歴代帝后像』所載図像と「南薫殿尊像図像」の対照表

『中国歴代帝后像』				「南薫殿尊像図像」(『国朝宮史続編』巻96)						佚存
通番		像主名	図像についての情報	通番		図像名	図像についての情報			
歴	1	伏羲	坐像. 上部に賛	宮	1	宓犧氏像	軸		坐像	○
歴	2	帝堯		宮	2	帝堯像	軸	絹本	立像	○
歴	3	夏禹		宮	3	夏禹王像	軸	絹本	立像	○
歴	4	商湯		宮	4	商湯王像	軸	絹本	立像	○
歴	5	周武王		宮	5	周武王像	軸	絹本	立像	○
歴	6	唐高祖		宮	7	唐高祖像	軸	絹本	立像	○
歴	7	唐太宗	立像	宮	8	唐太宗像(1)	軸	絹本	立像	○
歴	8	〃	半身像	宮	9	唐太宗像(2)	軸	絹本	半身像	○
歴	9	〃	立像. 上部に賛	宮	10	唐太宗像(3)	軸	絹本	立像	○
歴	10	唐武后	半身像. 正面, 時代は下るか	[対応する図像なし]						—
歴	11	後唐荘宗		宮	11	後唐荘宗像	軸	絹本	立像	○
歴	12	宋宣祖	坐像	宮	12	宋宣祖像(1)	軸	絹本	坐像	○
歴	13	〃	半身像	宮	13	宋宣祖像(2)	軸	絹本	半身像	×
歴	14	宋宣祖昭憲皇后		宮	68	宋宣祖后像	軸	絹本	坐像	○
歴	15	宋太祖	坐像	宮	14	宋太祖像(1)	軸	絹本	坐像	○
歴	16	〃	半身像.「趙太祖」. 宮16, 17のいずれかか	宮	16	宋太祖像(3)	軸	絹本	半身像. 歴16は宮17の可能性あり	○
歴	17	宋太宗		宮	18	宋太宗像	軸	絹本	立像	○
歴	18	宋真宗		宮	19	宋真宗像(1)	軸	絹本	坐像	○
歴	19	宋真宗皇后		宮	69	宋真宗后像	軸	絹本	坐像	○
歴	20	宋仁宗		宮	21	宋仁宗像	軸	絹本	坐像	○
歴	21	宋仁宗皇后	坐像. 両脇に侍女が立つ	宮	70	宋仁宗后像	軸	絹本	坐像	○
歴	22	宋英宗		宮	22	宋英宗像(1)	軸	絹本	坐像	○
歴	23	〃	半身像	宮	23	宋英宗像(2)	軸	絹本	半身像	×
歴	24	宋英宗宣仁聖烈皇后		宮	71	宋英宗后像	軸	絹本	坐像	○
歴	25	〃	半身像	宮	84	宋朝后像	冊	絹本	第4像	○
歴	26	宋神宗	半身像	宮	25	宋神宗像(2)	軸	絹本	半身像	×
歴	27	宋神宗皇后		宮	72	宋神宗后像	軸	絹本	坐像	○
歴	28	宋哲宗		宮	26	宋哲宗像	軸	絹本	坐像	○
歴	29	宋哲宗昭慈聖献皇后	半身像.「哲宗皇后像」	宮	84	宋朝后像	冊	絹本	第6像	○
歴	30	宋徽宗		宮	27	宋徽宗像(1)	軸	絹本	坐像	○

歴	31	宋徽宗皇后		宮	74	宋徽宗后像	軸	絹本	坐像	○
歴	32	〃	半身像	宮	84	宋朝后像	冊	絹本	第７像	○
歴	33	宋欽宗		宮	29	宋欽宗像（１）	軸	絹本	坐像	○
歴	34	〃	半身像	宮	30	宋欽宗像（２）	軸	絹本	半身像	×
歴	35	宋欽宗仁懐皇后		宮	75	宋欽宗后像	軸	絹本	坐像	○
歴	36	宋高宗		宮	31	宋高宗像	軸	絹本	坐像	○
歴	37	宋高宗皇后		宮	76	宋高宗后像	軸	絹本	坐像	○
歴	38	宋孝宗		宮	32	宋孝宗像	軸	絹本	坐像	○
歴	39	宋光宗		宮	33	宋光宗像	軸	絹本	坐像	○
歴	40	宋光宗皇后		宮	77	宋光宗后像	軸	絹本	坐像	○
歴	41	宋寧宗		宮	34	宋寧宗像	軸	絹本	坐像	○
歴	42	宋寧宗皇后		宮	78	宋寧宗后像	軸	絹本	坐像	○
歴	43	〃	半身像	宮	84	宋朝后像	冊	絹本	第12像	○
歴	44	宋理宗		宮	35	宋理宗像（１）	軸	絹本	坐像	○
歴	45	宋度宗		宮	37	宋度宗像	軸	絹本	坐像	○
歴	46	元太祖	半身像	宮	83	元朝帝像	冊	像絹本, 標題紙本	第１像	○
歴	47	元太宗	半身像	宮	83	元朝帝像	冊	像絹本, 標題紙本	第２像	○
歴	48	元世祖	半身像	宮	83	元朝帝像	冊	像絹本, 標題紙本	第３像	○
歴	49	元世祖皇后	半身像	宮	85	元朝后像	冊	絹本	第１像. 世祖皇帝后徹伯爾	○
歴	50	元成宗	半身像. 左右逆版	宮	83	元朝帝像	冊	像絹本, 標題紙本	第４像	○
歴	51	元順宗皇后	半身像	宮	85	元朝后像	冊	絹本	第２像. 順宗皇帝后塔済	○
歴	52	元武宗	半身像	宮	83	元朝帝像	冊	像絹本, 標題紙本	第５像	○
歴	53	元武宗皇后	半身像. 54～57と別人	宮	85	元朝后像	冊	絹本	第３像. 武宗皇帝后珍格	○
歴	54	〃	半身像. 56, 57と別人	宮	85	元朝后像	冊	絹本	第５像. 武宗皇帝后済雅図皇帝母	○
歴	55	〃	半身像. 54と同一人, 顔部分拡大	宮	86	元朝后妃太子像	冊	紙本, ２のみ絹本	第４像. 武宗皇帝后済雅図皇帝母	×
歴	56	〃	半身像	宮	85	元朝后像	冊	絹本	第４像. 武宗皇帝后	○
歴	57	〃	半身像. 56と同一人, 顔部分拡大	宮	86	元朝后妃太子像	冊	紙本, ２のみ絹本	第５像. 武宗皇帝后	×
歴	58	元仁宗	半身像	宮	83	元朝帝像	冊	像絹本, 標題紙本	第６像	○
歴	59	元仁宗皇后	半身像	宮	85	元朝后像	冊	絹本	第６像. 仁宗皇帝后	○
歴	60	〃	半身像. 59と同一人, 顔部分拡大	宮	86	元朝后妃太子像	冊	紙本, ２のみ絹本	第２像. 仁宗皇帝后	×
歴	61	元英宗皇后	半身像	宮	85	元朝后像	冊	絹本	第８像. 英宗皇帝后	○
歴	62	〃	半身像. 61と同一人, 顔部分拡大	宮	86	元朝后妃太子像	冊	紙本, ２のみ絹本	第３像. 英宗皇帝后, または第７像. 英宗皇帝后	×
歴	63	〃	半身像. 61, 62と別人.「英宗皇帝后」	宮	85	元朝后像	冊	絹本	第７像. 英宗皇帝后	○
歴	64	〃	半身像. 63と同一人, 顔部分拡大	宮	86	元朝后妃太子像	冊	紙本, ２のみ絹本	第３像. 英宗皇帝后, または第７像. 英宗皇帝后	×

歴	65	元明宗皇后	半身像	宮	85	元朝后像	冊	絹本	第９像. 明宗皇帝后	○
歴	66	〃	半身像. 65と同一人, 顔部分拡大	宮	86	元朝后妃太子像	冊	紙本, ２のみ絹本	第６像. 明宗皇帝后	×
歴	67	(元文宗)	半身像. (解説頁を欠く)	宮	83	元朝帝像	冊	像絹本, 標題紙本	第７像	○
歴	68	元寧宗	半身像	宮	83	元朝帝像	冊	像絹本, 標題紙本	第８像	○
歴	69	元寧宗皇后	半身像	宮	85	元朝后像	冊	絹本	第10像寧宗皇帝后額森図嚕黙色	○
歴	70	元后納罕	半身像	宮	85	元朝后像	冊	絹本	第11像. 后納罕	○
歴	71	〃	半身像. 70と同一人, 顔部分拡大	宮	86	元朝后妃太子像	冊	紙本, ２のみ絹本	第８像. 后納罕	×
歴	72	平王諾木罕	半身像.「平王諾木罕　世祖皇帝第四子」	宮	86	元朝后妃太子像	冊	紙本, ２のみ絹本	第13像. 平王諾木罕	×
歴	73	雅克特古思	半身像	宮	86	元朝后妃太子像	冊	紙本, ２のみ絹本	第14像. 雅克特古思文宗太子	×
歴	74	元帝后	半身像	宮	85	元朝后像	冊	絹本	第12像. (無標題)	○
歴	75	〃	半身像. 左右逆版	宮	85	元朝后像	冊	絹本	第13像. (無標題)	○
歴	76	〃	半身像. 左右逆版	宮	85	元朝后像	冊	絹本	第14像. (無標題)	○
歴	77	〃	半身像	宮	85	元朝后像	冊	絹本	第15像. (無標題)	○
歴	78	〃	半身像. 77と同一人, 顔部分拡大	宮	86	元朝后妃太子像	冊	紙本, ２のみ絹本	第１像, 第９像, 第10像, 第11像(すべて無標題)のいずれか	×
歴	79	〃	半身像. 74と同一人, 顔部分拡大	宮	86	元朝后妃太子像	冊	紙本, ２のみ絹本	〃	×
歴	80	〃	半身像. 75と同一人, 顔部分拡大	宮	86	元朝后妃太子像	冊	紙本, ２のみ絹本	〃	×
歴	81	〃	半身像. 76と同一人, 顔部分拡大	宮	86	元朝后妃太子像	冊	紙本, ２のみ絹本	〃	×
歴	82	明太祖	坐像. 壮年期	宮	39	明太祖像(２)	軸	絹本	坐像(82は, 宮40, 41, 42, 48の可能性もある)	○
歴	83	〃	半身像. 老年期	宮	47	明太祖像(10)	軸	紙本	半身像	○
歴	84	明太祖皇后		宮	79	明孝慈高皇后像	軸	紙本	半身像	○
歴	85	〃	髪飾り小, 老年期	宮	87	明朝帝后像(上)	冊	絹本	第２像２. 孝慈高皇后か	○
歴	86	明成祖		宮	50	明成祖像	軸	絹本	坐像	○
歴	87	明成祖皇后	半身像	宮	87	明朝帝后像(上)	冊	絹本	半身像, ９葉, 18像のうち第４像. 仁孝文皇后	○
歴	88	明仁宗		宮	51	明仁宗像	軸	絹本	坐像	○
歴	89	明仁宗皇后	半身像	宮	87	明朝帝后像(上)	冊	絹本	半身像, ９葉, 18像のうち第４像. 仁孝文皇后	○
歴	90	明宣宗		宮	52	明宣宗像(１)	軸	絹本	坐像	○
歴	91	〃		宮	54	明宣宗像(３)	軸	絹本	立像(推定)	○
歴	92	明宣宗皇后	半身像	宮	87	明朝帝后像(上)	冊	絹本	第８像. 孝恭章皇后	○
歴	93	孝恵皇后	半身像	宮	87	明朝帝后像(上)	冊	絹本	第９像. 孝恵皇后	○
歴	94	明英宗		宮	55	明英宗像	軸	絹本	坐像	○
歴	95	明英宗皇后	「孝荘睿皇后」	宮	87	明朝帝后像(上)	冊	絹本	第11像. 孝荘睿皇后	○
歴	96	明孝粛皇后	95と同一人か.	宮	87	明朝帝后像(上)	冊	絹本	第14像. 孝粛皇后	○
歴	97	明憲宗		宮	56	明憲宗像	軸	絹本	坐像	○

歴	98	明憲宗皇后		宮	87	明朝帝后像(上)	冊	絹本	第13像. 孝貞純皇后	○
歴	99	明孝宗		宮	57	明孝宗像	軸	絹本	坐像	○
歴	100	明孝宗皇后	「孝康敬皇后」	宮	87	明朝帝后像(上)	冊	絹本	第16像. 孝康敬皇后	○
歴	101	明武宗		宮	58	明武宗像	軸	絹本	坐像	○
歴	102	明武宗皇后		宮	87	明朝帝后像(上)	冊	絹本	第18像. 孝静毅皇后	○
歴	103	明世宗		宮	61	明世宗像	軸	絹本	坐像	○
歴	104	明世宗皇后	孝潔粛皇后	宮	88	明朝帝后像(下)	冊	絹本, 11～15紙本	第 2 像. 孝潔粛皇后	○
歴	105	〃	孝恪杜皇后	宮	88	明朝帝后像(下)	冊	〃	第 3 像. 孝恪皇后	○
歴	106	明穆宗		宮	62	明穆宗像	軸	絹本	坐像	○
歴	107	明穆宗皇后		宮	88	明朝帝后像(下)	冊	絹本, 11～15紙本	第 5 像. 孝懿荘皇后	○
歴	108	明孝安皇后	「孝安皇后」	宮	88	明朝帝后像(下)	冊	〃	第 6 像. 孝安皇后	○
歴	109	明孝定皇后	「孝定皇后」	宮	88	明朝帝后像(下)	冊	〃	第 7 像. 孝定皇后	○
歴	110	明神宗		宮	63	明神宗像	軸	絹本	坐像	○
歴	111	明神宗皇后	「孝端顕皇后」	宮	88	明朝帝后像(下)	冊	絹本, 11～15紙本	第 9 像. 孝端顕皇后	○
歴	112	明孝靖皇后	「孝靖皇后」	宮	88	明朝帝后像(下)	冊	〃	第10像. 孝靖皇后	○
歴	113	明光宗		宮	64	明光宗像(1)	軸	絹本	坐像	○
歴	114	明光宗皇后	「孝元貞皇后」	宮	88	明朝帝后像(下)	冊	絹本, 11～15紙本	第12像. 孝元貞皇后	○
歴	115	明孝和皇后		宮	88	明朝帝后像(下)	冊	〃	第13像. 孝和皇后	○
歴	116	明孝純皇后		宮	88	明朝帝后像(下)	冊	〃	第14像. 孝純皇后	○
歴	117	明熹宗		宮	66	明熹宗像(1)	軸	絹本	坐像	○

【『中国歴代帝后像』に一部が載せられた南薫殿所蔵図像】

宮	84	宋朝后像	冊	絹本	半身像, 12葉, 12像	○
宮	87	明朝帝后像(上)	冊	絹本	半身像, 9 葉, 18像	○
宮	88	明朝帝后像(下)	冊	絹本, 11～15紙本	半身像, 9 葉, 18像	○

【『中国歴代帝后像』に載せられなかった南薫殿所蔵図像】

宮	6	梁武帝像	軸	絹本	立像	○
宮	15	宋太祖像(2)	軸	絹本	立像	○
宮	17	宋太祖像(4)	軸	絹本	半身像	○
宮	20	宋真宗像(2)	軸	絹本	半身像	○
宮	24	宋神宗像(1)	軸	絹本	坐像	○
宮	28	宋徽宗像(2)	軸	絹本	半身像	○

宮	36	宋理宗像（2）	軸	絹本	半身像	○
宮	38	明太祖像（1）	軸	紙本白描	半身像	○
宮	40	明太祖像（3）	軸	絹本	坐像　※坐像のうち一像は佚（×）	○
宮	41	明太祖像（4）	軸	絹本	坐像　※坐像のうち一像は佚（×）	○
宮	42	明太祖像（5）	軸	絹本	坐像　※坐像のうち一像は佚（×）	○
宮	43	明太祖像（6）	軸	紙本	坐像　※坐像のうち一像は佚（×）	○
宮	44	明太祖像（7）	軸	紙本	坐像　※坐像のうち一像は佚（×）	○
宮	45	明太祖像（8）	軸	紙本白描	半身像	○
宮	46	明太祖像（9）	軸	紙本	坐像　※坐像のうち一像は佚（×）	○
宮	48	明太祖像（11）	軸	絹本	坐像　※坐像のうち一像は佚（×）	○
宮	49	明太祖像（12）	軸	紙本白描	半身像	○
宮	53	明宣宗像（2）	軸	絹本	馬上像	○
宮	59	明興獻王像（1）	軸	絹本	坐像	○
宮	60	明興獻王像（2）	軸	絹本	坐像	○
宮	65	明光宗像（2）	軸	絹本	坐像	○
宮	67	明熹宗像（2）	軸	絹本	坐像	○
宮	73	宋哲宗后像	軸	絹本	坐像	○
宮	80	歴代帝王像	冊	絹本	半身像, 19葉, 37像	○
宮	81	聖君賢臣像	冊	絹本白描	全身像, 23葉, 46像	○
宮	82	宋朝帝像	冊	像絹本, 標題紙本	半身像, 16葉, 16像	○
宮	89	歴代聖賢像	冊	絹本	半身像, 31葉, 62像	○
宮	90	孔子世家像	冊	絹本	15葉, 毎葉満漢合璧	不明
宮	91	至聖先賢像	冊	紙本	半身像, 60葉, 120像	○
宮	92	歴代聖賢名人像	冊	紙本	23葉？, 45像	×
宮	93	明太祖御筆（上）	冊	紙本	硃墨筆49葉, 釈文49葉	○
宮	94	明太祖御筆（下）	冊	紙本	硃墨筆28葉, 釈文28葉	○
宮	95	明宣宗行楽図	巻	絹本	5像	不明
宮	96	明世宗出警図	巻	絹本	坐像	○
宮	97	明世宗入蹕図	巻	絹本	坐像	○

帛御服と御祭服についての諸問題

津田大輔

はじめに

天皇の神事服については、平安時代前期の嵯峨朝の服制に関連して触れられる他、[1]近世以後のものについては、宍戸忠男氏による論考がある。[2]しかし独立した論文に断片的に触れられても、その成果が広く共有されがたく、また内容に「透き間」が生じてしまう。本稿では、過去の優れた論考に助けられつつ、対象を通時的に見てゆく。

一　起源および「帛」の名称

『日本紀略』弘仁一一年（八二〇）二月一日条の詔（以下「御服詔」と呼ぶ）によると、「大小諸神事及季冬奉幣諸陵」に際し、天皇は「帛衣」を着用し、皇后もまた「助祭」に際して「帛衣」を着用するという。唐における皇帝の祭祀服は冕《べん》服であったから、この規定は日本色の強いものであった。

天皇の神事に「帛」の服が用いられたことがわかる古い資料は、天平頃と思われる「二条大路木簡」[3]である。その表面には、

神今木　御服進（帛御袴一・赤帛下御袴一）　　※以下分注は（　）内に一行で表記する

と記され、天皇みずから神に酒食を供える神今食《じんごんじき》で「帛御袴」等が用いられたことがわかる。「御袴」は後世の束帯の表 袴《うえのはかま》、「下御袴」は大口にあたるであろう。なお、平安時代中期以降天皇がみずから神膳を供える祭祀は、六月・一二月の神今食と一一月の新嘗祭、および即位後初めて行う新嘗祭である大嘗祭のみである。古い時代についても、やはり天皇みずから神膳に奉仕する祭祀は限られていたであろう。「神今木」は「神今食」の和訓「かむいまけ」の当て字である。

『説文解字』巻七下(4)によると、帛の字は、「繒《そう》」すなわち絹の生地の意味である。古代日本では右の木簡の「赤帛」という用法に見るように白に限らなかった。「正倉院文書」においても「帛」の字は、色名を冠する場合(5)とこれを伴わない場合とがあり、後者が圧倒的に多い。伴わない場合、多くは白であったと思われる。それは「礼服礼冠目録断簡」(6)の中で聖武上皇の礼服に「帛袷袍一領」光明皇太后の礼服に「帛綾袷袍一領」とあるものが、『東大寺勅封蔵目録記』建久四年（一一九三）八月二五日条に「白礼服二具」と記されていることからもわかる。また『養老令』の「喪葬令」には、天皇が「二等以上親」の喪に服する時の服の(7)「錫紵《しゃくじょ》」（浅黒色）に対し、軽い喪においては「除帛衣外通用雑色」とある。『令義解』によると、この喪服にしてはならないとされる「帛衣」とは「白練衣」をさした。なお『広漢和辞典』（大修館書店）は帛について「きぬ」と解説した上で、『儀礼』聘礼篇の「受享束帛加璧」に付された鄭玄（一二七〜二〇〇）の注「帛今之璧色繒也」を引いて「しろぎぬ」の意味もあると指摘する。しかし璧玉は白に限らない。唐の賈公彦の『儀礼疏』（『十三経注疏』所収）(8)は、この鄭玄注を引き「則此束帛亦与璧色同。以其相配。但未知正用何色耳」と説明する。すなわち「璧に同じ色の束帛を添える」と解するのみである。

二　御服詔の内容

『日本紀略』の御服詔の全文は、

詔曰、云々。其朕大小諸神事及季冬奉幣諸陵、則用帛衣。元正受朝則用袞冕十二章。朔日受朝・同聴政・受蕃国使、奉幣及大小諸会、則用黄櫨染衣。皇后以帛衣為助祭之服。以□衣為元正受朝之服。以鈿釵礼衣為大小諸会之服。皇太子従祀及元正朝賀、可服袞冕九章。朔望入朝・元正受群官若宮臣賀・及大小諸会、可服黄丹衣。並常所服者不拘此例。

である。皇后の□衣は、唐の規定との比較から「褘衣」の誤写の可能性が高い。また近世に成立した『有職抄(9)』の礼服の項には、

嵯峨天皇弘仁十一年二月詔ニ曰。皇帝皇后之衣服之制度是ヲ稽ス、令条ニ闕シテノセス。朕即位及ヒ元正之朝賀ヲウクルニハ袞冕十二章ヲ用シ、皇太子ハ元正之朝賀ニ袞冕九章ヲ服シ、皇后ハ褘衣ヲ以テ元正（ママ）ス朝賀ヲウクル服トセヨト云々。

とある。『有職抄』は三条西実隆の著とされる『装束抄(10)』を増補したものであり、天理大学附属天理図書館蔵の『日本後紀』が三条西家伝来であることから(11)、現存しない『日本後紀』の当該条よりの引用の可能性がある。礼服以外の記事を略しており、訓も怪しいが、『紀略』が「云々」と略した内容が含まれ、この詔の趣旨が「衣服令」を補足する意図であったことがわかる。また、『小野宮年中行事』所引『貞観臨時格』には、御服詔に「喪葬令」の記事を付加した内容の条文がみられる。

御服詔は、弘仁九年（八一八）三月の「其朝会之礼、及常所服者、又卑逢貴而跪等、不論男女、改依唐法」という詔とともに、唐風化の進行の事例といえるものであるが、『内裏式』（弘仁一二年成立、天長一〇年〈八三三〉修

訂）の「十一月新嘗会」（豊明節会）に「小斎不論高下、皆着青揩袍」とあることに関連づけて、神事においては嵯峨朝に至り日本的な服飾制度が規定されたと見ることもできる。(12) ただし神事に関連する青摺の使用は『官曹事類』逸文養老五年（七二一）九月一一日の斎王井上王の新造宮移徙の記事にも見られ、(13)『内裏式』ではじめて神事服としての青摺衣が制定されたという説には疑問もあるが、唐風化の進行の過程で神事服がその流れと訣別したという認識は大筋で認めて良いであろう。

なお、「衣服令」では礼服について「大祀・大嘗・元日則服之」とある。この大祀・大嘗の定義については諸説があるが、少なくとも重大な神事に礼服を着る規定であったことは疑いない。また、御服詔には皇太子の帛服の規定が無く、皇太子の「従祀」の服として袞冕九章が規定されている。「従祀」とは、『唐六典』の皇太子袞冕の記事に「侍従皇帝祭祀」とあることをさすのであろうから、天皇が帛衣を着て祭祀をする時に、皇太子が袞冕で参列することになり、著しく均衡を欠く。「衣服令」を踏まえると、弘仁一一年の段階では、一世一代の大嘗祭等に臣下が礼服を着用する想定であったとすれば、(14) 皇太子の礼服着用も無理はないが、もしすでに神事用の束帯形の青摺衣（小忌衣《おみごろも》）が成立していたなら、皇太子の冕服着用は不自然である（皇太子自身は大嘗宮外に参列する「大忌」であるから、もとより小忌衣は着ないが）。なお、先に引いた「礼服礼冠目録断簡」が、聖武上皇と光明皇太后の礼服を「帛」と記すこと、衣服令の色名を列挙した条に白を最初に記し、次に皇太子の黄丹を記すことから、奈良時代の天皇礼服は冕冠と白い礼服であったとする説があり、(15) 弘仁一一年の詔の「帛衣」も後世の束帯の形式のものでなく、奈良時代以来の冕冠と「帛」の天皇礼服の組み合わせを指した可能性もある。それならば皇太子の袞冕との不均衡も解消するが、この問題については紙幅の関係上、仮説の提示に留める。(補註)

皇后の「帛衣」は「助祭」の服とある。『唐六典』では皇后の褘衣を「受冊・助祭・朝会」の服と定める。唐では皇后主催の祭祀は「先蚕」だけであり、(16) この時は「鞠衣」を用いたから、「助祭」は皇帝の祭祀に参加することを意味する。日本では西本昌弘氏が弘仁六年新嘗祭に皇后が参加した事例を指摘する。(17) その後、皇后の「助祭」の実例は確認されないが、中世には斎院・斎宮が使用した。『中右記』大治四年（一一二九）四月一九日条によると、「斎王今夜着帛御装束給、入神殿給」という記事が有り、賀茂祭に先立つ御禊の日に、帛衣を着て斎院御所内の神殿に入ったことが知られる。また『平戸記』寛元三年（一二四五）一〇月一一日条に斎宮の「帛御服」の費用を加賀国の負担とするという記事がある。斎王は天皇・皇后と共に、皇太子も許されない「乗輿」ができるが、(18) 神事服においてもその卓越性が認められる。

三 『延喜式』の規定

御服詔では神事で使用する「帛衣」が制定されているが、貞観年間の成立とされる『儀式』三の践祚大嘗祭の記事によると、天皇は大嘗宮の廻立殿で清めの湯を使った後「即着祭服」して祭祀に臨んだとある。『西宮記』(19) 恒例二の神今食の記事に「帛御服」、恒例三の新嘗祭の記事に「帛御衣」と記す物を着て神嘉殿に向かった天皇は、沐浴の後、内蔵寮の奉る幘《さく》（白絹の帯。内蔵寮式は「幞頭巾」と記す）を冠に結び、神今食の記事に「祭服」、新嘗祭の記事に「神御服」と記すものに改めたとあるので、『儀式』の規定も移動用の帛衣から祭服への着替えを意味すると考えられる。両者の呼称はそれぞれ一定でないので、本稿では仮に前者の帛衣をⒶ、後者の祭服をⒷと呼ぶ。

天皇の神事服は、『延喜式』では縫殿寮式に記載がある。「六月神今食御服」として

帛単衣二領（別三丈七尺五寸）・袴二腰（別三丈）・中袴二腰（別三丈）・褌《したのはかま》二腰（別二丈六尺）

が記載され、「新嘗会御服」として、

帛袍二領（別一疋一丈五尺）綿六屯（別三屯）・襖子《あおし》二領（別一疋八尺五寸）綿六屯（別三屯）・汗衫二領（別三丈

七尺五寸）・袴二腰・中袴二腰綿六屯・褌二腰

が記載される。両条ともに着装する服と思われるもののみを引用したが、新嘗会御服条にはこれに続き坂枕など神座の所用品も記載されており、これらの服が神に供えられた神服であった可能性も否定できない。しかし、新嘗会御服条末尾に「右御服、依前件。其丈尺各同上条。神今食通用此服」とあるのに着目すれば、やはり天皇が着たのであろう。この記事にあるように一一月新嘗祭の「御服」は一二月神今食にも再使用されたが、『本朝世紀』天慶八年（九四五）一二月一一日条によると、同月五日に縫殿寮で産穢が生じ、新嘗祭後縫殿寮に返納されていた「神態御服等」が穢れたため新調すべきかどうかが問題になっている。そしてこの御服は「天皇出御時、必可奉彼服」と記され、出御の有無を分けて論じているから、天皇の着用が知られる。

縫殿寮式には皇后の帛衣の記載が無い。その理由について岡村幸子氏は、縫殿寮式に見える御服が二具ずつ調進されていることからこれをⒷと結論づけた上で、皇后に祭服が奉られなかった理由を論じる[20]。この御服が祭服Ⓑであるという指摘は首肯しうるが、縫殿寮式への記載の有無は祭服かどうかにあるのではなく、調進官司の違いによるらしい。時代がくだるが、鎌倉時代末期の『建武年中行事』六月神今食の記事には、

行幸あり。戌の始に出御。はくの御装束をたてまつる。内蔵寮てうず。夏はすゞし、冬はねる。（中略――沐浴後）其の後、帛の御装束をめす。内蔵寮のたてまつれるをぬがせ給ひつれば、また縫殿寮のたてまつれるを、うるはしき斎服にはたてまつるなり（これは冬もすゞしなり）。内蔵寮のたてまつれる御幘を御かうぶりの巾子のねにむすぶ。

とあり、Ⓐは内蔵寮、Ⓑは縫殿寮の調進であったとしられる。西本氏はこの記事を根拠に、岡村氏同様縫殿寮式の御服をⒷとしている[21]。

Ⓑが縫殿寮の調進であったことは、『大嘗会卯日御記』（『図書寮叢刊九条家歴世記録一』）保安四年（一一二三）一

一月一八日、『兵範記』仁安三年（一一六八）一一月二二日条その他に見える。『大嘗会卯日御記』では、Ⓑについて「次縫殿献神事御服」と明記するほか、Ⓐの「帛御装束」を「大嘗会時、蔵寮（ママ）献之。縫殿献神事御服之故也」と記し、「尋常時縫殿献之」と注記する。Ⓐが内蔵寮調進であることを明記する資料はⒷが縫殿寮調進であることを記す資料より少ないが、古い例では『装束式目抄』にⒶを「帛御装束（内蔵寮献之）」、Ⓑを「斎服（縫殿寮献之）」と記す。この書は建治三年（一二七七）に高倉永康が著わした『口伝秘抄』に引用され、成立の下限が知られる。(22)なお、『大嘗会卯日御記』によると例年の新嘗祭では、Ⓐも縫殿寮が献じたようにも読めるが、記者の藤原忠通は、天皇の祭服（Ⓑ）が粗末であることについて法皇から「先例如此」と教示されているように、あまり事情を知らなかったらしい。「縫殿献神事御服之故也」という書きぶりから判断すると、新嘗祭にはⒶⒷの区別が無いと誤解していたように思われる。なお、平安後期には内蔵頭が自邸に「御服所」を設けて装束調進しており、(23)その後も天皇装束の多くは内蔵寮調進であった。

四　帛御装束と祭服の区別

御服詔には、帛衣の使用機会を「大小神事」と「季冬奉幣諸陵」（荷前《のさき》）とするが、『西宮記』によると、Ⓐは荷前のほか、九月神嘗祭の奉幣使発遣と雷鳴が続く時に武官が天皇の御殿を警固する「雷鳴陣」にも使用された。また『江家次第』によると斎宮発遣や即位前の「由《よしの》奉幣」の勅使発遣にも使用された。

奉幣使等の発遣時の着用は御服詔から説明できるが、雷鳴陣での使用の理由は不明である。(24)『礼記』の玉藻篇に「疾風・迅雷・甚雨」の時は夜でも「衣服冠而坐」とあり、鄭玄が「敬天之怒」と注することから、天変への慎みの意と思われる。

Ⓑの表記について『儀式』の「践祚大嘗祭」には「祭服」とあるが、『西宮記』では「斎服」の表記もある。

『兵範記』仁安三年一一月二二日条には両方の表記が見られ、混同されている。『旧唐書』礼儀志三によると、永淳二年（六八三）一一月の嵩山での封禅において、『貞観礼』により皇帝の祭祀服を大裘冕と定めたが、これに次ぐ礼装の袞冕は「斎服之（斎には之を服す）」と定められた。また時代はくだるが『宋史』輿服志三が引く元祐元年（一〇八六）の礼部による大裘冕についての上奏に、「古者斎祭異冠。斎服降祭服一等」とし、祭服は大裘冕、斎服は袞冕とする。祭は祭祀、斎はその前の潔斎をあらわすから、中国では両者は同義ではない。

Ⓐ Ⓑの様式上の違いは、『建武年中行事』が記すようにⒶが夏は生絹、冬は練絹であったのに対しⒷは冬も生絹であったこと、Ⓑは御幘という白絹の帯を冠に巻くことなどである。前に引いた『大嘗会卯日御記』に「粗悪殊甚。法皇仰云、先例如此云々」と記すように、Ⓑは特に質素なものであった。

これについては山田（藤原）以文（一七六二〜一八三五）の『錦所談』（佛教大学図書館蔵一八三五年刊本による）の「按ズルニ生絹ハ生糸ヲ以テ織タルマヽ、練絹ハ其生絹ヲ湯ニトホシテ用ルニヨリ、生絹ノ潔清ナルニ及バザル」からだという説がよく知られる。人手の加わることが少ないほうが清浄という思想である。ただし前に引いた縫殿寮式ではⒷを「帛単衣」「帛袍」と記す。『説文解字』『倭名類聚抄』に見るように「帛」の字義自体は練絹に限らないが、帛衣を「白練衣」とする『令義解』喪葬令の注を参照すれば生絹でなかったと思われる。Ⓑを生絹と明記する資料は、『古事類苑』服飾部三に引く『範国記』長元九年（一〇三六）一一月一七日条の「御祭服」の分注に「生御袍」とあるのが古い例であるから、古代日本の伝統と断定できず、唐代において法規上皇帝は旒（垂れ飾り）の無い大裘冕を天神地祇の祭祀の服とし、十二旒の華麗な袞冕をこれに次ぐものとしたことも影響している可能性がある。大裘冕を祭祀に用いる理由について、『周礼』司裘の項の鄭衆（?〜八三）の注には「示質」とあり、質素であることに意味があると解されていた。『礼記』礼器篇に「至敬無文」とあるのも似た考えである。

幘は、内蔵寮式にすでに記事がある。『西宮記』等によると沐浴後にⒷを着る時につけたとあるが、『竹向きが記』元弘二年（一三三二）三月一六日の光厳天皇の由奉幣や、『山科家装束案』六の「御即位由奉幣帛御服事」の応永二一年（一四一四）一二月の称光天皇の由奉幣の記事によるとⒶに幘を用いており、鎌倉時代後期以後は混乱が生じていた。

なお、『江記』天仁元年（一一〇八）一一月二一日条等の諸資料によると、Ⓑは袍・半臂・下襲《したがさね》のみを二具（宵と暁――大嘗祭では悠紀・主基の神供で着替える）調進し、衵《あこめ》・単・表袴・大口袴等はⒶのものを兼用した。

五　近世の再興

戦国時代の朝廷窮乏期には、大嘗祭をはじめとする祭祀の多くが中絶した。また後柏原天皇の即位の由奉幣にⒶの帛御装束は調進されず御引直衣で代用し、後奈良・正親町天皇もこれを踏襲した[25]。このようにⒶⒷを問わず天皇が神事服を着用することは無くなった。

宍戸氏が指摘するように、『大内日記』六（内閣文庫蔵）所収の慶長一六年（一六一一）の『御譲位御即位之時之御目録』には後水尾天皇の礼服・束帯・物具方（御引直衣）とともに「御ハクノ御フク」の記載がある。しかし、実際の調進目録と見られる高倉家旧蔵『慶長十六年御譲位御服調進帳』（国立歴史民俗博物館蔵）には、礼服・束帯・直衣等の記載はあるが、帛御服は見られない。また、明正天皇即位時の『寛永七年（一六三〇）御即位蔵人所注進之記』[26]や『康道公記』寛永一九年（一六四二）三月六日条所載の後光明天皇即位時の『蔵人所注進御即位調度之事』[27]にもⒶの記事がある。しかし両者には当時実際は使用されなかった女房礼服の記事もあり[28]、Ⓐも先例を踏襲する調進目録に載せられるだけの存在だったと思われる。

貞享四年（一六八七）一一月二一日、東山天皇はそれまでの一〇代の天皇が行い得なかった大嘗祭を挙行した。

この時に再興された帛御服（Ⓐ）と御祭服（Ⓑ）については宍戸氏の論考があるが、そこで指摘されるのは近世に再興されたⒷが中世の高倉家の資料に見られる様式と異なることである。高倉家秘伝書の『装束式目抄』『口伝秘抄』『装束雑事抄』（一三九九年）等によると、ⒶとⒷは生絹・練絹の別はあるものの通常の束帯と同じ形状であった。ところが近世のものは下半身の形状が通常の袍と異なっていた。貞享度の実物や寸法書は知られていないが、現存する近世の遺品や諸資料によると、欠腋《けってき》でありながら縫腋袍《ほうえきのほう》同様に裾周りに襴《らん》という横裂を廻らし、襴の左右の脇には細かな襞をとる。

　貞享度大嘗祭に使用された天皇の装束は、室町時代前期より内蔵頭を世襲し、天皇の装束を調進していた山科家の当主、持言が調進した（縫殿寮は全く形骸化していた）。『基熈公記』（宮内庁書陵部蔵写本による）貞享四年一〇月一一日条によると、「入夜山科三位来談。今度大嘗会御服等調進□叶旧記。十ニ一・二未勘得ニ候。従仙洞蒙御褒美仰、畏入之由也」とある。古文献の勘考により、八割方以上の考証が実現したため霊元上皇に誉められたという。再興に熱心であったのは天皇の父の霊元上皇であり、近衛基熈はこれに批判的であった[29]。持言は近衛基熈への義理を守り、天和二年（一六八二）に霊元天皇の意向で、年長者で左大臣の基熈を超えて右大臣一条冬経が関白になった時に「乱階」に抗してみずから蟄居したことが山科道安の『槐記』に見える。そのことと矛盾するようであるが、この時は家の職責を積極的に果たしたのである。

　しかし、山科家の調進した装束については批判があった。勧修寺経慶の『勧慶日記』（京都大学文学部蔵）にはそれが詳しく記される。まず、九月一五日に「帛御衣・御斎服・御冠・御纓・御幘・御石帯」の調進が山科家に命ぜられ、二二日には大嘗会伝奏の中納言庭田重条を通じて下具（下に重ねる装束類）や容器を含む詳細な調進目録が進上されたが、「有相違儀」ということで改訂を指示されている。また、一一月一日には、宮中の番所で中納言東園基量が「今度帛御衣闕腋由《けってきのよし》」について、「高倉家記」には縫腋袍とあるうえ、元服後の天皇が着る欠腋袍は喪服（錫紵）だけであると批判的な発言をした。大納言柳原資廉はこれを聞き、明日摂政冬経に言上しようと言った。翌日には摂政にこの話が伝わり、早速『高倉旧記』を召し出して検討を加えた。持言は後花園天皇への調進記録を参照したが、後花園が童帝であったことを顧慮しなかったので考証を誤ったのだろうという結論になった。しかし翌三日には、この件は「越奏」の嫌いがあるとして吟味が中止された。経慶は高倉家門弟であり、基量は高倉永敦の女婿であるため事態が山科・高倉両家の対立となりかねないこと、「摂政幷伝奏（庭田）等」が持言に対し「有由緒人」であることが理由とされた（冬経の側室は持言の姉妹）。一〇日には斎服（Ⓑ）の冠が「放巾子《はなちこじ》」であることも問題になり、こちらは訂正された。

『基勝卿記』（『歴代残欠日記』二六、臨川書店）によると、問題になった帛御衣はⒶのことで、結局欠腋で調進された。参考とされた後花園への調進記録は管見に入らない。『山科家装束案』（宮内庁書陵部蔵）六所収『言継卿説』には応永二一年（一四一四）の称光天皇の由奉幣に調進された帛御服の記事があるが、この時神事用の無文冠を調進しようとしたところ、「常御冠」を使用することになったので、調進費用を即位の時に冕冠の下にかぶる抜《ぬき》巾子冠に転用したと記す。後花園は童帝で冠調進が無かったから、放巾子冠の件はこの記事を参照し、誤解したのであろう。なお二二日の調進目録によるとⒶの表袴の裏の色は「薄紅梅」であるが、これは『言継卿説』の表記通りである。『言継卿説』によると表袴の裏は紅梅と白の二説があったが、「宰相入道」の説により薄紅梅としたという。この宰相入道は「装束師」と記され、『装束雑事抄』の著者で前参議で出家した高倉永行である。高倉家秘伝書の『装束式目抄』『口伝秘抄』『装束雑事抄』には「梅」の字は無く「薄紅」と記す。この他『園太暦』貞和四年（一三四八）一〇月一八日条には「帛装束」の表袴の裏は「号柑子《こうじ》色、可有薄赤黄」すなわち薄いオレンジ色と白の二説があったと記しており、室町初期の山科家は複数ある説の中から高倉家説を採用したのである。(30) ただし「薄紅梅」の表記は高倉家伝書でなく『言継卿説』によるから、持言は自家の資料により色を決定したとわかる。また摂政に届けられた『高倉旧記』の内容は、大阪府立中之島図書館蔵『雅亮装束抄』の頭注に引かれた『高倉家説』と関連があろう。頭注の内容は前半に臣下の小忌衣を、後半に天皇の神事服を記したもので、それぞれ『装束式目抄』と『装束雑事抄』の抄出である。この首書の末尾には「以永福卿秘記記之。件記永家卿筆也（以上基量卿勘之）」という注記がある。同写本奥書によると『雅亮装束抄』自体も高倉家伝来の本で、基量を経て冬経に提供されたという(31)。

六　神職の斎服との関連

先に触れたように、近世再興の御祭服（Ⓑ）の特色は、欠腋であるにもかかわらず襴があり、襴に細かな襞があることである（図1）。通常の縫腋袍では襴は左右の両端を余らせ、「ありさき」と呼ぶが、これは装束が長大化する過程で生じたものである（図2）。このありさきがあると幅の広い袴をはいていても、座る時に膝の収まりがよい。ありさき成立以前の襴の形状は不明であるが(32)、井筒雅風氏は足さばきの便を図るためにありさきの代わりに襞があったのだろうと推定し(33)、御祭服はその古い伝統を伝えるものと評価した。しかし宍戸氏はこれが中世に遡らないことと、当時の神職の斎服との関係を指摘した(34)。

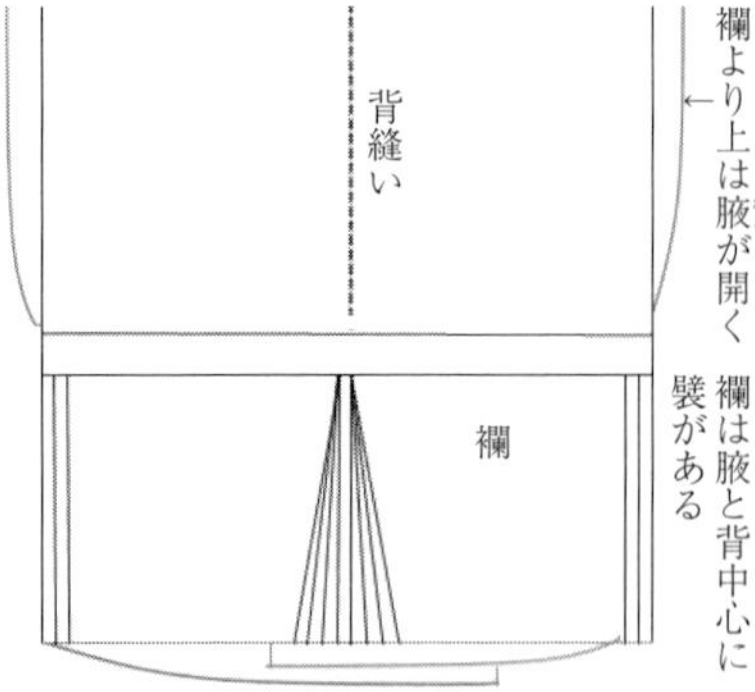

図1　御斎衣（御祭服袍）下部模式図（背面）

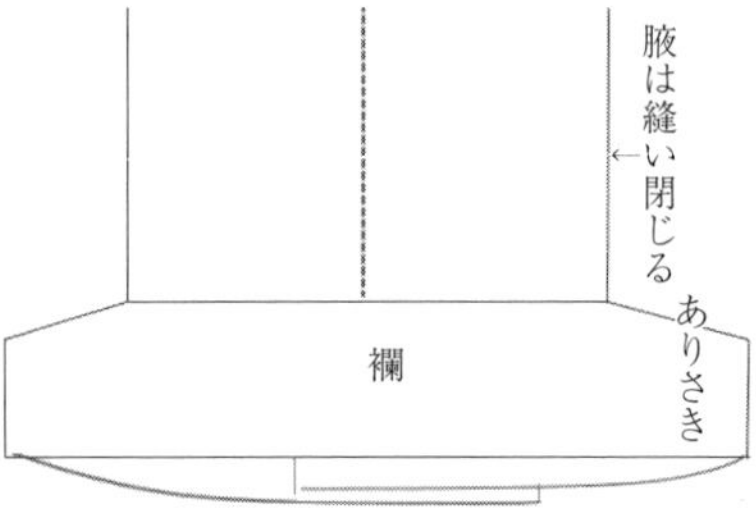

図2　縫腋袍下部模式図（背面）

平安時代において、「斎服」という表記は天皇の御祭服に限らなかった。『延喜式』の践祚大嘗祭式に「神祇官伯以下弾琴以上」が下賜される「榛藍摺綿袍一領・白袴一腰」や、それより下級の神祇官人に下賜される「青摺布衫一領」を「斎服」と記している。

しかし、これが近世の神職が使用した斎服に直結するものではないようである。神職の白い無地で襴の腋に細かな襞をとった斎服は、室町後期になって吉田家や白川家の所用例が見られるようになる。白川家については、『忠富王記』明応五年（一四九六）二月八日条で庁始に「近年輿・斎服」を用いていることについて「零落口惜者」と記す。文亀四年（一五〇四）の庁始にも斎服を着用しているが、永正二年（一五〇五）の庁始には衣冠を着用しているので、斎服は本儀でない略礼装であったと見られる。吉田家も、『兼致卿記』文明一六年（一四八四）一一月二四日条[35]によると吉田祭の日に行われた斎場所遷座において、吉田兼致・兼永らが斎服を、定行朝臣・兼服・定継が布斎服を着たとあるのをはじめ、『兼右卿記』[36]永禄三年（一五六〇）四月四日条に内侍所清祓のために斎服を着て参内したとあるなど、幅広く用いていた。また陰陽道の土御門家もこれを用いた。『泰重卿記』寛永七年（一六三〇）四月一日条によると、明正天皇代始めの泰山府君祭において所役により「祭服」と浄衣を着た者がいたことがわかる。ちなみに祭場の設営について「宗源行事壇相構之」とあり、祭祀も相当に吉田神道の影響を受けていたらしい。

この斎服の仕様は『伯家部類』に「生絹、又用晒シ布。袖一幅半。身二幅。当家一流ランアリ。袖下ケツテキノゴトシ」とあって、近世の天皇の祭服と同じである。貞享度にこの形式で再興された証拠は無いが、先に引いた『勧慶日記』中にある調進目録にⒶが「闕腋御袍」と明記されるのに対してⒷは何も記さないことから見てその可能性が高い。『勧慶日記』にⒶが欠腋袍であることは批判する記事があるが、Ⓑについて触れていないのは、襴があったので欠腋袍とは認識しなかったからであろう。なお『伯家部類』によると白川家の斎服は単《ひとえ》を重ね、

切袴を着け、冠もしくは烏帽子をかぶった。この神職の斎服を着た「萩原兼従像」が現存する。(37)

七　斎服の形状を巡って

近世の天皇の祭服の起源である、神職の斎服の襴の形状についても考察を加えなければならない。

日本の朝服（束帯の祖形）は唐の常服に相当するが、その起源は胡服の一種であった。元来は腋《わき》を開けて乗馬の便に配慮した欠胯《けっこ》袍であったが、後に漢民族の好みにより、腋を縫い襴をつけた有襴袍が成立した。その起源は『隋書』巻一一および『旧唐書』巻四五に北周の皇族宇文護が命じてはじめたと記す。一方で『新唐書』巻二四には唐の太宗に対し馬周が古代の深衣に習って「士人上服」に襴を付けることを建言したとある。また同書には長孫無忌の発議で「服袍」に襴をつけたとある。襴の起源はあたかも三説が並存するようであるが、すでに隋代の絵画に襴のある縫腋袍が見られ、(38)宇文護説が正しいだろう。さらに馬周の建議は『新唐書』の「棠苧襴衫」の項に紹介されており、朝廷の勤務服である常服の袍でなく、「士人」の平服である襴衫についての記事なのである（長孫無忌の発議もその続きに記される）。この襴衫が日本の貴族の平服である直衣の祖形か否かは不明だが、『倭名類聚抄』に「襴衫」を「奈保之能古呂毛《のうしのころも》」と訓じており、日本でも貴人の平服である襴衫の存在が認知されていたことがわかる。

この襴衫の形状は、『宋史』巻一五三に「円領大袖下施横襴為裳。腰間有襞積」とある。丸い襟で裳のような襴があり、襞があった。ちなみに『宋史』には、常服を「曲領大袖、下施襴」と記し、常服の襴には目立った襞が無かったことを窺わせる。この常服は唐制を継承するが、唐代の常服は筒袖であったものが宋代に長大化して大袖になったのであり、唐の襴衫も筒袖であっただろう。丸い襟で襴に襞が入った襴衫の形状は、神職の斎服を思わせる。

さて、斎服の下半身の形状は、法衣の素絹《そけん》とほぼ同じである。この事実は江戸時代の人もすでに認識していた。『斎服並素絹等僧カウ之事』（天理大学附属天理図書館蔵、一七四一年識語）には、斎服は天皇が使用したものを吉田家が拝領して使っているのであり、素絹の起源は弘仁二年（八一一）二月一日に神祇官長智治麻呂が空海に斎服を授与したものを改良したと説く。素絹の起源説は複数有り、元亀二年（一五七一）成立の『素絹記』には元三大師良源が始めたと記すが真相は明らかでない。

素絹の真の起源については不明だが、「裘代《きゆうたい》」という法衣の下半身の仕立てとも似ており、この襴の様式の起源はかなり古い(39)。襴衫の襞入りの襴のヒントになった深衣は、唐の孔穎達の『礼記正義』（『十三経注疏』所収）深衣篇の注によると上衣に裳を付したものとされていた。正式な法服は裳を伴うが、裘代や素絹は裳を伴わなず、代りに裳に似た襞のある襴がつく。また丈が短く襞入りの襴のある直綴《じきとつ》は、円覚寺の開山箪笥内容品にも見られ(40)、宋元の僧衣をそのまま摂取したものである。鎌倉時代にはこうした簡易な法衣が広がっていた。

在俗者にも、室町初期には道服という略装が存在した。応永六年（一三九九）の『装束雑事抄』には「三位以上内々着之。唯直綴のぬいやう也。又らんをつけて、くひかみの有もなきもあり」と記す。なお、鎌倉時代の成立かとされる『浅浮抄』(41)には「俗ニアラズ、出家ナラヌ人ノキル」物として、「カモ衣」があり、その語源は「褐裳衣」であって、「上ハ褐ノゴトクセイシ、下ニ裳ヲツケテ、シワヲ十二ワキニタヽミタルナリ。ヲビニテコシヲシメタリ」と説明する。褐衣《かちえ》とは随身などの着る簡易な袍である。このカモ衣についてはさらに傍証が欲しいところであるが、隠遁者の略装に丸い襟で襞の多い襴のついたものがあり、室町前期には公卿以上の略装となったという流れが推測できる。水墨画や喫茶など宋元の禅宗文化の流入を考慮すれば、宋の襴衫の影響を直接受けた可能性もある。少なくとも『装束雑事抄』には袍のようなくびかみのある襟の、襴に直綴と同じ襞を入れた道服が記載されていた。これを直綴よりやや礼装の法衣である素絹の形式に置き換えたものが、神職の斎服の成立の契機であった可能性を考えてよいと思われる。

八　近世の天皇御祭服の着装

『口伝秘抄』や『装束雑事抄』によると、大嘗祭中絶より前の天皇の祭服（Ⓑ）の袴や石帯はⒶのものをそのまま用いた。しかし、近世ではⒷを白生絹の帯で締めていた。また、Ⓑには袴も別に調進されていた。帯も袴も貞享四年の調進記録に見え、その後も継続して使用された。近世のⒷの仕様は、『臨時有職調査記録三五・御斎服及帛御服』（昭和八年・久世通章談・宮内公文書館蔵）に詳しく、またその着装図は、『天皇陛下御装束図解録着御並奉仕順序部』（山科言縄談・宮内公文書館）にあるが（図３）、Ⓑの袍の上に絹帯を締め、石帯は用いなかったこと、Ⓐの表袴と大口の上に三重に袴をつけたことがわかる（大正大礼時にはⒷにⒶと共用の石帯と袴を使用した）。近世再興時の誤りかと思われるが、そう断言させない資料もある。国立歴史民俗博物館所蔵山科家旧蔵「御厨子所関係文書」の中の文正元年（一四六六）一二月一八日の端裏書を持つ次の文書である。(42)

御斎服（悠紀主基）
一御袍　御帯
一御下襲
一御沓
以上各二具

中絶前の最後の大嘗祭（後土御門天皇）の記録と見られるが、この帯は袍とセット

図３　御祭服背面
『天皇陛下御装束図解録着御並奉仕順序部』（宮内庁宮内公文書館蔵）

で調進されており、Ⓐと兼用の石帯とは考えがたい。また、江戸時代後期に山科忠言が編集した『山科家装束部類』（東京大学史料編纂所蔵）は古記録や故実書を類聚したものであるが、乾巻の「帛御服」の項の末尾に、

治暦記云、（中略）本表袴上着生絹御袴。単者不改也。生絹御帯云々。玉御帯不用之。

とある。治暦四年（一〇六八）の後三条天皇大嘗祭の記事かとも思われるが、『山科家装束部類』では異例なことに年月日の注記もなく、ただ書名を掲げるのみであること、内容が室町前期以前の資料と異なり、近世の着装と符合することなど、疑問が多い。『山科家装束案』三所収の勘物《かんもつ》の中に「小忌摺雲母事」として『経宗公抄』を引くが、その末尾に「此考物、堀河故康実卿勘出之由、伊光卿被授藤原以文之旨送之了。但康実卿頗疑書多。不信用」と注記する。有職故実学の深化の中で、引用資料の増加とともに偽資料も流布したらしいので、紹介に留めておく。

おわりに

天皇の神事服をめぐる「気になること」を述べてみたのであるが、特に「結論」は無い。以上の資料は「皇室祭祀の伝統の不変性」に疑問を抱かせるものである。しかし、室町時代後期の中絶までに至る長い伝承は評価されても良いし、近世の再興にあたってもその時々の関係者の努力があったのであり、「皇室の伝統」の根拠の薄弱性を強調して事足れりとも思われない。装束は「物」であるから、これを論じるに当たっては観念的な論議よりもまずその実態を即物的に見てゆかねばならない。その事実関係を見定めれば、さまざまな論考の傍証として有効となるであろう。拙稿により天皇の神事服が持つ諸問題に対し新たに興味を持つ方がいてくだされば幸甚である。

（1）清水潔「御服規定の成立」（『皇學館大学史料編纂所報』一八四、二〇〇三年）。
（2）宍戸忠男「帛服・斎服小攷」（『神道宗教』一六〇、一九九五年）。
（3）木簡の内容とその分析は西本昌弘「八世紀の神今食と御体御卜」（『日本古代の王宮と儀礼』塙書房、二〇〇八年）による。
（4）『説文解字』は台湾商務印書館『景印四庫全書初篇』による。
（5）『大日本古文書』編年第一巻、六四一頁に「幣帛五色」、第二巻、六四四頁の「合絁帳貳拾帳」の中に「赤帛一張」、第二五巻、三二二頁の「被卌一領」の中に「一領赤帛」とある。
（6）和田軍一「礼服礼冠目録断簡考」（『日本歴史』二七九、一九七一年）。
（7）錫紵の性格については、小倉久美子「日本古代における天皇服喪の実態と展開」（『日本歴史』七七三、二〇一二年）を参照のこと。
（8）『十三経注疏』および『儀礼』『礼記』鄭玄注と『周礼』の鄭衆説は、『十三経注疏』（中華書局、一九八〇年）による。
（9）『有職抄』は『宮廷文化研究　有識故実研究資料叢書』一（クレス出版、二〇〇五年）による。
（10）『群書解題』装束部（続群書類従完成会、一九六〇年、岩橋小弥太担当）。
（11）遠藤慶太「『日本後紀』の諸本と逸文」（『平安勅撰史書研究』皇学館出版部、二〇〇六年）。
（12）江馬務「『源氏物語』に現れた服飾の研究」（『国語研究』一〇、一九五二年）。この論考では両者の制定を弘仁一〇年とするが根拠は不明。なお同氏「大嘗祭に用ひらる小忌衣に就いて」（『歴史と地理』二二―五、一九三三年）では帛衣と小忌衣の制定を直接関連づけてはいないが、摺衣自体の歴史が古いことおよび嵯峨天皇が小忌衣を制定した理由について「当時の緊縮政治の反映」と指摘する。
（13）『政事要略』二四（年中行事九月　奉幣伊勢太神宮）所引。「舁輿人」の大舎人六人が着用したとある。
（14）『有職抄』の礼服の項に「令ニハ大祀大嘗会ニモ着用ノ由ミヘタリ。終ニ着用ノ例見及ザル事ナリ」とあるように、実例は史料上確認できない。しかし『西宮記』臨時四に「大嘗会卯日、諸衛服大儀候御前」とあり、『北山抄　八』大将要抄の大嘗会の項に「此日大儀也」とあること、『延喜式』左右近衛府式等によると大儀では少将以上が「武礼冠」を用いることから、武官は平安中期に至っても大嘗祭に礼服を用いるとされたものか。

(15) 大津透「天皇制と律令・礼の継受」(『日中文化交流史叢書　二　法律制度』大修館書店、一九九九年)。大津氏は称徳天皇の礼服を冕冠と白礼服の組合せとし、奈良時代の男帝についても同様であった可能性が高いとする。
(16)『新唐書』礼楽志五に「皇后歳祀一。季春吉巳享先蠶」とある。
(17) 西本昌弘「九条家本『神今食次第』所引の「内裏式」逸文について」(『日本古代の年中行事書と新史料』吉川弘文館、二〇一二年、初出は二〇〇九年)。
(18)『中右記』嘉承二年（一一〇七）閏一〇月九日条。なお、ここでの「乗輿」とは、葱華輦の乗用をいう。
(19)『西宮記』の巻名は『神道大系　朝儀篇　西宮記』によった。
(20) 岡村幸子「天皇親祭祭祀と皇后」(『ヒストリア』一五七、一九九七年、第二節)。
(21) 前掲註(3)西本論文。
(22)『装束式目抄』『口伝秘抄』の古写本および『装束雑事抄』自筆本は有職文化研究所蔵。引用は宮内庁書陵部蔵昭和九年写本による。
(23)『中右記』承徳元年（一〇九七）四月三〇日条および同二年八月五日条。
(24) 佐多芳彦「雷鳴陣について」(『服制と儀式の有職故実』吉川弘文館、二〇〇八年）は「神事装束の着御は雷火を忌避するためで、雷鳴陣は祭祀ではないと考えられる」とする。
(25)『御湯殿上日記』天文五年二月一五日条および『由の奉幣の時御服御画等ノ事』(東山御文庫蔵)。
(26)『譲即部類』第五冊（国立歴史民俗博物館蔵田中穣氏旧蔵典籍古文書三三六）。
(27)『史料稿本』寛永一九年二月二三日。(http://wwwap.hi.u-tokyo.ac.jp/ships/db.html)
(28)『玉露叢』八の明正天皇の「御即位記」および『基熈公記』宝永七年（一七一〇）八月二三日条。
(29) 武部敏夫「貞享度大嘗会の再興について」(『書陵部紀要』四、一九五四年)。
(30) 山科家は桃山時代に堺に出奔し、家康の援助で京都に復帰すると、高倉家から装束調進の権利を取り戻すべく動いたため、対立するようになったが、室町時代までは両家は総じて親しい関係にあった。
(31) この首書は『古事類苑　服飾部二』にも掲載。奥書は『新校群書類従　装束部』の『雅亮装束抄』にもある。
(32) 唐代絵画では半臂の襴の襞は表現されるが、袍の襴の襞の描写は確認できない。なお、在俗の男子の装束のうち、中世の文献で襴の襞が確認できるのは、半臂（『連阿口伝抄』ほか）および臣下の礼服の大袖（『薩戒記』永享元年（一四二九）一二月二一日条・『御即位装束図』宮内庁書陵部蔵）などである。
(33)「平安朝初期の男装について」井筒雅風（『風俗』一―三合併号、一九六一年）。
(34)前掲註(2)宍戸論文。
(35)西田長男「『兼邦百首哥抄』について」（『日本神道史研究』五、講談社、一九七九年）。
(36)「東京大学史料編纂所影写本『兼右卿記』（上）」（『東京大学史料編纂所研究紀要』一八、二〇〇八年）による。
(37)『秀吉と豊太閤』（『歴史群像』一九九六年四月号、六四頁）。
(38)「税村隋壁画墓」（『中国出土壁画全集　陝西上』国書刊行会、二〇一二年）、「徐敏墓」（『中国出土壁画全集　山東』国書刊行会、二〇一二年）。
(39)『古事類苑』宗教部および花円映澄『法衣史』（鍵長法衣店、一九三七年）・井筒雅風『法衣史』（雄山閣、一九七七年）・江馬務「日本法衣史」（『大法輪』三五、一九六八年）を参照したが、いずれも古記録の引用が少なく、裘代・素絹の初期の様相を明らかにしない。裘代の古い資料として、『中外抄』上巻八一に、寛仁四年（一〇二〇）二月の法成寺九体仏搬入時「薄色指貫桜きうたいに裳」を着た定朝が道長の目に留まる話がある。後世の裘代は裳を伴わないので、古くは様式を異にした可能性がある。
(40)『鎌倉円覚寺の名宝』（五島美術館、二〇〇六年、五六～五七頁）。
(41)前掲註(10)『群書解題』装束部。
(42)「御斎服目録」（国立歴史民俗博物館蔵田中穣氏旧蔵典籍古文書三八〇―二四―三）。

引用文献の底本

『日本紀略』『令義解』『延喜式』『本朝世紀』『古事談』は『増補国史大系』、『小野宮年中行事』は『群書類従』、『素絹記』『浅浮抄』は『続群書類従』、『東大寺勅封蔵目録記』は『続々群書類従』、『儀式』『西宮記』『江家次第』『江記（天仁大嘗会記）』『伯家部類』は『神道大系』、『内裏式』は『尊経閣善本影印集成』、『建武年中行事』は講談社学術文庫『新訂年中行事註解』、『兵範記』『平戸記』は『増補史料大成』、『忠富王記』は『伯家記録考』、『泰重卿記』は『史料纂集』、

『中外抄』『竹むきが記』は『新日本古典文学大系』、玉露叢は『国史叢書』、『槐記』は『日本古典文学大系』、『唐六典』は中華書局・陳仲夫点校本、『倭名類聚抄』は勉誠社元和三年版影印。

〔補註〕　これに関連して、『古事談』に「大嘗会之時、代々令着給玉冠ハ、応神天皇之御冠也（相具御礼服、在内蔵寮）」と見える。『延喜式』からは当時の祭服がすでに朝服形式であったことが窺われるので誤伝と見ることもできるが、応神天皇の「御礼服」が内蔵寮にあったという記事が『玉葉』文治三年二月二〇日条に、内裏に応神天皇の表袴と「武霊」という冠があったがのちに袴は宇佐八幡宮に移管されたという記事が『宇佐宮御託宣集』四にあり、無視できない。あるいは古代以来の金属製の冠と白服の組合せが神事服として使われた時代があったのかもしれない。

天平韋についての臆説――「天平十二年八月日」に込められた意味――

伊藤　純

はじめに

かつて肥後国（熊本県）八代《やつしろ》は、鎧・兜などの武具に用いられた染韋《そめがわ》の産地であった。八代染韋と呼ばれ江戸時代には幕府への献上品であり、全国的にも知られた肥後の名産品だった。武士の世が終わり、近代社会となった明治時代以降には、実質的な武具の製作が消滅し、八代染韋は姿を消す。染韋は武士の装束にとって極めて重要な素材であったが、時代の変化によって生産されなくなり、染韋それ自体について知る人も少なくなっている。

まず、染韋についての基礎的知識を共有するために『国史大辞典』での説明をみたい。

えがわ　画韋

鹿の揉韋（もみかわ）の白地に画様を染め出した工芸用材。武具・馬具の包み韋をはじめ、袋物・韋緒の類に用いる。『延喜式』内蔵寮には、大宰府から供進の年料の雑染革百六十張の中に、画革二十張がみえ、中世以降も肥後の画韋が著名である。『相良家文書』には、正元二年（一二六〇）の人吉荘の地頭注出の雑物の本員数として「染韋陸枚半」がみえ、肥後の八代から染め出した画韋は八代韋として尊重され、その製作は江戸時代の末にまで及んだ。（中略）正平六年（一三五一）六月一日の日付を入れた型を正平韋と呼んで使用するのが普通となり、南朝年号から征西将軍宮懐良親王の免許の染型によると称して御免韋ともいった。（中略）江戸時代の八代韋は、正平韋に似せて天平十二年（七四〇）八月の日付を入れ、楊梅皮（ももかわ）の類で染めて天平韋と呼び、古様の復元の武器の愛好者たちに喜ばれた。(1)

八代地方では古代から画韋（染韋）を産しており、正平年号の銘があるものを正平韋、天平年号の銘があるものを天平韋と呼んでいるという。古代文化が花開いた天平時代。筆者はその年号を用いる天平韋なるものについて興味を抱いた。本稿では、なぜ「天平」韋なのかを考えてみたい。

八代産の染韋については、八代市立博物館が特別展に際して刊行した図録『さまざまなる意匠――染韋の美――』が研究の到達点を示している。筆者もこの図録に導かれながら、天平韋について思うところを述べてみたい。

なお、カワについては『大字典』によれば、「皮」は剝ぎ取ったままのカハ。「革」は毛を去りさったもの。「韋」はナメシガハとある。このような意味から、本稿では「韋」字を用いることとする。

一　天平韋とは

はじめに『日本国語大辞典』での説明をみておきたい。

てんぴょう-がわ【天平革・天平韋】

絵革（えがわ）の一種。江戸時代、白革地に楊梅皮（ももかわ）で藻獅子（もじし）・不動尊の像などの模様を染め出し、また、八幡の二字、梵字、および天平十二年八月の七文字を染め出したもの。正平年間（一三四六〜七〇）に染め出された正平御免革にならって古様に染め、愛好家に珍重された。(2)

また、福原透氏は次のように述べる。

天平韋の創出年代は江戸時代の初頭頃において大過ないであろう。他国産のそれについても、管見の及ぶかぎりでは、近世をさかのぼる遺品は紹介されておらず、天平年号をいれる染韋の意匠は、江戸時代以降のものとする先学の指摘通りであろう(3)。

これらから天平韋は決して天平時代の所産ではなく、江戸時代以降に創出されたものであるということは共通して理解されていたと分かる。しかし、なぜ江戸時代に古代の天平年号を用いた染韋が創られたのであろうか。

さらに、福原氏は天平年号が用いられていることについて、

天平年号が特に選ばれたのはなぜであろうか。それは多分、正平韋より後に作られた染韋を、正平韋以上に価値あるものとして位置づけようとする場合、より古い年号を用いるのが得策だったからであろう。多くの古年号の中で、特に天平を選んだのは、天平年号に何らかの付加価値があったためであろう。久能山東照宮所蔵染標本のうち、獅子牡丹文様の弦走用のものには、「写上　天平之古法」と書かれている。あるいは、染韋の世界に天平に関わる何か言い伝えでもあったのだろうか。年月日について、どういう意味であるか説くものはあるが、無論臆測の域を出ていない(4)。

天平韋　50.5cm×40.0cm
（『さまざまなる意匠——染韋の美——』より）

と述べる。天平年号が用いられる理由について「無論臆測の域を出ていない」と。なぜ江戸時代に天平年号を用いた染韋が八代で創られるようになったのか。それを探るためには天平韋の登場時期を明らかにしなければならない。

二　天平韋の登場時期

八代の染韋については興味深い「伝説」がある。蓑田勝彦氏は、八代染革は、江戸時代の八代地方では「御免革」とよばれていたようである。その御免革の起源については、ほとんどの記録に「正平六年（一三五一）六月一日に八代郡の人が同郡古閑村の石橋で霊符板とともに御免革の板を拾い、それを白木山妙見社に奉納した。その革板を妙見社前宮の町の人に与えて染めさせたのが起りである」という趣旨の伝説が記されている。(5)

と述べる。この「伝説」について、最も古い年紀をもつ史料は『肥後州八代御免革記』である。

世有名御免革、（中略）一枚者（天）平十二庚辰年八月所雕、（中略）此外有一枚、正平六年丁巳六月一日開板、今所染是也、（中略）本朝卯《ママ》（印）板者起于肥後州八代郡丶（郡）人正平六年丁丑六月一日得此板於郡内古閑村石橋、開匣窺之有霊符図像并御免革板、（中略）

延宝五丁已季春　白木山

法印良尋　誌焉(6)

天平韋・正平韋の染型が正平六年に発見されたという内容である。天平韋・正平韋の由来を説いているのであるが、これまでにみてきたように、正平六年の時点で天平韋が存在しているはずはない。いずれの時にか天平韋・正平韋の染型が正平六年に発見されたという「伝説」がつくられたのであろう。

染型の発見「伝説」、八代の染韋の来歴が創られた経緯を考える上で重要な記録がある。八代の御免革師牧良助が記した『役員蹟覧』には次のようにある。

天平正平革之由来、享保五年土井伊予守様より御尋有之候付、其節吟味有之候処、宮ノ町了空と申もの正平年ニ染初候由、良助方江右迄申伝何之記録をも無之由、然処良助祖父代差出候先祖附ニハ市井雑録記録牧兵庫と申もの染初候と有之、其外□多近年ニ作り立たる儀ともニてハ有之間敷哉、同所神宮寺之旧記左ニ記之
人皇九十五代後醍醐天皇之御宇、正平六年巳亥六月一日ニ霊符図像ノ金板并御免革ノ模ヲ、八代城辺古閑村ノ橋上ニ於テ求得タリ、世間ニ是ヲ天ヨリ降ルト云々、然シテ感得ノ便是ヲ妙見社ニ安置ス、其金板ハ何レノ代誰人彫初タルト云事不知、又是ヨリ先人皇四十五代聖武天皇ノ御宇天平十二年庚辰、白木山神宮寺ニテ板行ス、(7)

享保五年（一七二〇）、土井伊予守から天平韋・正平韋の由来について尋ねがあった。この質問に対し、牧良助は神官寺の旧記なるものをもって八代染韋の歴史を説明しているのである。ここに見える八代韋の由来を尋ねた土井伊予守は、土井利意《としとも》（一六六四～一七二四）で、正徳四年（一七一四）に伊予守となる人物である。土井利意については『寛政重修諸家譜』二九八、享保四年（一七一九）九月一日に、

寺社にたまはる御判物、御朱印の事をうけたまはりしにより、時服五領をたまふ。

とある。下された時服のいずれかに天平韋か正平韋が用いられていたのではなかろうか。正平年号、あるいは天平年号に興味を抱いた土井利意が、染韋の産地である八代にその由来を尋ねたのであろう。この際に八代染韋の由来を説く先の『肥後州八代御免革記』が創られたのであろう。

一方、確実に天平韋の存在が確認できるのは享保四年（一七一九）の『御奉行所覚帳』である。

享保四年九月

一、八代染革御献上之儀ニ付、当年より左之通相極段、御用人衆被申聞候趣左ニ記
八月十六日於江戸井上河内守様へ御留守居被召寄御渡被成候御書付左之通、但此儀ニ付委細之趣、不時伺帳
ニ記有之也
一、天平革　五枚
一、正平革　五枚
一、小紋染革色々　五枚
都合拾五枚
先規者革五拾枚毎年被差上候得共、此度より書面之通毎年可被献候、唯今迄絹縮三拾端被献候得共、革献上
相止候ニ付而之事候者、向後縮不及献上候(8)

これによれば、享保四年に江戸の井上河内守へ天平韋五枚が届けられている。井上河内守は宝永二年（一七〇五）九月に老中、従四位下河内守に任じられた井上正岑《まさみね》（一六五三〜一七二二）である。老中として八代からの染韋を受け取る立場だったのだろう。これが天平韋の存在が確認できる最古の確実な史料である。

一方、天平韋を用いている最古の作品は東京・永青文庫に所蔵されている三代熊本藩主細川綱利（一六四三〜一七一四）所用の「紅糸威鎧」とされているので、(9)文字記録と矛盾するところはない。

三　「天平十二年八月日」の出来事

なぜ「天平十二年八月日」が用いられているのかは未だ不明のようである。天平年号から一旦離れ、天平一二年（七四〇）八月に起こった歴史上の出来事をみていくことにする。

『続日本紀』によれば、天平一二年は朝廷に反旗を翻した藤原広嗣（?〜七四〇）の乱が起きた年である。

広嗣は藤原宇合（六九四〜七三七）の長男であり、藤原四家のうち式家の中心人物として藤原氏の再建を目指していた人物である。橘諸兄や玄昉・吉備真備と対立し、藤原氏内部でも孤立した。そのため、天平一〇年（七三八）一二月に大宰府の少弐に左遷される。広嗣は天平一二年八月二九日に朝廷に上表文を提出し、玄昉と吉備真備を非難し、挙兵する。これに対して朝廷側は九月三日に五道の軍一七、〇〇〇人を動員し鎮圧にかかり、同年一〇月二三日、広嗣は肥前国松浦郡値嘉嶋長野村で捕えられ、一一月一日に斬殺される。

ここで注目されるのは天平一二年八月二九日に広嗣が朝廷に対して上表文を提出していることである。上表文の内容については残念ながら『続日本紀』に記すところはない。しかし、天平韋が天平韋たる所以の「天平十二年八月日」は藤原広嗣が当時の朝廷のありように対して具体的な行動を起した年月日なのである。

天平韋の「天平十二年八月日」と藤原広嗣が朝廷に対して上表した天平一二年八月二九日とは関係があるのか、否か。以下、危い綱渡りになるかもしれないが、歴史の糸を手繰ってみたい。

四　藤原広嗣の上表文の「発見」

『続日本紀』が逆賊として描く藤原広嗣を肯定的にとりあげ、天平一二年八月二九日に朝廷に出した上表文を紹介するのは『大日本史』である。

『大日本史』五、巻一一七、列伝二の「藤原広嗣」には次のようにある。

生而魁偉、頭上肉角寸余、博覧典籍、兼通仏教、武芸絶倫、練習兵法、其余天文陰陽之書、管絃歌舞之技、咸究精微、以才能称、松浦社本縁起

「松浦社本縁起」を引いて広嗣の人物像を述べる。頭に肉角があるというのはともかく、典籍に対する教養、武芸や兵法に長けていることなど、『大日本史』は広嗣を傑物として描いているのである。

続けて『大日本史』は、

十二年八月上表、斥政事之得失、陳天地之災異、請除玄昉真備、続日本紀曰、臣聞（以下、広嗣の上表文は省略）

松浦社本縁起

と、現行の活字本で一九〇五文字の分量をもって、「松浦社本縁起」から引用した広嗣の「上表文」を掲げる。

藤原広嗣の上表文を紹介する『大日本史』は水戸藩主徳川家が編纂し、明治以降は同家が事業を継続し完成させた歴史書である。明暦三年（一六五七）に徳川光圀が江戸神田に史局を設け、修史事業を開始する。寛文一二年（一六七二）史局を小石川に移し、彰考館と命名し、各地から学者を集め、史料収集を行う。天和三年（一六八三）までに神武から後醍醐までの「新撰紀伝」一〇四巻が完成するも、その後、改訂作業と史料調査が続き、ようやく明治三九年（一九〇六）四〇二巻として完成する。私たちが手に取ることのできる活字本は、明治四四年（一九一一）～大正七年（一九一八）に吉川弘文館から刊行されたものである。

『大日本史』が引く「松浦社本縁起」は、『群書類従』第二輯、巻二五に所収される「松浦廟宮先祖次第幷本縁起」である。「松浦廟宮先祖次第幷本縁起」について『群書解題』（西田長男）によれば、本書の成立は鎌倉時代で、肥前東松浦郡（現・佐賀県唐津市）に鎮座する鏡神社（一宮は息長足姫命、二宮は藤原広嗣を祀る）の縁起書とある。

『大日本史』の編纂過程において、史料収集者が「松浦廟宮先祖次第幷本縁起」に出会い、この中に『続日本紀』には記されていない藤原広嗣の上表文を「発見」したと判断せざるをえないのである。

次に『大日本史』編纂にともなう史料収集過程と、「松浦廟宮先祖次第幷本縁起」との接点を探ってみたい。

五　『大日本史』編纂過程における史料収集

『大日本史』編纂過程で特筆すべきは広範囲な史料収集活動である。これまでの研究で、具体的な史料収集の足どりがほぼ明らかにされている。調査の概要は次のとおりである。

延宝四年（一六七六）京都方面
延宝六年（一六七八）京都方面、奈良方面
延宝八年（一六八〇）吉野方面、奈良方面
天和元年（一六八一）醍醐寺、京都、奈良、東大寺
天和三年（一六八三）須賀川の相楽家結城文書
貞享二年（一六八五）九州、中国、北陸地方、京都大徳寺、妙心寺
貞享三年（一六八六）河内志貴の毘沙門堂、和泉、堺方面
貞享四年（一六八七）伊勢方面
元禄二年（一六八九）京都、奈良方面
元禄四年（一六九一）陸奥、出羽方面
元禄五年（一六九二）京都、奈良方面

このような史料収集の過程において、藤原広嗣の上表文を掲載する「松浦廟宮先祖次第并本縁起」や、この縁起を所蔵していた肥前国東松浦郡に鎮座する鏡神社と接触する可能性があるのは貞享二年（一六八五）の九州での史料調査である。

この時の調査は貞享二年四月二六日に江戸を出発し、京都・大坂を経て六月七日に下関から小倉に入る。その

後、九州各地を回り、八月一八日に小倉を出て下関に向かう。二か月以上にわたり九州の各所で史料調査を行っている。さらに中国地方、瀬戸内、越前などを調査し、江戸に戻ったのは一一月六日であった。このような七か月にわたる長期の史料調査を担当したのは佐々宗淳（一六四〇～九八）と丸山可澄《よしずみ》（一六五七～一七三一）の二名である。丸山可澄は九州での訪問地を詳しく記した『筑紫巡遊日録』（国立国会図書館蔵）を残している。『筑紫巡遊日録』によると貞享二年の九州での史料調査の概要は以下のようである。六月七日に豊前小倉に到着後、一六日筑前・筑後、一七日肥前、二八日肥後、七月七日薩摩、一九日大隅、二一日日向、八月五日肥後、一四日筑後、一五日筑前、一七日豊前、一八日に小倉から下関というルートである。

このうち肥前での行程は、

六月一七日　府中―大善寺村―柳川　夜、柳川から肥前諫早まで船
六月一八日　諫早―矢上―辺見―長崎　（一八日～二三日は長崎）
六月二四日　長崎―茂木
六月二五日　茂木―小早崎湊
六月二六日　口ノ津湊
六月二七日　出船し肥後へ

である。「松浦廟宮先祖次第幷本縁起」を所蔵していた肥前東松浦郡に鎮座する鏡神社には立ち寄ってはいないのである。

そうすると『大日本史』はどのような状況で「松浦廟宮先祖次第幷本縁起」を知り、藤原広嗣の上表文にたどり着いたのであろうか。

六　「松浦廟宮先祖次第并本縁起」の伝本から分かること

『群書解題』で西田長男氏は次のように述べる。

この「松浦廟宮先祖次第并本縁起」の伝本としては、管見に触れたのは、わづかに内閣文庫所蔵の諸社縁起文書、第五冊、に収める一本があるのみであった。明治十二年、修史館において水戸彰考館文庫所蔵本を書写したのにかかり、おそらく類従本の底本もこの彰考館本であったろう。（中略）なお、大日本史にあっては、本書の所伝をすこぶる重要視し、ことに広嗣の上表文についてはこれに厳密な校訂を加えて全文を掲載している。

水戸の彰考館に「松浦廟宮先祖次第并本縁起」の写本があり、これを明治一二年（一八七九）に修史館（現・東京大学史料編纂所）が書写しているのである。水戸彰考館に蔵される写本が『群書類従』の底本であろうと推測している。

また、坂本太郎氏は、

内閣文庫本は、私も寓目の機会を得たが、それは『諸社縁起文書』と題する八冊本の第五冊に収められたものである。『諸社縁起文書』は、修史局が明治十二年七月、水戸の彰考館本をもって写した新写本である。『松浦廟宮先祖次第并本縁起』の奥書にも、「明治十二年七月以徳川昭武　彰考館蔵本謄写」とあって、それ以外の本奥書は一つもない。(10)

と述べる。

先にみてきたように、水戸から派遣された佐々宗淳と丸山可澄は、「松浦廟宮先祖次第并本縁起」を所蔵していた肥前の鏡神社には立ち寄ってはいない。しかし、水戸の彰考館には「松浦廟宮先祖次第并本縁起」の写本が蔵されているのである。どのようにして彼らは「松浦廟宮先祖次第幷本縁起」を知り得たのであろうか。

熊本での史料調査の状況について但野正弘氏は、

> 宗淳一行が訪れた九州の地、中でも熊本は、宗淳の本家ともいうべき佐々成政以来のゆかりの地、そして母方の実家大木家のある土地である。特に大木家の人々からは、大変な歓迎と協力を得たようである。当時の熊本の領主は細川越中守綱利、その家老の一人が五千石取の大木舎人《おおきとねり》兼近《かねちか》で、宗淳のいとこの子に当たる。『筑紫巡遊日録』や『史館旧話』を見ると、肥後国内案内役五人の一人に、家老大木舎人の家来小川重衛門が記されており、（中略）領主の細川家や大木家、その他の親族縁者から受けた心からの歓迎と協力は、重大な使命を帯びた宗淳にとって、言葉では言い尽くせぬ大きな力となったことであろう。[11]

と述べる。

佐々宗淳と丸山可澄は、先に確認したように直接鏡神社には行っていないが、当時の熊本領主細川綱利をはじめとする多くの協力者の助けにより「松浦廟宮先祖次第幷本縁起」の存在を知ったのではなかろうか。その中に藤原広嗣の上表文が記されているのを「発見」したと考えざるを得ない。「松浦廟宮先祖次第幷本縁起」に記された内容から『続日本紀』とは異なる藤原広嗣像を知り、これを周囲の人々に伝えたに違いない。

まとめにかえて

最も重要な佐々宗淳・丸山可澄と「松浦廟宮先祖次第幷本縁起」との出会いは実証できておらず、状況証拠をつないだにすぎないことは否めないが、これまで述べてきたことを時系列に整理すると以下のようになる。

(一)『大日本史』編纂における史料収集の途上、佐々宗淳・丸山可澄らは貞享二年（一六八五）六月、熊本の人々の協力により、鏡神社に伝わる「松浦廟宮先祖次第幷本縁起」（松浦社本縁起）の存在を知る。

㈡「松浦廟宮先祖次第并本縁起」の中に『続日本紀』に記述されていない藤原広嗣の上表文が記されていることを「発見」する。

㈢上表文の発見により、佐々宗淳らは『続日本紀』が逆賊として描くのとは異なる、傑物としての広嗣像を知る。

㈣三代熊本領主細川越綱利をはじめとする周囲の協力者に、上表文の「発見」と、その内容を伝える。これ以降、九州地方では『続日本紀』が描く逆賊ではない、新たな広嗣像が生まれる。

㈤「松浦廟宮先祖次第并本縁起」によって傑物としての広嗣像を知ったことにより、地元名産の八代染韋の意匠に、広嗣が朝廷に上表文を出した「天平十二年八月日」が採用されることとなる。

㈥したがって、「天平韋」が創出されるのは、佐々宗淳・丸山可澄らが「松浦廟宮先祖次第并本縁起」の中に広嗣の上表文を「発見」した貞享二年（一六八五）以降である。

㈦上表の年月である「天平十二年八月日」のみが用いられ、当人の藤原広嗣が出てこないのは、正史では逆賊として描かれているため、直接に名前を出すことははばかられたのであろう。

㈧結果的に広嗣の上表文の「発見」に結びついた熊本の協力者のトップ、細川綱利が天平韋を用いた鎧、伝世品としては最古の作である「紅糸威鎧」（東京・永青文庫）を所持するようになったのは自然な成り行きの中で理解することができよう。

㈨その後、享保四年（一七一九）の『御奉行所覚帳』に「天平革　五枚」が記されるように、天平韋は正平韋とともに熊本八代の特産品となる。この頃、おそらく八代韋を用いた「時服」を拝領した土井利意の質問に応える形で、正平韋・天平韋の発見「伝説」が作られたのであろう。

「天平十二年八月日」の意匠が用いられた染韋、天平韋が創られるようになった経緯を、佐々宗淳・丸山可澄らが『大日本史』の史料収集過程で、肥前鏡神社の「松浦廟宮先祖次第并本縁起」の中に広嗣の上表文を「発見」し、正史とは異なる広嗣像を知ったことに求めてみた。

蛇足ながら、かの折口信夫が天平章と藤原広嗣の関係を熟知していたこと紹介したい。

『萬葉集辞典』では「ふぢはら-の-ひろつぐ」の項で、

広嗣は、博く典籍に亘り、仏教に通じ、武芸絶倫で、兵法に練達しており、其上、天文・暦・管絃・歌舞の技芸までも精微を究めて、才能を以て称せられて居た。少弐の官でゐて、中央政府と争うた位だから、人物の程も察せられる。(12)

と記している。

また、「死者の書」の初稿本が雑誌誌上で出版された際(13)、折口は自分で綴じ、表紙をつけた自装本を作っている。この本の表紙には「天平十二年八月」と「八」の文字と獅子が描かれる。天平章に特徴的な不動明王が描かれていないものの、「天平十二年八月」は天平章の「天平十二年八月日」であり、「八」は「八幡」であることは明白である(14)。折口が天平章の意匠をもとに、自装本の表紙をデザインしているのである。「死者の書（正篇）」の中で、東大寺の四天王、広目天像をめぐる噂についての記述がある。

実は、ほんの人の噂だがの。噂だから、保証は出来ないがの。義淵僧正の弟子の道鏡法師に似てるがやと言ふぞな。……けど、他人に言はせると、――あれはもう十七年にもなるかいや――筑紫で伐たれなさつた前太宰少弐――藤原広嗣――の殿に生写しぢやとも言ふがいよ。

と綴る。前後の文章からは藤原広嗣を出さずともよい気もするが、折口はあえて広嗣を登場させるのである。折口自身が天平章の意味について語るところはない。しかし、自装本の表紙のデザインを天平章に求めていることは、天平章の「天平十二年八月日」文字の意味を、藤原広嗣が朝廷に対して上表文を出した日として理解していたことは間違いない。

（1）鈴木敬三「えがわ　画韋」の項目（『国史大辞典』二巻、吉川弘文館、一九八〇年）。
（2）「てんぴょう-がわ【天平革・天平韋】」の項目（『日本国語大辞典　第二版』小学館、二〇〇一年）。
（3）福原透「日本染韋史の流れと八代染革」（『さまざまなる意匠――染革の美――』八代市立博物館、一九九二年）。
（4）福原前掲註（3）論文。
（5）蓑田勝彦「史料に見る八代染革」（前掲注（3）書）。
（6）「八代染韋関係史料」（前掲注（3）書）。
（7）前掲註（6）。
（8）前掲註（6）。
（9）福原前掲註（3）論文。
（10）坂本太郎「藤原広嗣の乱とその史料」（『古典と歴史』吉川弘文館、一九七二年）。
（11）但野正弘「史臣宗淳の活動」（『新版　佐々介三郎宗淳』錦正社、一九八八年、一四七頁～）。
（12）『萬葉集辞典』、初出は一九一九年。『折口信夫全集』六巻（中央公論社　一九五六年）所収。
（13）『日本評論』一四―一～三（一九三九年）。安藤礼二編『初稿・死者の書』（国書刊行会、二〇〇四年）による。
（14）『新潮日本文学アルバム折口信夫』（新潮社、一九八五年）四八頁には、自装本表紙のカラー写真が掲載されている。

参考文献（発表順）

重野安繹　一九〇二年『右大臣吉備公伝纂釈』上巻
相田二郎　一九三九年「江戸時代に於ける古文書の採訪と編纂」（『本邦史学史論叢』下巻、冨山房）
宮田俊彦　一九六一年『吉備真備』（吉川弘文館）
吉原亀久雄　一九七五年「佐々宗淳」一～四（『熊本新評』創刊～四号）

栄原永遠男　一九八三年「藤原広嗣の乱の展開過程」（『大宰府古文化論叢』上巻、吉川弘文館）
辻　憲男　一九九六年「藤原広嗣の上表文を読む」（『神戸親和女子大学研究論叢』三〇号）
山﨑猛夫　二〇〇〇年「藤原広嗣の乱」（『唐津・東松浦の歴史』上巻、松浦文化連盟）
但野正弘　二〇〇六年「大日本史編纂と史料蒐集の苦心」（『水戸史学の各論的研究』慧文社）
但野正弘　二〇〇八年『助さん・佐々介三郎の旅人生』（錦正社）

日本人のキリスト教受容と宣教師の装束

岡美穂子

はじめに――私とキリシタン史――

平成一〇年（一九九八）に大阪外国語大学国際文化学科比較文化講座に提出した卒業論文は、南蛮屏風にみられるイエズス会宣教師とその装束を、日本での彼らの布教方針である「適応主義」に絡めて論じたものであった。専攻語にポルトガル語を選択し、武田ゼミに入ってまもない平成七年から翌年までリスボンに留学していた筆者のなかで、ポルトガル語史料を使った日本史研究へのこころざしは、おおよそ三年生の頃には固まっていた。なかでも、服飾史は、指導教授であった武田先生の専門分野であり、「南蛮」と「服飾」の両方を意識した結果、このようなテーマ選択となったのは、今考えても妥当な成り行きであったように思われる。

しかし、同テーマに関しては、南蛮学研究の泰斗松田毅一氏による考察があり、筆者の卒論はその要約の域を出るものではなかったと確信している。その後、卒論で多く依拠したルイス・フロイス『日欧文化比較』の訳書があったエンゲルベルト・ヨリッセン先生の元で大学院に進学することを決意し、京都での一人暮らしを始めた。自活のためのアルバイトの必要性から、武田先生からのご推薦もあって、幸運なことに、当時日本中世経済史の第一人者であった脇田晴子先生が率いる、石見銀山歴史文献調査団の南欧語史料翻訳チームに加えていただくことになった。その頃の経験が、現在の職へとつながっていることはいうまでもない。と同時に、日本銀関係の南欧語史料を主に扱った経験から、筆者の関心はイエズス会の布教活動よりも、南蛮貿易の方へ移っていった。

その後、三年間の在外研究を経て、南欧語の古文書解読に関しては、それなりの自信がついたが、博士論文の公刊や出産を経て一段落し、勤務先での担当出版物である『イエズス会日本書翰集』の編纂にも気持ちが入りはじめたころ、卒業論文で書いてはみたものの、すっかり忘れ去っていた日本のイエズス会士の服装問題が気になりはじめた。そんな折に、ある講座シリーズで、「キリシタンと統一政権」について書いてみないかという誘いを受け、本格的に日本人にとっての「キリシタン」という宗教を、受容の面から考えてみたいと思うようになった(1)。

周知のとおり、日本のキリシタン史は、ザビエルによる布教開始と徳川幕府による禁教政策をもって表面上の終焉を迎えることを特徴としている。禁教の過程では、大規模な棄教と殉教が生じ、寛永一四年（一六三七）に天草・島原地方で起こった大規模な一揆は、徳川幕府のキリシタン、ひいては民衆支配に対する認識の大転換をうながした。近年の神田千里氏の学説などにより、この一揆をもって、日本の中近世移行期が終わり、幕藩体制が揺るぎないものへと確立されていったというのが定説となりつつある(2)。では、江戸幕府の政治権力にそれほどまでに影響を及ぼした「キリシタン」とは、一体いかなる存在であったのか。筆者は、「キリシタン」はヨーロッパの「キリスト教」とは相当異なる、独自の存在であり、その特性は当時の日本人による「受容」の特異性の上に成立しえたものであったと考えている。

明治期以降、欧米文化の積極的な受容と大衆化を経て、キリスト教について多少なりとも前提知識のある現代の日本人と、一六から一七世紀にかけて、前提知識のないまま、キリスト教を受容した我々の祖先との間には、常識的な部分で明らかな隔たりがある。その最たるものは、当時の一般的な日本人にとって、キリスト教と仏教は明確に異なる宗教であると認識され得なかったという点である。それらの混同は、布教基盤の構築にあたり、用語・概念の翻訳などで誤りを犯した初期の宣教師グループによって形成されたものであり、布教が本格化し、日本人のキリスト教理解が進むにつれ、徐々にその混同は減少ないし消滅していったというのが通説である。(3)

しかしながら金地院崇伝の『異国日記』の見返しに、ポルトガルとスペインが「仏法」の国であると書き留めた部分があり、一七世紀初頭の時点でも、キリスト教は「仏法」の一派であるという見方が主流であったことも指摘されている。それゆえ、「仏法」をもってキリスト教を宗教として「邪」とすることが叶わず、幕府が考案したキリスト教が日本に受け容れられざるものであるという道理には、日本が古来より「神国」であって、「仏と神は垂迹」であるというたてまえが適用されたとみられる。(4)

筆者は、主に日本でイエズス会士によって書かれたインドやヨーロッパ宛の書簡を翻訳・研究することを業務としているため、右のような説を読んだ当初は、少なからず驚いた。というのも、日本キリシタン史の研究では、一七世紀に至ってもキリスト教が仏教の一派として考えられていたという認識は薄く、宣教師の書簡においても、二代目日本布教長カブラルの保守傾向的方針により、初期の布教方法は是正されたことが強調されているからである。しかしこのような主観は、おそらく主に欧文史料のみをキリシタン史の情報源として偏重してきた方法によって形成されたものであり、日本人がキリスト教を仏教の新派とみなし、その誤解が継続していた可能性は、後述する諸点においても否定できないものであることは、日本のキリシタン史理解の上でも、心に留めておくべき重大な問題であると考える。なお、キリシタン史研究者の間では、キリシタンが同時代の日本史料で「仏法」と表される場合、それは「外来宗教全般」という意味で使われているとの説が一般的であるが、自称ではないにせよ、他者からの認識という点では、両者の混同にはやむを得ないものがあり、「外来宗教全般」を指すという意味での「仏法」の用法には大いに疑問を感じざるを得ない。

一　信長の宣教師に対する理解

信長は上洛後（一五六八年）、ヨーロッパから到来した宣教師たちを、未知の「世界」を知る者として厚遇したことで知られる。一向門徒との戦いや比叡山の焼き討ちなど、一〇〇〇年にわたって政治権力と密接な関係にあり、日本の政治・文化を支えてきた仏教勢力の一部との激しい対峙を厭わなかった信長ではあったが、新しく伝来したキリスト教に対しては、その在世中は、おおむね好意的に接した。信長が比叡山を焼き討ちにした直後の元亀二年（一五七一）の暮れないしは翌年の正月頃に、日本の布教長として着任したばかりのフランシスコ・カブラル、京都で布教に従事していたルイス・フロイス、日本人イルマンのロウレンソ了斎一行は挨拶のため、岐阜にいた信長の元を訪れている。永禄二年（一五五九）にガスパル・ヴィレラによってはじまった京都での布教は、永禄七年（一五六四）からフロイスが加わり、元亀元年（一五七〇）にはイタリア人のオルガンティーノが加わって、活況を見せ始めていた。布教長カブラルが信長に謁見したのは、年賀の挨拶のためであったと考えられるが、同時に京都を含め、彼の支配力が及ぶ地域におけるキリスト教布教の容認と庇護を願い出るためであったと考える。

カブラルと信長の謁見については、フロイス『日本史』[5]にも記述があるが、謁見時の信長の様子をより詳しく記したカブラル自身の自筆書簡[6]に描かれる信長のキリスト教と仏教に対する理解を見てみたい。

なおカブラルの前任者コスメ・デ・トルレスは、もともとイエズス会士ではなく、太平洋を横断したスペインのヴィリャロボス艦隊の一員としてモルッカ（マルク）諸島に到り、同地で生じたスペイン人対ポルトガル人の戦闘でポルトガル側の捕虜となったが、ザビエルに出会って薫陶を受け、インドのゴアでイエズス会に入会し、その後ザビエルの同伴者として来日していた。イエズス会員としての経歴の浅いトルレスにとって、インドを中心に一五五〇年代以降定まっていくイエズス会のアジア宣教における布教方針は、必ずしも自明のものではなく、日本ではその社会状況に即した方針が採られることになった。対してカブラルは、本来兵士としてインドへやってきたポルトガル人の小貴族であったが、ゴアで一五五四年にイエズス会に入会したのちは、その才覚からいち早く司祭に叙階され、ゴアのイエズス会学院で要職を務めた。それゆえ来日時には、カブラル自身のなかで、インドでの経験を踏まえ、現地の習慣や文化に対して不寛容な思想が確立されていた。

カブラルと信長の最初の謁見は、比叡山の焼き討ちで、信長が「僧俗男女三四千人」(『言継卿記』)を殺害した直後であっただけに、「仏僧たちの欺瞞」について辛辣に語られる。焼き討ちについて述べた『信長公記』では「淫乱、魚鳥服用せしめ、金銀賄に耽る」仏僧らの教義に対する欺瞞への憤怒と比叡山が当時、信長の敵であった浅井・朝倉連合軍に味方したことに対する恨みから、焼き討ちを強行したとある。(7) その前年には本願寺が決起しており、カブラル一行は、岐阜城下に入る手前では、信長の命によって絞首刑にされた遺骸が二四体晒されているのを目撃し、大半は一向門徒であったと述べている。

カブラル一行を招いた信長は、開口一番に、宣教師たちが従来着用してきた絹の装束を着ていない理由を尋ねた。カブラルは元亀元年(一五七〇)の来日時、イエズス会インド管区長アントニオ・クアドロスからの伝達事項として、日本で宣教師たちが華美な装束を着用している事態を廃し、ヨーロッパやインドと同様に、簡素な黒い木綿の修道服の着用を義務づけることを、天草の志岐で開かれた総会議で伝えた。この会議には、京都にいたフロイスを除く全イエズス会員が召喚されたが、二人を除くすべての会員が、日本人は外見を重んじる民であるゆえ、粗末な身なりでは改宗者を増やすことはできない、と反対した。(8) カブラルは、以前とは異なる装束を訝しむ信長に対し、「これまでは日本人から奇異に思われないよう、日本の装束を着用してきた」と返答している。ここからは、宣教師たちが用いていた絹の装束とは、仏僧たちが用いる法衣であったと推察される。絹衣の着用が禁じられたのは、それが高価で華美であるからという理由に限らず、宗教として、仏教との差異を明確にする必要があったことにも留意するべきであろう。

信長はカブラル一行に、教義などについてさまざまな質問をした後、「カミもホトケも存在しない」という説に同調し、「デウスのみが王に対し、その領国支配の与奪権をもつ」という説明に満足を示した。[9] 謁見ののち、宣教師たちを見送った信長は家臣を呼んで、人々から「狂人」と思われないよう「多くの僧侶を殺害し、その寺院を破壊するよりは、宣教師を庇護してその教えを弘めさせる」ことが効果的な宗教政策であると語っている。その後も京都滞在中は宣教師を身近に置き、しばしば地球儀や世界地図を持参させて歓談することもあった。[10] 宣教師たちの期待に反して、信長自身がキリシタンへの改宗に意欲的であったとは考えられないが、九州平定を見据えた天下統一に今後役立つ可能性があるものと考えていたためか、その在世中に迫害の兆候はみられなかった。

実際に、天正六年（一五七八）、摂津の荒木村重が信長に対して謀反を起こした際、荒木の下に従っていた高山友照・右近父子に恭順を促すよう、京都の布教長であったオルガンティーノが派遣された。その結果、友照は荒木方に残留、右近がこれを脱し、信長は大いに満足したという。信長は九州でキリシタンが劇的に増加中であることや大村、有馬、大友などの各領主がキリシタンになっていたことも察知していたと考える。これよりのちの時代になるが、天正一七年（一五八九）、天草五人衆（天草氏・志岐氏・大矢野氏・栖本氏・上津浦氏）による国人一揆が発生した際、秀吉に肥後の知行をあてがわれていた小西行長は、イエズス会士に国人の代表格であった天草久種との和睦を仲介させている。[11]

二　初期の布教方法

（1）仏僧装束

信長が既存の日本の仏教と、南蛮渡来の宣教師たちが伝えようとするものが、異質のものであると認識していたことは、カブラルの書簡にも明白である。しかしながら、その新しい宗教が、仏教とは本質的に異なる宗教であると、当時の日本人に理解可能であったかという点は大いに疑問である。

カブラルが日本のイエズス会士に対して、絹の法衣の着用を禁じたことは先述したが、いったい、どの程度の期間、彼らは仏教法衣を着用していたのであろうか。まずフランシスコ・ザビエルが、当初はヨーロッパのイエズス会修道士の日常的な装束である黒い長衣（ローバ）を着用していたにもかかわらず、京都での布教ののち、清貧な身なりでは面会すらままならないことを認識するに至り、二度目の大内義隆との謁見に際し、華麗な装束を着用したことが知られる。

永禄二年、ガスパル・ヴィレラにより京都での布教が開始されたが、豊後を出立したヴィレラ一行は、日本人に奇異に思われぬよう、髪を剃り、仏僧の旅装で出かけている[12]。すなわち、貴人と合う際に華美な法服を着用するにとどまらず、日常的な装束も日本の仏僧に準ずるものであった可能性が考えられる。この時のヴィレラの旅装について、海老沢有道氏は「例外」としているが[13]、前述の第一回畿内巡察の旅でも、カブラルに対し、豊後にいた宣教師やキリシタンらが日本の着物を着装し、頭を頭巾で覆うことを強く勧めたが、これを固辞したという記録があるので[14]、ヴィレラの例が「例外」でないことも理解できる。南蛮屛風に描かれるイエズス会の宣教師たちの上着はスータンと呼ばれる黒色の上衣であるが、その襟元を見ると、着物を下に着込んでいる者もある。さらに日本人の修道士や同宿は基本的に剃髪しており、黒い上衣を脱ぐと、おそらく外見は僧侶のそれと何ら変わらぬものになったであろう。

（2）キリスト教教理の解説

ザビエルの来日当初、同伴者アンジローの訳語に従って、「デウス（唯一神）」を「大日」と訳出して説教し、それがもとで日本人がキリスト教を大日如来を宇宙の根源とみなす真言宗の一派であると誤解したことは、岸野久氏の研究などからよく知られている。それだけではなく、ザビエルはアンジローに「ドチリナ・ブレベ（小教理書）」と呼ばれる二九か条からなる主な祈禱と十戒の内容をまとめた書物を翻訳させたが、そこでは「聖母マリア」は「観音」、「天使」は「天人」、「天国（パライソ）」は「極楽」と訳出されていたと指摘されている。[15]この「ドチリナ・ブレベ」とは別に、「鹿児島教理説明書（カテキズモ）」と仮に名づけられている「天地創造」とカトリックの主要な祈禱である「使徒信経」（キリスト教教理の主要事項に対する信心の宣言）、「十戒」の解説を目的とした教理書がつくられ、アンジローによって翻訳され、宣教師がポルトガル語で読み上げ、アンジローが解説する「辻説法」の手段が採られた。この教理書においてもやはり「ドチリナ・ブレベ」同様の訳語が用いられたことが指摘されている。[16]ザビエルは滞在期の終盤に、「大日」などの訳語がもたらす弊害、すなわち彼らの宗教が仏教であると認識されるに至った事態に気づき、キリスト教の教理説明における仏教用語の借用を禁じ、宗教用語にはすべからくポルトガル語を用いることを決定し、その方針は以後の宣教師たちに受け継がれていくことになったといわれてきた。

しかしながら、弘治二年（一五五六）にインドから日本布教状況視察の目的で来日したメルショール・バレトは当時の状況を次のようにその書簡で伝えている。

日本人は、神に関するあらゆる事柄を説明する際、日本の専門用語の使用において、名称の誤用から誤った考えを得ており、どれほど説教、討論、書物で霊的なことについて教えられても、彼らの言葉に置き換えると、その言葉に内在する意味に従って、間違った理解を形成してしまい、つねに元の誤りに戻ってしまうのを、我々の仲間は見てきました。ですからそれらの言葉はカトリックの信仰にとって毒であるとして退け、「ホトケ」ではなく「デウス」、「タマシイ」ではなく「アニマ」あるいは「エスピリト」と言うことにしています。[17]

バレトの日本滞在は短期間で、しかも豊後地域に限られたため、日本全体の状況に即したものであったとはいえないが、ザビエルが日本の宗教用語をキリスト教の教義の解説に用いることを禁じた後も、日本人の誤解は容易には払拭されなかったことが確認される。また、ザビエルの布教期には「大日」と訳出されていた「デウス」が、一五五六年頃までには「ホトケ」という語に置き換えられていることにも着目されよう。

アンジローらが翻訳した「ドチリナ・ブレベ」は後続の宣教師たちによる改訂を経ながら、基本的にはキリスト教入信者が第一に暗唱し、深く理解するべきものとして用いられた。一五五九年頃に平戸での布教活動に従事していた修道士ギリェルメ・ペレイラの書簡によると、信徒たちは夜間、持ち回りで集落内の家に集まり、修道士を迎えて「ドチリナ」を学習する習慣があったとわかり、同じ書簡には子供たちがドチリナを覚え、道中で声高に暗唱するため、仏教徒らが激怒する様子が記されている。[18]

江戸時代の潜伏キリシタンの間で、口承あるいは写本で伝えられてきた祈禱（オラショ）を読み解くと、一部はラテン語の祈禱そのままのもの、日本語訳され一部ポルトガル語などが使用されるものが混在している。最も重要な「主の祈り」（パーテル・ノステル）や「天使祝詞」（アヴェ・マリア）にも、ラテン語のみの版もあれば、ポルトガル語混在の日本語訳化された版もあり、時期・地域の区分などが未だ整理されていないため、どの版がどのように導入されたかは不明のままである。[19]とはいえ、祈禱や教理説明に日本語訳が存在するというのは、ある意味当たり前のようでいて、非常に重要な点である。

周知のとおり、一六世紀のヨーロッパで生じたもっとも重要な出来事のひとつに、宗教改革がある。旧来の教会内部の腐敗とともに、ラテン語でおこなわれるミサや祈禱、ラテン語の『ウルガータ版』を標準とした『聖書』に代表されるような、一般の人々が容易に経典を理解しえない状況にも改革が加えられた。ルターの『ドイツ語訳聖書』はその最たるものであったが、新興のプロテスタントに対抗する反宗教改革の旗手として、旧来のカトリック教会のあり方を内部から刷新することを標榜に誕生したイエズス会の海外布教において、在来宗教から改宗したキリスト教徒が教理をより容易に習得する方法は常に模索されていたといえよう。来日前、インド漁夫海岸での布教においてザビエルは、ポルトガル人司祭エンリケ・エンリケスにいち早くタミル語を習得させ、タミル語の教理書を執筆させている。(20)

アンジローもまたザビエルに命じられて、簡単な教理書を作成し、段階的に改訂されつつ、分かりやすい文章で信徒の間に広まったことは前述のとおりである。後述するように、日本における改宗者の増加には多様な要因があったと考えられるが、同時代の仏教界がはたして一般の仏教徒にその教理を分かりやすく説明する習慣があったのか、すなわち新たに「天竺」「南蛮」から到来した僧形の人々が教える教理を、在来仏教とは無縁のものであると理解する土台が広くあったのかという点に疑問をもつ。もしそのような習慣がなく、教理の理解は仏僧や貴族、高位の武士層に限られており、宗派によって多少の違いはあれども、ただ教えられる経文の文言を唱えていれば、極楽往生できるというのが、一般の仏教信徒の宗教理解であったとすれば、教理を丁寧に一般信徒に理解させることを目的としていたイエズス会のあり方は、当時の日本人にとって魅力的であったのは間違いない。

初期の布教において、病院が果たした信者獲得のための役割はこれまでにもよく知られている。前掲のバレトは別の書簡で次のように伝えている。

豊後のこうしたキリスト教徒はそのほとんどが貧しい人びとで、改宗のきっかけも多くの場合、何らかの必要、とりわけ病気が原因であります。彼らは病気の時に、パードレらに助けられ、治療行為ゆえにパードレらに慈愛を見出します。(21)

（3）医療・慈善活動

最初に西洋式の病院が設立されたのは豊後府内で、これは商人として築き上げた私財を寄進してイエズス会に入会したポルトガル人修道士ルイス・デ・アルメイダの手によるものであった。アルメイダがイエズス会に入会する以前の詳細は不明であるが、リスボンの新キリスト教徒（主にイベリア半島のユダヤ教徒で一五世紀末にはじまる宗教政策で強制改宗された）の一族出身で、インドに渡航する以前に外科医師の免許を取得していた。(22)来日以前はマラッカ＝中国沿岸＝日本の交易に従事し、イエズス会士たちとはその航路上で既知の関係になっていた。アルメイダは入会に際し、四〇〇〇ないし五〇〇〇クルザードを寄進しているが、それ以前にも二〇〇〇クルザードを日本へ向かったイエズス会一行に与え、日本で日常的に見られた嬰児殺し対策として、育児院運営のために一〇〇〇クルザードを寄進している。すなわち彼が手元に有した総資産は少なくとも七〇〇〇～八〇〇〇クルザードであったと考えられる。少し後の一六世紀末頃の中国広州でのコメの価格は、一石（一五〇キログラムに換算）につき一両銀であり、一六世紀半ばの一両銀は一・五クルザード相当であるので、その資産は約五〇〇〇両前後、すなわち中国ではおおよそ米五〇〇〇石を購入できる程度のものであった。(23)

病院設立後は、アルメイダ自身が医師として働き、奈良多武峰出身の元僧侶の修道士パウロや日本人召使に医術を教えるかたわら、私財を知己のポルトガル人商人に託して中国産商品を購入させて日本で売り捌く商売もおこない、山間部にも入って布教している。アルメイダの病院の噂は、京都にまで聞こえ、わざわざ豊後府内まで治療のために到来する人もいるほどであったという。病院で治療を受けた者はキリスト教への入信を希望する者も多かったが、布教長コスメ・デ・トルレスの方針で入院中には洗礼を授けず、治療が終わってから洗礼を希望する者には然るべき手順を踏んで入信させたとある。それは患者の中に「入信すればより良い治療を受けられる」と期待する者があったからであると報告されている(24)。

病院と並んで、豊後地方ではミゼリコルディアと呼ばれる慈善の組が組織された。これは地域内の比較的裕福な信徒から喜捨を集め、貧者の救済に役立てる仕組みであり、ポルトガルでは国王ジョアン二世の后レオノール王妃によって創設されたといわれる。日本では共同体内の比較的裕福な者がミゼリコルディアの金庫の管理人に任命され、そこから飢饉の際の救恤活動や祭日の炊き出しなどの活動費用が充てられた。病人や貧者を救う宣教師たちの活動は、日本人の嘲笑を買うと同時に、明日をも知れぬ戦国時代に生きる日本人にとって、他人のために奉仕する行為が新鮮に映ったであろうことは想像に難くない。

イエズス会士たちが実践してみせた他人の救済「隣人愛」は、日本を含む仏教諸派の大分類である大乗仏教において、「利他行」として教義の根幹をなすものであった。鎌倉時代には律宗の忍性が飢饉の際に、民衆に粥を配給し、らい病患者用の施設を創設したことが知られるが、戦国時代の寺院による貧民救済事業は一般的ではなかった。冒頭に挙げた信長とカブラルの会見では、学問・修行と称して山に籠り、それでいて世俗の権力にも介入する日本の仏僧たちへの反感が述べられていることからも、イエズス会の布教手段が、日本人の目に大乗仏教の基本教理と合致して映ったとしても無理はないように思われる。

（4）信徒組織とコンフラリア

日本における布教期全般を通じて、宣教師の数は十分とはいえないものであった。五野井隆史氏によれば、江戸時代初期には三〇万人に達したといわれる信徒数に対し、宣教師は一六世紀末に新たに参入したスペイン系托鉢修道会の宣教師を入れても、一五〇人を超えることはなかった。[25]すなわち、基本的に日本のキリシタンは、身近に聖職者のいない状態でその信仰を維持する必要があったといえる。このため、イエズス会は早期から司祭不在でも、懺悔と司祭叙階を除く五つの秘跡（洗礼、堅信、聖体拝領、結婚、終油（または葬儀））をおこなうことができるよう、共同体の信心会（コンフラリア）設置を推奨した。キリスト教の教義上、懺悔は天国へ召されるための必須条件であった。

とりわけ贖宥状（免罪符）問題で揺れた一六世紀のカトリック教会は、トリエント公会議（一五四五～六三年）の決定により、懺悔の過程を経ない罪の赦しは可能な限り避けられるべきと定められた。懺悔は司祭の中でも特別の資格を得た聴罪司祭（コンフェソール）に対してのみおこなうよう定められていたので、司祭はおろか聴罪司祭の訪問などないに等しい地域では切実な問題であり、それを解決するためにイエズス会は「こんちりさん（悔悛）のりやく（略）」と称される贖宥の祈りを広める必要があった。この祈りは熱心に唱え、心から過ちを悔悛することで、懺悔の一時的な代用とすることができるというものである。実物は存在しないものの、慶長八年（一六〇三）に長崎商人後藤宗印の印刷所で、キリシタン版として印刷されたことが判明しており、それはこの祈りが広く求められた事実を示しているように思われる。[26]コンフラリアを主体におこなわれていた秘跡は、禁教期以降もキリシタンの間で実践され、明治期以降も長崎県内のかくれキリシタンの習慣として、水方や帳方などの世襲の役職者を主体におこなわれている。

（5） 貿易

布教基盤維持のため、アルメイダの頃に、イエズス会が南蛮貿易に参加しはじめたことはすでに述べた。布教初期には司祭や修道士の数も少なく、ポルトガル人商人や裕福な日本人からの喜捨で辛うじて運営していくことはできたが、病院や救恤事業などが布教に不可欠な手段となるにつれ、そこにかかる費用も増大し、多額の資金を調達する必要性に迫られたのが原因である。アルメイダの入会後、貿易事務はアルメイダ自身がおこなったが、九州各地の布教において不可欠な人材であったため、永禄六年（一五六三）以降、「プロクラドール」と呼ばれる財務担当者が任命されることになった。初代のプロクラドールはミゲル・ヴァズというインド生まれのイエズス会士であり、一五八二年まで務めたが、実際のポルトガル人来航に関する諸算段は、アルメイダが引き続きおこない、大村領横瀬浦の開港交渉などもその手腕に負うところが大きかった。[27]

九州各地の領主が、その領内の港へのポルトガル船の誘致斡旋を宣教師たちに依頼したのは、二つの理由がある。第一には南蛮船が来航することで領内に遠隔地の商人が集まり、土地の商売が振興したこと、第二には火薬の原料となる硝石や鉛、外国製火器などの軍需品を直接用立てることができたためである。永禄四年までポルトガル船がもっとも多く入港した平戸には、博多や堺の商人が集まっていた。また横瀬浦も開港されてポルトガル船が入港するやいなや、豊後から商人集団がやってきて取引をおこなっている。大友宗麟は宣教師を通じて、大型大砲や火薬原料などを入手している。

三　適応主義

（1） 僧形の修道士、同宿たち

日本での布教において数少ないヨーロッパ人の宣教師の代わりに、布教の実質的な役割を担ったのは、日本人の修道士や同宿（伝道師／説教師）であった。彼らの外見は、剃髪したものであったことは、先述のとおり、南蛮屛風にも文献にも明らかである。[28]

キリシタン時代、イエズス会の日本人修道士は一〇九名が数えられ、司祭や修道士を補佐して、一般信徒に説教をおこなう同宿の数は三二〇名前後に上った。[29]初期の布教においては、圧倒的に不足している人員を補うため、積極的に日本人が迎えられたが、基礎的な教養を備え、論破すべき対象であった在来仏教の教義に通じた仏教僧侶からの入信者は、すぐさま修道士ないしは同宿に迎えられ、布教の有力な実労員として重宝された。[30]ヴァリニャーノは一五八〇年一〇月二七日付の豊後発書簡で、日本人修道士について、「彼らは事実、異教徒に説教し、彼らを改宗させる仕事に従事している。だが彼らは修練士ではなく、我らの修道院に入るや、日夜説教に従事し」[31]とあるから、キリスト教教義を深く修得する間もないまま、信徒に教えを説く役割を任されていたと考えられる。

図　日本人修道師（「狩野内膳図屛風」部分）
（神戸市立博物館蔵）

宣教師の書簡では、アルメイダの助手として病院の黎明期を支えた多武峰のパウロ、山口でザビエルから受洗し、日本文化になじみのない宣教師に代わって、日本布教の具体的な礎を築いた平戸出身の琵琶法師ロウレンソ了斎、元は若狭出身の医師でキリシタン版の翻訳者として知られる養方《ようほう》パウロ、洞院ヴィセンテ親子など日本人の修道士や補助者の働きがよくわかる。さらに勧進比丘尼であったクララという女性は、初期の豊後キリスト教会に多額の寄進をなし、寡婦らの授産事業を担ったことも知られる。[32]

ヴァリニャーノは日本人をイエズス会に受け容れるべき理由のひとつに次のように述べている。
日本人はイエズス会に入会し、今日まで外国人の宗教とは思われないように、日本人に合致した自然な方法でこれを行っている……イエズス会は日本人修道士の手によらねば、決して確乎たる根を日本の社会に下ろさなかったであろうし、その生活に必要な収入も手段も得られなかったであろう……。(33)

（2）ヴァリニャーノの仏教観

ヴァリニャーノは仏教について、その他のイエズス会士同様、邪悪な悪魔の教えという見方を堅持すると同時に、「悪魔が何らかの方法で我らの儀式を模倣するように教えたかのように思われる。というのは、数多の点において、我等が述べることと一致しているからである(34)」と、当時のキリスト教と仏教の間に共通する点が少なからずあったことを認めている。

大乗仏教が原始仏教、部派仏教と大いに異なる点に、先述のような「利他行」を代表とする自己よりも他者の救済を優先する教え、世界の終末に現世に出現し、一切衆生を救済するとされる弥勒菩薩の下生信仰などがある。(35)

ヴァリニャーノが日本人の誤解をあえて利用した可能性があることは、次の記述から察することができる。
（僧侶たちが定めた）礼式は、深く人々に受け入れられているので、我等ですらその方式に従って数多のことを行わねばならない。なぜなら、そうしなければ、日本人の眼には宗教ではないように思われ、信用を失ってしまうからである。(36)

すなわち、ここでは、仏教の作法を少なからずキリスト教の儀礼に取り入れざるを得ないことを開陳しているのである。

従来、ヴァリニャーノの適応主義は、「布教地の諸国民の人種、言語、民族（俗）、文化、社会、道徳、心理、宗教などの特異性を考慮し、人間性という共通の遺産を反映する各文化の健全で有効かつ優れた価値を認め、保存し、高めて利用するよう、出来る限り最大の理解を持って宣布すること[37]」として文化的適応を提唱したものであったと知られている。

しかしながら、上述の箇所を読む限り、ヴァリニャーノの適応主義は、「日本文化」への順応に限らず、「宗教」として認められることを目的に、異教として真っ向から対立するはずの日本仏教さえも、その適応対象とせざるをえなかったことが分かる。井出勝美氏が指摘しているように、大友義鎮や大村純忠がキリシタンに改宗後も仏教の号を名乗り続けた背景には、キリスト教を受容した日本人の思考において、両者が相反するものではなかったこと、また宣教師たちもあえてそれを糾弾することがなかったためであると考える[38]。ヴァリニャーノ『日本諸事要録』には「日本人は……、仏僧たち、ことに外国人である我らを尊敬して遇する[39]」と述べた部分もあり、自分たちが宗教者として仏僧たちと同一視されていることに拒否感を示していない点も注目されよう。

統一政権によるキリスト教弾圧の背景に関し、布教の主導者であるヨーロッパ人宣教師が主張する普遍性に囚われるあまり、「東西文明の衝突」を主張する言説もいまだ根強い。キリスト教が布教期の大半において、仏教の本流ないし新派であると日本人に認識されていたのであるとすれば、キリスト教禁教に至る背景は、戦国時代を通じて存在した天文法華の乱や一向衆の勢力拡張に見られた「宗教と政権の対立」の延長線上にある問題であることを大前提に、キリスト教の宗教としての特性やヨーロッパの拡張に対する危機意識といった国際的要因を周辺環境として検討するのが適切であろう。ごく一部を除いて、キリスト教信者は貧しい下層の人々で[40]、日本においてそれはまぎれもなく民衆の宗教であった。

おわりに

従来、キリシタン史は、『イエズス会日本書翰集』などの同時代の宣教師が記した日本に関する報告書などを、主な情報源としてきた。それゆえ、考察そのものも宣教師からの目線に偏りがちで、いくらそのバイアスを払拭しようとしても、おのずとそこで語られるキリスト教は「ヨーロッパの宗教」として見てしまいがちである。

しかし筆者は近年、長崎県の平戸や彼杵《そのぎ》半島、熊本県の天草などで、地元の研究者とともにフィールド学術調査に参加する機会に恵まれるうちに、現在も残る「かくれキリシタン」の習俗が、約二五〇年にわたる禁教潜伏期に「仏教との混淆」を余儀なくされたことによるものであるという従来の見方に違和感をおぼえるようになった。「キリスト教は、日本に到来すると同時に、キリシタンというシンクレティズムに満ちた別の宗教へと変化していったのではなかったか？」という思いが、脳裏に漠然と浮かんできて、それはあらためてキリシタン史を段階的に検討するに当たり、疑いようのない考えへと変化していった。そのなかで、イエズス会が用いた装束の問題は、なにゆえキリスト教が、本来のかたちからは大いに離反して日本人に受容されたのかを解き明かす、極めて重要な要素であると確信するに至った。かつて卒業論文のテーマとして考察し、今またその問題の重要性を再認識することができたのは幸いであったが、キリシタン史が日本の宗教史として、特異感なく捉えられていくためには、未だ「キリシタンとはどのような信仰であったのか」、深く考察されていく必要があると考える。

（1）　本稿は、拙稿「統一政権とキリシタン」（『岩波講座　日本歴史』近世第一巻、二〇一四年）と問題関心が近いため重複する箇所が多くある。

（2）　神田千里『島原の乱』（中公新書、二〇〇五年）。

（3）海老沢有道氏は、仏教と混同されうる種々の要素を分析した上で、宣教師の努力によって、混同は徐々に解消されたとしている。『日本キリシタン史』（塙書房、一九六六年、一七八～一七九頁）。
（4）藤井譲治「一七世紀の日本――武家の国家の形成――」（『岩波講座　日本通史』第一二巻、岩波書店、一九九四年、五〇～五一頁）。
（5）松田毅一・川崎桃太訳『フロイス　日本史』第四巻（中央公論社、一九七八年、二七八～二八五頁）。
（6）スペイン国立王立史学士院図書館所蔵（Biblioteca Real Academia de la Historia 9-2663, fls.85r.-107v.）。なお信長との謁見に関する箇所の翻刻・翻訳は次を参照。岡美穂子「フランシスコ・カブラルの長崎発書簡（一五七二年九月二三日付）にみる岐阜」（『岐阜市歴史博物館紀要』二一号、二〇一三年）。その他松田毅一『近世初期日本関係南蛮史料の研究』（風間書房、一九六七年、六一五～六二六頁）。
（7）池上裕子『日本の歴史一五　織豊政権と江戸幕府』（講談社、二〇〇二年、四一頁）。
（8）松田毅一『南蛮史料の発見　よみがえる信長時代』（中公新書、一九六四年、八五頁）。
（9）この部分だけを読むと、カブラルは信長に対し、「王権神授説」を説いたように思われる。「王権神授説」がヨーロッパで広く知られるようになるのは一六世紀後半以降のことであると理解されているが、同時代のイエズス会士（教養人）の間に、すでにこのような思想があったことは興味深い。
（10）前掲註(8)松田書、一三一頁。
（11）松田毅一・川崎桃太『フロイス　日本史』一二巻（中央公論社、一九八〇年、二九～三二頁）。
（12）一五五九年九月一日（〇永禄二年七月二九日）付、日本発、ガスパル・ヴィレラのゴアにあるイルマン達宛書翰（BA, Jesuítas na Ásia. 49-IV-50, Cartas da Índia, II, ff. 305v.-306r.）。
（13）前掲註(3)海老沢書、一七九頁。
（14）前掲註(6)松田書、六二四頁。
（15）岸野久『ザビエルと日本』（吉川弘文館、一九九八年、一八八～一八九頁）。同『ザビエルの同伴者アンジロー』（吉川弘文館、二〇〇一年、一二三頁）。
（16）前掲註(15)岸野書、『ザビエルの同伴者アンジロー』一七八～一八三頁。

(17) 一五五八年一月一三日付、パードレ・メストレ・メルショールより総会長パードレ・ミゲル・トルレス代某パードレ・ドクトル宛て書翰の写し（BA, *49-IV-50, Cartas da Índia, II*, ff. 347r-349v.）。

(18) 一五五九年一〇月四日付、豊後発、ギリェルメ・ペレイラのイエズス会士宛書翰（BNL, Fondo Geral 4534, ff. 124r.-125v.）。

(19) 近年、オラショやキリシタン語彙の分布などに関する研究は小川俊輔氏によるものが詳しい。小川俊輔「キリシタン語彙の歴史社会地理言語学——オラショを例にして——」（『外来語研究の新展開』おうふう、二〇一二年、七八～九六頁等）。

(20) 前掲註(15)岸野書、『ザビエルと日本』、四七～五〇頁。

(21) 一五五八年一月一〇日付、コチン発、メルシオール・ヌーネス・バレトのヨーロッパにあるイエズス会員宛書翰（BA, *49-IV-50, Cartas da Índia, II*, ff. 108v.-112v.）。

(22) イベリア半島の医療は旧来ユダヤ教徒によってほぼ独占されてきた分野であった。これは、医療行為が神が定めた人の寿命を変え得るものとしてキリスト教修道士らに忌避されたのと同時に、切開術などが不浄行為として認識されていたことによる。

(23) 岡美穂子『商人と宣教師』（東京大学出版会、二〇一〇年、三四一頁）。

(24) 一五五九年一一月二〇日（永禄二年一〇月二一日）付、豊後発、ルイス・デ・アルメイダのイエズス会士宛書翰（*Cartas* (Évora, 1598), ff. 62v.-63r.）。

(25) 五野井隆史『日本キリシタン史の研究』（吉川弘文館、二〇〇二年、三二一～三七三頁）。

(26) コンフラリアや「こんちりさんのりやく」については次を参照。川村信三『キリシタン信徒組織の誕生と変容——コンフラリアからこんふらりあへ——』（教文館、二〇〇三年）。

(27) 高瀬弘一郎『キリシタン時代の研究』（岩波書店、一九七七年、五一六頁）。

(28) アレッシャンドロ・ヴァリニャーノ著、松田毅一ほか訳『日本巡察記』（平凡社東洋文庫、一九七三年、八九頁）。

(29) 五野井隆史『日本キリスト教史』（吉川弘文館、一九九〇年、三～四頁）。

(30) 前掲註(3)海老沢書、一六九頁。

(31) 前掲註(28)アレッシャンドロ・ヴァリニャーノ著、松田毅一ほか訳書、三〇一頁。
(32) 一五五九年一一月一日付、豊後発、バルタザール・ガーゴのインドにあるイエズス会士宛書翰（BA, *Jesuitas na Ásia, 49-IV-50, Cartas da Índia,* ff. 161v.-170v.）。
(33) 前掲註(28)アレッシャンドロ・ヴァリニャーノ著、松田毅一ほか訳書、八六頁。
(34) 同右、三〇頁。
(35) 弥勒信仰とユダヤ・キリスト教のメシア信仰はおそらく根源を同一にし、その元は古代アーリア人の神ミトラスに求められるというのが定説である。イエス没後、弟子たちの伝道によってローマ帝国周辺にキリスト教が拡散した時期は、太陽神としてミトラス神への信仰運動が帝国内で興隆した時期と一致している。原始キリスト教がさまざまな別の宗教と混淆していく過程において、ミトラス信仰は大きな影響を与えた。大乗仏教が部派仏教から独立して興隆をはじめた一～二世紀は、インドにキリスト教が伝播した時期とほぼ重なっており、大乗仏教の教義にキリスト教が取り込まれた可能性を指摘する研究者もいる。平山朝治「大乗仏教の誕生とキリスト教」（『筑波大学経済学論集』五七号、二〇〇七年）。ミトラスの諸宗教への影響については、ミルチア・エリアーデ著／島田裕巳・柴田史子訳『世界宗教史』第三・四巻（ちくま学芸文庫、二〇〇〇年、初版一九九一年）参照。
(36) 宮田登『ミロク信仰の信仰』（未来社、二〇一〇年、初版一九七〇年）。
(37) 高橋勝幸「『イエズス会日本コレジョの講義要綱』に見るA・ヴァリニャーノの適応主義布教方針」（『アジア・キリスト教・多元性』九号、二〇一一年、四七頁）。
(38) 井手勝美『キリシタン思想史研究序説――日本人のキリスト教受容――』（ぺりかん社、一九九五年、一五七頁）。
(39) 前掲註(28)アレッシャンドロ・ヴァリニャーノ著、松田毅一ほか訳書、一一八頁。
(40) 前掲註(28)アレッシャンドロ・ヴァリニャーノ著、松田毅一ほか訳書、一四六頁、カブラル書簡。

Ⅱ 信仰

菅原道真「能書」説の諸相とその展開——古代・中世を中心に——

竹居明男

はじめに

北野天満宮や太宰府天満宮をはじめ、全国の天満宮・天神社の祭神菅原道真公は、今日では「学問の神（もしくは受験の神）」と並んで、「書道の神」としても有名で、たとえば北野天満宮の年頭行事「筆始祭・天満書」には、今も多くの参拝客が集って境内がにぎわっている。

しかし、後述するように、「書道の神」のイメージから連想される道真の「能書」も、書道史の立場からはそれを立証する史資料はなく（すなわち、今日確実な道真の真筆は伝存しておらず、確実な文献にも「能書」を立証できるような記録類は皆無である）、所詮、それは道真にたいする信仰上の所産と考えるほかないことは動かしがたい結論である。(1)

本稿は、史上実在する道真が果たして「能書」であったかどうかを問い直すのではなく、まさに天神信仰の所産としての道真「能書」説の成立と諸相、並びに展開の過程を、古代・中世を中心に改めて跡づけてみるのが目的である。もとより、この問題については先学の論考があるが、(2)本稿ではそれら諸先学に導かれながらも、従来の知見を総合・整理し、わずかながら私見も加えて論じてみたいと思う。

一　道真「神筆」と筆跡の珍重

菅原道真の筆跡を重んじる傾向は、道真没後の比較的早い時期から看取できる。まず注目されるのは、いわゆる「神筆」をめぐる一連の経過であろう。

道真没後九〇年の正暦四年（九九三）八月、道真に左大臣正一位を追贈するべく、勅使菅原幹正が九州大宰府に参向し、廟所の安楽寺において宣命を読みあげていた折しも、簾内から青色の紙が風に吹かれて出てきた。その紙には詩が書かれてあり、一週間ほどのちには大宰府から「菅丞相」の詩の出現と報告され（ただし、位記の函を置いた案上に忽然と出現したともいう）、さらには都にもたらされて太政官外記庁（外記局）で保管された(3)。

これら一連の経過は、群書類従本『天満宮託宣記』、『北野天神御伝幷御託宣等』、『北野天神御託宣記文』、『古事談』以下の諸書や、いわゆる建久本ほか「北野天神縁起（絵巻）」諸本などに散見するところで、康和二年（一一〇〇）大江匡房作の古調詩「参安楽寺詩」（『本朝続文粋』巻一所収）にも詠みこまれている。

そして諸史料を注意深く読むと、問題の青色紙に書かれた詩が「神作詩」らしいとはされたものの、一方では「非彼御手跡、似道風手」とも諸書に記されており、筆跡そのものが道真作と鑑定されたわけではなかったのである（この点は、従来必ずしも的確には認識されていない。なお道風との関係については後述）。しかし平安時代後期以降には、これが「神筆」と称されて、貴族たちに神聖視ないし珍重されたことが、左記の史実から知られるのである。

天永二年（一一一一）一〇月二九日、藤原為隆、外記局にて「北野神筆」を奉拝する。〔『永昌記』（大日本史料引用本）〕

久安三年（一一四七）六月一二日、藤原頼長、外記局にて北野「神筆」を拝見する。〔『台記』五月二七・二八日、六月一二日条、『宇槐記抄』・『本朝世紀』六月一二日条〕

建久二年（一一九一）二月二〇日、後白河法皇、外記局の「天神御筆」を召し出し、そのまま御所にとどめおく。これより先の治承の頃に、蓮華王院宝蔵にとどめ置いたのを、外記局に戻してあったものという。〔『玉葉』、『吉記』（逸文）〕

建久三年七月一二日、蓮華王院より、「天神御筆」が返納される。〔『百練抄』〕

文永元年（一二六四）一二月二五日、外記局、「天神御筆」などを新造「御厨子」に納める。〔『新抄』、『帝王編年記』一二月二〇日条、『続史愚抄』〕

残念ながら、道真の真筆が今日伝存していないことは冒頭にも触れたとおりだが、以上とは別に道真の筆跡と目されたものの記録は、古代・中世に限っても、左記のような例が知られる。

「菅丞相・都良香之真跡」〔『扶桑略記』治安三年（一〇二三）一〇月一九日条〕

「菅丞相自筆草書一巻」〔『小右記』万寿二年（一〇二五）九月一五日条〕

「菅家被加御名字」たる「道風書」〔『師記』承暦四年（一〇八〇）八月二〇日条〕

「文書神跡」〔惟宗孝言作「過道明寺有感」（『本朝無題詩』巻九所収）〕

「聖廟御筆東宮切韻等正文」〔『勘仲記』建治二年（一二七六）七月二五日条〕

「菅家御自筆」の法華経〔延慶二年（一三〇九）五月一四日付道瑜奉納状（相模鶴岡八幡宮文書）〕

「天神御筆正本」官符案〔京都御所東山御文庫記録・応永五年（一三九八）一二月〕

「天神御筆」の金山寺「宝蔵紺紙金泥一切経」〔『薩戒記』応永三二年（一四二五）閏六月一五日条〕

「天神御筆涌出品一巻紺紙金泥」〔『親元日記』寛正六年（一四六五）七月二二日条〕

「天神筆法華経」〔明徳二年（一四九三）の美作本山寺鐘銘〕
「聖廟御筆」の「法華経」〔『和長卿記』明応七年（一四九八）六月三日条〕
「天神御筆」〔『実隆公記』大永三年（一五二三）閏三月二八日条〕
「天神御筆阿弥陀経」〔『実隆公記』大永六年（一五二六）九月二一日条〕
「聖廟御筆阿弥陀経」〔『実隆公記』大永八年（一五二八）三月二四日条〕
「天神自筆之題」〔『後奈良天皇宸記』天文四年（一五三五）八月七日条〕

繰り返しになるが、以上の諸史料からうかがえる「神筆」がすなわち「能書」の証明にはならず、また道真の「真筆」に関する前出の諸史料も「能書」を証明するものではない。この際、鎌倉時代初期成立の百科全書『二中歴』第一三「一能歴」の「能書人」に道真の名はなく（本書に吸収された『掌中歴』『懐中歴』の二書も同様）、建長六年（一二五四）成立の『古今著聞集』巻七「能書第八」にも道真がとりあげられていないことを、思い合わせるべきであろう。

二　道真「能書」説の淵源

少なくとも鎌倉時代中期頃までは、道真が「能書」とはみなされていなかったことは前述のとおりであるが、やがて、そのようにみなされていく淵源は意外に古いものがあった。すなわち平安時代中期頃の明法家惟宗允亮編著『政事要略』の巻二二「八月四日北野天神会事」の一記事である。(4)

それは、寛弘五年（一〇〇八）九月に河内国大県郡の普光寺に赴いた国守惟宗允亮が、住僧（?-）幡慶から聞いた夢想談で、夢中に高野山に参詣した幡慶が弘法大師空海に謁し、「菅丞相者我逆世之身、野道風者我順世之身」なり、と告げられたというものである。これが一般に道真「能書」説の淵源とされるものであるが、実は、その後に続く幡慶の感想には「大師才智勝世、草隷得功、丞相足才智、道風善草隷、称於後身、是尤有感」と記されており、厳密には三人のつながりは大師（才智と草隷と）―道真（才智）・道風（草隷）であって、道真は決して「能書」の面で後身とされたわけではなかったのである（この点も、つとに和田氏の指摘があるが、しばしば十分には認識されていないことを強調したい）。

ところが、この言説が、その後に独り歩きして変貌して行く。『北野天神御託宣記文』には、「高野山住僧幡慶夢記」としてほぼ同文を引いているが、前述の藤原頼長「神筆」拝見の際の『台記』の記事には、同行者の一人宮内大輔藤原定信（能書で著名）が、「神筆」は「道風手跡」に「頗似」てはいるが、道真「生存御手書」には「不似」と述べたのに対し、大外記中原師安が、「古人伝曰、此神筆、不異道風手跡但文書無所見」、また「尹良謂、北野者弘法大師後身、道風者北野後身云々」と述べたことが記録されている。「尹良」云々は、先述の『政事要略』の記事を踏まえたものと理解されているが、ここではあたかも筆跡において大師―北野（道真）―道風の「後身」関係があるかのような誤解（または一種の積極的主張）が見られる。なお先に言及した『吉記』逸文建久二年二月二一日条には、外記局の「北野天神御筆」は「暗以飛来詩也、為道風之手跡、奥両三字為他筆、若是天神御筆歟、誠希代之表示也」との棟範朝臣の談話を筆録していることも注目される。

遅くとも一二世紀末頃までに成立した建久本『北野天神縁起』でも、かの「神筆」と結びつけて「件の正文は（中略）道風が筆跡に少もかはらざりけり。誠に弘法大師の、「菅丞相我違世の身なり。小野道風はわが順世の身なり」と示し給たるも、是にてぞ実事とは覚ゆる」と記しているし、また、それらと相前後する藤原伊行（?〜一一七五）著『夜鶴庭訓抄』の巻末「能書人々」の最後に「弘法　天神　道風三聖之由、見世事要略」と付記し、藤原（世尊寺）行能著『夜鶴書札抄』（一二四〇年頃の成立）に「三賢之聖跡と申事」の項目を設けて、次のように記している（『日本書画苑』による）。

弘法大師此御手跡聖跡と申也　道風此手跡を聖跡と申也　天神此手を賢跡と申也

是を三賢の聖跡と申也、仍礼集如件、

さらに尊円親王（一二九八〜一三五六）著『入木抄』の「入木道の一流、本朝は異朝に超たる事」の項に「其筆体もただ皇后、中将姫当麻曼陀羅感得人也、弘法大師、嵯峨天皇、橘逸勢、敏行、美材等まで大旨一体也、筆は次第にたふれたるやうに成なり、そののち聖廟抜群也、聖廟以後野道風相続す、此両賢は、筆体相似たり」と見え、『麒麟抄』（一三四一年頃成立）六には、夢中に「菅大臣ヲ見奉」った話の末尾に「鎮西天神御託宣、為弘仏法、現弘法大師、為弘手跡、現野道風、為弘文書、現菅丞相、皆是三身一体也」と記し、三者の深い関係を説くが、道真を「能書」とは称していないことは注意されよう。のちにも触れるが、『麒麟抄』はなお、道真が冥途の道風を呼び出して申状の清書をさせたという奇怪な話も載せており、両者の前後関係を問題にして、道風の生年に三説あること（延喜四年・同五年、寛平五年）、また道風は二度（異説に三度）出世したという説を述べているが、これは『帝王編年記』延喜五年条に「小野道風生太宰大弐葛絃男、遍昭金剛示曰、我依好文生菅丞相、我依好筆生小野道風」と、何らかの関係があろう。(5)

三　弘法大師と道真、道真と道風

以上の、空海・道真・道風の三人を揃えて並べる言説を別にすると、空海と道真を「能書」として並べるのは、ずっとのちの『尺素往来』に「於吾朝者、天皇《（嵯峨）》・大師両御筆、并光明皇后・北野天神以下権者手跡者、非凡人所及候」まで下るが、道真と道風については、ずっと早く『帥記』承暦四年（一〇八〇）八月二〇日条に、御室仁和寺にて「宝倉目録」を取り出した際の記事に「僧都《（行禅）》云、此目録中有道風書、菅家被加御名字、已以紛失歟」と見えている。その真偽のほどは確かめるすべがないが、この両人の関係が比較的早くから取り沙汰されるように

なった背景として、管見では、
・延長四年（九二六）、興福寺僧寛建が、菅原道真らの詩集と小野道風の書とを携えて「入唐」。〔『扶桑略記』〕
・天慶二年（九三九）、寛平入道親王（斉世親王）の遺志を継いで源英名が完成させた『慈覚大師伝』（『続群書類従』ほか所収）は小野道風が清書した。〔同書奥書＝天慶二年正月一一日付源庶明奉送文〕
　＊同書は菅原道真作の円仁伝を基にしている。(6)
・天徳二年（九五八）正月一一日付の、山城守遷任・近江権守兼任を望む小野道風奏状は、菅原文時の作。〔『本朝文粋』巻六〕
　＊菅原文時は、道真の孫。
・天徳二年三月、大宰大弐小野好古が、安楽寺に曲水宴を始める。〔『安楽寺草創日記』〕
・康保元年（九六四）、大宰大弐小野好古らが、安楽寺にて残菊宴を行なう。〔『本朝文粋』巻一一所収「初冬陪菅丞相廟同賦籬菊有残花」ほか〕
　＊小野好古は、道風の兄。
など注目すべき史実があり、直接・間接に何らかの影響があった可能性も想定されるが、今は覚書程度にとどめておくことにしよう。

　しかし、道真と道風との関係は、その後に新たな展開・発展を見せる。以下、先行研究の研究成果に導かれながら、その様相を探ってみたい。(7)

　すなわち鎌倉時代〜戦国時代にかけて次のような話が諸書に伝えられている。
①鎌倉中期頃成立の『撰集抄』巻八（『撰集抄全注釈』による）
　昔、橘直幹といふ文章博士、無実を蒙りて、「流さるべし」とて、「明日なん宣下くだる」と聞えけるに、ち

からなし、先世の宿執にこそと、思侍れど、年比、いとをしく侍りし妻子も別がたく、すみなれし都をふりすてて旅だたんことの難去覚て、北野こそ、かやうのことには、ありける暁方に、御殿内に、大きにけたかき御声にて、「道風々々」と、よばせ給ふに、道風の声にていらへ申けり、さて、仰らるる、「此直幹、歎申事、無実にて侍れば、御免除あるべき状かきて、直幹にたぶべし」と云御声あり、うけ給はるに、身の毛いよだちて、忝く覚て、泣ゐたるに、ややしばしありて、たてぶめる文を、みすの内よりさつとなげ出されたり、直幹、いそぎ開て見れば、

文章博士橘直幹、依無実蒙勅勘事、返々不便也、於今度者、可有御優免之由、天神之御気色候、小野道風奉也、

とかかれたり、悦をなして、やどにいそぎ帰りて、事の侍りけるありさまを委くかきて、此状を奏聞し侍るに、叡慮大に御驚ありて、道風が自書の申文をひらかるるに、天徳二とせのむ月の十日あまりの比、近江守を望る状の、

紫震殿之皇居　七廻書賢聖之障子
大嘗会之宝祚　両度黷画図之屏風
視三朝之徳化　身猶雖沈本朝
隔万里之波濤　名是得播磨国

とかける手跡を、いささかもたがはざる上は、御門おそれをなさせ給ひて、流罪をとどめ給て、あまさへ日比のぞみ申ける式部大輔になされ侍りけり、殊にあらたにぞおぼえ侍る、

以上は、無実の罪で流されそうになった文章博士橘直幹が北野社に参籠して祈念したところ、「無実の直幹に御優免あるべき由」との「天神」の仰せを小野道風が書いた書状が御簾の中から投げ出され、この書状を奏聞し

た結果、道風自筆の申文と筆跡が同じと確認されて流罪が止められた話である。直幹は、天暦八年（九五四）八月九日付で民部大輔を望む申文を作っており（『本朝文粋』巻六所収）、道風に清書させて上奏したところ天皇の機嫌を損ねた話が『宝物集』『十訓抄』『古今著聞集』『直幹申文絵詞』『東斎随筆』の諸書に見えているが、上記のような話は、他に所見がない。

②（A）『北野天神御縁起安楽寺本』（『続群書類従』による）

此北野天神御造営、自公家不申給故御歌（「つくるとも」の歌――筆者注）也、爾智臣卿相僉議被申、其時一条院御宇成、御歌驚御坐、筑紫菅丞相御廟加一階、正二位従一位左大臣爾有、贈官勅使菅原幹正、正暦元年八月十九日大宰府下着、同廿日参詣安楽寺、宣旨置案上、再拝奉読之処、不思議奇特一侍見、御廟上白石一現見、石面銘文鮮、加様侍、

忽驚朝使排荊棘、官品高加拝感成、雖悦仁恩覃邃窟、但羞存没左遷名、

爾被顕、勅使驚在、賜銘文石、内裏持参在、大国加々留不思議、此天下奇特也、内蔵寮仰、被籠御宝蔵在、同五年、相連正一位太政太臣賜給、爾此時石面彫、御廟上化現、奇特無申計、此時天神御意和御坐、衆合地獄冥官被召出、小野道風御請文被書、

昨為北闕被悲士、今作西都雪恥尸、生恨死歓其我奈、今須望足護皇基、

爾被遊在、内裏候在女房被見夢者、菅丞相贈大相国請文、為撰手跡自衆合地獄、道風召出書進也、此時翫詠人、毎月七度守護被示在、疇昔道風之書、霊物共引合叡覧有、一字一点、墨色不違、哀事共哉、御衣袖濫計也、内蔵寮被仰付、為一具、御庫被籠置在、

（B）延慶本『平家物語』第四「安楽寺由来事付霊験無双事」（『延慶本平家物語本文篇』による）

其後一条天皇ノ御宇正暦年中ニ、太宰大弐好古師、鎮西ニ下向シテ、安楽寺ノ御廟ニ参テ通夜ヲシタリケル

ニ、御廟ノ内ニ、夜フケ人定テ御詠アリ、其詞云、

　家門一ビ掩テ幾ノ風煙ゾ、（以下略）

好古忩ギ天皇ニ奏シ奉ル、仍安楽寺ニ文人ヲ置カレテ、毎節日詩篇ヲ奉献ル、同時贈正一位ヲ、其勅書ヲバ巨勢為時書之、其詞云、

　馬鬣年深シ、蒼煙之松雖老ト、（以下略）

好古鎮西へ下向シテ、安楽寺ノ御廟ニ詣テ、読宣命ノ時、俄ニ御廟之前ニ、虚空ヨリ書落タリ、詞云、

　忽驚朝使払荊蕀、（以下略）

好古是ヲ拝見シテ、忩此由ヲ奏聞スルニ、重テ贈太政大臣ノ宣命アリ、即御廟ニ詣シテ、宣命ヲ読アゲ奉テ、通夜シタリケレバ、好古不思議ノ夢ヲ見ル、御廟ヨリ一人ノ使者ヲ以テ、「道風ヲ召セ」トテ、淡广王宮へ遣ス、即閻魔卒テ衆合地獄ニ行テ、道風ヲ召出テ、将参ル、御廟ノ前ニ跪テアリ、天神ノ仰ニ宣ク、「汝能書ナリ、此宣旨ノ請文書テマヒラセヨ」、道風畏テ請文ヲ書テ、好古ニ取ラス、夢覚メテ、眼ヲ開テ見ニ、如夢状無相違請文アリ、驚アヤシムデ開見レバ、青髪ニ赤文字也、其詞云、

　昨候北闕被惟士、（以下略）

不思議ナリシ事也、件ノ請文ハ天下之宝物ニテ、内蔵寮ニ被籠タリ、

（C）天理図書館蔵（赤木文庫旧蔵）『神道集』巻九「四十九　北野天神事」（『神道大系』によるが、送り仮名などの体裁を改めた）

一条院ノ御宇、此歌（「ツクルトモ」の歌――筆者註）ニ驚キ在シテ、筑紫ノ菅丞相ノ御廟所へ一階ヲ加へテ、従一位左大臣トソ贈位ハ有ケル、彼勅使武蔵ノ権ノ守菅原ノ朝臣幹政ナリ、正暦四年八月十五（九イ）日ニハ太宰府へ下着シテ、同六（廿イ）日ニハ安楽寺へ参リツツ、宣旨ヲ台の上ニ差置ツツ、再拝シテ読（奉）ル処ニ、奇異奇特

ノ事一ツ侍リケル、御廟ノ上を見遣リケレハ、白石一ツ出現セリ、石ノ上ヲ見レハ、銘文鮮カニシテ、

　忽驚朝使排荊棘　（以下略）

トソ書カレタリ、勅使驚テ、銘文ノ石ヲ賜ハリツツ、内裏へ持参タリケレハ、大国ニモ斯ケル不思議ハ非シソカシ、此ハ天下ノ奇特トテ、内蔵寮ノ御庫ニシテ収ラレケル、同キ三年ニ打連テ、正一位大政大臣大相国へ送リ奉タリケル、此ノ石ノ面ニ彫、御廟ノ上ニ立レタリケル、此ノ時ニシテ、天神ノ御心平テ、衆合地獄ニ在ケル道風ヲシテ、御請文ヲハ書カレタリケル、

　昨日《為》北闕　被悲士　（以下略）

ト書ハサレタリケリ、内裏に候ケル女房ノ夢ニ見ケル事ハ、菅承相贈大相国ノ請文ノ手跡ヲ択ハン為ニ、衆合地獄ヨリ道風ヲ呼出シテ、誂進セタリ、其ノ詩ヲ詠セン人毎日ニ三度影向セントソ仰ラレケリ、示現ニ昔ノ道風カ書置ケル物共ニ引合タレハ、文字ノ一点モ墨ノ色も違ハス、哀ナリケル事共哉、

以上は、既述の「神筆」にかかわる話の変形ともいうべきもので、正暦年間の菅原道真贈太政大臣の際に、道真が、その請文を衆合地獄から呼び出した小野道風に清書させたという不思議かつ怪奇な話である（便宜上、贈左大臣正一位の件も掲出した）。

史実としては、正暦四年（九九三）六月二六日に道真に左大臣正一位を贈ることを決定し、勅使として菅原幹政が筑前大宰府に下向。八月二〇日に安楽寺に参向した。ついで閏一〇月二〇日には太政大臣を贈ることを決定し、勅使菅原為理が下向。同年一二月一六日に安楽寺に参向している。そして贈太政大臣ののちの正暦五年（一二月または四月）に道真が託宣して「昨為北闕被悲士」の詩を詠んだと言い、また、この詩を詠じる人をば天神は毎日七度守護しようと述べたとも伝えられている。(8)

上記三つの話は、以上の史実とはかなり異なるところがあり、かつまた話の内容としても三者間で相違が少な

くない。ここでは細部にわたる相違点のすべてを網羅することはできないが、一応その要点をたどってみよう。

まず(A)では、贈太政大臣の際の勅使名を明記せず、詩を刻した石が「御廟」の上に出現したこと、道真が心を和らげて、衆合地獄から呼び出した道風に「請文」を清書させたこと、「内裏候在女房」が同様の夢を見て、その詩を「翫詠人」をば「毎月七度守護」せんと示されたとし、やがて叡覧あって、昔の道風の書と一字一点相違がなかったので、内蔵寮の庫に籠めさせられたとするが、全体に前後の文脈をたどり難い憾みがある。

一方(B)は、一貫して勅使を太宰大弐小野好古とし(既述のように好古は道風の兄だが、康保三年〈九六六〉に七三歳で没しており、正暦年間には在世していない)、道真が衆合地獄から「能書」の道風を呼び出して請文の清書を依頼した件は、好古が夢の中で見た話で、夢覚めて得た請文は、「天下之宝物」として内蔵寮に籠められたとする。

さらに(C)は、詩が現れた白石が「御廟」の上に出現したのは贈左大臣正一位の際のこととし、内蔵寮の庫に籠められたのは、その白石としている。他方、贈太政大臣の勅使名は記さず、(その旨を記した?)石を「御廟」に立てたところ、天神道真の心がやわらいで、衆合地獄の道風を呼び出して請文を清書させた。「内裏に候ケル女房」も同内容の夢を見て、この詩を詠ずる人には「毎日三度影向」せんと告げられたこと、その筆跡は昔の道風の書に一点も相違なかったとされ、明らかに(B)よりは(A)に近いが、異なる点も少なくない。

以上の(A)(B)(C)の説話の様相をみると、相違点が少なくないだけに、かえってこうした話が中世を通じて広く流布していた様が想像できるが、現段階では、類話のさらなる探索と相互関係のより詳細な検討、さらにはそれらの生成・展開の様相と背景等について、なお今後の検討課題としなければならない。

③『麒麟抄』六(『日本書画苑』による)

菅丞相未被流給前ニ、河内国道妙寺ニシテ、申状之為清書、道風之墓ニ向テ、道風ヲ呼給、其時童子一人ヲ具シテ、冥途ヨリ来テ申状ヲ清書云々、瓦硯ヲ持来、菅大臣不思議ニ思食テ、頻ニ此硯ヲ乞留メ給フ、是ハ為末ナリ、或人ノ云、菅丞相ハ延喜三年二月廿五日生年五十九ニシテ、安楽寺ニシテ薨シ給フ、道風ハ延喜四年ニ生給、前後相違如何、按、道風別書寛平五年誕生、康保三年十一月卒歳七十一、一説延喜五年云々、諸書皆康保三年卒歳七十一トアリキ、生年不同アリ、考年数寛平八年誕生歟、答云、道風ハ二度出生也、異本者三度也、二度ノ時者、始ニハ吉里、後ニハ野道風、三度ノ時者小野大臣、中比ニハ篁吉利道妙ト云、後ニハ道風ト云、是其故ハ宇治ノ宝蔵ニ三形ノ御影アリ、

以上は、配流直前の菅原道真が、河内国道明寺にて、冥途より呼び出した小野道風に申状を清書させた話で、他に類を見ない。この話に登場する「瓦硯」については、続群書類従本『麒麟抄』第一に「一硯作事、紫石ノ数色無テ石ノ面平均赤色有ランソ瓦硯ノ成ニ切、椽不造足計付テ用之、是ハ道風冥途好硯体也、委細口伝云々」と見えているものと関係があろう（続群書類従本『烏羽玉霊抄』中にもほぼ同内容の記述があるが、「道風其《（冥）》途好」の表記になっている）。

④『文明易然集』の季弘大叔（一四二一～八七）の詩「道風」（『大日本史料』による）

古今書属二王家、法帖聞君学得誇、昔日御屏揮翰処、想応新様似梅花

右の七言律詩のうち「似梅花」は、明らかに道真を念頭に置いていると見てよいであろう。

中世に流布していたと推測される、以上の諸説話は、やはり道真の「能筆」を直接に示すものではないが、すでに「三跡」の一人として声価の定まっていた道風(9)と道真との密接な関係を物語っていることにより、道真「能書」説の形成ないし流布にも大きな影響を与えたと考えられる。

本節で検討してきた諸言説との関係については、なお不明の点なしとしないが、室町時代中期頃の一条兼良（一四〇二～八一）著と伝えられる『尺素往来』に、すでに引用したように「北野天神」の「手跡」が「非凡人所及候」の一つとして記されたことの意味は大きいのではなかろうか。同書は、南北朝時代成立の『新札往来』を大幅に加筆して成立したことが確認されているが、後者には「手跡」の「本朝」名人として道風・佐理・行成の

「三賢」以下をあげているにすぎないことを考えると、両往来の記述の落差は小さくないといえよう。

四　近世における道真「能書」説の諸相(覚書)

かくて近世になると、道真「能書」説はほぼ確立し、それと表裏一体の関係で、「書道の神」としての天神にかかわる(あるいは「書道の神」をイメージさせる)新しい動きが多種多様の形で表象され、全国的にも広がってゆく。中でも江戸時代以降、とくに中期以降に急速に広がりを見せた「寺子屋」に代表される初等教育施設の果たした役割は大きく、すでに遠藤泰助『天満天神信仰の教育史的研究』や竹内秀雄『天満宮』に、その実態が活写されているが、以下には、主として書道史の面からの従来の指摘に若干の私見も加えて、一斑を素描しておきたい。

第一には、道真を「能書」に数える書道書が次々に登場することで、天正一九年(一五九一)成立の大村由己『梅菴古筆伝』に「菅公」が、寛政三年(一七九一)成立の森尹祥『書道訓』に「菅公」が、同四年(一七九二)屋代弘賢の序がある『能書事蹟』上に「菅原贈太政大臣道真」が、安政三年(一八五六)刊の『本朝能書伝』巻上に「聖廟」がそれぞれ掲げられたのは、代表的なものであろう(以上、『本朝能書伝』のみ岩波文庫、他は『日本書画苑』による)。

ただし、上記の書の中には、単なる道真伝に終始して、「能書」としての事蹟には及んでいないものもあるし、また『能書事蹟』のように道真の「筆道につきての事跡外に考ふる所なし、……筆道の事は所見なしといへども、今に至まで文筆の大祖と奉仰にもしるべし」と記しているものもある。なお中山高陽(一七一七〜八〇)のように、自著『観鵞百譚批考』で「この方村学生の菅公を書学の祖と思ひて祀る事、いわれなき事にて、唐土にも、雲南の俗は、義之を先師と云てまつれるとよく似たり、義之は一生滇の地へは行かず、先師と云べきいわれなし、菅公をも村学生の祀るは、とがむべきに非ず」云々(『日本書画苑』による)と述べる者がいたことも注意される。

第二には、いわゆる書流史における「菅原流」の成立で、同流は道真を流祖と位置づけるものの、事実上は江戸時代末期に近い頃の成田長孝（一七五八～一八四五。菅原道日登・道人、成田道日徳などとも）に始まり、結局は彼一代限りの書流にすぎなかった実態・顚末については、小松茂美氏の研究に詳しい。

第三には、すでに言及したように、伝道真遺墨が古来少なくなく、それらをすべてあげることは到底できないが、江戸時代になると、道真筆と称する上木本があらわれる。やはり小松茂美氏によると次のようなものがあげられる。

慶安四年（一六五一）刊『御手鑑』（法華経序品ほか）
慶安五年（一六五二）刊『三国筆海全書』巻一四（十二神将名）
寛政五年（一七九三）刊『菅丞相大安寺縁起』
寛政六年（一七九四）刊『集古墨帖』巻二（大安寺縁起の一部）
文政二年（一八一九）刊『集古浪花帖』巻三（長谷寺縁起文）
文政一一年（一八二八）刊『梅園奇賞続集』（長谷寺縁起跋）

これらのうち、大安寺縁起と長谷寺縁起の二点は、道真の筆跡というよりも、文面にいうところの道真作という点が問題視されてきたものであるが、現段階では道真作の可能性は乏しく、むしろ天神信仰の所産として今後の詳細な検討が必要であろう。

第四には、先にも触れた庶民教育施設の「寺子屋」においては、多く天神画像が掲げられたことはよく知られているが、その「寺子屋」を中心に、広く習字教育に用いられた往来・手本類、石摺・筆道書類にも次のような名称のものが登場する（小松茂美氏による）。

菅家丞相往来……寛文六年（一六六六）頃刊行の目録に初出

菅丞相往来（大橋流）……寛文一〇年（一六七〇）刊行の目録に初出
天神往来……同右
天神文章……同右
示童用北野土産……明和九年（一七七二）刊行の目録に初出
祭小野（北野カ――筆者註）神君文……同右
菅公手植梅銘……同右
菅公帖……同右

第五に、文芸・芸能の方面に眼を向けてみると、まずは竹田出雲ほか合作の人形浄瑠璃『菅原伝授手習鑑』があげられよう。延享三年（一七四六）大坂竹本座で、ついで京都の中村喜世三郎座では歌舞伎として初演されて大好評を博した同作品は、(10) とくに第四段目の「寺子屋」の場が有名で、「天神机」を並べて手習いする寺子たちの描写を通じて、天神＝「書道の神」のイメージ成立に大きな影響を与えたものと推測できよう。

また江戸の漢詩人大窪詩仏（一七六七～一八三七）の長詩にも、毎月二五日に道真の霊を祀っていた児童が、道真公のことをただ「善書人」とのみ教えられていたことを詠じたものがあり、江戸時代中期以降に隆盛した川柳にも、「能書」道真にかかわる作品が多い。すでに指摘のあるものに加えて、森田義興『時代川柳大観』（春陽堂、一九二七年）からも拾って、改めて掲げておこう。

その頃は洛中が菅家流　　悪筆がよって筑紫へやる工面
よく書くが好かぬ手風と時平いひ　　手の能いが全体時平気に入らず
筆屋など借りがあらうと時平いひ　　御師匠さんは筑紫へと悲しがり
よい御手を反故にしたのは延喜帝　　御贈官能書を反故にし給はず

最後に江戸時代中期の書家松下烏石（一六九九～一七七九）についての知見を加えておきたい。烏石は江戸の出身で、本姓は源・葛山氏、別名葛辰・葛烏石ほか、多数の号があった。唐様を中心に各書体を能くし、扁額などに多く揮毫したほか門人も多く、同時代および後世の書壇に与えた影響は大きい。晩年には京都にあって西本願寺や堂上に出入りし、墓も西大谷にある（以上『国史大辞典』『日本古典文学大辞典』『国書人名辞典』による）。

この烏石の多数の著作の中に「現光寺菅神記」「書聖天満宮記」があり、また京都の天満宮各社に石碑を建てている。今把握しているのは以下のとおりである。

北野天満宮境内（『拾遺都名所図会』巻一、寛保三年〔一七四三〕、現存）
吉祥院（現吉祥院天満宮）境内（『都花月名所』・『都名所図会』巻四）
菅大臣神社境内（『都名所図会』巻二・『拾遺都名所図会』巻一）
書聖天満宮境内（『都名所図会』巻二）

さらに、前記「菅原流」の創始者成田長孝も烏石の門人であったことも考えあわせると、「書道の神」イメージの普及に果たした烏石の役割にも今後注目していく必要があろう。

おわりに

以上、四節にわたって、道真「能書」説をめぐる言説の実態を古代・中世を中心に検討して来たが、結局、天神を「書道の神」として位置づける信仰は、道真が「能書」であったという点にもとづくというよりも、「天神」道真の筆跡ゆえに尊重かつ珍重されて、次第に形成されて来たというのが真相ではなかろうか。従来は、私も含めて、江戸時代における「寺子屋」などとの関連のみを強調ないし重視しがちであったが、実際にはそれほど単純ではなく、その前史ともいうべき長い道程と多様な現象があったことを、小論において少しでも具体的に示し得ていたならば幸いである。

（1）小松茂美『日本書流全史』（上）（講談社、一九七〇年）。

（2）右の小松氏書のほか、次の研究を参照。
和田英松「菅原道真の筆蹟に就いて」（『国華』第三二編二冊、一九二一年。のち同『国史国文之研究』再録）。

高橋俊乗「寺子屋における天満天神の信仰」（『芸文』二〇―四、一九二九年。のち村山修一編『天神信仰』再録）。

吉澤義則「菅公の書道」（官幣中社北野神社編『菅公頌徳録』北野神社、一九四四年）。

遠藤泰助『天満天神信仰の教育史的研究』（講談社、一九六六年）。

竹内秀雄『天満宮』（吉川弘文館、一九六八年）。

春名好重『上代能書伝』（木耳社、一九七二年）。

島谷弘幸「道真の書と天神信仰の書跡」（東京国立博物館ほか編『天神さまの美術』ＮＨＫほか、二〇〇一年）。

（3）拙編著『天神信仰編年史料集成――平安時代・鎌倉時代前期篇――』（国書刊行会、二〇〇三年、四九〜五四頁）。

（4）詳細は拙稿「平安時代中期の河内国府周辺と天神信仰」（『文化史学』五五、一九九九年）参照。

（5）他に群書類従本『皇代記』、諸家系図所収『小野氏系図』も参照。

（6）佐伯有清『慈覚大師伝の研究』（吉川弘文館、一九八六年）。

（7）小松茂美『平安朝伝来の白氏文集と三蹟の研究』（墨水書房、一九六五年。のち『小松茂美著作集』第一・二巻再録）。
春名好重『上代能書伝』（木耳社、一九七二年）。

小松茂美『展望　日本書道史』（中央公論社、一九七六年）。

安藤直太郎『小野道風』補訂版（第一法規出版株式会社、一九八一年）。

春日井市道風記念館編『書聖　小野道風』（同館、一九九一年）。

安達健治編『小野道風資料集』（春日井市道風記念館、一九九八年）。

山本信吉『小野道風』（吉川弘文館、二〇一三年）。

（8）以上の経過は、前掲註（3）書参照。
（9）「三跡（三蹟）」の呼称そのものの出現は江戸時代に下るが（貝原益軒の『和漢名数』）、小野道風・藤原佐理・藤原行成の三人を能書として並べることは平安時代末期の藤原教長『才葉抄』まで遡り、彼らを「三賢」と称することは一四世紀の『入木抄』『新札往来』などに見られる。
（10）国立劇場調査資料課編『第一三九回文楽公演　菅原伝授手習鑑』（日本芸術文化振興会、二〇〇二年）、および同編『第一四九回文楽公演　菅原伝授手習鑑』（同、二〇〇四年）。

聖徳太子の化身説――『三宝絵』と『四天王寺御手印縁起』――

稲城正己

はじめに

聖徳太子のまとまった伝記は、天平勝宝五年（七五三）、鑑真とともに来日した唐僧・思託（生没年未詳）が、延暦年間に撰述した「上宮皇太子菩薩伝」（『延暦僧録』所収）が最初である。[1] そこでは、聖徳太子が菩薩と称され、南岳慧思（五一五～七七）の再誕とされているが、[2] いまだ救世観音の化身とは語られていない。[3] その後、平安初期に『上宮聖徳太子伝補闕記』（撰者未詳）が撰述され、さらに聖徳太子関係のテクストを編年体に再構成し、後世の太子伝の標準となっていった『聖徳太子伝暦』（撰者未詳）が続く。『伝暦』の成立に関しては諸説があるが、杏雨書屋所蔵本に記される正暦三年（九九二）の本奥書が、おおよその成立時期を示唆している。『伝暦』には、聖徳太子が西方より来訪した救世観音の化身であると記述されている。

永観二年（九八四）、源為憲は尊子内親王に『三宝絵』を献呈するが、その中巻第一話の聖徳太子伝は、同時代に成立した『伝暦』と同様に「平氏伝」を素材としている。[4] 『三宝絵』もまた、聖徳太子を西方から来訪した救世観音だとしている。また、「我昔アマタノ身ヲカヘテ、仏道ヲ行ヒツトメキ」[5] と太子自身に語らせている。聖徳太子は、輪廻転生を繰り返しながら利他行を実践し続ける菩薩が、ひとつの通過点で垣間見せた仮の姿なのである。このような菩薩の利他行は捨身行でもある。(6)捨身とは自己の生命を何ものかに贈与する自己贈与のヴァリエーションのひとつである。そこで、まず最初に『三宝絵』を素材として、自己贈与について考えてみることにする。

一　自己贈与について

『三宝絵』が捨身（自己贈与）について語るのは、聖徳太子が最初ではない。上巻は序に、「我ガ尺迦大師凡夫ニ伊坐セシ時ニ、三大阿僧祇ノ間ニ衆生ノ為ニ心ヲ発シ、三千大千界ノ中ニ芥子許モ身ヲ捨テ給ハヌ所無シ。方ニ今マ王宮ノ内ニ生レテ五欲ヲ厭ヒテ父ヲ別カレ、道樹ノ下トニ往テ四魔ヲ随ヘテ仏ニ成リ給ヘリ。……如此キ諸ノ相ハ皆先ノ世ノ若干ノ行ヒノ力ラ、諸ノ波羅蜜ノ成セル所ナリ」と記し、一三話の釈迦菩薩の本生譚を収載している。一三話のうち、第一（尸毗王）・第二（須陀摩王）・第三（忍辱仙人）・第四（大施太子）・第八（堅誓師子）・第九（鹿王）・第一〇（雪山童子）・第一一話（薩埵王子）は、釈迦菩薩が輪廻転生を繰り返しながら捨身を実践したという物語である。(7)

今村仁司氏は、自己贈与について、フランスの古代インド学者、シャルル・マラムーを参照しながら次のように語る。

原初的自己は自己の存在を与えられたものと感じとり、その所与性のなかで与える働きを感じる。与える働きを感じるからこそ負い目も生まれ、さらに負い目を解消するふるまいもまた生じる。自分の存在を負い目として感じることから、自己を何かに向けて与えるふるまいを行う。負い目を媒介にしてこんどは自己贈与が開始する。……人が贈与の相手を意識的に選んだり、認知したりするときには、彼の行為はもはや純粋の

「与える」行為ではなくて、計算する交換に変質する。……自己贈与は社会生活では自己死または自己犠牲の形をとって現れる。……人間は動物的生命を否定してはじめて「人間的に」なる。(8)

人間は自己の〈存在〉を認識する以前に、自己の生命を「与えられて-ある」と感じ、「負い目」を返済する義務感を生じ、自己の生命を何ものか贈与する自己贈与を引き受けようとする。仏教の利他行・菩薩行とは、このような人間存在の根底にある自己贈与の欲求を意識化し実践することである。しかし、自己贈与は贈与する相手を選んではいけない。利他行は、一切の衆生に対して平等に行なわれなくてはいけない。だが、自己贈与は死を意味する。人間が生き続けるためには、負い目を返済する義務を延期もしくは忘却しなくてはいけない。釈迦菩薩の捨身譚は、自己犠牲を勧めるものではなくて、人間の存在の根源にある負い目を思い出させるための言説である。最初に救い出されなくてはならないのは、衆生ではなくて自己贈与の意志なのである。

次に、『三宝絵』上巻第一話の尸毗王本生譚を素材として、釈迦菩薩の自己贈与の一例を見てみよう。物語の概略は次のようなものである。

インドに尸毗という名の慈悲深い国王がいた。帝釈天は、尸毗王の慈悲心を試そうとして飢えた鷹に変身し、鳩に化身した毗首羯磨天を追う。尸毗王は、鳩の命を救うためにみずからの肉を切り裂いて鷹に与えようとする。しかし、いくら肉を秤に載せても、鳩と同じ重さにはならない。最後の力を振り絞って全身を秤に載せようとしたとき、鷹はもとの帝釈天の姿に戻り王の身体を元に戻す。これが釈迦本生譚の典型的な自己贈与である。

この物語で注意されるのは、「昔ノ尸毗王ハ今ノ尺迦如来也。六度集経、智度論等ニ見タリ。有絵」という言葉で結ばれていることである。「今ノ尺迦如来也」とあることからすれば、この物語は釈尊在世中の釈尊自身か、阿難のような仏説の聴聞者の語りそのものということになる。『三宝絵』の総序に「尺迦牟尼仏隠給ヒテ後、一千九百卅三年ニ成ニケリ」とあるにもかかわらず、『三宝絵』はなぜ釈尊在世時を「今」として語ることができるのか。それは、この説話集が〈絵〉——いまは失われてしまっているが——を随伴しているからである。フランスの哲学者、ジャン＝リュック・マリオンは、絵画や彫刻には——思考や言葉にも——「偶像」と「イコン」の二種類があるという。彼は古代ギリシャの少年像を論じるなかで、「偶像」について次のように語っている。

> 偶像は神的なるものを、人間のまなざしに合わせて記録する。……彼〔彫刻家——筆者注〕は、おのれのまなざしが凝固した点にふさわしい最後の見えるものを石の上に固定させ、正確に言うと凝結させようとするのである。(9)

人間のまなざしは、自己が見たいものを対象のなかに見い出したときにそれ以上の探究を中止し、そこに自分の好みにあった像があると錯覚して満足する、それが「偶像」である。では「イコン」とは何か。

> イコンは見ることから生じるのではなく、見ることを生じさせる。……イコンはまなざしに向かって教え戒め、それゆえ、まなざしが見えるものから見えるものへと、無限の根底に至るまで遡行し、そこに新たなものを見出すために、まなざしを絶えず修正してやまないのである。イコンはまなざしに、見えるものの上に決して凝固しないでおのれを乗り越えてゆくように命じる。(10)

自分の好みにあった像に出会ったとき、それ以上の探究を中止しようとする人間のまなざしに、さらにその深奥に別の像があることを感覚させ、さらなる探究へと導いていくもの、次々と現われる像が自己自身を犠牲にして消え去っていくこと、それが「イコン」である。仏典に登場する化身は、「イコン」の働きを物語化したものといえる。『三宝絵』総序に、「昔シ竜樹菩薩ノ禅陀迦王ヲオシヘタル偈ニ云ク、モシ絵ニカケルヲ見テモ、人ノイハムヲ聞テモ、或ハ経ト書《ふ》ミトニ随テ自ラ悟リ念へ、ト云ヘリ」と語られているのはこのことである。「今ノ尺迦如来也」という言葉は、見る者を釈尊在世時へと導くとともに、『三宝絵』の絵を、自己の外部で過去に起こった出来事として偶像化・対象化・客観化してながめるのではなく、釈尊が今ここで私のために、仏教の根底

には自己贈与があると説いている、絵の向こう側から聞こえてくる声に耳を澄ませと呼びかけているのである。(11)

二　『三宝絵』中巻の聖徳太子伝

中巻の序は、「彼雪山童子ハ半偈ヲモトメテ命ヲステ、最勝仙人ハ一偈ヲネガヒテ身ヲヤブリ、常啼ハ東ニコヒ、善財ハ南ニモトメ、薬王ハ臂ヲヤキ、普明ハ頭ヲステムトシキ」と、『大般涅槃経』『法苑珠林』『摩訶止観』などを参照しながら、法を求めて捨身を行なった菩薩たちの名前を列挙している。それに続いて聖徳太子の物語は始まる。

中巻第一話は聖徳太子の誕生について、「ハジメハ母ノ夫人ノユメニ金色ノ僧アリテ云、「我ヨヲスクフ願アリ。願ハ暫ク御腹ニヤドラム。我ハ救世菩薩也。家ハ西方ニアリ。」トイヒテ、ヲドリテ口ニ入ヌトミテ懐妊シ給ヘリ」と語る。太子に生命を与えたのは救世菩薩だというのである。生命を贈与された者は、「負い目」を返済する義務を負うことになる。その義務は、救世菩薩の「ヨヲスクフ」という誓願の継承である。「ヨヲスクフ」という誓願は、物部守屋の討伐、四天王寺等の建立、勝鬘経の講経、勝鬘経や法華経などの注釈として実現される。

菩薩の役割は、人間存在の根底にある自己贈与の欲求を意識化しみずから実践するとともに、他者に生命を贈与することによって誓願を継承させることにある。大乗仏教とはそういうサイクルを構築する運動のことである。太子がみずから語る、「我昔アマタノ身ヲカヘテ、仏道ヲ行ヒツトメキ。ワヅカニ小国ノ王子トシテ来テ、タヘナル法ヲヒロメテ、法モナキ所ニ一乗ノ義ヲ弘メ説ツ」という来歴は、そのことを物語っている。菩薩は何度転生しようとも、生命という意味ではひとつであり、身体という意味では無数に変化していく。

太子の物語を読み、絵（イコン）を見たものもまた、菩薩として生きるべき生を与えられることになる。それゆえ、『三宝絵』を献呈された翌年に死去した尊子内親王は、慶滋保胤が作成した「為二品長公主四十九日願文」のなかで次のように語られることになる。

公主は、先太上皇の女、後太上皇の妃、今上陛下の姉なり。天下において亦賤しからず。桃李衰色なく、桑《そう》楡《ゆ》斜《しや》暉《き》するに非ず、何ぞ其の世を遁るるの太だ疾きや。追て往事を思ふに、良に化人たるべし。知らず妙音暫く自界に来りて、仮に後宮と為るか、又知らず観音随類を度せむと欲して、為に化身を現ずるか。……公主臨終の間、西面して几に凴り、寸心も乱れず、十念休むことなし。便ち是れ綺《き》窓《そう》瞑《めい》目《もく》の時、寧ろ蓮台結《けっ》跏《か》の日にあらざるか。定て知ぬ中有を経ずして、直に西方に至ることを。(12)

妙音菩薩は、『法華経』巻第七・妙音菩薩品に登場する菩薩で、東方の一切浄光荘厳国から釈尊を供養するために娑婆世界に現れる。そのとき釈尊は華徳菩薩に次のように語る。「汝は、但、妙音菩薩のその身はここに在りとのみ見るも、しかもこの菩薩は種種の身を現わして、処処に諸の衆生のために、この経典を説けり。或は梵王の身を現わし、或は帝釈の身を現わし、……乃至、王の後宮においては変じて女身と為りて、この経を説けり。華徳よ、この妙音菩薩は能く娑婆世界の衆生を救護する者なり」(13)と。また観音菩薩は、『法華経』巻第八・観世音菩薩普門品に登場する菩薩で、「若し国土ありて、衆生の、応に仏の身を以って度《すく》うことを得べき者には、観世音菩薩は即ち仏の身を現わして、為に法を説くなり。……無尽意よ、この観世音菩薩は、かくの如きの功徳を成就して、種種の形を以って、諸の国土に遊び、衆生を度脱《すく》うなり」(14)と語られている。尊子内親王は、これらの菩薩の化身だというのである。

聖徳太子と同じように尊子内親王もまた、西方浄土から来生した菩薩から生命を贈与され、利他行を実践し、浄土へと帰還していく菩薩として記述されるのである。慶滋保胤と源為憲はともに、康保元年（九六四）三月に創始された勧学会のメンバーである。保胤は、『三宝絵』が献呈されてまもなく、『日本往生極楽記』を撰述しているが、その冒頭には、『三宝絵』とほぼ同文の聖徳太子伝が収載されている。そこには、太子の死を知った高麗僧・恵慈が、「日本の太子は誠にこれ大聖なり。我境を異にせりといへども、心は断金にあり。縦ひ独り慭《なまじひ》に生きたりとも何の益かあらむ。我太子の薨《し》にたまはむ日をもて必ず死して、太子に浄土にて遇はむといへり」[15]という文章が追加されている。これもまた、浄土と娑婆世界の間を往還する菩薩による生命贈与のサイクルについて語る言説である。

三　『三宝絵』中・下巻の化身説

中巻に登場する化身は聖徳太子だけではない。第三話「行基菩薩」では、行基と婆羅門僧正との対話のなかで行基が文殊菩薩の化身とされている。第四話の「肥後国シシムラ尼」ではまず、この尼僧が特異な身体的特徴をもつことから「猿聖」と嘲笑する者がいたと語られる。相手の外見から判断するまなざしは、「猿聖」という「偶像」を作ってしまう。しかし、法会に同席した彼女は、居並ぶ学僧たちからの矢継ぎばやの質問にことごとく答える。それを聞いた聴衆のなかから、「聖ノ跡ヲタレ給ヘルナリケリ」と彼女を称讃する声が湧き起こり、敬意を込めて「舎利菩薩」と呼んで帰依するという逆転が起きる。[16]彼女は言葉の贈与者であり、信仰を呼び起こす者なのである。マリオンのいう「まなざしに向かって教え戒め、……無限の根底に至るまで遡行し、そこに新たなものを見出すために、まなざしを絶えず修正してやまない」働き、それが「イコン」であるならば、「舎利菩薩」は、疑いを信頼に変えていく者であるがゆえに「イコン」であり、菩薩なのである。

第一三話「置染郡鯛女」はよく知られた蟹満寺縁起で、行基による授戒と、放生してやった蟹の恩返しによって蛇の難を逃れた女の物語である。女は、蛙を飲み込もうとする蛇に、蛇の妻となると偽って蛙を逃がしてやる。愚かな約束をしたことを後悔した彼女が行基に助けを請うと、行基は三帰五戒を授ける。その帰り道で彼女は不思議な翁に出会い、翁がもつ蟹を自分が着ていた衣裳と交換し、行基に呪願してもらって蟹を放生する。夜になって蛇が訪れてくるが、放生した蟹が蛇を殺して難を逃れることができたという。

物語の冒頭では、彼女は自己を犠牲として蛙の命を救おうとしているように見えるから、自己贈与の物語のように読めるかもしれない。しかし、彼女の言葉はその場しのぎの偽りにすぎなかったから、彼女は妄語の罪を犯したことになる。彼女は行基から五戒を受けることによって、蛇の難を逃れることができたのだが、そうであるならば、蛇は実体的な動物ではなくて、彼女がもつ偽りの心のメタファーということになる。彼女は、翁のもつ蟹の命と自分の衣装を交換したように見える。しかし、彼女が翁から与えられたのは、蟹ではなくて放生＝滅罪の機会である。それゆえ、翁は「変化人」、女を真の仏道に導くために姿を変えた仏・菩薩であったことになる。彼女は、翁が告げた住処と名前を手がかりに彼を捜すが、ついに探し出すことはできなかった。彼女が翁を捜し出すことができなかったのは、彼女を救ったのは外部の誰かではないからである。彼女が菩提心を起こすことによって、彼女の内部にある仏性が働き始め、彼女を導いていくのである。蛇も蛙も蟹も、彼女が作り出した「偶像」に過ぎない。そして、行基菩薩や翁は仏性のメタファーということになるだろう。行基菩薩や翁を外在化・対象化すれば、それはたちまち「偶像」に陥ってしまう。

第一六話「吉野山寺僧」は、童子が病身の師僧に、病僧の魚食は罪にならないこと、また「売ヲカフハツミカロカナリ」といって魚を買いに行く。(17) その姿を見とがめた俗人が、魚の入った小櫃を開けようとするが、「我師ノ年来ヨミタテマツリ給法花一乗、我ヲタスケ給へ。師ニ恥ヲミセ給ナ」という童子の発願に応えて、魚は『法華経』に変化し、疑いをもった俗人を大檀越に変えたという物語である。この説話は、『法華経』が魚に化身した霊験譚の形式を取るが、それを現実に起こった出来事として受け取れば、読み手が「偶像」を作り出すことになる。物語の――あるいは画像が伴っていれば、その――向こう側に隠れているものを見いだしていけば、『法華経』は「イコン」として働きはじめることになる。その働きを魚が『法華経』へと変化したと語っているのである。

『三宝絵』下巻は、当時恒例化していた仏教法会に関する叙述である。下巻のテーマは布施である。「与えられてｰある」自己の生命を返済する行為が「自己贈与」であるが、自己の生命を一度に返済することは死を意味する。人間が生き続けるためには、自己の生命の代わりに他の人間や動物の生命を返済する〈供犠〉か、みずからの生命を分割して返済していくしかない。生命の分割とは労働することであり、労働によってモノを製作し、モノを通して生命を返済していくことである。(18)「与えられてｰある」自己の生命を分割してモノに転化し、それを贈与する行為が〈布施〉である。

なぜ〈布施〉が重要なのか。下巻の序は語る、「アハレ、仏モマシマサズ、ヒジリモイマサヾルアヒダニ、クラキヨリクラキニ入テ心ノマドヒサカリニフカク、身ノツミ弥《いよいよ》ヲモキスヱノヨニ、モシカミヲソリ、衣ヲソメタル凡夫ノ僧イマサヾラマシカバ、誰カ仏法ヲツタヘマシ、衆生ノタノミトハナラマシ」と。「スヱノヨ」（末代）には、上巻に登場する「自己贈与」を実践する釈迦菩薩も、中巻の化身も姿を現わすことはない。もはや世界には、私たちに呼びかけてくれる「イコン」は存在しない、それゆえ、外見だけの僧侶を礼拝し、彼らに〈布施〉することしかできないと語っているように見える。しかし、そんな時代には絶望しかないのか。この問いが下巻のテーマである。

下巻二三話「文殊会」には、人々が仏・菩薩・聖者を供養したいと願う時、その分身が貧困・老苦・病苦にあえぐ人の姿となって、人々の前に現れて供養を受けると記されている。〈布施〉が「負い目」の解消であるとすれば、仏・菩薩・聖者は、「負い目」感情を呼び起こしてくれる「イコン」ということになる。しかし人間は、仏・菩薩・聖者を直接見ることはできない。「負い目」感情は、人間の外部から来るものではなく内的なものだからである。いまだ「負い目」を解消していないという不安から、人々は不安の解消に向かうのだが、それを促す貧者たちは、人間に内在する仏性のメタファーである。貧者たちは凡夫が作り出した「偶像」にすぎない、「イコン」を見よ、とこのたとえ話は語っているのである。

第二四話「盂蘭盆」は『盂蘭盆経』から取意した物語で、「此日ハ、モロモロノミチヲモトメ位ニイル声聞縁覚、十地ノ菩薩、カリニ僧ノ形ニアラハレテ、ミナ来テ飯ヲウク」と語られる。釈迦菩薩も化身も現れない「スヱノヨ」にあっても、私たちに呼びかけてくれる者は存在する。凡夫の僧が仏性の化身なのであり、人間に呼びかけてくれる「イコン」なのである。凡夫の僧への〈布施〉というもっとも下位の自己贈与から、「イコン」が開示されていく。いつもどこかで開かれている法会の場で、誰もが「負い目」を返済できる時代、それが「スヱノヨ」なのである。釈迦菩薩や化身たちが「自己贈与」を積み重ねてきたのは、「スヱノヨ」の衆生にそんな救いを贈与するためだったということである。

四　〈世界の言葉〉と〈いのちの言葉〉

仏教テクストを上記のように解読することに、違和感を覚える人がいるかもしれない。そこで、なぜそのような読み方が必要なのかについてここで述べておくことにする。

伝統的な哲学者たちは、まず対象となる物や概念があって、それを指し示す道具として言葉があると考えていた。二〇世紀初頭、フェルディナン・ド・ソシュールはこのような常識を覆してしまう。いわゆる記号論である。彼は、現実の世界には本来境界といったものはない、言葉が現実世界を切り取ることによって、はじめて概念や事物が生まれると考えたのである。彼が提唱した記号論を基礎として、二〇世紀の人文諸学が展開したといっても過言ではないだろう(19)。

それに対して、伝統的な哲学者の言語論と記号論の双方に異議を唱えたのが、二〇世紀のフランスを代表する哲学者の一人、「生の現象学」で知られるミシェル・アンリである。彼は、「人間の言葉」とはまったく異なる言葉があるにもかかわらず、今日では想像することすら困難になってしまっているという。アンリは、通常の「人間の言葉」を「世界の言葉」と呼び、それとは異なる言葉を「いのちの言葉」と名づける。では「世界の言葉」とは何か。

あらゆる事物（石、花、大地、空、大地から生み出されるあらゆるもの、道具や機械、人間自身も含めて）からなるこれらの現実のすべてがわれわれに現われるのは、世界においてである、ということ。そこから、「常識」と称される広く一般化された信仰が生まれる。要するに、世界はおよそありとあらゆるものが現われる場である、言い換えるなら、目に見える世界こそ、実在する唯一の世界であり、この世界こそ現実性の場なのだ、という信仰。……精神的事物もまた、感覚的事物と同様に、自分から引き離し、対象化することによって、つまりは世界の外部性において、われわれの精神の前に置かれる。……「世界の言葉」とはつまり、世界という外部性においてわれわれに現われてくるものを語る言葉である。(20)

私たちの眼前に現れる事物は、自分自身が外部化・対象化したものであるにもかかわらず、自分の外部にある自分とは異質なもの、実在する唯一の世界だと信じ込んでいる。そのような外部化された世界、現代の科学が〈事実〉や〈現実〉と呼んでいるものについて語る言葉が「世界の言葉」である。しかしこの世界は、みずからを創り出す能力も、みずからを存続させる能力ももたない、ただ眺めるしかない世界である。「世界の言葉」に対して、それとはまったく異なる言葉、「いのちの言葉」があるとアンリはいう。ただし、アンリがいう「いのち」とは、常識的な意味での生命現象ではない。

宇宙のあらゆる事物と違って、人間とはまずもって自分自身を感じとる存在だということになる。まさにこの自覚性によって、人間は、自分自身を感じとると同時に、自分を取り巻くあらゆるもの——世界と世界に現われる事物――を感じとることができる。しかも自分自身を感じとるということこそ、いのちの本質なのである。じっさい、生きるとは、自分が存在すること自体を受苦し、また享受すること、つまりは自己自身を享受すること以外の何ものでもない。[21]

現象学は、すべての始まりを現象〔現われ〕に置く。すべては現われる限りで存在するが、現われなければ存在しない。現象学の創始者、E・フッサールやM・ハイデガーが、現われとは世界の現われだと理解したのに対して、アンリは、世界の現われに先立って「いのち」の現われがあるという。アンリは、「自分自身を感じとる」こと、それが「いのちの本質」だという。しかし人間は、自分自身に「いのち」を与えることはできない。「自分自身を感じとる」とは、本稿の文脈でいえば「与えられて-ある」と感じることである。何ものかによって〈贈与〉され、自己に到来した「いのち」が、自己の情感や活力となって世界を開示していく。

いのち、われわれが自分自身のうちで経験しているいのち、われわれのいのちでもあるそのいのちとは、それ自体がひとつの啓示なのである。……〈いのち〉がひとつの啓示である以上、いのちはいのち固有の言葉を持ちうるのではなかろうか。そしてさらに、いのちの啓示がいのちみずからの啓示であるとするなら、この言葉がわれわれに語るものも、おのずから明らかではなかろうか。いのちは、みずからをみずからに啓示することによって、われわれにいのちそのものについて語る。[22]

本稿の問題関心で言い直せば、「与えられて-ある」という情感から「負い目」や「自己贈与」が展開していくことになる。それを物語る釈尊や菩薩の言葉が「いのちの言葉」ということになる。マリオンに倣えば、「いのちの言葉」は「まなざしを絶えず修正してやまない……おのれを乗り越えてゆくように命じる」言葉である。アンリはいう。

世界の現われとは別の現われ、まさしく〈いのち〉の現われというものがあるとすれば、そしてそのいのちとはわれわれのいのちでもあり、その本性はみずからをみずからに現わすことにあるとするなら、世界の言葉とは違うもうひとつの言葉、いのちの自己啓示によって可能になる言葉がありうるはずである。[23]

これがアンリのいう「いのちの言葉」、私の〈いのち〉が私自身に次々と世界を開示していく「自己啓示」の言葉である。本稿は、仏教テクストを「世界の言葉」として読み解くのではなく、「いのちの言葉」として読み解こうとする試みである。「いのちの言葉」として解読しなくては、菩薩や化身はみずからの真実の姿をけっして開示してはくれないだろうから。

五　『四天王寺御手印縁起』について

ミシェル・アンリは、キリスト教の用語を使っているが、キリスト教について語っているのではない。現象学的思考によって「キリストの言葉」を解読しようとしているのである。その解読法を参照しながら、もうひとつの聖徳太子伝、『四天王寺御手印縁起』を読み解いていくことにする。[24] 四天王寺が所蔵する『御手印縁起』の根本本は、聖徳太子自筆と伝承されてきたテクストで、末尾には「乙卯歳正月八日　皇太子仏子勝鬘　是縁起文納置金堂内濫不可被見手跡狼也」の識語がある。また、全巻にわたって太子のものと称する二五個の手印が捺されている。現在では、四天王寺金堂内の御塔中から発見されたとされる寛弘四年（一〇〇七）に近い時期に、四天王寺で偽作されたテクストとする説が有力である。[25] しかし、何を原資料として使っているのかは明らかでない。『御手印縁起』は、(一)四天王寺縁起、(二)資財帳、(三)聖徳太子伝より構成されるが、聖徳太子がみずからの来歴を記述する自伝の形式を取っている。[26] このテクストで注目されるのは、聖徳太子の前生と後生に関する次のような記述である。

（a）斯の処昔釈迦如来法輪を転ずる所、その時長者の身に生まれ、如来を供養し、仏法を助け護る。是の因縁を以て寺塔を建立し、此の地に七宝を敷く。

（b）百済国に在るの時、仏像・経律論・法服・尼等をこの朝に渡り越す。欽明天皇治天下壬申歳に相ひ当るなり。復た律師・禅師・比丘・比丘尼・呪師・造仏工・造寺工等、相ひ重ねて渡り送る。敏達天皇治天下丁酉歳に相ひ当るなり。仮に王家に生まれ、詔を諸国に下して、諸の氏々人々を以て、初めて寺塔を起こし立て仏経等を造り写さしむ。その時物部弓削守屋臣、深く邪心を含み、寺塔を焼亡し、仏経を滅亡す。……悲泣懊悩し、陛下に奏聞して、軍兵を発起し、かの守屋臣を討伐す。

（c）是の身終りて後、五百生を歴て、大小の寺塔・仏像を発起し、六宗の教法を崇め堅めむ。今の身に八箇所の寺院・仏菩薩像を建立す。製るところの法華・勝鬘経の疏義、寺毎に施入す。封戸・田園その員在り。

（d）往昔婦人に在るの時、釈迦如来勝鬘経を説く。其の因縁を以ての故に是の経を講説し、肇めて義疏を製る。衡山の数十身の修行、法華経を持ち誦す。故に復た疏義を製る。

（e）吾れ入滅の後、或は国王・后妃に生まれ、数大の寺塔を国国所所に造り建て、数大の仏・菩薩像を造り置かむ。数多の経論・疏義を書写し、数多の資財・宝物・田園等を施入せむ。或は比丘・比丘尼・長者・卑賤の身に生まれ、教法を弘め興し、有情を救済せむ。是れ他身にあらず、吾が身是れのみ。

太子の自伝として書かれた『御手印縁起』は、みずからを観世音菩薩の化身とは語らない。その代わりに、（a）では、四天王寺はかつて釈尊が説法をした場所であり、その時太子は長者に生まれて釈尊を供養したという。（d）では、釈尊在世時に太子の前身が勝鬘夫人であったこと、その因縁によって『勝鬘経義疏』を撰述したこと、その後、中国の衡山で数十回の転生を繰り返しながら『法華経』の持経者であり続け、それゆえ『法華義疏』を撰述したと語られている。（b）では、太子の誕生以前、欽明天皇一三年（五五二）に日本に初めて仏像・経巻等を送ったのは、百済に生を受けた太子の前身だったという。また敏達天皇六年（五七七）、百済から僧尼や工人たちが日本に送られてくるが、それも太子が送ったというのである。しかし、このとき太子はすでに六歳であるから、送ったのは太子の分身ということになろう。(c)には死後、「五百生を歴て」寺院等を建立し、(e)には死後、国王・后妃や比丘・比丘尼・長者・卑賤の身に生まれるとある。

(a)から(e)までの記述から想起されるのは、『三宝絵』上巻序の冒頭、「我ガ尺迦大師凡夫ニ伊坐セシ時ニ、三大阿僧祇ノ間ニ衆生ノ為ニ心ヲ発シ、三千大千界ノ中ニ芥子許モ身ヲ捨テ給ハヌ所無シ」という言説である。これは、『法華経』巻第五「提婆達多品」の次のような言葉から取意したものである。

智積菩薩の言はく、「われ、釈迦如来を見たてまつるに、無量劫において、難行し、苦行し、功を積み、徳を累《かさ》ねて、菩提の道を求むること、未だ曾て止息したまはず。三千大千世界を観るに、乃至、芥子《けし》の如き許りも、これ菩薩の身命を捨てし処に非ざること有ることなし。衆生のための故なり。然して後、すなわち菩提の道を成ずることを得たまへり(27)」と。

『法華経』には、釈迦菩薩は無数の捨身によって悟りに至ることができたと語られている。『御手印縁起』の聖徳太子は、過去から未来に至るみずからの生を、釈迦菩薩の捨身と重ね合せて語っていることになる。しかし太子は、このテクストの読み手に、みずからと同じような捨身を要求しているわけではない。というのは、「提婆達多品」は、上記のように語る智積菩薩を小乗の菩薩と位置づけているからである。上記の智積菩薩の言葉は、八歳の竜女が『法華経』の教説を聞いて悟りを得たと語る文殊菩薩に対して、疑いを抱いたときの言葉である。そこで竜女は、小乗の菩薩・智積と声聞・舎利弗の眼前で即座に仏の姿となって『法華経』を説く。それを聞いた無数の聴衆は、あるいは悟りを得、あるいは不退転の位に住し、菩提心を起こし、将来の悟りが約束されたのである。

『御手印縁起』は、「末代の道俗無慚にして、貪欲日日に増し、競ひて寺物を争ふ。まさに三途八難の中に堕つべし。……若し一香一花を擎げ、恭敬供養し、若し一塊一塵を以て、此の場に抛ち入れ、遙かに寺の名を聞き、遠く見て拝み恭へば、斯の如き等の者、一浄土の縁を結ばむ」と語る。釈尊や太子のように自己の生命を贈与する必要はない、自己贈与はモノの贈与によって代替することができる、それが聖徳太子の誓願ということだ。『大般若経』巻第五七九には、「若し如来の窣堵波の所において下一香一華を奉献するに至るまでも、世尊は彼に皆当に欲を離れて多くは畢竟般涅槃を得る有るべしと記したまふ」とある。[28]『御手印縁起』には、「髻髪六毛をもって仏舎利六粒に相加へ、塔の心柱の中に籠め納む」とあるが、仏舎利と太子の毛髪を納めた四天王寺の塔に香華を捧げる者は浄土へと往生し、涅槃を証することが約束されるのである。

では『御手印縁起』は、なぜ太子が自己自身について語るという形式を取るのか。『三宝絵』と同時代に原型ができたと考えられる『聖徳太子伝暦』は、先行するいくつかのテクストから収集した出来事を、時間軸に沿って配列する編年体の形式に再構成したテクストである。その特色は、太子在世中に起きた出来事のすべてに太子が関与していると語られているところにある。それは、輪廻転生を繰り返す太子の働きによって、過去から未来までのこの世界が、『法華経』あるいは観音菩薩の救済力の圏内に組み込まれてきたことを意味している。しかし編年体という形式はひとつの問題を抱え込むことになる。

〈時間〉は、人間の生存とは無関係に、アプリオリに存在しているわけではない。自己贈与の延期によって人間は生き続けることができるが、負い目を返済するために死を猶予されている期間が〈時間〉である。[29]〈時間〉が誕生するとき、生き続けている〈自己〉と〈世界〉が生み出されていく。そこで誕生してくる〈世界〉について語る言葉が「世界の言葉」である。「世界の言葉」は、外部のもの、他のもの、自分とは異なったもの、自分の力の及ばないものとして〈世界〉を語る。伝統的な言語論や記号論は、「世界の言葉」に関する理論なのである。〈時間〉が『伝暦』に導入されることによって、時系列にしたがって配列された出来事のすべてに太子が関与していると記述されても、また、現行本の『伝暦』のように、『御手印縁起』から太子の輪廻転生と捨身に関する記述を抜き出して割注の形式で挿入したとしても、「世界の言葉」で語られる『伝暦』には太子の救済力を十分に感じさせる「イコン」の力はない。それは、過去に起こった出来事の記録にすぎない。

それゆえ『御手印縁起』は、太子自身が語るという形式を取るのだ。太子自身が語るということはどういうことか。太子がこのテクストに署名した「乙卯歳正月八日」、つまり太子二五歳の推古天皇三年（五九五）正月八日という〈時間〉に、現在も未来も、すべての〈時間〉が従属するということである。

マリオンはキリスト教の用語を使って、「出来事は過去の事実であるというより、今日でもなお、この今日を完全に支配しつづけているある将来へと――ある出来《しゅったい》、メシアの出来へと――訴えるために、過去において与えられた保証なのである。……過去が現在の現実性を規定するのだ(30)」と語っている。太子による救済は、すでに過去に約束されたことであり、太子の誓願は現在も未来も変わることなく作用している。言い換えれば、生き延びることを選択せず、「自己贈与」＝捨身し続ける太子は〈時間〉の拘束から自由であることができる。生き延びることを望む者だけが〈時間〉に束縛される。太子は〈時間〉に妨げられることなく、いつでも自在に衆生の内面に「いのち」を吹き込み直接呼びかけることができる。太子みずからが語る『御手印縁起』にはそういった意味が隠されている。それは「いのちの言葉」であり、「自己贈与」する菩薩の化身にしかなしえないことなのだ。「いのちの言葉」で語る『御手印縁起』、そして聖徳太子の画像や彫像が「イコン」となって、中世の太子信仰に「いのち」を吹き込んでいくのである。

おわりに

以前私は拙稿「十世紀日本の自己贈与の言説」（註7参照）で、今村仁司氏の贈与論、「与えられて-ある」を参照した。本稿では今村理論の論拠と宗教テクストの解読法を明らかにするために、マリオンとアンリの理論を取りあげたが、足早になぞっただけになってしまった。できれば、彼らの著作や訳者の解説を参照して欲しい。本稿では、親鸞（一一七三～一二六二）が晩年に書き残した聖徳太子に関するテクストについても触れておきたかった。というのも、親鸞の『大日本国粟散王聖徳太子奉讃』（一一五首）と『上宮太子御記』は『三宝絵』中巻に取材し、『皇太子聖徳奉讃』（七五首）の多くが、『御手印縁起』を参照して作成されているからである。しかし紙数の関係で次の機会に譲ることにする。

（1）聖徳太子伝の成立過程については、藤井由紀子『聖徳太子の伝承――イメージの再生と信仰――』（吉川弘文館、一九九九年）、阿部泰郎『中世日本の宗教テクスト体系』（名古屋大学出版会、二〇一三年）などを参照した。
（2）慧思再誕説については、前掲註（1）藤井書、藏中しのぶ「聖徳太子慧思託生説と『延暦僧録』「上宮皇太子菩薩伝」（吉田一彦編『変貌する聖徳太子』平凡社、二〇一一年）などに論究されている。
（3）化身は、仏教の真理（法身）が、さまざまな形姿となって現実世界に現われ、衆生に働きかけるもののことである。本稿では、引用文献に化身という言葉が使われていなくても、意味的に化身とみなすことができれば、化身という言葉を用いた。化身説については、金岡秀友『金光明経の研究』（大東出版社、一九八〇年）を参照した。
（4）『三宝絵』中巻の聖徳太子伝の成立については、前掲註（1）阿部書を参照した。
（5）『三宝絵』からの引用は、馬淵和夫・他校注『三宝絵 注好選』（岩波書店、一九九七年）による。
（6）『伝暦』推古天皇二六年一〇月条には、「出家入道し、三十余年を経て、身を彼に捨つ」、「又衡山に修行すること六十余年、身命を此に捨つ」（『大日本仏教全書』聖徳太子伝叢書、三三頁）とあるように、『伝暦』は救世菩薩の転生について「捨身」と記している。
（7）『三宝絵』上巻の釈迦菩薩の捨身譚については、拙稿「十世紀日本の自己贈与の言説――『三宝絵』と兼明親王の願文――」（池見澄隆編著『冥顕論――日本人の精神史――』法藏館、二〇一二年）で考察した。

（8）今村仁司『社会性の哲学』（岩波書店、二〇〇七年）四四～九頁。
（9）ジャン＝リュック・マリオン『存在なき神』（永井晋・他訳、法政大学出版局、二〇一〇年、一九～二〇頁）。
（10）前掲註（9）マリオン書、二三～五頁。
（11）今村仁司氏は、「与えられて-あることは、よびかけられて-あることである」（『社会性の哲学』四〇頁）と語っている。阿部・前掲註（1）書は、太子伝と太子絵伝との相互関係について論じているが、その関係は、マリオンの「イコン」の視点によって、より明確になるだろう。
（12）『本朝文粋』巻第一四。引用は、大曾根章介・他校注『本朝文粋』（新日本古典文学大系二七、岩波書店、一九九二年）による。
（13）坂本幸男・他訳注『法華経』下（岩波文庫、一九六七年、二三〇～二頁）。
（14）前掲註（13）書、二五二～五六頁。
（15）『日本往生極楽記』からの引用は、井上光貞・他校注『往生伝 法華験記』（日本思想大系七、岩波書店、一九七四年）による。
（16）このような地位の逆転については、バーバラ・A・バブコック編『さかさまの世界――芸術と社会における象徴的逆転――』（岩崎宗治・他訳、岩波書店、一九八四年）が参考になる。
（17）マルク・R・アンスパックは、古代インドの祭式での犠牲獣の売買を例にして、貨幣を媒介とした売買では、貨幣の支払いとともに売り手と買い手の間の関係は切断され、売り手が負っている殺生の罪や穢れを、買い手は分有しなくても済むことになるとしている。それは、傭兵への報酬の支払いに貨幣が用いられたことと共通する。アンスパック「貨幣取引の儀礼的基礎、もしくは殺し屋に礼を尽くす方法」（M・アグリエッタ他編『貨幣主権論』、坂口明義監訳、藤原書店、二〇一二年）。
（18）前近代社会の労働の意味については、今村仁司『仕事』（弘文堂、一九八八年）参照。
（19）ソシュールの記号論とその影響については、テリー・イーグルトン『新版 文学とは何か――現代批評理論への招待――』（大橋洋一訳、岩波書店、一九九七年）に的確に整理されている。
（20）ミシェル・アンリ『キリストの言葉――いのちの現象学――』（武藤剛史訳、白水社、二〇一二年、一〇八～九頁）。

アンリの現象学の全体像を知るには、ポール・オーディ『ミシェル・アンリ――生の現象学入門――』（川瀬雅也訳、勁草書房、二〇一二年）が有益である。
(21) 前掲註(20)アンリ書、二一頁。
(22) 前掲註(20)アンリ書、一一二～三頁。
(23) 前掲註(20)アンリ書、一二二頁。
(24)『四天王寺御手印縁起』からの引用は、榊原史子『『四天王寺縁起』の研究――聖徳太子の縁起とその周辺――』（勉誠出版、二〇一三年）に収められた、四天王寺所蔵の根本本を翻刻したものを用いる。以下の記述では『御手印縁起』と略記する。
(25) 前掲註(24)榊原書・第一部第一章、前掲註(1)阿部書・第三章。
(26) 自己言及テクストについては、深沢徹『自己言及テクストの系譜学――平安文学をめぐる7つの断章――』（森話社、二〇一〇年）の論考があるが、本稿とは方法が異なる。
(27) 坂本幸男・他訳注『法華経』中、二一八～二〇頁。
(28)『大正大蔵経』第七巻、九九四頁下～九九五頁上。
(29) 今村仁司『交易する人間――贈与と交換の人間学――』（講談社選書メチエ、二〇〇〇年、一二一頁）。
(30) 前掲註(9)マリオン書、二三八～九頁。

近世太子信仰の成立と天海

榊原小葉子

はじめに

上野の寛永寺のほどちかく、根岸の街道沿いに、薬王寺という小さな天台宗寺院がある。創建年は不詳ながら、江戸幕府が、江戸市中の地誌『新編御府内風土記』を編纂するための準備調査史料として、文政一二年（一八二九）にまとめた地誌『御府内備考』[1]には、『改撰江戸志』（成立年、編者不詳）を参照した次のような同寺の由緒がみられる。


東叡山寛永寺末　三ノ輪町　東光山長命院薬王寺、境内年貢地一五八坪除地八二三坪一合
起立年代相知不申候。当寺ハ台家之旧跡ニ而薬師之別当ニ御座候処本寺未定ニ付、延宝二年六月東叡山御直末ニ被仰付候。

客殿、本尊阿弥陀木座像。地蔵石立像。

薬師堂方二間、本尊秘仏、前立木木像。日光月光十二神将各木座像、閻魔木座像、聖徳太子木立像。

地蔵堂三間奥行三間半、地蔵尊石立像、左右之脇ニ正保四年亥十一月七日権大僧都西性慎白と彫付有之。

右地蔵尊ハ背向之地蔵と相唱申候。昔地蔵尊前通ハ奥州街道之由。其後道筋相替り地蔵背通箕輪町ニ相成候ニ付背向地蔵と申候由御座候。以上丙戌書上。

開山天海僧正寛永二十年十月二日寂　（傍線筆者）

すなわち、薬王寺は、徳川幕府における宗教政策立案の中心人物として絶大な影響力をほこった天台僧・天海（一五三六〜一六四三）の開山とされている。天海ほどの僧侶が寛永寺のほかに開いた寺院にしては、驚くほど存在感がうすいともいえるが、ここで注目したいのは、この寺院には聖徳太子の木立像が祀られているという点である。この太子像が、江戸時代のどの時点で、あるいはどのような経緯で寺に納められたのかはまったく不明である。しかし、天海みずからの手で徳川将軍家の聖地に仕立てた日光を終点とする日光街道と、天海の故郷奥州へと続く奥州街道が共有する街道沿いに建てられた寺院に太子像が祀られているという事実は、天海と太子信仰とのむすびつきを象徴しているように思われてならない。

実はあまり知られてはいないが、天海は、聖徳太子自身による建立以来、常に太子信仰の中心として知られた四天王寺の別当を兼任していた。しかも、その着任をもって、四天王寺は近世有力寺院としての再スタートを切ったといっても過言ではないのである。つまり、徳川期最初期の段階で幕府の保護と統制を受けた四天王寺が、寺社権門としての中世的な体制を一掃し、近世太子信仰展開の舞台として全国レベルの寺院へと発展を遂げることができたのは、天海の働きによるところが大きい。

こうした背景をふまえて、本稿では、徳川政権発足時における天海と、四天王寺を中心とした太子信仰のかかわりを検証し、今まであまり語られることのなかった近世太子信仰の政治的側面に光をあてたい。近世太子信仰といえば、一般的には庶民信仰としてのあり方が注目されるばかりであったが、中世期までは、むしろ国家イデオロギーとのむすびつきが強かった。そうした政治的な特質が、徳川幕府による宗教政策の転換にさいし、どのように作用したのかについて考察したい。

一　天海と家康――その関わり――

慶長一九年（一六一四）の大坂城落城後、名実ともに統一政権を確立した徳川家康は、寺院に対して多くの法度をだし、仏教を幕府の政治支配体制に組み入れたが、これは四天王寺についても同様であった。『四天王寺誌』によると、翌元和元年（一六一五）、家康は天海と四天王寺からの三名を京都二条城に呼びよせ、伽藍の再建を命令した。四天王寺の寺務にかかわる七箇条からなる同年一一月の「四天王寺法度」には、その第一箇条において、四天王寺の寺務は、当時日光輪王寺門跡であった天海が兼任・下知することが明記されている。家康による法度の発令は、天台宗・四天王寺に限るものではなく、諸宗本山本地にだされており、「四天王寺法度」のほとんどの条目はそうした諸宗法度と共通するが、このたびの法度発令の立役者であった天海を直々に下知させたケースはまれである。その意味で四天王寺に対するあつかいは別格のものだった。その後の四天王寺は、家康の意思を天海が実行するというかたちで、のちに徳川家の菩提寺となる日光輪王寺門跡が代々寺務をつかさどり、その末寺となった。

そもそも、天海と家康とのむすびつきが強まったのは、慶長一七年（一六一二）であるといわれている。『駿府記』同年四月一九日条によると、家康は、天海を擁する川越喜多院に寺領三〇〇石を寄付しており、天海のことを関東の天台宗を代表する学僧であると述べている。さらに同年、家康は天海のために喜多院の修造も命じている。翌年二月二八日条には、家康は関東天台宗法度を制定し、喜多院天海宛にだしたとあるが、この法度のなかで、関東天台宗は関東の本寺の支配に属するものとし、比叡山山門の支配からこれを切り離している。つまりこの法度の意味するところは、関東天台の分立と、それにもとづく本末の規制であるが、喜多院のみならず、常陸や武蔵の有力寺院にも同様の法度をさだめ、これらの法度をすべてまとめて同時に天海に手渡している。つまり天海は、学問面だけでなく、関東天台の実質的なリーダーの地位を家康から認められたのである。(2)

これほどまでに天海が家康に重用された理由について、宇高良哲氏は、天海のたぐいまれな学識をあげている。家康は慶長一八年から元和元年にかけて、駿府城や江戸城などで諸宗の僧侶を集めての一〇〇座以上の「御前議論」を興行し、聴聞したことが、『駿府記』の記録からわかる。各宗派の学僧の「一種の人材登用試験」としても機能したこの場で、天台僧侶のうちもっとも家康の信任を得たのが天海であった。(3)とくに元和年間以降、天海は、単に天台宗内にとどまらず、他宗派・徳川幕府内部、さらには京都でも、門跡寺院の力をしのぐ実力を発揮した。そして四天王寺の寺務を家康から任されることとなったのが、まさに元和元年であり、この出来事は、幕府を後ろ盾とした天海が全国に活躍の場を広げる皮切りといえよう。

もっとも、天台寺院四天王寺が太子建立の寺院であり、中国での太子の前世は天台宗第二祖恵思禅師であったことは、古代以来の仏教界の常識であったため、天台宗至上主義をとったことでも有名な天海が、四天王寺を特別視し、家康もまたそれを重視したことは不思議ではない。

こうした背景から、四天王寺は比叡山延暦寺の支配から次第に切り離され、家康の死後、江戸に寛永寺を設立したさいには、他の有力天台宗寺院や信仰を集めている霊場とともに、寛永寺末寺として組み入れられることになる。このような天海をめぐる宗教政策の推移は、太子信仰にとってどのような意味をもったのであろうか。

天海がその実力を真に発揮したのは、元和二年の家康の逝去に続く葬儀と、東照宮の開創においてであることは、先行諸研究においても明らかにされているとおりである。(4)病床にあった家康自身による埋葬・葬儀の準備段階から発言力を増していった天海がとくにこだわりをみせたのが、家康の神号としての「大権現」号の採用であった。神葬祭形式の葬儀をとりしきる予定だった神竜院梵舜による「大明神」号案をも退け、最終的には二代将軍秀忠と朝廷の賛同を得た天海は、天台宗とかかわりの深い山王一実神道にもとづく「東照大権現」として家康を神格化、その一連の計画の集大成として、『東照大権現縁起』の作成にとりかかるにいたったのである。

さらに、天海の死後ではあるが、東照社は、きわめて異例な形で皇室の祖先神にだけ許された宮号を認められ、「東照宮」と改称されることとなった。(5) これにより、戦国時代以来中断していた伊勢神宮への勅使派遣の再興との抱き合わせで、日光東照宮にも天皇勅使が毎年派遣されるまでになり、さらに東照宮の祭祀は、ただ徳川家や天台宗のものではなく、国家の祭祀となった。つまり天海の構想は、単なる徳川王権の確立をこえて、皇室との一体化を図るものであった。(6) あるいは、皇室とのむすびつき、そして何より天皇との関係をいかにあつかうかという点にこそ、家康神格化の成功の鍵があったのである。

実は、こうした皇室とのむすびつきが企図された『東照大権現縁起』のなりたちに、前近代的国家イデオロギーとして発展を遂げてきた太子信仰が深くかかわっているのである。結論からいえば、聖徳太子こそが、神格としての家康・聖人としての家康に正統性を与える存在として機能しており、家康が太子とむすびつくことによって、家康と天皇との関係も矛盾なく説明されうるのである。その意味で、『東照大権現縁起』の思想には、これまで広く受け入れられてきた太子信仰の影響力を前提にしてはじめて説得力が生まれているともいえるが、それは具体的に、どのように実現されているのであろうか。

二　家康と天皇——その関係における「聖徳太子」の機能——

家康神話のテキスト『東照大権現縁起』は、完成後幕府の公式編纂物として日光に奉納された。時の将軍であった三代家光は、家康の死後天海を尊信し、家康の二一回忌に当たる寛永一三年（一六三六）には、天海指導のもと、日光東照宮の大造替を完成させる。元和の仮殿創建時の規模をはるかにしのぐ絢爛豪華な建物は、いわば家康神話＝東照宮神学の表現として、まさに天海の意向が反映されたものであった。[7] 東照宮造替計画における天海の役割は、東照宮の社格の上昇と奉仕組織の充実を図ることにあり、それまでの社号「東照社」に宮号宣下を受けること、そして東照宮奉仕者の頂点に皇族を迎えることであった。なぜなら、そうすることによって初めて、東照権現としての家康は真の意味で日本の最高神になりえたからである。これを受けて編纂されたのが、『東照大権現縁起』であった。同書の成立年については諸説あるが、真名本三巻は寛永一三年までに完成していたものを寛永一七年にまとめて全三巻となったとみられている。[8]

本稿は、『東照大権現縁起』のテキストを思想史的に分析することを目的とはしないため、東照権現と天皇との関係のメカニズムについては踏み込まないが、以下では、同書において、家康＝東照権現と天皇との関係を成立させるという使命を負った聖徳太子の役回りに焦点をあて、天海がいかに太子の意義を活用したのかを考える。

朝廷側の史料をもちいて、幕府の支配構想との関係から東照権現の性格を論じている北島正元氏は、元和三年（一六一七）二月の宣命[9]をあげ、東照権現と天皇権威の問題を検討、東照権現の「東の守護神」としての性格は生前に天皇から与えられた官職＝征夷大将軍に由来するとし、「家康の神格化は、これまたあらひと神である天皇の伝統的な宗教権威にささえられてはじめて可能であった」と断定した。[10] ここでは、東照権現、ひいては幕府の権威は、天皇によって保証されるととらえられている。

これに対して、曾根原理氏は、権現を祀りあげた幕府側の意図の反映としての『東照大権現縁起』における天皇のかかわり方を探るのであれば、幕府の史料をもちいるべきであるとし、その上で天海が練り上げた家康神格化の構造を解明した。すなわち、仏神も天皇も、権威の正当性は衆生救済という仏教原理に支えられるというのが、『東照大権現縁起』の説くところであったと述べている。そして、とくに寛永期の幕府は、「日本を強力に統治する主体となるために、絶対的な権威を必要としていた」と考えられ、「その場合、天皇を頂点とする伝統的

な権威を克服するためには、新たな権威はより普遍性を持つことが求められた」と論じている。(11)

北島氏と曾根原氏による議論を整理していえることは、（一）天皇権威は宗教の力を借りなければ克服しえない存在であり、（二）『東照大権現縁起』は、仏教原理によって、東照権現に仮託された家康の権威が、天皇と同レベルでの普遍性をもつことを証明したということである。そして、その〝狂言回し〟として位置づけられうるのが、かつて鎮護国家仏教の祖として信仰の対象の地位を確立した、「皇太子」＝「未来の天皇」としての聖徳太子であった。

『東照大権現縁起』真名本は、上・中・下の三巻から構成されているが、(12)上巻の構成で目をひくのが、その記述の半分にもおよぶ聖徳太子に関する記事である。数ある寺院縁起冒頭にて語られる仏教の歴史が、その興隆につとめた太子の事績から始められること自体はめずらしくないものの、同縁起において、太子にかかわる記事にこれほどまでのページ数を割いていることからは、家康の神格化を説得的にするために、聖徳太子が欠かせない存在であったという点が指摘されよう。それでは一体、太子は具体的にどのように『東照大権現縁起』に描かれ、どのような役割を担わされているのだろうか。

重而源君曰、出離生死要道於日域賢聖非一。雖然国王大臣内、仏法最初弘通以聖徳太子為濫觴、故勘之夫聖徳太子者、始自託胎終至遷化接（摂）政、徳行不可称計、宛相似八相、日域聖人誰残疑滞乎、応神天皇十五年、儒教初渡、震旦西晋武帝時、云々　其後同御宇、秦弓月後漢阿知将来云々。継体天皇七年、自百済国五経渡、欽明御宇仏教渡。雖然依為漢字、方言不通。徒埋年尚、至推古天皇時、忝聖徳太子以宿命智通達梵漢付出葉校之、義理忽啓、掛鸞鏡無雲是併太子通達大智、亦以和語覚知儒釈深理。神語不思議、感応道交也。太子語曰、遙憶過去因果相挍吾未償了、禍及子孫、々々不続、豈云大咎。孔子遺教無後嗣者為不孝矣。吾為釈迦大聖弟子。豈為孔子小賢弟子乎矣。聖徳太子西方補処菩薩、酬接（摂）政不捨願力、此土不残跡、併厭離穢土本意乎。

或問一切業障海、皆従妄想生。若欲懺悔者、瑞坐思実相、衆罪如草露、恵日能消除矣。殊聖徳太子一乗翻伝以降、修行託生歴数十身。如今扶桑之国来、百済日羅敬礼救世観音、伝燈東方粟散王矣。聖人何有古業。源君曰、聖人依聖人。凡夫依凡夫。賢聖断位非一。若欲免貧窮富勤三観、若欲免上慢当聞六即矣。闇証誦文所不能知矣。（中略）仁王護国経云、三賢十聖住果報、唯仏一人居浄土矣。聖人與三賢、十聖断位不同。太子不知何位。偏古業償難一決云々。

引用部分冒頭の「源君」とは家康のことであるが、『東照大権現縁起』は、家康が天海と頻繁に行った御前論議の形式をとって記されている。ここでは家康自身の認識として、聖人・賢者は決して一人ではないが、聖徳太子こそが仏教を最初に日本に広め、天皇のために摂政として徳政を行った人物であると紹介されており、太子自身に孔子を引用させる形で聖人論・治者論を語らせている。

聖徳太子は、推古天皇の摂政として手腕をふるっただけでなく、もし亡くなることがなければ、やがて天皇として即位することが決まっていた皇太子であり、不幸なことにその直系の一族はみな滅びてしまったことで知られている。すなわち、皇太子として天皇になる資格をもちながらも、天皇にはなることなく、一人の優れた政治家として生涯を終えてしまった存在であったからこそ、格好の信仰対象となりえたというわけである。

このような太子の存在は、『東照大権現縁起』における家康の比較対象として最適であったといえよう。天皇となってしまっていれば、比較することによって逆に家康はその存在をこえられなくなってしまうが、太子は最終的には天皇としては即位しなかったため、同じ土俵に立ちうる。しかも同時に、皇太子でありながら、仏教家としても政治家としても天皇家史上もっとも影響力のある聖徳太子と比較することは、そうした人物に比肩しうる家康の権威を保証することになるのである。

こうした聖徳太子の意義を明確に示しているのが、次の箇所である。

今以推検、先入無為還入生死、則報恩謝徳自在故也。大士善権其唐棣之蕚乎。但本在因地未雖我執時、各別発願各修浄土各化衆生、如是等業。差別不同矣。諸仏既願力不同。若然聖徳太子不続子孫不契我意、所以者何。（中略）太子住厭離穢土欣求浄土思不続子孫、我者護現世安穏後生善処旨家門繁昌而已。

すなわち、家康・太子はともに聖人とされながらも、太子の方は死後の浄土往生を願っただけであったため、子孫が断絶した。それに対して家康は、死後の自身の往生だけでなく現世での反映も求め、子孫が栄えることになったというのである。そして、仏教は一つの教えであるが、人々の多様な状況に対応した形で救済を行う。太子のような信仰をもつ人と家康のような信仰をもつ人に対しては、各々に応じた救済を行うというのである。

ここではあたかも、太子の思想が軽視されることによって、家康がもちあげられているかのようにみえるが、それほど単純ではない。つまり、太子は、まず仏教の保護のもとにおかれた日本の基礎を作った聖人として紹介され、その上で、聖人・太子の発展的後継者としての家康の正統性を保証する役割を担わされているのである。

いわば太子は、その死後から一〇〇〇年たとうとも、変わることなく信仰の対象としての宗教的求心力と政治的影響力を誇りつつ、鎮護国家仏教に守られた日本の聖人の基準であり続けた。その意味では、家康であろうと、さらには歴代の天皇ですら超越することはありえない存在であったともいえよう。こうした位置づけは、先にも述べたように、太子が天皇として即位する前に亡くなったことと、仏教に誰よりも通じていながらも、僧侶としては出家していなかったことの二点によって成立し、俗人でありながらも限りなく中立的な立場たりえたことによるものではないか。

つまり、存命中に為政者としても宗教者としても明らさまな頂点に上りつめなかったがゆえに、信仰の対象としてのイメージ操作が容易であったと同時に、権力の体系においては、克服の対象として問題視する必要もなく、さらには過剰に神聖視することも、あるいは不遜であることを恐れずに利用することも可能だったのである。天海は、家康の神格化において、そうした太子の存在を巧みに利用したのであった。聖人としての絶対的基準である太子ですらなしえなかったこと――すなわち子孫による長期政権の確立――を、家康はなしとげることができたと主張することで、家康の神格はより確実なものとなりえたのである。

天海が太子を聖人としての絶対的基準とみなしていることは、『東照大権現縁起』下巻における、家康を日光山に祀ったさいのいきさつに関する記述にも現れている。

倩以東照権現御在世、不詣此山不見記録。仏神賢聖等合掌此霊場為所柄、是可宿命智、併権者化現顕然也。然則奇哉。初御住山時、仏法僧鳥飛来従黄昏至後夜鳴三十日。其声高響山谷。聴者催威、古へ日域聖人聖徳太子御遷化砌、一鳥来墓鳴百日。世挙称墓鳥。人皆為奇妙。況仏法僧鳥乎。去者聖詩曰、後夜聞仏法僧鳥　閑林独坐草堂暁　三宝之声聞一鳥　一鳥有声人有心　声心雲水倶了々矣

古今以為瑞鳥云々

すなわち、家康は生前日光山（此山）に詣でたことは記録にはみあたらないが、（死後、その遺言にしたがって）はじめて日光山に祀られたとき、仏法僧鳥が夕方から夜にかけて飛んできて、山や谷に響く高い声で三〇日間鳴き続け、これを聴く者を恐れさせたという。そして古くは、日本の聖人聖徳太子が亡くなったさいにも、一羽の鳥がとんできて、一〇〇日間鳴き続け、世間はこれを墓鳥とよんで不思議がったというが、まして飛んできたのが仏法僧鳥とあれば、その不思議さはさらに各別なものである、と述べている。そして、仏教の霊験あらたかな鳥についての歌をあげ、こうした鳥を今も昔も「瑞鳥」と呼ぶと締めくくっている。ここでは、家康の埋葬にさいして、聖人太子の埋葬時と同じ現象が起こったと示すことで、仏神としての格をあげている。このとき、比較の対象となるのは、ほかのどの天皇、為政者であってもならない。日本の最高神となるには、太子との比較以外にはありえなかったのである。

三　太子の予言

『東照大権現縁起』において、仏教による徳政を行ったという点で、家康の前身的存在として位置づけられているのが、桓武天皇である。曾根原理氏は、桓武天皇が、同縁起における天皇のもつ権威の性格を示すための媒介項として示されていると指摘する。(13)

宝誌和尚和朝識文曰、百王流畢竭、猿犬称英雄矣、約百王次第相当後円融院而実当光仁天皇御宇、相伝、于時桓武聖主、深知此理、為相続王道於後五百歳、欲鎮護国家万々歳、桓武天皇伝教大師深契約、当此時二聖共興出世

すなわち、ここでは桓武天皇は、「百王説」（未来の予言）の説く亡国の事態に対応して現世に現れた存在とみなされている。梁の宝誌和尚作と伝えられる予言詩では、日本は一〇〇代目の天皇の時に滅亡すると説かれているが、その一〇〇代目は桓武の父の光仁天皇にあたるという。そこで桓武天皇は最澄（＝伝教大師）と協力して、天皇家を断絶から救い国家を鎮護する目的で出現したというものである。そして彼らがこのような活動を行った理由が、次のとおりあげられている。

桓武天皇者霊山聴衆、与伝教大師一会之同聞也、合芳契於霊山之席、垂利生於扶桑之境矣、故天皇掌王道以崇仏法愍民間、大師興仏道以護国家利群生

すなわち、桓武天皇と最澄はともに、前進は霊山で釈迦の説法を聴聞した菩薩であった。両者が日本に出現したのも、その目的は現世での活動を通じて、釈迦の教えを実現することにあったというのである。桓武天皇は王道、最澄は仏道によって釈迦の教えを実現する。そしてそれは、「利生」＝利益衆生という言葉で表現された。ここでは桓武天皇と最澄は、利生という仏教の理念を実現する存在としてとらえられている。(14)

このような桓武天皇の位置づけについて、太子信仰とのかかわりから注目すべきことがある。『東照大権現縁起』内では直接引用されてはいないものの、山王一実神道確立の思想的基盤として天海がもっとも依拠していたのが、天台宗の〝バイブル〟ともみなされていた『渓嵐拾葉集』（一三四八年成立）であるとされている。ここでは、山王権現が釈迦如来の垂迹として、天台宗を守り、人々を救うことが説かれており、治者、なかでも天皇家の人物はしばしば仏教の菩薩が現世に化現した存在としてあつかわれている(15)。そのなかに、次のような記述がみられる。

伝ノ文云、上宮太子推古天皇ノ御宇、奈良ノ里ニ行シテ四方ヲ観見シテ、東嶽於宝幢ヲ現ル、中天於王気ヲ現シ、今二百余歳有、大乗菩薩在シテ於一乗教ヲ弘、一ノ聖皇在シテ万乗道開。聖賢遺訓違無、伝教大師吾山開一乗教法ヲ弘通、桓武皇帝平安城ヲ開万乗道ヲ立玉

すなわち、推古朝、太子は奈良において、二〇〇年後に大乗仏教の菩薩と神聖なる天皇の出現することを予言した。そして、その言葉どおりに出現したのが、桓武天皇と最澄であったという。『渓嵐拾葉集』において、太子は、「旧記云、推古天皇者、本地是大聖文殊也云々。用明天皇者薬師如来、母后者阿弥陀如来、太子者観音、后者大勢至菩薩是也云々」とされ、その一族（太子の父・用明天皇、母、后）は仏菩薩の化現として語られている。さらに「太子者霊山聴衆ニテ御座ス。西天ノ聴キシヲ弘メ給ル歟」とあり、太子が霊山で釈迦の聴聞をした菩薩であるとされている。その太子が桓武と最澄の出現を予言したのであるが、彼らもまた「桓武天皇者、霊山聴衆。伝教大師者、一会同聞。芳契ヲ於霊山之席成、利生於扶桑之境覆」と、聖徳太子と同様に霊山で釈迦の説法を聴聞した菩薩であり、衆生の利益のために日本に出現した存在であったことが説かれている。

こうした『渓嵐拾葉集』を下敷きに構想された『東照大権現縁起』では、家康の現世への出現が、ちょうど桓武天皇の化現と同じ型でとらえられ、両者はともに仏教による衆生救済を実現するため現世に化現し、子孫が支

配を継承する。さらに『東照大権現縁起』では、家康以降の将軍についても、仏教によって権威づけられ、仏教による衆生救済を図る存在とみなしていたと考えられうるという。[16] ここでとくに注目したいのは、桓武と家康が対応し、そして最澄に天海が対応して考えられていたという点である。同縁起内では何も語られていないが、天海が自己を最澄に擬していたことは周知のことで、たとえば天海の弟子諶泰による天海の伝記『武州東叡開山慈眼大師』(一六五九年成立)には、桓武天皇の夢告として、「我澄上人(最澄)ののち、師(天海)を待つこと数百年なり」という記事もみられる。

日本仏教の祖・聖徳太子による桓武天皇と最澄の出現の予言の枠組みに、家康と天海自身を説得的に組み込むには、『東照大権現縁起』における仏教と聖人の歴史が聖徳太子よって語られ、太子自身の言葉による文脈のなかに家康を位置づける必要があった。そして、その記述が家康と天海の御前論議の形式をとることで、天海自身もまた、そうした太子の予言の枠組みに入り込むことができたのである。

仏教で守られた日本国土に、聖人としての桓武天皇と、それを支える最澄が出現するという太子の予言が、『東照大権現縁起』において効果をもつためには、予言者としての太子の正統性が前提とされる。実はそれを保証するのが、四天王寺太子信仰であった。四天王寺には『四天王寺御手印縁起』とよばれる未来記、すなわち太子による予言書がある。寛弘四年(一〇〇七)に金堂内の六重塔から発見された、未来記としては最古のものであるが、本文中には一〇世紀成立の聖徳太子の伝記『聖徳太子伝暦』が引用されるなど、実際に太子が著したものではありえない。そこには、太子の死後に生まれた国王で、諸国に寺を建立し、仏像をつくり、資材宝物・田地などを施入して仏教興隆につくすものがあれば、それは自分の再生であるという予言が記されているが、これは、「四天王寺の資材と田地の保全をねらって、藤原道長を太子の後身とみたてて、貴族層の太子信仰の高揚をねらうため、発見の直前に偽作されたもの」といわれている。[17] とはいえ、この未来記は、その後も『渓嵐拾葉集』成立の一〇年前である建武二年（一三三五）に後醍醐天皇に書写されるなど注目を集め、[18] のちには四天王寺の代表的な予言書として広く認められており、当時四天王寺の寺務の一切をとりしきっていた天海も、当然これを知っていた。いわば、四天王寺が信仰の対象として祀るのは、まさに予言者としての太子だったのである。

四　家康の神格化における四天王寺太子信仰の役割

家康死後の四天王寺における天海と将軍秀忠の活動は、ある意味、『東照大権現縁起』の成立によって家康の神格化を完成させるための布石であったともいえるかもしれない。家康の死の三年後、元和五年（一六一九）には、天海主導のもと四天王寺において「聖徳太子千年忌」が挙行され、改めて太子信仰中心寺院としての四天王寺の存在が明確にされた。その後の元和九年（一六二三）には、慶長一九年（一六一四）の火災で焼失した伽藍の再建が完了した。このうち五智光院には、寛永五年（一六二八）に下野日光山における家康の一三回忌法会のさい、天海が四天王寺に譲渡した東照権現御神影が納められた。『摂津名所図絵』（寛政八〜一〇年〈一七九六〜九八〉成立）の四天王寺の項によると、「五智光院　万塔院の北に隣る。当寺灌頂堂なり。大日如来安置す。その外将軍家御代代神牌を安ず」とあり、のちにこの五智光院は徳川家の代々将軍を祀るにいたった。

このように、東照権現としての家康の神格化には、四天王寺太子信仰が重要な役割を果たしていることがのちのテキストにも示されているが、これはいずれも偶然のこととは考えられない。事実、天海はもともと四天王寺で作成された「文保本系聖徳太子伝」を所蔵していた。天海の書籍収集の目的は、織田信長の比叡山焼き討ちで消失してしまった書籍の補充であったことがよく知られているが、宇高良哲氏は、これとは別に『東照大権現縁起』作成にあたって、多くの寺院や人々から書籍を贈られることとなったことも指摘している。[19]「文保本系太子伝」表紙には、聖徳太子の建立と伝えられる西教寺からの寄贈であることが記されているが、その後の文庫整理によって、比叡山・日光輪王寺・東叡寛永寺の三か所に蔵書が分けられたさいには、同書は日光に納められている。このことから考えるに、この四天王寺成立の太子伝が『東照大権現縁起』作成のための参考資料として贈られたと考えてもおかしくはないだろう。いずれにせよ、天海は同書を所持していたわけで、東照縁起作成にあたってこれをもちいていたことは、動かしがたい事実である。

また、天海蔵「文保本系太子伝」は、とくにその鎮護国家的性格が、松本真輔氏によって指摘されている。すなわち、そもそも四天王寺には、新羅を敵国と想定した護国思想が存在しており、このことは、『聖徳太子伝暦』に引用される四天王寺の古縁起の一つ『本願縁起』や、これとほぼ同内容をもつ前述の太子の予言書『四天王寺御朱印縁起』などからも知られることで、その後も護国思想を象徴する新羅侵攻譚を描くことが、四天王寺における太子伝の一つの特徴であった。[20] 朝鮮半島に限らず、外敵の調伏という四天王寺に対する信仰は、蒙古襲来のさいにも盛り上がり、上皇や貴族の参拝が相次いだというが、まさに『上宮太子拾遺記』(一四世紀成立)にて、「永以為鎮護国家之枢」、すなわち四天王寺を鎮護国家信仰の拠点とみなした考え方が、天海蔵「文保本系太子伝」にも反映されていたわけである。

寛永期以降、本来徳川家の守護神にすぎなかった東照権現が、仏教における衆生救済の神として幕藩体制全体を守護する国家神に昇華した。これが『東照大権現縁起』の意図したところであり、縁起の編纂の参考資料となった天海蔵「文保系太子伝」と、そこに示される四天王寺太子信仰の鎮護国家仏教は、その志向が『東照大権現縁起』とぴったり合致するのである。

天海の書籍蒐集はまた、当然のことながら家康の御前論議にもおおいに役立ったともいわれている。[21]『東照大権現縁起』上巻には、太子による聖人論が家康自身の言葉を通じて語られているが、実際、家康自身はいかに考えていたのだろうか。家康が太子信仰を信奉していたことを示す記事はとくにみあたらないが、実は、家康自身、四天王寺太子信仰と直接かかわった事態があった。それは、大坂夏の陣において、聖徳太子が四天王寺七宮の一つとして建立した堀越神社内にある、茶臼山稲荷に勝利を祈願し、陣営をはったことで、危機を切り抜けたということである。[22]以来、茶臼山稲荷は四天王寺太子信仰と家康信仰の両方を担うこととなった。大坂夏の陣における家康の勝利は、政治権威が日本の西から東へと移ったことを示す。その歴史的勝利を太子建立の四天王寺七宮の一つに祈り、徳川政権開幕後は天海を太子信仰の拠点寺院に配したことは、まさに徳川政権が、天皇権威を克服し全国展開するためには、太子信仰が欠かせなかったことを象徴しているのではないだろうか。

五　西から東へ――仏教界再編成――

元和期の四天王寺伽藍再建が完了した翌年の寛永元年（一六二四）、東叡山寛永寺が天海によって建立された。寛永寺の開山は、いうまでもなく、『東照大権現縁起』の成立をもって完成した家康の神格化のための重要なポイントであった。浦井正明氏は、寛永寺創建時の天海の脳裏には、常に平安京と比叡山の関係があったとする。つまり、先にも触れたとおり、比叡山が京都御所の鬼門（北東）にあたるのに対し、寛永寺を開いた上野もやはり江戸城の鬼門に位置していた。こうしたプランニングは、中世末からはやっていた「見立て」にあたるという指摘もある。[23]すなわちこれは、平安京を興した桓武天皇と比叡山延暦寺を開山した最澄を、江戸城を開いた家康と東叡山寛永寺を開いた天海に対応させようとした天海の意図を反映しているというのである。

このような見立てを、朝廷にも説得的に示し、天皇権威を克服するための装置として、太子信仰の威力が活用されたといえるのではないか。つまり、太子信仰のもつ政治的影響力と宗教的権威をとりこむことで、権力機構のみならず、政治的な権威をも西から東へと移すことに成功したのである。そしてそのための仲介者となったのが四天王寺であったといえる。

日光山輪王寺のトップであった天海が、家康の意向として四天王寺のトップを兼ねることになって以来、四天王寺の別当は輪王寺の門跡が兼任するようになった。輪王寺は天正一八年（一五九〇）、豊臣秀吉の小田原攻めのさい、北条氏側に加担したかどで寺領を没収され、一時衰退した。

しかし、近世に入って天海が貫主となってから復興が進み、元和三年には東照宮が設けられた。そして天海の死後ではあるが、承応二年（一六五三）には三代将軍徳川家光の霊廟である大猷院霊廟も造立された。その翌年の明暦元年（一六五五）には後水尾上皇の院宣により「輪王寺」の寺号が下賜され（それまでの寺号は平安時代の嵯峨天皇から下賜された「満願寺」）、後水尾天皇の第三皇子・守澄法親王が入寺した。以後、輪王寺の住持は法親王が務めることとなり、関東に常時在住の皇族として「輪王寺門跡」あるいは「輪王寺宮」と称され、親子による世襲ではないが、宮家として認識されていた。寛永寺門跡と天台座主を兼務したため「三山管領宮」ともいわれている。のちに還俗して北白川宮能久親王となる公現法親王も、輪王寺門跡の出身である。さらに輪王寺宮は、輪王寺と江戸上野の輪王寺および寛永寺の住持を兼ね、比叡山、日光、上野のすべてを管轄して強大な権威をもっていた。

このように、天皇家を後ろ盾とした徳川幕府の権威の支柱となっていた輪王寺をめぐる宗教権力構造のなかに、四天王寺は組み込まれていたのである。

天海は、家康の意向により四天王寺別当となった元和元年以降、急速に活動の範囲を広げているが、先にも触れた斡旋・仲介行為における天海の立場をみると、慶長年間までは関東のほかの有力寺院や京都の門跡寺院に対する遠慮があった。ところが元和年間以降になると、一気に門跡寺院の力をしのぐ実力を身につけ(24)、なかでも四天王寺のとりこみは、家康と天海の勢力が西へと拡大するための転機を示しているといえよう。まさにこの流れに、東照宮における家康の葬送と、寛永寺の設立が位置づけられるのである。

上述のように、輪王寺宮を迎えた寛永寺は、門跡寺院としての寺格を高め、全国有力大名の塔頭を境内につくらせた。全国の大名たちはこぞって領内の城下町に東照宮を勧請し、これを祭祀するための別当寺はいずれも寛永寺の末寺となった。こうした動きをうけて、善光寺など地方の有力な天台寺院や、人気の霊場は、総本山延暦寺の支配をはなれて続々と寛永寺末寺となったのである。(25) もちろん四天王寺もそうした寺院の一つであったが、家康の意向と天海のかかわり、そして太子信仰の中心寺院としての立場において、ほかの有力寺院とは一線を画した立場にあったといえるだろう。これまでに、家康の神格化とその信仰の永続のためには、太子信仰による保証が不可欠であったことを明らかにしてきたが、四天王寺をとりこむことは、太子信仰をも国家が管理・展開させることを意味し、それによって徳川幕府の思想的基盤を確固たるものとするのに必要なことであったのである。

おわりに

家康が博覧強記の天台僧・天海と出会って以来、着々と整備された徳川宗教政策のもと、京都にある天皇家は徳川家の権威を保証する役割につき、大坂にある四天王寺は、実質比叡山延暦寺をはなれ、輪王寺・寛永寺の両寺院の傘下に入った。これにより、鎮護国家仏教の中枢は、西から東へと移った。こうして徳川幕府は完全に宗教権力を掌握するにいたり、全国均質支配が可能となったのである。

天海の事績を、単に天台宗の権益を守ったことにすぎないとする辛辣な見方があるが、(26) 天台宗を基盤として、太子信仰を活用することで、徳川幕府による全国支配の土壌を完成させたという事績は、一宗派をこえた、いわゆる〝徳川イデオロギー〟(27) そのものへの貢献だったといえるのではないか。なぜなら、結果として日光山輪王寺と東叡山寛永寺は、ただの天台宗有力寺院というだけではなくなったからである。また、それは、四天王寺という護国思想的太子信仰の中心寺院をとりこむことによって得られた地位であった。

さらにこのあと、四天王寺が中心となって一気に展開をとげる庶民信仰としての太子信仰は、関東地域にも広く支持者を得るにいたるのである。つまり天海は太子信仰のあり方にも大きな影響をあたえたことになるのである。

本稿冒頭で触れた、江戸市中の天海開山寺院・薬王寺のように、ひっそりと太子像を祀り、地域の信仰を集めるようになった寺院は、同寺に限らず、関東、そして全国に無数に存在する。その多くが、天海による徳川幕府宗教政策プロジェクトの副産物であったと考えられるのである。

(1)『大日本地誌大系』所収。
(2) 宇高良哲「天海の生涯」(圭室文雄編『政界の導者　天海・崇伝』吉川弘文館、二〇〇四年)。
(3) 前掲註(2)宇高論文。
(4) 圭室文雄編『政界の導者　天海・崇伝』(吉川弘文館、二〇〇四年)。
(5) それまでは、菅原道真を祀る「天満宮」が唯一の例外であった。高橋晴俊「東照宮信仰の広がり」(前掲註(4)圭室編書)。
(6) 前掲註(5)高橋論文。
(7) 高橋晴俊『日光東照宮の謎』(講談社、一九九六年)。
(8) 菅原信海「山王一実神道と天海」(前掲註(4)圭室編書)。
(9)「抑太政大臣御諱幼少之従昔敵之囲陣仁間連、若年之従時心武久、長年志而古代之名将爾越而武威於日本爾輝志、逆乱於治、庶民安閑之思乎成須、是彼朝臣我忠功多利。依而在世之忠義尾感志神霊登仰、東之守護神多羅無事尾勅命有而……」(『徳川実紀』元和三年二月)
(10) 北島正元「徳川家康の神格化」(『国史学』九四、一九七四年)。
(11) 曾根原理『徳川家康神格化への道――中世天台思想の展開――』(吉川弘文館、一九九六年)。
(12) 仮名本は全五巻。
(13) 前掲註(11)曾根原書。

（14）このように、天皇家の人物を、仏教の菩薩が現世に化現した存在としてとらえるのが、山王一実神道の特徴であったとされる。そしてこれは実は天台教義における本地垂迹の理解を示す山王神道を継承しており、天台宗の興隆に精力を注いでいた天海が、山王一実神道を熱心におす理由もここにあった。前掲註（11）曾根原書を参照。
（15）前掲註（11）曾根原書。
（16）前掲註（11）曾根原書。
（17）武田佐知子『信仰の王権 聖徳太子』（中央公論社、一九九四年）。
（18）武田佐知子氏は、後醍醐天皇がみずからを聖徳太子の後身に擬していたというはっきりした証拠はないものの、この縁起の写本と奥書のなかに、ひそかに太子の後身を自負していた後醍醐の姿をみてとる可能性も示唆している。前掲註（17）武田書。
（19）宇高良哲「南光坊天海の書籍蒐集について」（『智山学報』五六、二〇〇七年五月）。
（20）松本真輔『聖徳太子伝と合戦譚』（勉誠出版、二〇〇七年）。
（21）前掲註（19）宇高論文。
（22）『徳川実紀』慶長一九年、茶臼山稲荷由緒。
（23）浦井正明「徳川家康の葬儀と天海の役割」（前掲註（4）圭室編書）。
（24）宇高良哲「近世天台宗教団における南光坊天海の役割――特にその仲介・斡旋行為を中心に――」（『大正大学研究紀要』九四、一九九四年）。
（25）圭室文雄「寺院本末帳の性格と問題点」（『江戸時代寺院本末帳集成』上、雄山閣、一九八一年）、同「天海の魅力」（前掲註（4）圭室編書）。
（26）辻善之助「南光坊天海」（『日本仏教史』八、近世（二）、一九六一年）、および前掲註（25）圭室論文（二〇〇四年）。
（27）ヘルマン・オームス氏は、朱子学ではなく神道・仏教こそが徳川幕府の体制の安定化を担い、いわゆる「徳川イデオロギー」と呼ぶべき思想的基盤をなしたと論じた。
Herman Ooms, *Tokugawa Ideology: Early Constructs, 1570–1680*, Princeton University Press, 1985.（のちに黒住真・豊沢一・清水正之・頼住光子共訳『徳川イデオロギー』ぺりかん社、一九九〇年として翻訳出版）。

大阪天満宮の渡辺吉賢と「神酒笑姿」——平賀源内「神酒天神」の投影——

高島幸次

はじめに——大坂の三戎——

去る平成一九年（二〇〇七）、大阪天満宮では約半世紀ぶりの十日戎を「天満天神えびす祭」の名で復興した。天満宮のヱビスと聞いて違和感をもつ向きもあるかもしれないが、同宮の本殿には古くから「天神」とともに「蛭児尊《えびすそん》」が祀られ、[1]毎年正月・五月・九月の一〇日には「蛭児尊遷殿神事」が斎行されていた。文化一一年（一八一四）刊の『繁花風土記』は、大坂市中の宵戎について次のように記している。

九日　宵戎とて今宮へ参詣す、此日よりいろ〳〵のたからを笹ゆひ付けて売る所ニてハ堀川、又天神社内[2]

現在の大阪で十日戎といえば、今宮戎神社と堀川戎神社が有名だが、江戸時代から戦前までは、天満宮境内の蛭児尊遷殿と合わせて、大坂の「三戎」として賑わっていたことがわかる。『繁花風土記』の初天神の項でも十日戎が例示されている。

二十五日　初天神とて天満江参詣引も切らす、市中ハもちろん近在までも夥しく出る、其上寺子屋ハ弟子小供引つれすへて参詣す、色里ハ上下の差別なく綺羅をあらそひ曠とす、近年ハ十日戎の如く竹輿を飛して群

集の中をおし分け矢を射る如く往来す(3)

近年の初天神では、十日戎のように華やかに着飾った新地の芸妓衆が宝恵駕籠に乗って、参詣の群衆を押し分けて進むというのだから、初天神より十日戎のほうが早くから群衆を集めていたようである。

小論は、大阪天満宮の十日戎に群衆を誘引した画像「神酒笑姿《えみす》」について考察し、その発案者と目される大阪天満宮の渡辺吉賢と、平賀源内の交流を踏まえて、源内の「神酒天神」が天満宮の「神酒笑姿」に投影されたことを明らかにしようとしている。

一　十日戎と「神酒笑姿」

大阪天満宮の十日戎は、少なくとも明治期までは、通常の正月だけでなく、五月・九月の一〇日にも「蛭児尊遷殿神事」（一八世紀後半の一時期は「蛭児命祭」といった）が斎行されていた。日ごろは本殿に祀られている「蛭児尊」が、十日戎には「蛭児尊遷殿」（「蛭子尊遷殿」とも記す）に遷され、参詣者で賑わった。さらには、一〇日以外にも蛭児尊遷殿では臨時の開帳がみられた。寛政九年（一七九七）一〇月二〇日の開帳の記事を引いておこう。

去子年火後、御社跡ニ奉納有之候蛭児尊木像、今日遷殿ニて御戸開置、諸人ニ為拝度、遷殿願主酒屋中講中ゟ申来候、勿論、近年者開帳者無之候へとも当日一日御神前へ備物等いたし候事故、講中之意ニまかセ御戸開置候事ニ相成候(4)

子年（寛政四年・一七九二）五月の大火後に蛭児尊遷殿が再建されたのを受けての開帳であったが、「以後、例年如此いたし度よし講中ゟ申居候」というのだから、大阪天満宮における日常的なヱビス信仰の隆盛がうかがえる。表門の西方には、蛭児尊遷殿への参拝のための「戎門」も設けられていた（現在の蛭児尊遷殿は境内西北に移されているが、当時は「戎門」をくぐってすぐ左手にあった）。

享和二年（一八〇二）の「十日戎」には、その賑わいぶりを象徴するようなできごとが起こっている。

一、昼後、殊之外、参拝群集、御本社大鈴、釣金すり切れ、階檀江落候処、折節、怪我人者無之候得共、七、八才斗小児之頭江かすり落候迄ニ而無恙候得共、最初不存儀故、人々小児之頭打割候抔と噪動致候故、早速寄合、得と相糺し候処、右の通也、早速右小児親元江人遣し候所、追而罷来召連帰、無事相済候事(5)

この日、ことのほか多くの群参があり、本殿の大鈴（本坪鈴）を吊るす釣金が擦り切れて落ちたという。十日戎には、当然ながら蛭児尊遷殿とあわせて本殿への参拝も行われていた。この落ちた鈴が子どもの頭にあたって割れたというデマが流れ、「噪動」（騒動）になったのだ。この大鈴は、寛政九年（一七九七）一〇月に「天神講」が奉納したものだから、(6)わずか五年後に釣金が擦り切れたことになる。当時の同宮の賑わいぶりがうかがえる。

そして、このような十日戎の群参の一因となったのが「神酒笑姿」であった。大鈴が落ちたのとほぼ同時代、寛政一〇年（一七九八）刊行の『摂津名所図会』に次の記載がある。

蛭子祠は菅神真筆の像を安ず、神酒を供ずれば御顔紅葉したまふ、かかるがゆゑに神酒笑姿とも称す、正月十日群参す(7)

大阪天満宮の「蛭子祠」（蛭子尊遷殿）に、菅原道真の真筆と伝える「えびす」の画像が掛けられ、神酒をお供えすれば画像の顔が紅葉したという。お酒に酔った体になる「神酒笑姿」の不思議が評判になったのだ。

なお、「えびす＝えみす」を「笑姿」と表記する例は、大阪天満宮だけではない。『摂津名所図会』の住吉大社の項に「市笑姿神祠　王盛社のうしろにあり、祭神事代主命」、「蛭子松」の項に「笑姿祠　松の傍にあり、この神祠により初めこの地を蛭子島といふ」、「圓御霊社」に「笑姿祠」などとみえる。(8)また『都林泉名勝図会』も建仁寺門前の「蛭児祠」の祭礼を「十日笑姿祭」と記す。さらには、ともに「日本最古の戎宮」を称する石津太神社（堺市西区）には「日本笑姿初　泉州石津太略記」が伝わり、石津神社（堺市堺区）には「日本笑姿初　石津神社」の石碑が建つ。エビスの表記は「戎」のほかにも「蛭子」「蛭児」「恵比寿」「恵比須」などがみられるが、「笑姿」もかつては周知の表記だったようだ。

二　平賀源内の「神酒天神」

神酒を供えると赤面する赤くなる画像といえば、平賀源内が考案した「神酒天神」が思い浮かぶ。源内の故郷である香川県さぬき市には「平賀源内記念館」があり、一二歳の源内が制作したと伝える画像「お神酒天神」が展示されている（図1）。江戸東京博物館の特別展『平賀源内展』の図録から、その解説を引用しておこう。

お神酒天神　伝 平賀源内

源内が一二歳のとき作ったといわれている軸物仕立てのからくり。だれかが、この天神像の前にお神酒を供えて手を合わすと、わずかな隙に裏で糸を引く。すると、裏側の赤い紙が引き上げられ、薄くしている天神の顔の部分に来て透けて見え、まるでお神酒を飲んだように、天神の顔に赤味がさすという仕掛けになっている。(9)

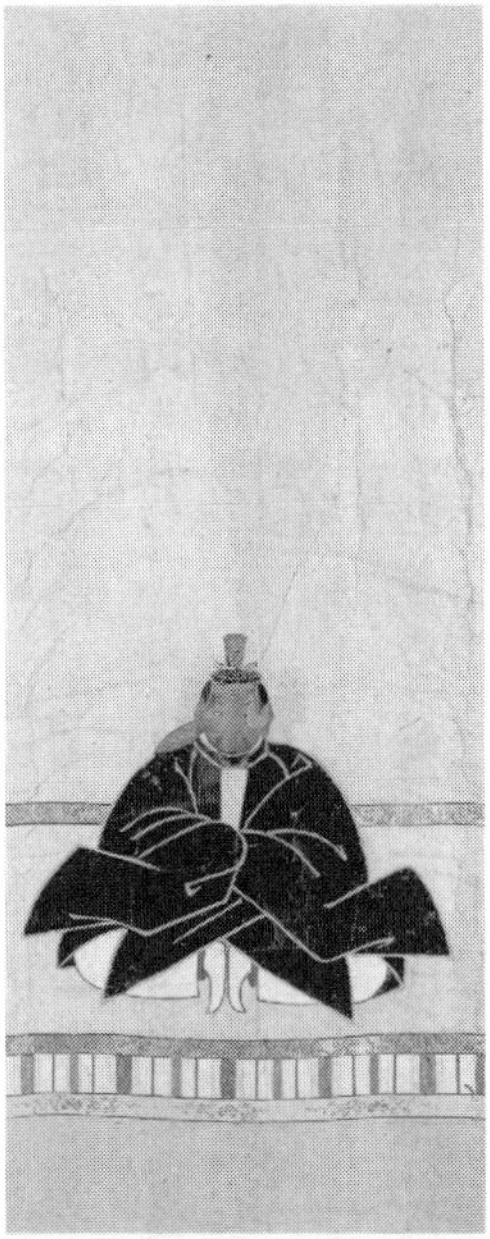

図1　平賀源内「お神酒天神」
（平賀源内記念館蔵）

客人がこの画像の前にお神酒をお供えするために目線を下げるときを見計らって赤い紙に結ばれた糸を引き、顔を赤く染めるカラクリだった。のちに発明家として名をなす源内らしい工夫といえよう。

ところが、この源内のカラクリ画像のほかにも、「神酒天神」の伝承は各地に伝わり、管見でも次の五例が確認できる。

①福島天満宮（大阪市福島区）の「神酒天神」の伝承は平安中期にまでさかのぼる。

一条天皇の正暦四年十月十九日、勅使散位為理卿筑紫に赴かれる時、風待ちのいとまに祭神を菅公と聞かれて神酒を神前に献じ御拝せられし処、神霊感応せられて御尊顔自ら紅を顕し給うたと伝えられ、此の故に「神酒天神」とも称し崇められた。(10)

道真の玄孫にあたる菅原為理が、太宰府への船路の風待ちの間に福島天満宮に参拝し、神酒を神前に献じたところ、天神画像の顔が紅に染まったと伝える。道真に「正一位・左大臣」を追贈する勅使として、為理が太宰府に派遣された史実を踏まえた伝承である。

②大生郷天満宮（茨城県常総市）には、室町末期から江戸初期の作とされる「怒り天神像」が所蔵され、「絹本著色　神酒天神画」の名称で県指定の文化財となっている。

③大照院（茨城県境町）には、室町・江戸時代の「綱敷天神像」が伝えられる。「菅原道真の画像」の名で町文化財に指定されているが、やはり、「御神酒天神」の伝説をもつ。

④東光院（名古屋市南区）に所蔵される天神画像は、豊臣秀次の岳父であった星崎城主・山口重勝の遺品と伝えるが、いつのころからか「神酒天神」の伝承が付与され、「出世お神酒天神」と呼ばれるようになった。

⑤綱敷天満宮（福岡県築上町）の「紙本着色怒天神像」は、江戸時代の作で、県の有形民俗文化財に指定されているが、やはり「神酒天神」の伝承をもつ。

このように、各地に「神酒天神」の伝承がみられるが、たとえば②の画像が室町末期にさかのぼるとしても、その当初から「神酒天神」伝承が付与されていたというわけではない。ほかの伝承も同様である。そのため、ここに例示した伝承が、源内の「お神酒天神」の影響を受けたものなのか、反対に、これらの伝承をヒントに、源内が画像のカラクリを考案したのかは判断に迷うところである。

三　渡辺吉賢と平賀源内

しかしながら、大阪天満宮の「神酒笑姿」については、平賀源内（一七二八～一七七九）の「神酒天神」をヒントにしたと推測される状況証拠がある。それは、大阪天満宮の社家であった渡辺吉賢（一七〇三～?）と平賀源内との交流である。[11]

渡辺吉賢は、幕末大坂の著名人名簿ともいうべき、安政二年（一八五五）版『浪華郷友録』の「聞人」（有名人）の項に次のように記されている。

渡部主税　菅原吉賢　号無棄斎、影馴亭、又花鈴、以好事聞[12]

「無棄斎」「影馴亭」「花鈴」を号した吉賢は、「好事」をもって聞こえた存在だった。三都の名物を記した安永六年（一七七七）の『富貴地座位』には、吉賢を次のように紹介している。

渡邊氏の異物あつめなんど、又は蒹葭堂の唐好もともに同うして、萬物に事をかゝずありなんとも（下略）[13]

当時の吉賢は、木村蒹葭堂（一七三六～一八〇二）に並ぶほどの好事家として知られた存在だったのだ。蒹葭堂の日記には、吉賢の子・吉豊（信濃）との交流の様子も散見できる。[14] しかし、その後の吉賢の知名度は決して高くはない。たとえば、大正一五年（一九二六）『増訂　国書解題』は、吉賢の収集した「無棄斎地図目録」を立項するが、吉賢自身についてはすげない。

無棄斎地図目録　写本三巻　無棄斎

日本の各国及び其の国々の名所旧蹟を図せる目録なり。著者無棄斎のことは詳ならず[15]

吉賢が収集した地図は「無棄斎地図目録」三巻に編まれるほどに数多く、現在そのうちの五四点が大阪歴史博物館蔵「奥田コレクション」に収められている。[16]『国書解題』には「詳ならず」と記された吉賢ではあるが、近年は有坂道子氏や上杉和央氏らによって注目されている。有坂氏は、蒹葭堂の「大坂における友人」の項に、渡辺吉賢（主税）・吉豊（信濃）父子を第一にあげ、[17]上杉氏は、一八世紀における吉賢を中心とした「図を好む」人びとのネットワークを考証している。[18]結果、地図考証家として知られた森幸安（一七〇一～?）や『古事記伝』の本居宣長らに吉賢が地図を提供していたことも明らかになっている。

しかし、上杉氏が吉賢について「地図のみを収集するような性向ではなく、貝類を中心として、植物、鉱物、菌類と多種多様な範囲に関心を広げ、収集を行っていた人物」[19]と評するように、吉賢の真骨頂は幅広い「異物あつめ」にあった。

以下では、小論の関心に引きつけて、吉賢と平賀源内の交流に焦点を当てる。宝暦一〇年（一七六〇）、源内は高松藩主松平頼恭（一七一一～七一）の命によって相模や紀伊で貝を収集したが、その同定のために『五百介図』を必要としていた。『五百介図』は、京都の商人・吉文字屋浄貞が禁裏に献上した五〇〇種ばかりの貝の図譜である。吉賢がその写本を所蔵していることを知った源内は、同年六月に天満の社家町に吉賢を訪ねて写本を写させてもらっている。のち源内は、明和元年（一七六四）にその写本を考訂した『浄貞五百介図』の稿本をまとめたが、その自序には吉賢を訪ねたときの様子が記されている。

天満神の社の神主渡邊のちから《主税》てふ人、かのふみをもたりと聞て即行てとへは、いとこのめる人にてはやくこそつたへて書置たるめれ[20]

この交流を通じて、源内は「神酒天神」のアイデアを吉賢に披露したのではないだろうか。吉賢の住む社家町は大阪天満宮に隣接するから、源内が同宮を参拝しないわけがない。ならば、吉賢との歓談中に「神酒天神」の話題が出ないと考えるほうが不自然である。「神酒笑姿」の発案者は吉賢とみて大過なかろう。

四　吉賢神主古暦頂戴帖

　では吉賢は、天満宮の主祭神である天神ではなく、なぜヱビスに赤面の噂を付与したのだろうか。実は、吉賢にはヱビスに特別な思い入れがあった。それは大阪天満宮の御文庫に収められた『吉賢神主古暦頂戴帖』によってうかがうことができる。[21] この立派な装丁の折本は、宝暦三年（一七五三）の宵戎に、吉賢が蛭児尊遷殿で古い暦をみつけたことを祝うものである。同帖の冒頭に、次の説明がある。

　　宝暦三癸酉年正月九日
　天満宮境内恵美須社の祝部主税吉賢昇殿之序於階下
　　寛文二壬寅年之古暦　至宝暦三年九十二年ニ成　巻頭在
　恵美須神形吉賢謹頂戴納家蔵
　　　　　　菅原吉賢（印）（印文、無棄斎）（印）（印文、菅原吉賢）

　この日、蛭児尊遷殿に昇殿しようとした吉賢は、階段の下に寛文二年（一六六二）の古暦をみつけた。その巻頭に「恵美須神形」が描かれていたことに、吉賢はなぜか大喜びし、この古暦を頂戴している。また、周囲の人びとも祝福の戎歌を寄せている。このときの自他の歌を貼り交ぜ、御文庫に収めたのが『吉賢神主古暦頂戴帖』なのである。もちろん、問題の古暦も貼られている。
　この古暦は、伊勢国飯高郡丹生の賀茂杉太夫が発行したもので、当時としては特別に珍しいものではない。その巻頭に「伊勢飯高郡にう加茂杦太夫」とあり、その行頭に「戎像」、行末に「大黒像」をあしらうが、二像ともに、わずか一五㎜×一〇㎜程度の小さなイラストであり（図2）、なぜに大騒ぎして立派な折本に仕立て、御文庫に奉納したのか、私には解らない。九二年も昔の暦だからなのか、「異物あつめ」ゆえの独特の感性が働いたのだろうか。同帖の紹介を兼ねて、その喜びぶりをみておこう。

孟春初春九日夕　渡辺氏
恵美須の神影おはし候
めてたきものを得給ひ
日々御栄らん御事を　祝し奉りて　　道春

若恵美須　いともかしこき　つりはりに
得たりめてたい　祝ふ初はる　　花鈴（印文、花鈴）（印）

釣はりも　まからしと　思ふ心にて
ありかたいのハ　かゝる御影ぞ

夷の絵を書し暦をひろふとて　人々の諸歌有に我もよめる
れきせんに　ひろふハ神よし　神の名の
ひることもなき　ひとの重宝　　栗里（カ）
花鈴

お狂歌の　程蒔よしや　さつそくに
さひらきみるも　れきせんの徳（印文、影馴亭之印）（印）

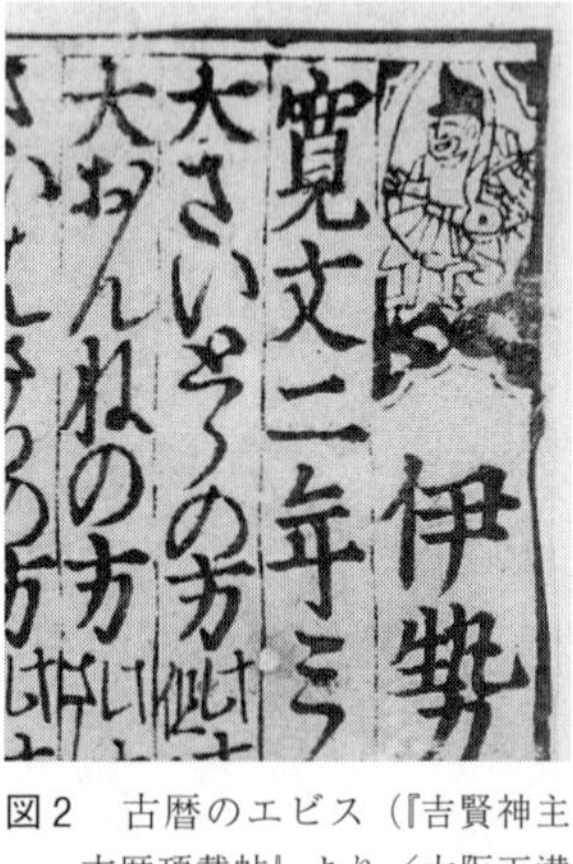

図2　古暦のエビス（『吉賢神主古暦頂載帖』より／大阪天満宮蔵）

恵比須の御絵影添し古き暦を
初春九日に御落手と聞しも誠に
神慮に厚く御かないと賀して
百歳に　ちかき暦を　御恵比須ハ
さてもめて鯛　事を□かな

野暮子

めてたいと　祝ひ玉ハる　わか恵美須
かしこくかしこ　よみし事しろ
（印）（印文、影馴亭之印）

吉賢が大喜びし、周囲から祝福されてから三年、吉賢は源内の訪問を受け、「神酒天神」のアイデアを聞いた。そこで、みずからに思い入れのあるヱビスにその伝承を付与して、その噂を広めたのではなかろうか。もちろん古暦に書かれた小さなイラストのヱビスでは無理があるため、別のヱビス画像を素材にしたのである。このとき、源内のカラクリを真似るのではなく、赤面するという噂だけを広めたのだろう。先に紹介した①～⑤の画像と同じである。その後、数年をかけて噂は評判となり、先述の寛政一〇年（一七九八）『摂津名所図会』に「正月十日群参す」と記載されるのである。この推測に年代的な無理はないだろう。

しかし、『摂津名所図会』は刊行直後に天満宮の異議により改版され、それにともない「神酒笑姿」の記載は削除されている。この『図会』の改版にともなう加筆や削除はすべて天満宮の指示によったことは以前に明らかにしたことがある。(22)「神酒笑姿」の削除も、天満宮の意向にそったものと考えていい。

では、天満宮は、なぜ人気の「神酒笑姿」の記載を削除させたのだろうか。私は、安永八年（一七七九）に源内が誤って人を殺傷し、のち獄死したためではないかと考えている。当時、関係者のあいだでは、「神酒笑姿」が源内のアイデアで、それを吉賢が借用したことは周知だったのだろう。そのために、公儀への遠慮から『図会』に明記されることを自粛したのではなかったか。

おわりに

以上、大阪天満宮の「神酒笑姿」が平賀源内の「神酒天神」にヒントを得た渡辺吉賢がその噂を広めたこと、しかし、のちに源内が獄死したため、大阪天満宮はその噂の流布に歯止めをかけたことを明らかにした。肝心な部分は、推論に推論を重ねることになったが、大筋は大過ないと考えている。

「神酒笑姿」は、当時の好事家たちのネットワークから生まれたスピンオフだった。平成二〇年（二〇〇八）一月、大阪天満宮は「天満天神えびす祭」を復興し、その翌年には、福笹につける吉兆（縁起物）として、絵馬型の《御神酒笑姿》を準備した。また、戎門の前には「戎門の由来」の碑を建てた。かつて「神酒笑姿」が群参を招いた時代から、二〇〇余年後のことである。

（1）延宝八年の「摂州西成郡南中島惣社天満宮略御縁起」には、本殿に祀る五柱として、「天満大自在天神」のほかに「法性坊尊意・手力雄命・猿田彦大神・蛭児尊」が明記されている。
（2）砭泉老人『繁花風土記』文化一一年（一八一四）正月九日条（『大阪経済史料集成』一一、大阪商工会議所、一九七七年）。
（3）前掲註（2）『繁花風土記』文化一一年（一八一四）正月二五日条。
（4）『日記　寛政九年龍次丁巳春正月吉辰』（阪大滋岡家文書）寛政九年（一七九七）一〇月二〇日条。

（5）『日録』（大阪天満宮蔵）享和二年（一八〇二）一月一〇日条。
（6）『日記　寛政九年龍次丁巳春正月吉辰』（阪大滋岡家文書）寛政九年（一七九七）一〇月二〇日条。
（7）『摂津名所図会（初版）』巻之四「天満天神宮」の項。
（8）『摂津名所図会』巻之一「住吉大社」の項。巻之三「蛭子松」の項、巻之四「圓御霊社」の項。
（9）図録『平賀源内展』（東京新聞、二〇〇三年）。
（10）福島天満宮社務所『福島天満宮略記』。
（11）「社家」とは世襲の神職家を言い、大阪天満宮では、境内東北の「社家町」に一〇家の社家が軒を連ねていた。この社家のうち、渡辺氏は「祝部」であった。一般的には「神主（現在の宮司）―禰宜―祝部」の職位だったが、大阪天満宮では、祝部の寺井氏と渡辺氏が、神主の滋岡氏に次ぎ、他の禰宜の上位にあった。
（12）安政二年版「浪華郷友録」（『近世人名録集成』一、勉誠社、一九七六年）。
（13）悪茶利道人『富貴地座位』下巻（『徳川文芸類聚』一二、国書刊行会、一九八七年）。
（14）『完本　蒹葭堂日記』（藝華書院、二〇〇九年）。なお大阪天満宮御文庫に「蒹葭堂蔵書印」が捺された『余氏日纂』を所蔵するが、これは吉賢との交流による所蔵ではなく、元治元年（一八六四）九月に「大阪書林北久太郎町四丁目　河内屋正斎」が奉納したものである。
（15）『増訂　国書解題』（六合館、一九二六年）。
（16）大阪市立博物館編『館蔵資料集一七　奥田コレクション――地図・絵図――』（大阪市立博物館、一九九〇年）
（17）有坂道子「木村蒹葭堂の交遊――大阪・京都の友人たち――」（『大阪の歴史』四六、一九九五年）。
（18）上杉和央「18世紀における地図収集のネットワーク――大坂天満宮祝部渡辺吉賢を中心に――」（『地理学評論』八〇―一三、二〇〇七年一一月）。のち、上杉『江戸知識人と地図』（京都大学学術出版会、二〇一〇年）に収録。
（19）前掲註(18)上杉『江戸知識人と地図』二四九頁。
（20）『平賀源内全集』全二巻（名著刊行会、一九三二年）。ここに、吉賢を「神主」とするのは正確ではない。当時の「神主」は現在の「宮司」にあたるが、このとき主税は「祝部」であって「神主」ではない。ついでながら、現在、使用される「神主」は「神職」の俗称である。

（21）『吉賢神主古暦頂戴帖』（『大阪天満宮御文庫国書分類目録』別三―三）。
大阪天満宮は吉賢にかかわる史料として、ほかに「菅神詠瑠璃之壺」（『大阪天満宮御文庫国書分類目録』三―一）を御文庫に収めている。道真に仮託した和歌百首の写本で、次の奥書がある。

或人の蔵書を以て写畢
于時享保十二龍次丁未十二月五日　菅原旭長
享保第十七壬子年夘月十九日写之　菅原吉賢（印）

（22）拙稿「『摂津名所図会』改版一件――寛政期の大阪天満宮と朝廷権威――」（『大阪の歴史』四一、一九九四年三月）。

〔付記〕『吉賢神主古暦頂戴帖』から吉賢の印影を引用しておく。

無棄斎

菅原吉賢

影馴亭

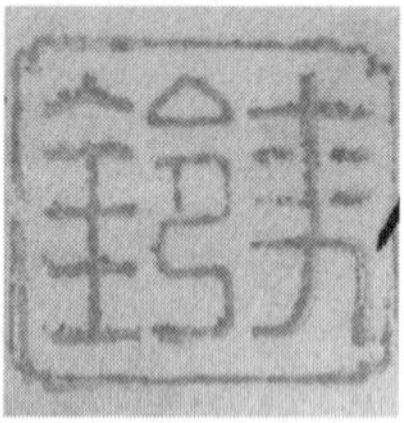
花鈴

北斗七星と九曜星をともなう江戸時代の妙見画像の一例——誤謬解釈を越えて——

松浦　清

はじめに

平安時代に盛んに制作された星曼荼羅は、鎌倉時代以降も篤い信仰に支えられて引き続き制作されている。しかし、時代の変化とともに信仰の内容は徐々に変質し、江戸時代ともなると信仰の形骸化が進むと考えられるためか、この頃に制作された星曼荼羅を考察の対象とする研究はほとんど認められない。(1)

個人蔵本の星曼荼羅（以下、甲本と呼ぶ／図1）は江戸時代の制作とみられる方形式の作例で、(2)木版印刷されたものを下絵として用いており、その上から彩色を施して仕上げている。この下絵として用いられた木版印刷の作品をそのまま表装したものが個人蔵本の星曼荼羅（以下、乙本と呼ぶ／図2）である。(3)乙本には甲本が賦彩によって覆い隠した星宿名が明記されており、当時の星宿理解をうかがわせるため貴重である。

ここで興味深いのは、乙本の二十八宿の名称についての誤謬である。乙本の二十八宿は方形式の通例にしたがって第三院、すなわち内側から三番目の帯状の枠内に描かれている。四隅を避けて四方を明確化するという本来の配置法への意識は失われているが、図像をみる限り、向かって右側を東方として反時計回りに東↓北↓西↓南

図1　「星曼荼羅」甲本　（個人蔵）

図2　「星曼荼羅」乙本　（個人蔵）

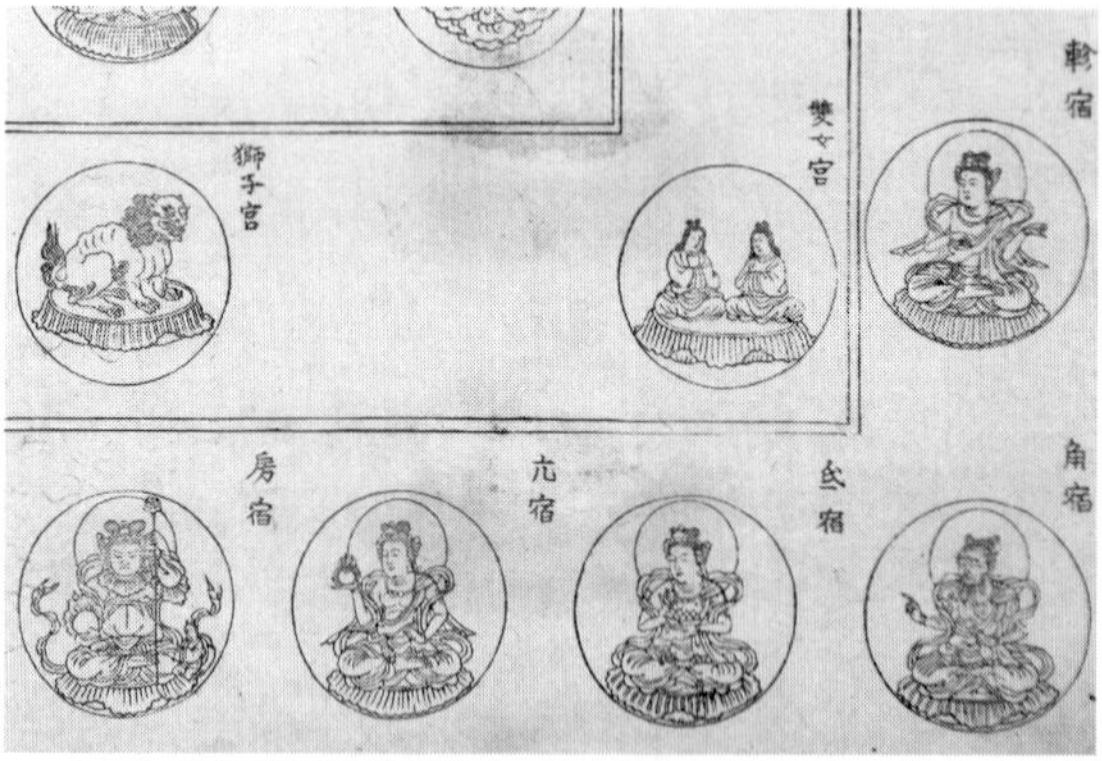

図3　「星曼荼羅」乙本、部分　（個人蔵）

と連続する配置法を採用している。この配置法は方形式に一般に認められるもので、図像も「護摩炉壇様」[4]に記載されたものに近い。

しかし、各尊像に添えられた漢字の名称（図3）は、画面の右下の隅を角宿とし、時計回りに下辺に角↓氐↓亢↓房↓心↓尾↓箕の七宿、左辺に斗↓牛↓女↓虚↓危↓室↓壁の七宿、上辺に奎↓婁↓胃↓昴↓畢↓觜↓参の七宿、右辺に井↓鬼↓柳↓星↓張↓翼↓軫の七宿としている。この配置は本来の配置を逆回りさせたものであり、さらに、角宿の次に配される氐宿と、その次に配される亢宿は、漢字表記が入れ違っている。二十八宿は恒星であるから、その列次は不変であり、本来は、角↓亢↓氐の順番でなければならない。つまり、この二十八宿の漢字表記は「氐宿」を「亢宿」に、また、「亢宿」を「氐宿」に修正する必要がある。この名称の誤りは、特殊な信仰による意図的なものではなく、おそらく星宿に対する知識の不足や無理解が原因であると推測される。

ここにとりあげる絵画作品（図4）[5]も同様の誤謬を抱えた作品である。特殊な画面構成で描かれており、その信仰背景に興味を引かれるが、画面構成の典拠と名称誤謬の原因および制作年代について、ある程度特定することができる。江戸時代の星宿絵画を考えるさいに重要であるため、以下、紹介することにしたい。

一　画面構成の概要

この作品（以下、本図と呼ぶ）では、画絹を上中下段の三段につないだ縦長の画面が用いられており[6]、多くの尊像が漢字墨書とともに描かれている。損傷の少ない堅牢で稠密な経緯の織組織は、室町時代にしばしばみられる弛緩した粗荒な画絹とは異なる均質性をもち、一見して近世の画絹と判断される。その画絹に描かれた尊像も古様の仏画に認められる伝統的な表現とは異なり、簡略な墨線と平板な賦彩によって描かれている。本図が江戸時代の制作であることは明らかである。

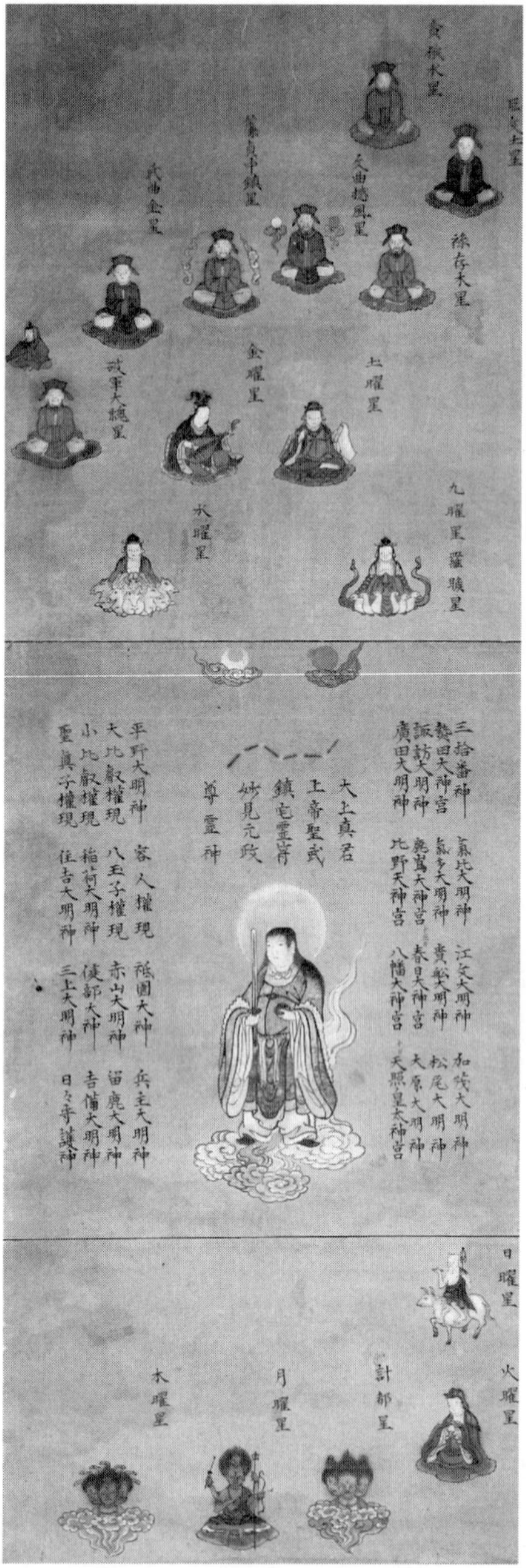

貪狼木星
祿存木星
武曲金星
土曜星
金曜星
水曜星
九曜星
羅睺星
大上真君
上帝聖武
尊霊神
三拾番神
熱田大神宮
諏訪大明神
廣田大明神
北野天神宮
江文大明神
春日大神宮
八幡大神宮
加茂大明神
松尾大明神
大原大明神
天照皇太神宮
平野大明神
客人権現
八王子権現
稲荷大明神
住吉大明神
祇園大神
赤山大明神
三上大明神
兵主大明神
吉備大明神
日曜星
火曜星
計都星
月曜星
木曜星

図４　「妙見菩薩像」（個人蔵）

画絹中段の尊像（図5）は総髪で、右手に宝剣を執り、左掌上には宝珠かと思われる持物（宝鉢あるいは薬壺のような形状のようにもみえる）を載せ、唐服を纏って雲上に立つ。衣服は、筒袖の内衣の上に青色を基調とした長袂衣を重ね、さらに同色の鰭袖の衣を着用して腰紐を結ぶという、天部にままみられる形式である。ただし、下肢は通常の裳とせずに、白色の袴で沓を履き、やや両脚を開いている。頭部には頭光をおう。

この姿は、たとえば『千葉妙見大縁起絵巻』（千葉市・栄福寺所蔵）に描かれる玄武に乗る妙見菩薩像（図6）などの表現に近く、本図の中尊を妙見菩薩像と比定して誤りない。本図の尊像上部の墨書はそれに対応したもので、「大上真君／上帝聖武／鎮宅霊符／妙見元政／尊霊神」の尊名は、妙見信仰の背景に道教の北辰信仰があることを示す表記である。五行にわたる墨書は個別にあつかっても、いずれも天の北極を神聖視した呼称のようであるが、連続した一つの名称と考えるべきであろう。この墨書の上には白点と褐色の線分をつなぐ星宿表現があり、さらに上部には雲をともなう日月を、朱色の円と三日月を横たえたような白色の弧で描いている。

妙見菩薩像の左右には相当数の墨書が書き込まれている。それらの墨書のうち右側を引用すると次のようになる（異体字は標準字体に改めた。以下同じ）。

三拾番神　気比大明神　江文大明神　加茂大明神
熱田大神宮　気多大明神　貴船大明神　松尾大明神
諏訪大明神　鹿島大神宮　春日大神宮　大原大明神
広田大明神　北野天神宮　八幡大神宮　天照皇太神宮

また、左側の墨書は次のようになる。

平野大明神　客人権現　祇園大明神　兵主大明神
大比叡権現　八王子権現　赤山大明神　苗鹿大明神

小比叡権現　稲荷大明神　建部大神　吉備大明神
聖真子権現　住吉大明神　三上大明神　日々守護神

これらは右側墨書の最初の表記が示すように、三十番神の名称を列記したものである。

三十番神は、一か月三〇日の毎日を日替わりで分担する守護神であり、『叡岳要記』によれば、延久五年（一〇七三）に比叡山楞厳院《りょうごんいん》の良正が勧請して如法堂を守護させたことに由来する[7]。一か月のうち一日を熱田大神宮、二日を諏訪大明神が担当し、三〇日の吉備大明神まで、神々が順番に分担して守護するという信仰である。ただし、ここでは普通に用いられる順序と異なり、春日大神宮と天照皇太神宮が入れ違っている。その誤りを訂正するために、春日大神宮の右肩に「十五日」、天照皇太神宮の右肩に「十日」と朱書している。

このように画面の中心部である画絹の中段には、妙見菩薩が中心に据えられ、その尊名と関連星宿の形象を示すとともに、日月および三十番神の庇護を得た様態が表現されている。

画絹上段の表現（図7）に目を転ずると、そこには十二の尊像が描かれている。

一尊を除く十一尊の傍らには墨書があって、それらはすべて星の名称であることが了解される。上部の七尊には「貪狼水星」「巨文土星」「禄存木星」「文曲摵風星」「簾貞中鎮星」「武曲金星」「破軍大醜星」[8]とあり、これらは北斗七星を意味する墨書と判断される。北斗七星は通常、柄杓形の口の部分の先端を第一星として、柄の末端の第七星までの列次を、「貪狼星」「巨門星」「禄存星」「文曲星」「廉貞星」「武曲星」「破軍星」とするが、本図の墨書は、水星などの惑星と関連させる表記となっている。この表記は『北斗七星護摩秘要儀軌』が「北斗七星者日月五星之精也」[9]と説き、北斗七星を構成する各星を日月および五惑星に結びつけることによると推測される。ただし、「摵風星」「中鎮星」「大醜星」がどの星に対応するのか不明である。

それらの図像をみると、いずれも道冠道服で荷葉座《かしょうざ》に坐し、星曼荼羅の北斗七星のなかに（御物本などの例外は

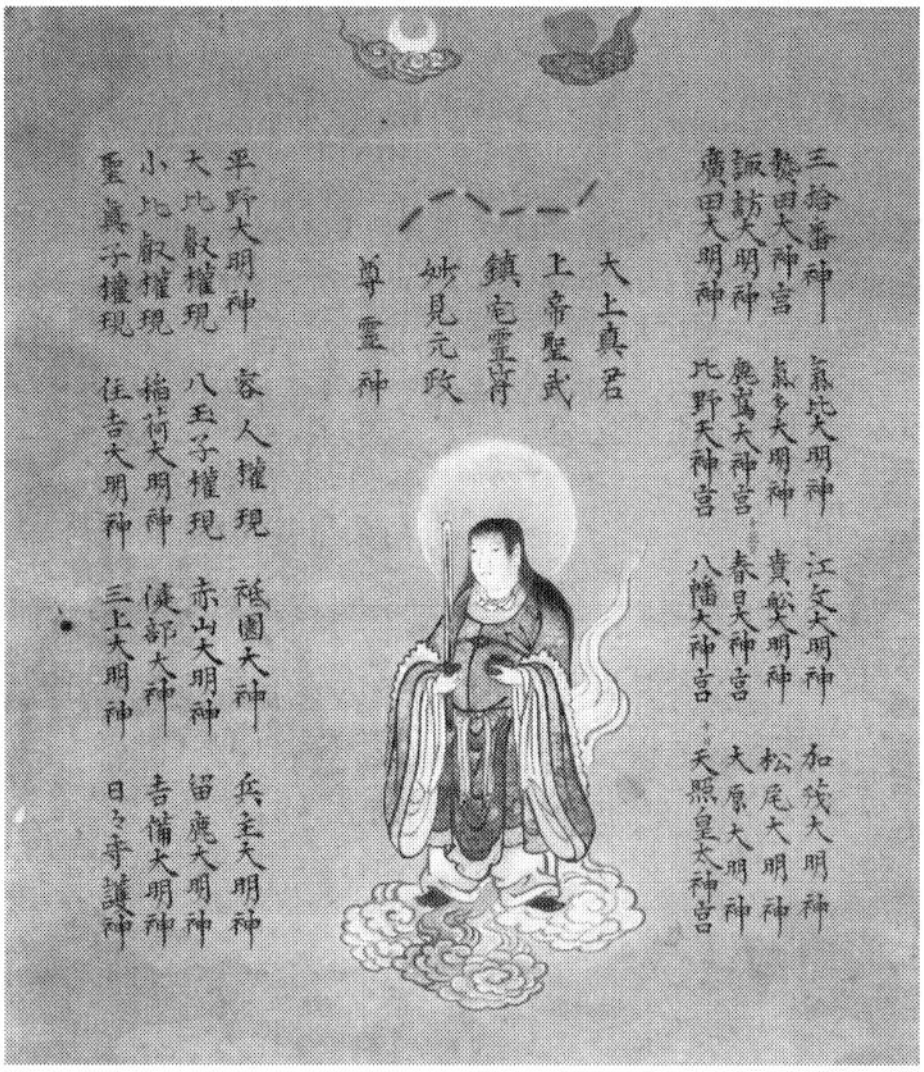

図５　「妙見菩薩像」部分、中段　(個人蔵)

図７　「妙見菩薩像」部分、上段　(個人蔵)

図６　「妙見菩薩像」
(栄福寺所蔵『千葉妙見大縁起絵巻』／『紙本著色　千葉妙見大縁起絵巻』千葉市立郷土博物館、1995年)

あるものの)、同様の表現(図8)をしばしば確認することができる。第六星(武曲星)の輔星を和装の束帯姿とするのも一般的な表現であるが、本図では第七星(破軍星)の傍らに描かれており、あたかも第七星の属星であるかのような表現となっている。その名称は墨書では明示していない。

また、ほかの四尊は「九曜星羅睺星」「土曜星」「金曜星」「水曜星」との墨書をともなっている。これらの墨書は九曜星の一部に対応するもので、やはり星曼荼羅の構成要素として描かれる尊像である(図8・9・10)。しかし、図像そのものは、それらの墨書と多くの場合、一致しない。「九曜星羅睺星」と記される尊像は、六羽の鵞鳥に乗る図像の特徴から、月(太陰)。「土曜星」と記される尊像は、右手に筆を執り左手に巻子を持つ猿冠の図像から、水星(辰星)。「金曜星」と記される尊像は、琵琶を弾く鶏冠の図像から、金星(太白)。「水曜星」と記される尊像は、五頭の馬に乗る図像から、日(太陽)。以上のように比定される。金星のみ墨書と図像が合致しており、ほかの三尊の名称は誤っている。

画絹下段の表現(図11)に目を転ずると、そこには五尊像が描かれている。いずれの尊像にも墨書が添えられており、右上から左下へ順に「日曜星」「火曜星」「計都星」「月曜星」「木曜星」と判読される。これらの墨書も九曜星の一部(図8・9・10)に対応するが、図像は多くの場合、一致しない。「日曜星」と記される尊像は、牛に跨り錫杖を執る老相の図像から、土星(鎮星)。「火曜星」と記される尊像は、華果を捧げもつ猪冠の図像から、木星(歳星)。「計都星」と記される尊像は、頭頂に蛇をともなわない三面炎髪の忿怒相が雲中より上半身を現す図像から、計都星。「月曜星」と記される尊像は、赤色四臂で弓・箭・刀・戟を執る驢冠忿怒形の図像から、火星(熒惑)。「木曜星」と記される尊像は、七匹の蛇を頭頂にみせる三面炎髪の忿怒相が雲中より上半身を現す図像から、羅睺星。以上のように比定される。計都星のみ墨書と図像が合致しており、ほかの四尊の名称は誤っている。

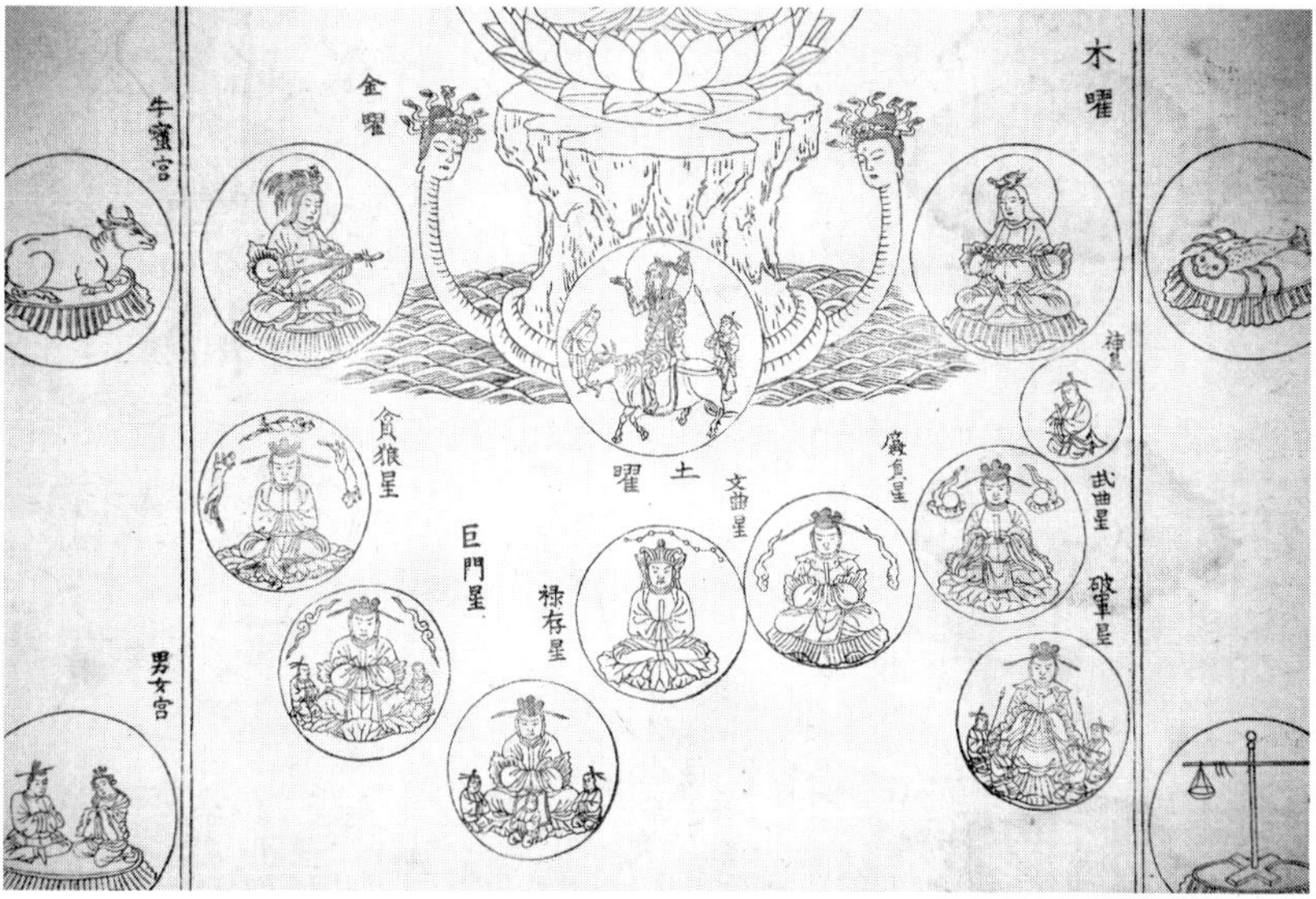

図８　「星曼荼羅」乙本、部分　（個人蔵）

図９　「星曼荼羅」乙本、部分　（個人蔵）

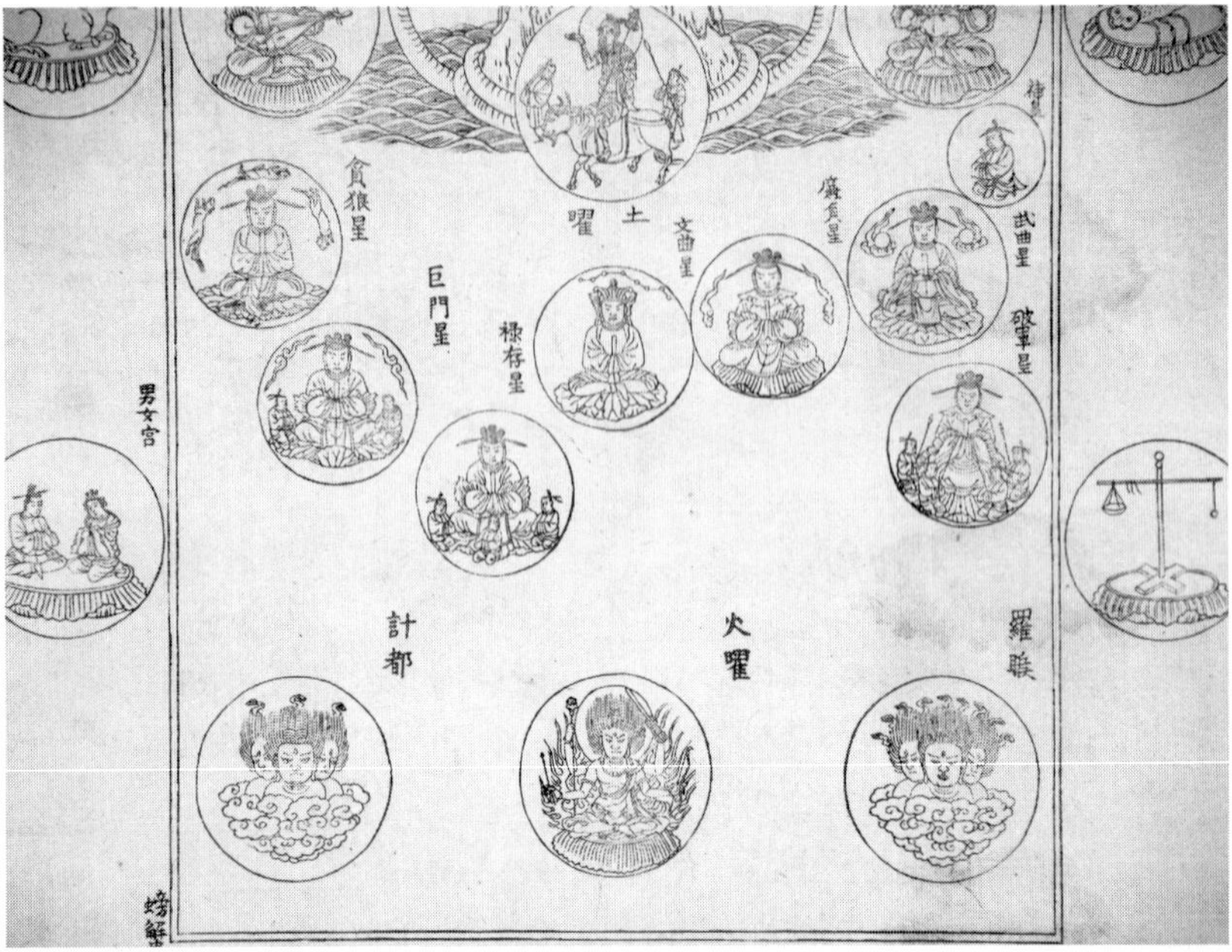

図10 「星曼荼羅」乙本、部分 （個人蔵）

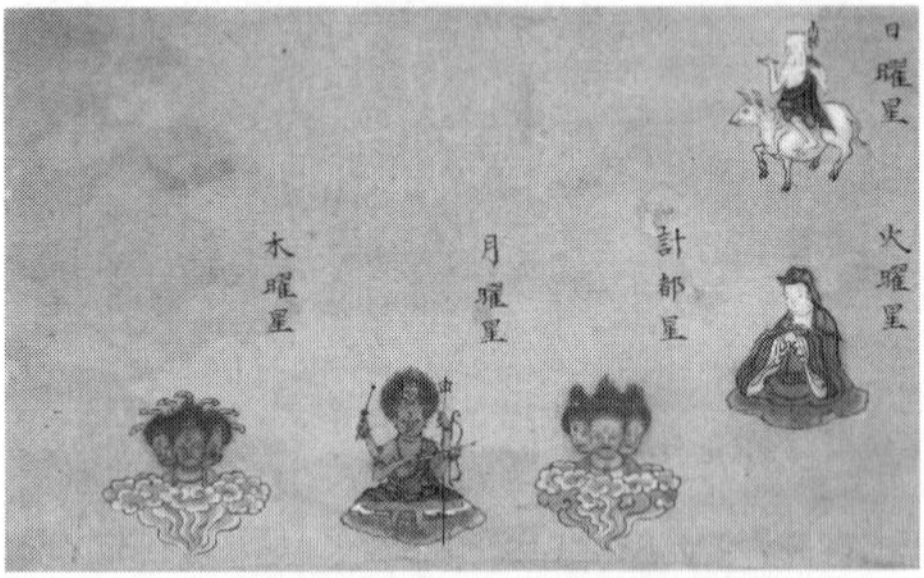

図11 「妙見菩薩像」部分、下段 （個人蔵）

以上、本図の構図を一瞥したが、全体を概括すると、およそ次のようになろう。

本図は、妙見菩薩を中尊とし、その尊名を墨書して関連する星宿の図形をかたどり、日月および三十番神の守護を明示するとともに、北斗七星と九曜星を眷属のようにしたがえる構成をとる。妙見菩薩像の作例としては珍しい構図であり、寡聞にして類例を知らない。

とくに、尊名の誤謬がはなはだしく、また、画絹中段のシンメトリカルな表現にくらべて画絹上段と下段の尊像配置が一見ランダムなバラつきをみせており、きわだった対照性を示すのは本図の特徴として指摘できる。これらはなにに由来するのだろうか。次に、この点について考えてみたい。

二　尊名の誤謬と配置形式の根拠

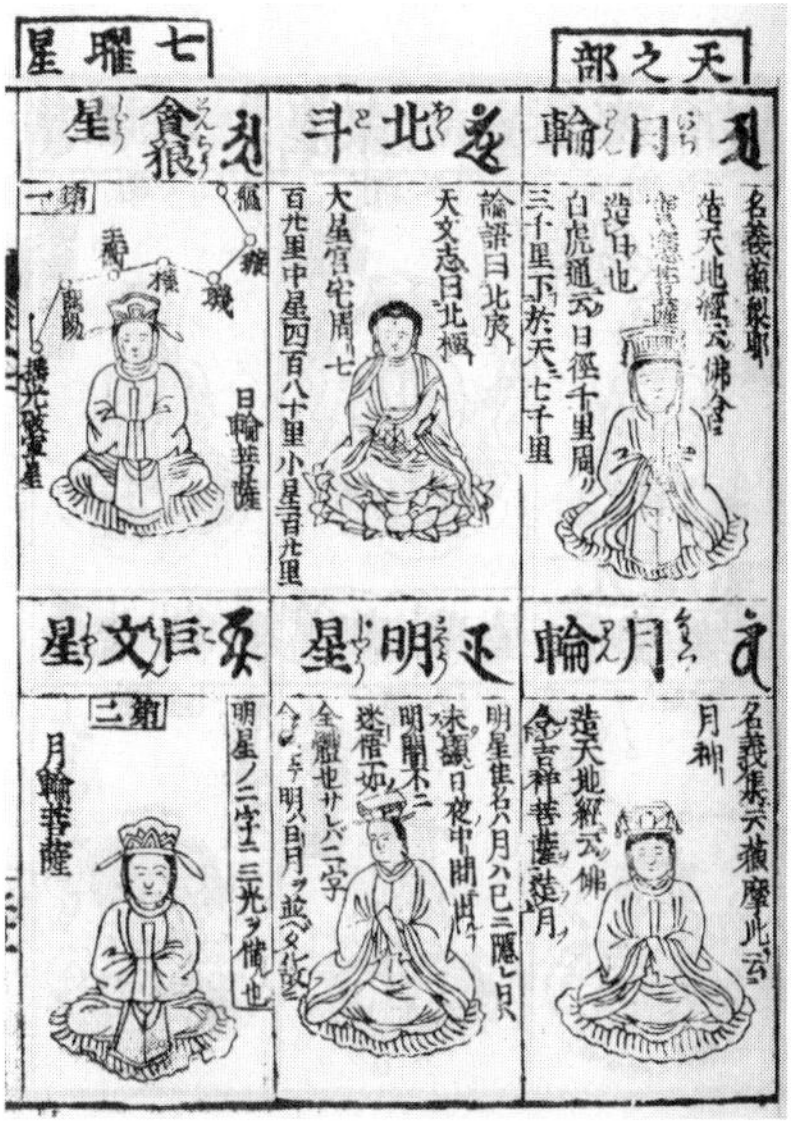

図12　仏神霊像図彙（元禄３年版）（七曜星の前半部分）
（伊藤武美編著『復刻仏神霊像図彙　仏たちの系譜』同時代社）

画絹上段の北斗七星の図像は、一部に日月や瑞雲を添えてやや変化をみせるものの、全体としてはきわめて類型的で平板な描写となっている。この形骸化した表現からは、伝統的な図像を丁寧に臨模して描かれた古様の仏画とは異なる一種の安易さが看取される。その安易さは、実は、江戸時代に刊行された『仏神霊像図彙』に掲載された簡略な図像を典拠としていることが原因である。『仏神霊像図彙』は一般向け仏像図鑑の先駆けであり、

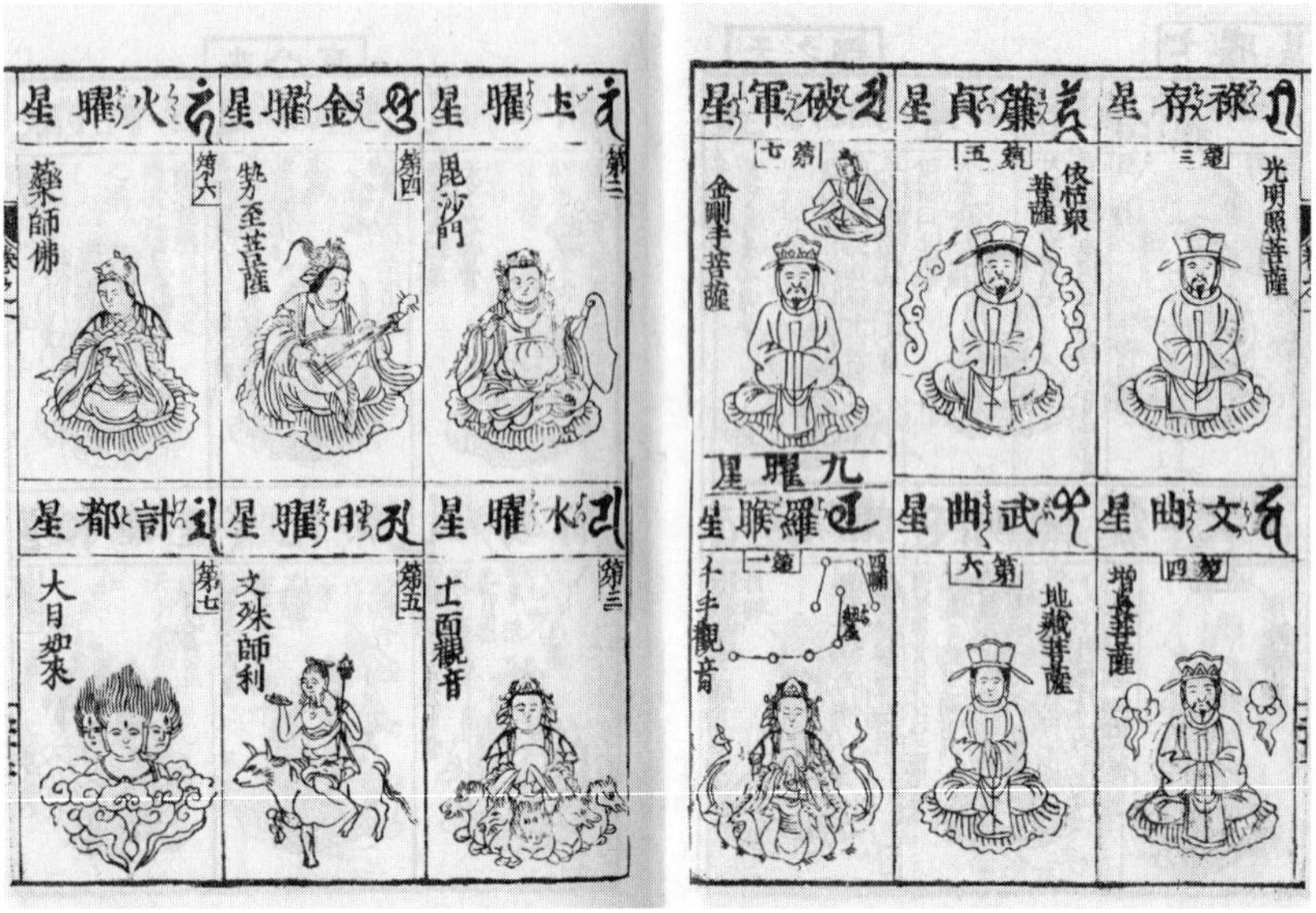

図13　仏神霊像図彙（元禄３年版）（七曜星の後半と九曜星の前半部分）
（伊藤武美編著『復刻仏神霊像図彙　仏たちの系譜』同時代社）

元禄三年（一六九〇）の序文をもつ[10]。その後、改訂増補され、『仏像図彙』として上梓された。

この『仏神霊像図彙』（巻之一）の「天之部」に、「七曜星」として「貪狼星」以下の七星の図像を掲載し、「九曜星」として「羅睺星」以下の九星の図像を掲載している（図12・13・14）。いずれも簡略な表現であるが、七曜星の道冠道服の着衣形式、拱手して笏を胸前で構える姿勢、荷葉座の台座形式のほか、各尊像のやや稚拙な運筆の特徴を含めて、本図と同様の表現である。文曲星に日月、廉貞星に瑞雲、破軍星に輔星を添える図像も共通する。九曜星の表現も、姿態・衣服・持物・描線などを含めて、図像的な特徴が本図と完全に一致する。本図の九曜星の名称の多くに誤謬が認められたのは、『仏神霊像図彙』に誤謬があって、その表記をそのまま本図が採用したことによる。

とくに、『仏神霊像図彙』の「貪狼星」と「羅睺星」には、点と線分をつないだ星宿の図形が掲載されており、注目される。それらは、それぞれ

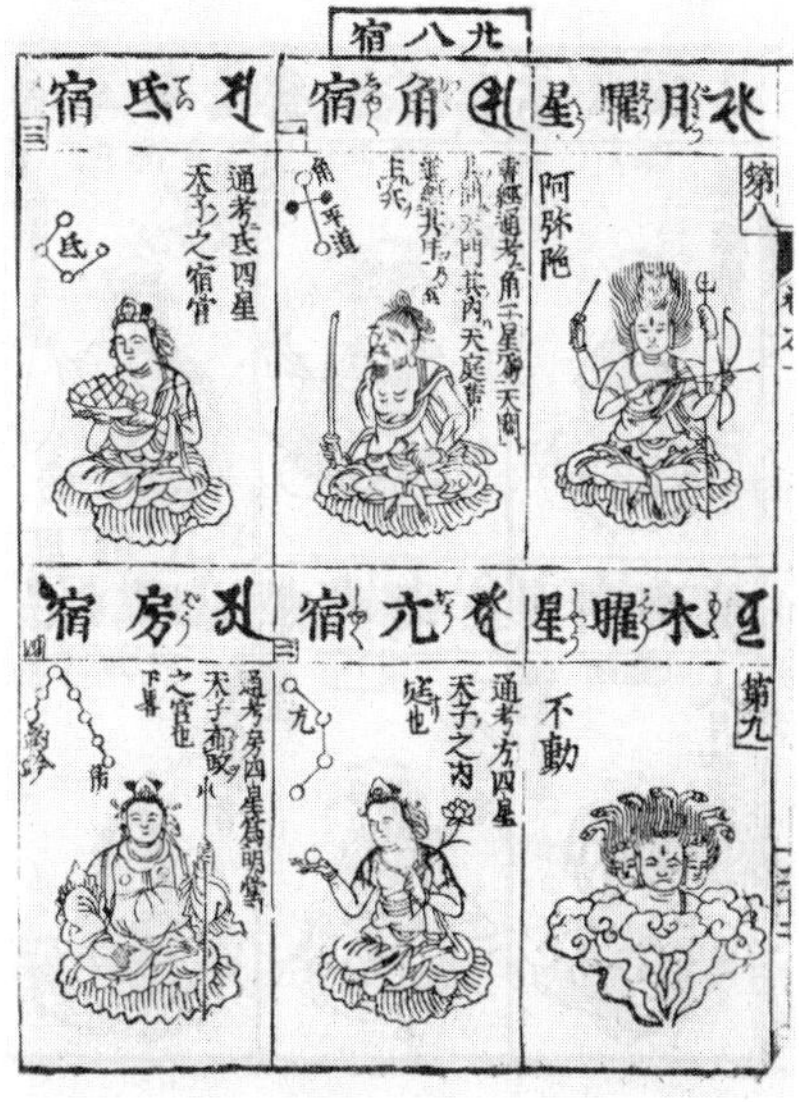

図14　仏神霊像図彙（元禄３年版）（九曜星の後半と二十八宿の前半部分）
（伊藤武美編著『復刻仏神霊像図彙　仏たちの系譜』同時代社）

七曜星と九曜星の第一星としての位置づけを踏まえての表現とみられる。「貪狼星」の図像の上部に示す星宿には、北斗七星を構成する個別の星々の名称を「枢」「璇」「璣」「権」「玉衡」「開陽」「揺光破軍星」と明記するが、「揺光破軍星」は引き続き、線分をその先の星につないでいる。その先端は○印ではなく、小さな●印としている。これは輔星の表現と考えられる。輔星は本来、第六星の「開陽」の傍らに添えるべきであるが、誤って第七星の「揺光」の傍らにおいている。この誤りは『仏神霊像図彙』では七曜星の最後の「破軍星」の図像にも踏襲されており、本図における図像の誤謬につながっている。

興味深いのは、『仏神霊像図彙』の「羅睺星」の図像の上部の表現である。そこには「貪狼星」の表現と同様に、点と線分をつないだ星宿の図形が掲示されている。その星宿には「四輔」と「紐星」との名称が付されており、九曜星の九星を四星と五星に分けた表現となっている。「四輔」と「紐星」は、本来、九曜星とは無関係の恒星の集まりである。たとえば、『和漢三才図会』の「北極紫微垣之図」（図15）には、天の北極を囲むように「四輔」を、また、北極から連続する五星を直線状に表現している。同書の「北極」の解説には「紐星」についてふれており、[11]「四輔」と「紐星」の形状（図16）を掲出している。

九曜星とは、日月と五惑星および隠星の羅睺・計都であり、恒星である太陽も含めて、伝統的に惑星のあつかいをされてきた。それらはそれぞれの公転周期が異なるため、相互の位置関係が常に変化し、点と線分をつないで九曜星としての固定的な星宿図形を形成することは、本来、まったく無意味である。つまり、『仏神霊像図彙』の「羅睺星」の図像の上部に掲げられた「四輔」と「紐星」の星宿図形を九曜星の図形とするのはまったくの誤解である。

本図に描かれた北斗七星の各構成要素、すなわち七星と輔星の画面配置は、『仏神霊像図彙』の「貪狼星」の図像の上に掲げられた図形に基づいている。その星宿図形の○印の位置に、該当する各尊像を当てはめてみれば、本図に描かれたような画面配置となる。それらはまったくの相似形である。

この相似形は、本図の九曜星の表現にもみられる。本図の九曜星を四星と五星に描き分けていたのは、『仏神

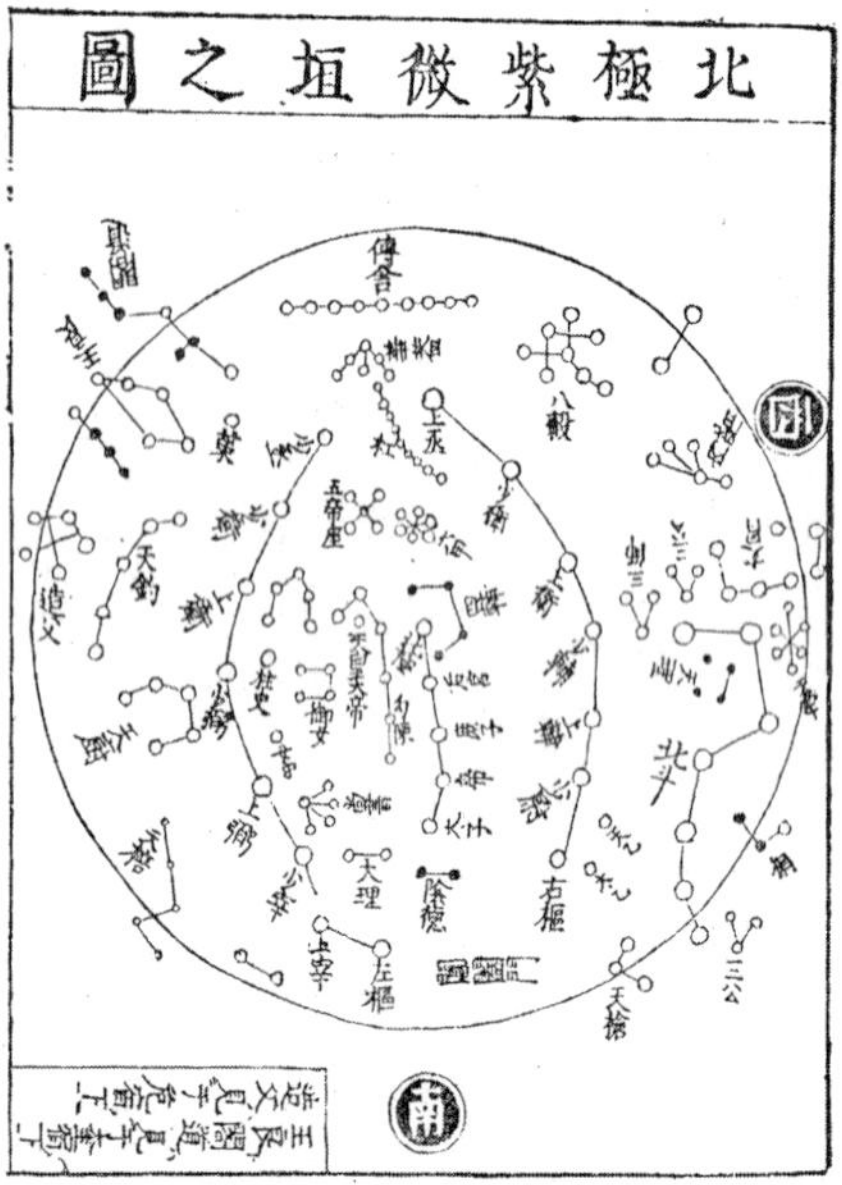

図15　北極紫微垣之図
（『和漢三才図会』東洋文庫、平凡社、1986年）

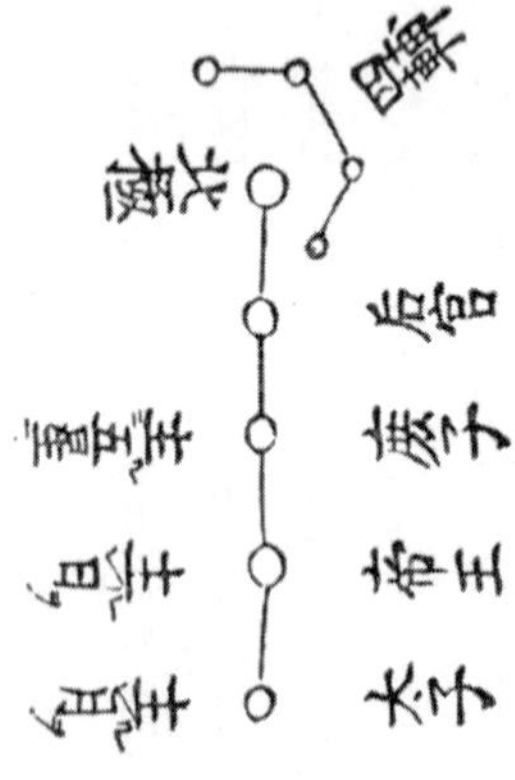

図16　北極
（『和漢三才図会』東洋文庫、平凡社）

霊像図彙』の「羅睺星」の図像の上に掲げられた図形に基づく表現である。本図の画絹上段に「九曜星羅睺星」「土曜星」「金曜星」「水曜星」との墨書をともなって描かれた四星は、『仏神霊像図彙』の「羅睺星」の図像の上に掲げられた図形のうちの「四輔」の図形に、また、本図の画絹下段に「日曜星」「火曜星」「計都星」「月曜星」「木曜星」との墨書をともなって描かれた五星は、その「紐星」の図形に基づいている。それぞれ星宿図形の○印の位置に、該当する各尊像を当てはめてみれば、本図に描かれたような画面配置となる。それらもまた、まったくの相似形である。

ここで、「四輔」と「紐星」を画絹の上段と下段とに分離させた意図であるが、本図では画絹中段の妙見菩薩を天の北極そのものとみなすことに由来すると解釈するのが妥当であろう。画面構成に関して、尊像配置が一見ランダムなバラつきをみせていたのは、実は、『仏神霊像図彙』の表記を踏襲したことが原因であった。本図の制作にさいしては、『仏神霊像図彙』が制作の種本となったのであり、伝統的な図像を丁寧に写して描かれた古様の仏画とは異なる一種の安易さの理由は、ここにあったのである。本図に描かれた各星宿画像と『仏神霊像図彙』の対応尊像の像高も、ほぼ同程度で一定しており、臨模して描かれたものと推察される。

九曜星を「四輔」と「紐星」とに対応させることは誤りであるが、中尊である妙見を天の北極と同一視する場合、妙見に対する「四輔」と「紐星」との位置関係には、既述のとおり一定の合理性がある。しかし、本図に描かれた北斗七星は、その柄杓形の口の部分を上方に向けて横たわり、天の北極としての妙見との相対的な位置関係を無視して描かれている。いうまでもなく天の北極は、北斗七星の柄杓形の口の部分を構成する第一星と第二星をつないだ延長線上にほぼ乗るように位置する。本図の北斗七星の配置は恣意的で、天空における相互の位置関係を考慮していない。

三　制作年代

本図制作の種本が『仏神霊像図彙』であったとすれば、本図の制作年代は『仏神霊像図彙』の刊行以後となる。『仏神霊像図彙』には元禄三年の序文がある。その刊行は、この直後と考えて大過ないだろう。すでに述べたように、本書はその後、改訂増補されて『仏像図彙』として上梓されている。「増補諸宗」との角書をもつ『仏像図彙』には天明三年（一七八三）の序文がある。[12] その「巻之三」の「諸天」では、これまで指摘した星宿関連の記述における誤りの多くが訂正された（図17・18・19）。とくに、九曜星の図像は全面的に変更され、星曼荼羅の構成要素としてしばしば確認できる図像と類似した表現になっている。「羅睺星」の頭部の蛇を九匹として、「計都星」の頭部の蛇を三匹とする描写なども、微細な相違ではあるが、図像としては重要な差異といえる。この改訂増補のさいの修正によって、『仏神霊像図彙』の「羅睺星」図像上部に掲げてあった「四輔」と「紐星」の星宿図形は削除された。ただし、北斗七星の輔星を破軍星に結びつける誤謬は、残念ながら訂正されなかった。

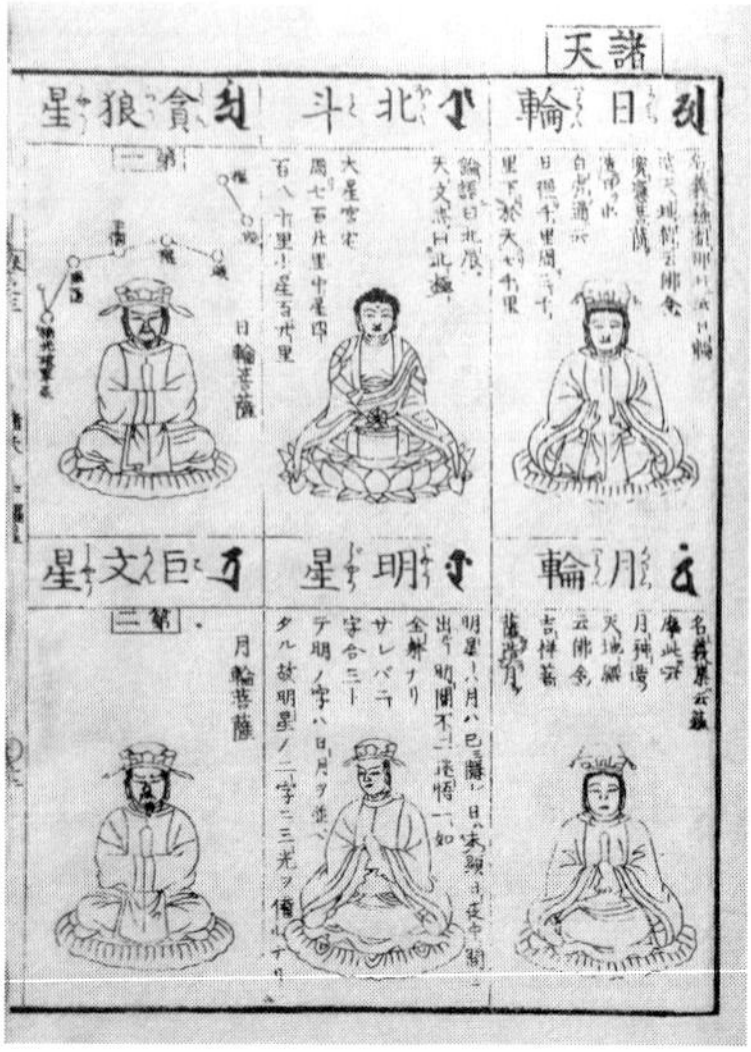

図17　『仏像図彙』（天明３年版）七曜星の前半部分（個人蔵）

星宿関連の表現にとどまらず、全体として『仏像図彙』は『仏神霊像図彙』にくらべて各図像の描写が格段に丁寧になっている。これは改訂増補にさいして新たな画工が図像を描いたためである。『仏像図彙』は天明三年の序文に続き、画工の名前を明記しており、そこには「画工　土佐将曹紀秀信謹識」との署名が認められる。土佐秀信を名乗る画家については寡聞にし

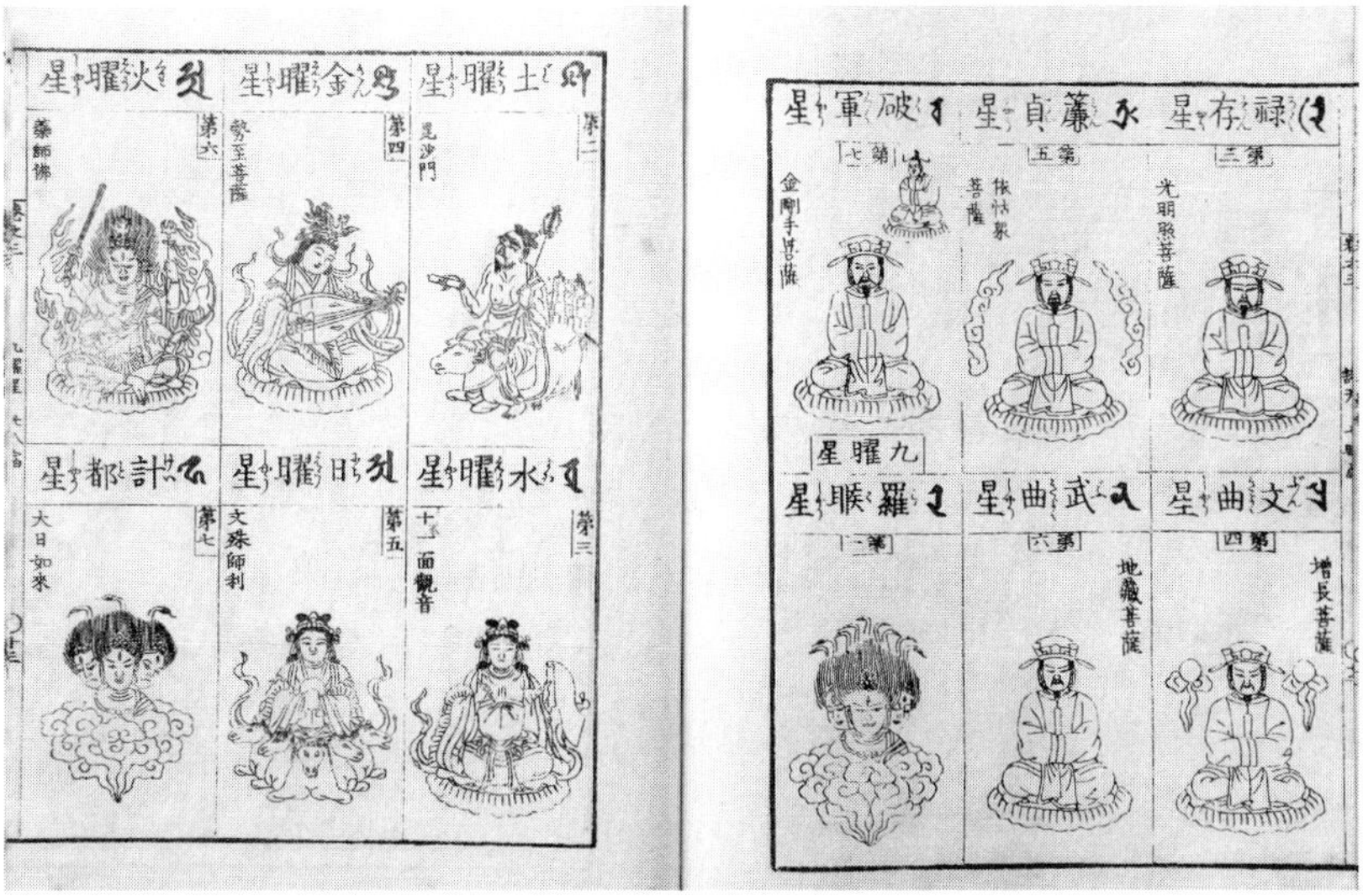

図18　『仏像図彙』（天明３年版）七曜星の後半と九曜星の前半部分（個人蔵）

て知らない。また、巻頭に「浪華土佐将曹紀秀信画図」と記すため、大阪で活躍した画家とみられるが、それ以上の情報は手元にない。

このような改訂増補による図像の変化を了解すれば、本図が改訂増補以前の『仏神霊像図彙』を引用する以上、その制作時期を天明三年の『仏像図彙』の刊行以前とみなすことは妥当と思われる。

この『仏神霊像図彙』は宝暦二年（一七五二）にも刊行されている。それは「宝暦二載申冬再校」の年紀と新たな版元の名前を奥付（図20）に記載するが、[13] 元禄三年版と同じ字体による同じ跋文をもち、「天之部」の図像表現も両者に差異はない。すなわち同じ版木による再版であると判断される。これに対して、天明三年版の『仏像図彙』に再録された元禄三年の序文ならびに跋文は、元禄三年版とほぼ同文であるが、新たな版によるものであり、字形がまったく異なる。また、宝暦二年版の『仏神霊像図彙』と天明三年版の『仏像図彙』では、図像内容が大きく異なる。

このように宝暦二年版の『仏神霊像図彙』は元禄三年

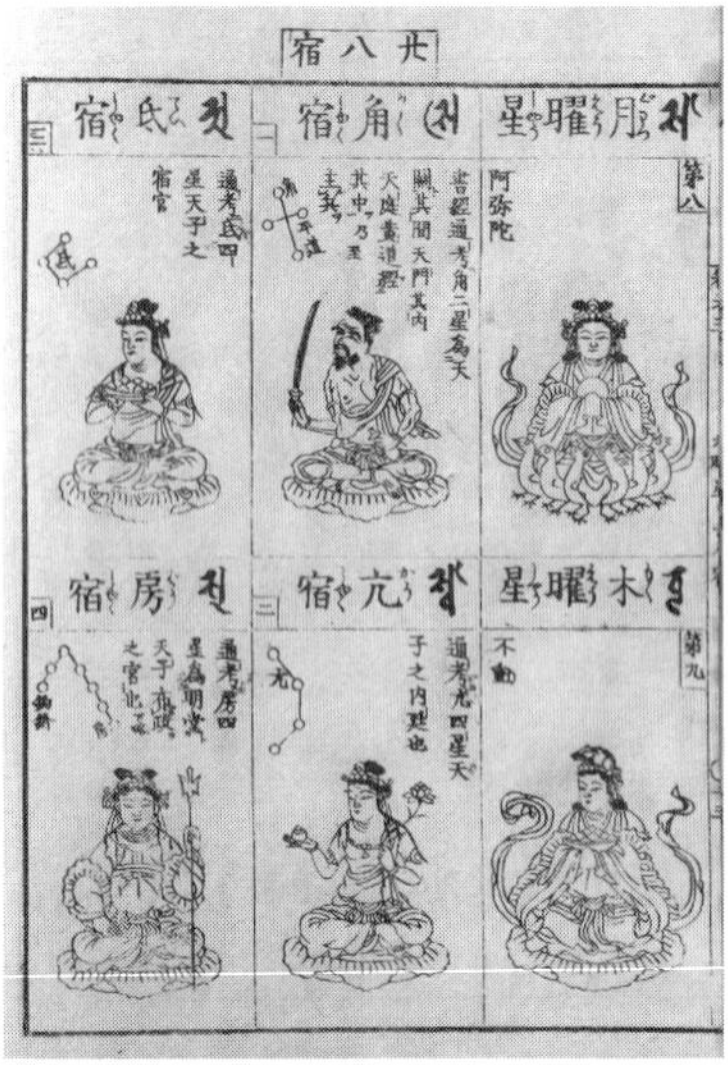

図19　『仏像図彙』（天明３年版）九曜星の後半と二十八宿の前半部分（個人蔵）

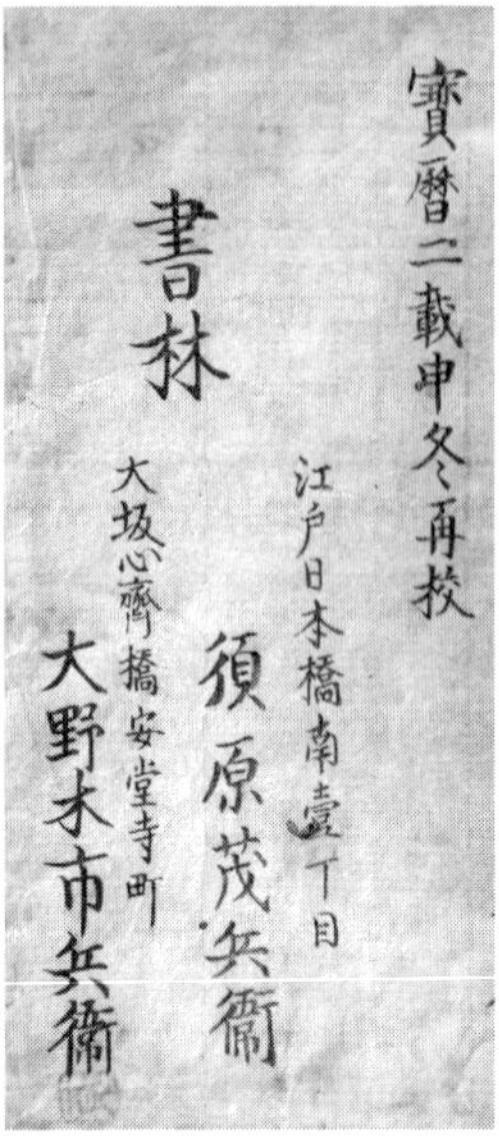

図20　『仏神霊像図彙』（宝暦２年版）の奥付（個人蔵）

版の『仏神霊像図彙』の内容を踏襲する単なる再版であって、天明三年版の『仏像図彙』のような大幅な修正は盛り込まれていない。したがって『仏神霊像図彙』の図像を典拠とする本図の制作年代は、やはり元禄三年以後で天明三年以前ということになろう。本図の簡略な墨線と平板な賦彩による形式的な表現は、その間の制作とすることに矛盾しないものと考えられる。

四　信仰背景

本図の中尊は妙見菩薩である。妙見は天の北極すなわち北辰と同体と考えられており、それを公式に祀ることは延暦一五年三月に始まると『公事根源』は伝える。(14)ただし、称徳天皇の時代に妙見に燈明を献じる山寺のあったことを『日本霊異記』は記しており、(15)奈良時代後期には、この信仰が広がっていたことをうかがわせる。その後、平安時代になると、北辰信仰は尊星王を祀る信仰として天台寺門派で盛んになり、院政期に尊星王法は三井寺僧が独占するかのごとき修法となった。鎌倉時代には、妙見信仰は武家のなかに浸透する一方、日蓮の北辰信仰と融合し、また、道教の鎮宅霊符信仰とも複雑に絡み合って発展することとなる。室町時代には日蓮宗との結びつきを強め、江戸時代には庶民化が一層進むにつれて、各地に地域特有の妙見堂が建立されるようになった。

妙見の図像には各種あるが、二臂と四臂に大別される。菩薩形と天部形があり、後者の場合、吉祥天に近い着衣形式と着甲の武装形式がある。蓮華を台座とするもののほか、龍や玄武に乗る姿のものがあり、天空からの飛来を明示するため瑞雲を添える表現もある。持物は四臂の場合、日・月と錫杖・鉾杖のほか筆記具や宝剣など多様で一定せず、二臂の場合、蓮華上の周極星や円相など、こちらも多様で一定しない。印相は施無畏印、与願印、刀印などを結ぶことが多い。

本図の場合、中尊である妙見は吉祥天に近い着衣形式の二臂像で、総髪とし、宝剣と宝珠または何らかの容器とみえる持物を執って雲上に立つ。総髪や唐風の着衣形式、あるいは頭上の「鎮宅霊符」の墨書は、道教の影響を明示するものである。

また、妙見の左右に記された墨書は法華経守護の三十番神であって、法華神道の背景をもうかがわせる。中尊の周囲の北斗七星と九曜星は天台宗や真言宗で醸成された密教図像の伝統をもつが、全体の図様を総括すれば、中世以降に発達する日蓮宗系の複雑な北辰信仰を背景とするように感じられる。本図は妙見を中心とする星宿信仰の近世的展開として位置づけるべき作例であり、このことは本図の制作年代を『仏神霊像図彙』の刊行に照らした推定にも齟齬しない。

ただし、『仏神霊像図彙』には妙見菩薩像の図像が掲出されているにもかかわらず、その図像（図21）と本図の中尊との表現を比較すると、図像的に合致しない部分が多い。『仏神霊像図彙』の妙見は着甲の上に長袂衣を纏って亀の背に乗り、「七曜印」としており、本図の中尊の図像とは体軀の向きを含めて明らかに異なる。本図の北斗七星と九曜星が『仏神霊像図彙』の図像を典拠としているにもかかわらず、中尊である妙見に関しては、

図21　「妙見菩薩像」
（『仏神霊像図彙』元禄３年版／伊藤武美編著『仏神霊像図彙　仏たちの系譜』）

図22　「妙見菩薩像」
（『仏像図彙』天明３年版／個人蔵）

『仏神霊像図彙』の図像にしたがっていない。元禄三年版の『仏神霊像図彙』の妙見の図像は、天明三年版の『仏像図彙』の図像（図22）では甲冑を身に着けない着衣形式に修正されているが、そのほかの図像的な特徴はほぼ踏襲されている。本図の中尊が元禄三年版の『仏神霊像図彙』の妙見図像を採用しなかった理由は、おそらく制作者の周辺に以前から伝わる妙見図像の堅固な伝統を踏襲したことによると推測されるが、その詳細は不明である。

江戸時代には北辰菩薩陀羅尼経が流布して、その解説書や霊験譚が出版されている(16)。また、妙見信仰の流布の背景に陰陽師の活躍があったことも知られている。あるいは、本図の図像典拠となった『仏神霊像図彙』の序文が臨済義玄や丹霞天然を引くなど(17)、臨済禅の立場を鮮明にしていることとは別に、妙見は禅宗寺院において鎮宅霊符神として伽藍神に祀られている。このように、妙見信仰は江戸時代に多様な信仰が複雑に交じり合って、各地に独自の信仰拠点を形成した。

しかし、本図の場合、妙見をとり巻くように記された墨書が三十番神であることはとくに重要であろう。やはり日蓮宗の強い影響下に成立する図像であると推測される。日蓮宗では『法華経』の効験を顕現するために、呪術や祈禱が発達した。本図もそのような超越的な霊力を期待した儀礼に関係するのかも知れない。

むすび

星曼荼羅を中心とする星宿美術というジャンルは、そもそも密教美術の枠内でとらえられるのが普通であり、日蓮宗系の星宿関連作品は、その考察対象からはずれるのが普通である。本図のような近世の特殊な作例については、言及されること自体が稀である。

一方、室町時代から桃山時代を中心に盛んに制作された大画面障壁画をはじめ、江戸時代の非宗教絵画などにも、日月や星宿を描く作品は少なくない。しかし、それらは季節感を反映する歳時記として文学的なアプローチがなされるためか、天体の運行に関する自然科学的な基礎知識に立脚しない情緒的な解釈も多い。とくに月を描く絵画作品に関しては、そのような解説文が目立つ。下弦の月を上弦の月と誤解する記述や、二七日月を三日月と誤解する記述である。三日月は夕刻の西の空に、二七日月は夜明け前の東の空にみえる。山の端の上弦の月は夜半前に西の空に沈む姿であり、山の端の下弦の月は夜半過ぎに東の空にのぼったばかりの姿である。月は時刻と方位の記録そのものである。たとえば、景物画という概念で四季絵や月次絵などを包括して絵画と歳時の関係を解明しようとする斬新な試みにおいてさえ、その誤解は解消されていない(18)。

本図の場合も、図像と名称とのあいだに多くの誤謬があった。その誤謬の原因は、制作の典拠となった図像の誤りに対する無知や無理解である。その背景には、天文に対する知識の不足や誤解があったとみられる。ただし、本図は常に掛用される本尊画像というより、何らかの具体的な呪術や祈禱のさいの修法本尊であった可能性が考えられるため、自然科学的な根拠とは異なる別の視点による合理性、すなわち経軌《きょうぎ》の規定などに基づく宗教的な一貫性からの考察も必要であろう。宗教絵画は世俗絵画と異なり、この点が厄介である。

北斗七星は天空でとりわけ目立つ星座であり、季節の推移の目印でもあった。本図の北斗七星の表現は、地平線近くに低く横たわる形状を思わせる。この形状は旧暦七月～八月頃の深夜の時間帯に観望される形状である。このような時間帯が果たしてこの画面に意識的に盛り込まれているかどうかは今のところ不明である。しかし、星宿が描かれた絵画作品を考察の対象としてとりあげる限り、その時間意識を検討することは、必須の検討事項といえるだろう。

筆者は、星曼荼羅の成立に関して、星宿配置と時空観念の不可分について考察した小論を発表し[19]、また、近世の絵巻物に描かれた月の表現を巡って、時間と方位の明確化に関する小論を発表している[20]。それらの執筆の目的は、描かれた星宿や月の表現が、画面の時刻と方位を決定するという重要な役割を担っていることを改めて示すためであり、また、同時に、作品の制作意図を解明するうえでも、それらの表現がきわめて大きな意味をもつことを再認識するためであった。

従来、星曼荼羅などの星宿を描く宗教絵画は、密教などの複雑な教義の視覚化ととらえられており、一方、中世後期以降に描かれた四季景物画などの日月を描く世俗絵画は、季節の推移を描き込む歳時画として、別のジャンルであつかわれてきた。しかし、いずれのジャンルにおいても、描かれた星宿や日月を天体として認識することが十分でなく、情緒的な解釈が誤解に結びつく例をしばしば目にすることになる。天文の基礎知識を踏まえた科学的な考察が、宗教的な合理性や四季変化への感受性と矛盾することのない、一貫した統一的な時空解釈こそ必要である。

本図の図像における誤謬を単なる無知によるものとして矮小化せずに、密教絵画と歳時画を結ぶ包括的な時間絵画の領域を新たなジャンルとして確立する必要性を痛感する。

（1）星曼荼羅の成立と展開に関連して考察すべき作例に熾盛光曼荼羅がある。その桃山期の作例をとりあげた近年の論考として次の論文があり、注目される。
林温「青蓮院蔵熾盛光曼荼羅図について――狩野派による仏画遺例――」（『仏教芸術』二九二、二〇〇七年）。
（2）紙本木版著色、縦七九・〇センチメートル、横四八・六センチメートル、一幅。
（3）紙本木版、縦八二・六センチメートル、横四九・二センチメートル、一幅。
（4）『大正蔵図像』第七巻、八一五〜八四一頁。参考図像№.23－50。
（5）絹本著色、縦八五・四センチメートル、横二九・六センチメートル、一幅。
（6）上段：三四・六センチメートル、中段：三二・七センチメートル、下段：一七・八センチメートル。
（7）『叡岳要記』（群書類従、巻第四三九、叡岳要記下）の「如法堂」に次のように記す（旧字は新字に改め、割書は括弧〈 〉内に記す。以下、同様）。
葺檜皮方五間。

慈覚大師天長年中初入堂院。（中略）延久五年勧請日本国三十神為如法堂守護神。〈楞厳院長吏阿闍梨良正〈心歟〉〉。
（8）この漢字の偏に当たる左側は「酉」の下に「小」をおき、旁に当たる右側には「鬼」を添えるものと判読される。ここでは「醜」の異体字と判断した。
（9）『大正蔵』第二一巻、四二四頁c〜四二五頁a。
（10）序文の末尾に「元禄三歳舍庚午夷則穀旦」と記す。すなわち元禄三年七月（旧暦）吉日の意。
（11）『和漢三才図会』（東洋文庫、巻第一、天部）の「北極」に次のように記す。
北極〔五星〕　紫微宮の中にある。その紐星は天の枢である。（中略）
四輔星　北辰を抱く四つの細い星である。（後略）
（12）元禄三年の第一の序文に続く第二の序文の末尾に「天明癸卯秋八月」と記す。
（13）宝暦二年版の版元の名前を次のように記す。
江戸日本橋南壱丁目
須原茂兵衛

大坂心斎橋安堂寺町
大野木市兵衛
なお、元禄三年版の奥付には、版元の名を次のように記す。
京四条坊門通東洞院東江入町
水田甚左衛門
江戸通大伝馬三町目本問屋喜太郎棚
西村理右衛門
大坂
伊勢屋次兵衛

(14)『公事根源』(日本文学全書、第二二編、三月)の「御燈　三日」に次のように記す。
これは、天子の北斗に燈明を奉り給ふなり。昔は、北山霊岩寺などいう所にて、高き峯に火をともして、北辰に供せられけるよし、一条院の御記などにも見えたり。(中略)延暦十五年三月に、始めて北辰をまつらる。

(15)『日本霊異記』(日本古典文学大系、下巻)の「妙見菩薩、変化して異形を示し、盗人を顕す縁　第五」に次のように記す。
河内の国安宿の郡の部内に、信天原の山寺有り。妙見菩薩に燃燈を献ずる処とし、畿内年毎に、燃燈を奉る。帝姫阿倍の天皇のみ代に、知識例に依り、燃燈を菩薩に献じ、並びに室主に銭・財物を施す。

(16)金指正三『星占い星祭り』(青蛙房、一九七四年、二六六頁)は、岩波『国書総目録』により関連書籍の刊行を記す。
ここには一八世紀までを引用する。
北辰菩薩陀羅尼経直解　一冊　著者信知　延宝八年(一六八〇)刊。
妙見経愚解鈔　一冊　著者亮汰　明和三年(一七六六)刊。
北辰妙見菩薩霊応編　一冊　著者大江匡弼　天明六年(一七八六)刊
北辰菩薩所説陀羅尼経三経鈔　一冊　著者慈光隆山　寛政八年(一七九六)刊。
(17)『仏神霊像図彙』の序文は次のとおり。ただし、冒頭部分を引用する(適宜、句読点を補う)。

古徳云、逢仏殺仏、逢祖殺祖。其一機一用、一棒一喝、以摧疑団、破執取名相者。或如丹霞和尚、焼却木仏像了。雖然、凡夫庸俗、豈能徹向上玄旨耶。

（18）武田恒夫『日本絵画と歳時――景物画史論――』（ぺりかん社、一九九〇年）は、この分野の第一人者による研究成果を示す論考であるが、下弦の月を上弦の月とする記述（浮田一蕙「四季景物図」の解説：同書八八頁、出光美術館蔵「月に秋草図」の解説：同書一一一頁）や、二七日月を三日月とする記述（東京国立博物館蔵「日月山水図」の解説、同書九七頁）がある。歳時を描く絵画は、季節を時刻あるいは時間帯とともに描くことが多く、どの季節の、どの時間帯の景物かという観点こそ、日本人の歳時に対する感性を読み解くうえで重要であると思われる。

（19）拙論「星曼荼羅の構成原理と成立について」（津田徹英編『仏教美術論集二　図像学Ⅰ――イメージの成立と伝承（密教・垂迹）――』竹林舎、二〇一二年）。

（20）拙論「「片袖縁起」における時の視覚化について」（関西軍記物語研究会編『軍記物語の窓　第四集』和泉書院、二〇一二年）。

〔付記〕　本稿は、科学研究費補助金（基盤研究C）「時の視覚化としての星曼荼羅の研究――数理天文学と密教学の融合による絵画――」の問題意識から派生した研究成果の一部であり、ＪＳＰＳ科研費２３５２０１３８の助成を受けたものである。また、作品の保管と修復に関しては藤枝宏治氏に多大のご配慮を賜った。記して感謝申し上げる。

近世琉球における媽祖信仰と船方衆
——那覇若狭町村の新参林氏とその媽祖像を中心に——

藤田明良

はじめに

あかがにが　ふなやれ　げらへ　こがねとみ　（赤金よ　船走らせよ　立派な　黄金富）
大きみに　まはい　こうて　はりやに　（聞得大君《きこえのおおきみ》に真南風を乞うて　走れ）
又　げらへ　こがねとみ　あかがにこ　せどしやり　（立派な　黄金富　赤金師匠が船頭して）
又　とうど　いでて　はりよれば　とうのぼうさ　たかべて　（唐土を出て　走ったら　唐の菩薩をあがめて）

琉球の古歌謡集『おもろそうし』にこんなおもろがある。(1)「赤金」という船頭と彼が操船を指揮する「黄金富」をたたえ、聞得大君に真南風を乞うて走れと願う。船はまだ中国にあり、南風を受けて無事帰国することを願っているおもろであると解されている。(2) 収載されている第一三巻の題は「船ゑとのおもろ」。「ゑと」は「いーと」の表記で、労働作業の時に唱和する掛け声を意味するといわれている。(3) 黄金富と命名された船は、当時の東アジア海域で活躍した中国式のジャンク船であったと考えられる。操船にあたる船乗りたちが、長い海上生活で赤銅色に日焼けした自分たちのリーダーや、海上で自分たちを守護してくれる神々への敬愛を込めた歌、この歌はいかなる心性から生まれ、どんな場面で唱和されたのであろうか。
聞得大君が登場することから、彼らの船は国王の命令によって中国に向かう進貢船や接貢船のような貢船であったと考えられる。おもろが歌われた時代、一五〜一六世紀の琉球の那覇津は東アジア海域を代表する港市の一つとして、中国・日本・朝鮮・東南アジアなどの諸地域と海上の道で結ばれていた。当時の那覇周辺は本島人といわれた沖縄人や久米村を形成した中国人だけでなく、日本人や朝鮮人の居住も確認できる諸民族雑居の港町であった(4)。換言すれば、当時の那覇周辺にはさまざまな出自を持つ船乗りたちがアジア各地から集まっていたのである。

ここに登場する「唐の菩薩」は、中国の海の女神媽祖のことである。媽祖は中国生まれの海の女神で、福建省莆田市の湄洲島で昇天した林氏の娘といわれる。まず地元の船乗りたちに崇敬され、彼らの活躍とともに中国各地に信仰が拡大していった。神像を祀る廟が次々と港に建立され、小型の像を守護神として船に安置する船媽祖の習慣も広まる。皇帝から天妃（元代）、天后（清代）の称号を与えられ、国家的航海神として上昇していく一方、民間では媽祖、娘媽、亜媽など愛称され、龍王の娘や観音菩薩の化身とする説も生まれた。中国人の海外進出にともない東南アジアなど華僑・華人の居住地に祀られるようになった(5)。現在でも関帝と並ぶポピュラーな神として中国・台湾各地をはじめ、ベトナム、マレーシア、タイ、シンガポール、ハワイなど、世界各地のチャイナタウンに媽祖像が祀られている。

おもろが歌われた古琉球時代の船乗りたちの編成や生活、媽祖信仰の実態については、史料的制約が大きくわからない部分が多い。そこで本稿では、具体的な記述が増える近世、それも後期を中心に琉球の船方衆と媽祖信仰の関係のあり方を検証していきたい。本稿作成のきっかけとなったのは、ある船方衆の家系に伝わった一揃いの媽祖像である。本稿を通じて、まだあまり認知されていないこの媽祖像が、世に知られることになれば幸いである。

一　公用船の媽祖像と船方衆

(1) 近世琉球の船乗りと媽祖

近世にはいると、陸の権力による統制が強まり、海域世界の棲み分けが進むが、琉球王府のジャンクタイプの船は依然として中国との間を往来していた。琉球では貢船等を操船する船乗りたちは、「船方」とよばれる。(6) 正使を筆頭とする官員たちを表す「旅役者」と対になる呼称である。船方は、責任者である船頭、それを補佐する佐事、熟練者である定加子《じょうかこ》、一般船員の水主や補修をおこなう大工などからなっていた。彼らは「唐旅」と呼ばれた中国への航海だけでなく、薩摩に航海する楷船や輸送船、宮古・八重山方面と往来する輸送船にも勤務した。船頭は「築登之親雲上」など位階を持つ士族身分の者も多く、佐事・定加子などの幹部船員は役人と同様に給米を与えられ、水主や大工も公役として一般百姓の納める負担を免除されていた。また、船方の居住地は、那覇四《よ》町《まち》（東村・西村・若狭町村・泉崎村）とその周辺の町場と、慶良間諸島（座間味間切・渡嘉敷間切）、久高島（知念間切外間村）に限定され、他の浦や島から出ることはなかった。彼らは操船勤務の傍ら一定額の私交易品の携帯が認められており、なかには商売人として財をなす者もいたという。

一方、琉球における天妃（媽祖）信仰について、一六〇三年から一六〇八年に琉球に滞在した日本僧袋中良定は、その著書『琉球神道記』のなかで「琉球人は天妃神のことを菩薩という」「この神は海神であり、海中の運送商販の人を助け、船を救う」と述べ、さらに明からの冊封使の記録や琉球で会った唐人の話に言及している。(7) 一五世紀前半に那覇の久米地区に下天妃宮、上天妃宮（石門が現存）が創建され、このうち下天妃宮の媽祖と眷属の諸像が伝存していたが、一九四五年戦災で消滅した。これは琉球王国が明と冊封関係を結んだという政治的要因によって中国から伝来したものである。すなわち、明との外交・貿易の実務を司るため、閩人三十六姓とのちに呼ばれる中国系官僚・海商が移住して久米村に集住したことが、二つの天妃宮創建の直接の背景をなすものである。冊封船や朝貢船の那覇港発着にあたっても、ここで航海安全儀礼が挙行された。現在、下天妃宮に主神である媽祖像とともに祀られていたと考えられる文官形の眷属神像一体のみが、県立博物館に保管されている。(8)

近世の琉球では、天妃宮で儀礼をおこなったり船に媽祖を祀ったりするのは、中国への進貢船関係だけで、域内の島々を航海する船は媽祖を祀らないとされてきた。ここから、琉球の媽祖信仰は進貢に関わる王府や久米村の華人たちの間に限定されており、琉球人社会では聞得大君を頂点とする在来のオナリ神系の女神たちが船の守護や航海祈願の対象となっていたことを重視する見解もある。一方で、沖縄在来の女神たちと媽祖との間の融通性に着目する研究も存在する。(9)

たとえば、宜野湾市普天間宮にまつわる伝承がある。ここはかつて「普天間権現」（『琉球神道記』）、「普天間三所大権現」（『琉球国由来記』）と呼ばれたが、海上安全の祈願所としても名高く、現在でも沖縄各地から船を新造した人たちがこの宮の守護札をもらいに参詣するという。社殿後方の洞穴内に奥宮があるが、その神について次のような伝承が残っていた。

父と長兄が中国に行ったとき、その妹がある晩、睡眠中に大きな声を上げてもがいていたので、一緒に寝ていた母が、不思議に思って一方の手をつかまえてゆり起こした。妹は、惜しいことをした、二人の乗船が今遭難したので右手で兄さんを助け、左手で父さんをつかもうとしたところ手が動かなくなって父さんを助けることが出来なかったといった。その後中国の兄から手紙がきて、行く途中に船が遭難し自分は助かったが父は溺死した、ということだったので、皆びっくりした。彼女は他家に嫁がず家族以外に姿を見せることもなかったが、ある時妹の夫に見られたので、普天間の洞窟に逃げ隠れて、後日神として祀られた。今にいたるまで旅立つ人が普天間に参詣して旅行の平安を祈るのは、こういうところから来たのである。

また、八重山諸島にも、女性の手に入れ墨する「針突《はじち》」という習慣の由来として、「ある人が八重山から本島に向かう途中海難にあって船が沈みかけたら、女の兄弟の魂の手が現れて沈もうとする船を持ち上げてくれた」という伝承があったという(10)。

(2) 菩薩御たかべと上天妃宮

次に中国福州と往来する貢船と媽祖との関係について見ていきたい。貢船には準備を開始してから出航するまで、数多くの儀礼があった。主要なものとしては、旅御拝(役者・船方が正殿で国王・三司官・国母王妃・聞得大君らに拝謁)、菩薩御たかべ(上天妃宮の媽祖に対する礼拝祈禱)、順礼(那覇周辺の寺社へ安全祈願の巡拝)、三平等の御願(渡唐する人々が聞得大君に参上し航海安全を祈願。その後、西の平等、南風の平等、真和志の平等の神女の殿内を巡拝)、御茶飯(正殿前の御庭で綱作り、その後ランクに応じた王府高官と同席し料理・神酒の振る舞い)、製頭大夫御餞(正使と副使に国王・王妃・聞得大君が餞別を給与)、造船の規式(完成間近の唐船の進水式「すらおろし」。三司官と渡唐役人、作事関係者が参集し祝う)、御名付け(船の命名)、菩薩御乗船(上天妃宮より媽祖像を供奉し船内に安置)、風の御立願(出航間近に渡唐衆が正装で乗船、船菩薩に唐礼にて礼拝)があり、その他にも、那覇や泉崎の大あむ殿の火の神を総官・船頭・佐事が拝礼したり、波上山権現・沖山権現での唐船出入りの際の海上安全の神楽、円覚寺・護国寺での唐船送祈禱等があった(11)。

本稿ではこれらのうち、媽祖像に関する重要儀礼である菩薩御たかべと、菩薩御乗船を中心に考察したい。ここではまず、菩薩御たかべをとりあげる。主な素材となるのは、一九世紀前半の「田里築登之親雲上渡唐準備日記」である。これは、沖縄県立博物館所蔵(登録番号：一七五五、登録名は「田里筑登之親雲上渡唐関係日誌」)で渡名

喜明氏による翻刻（渡名喜明「資料紹介　田里築登之親雲上渡唐準備日記（一）」沖縄県教育委員会文化課『紀要』一、一九八四年。同「資料紹介　田里築登之親雲上渡唐準備日記（二）」沖縄県教育委員会文化課『紀要』二、一九八五年）がある。

記主の田里築登之親雲上兼賢（詹光国、詹姓六世）は、首里系の中級士族の家に生まれた。祖父四世兼令（田場築登之親雲上）が茶道役として名をあげ、父五世兼慎は楷船の琉蔵役や間切の下知役として手腕を発揮し、死去（享年六四歳）の二年前の道光二七年（一八四七）に、接貢船の官舎に抜擢された。彼の家系は父の代から上級士族の馬氏与那原親方良綱の庇護を受けていたが、兼賢は二九歳でその与力となり、御物奉行の足筆者や仮筆者として三〇歳代を過ごした。三五歳の道光二〇年に起きたオランダ船漂着事件では船補修の事務方として活躍して褒賞を受け、三九歳で相附筆者、四三歳で遂に正規の筆者に昇格した。中下級士族の増加や慢性的な財政難による当時の厳しい役職不足のなかで、ようやく手にした定役であった。その翌年に父が死去するが、翌々年の道光三〇年に進貢船の北京大筆者に抜擢され、念願の唐旅役者となった。その兼賢が北京大筆者拝命から進貢船団の出港までを記したのがこの日記である。北京大筆者は百数十人に及ぶ使節団員の事務方の中間管理職の一つであり、渡唐船の準備と安全祈願の儀礼について詳しい記載が見える。

進貢船の準備は、二月一日の「旅役者言上」（打診のあった旅役を引き受ける旨を評定所に言上する）の儀式から、正式にスタートする。二月四日に「御請」以降、団員の宅門や玄関には安全を祈願する聯がかかげられた。三月二五日には「御旅御拝」「順礼」「鉄砲稽古」「三平等之御立願」「御茶飯」「御銀渡」など、進貢船の準備と航海安全のため儀式のだいたいの日取りが決まる。そのなかで媽祖を参拝する「菩薩御たかべ」は五月一三日か一六日に、船媽祖を進貢船内に安置する「菩薩御乗船」は六月一九日か二四日に挙行される段取りになっていた。

そして、五月一日にいよいよ大宿詰（進貢船のメンバーの準備合宿）が開始する。兼賢たちの旅宿は那覇東村の我部築登之親雲上の家宅である。宿の三門にはそれぞれ「順風相送行人楽　海不揚波旅客歓」「客飲草堂為宴酒主歓今歳赴閩歌」「順風送大吉　一路得平安」の聯が掛けられた。翌五月二日には「上之天妃宮ニ而渡唐船簱字書調間、例之通瓶酒差遣候様」と、上天妃宮において進貢船用の簱の字が書きととのえられたので、通例となっている瓶酒をさし遣わすよう連絡があり、兼賢は二合入り錫子一対を送った。続いて、「御旅御拝」が挙行された五月八日に、「菩薩御たかべ」「順礼」の日撰びがあり、それぞれ五月一六日と一九日に正式に決まった。

菩薩御たかべの日である五月一六日がやってきた。旅役者と船方たちは衣冠を整え、朝八時に上天妃宮に集合、全員が揃ったところでまず「御たかべ」を唱え、それから本尊にあたる「大菩薩」（大媽祖）の御前に移動して拝礼、さらにその左右に安置されている小媽祖像の御前を巡りながら拝礼した。本来は進貢船に安置する「渡唐菩薩」（船媽祖）にも拝礼をおこなわなければならなかったが、この「渡唐菩薩」を安置している前年の接貢船がまだ帰帆していないため、今回は省かれたのである。この後も出航まで毎月一日に同じような拝礼がおこなわれることになる。

ここから、当時の上天妃宮には、本尊にあたる大媽祖像と数体の小媽祖像が祀られていたこと、また王府が派遣する進貢船や接貢船に乗せる「渡唐菩薩」（船媽祖）も、ここに安置されていたことがわかる。これらの媽祖たちの前で旅役者と船方衆が打ち揃って航海安全を祈願する「御たかべ」を唱え、その後、大媽祖像から順に媽祖像たちの正面に進んで拝礼するのが、この儀式であった。

『琉球国由来記』によれば、貢船が開洋（出航）した日から七日の間、久米村の大夫以下が総出で上天妃宮と下天妃宮において香を焼き天妃経を誦するという。その後、天尊廟と龍王廟でも焼香と拝礼をおこない、さらに八日目以降も船が帰国するまで毎日、交替で四廟に拝礼を続けるという。この天妃経は、久米村の上下天妃宮における年間祭祀のなかで、三月二三日の聖誕日にも大夫以下が参列して誦するという。但し、端午・重陽・冬至・上天・下天などの他の祭日には、天妃経の読誦はない。この天妃経とは、明の永楽帝時代に整えられた天妃霊験経の流れをひく道教系の経典であろう（藤田明良「天理大学付属天理図書館所蔵『太上説天妃救苦霊験経』」、『季刊民族学』一三三、二〇一〇年）。

小野まさ子氏は、貢船の「菩薩御たかべ」の際に役者たちが誦する御たかべについて、航海の無事を菩薩に願うものであったろうとしながらも、その内容は琉球の古謡やこの天妃経との比較が必要であろうとし、琉球在来の御たかべか中国式の天妃経なのか判断を保留している。(12) ただし、中国においても、たとえば明末の航海書『順風相送』に掲載されている香工（船媽祖香火の供役）が毎朝唱える降臨を願う祈禱文のように、天妃経とは次元の異なる祝詞が存在する。この御たかべも天妃経のような道教系経典とは別系統のものと考えるべきではないだろうか。

この「菩薩御たかべ」の日に上天妃宮ではもう一つ旅役者にとって重要なことがおこなわれた。それは、渡唐費用の一部（才覚銀の中から役者中に配当される銀子の一部）の受け渡しである。このような経費や公用交易のための元金など、王府からの配当も、上天妃宮の媽祖の前でおこなわれたのである。

五月一九日は「順礼」の儀が挙行された。これは、那覇四町とその近郊の寺社を巡拝して航海安全を祈願するものである。この時の巡拝先は、波之上権現、護国寺、天尊堂、海蔵院、洪済寺、臨海寺、荒神堂、下天妃宮、上天妃宮、関帝廟、龍王堂、蔡姓之堂、東寿寺、東禅寺、内兼久弁才天、長寿寺、天久寺、崇元寺、八幡宮の計一九か所であった。正使以下の進貢船の旅役者と船頭以下の船方衆が衣冠を整えて全員そろって各大宿を出発し、集合場所へ向かった。本来は波之上権現の拝殿前が集合場所であるが、日記によるとこのときは隣接する護国寺に異国人（フランス人宣教師フォルカード）が召し置かれているので、洪済寺に集合して、まず旅役者だけが天尊堂へ行って拝礼し、洪済寺へ戻って同様の拝礼を済ませてから、賑やかに歌い簱を振る船方たちと共に巡拝に出発した。

途中、波之上権現と護国寺では御花・御酒の献納や神主らとの盃交わしの儀があり、また荒神堂では二隻の貢船の船頭から茶の振る舞い、同じく上天妃宮では久米村役者による茶の振る舞いがあったという。最後の八幡宮に御酒を献納した後、護国寺に戻って、次の儀式である「御茶飯」の規式を一同で稽古してから、午後四時頃、大宿に戻ったという。なお、巡拝先のうち、関帝廟と龍王堂は上天妃宮の境内にあった。また上天妃宮では大菩薩とともに渡唐菩薩にも礼拝する決まりであったが不在のため省かれた。

そして六月一日から朔望の上天妃宮参拝がはじまる。朝八時頃、副使以下の役者、船頭以下の船方まで色衣冠にて、上天妃宮へ行き拝礼（本当は、副使は行かなかったのだが心得のためこう書いておく、とある）。さらに、中国より帰った接貢船に安置されていた渡唐菩薩が戻ったので、六月二一日、改めて「帰唐菩薩御たかべ」をおこなった。前回と同様、旅役者と船方が衣冠を整え相い揃い、まず大菩薩の御前で拝礼、次に帰唐菩薩の御前で拝礼して戻った。渡唐菩薩が留守だったため、分断されていた菩薩御たかべは、こうして無事終了したのである。

（3）菩薩御乗船と二つの規式

船媽祖の乗船儀式である菩薩御乗船は当初の予定より遅れていたが、七月九日に日撰によって七月二一日と決まったと旅役者たちに連絡があった。七月二一日当日、大宿からの通達どおりに朝八時頃、朝衣冠に身を包み従者と一緒に上天妃宮に到着、まず、拝礼を済ませた後、菩薩を供奉して出発、下天妃宮の門前で拝礼してから進貢船へ運びいれた。兼賢の日記の記述はこの後、船上でおこなわれた「晴之規式」に移っている。それは正使を筆頭に順々に座に着き、船頭が差し出した「佐事賦書」を脇筆者が正使と副使に差し出して御覧にいれ、それがすむと賦書を船頭へ戻すものであった。媽祖像の前で旅役者（官員）の筆頭である正使と副使に、船頭が水主まで船方全員の人名と役割を確認してもらう儀礼であり、同じ船に乗る者として旅役者と船方衆が契りを交わし絆を深める意義を持つと考えられる。

これが済んだ後、続いて両者の契りと絆をさらに固める「津出之規式」がおこなわれる。これは船頭と船子中から出帆の御祝儀を申し出たいと窓口の役者（ここでは記主の兼賢）に取り次ぎを願い、それを正使・副使に伝え、了解を得てから船頭・船子たちが直に御祝儀を言上する。その後、渡唐菩薩に供えた御酒・三味のごちそうの残りを、全員でいっしょに頂く神前共食儀礼である。これに先立つ同月一八日には船方の大宿から窓口の兼賢へ、津出之規式の宴会用の炭俵・塩俵と瓶酒について、旅役者の大宿と兼賢たちが内々に互いに融通し合って持参するよう連絡があり、規式の当日、彼は三升入の炭・塩俵と錫徳利一双二合を調達して船方へ引き渡していた。午前一〇時ごろ宴は一応の解散となり、兼賢たちは宿に戻った。

兼賢は津出之規式と宴会の準備に奔走していたためか、乗船した菩薩に対する拝礼儀式には触れていない。しかし、御酒・三味を供えるのだから、それなりの祈願儀礼があったはずである。『琉球王国評定所文書六』（四〇四頁）によれば、この菩薩御乗船の日に、聖家衆（波之上権現や護国寺・臨海寺などの真言僧）や久米村衆に対し、貢船にきて祈念するように通達が出されており、密教系の法要や天妃経の読誦などがおこなわれていた可能性がある。

そして、九月一五日には、旅役者と船方衆たちの乗船の儀式が挙行された。旅役者と船頭が正使の宿所に午前一〇時頃集合、まず薩摩藩の在番所と産物方に挨拶に行き、次に船の停泊している通堂で、献上物や官符等の貴重品の積み込みの監督、その後、明倫堂へ集合し、身の回りの荷物改めをおこなったのち、正使・副使・役者を中心に隊列を組んで通堂まで行き、そこで見送りに集まっている奉行衆や御役衆へ一礼、三司官へ一礼しながら乗船する。さらに蓮華帽子を付け上表御飾を身につけて、首里城へ三跪九叩頭し、さらに船中の渡唐菩薩にも三跪九叩頭の拝礼をした。その後は役者たちはいったん下船し、渡唐に向けての最後の詰業務をこなしながら順風を待つのである。

九月一九日には御旅船の通例である「風之御立願」がおこなわれた。朝八時頃、色衣帽子にて乗船し、まず御船菩薩（渡唐媽祖）に対して三跪九叩頭の拝礼を二度おこない、次にこの御船菩薩を取り次ぎにして福州の怡山院天后宮、宮之上天后宮、天妃舎人廟、尚書廟の四廟の媽祖に対して一回ずつ三跪九叩頭の遥拝をおこなった(13)。この「風之御立願」で注意すべきは、船中に安置された渡唐媽祖が、那覇の上天妃宮の媽祖ではなく福州の天后宮の媽祖への仲介者とされていることで、これは後述する航海中の祈願でも同様である。

（4）福州への航海と媽祖への祈り

「田里築登之親雲上渡唐準備日記」は船の出航直前で記述が止まっており、出航後の会場での様子や福州入港後のことはわからない。そこで、別の記録によって、その間の様子を補いたい。それは、一九世紀半ばの「勅使御迎大夫真栄里親方日記」である。これは、同治四～五年（一八六五～六六）の尚泰王即位の冊封使をむかえる接貢船の正使であった真栄里親雲上（のちに親方、唐名は鄭秉衡）の記録であり、豊見山和行氏による翻刻（豊見山和行「資料紹介・勅使御迎大夫真栄里親方日記について」『歴代宝案研究』三・四合併号、一九九三年）がある。正使の日誌であるためか準備段階の菩薩御たかべや菩薩御乗船については記載がない。わずかに、同治四年八月二七日（乗船の儀の前日）、上天妃宮において中国の冊封使や布政司に提出する外交文書を正使に渡す儀式についての言及があるだけである。

しかし、出航後については、いくつか注目すべき記事がある。まず、八月二八日の旅役者と船方衆の乗船の儀があったが、船の出航はまださきであった。そのため、九月九日重陽の節句にともなう船内での御船菩薩加那志（船媽祖のこと。加那志は敬称）への参拝記事がある。旅役者と船方衆が打ち揃って、御船菩薩の御前に三昧を供え先例通りに礼拝する。三昧は公式行事だが供物は総官（水主の監督者。船媽祖の祭祀も担当した）が私的に用意したという。一〇月七日、順風となり接貢船は那覇を出航した。この時、石火矢を三筒打つ。午前八時に正使・役者・勤学等、船の艫櫓の上に着座し、三司官に一礼、その後、大口（津口）まで乗り出て首里城に向かって参拝、続いて菩薩加那志の御前に行って参拝した。おそらく中国式の三跪九叩頭の礼をとったであろう。大口に乗り出たときも、また石火矢を三筒打つ。この時、「帆持祝《ほもちいわい》」として船頭方に四合瓶一対を遣わし、また儀者にも一合瓶一対を遣わしたという。

船はその後、久米島近くまでいたったが逆風で押し戻され、翌八日から、座間味間切の阿嘉泊に停泊した。九日、「三日祝」として船頭方に四合瓶一対を遣わす。「風之御立願」として接貢船の船頭と頭号船の船頭が上陸し、阿嘉村ののん殿内と同所の諸御嶽に参詣にいく。御花米や御酒は役者分から支出。これとは別にこの津口に停泊した時、「のん殿内」へ豚一匹・御花・御酒・仙香を供えて立願するのが先例ということで、接貢船の船頭と頭号船の船頭と佐事が立願に行った。豚代は接貢船頭が出し、残りは帰帆したら船方たちに割り当てるということだ。

ここに登場する「のん殿内」とは阿嘉集落のノロ宮のことであろう。筆者は二〇〇五年にこのノロ宮の現地調査をおこなった。現在の建物は戦後のものだが、琉球の女性神職であるノロの家との境にある石垣は古い。建物の前に一対の石灯籠（無銘）。入り口の鳥居は戦後新たに建てたもので、かつてはなかったという。堂内正面、向かって左側に香炉が並ぶ祭壇があり、五つの香炉は集落の五ウタキに対応しているという。右側はいわゆる仏壇形式の祭壇で、右端の柱に聯A（片方のみ）、真ん中と左隅の柱に聯B（両方一対）が刻まれている。

《聯A》

「千秋留爽氣」「咸豊丙辰年中夏吉旦」（一八五六年七月吉日）

《聯B》

「聴則無聲叩則靈、視而不見求而應」

「接貢船作事、中村渠筑登之親雲上、與那嶺筑登之親雲上、水主、金城仁屋、金城筑登之、喜屋武、仝叩」

「咸豊庚申年中秋吉旦」（一八六〇年九月吉日）

深澤秋人氏のご教示によれば、名前がわかる咸豊庚申（一〇年＝一八六〇）の五名の作事や水主は咸豊九年に派遣された接貢船の船舶関係者と思われる。咸豊九年の接貢船は、咸豊九年一〇月一九日に那覇出発、同年一一月四日に福州到着、咸豊一〇年四月二九日に福州出発、同年五月一七日に那覇に帰着。往復路で漂流・漂着した形跡はない。これに対して、咸豊丙辰（六年＝一八五六）の方は咸豊五年に派遣された接貢船に関係するものではない可能性もあり。咸豊五年の接貢船は、同年一〇月六日に那覇出発、一〇月一一日頃に福州到着、咸豊六年五月二一日以前に福州を出発しているが、那覇帰着は同年九月二七日で、帰着が遅れたのは、山川に漂着し、鹿児島まで「廻船」したためという。聯Aの日付（七月）との関係が気になるところである。

このうち聯Bは、接貢船が那覇に帰着し、作事や水主などが阿嘉島に戻ってから奉納したものかと思われる。しかし、二名の作事と三名の水主はどのようなグループなのか（なぜこの五名なのか）、聯はどこで仕立てたものなのか、などという問題を検討する必要があり。グループについては、水主は慶良間の男性に課せられた労役でもあり、選出方法や地域社会の編成とも関わってくる問題と思われる。他に、堂内には奉納された新造鰹船の写真や絵が数点掛けられている。また中国の風景画を模したような水彩画あった。

同治の接貢船に話をもどせば、その後、船は出航し、数日は無事に航海を続けたが、一五日に遂に荒天に遭遇した。荒波が立っているので、御船菩薩加那志の御前へ三百篇経を読み上げおさまるよう立願した。しかし、夜に入っても、風波なおまた荒立っていたので、今度は菩薩加那志を取次として、怡山院と宮之上の菩薩加那志へ大御三昧之御結願を約束して立願した。すると翌一六日には見事に風波が鎮まったという。そして、一七日午前八時ごろ、「とん瀬」という島が見え、明け方四時頃福建沿岸の定海港に投錨した。船はさらに進んで閩江に入り、一八日午後四時頃怡山院へ着いた。

この怡山院天后宮で翌一九日に約束どおり、怡山院菩薩加那志御前へ大御三昧之備上御結願のため、正使以下船方まで全員が色衣冠帽子にて正装し参詣、三跪九叩頭の拝礼をする。そして、船は福州外港の林浦港に無事到着する。しかし、さまざまな手続きがあって直ぐには下船できない。二七日にようやく下船し、福州琉球館にはいると、すぐに正使が色衣冠にて、館内の宮之上にいき、本尊の大菩薩加那志の御前と土地君・琉位牌の御前に赤蠟燭一対ずつと御香・御焼紙を供えて菩薩へ三跪九叩頭の拝礼、土地君と位牌の廟にも一跪三叩頭の拝礼をした。その後、一一月一四日には、御船菩薩加那志が下船する。安置した場所の記述はないが、おそらく宮之上天后宮であろう。一一月二四日には、宮之上の大菩薩加那志と御船菩薩加那志の御結願が挙行されるが、二〇日より三日間、総官や役人たちが菩薩経を転読する。当日は午前一〇時頃、正使以下全員が色衣冠に身を固め、先例通りの礼拝をおこなったという。

以上、渡唐船の媽祖祭祀について述べてきたが、船内に媽祖を安置した琉球王府の公船のは、中国と往来する船だけでなかった。宝暦一二年（乾隆二七＝一七六二）沖縄から薩摩へ向かった楷船が暴風雨にあい、土佐国西南海湾にある柏島大島浦に漂着したとき、高知藩の儒学者戸部良熙が漂着者から沖縄のことを聞いて記録した『大島筆記』に、この楷船が媽祖像を積んでいたことが確認されている(14)。

それによれば、「其外海神アリ、天神アリ、天妃神アリ、関帝王アリ、今度漂者ノ楷船ニモ、天妃神鎮シテ有テ、朔望、五節供、誕生日九月廿三日生日ユへ月月廿三日ヲ拝日トスナト、朝ノ内イツレモ礼拝スル事怠リナシ」ということである。『大島筆記』の別の部分では、「今船に祀れば舟菩薩と云。此度も難風にあいし時、無恙どちえでもつきたらば、額を可掛と船中何れも祈願せるに、ケ様にこゝもとえ何れも無難に到着せしからは、帰国の後、本唐へも額字頼まんと存せしに、幸に少平へ書もらいたしとて照応の二字を良熙撰み、少平書き遣はせし也」と、この遭難中にも、使者たちが無事着岸できたら、天妃宮に扁額を奉納することを約束しており、使者の求めに応じて良熙が「照応」の額字を選んで書いている。『大島筆記』には、付図に天妃像の絵が載っており、これがこの船媽祖を写したものであろう。

二　若狭町村の新参林氏の航海と媽祖像

(1)　媽祖を祀っていた家々

前節で検討した例は、いずれも船媽祖を上天妃宮から船にうつしているが、小野まさ子氏によれば、個人宅に安置されている媽祖像を、貢船に祀った例があるという。すなわち、道光二四年（一八四四）の進貢船の場合、大唐船（一号船）は天妃宮安置の正規のもの、小唐船は予備のもの（足りない場合に備えて確保か）を使用しており、菩薩御たかべの日撰と同じ日に、船頭以下渡唐役人が小唐船（二号船）の菩薩加那志として与那城築登之親雲上安置のものを勧請するよう申請しているという。また、この与那城築登之親雲上の菩薩加那志は別の進貢船の時も小唐船には同じものを勧請しており、一九世紀中頃には定型化していたのではないかとする。

個人宅から公用船の船媽祖を調達する例は、他にもある。一八五二年のロバート・バウン号事件の際に、遭難者を中国に送還するため、薩摩へ向かう楷船などを転用して三隻の護送船を仕立てることになった(15)。その三隻の事務方（才府・官舎・脇筆者）が次のような申請をしている(16)。

覚

今般渡唐付、西村高江洲筑登之親雲上菩薩加那志勧請被仰付可被下候。以上。

子四月

春楷船護送船脇筆者
松川里之子親雲上
同才府
渡名喜親雲上

覚

今般渡唐付、西村大見武にや菩薩加那志勧請被仰付可被下候。以上。

子四月

護送運送船脇筆者
玉那覇筑登之親雲上
同官舎
諸見里親雲上

覚

今般渡唐付、若狭町村佐久川筑登之親雲上菩薩加那志勧請被仰付可被下候。以上。

子四月

護送楷舵脇筆者
我如古里之子親雲上
同官舎
上里親雲上

ここでは渡唐船に勧請する菩薩加那志の所有者として、西村の高江洲筑登之親雲上、西村の大見武にや、若狭町村の佐久川筑登之親雲上の三人の名があがっている。その住所の西村と若狭町村は、いずれも那覇四町であり、船方と関わりの深い場所であった。このような個人宅の媽祖像について、小野氏は、足りない場合に備えて確保してあった予備のものと捉えているが、先述したように上天妃宮には本尊である大媽祖像の他にいくつかの小媽祖像が安置されており、単なる代替ならそれらを使用することも可能だったはずである。むしろ、ここでは、公用船の船方衆や海商の多い那覇四町の住人たちの中に、媽祖を所持していた家々があることに注目したい。そして、渡唐する当事者たちが、持ち主を名指しして自船への勧請を求めたのは、これらの媽祖像にそれなりの由緒や霊験があったからではないだろうか。

その問題を考える前に、個人の家で媽祖を祀っていた事例を見ておこう。久米村の士族の家で媽祖を祀っていた例がある。よく知られているのは、蔡氏具志家である。文人として名高い蔡文溥の著したこの家の家訓集『四本堂家礼』に、菩薩（媽祖）の祭祀について、次のような記述がある。

家中ニ安置候菩薩之儀、祖父高良親方勧請ニ而尊崇致来、毎年三月廿三日御誕生日之御祭仕来候間、至其日払地、生花・御茶花・五水相餝、同居之子孫斗ニ而致読経、三昧上可申し候。毎月朔望俗節ニハ生花・燈明・御茶・御酒・御仏供上、御拝可仕候。但十五日ニハ御酒無之事。

三昧之所物。

一、餅二鉢（但一鉢ニ四十二粒ツヽ）。一、荻（蔗）二餝（一餝ニ十切ツヽ）。一、豚肉一切。一、魚壱。一、庭鳥壱（雄鶏小形）。一、御酒一対。一、燈明一対。一、白貝一躰。一、塩一碟、一、御茶一対。一、わら唐紙五枚（紙銭）。一、包丁。

これによれば、菩薩を勧請したのは祖父高良親方蔡国器である。彼は久米村の通事・唐旅役者から王府の外交官になった人物で、明清動乱のため二二歳から一一年間福州に滞在した。ここでは、媽祖の誕生日である三月二三日の祭祀を中心に述べているが、渡唐に際しての「旅立之事」でも先祖・火神（竈神）・菩薩の三者に立願せよとある。家門の諸祭祀全体を通じた位置づけとしては先祖よりワンランク下で、火神と同位である。蔡文溥は、儒家の家門でもある当家に、天妃や大和神を祀ることについて、以下のように述べている。

一、其鬼ニ非して大和神・菩薩を祭候儀、不宜与申者有之候。然共私江存候趣ハ、右両神何方江歟直可申すへも無之候。且先祖之秘蔵ニ被致ものは器物さへ麁相ニ不可致由書籍等ニも相見得候処、幾久先祖ゟ信仰被致来候神、由緒もなく於尓今廃し候段、其儀如何ゟ存候故跡々様ニ祭申候。

『論語』の著名な一節「其の鬼に非ずして之を祭るはへつらうなり」を意識しつつも、媽祖は先祖より祀っている神なので子孫も祭祀を続けるよう説いているのである。

この『四本堂家礼』を検討した窪徳忠氏は、琉球における天妃信仰の位相について次のように述べている。[17] 本島南部のごく一部の非普遍的なもので、唐栄人を中心とする航海業者や船員、中国へ赴いた人々だけの限定的信仰である。唐栄の天妃廟祭祀は、三月二三日の聖誕日＝天妃経読誦、一月四日の下天日・一二月二四日の上天日、端午・重陽・冬至祭日であり、中琉折中といえる。台湾の習俗では、結婚や病気治癒祈願など特別な場合に、廟に奉安されている小天妃像を一定期間個人宅へ奉遷し、期間が過ぎると本尊の分身である小天妃像を廟に戻す。この例のように、常時媽祖像を個人の家で安置・奉祀することはしない。蔡氏具志家のように天妃を常にその家に奉安するのは、まことに珍しい例である。

しかし、その後、魏氏高嶺家のように他にも媽祖像を祀る久米村士族の存在が明らかになってきた（『久米崇聖会レポート』一一、二〇一一年）。一方で、媽祖像の安置場所が分かる例も出てきた。それは明治初期の建築として沖縄県重要文化財に指定されている慶留間島の船頭殿（しんどうるん＝公用船乗員組織のリーダー）であった高良家の住宅である。高良倉吉氏のご教示により、筆者がおこなった二〇〇五年の調査では、一番座の横の縁側に小さな観音開きの祭壇があることを確認し、そこにかつて媽祖が祀られていたらしいという話を区長からうかがった。

この地は先述のように、進貢船など琉球王府公用船乗組員の輩出地として名高い。さらに、当地域の歴史伝承を明治時代に記録した「阿嘉村慶留間大屋子及慶留間嶽ノ由来記」には、始祖の富里大比屋の次女の思加那志金について「之ガ母、常ニ天后菩薩ヲ深ク尊信シテ遂ニ天妃菩薩ヲ夢ミテ生ミ、世人皆之ヲ見テ称賛セザル者無シ。故ニ之ヲ称シテ天后菩薩思加那志ト云ウ」と述べ、彼女がのちに阿嘉の城山御嶽《グスクウタギ》の女神となって船の遭難を救い、外敵や災害から島を守ったというエピソードが続いており、船方の航海守護神である媽祖と、島の守護神との習合という興味深い展開が看取できるのである。(18)

先述したように、窪氏は論考で天妃像の個人宅安置奉祀は稀有な例としているが、別の箇所では福建などで例があると言い、また、論文の末尾で、那覇の船頭の家のなかには天妃像を所持している家があり、また「佐久川（春）家」の家譜には、所持のことが載っているとも書いている。先述した渡唐船への媽祖勧請の史料でも、媽祖の所持者の一人に若狭町村の佐久川筑登之親雲上が登場している。次に「佐久川家（春）」の家譜の検証に移ろう。

（2） 新参林氏佐久川家の家系との媽祖像

『新参林姓（佐久川家）家譜』は那覇市歴史文化博物館に写しが保管されており、『那覇市史　資料篇　一―八　家譜資料（四）那覇・泊系』（那覇市企画部市史編集室編集・発行、一九八三年、五三九～五五〇頁）にも掲載されている。まず、その家譜の冒頭より一世林泰郷に関する部分を意訳したものを掲げる。

新参林姓家譜　正統（佐久川家　一世　林開祖　佐久川親雲上泰郷）

自序

吾祖の仲村渠筑登之親雲上は長氏伊差川筑登之親雲上英安の女子真牛を娶り、三人の子が生まれた。長男は吾が父の手登根筑登之親雲上、次男が嘗て士籍に陞った林維新、三男が山城筑登之である。吾父の手登根筑登之親雲上は壮年の時、志を持って薩摩に到り、天文と駕船之法を学習し、楷船において水手を九回、佐事を三回、直庫を二七回、合わせて三九回を勤め、座敷に叙位された。（泰郷）は医術を学び頗る秘伝を得て世上を□□する。此に依り吾が□□（国王カ）は扶危之功を□、宏く視蒼如赤の恩を施され、特に家譜を賜りて士籍に陞った。是は誠に千秋難逢の曠典であり、民家の無窮の栄光である。茲に吾父が嘗て天后の廕庇を托して海上に驚濤の虞れがなかったので、謹しんで林の字を請いて以って吾と為し、百世に至るまで其の光を識して忘れないようにした。ああ、爾じ子孫よ、戦戦兢兢として木本水源の理を視る毎に、父慈子孝の道を恪行し、上には報国の恩を以って下には厚親の戚を以って、則ち九族が庶和して一家の盛を興せよ。此れ泰郷の撰する所の譜序を以って子孫に流布するものである。

時

乾隆五一年丙午冬一〇月吉日林開祖泰郷撰並書。

新参一世泰郷（佐久川親雲上）

童名は真蒲戸。唐名林開祖。行一。康熙五八年己亥（一七一九）五月十五日生。

父は若狭町村の無系手登根筑登之親雲上

母は泉崎村の無系大嶺筑登之親雲上女於戸

実母は八重山島石垣村の天志多仁屋の女真伊津

室は若狭町村の無系翁長筑登之親雲上の女真嘉戸（雍正五年丁未六月二三日生嘉慶七年壬戌一一月七日卒寿七六号貞心）

長女真牛（乾隆一一年丙寅正月初八日生。岑氏大城筑登之休宣に嫁ぐ）

次女武樽金（乾隆一四年己巳一〇月一七日生。于衞氏仲井間筑登之憲政に嫁ぐ。乾隆五〇年乙巳三月一一日享年三七で死す。即空と号す）
三女真蒲戸（乾隆一八年癸酉一一月初五日生。于豊氏知念子元達に嫁す）
新参長男泰慶（母は八重山嶋登野城村本原仁屋の女孫伊津志）
四女思津（乾隆二二年丁丑九月一六日生。母八重山嶋登野城村本原仁屋の女孫伊津志）
新参次男泰典
五女思戸（乾隆二六年辛巳一〇月一二日生）
六女真鶴（乾隆二九年甲申二月一八日生）
尚敬王世代
雍正一一年癸丑二月結敍髻
乾隆五年庚申（一七四〇）、薩州へ赴き医道を学習し、乾隆七年壬戌（一七四二）に帰国した。その前後に琉球において旬氏胡屋親雲上由親に師事して医道を学んでいる。
乾隆一〇年乙丑（一七四五）六月一五日、赤八巻に叙される。
尚穆王世代
乾隆一八年癸酉（一七五三）八月朔日、筑登之座敷に叙される。
乾隆二一年丙子（一七五六）、在番毛氏名嘉原親雲上安伝に随行して八重山に在島中に疫癘が流行し、其病が伝染した者は数日を経ずに死にいたり、また八重山詰医者の津波古筑登之親雲上も疾病に臥してしまう。そこで署詰医者として心を尽くして施薬に勤め、効果をあげたと在番頭目から王府に報告された。翌丁丑年（一七五七）六月に来島した屋宜休伝と交代して帰郷した。

乾隆二三年戊寅（一七五八）に中国へ再度医道を学ぶため留学した。乾隆二四年（一七五九）一〇月に中国沿岸に漂着した八重山島人たちが送還のため福州に来た時、同地で疱瘡の流行があった。免疱之法を学習していた泰郷は昼夜、予防や施薬に心血をそそぎ、百余人の遭難者を疱瘡にかかることなく帰国させ、さらに研鑽を積んで翌乾隆二五年（一七六〇）に帰国した。

乾隆二三年戊寅一二月叙黄冠

乾隆二七年壬午（一七六二）一二月、納殿詰医者となり三年間勤役したが、その任中の乾隆二八年癸未（一七六三）六月二七日に、福州留学中の医功が当時の正使や琉球館在留官員、及び八重山島官員から報告されたことによって、褒賞として木棉布三端を賜っている。

〈原文草書〉

其方事が医道稽古のため唐に滞在の砌、八重山嶋舩三艘が漂着した折節、館屋の近辺で疱瘡が流行した、右乗組員たちはみんな疱瘡にかかったことがないため、故に気を附け感染を凌ぐ方法を伝授していたところ、壱人者に感染の兆候がでたが、薬を投与して軽症にとどめ、他の乗員たちは教えた通りに保養したので、都合百人の疱瘡罹患を相防いだ。何れも年長の者たちで、殊に旅中多人数が一所ニ相煩えば、一渥涯之働や看病等は手ニ及ばず、生死之境に差掛るところを、精を出して相い働いたので何れも全て帰帆することができたという。其時の大夫や福州存留官員、並びに八重山嶋役たちの申出た報告を受けたが、誠に伝法の詮相立神妙之至である。そういうわけでそのことが国王にも報告され、御褒美として木棉布三端を拝領するよう仰せ付けられた。有難く頂戴奉り、猶以て医術に精進するように。

乾隆二八年癸未六月二七日　　　三司官

仲村渠築登之親雲上

乾隆二九年甲申（一七六四）一二月、聞得大君御殿御医者寄役となる。

翌乾隆三〇年乙酉（一七六五）一〇月、納殿詰医者寄役に転じ、下庫理書詰医者となる。

同年一二月、勢頭座敷に叙せられ、翌乾隆三一年（一七六六）丙戌、下庫理詰医者を退役する。

乾隆三四年己丑（一七六九）一二月朔日、座敷に叙される。

乾隆三七年壬辰（一七七二）二月、疫癘流行のため王命により玉城郡に行き医薬療治を施す。

乾隆三八年癸巳（一七七三）二月四日、久米嶋で疫癘が流行したため、王命により那覇を出航、同六日に久米島に到り、昼夜心を尽くして看病医薬にあたる。効果があらわれ、八月一五日に那覇に帰る。

同年一二月、下庫理詰医者寄役となり、翌年正月に退役する。

同年（乾隆三八年）、世子尚哲公が薩州に赴く時、先父（手登根筑登之親雲上）が尊崇していた天后菩薩が世子の宝船の守護神として乗船する。

また、乾隆二二年丁丑（一七五七）の謝恩船の一隻、及び乾隆三九年甲午（一七七四）と乾隆四一年丙申（一七七六）の両次貢船の守護神にも採用され、全て平安な航海となる。これらの船の出航・帰還の際の菩薩の揚げ降ろしの儀式の時には、我が宅の庭において大いに備儀・範鼓楽が挙行された。また世子の乗船の時には、特に親方・大親及扈隨各員役等が派遣され、祭式を挙行し還願された。此らはもちろん天后の神霊の賜物であるが、また家門之栄光でもある。

乾隆三九年甲午二月、八重山島詰医者に任命され、翌年五月に那覇を出航したが、洋上で暴風のため遭難し、七月に奥州相馬に漂着した。乗船は座礁で損壊したが、乗員は上陸して助かった。八月に江戸薩摩御屋敷に回送、一〇月に薩州に転送され、一一月に帰国できた。王府にこの遭難について一連の報告をした後、翌年二月二三日に再び那覇を出航して、二八日に八重山島の館舎に到着した。乾隆四三年戊戌（一七七八）六月二一日に公務を全うして帰京した。

乾隆五一年丙午（一七八六）五月二九日に恭なくも賞を蒙り新家譜を賜って永く士籍にのぼることが出来た。（原是泰郷、因有医功積著故、国医及唐栄・那覇官長等共相具由、叩請朝廷随賜比賞、是乃奕世無彊之栄光也其書左記）

覚〈原文草書〉

若狭町村

仲村渠ぐ親雲上

右者は若年より医道に志し、唐大和において再伝いたし、漂着唐人・異国人難病之者共を療治いたし、かつ唐に漂着の八重山島人百人余の疱瘡を相い凌ぎ、且疫癘の時、玉城間切・久米島へ差し越し候節も段々と全快せしむ。その上、納殿詰医者・下庫理御番医者寄役より本役まで両度ずつ、聞得大君御殿詰医者寄役・八重山島詰医者を相い勤む。その他、世上難病之者共を全快させ、国用に相立候由、右の通り医術之功を相い募り候由、療治を請い候面々、那覇医者・御医者中・里主・御物城の申し出之趣有之。抜群之儀御座候間、御褒美として新家譜を成し下されたく存じ奉り候事。

以　上

午　五月二九日

乾隆五五年庚戌（一七九〇）一二月朔日、中城間切佐久川之名を賜る。

乾隆五七年壬子（一七九二）二月一二日卒す。歳七四、号智雲。

以上を要約すると、佐久川家一世林泰郷は、那覇の士族や百姓で医学を学ぶ「医道勤学人」の一人で、父は若狭町村の無手系手登根親雲上であった。手登根には三人の男子がおり、泰郷は長男で康熙五八年（一七一九）の生まれ。乾隆五年(一七四〇)、二八歳の時に薩摩に赴き医学を学んだ。その前後に琉球でも胡氏胡屋親雲上由親から医道を学び、乾隆二一年(一七五六)、在番毛氏名嘉原親雲上安伝に随行して八重山に行った。その在島中に疫病が流行、詰医者の津波古親雲上も病に臥してしまったので、泰郷は署詰医者として翌年に交替の詰医者屋宜休伝が来島するまで、施薬を続けた。帰郷の後、乾隆二三年に医道修業のため渡唐する。翌年、八重山島民が中国に漂着したが、福州の収容所周辺で疱瘡が流行。泰郷は免疱之法を学び、漂流民たちが罹患しないよう保養などに気を配り、そのかいあって翌年、八重山島民は全員無事帰郷できた。帰国した泰郷に対し、王府より八重山島民保全の褒賞を授与され、その後、納殿詰医者、聞得大君御殿御医者寄役、下庫理詰医者、同寄役、八重山詰医者を務めた。そして、乾隆五一年(一七八六)にこれまでの功績により、新家譜を賞賜され、新参士族となったのである。

泰郷の次世代は長男泰慶ではなく、次男泰典が医業を継いだ。泰典(一七五八年生)は、乾隆五五年(一七九〇)に薩摩へ医道稽古のために赴き、椛山龍淵と川村宗澹に本道・外科を習う。同六〇年に帰国後、下庫理詰医者を四度、同寄役を五度、八重山詰医者を一度、宮古加増詰医者を二度勤め、医術講談師にもなっている。泰典は五男八女をもうけるが、五男のうちの三人が宮古・八重山の生まれである。泰典の医業を継いだのは長男泰全である。彼の母真呉勢は那覇士族の養姓原国家の出身であるが、同家も祖父政基や伯父政紹が医者である医道を家業とする家門であった。泰全は道光七年(一八二七)に福州に留学し、同地の劉済川のもとで本道・外科を学んだ。帰国後は下庫理詰医者と同寄役を二度ずつ勤めた後、異国方係医者となり、道光二〇年(一八四〇)には漂着した水戸人とオランダ船員の治療の功績で二度の褒賞を受けている、という。(19)

このように新参林氏佐久川家は一見、医薬の業で王府に仕える家門に見えるが、冒頭の自序には、永く船方を務めた父が海上で天后(媽祖)の加護により無事だったことを理由に、士族昇格にあたって林姓を選んだことが記されている。さらに、一世泰郷の年譜中にも、父から譲り受けた天后像に関する記事が挿入されている。すなわち、乾隆三八年癸巳（一七七一）、尚穆王の世子尚哲が、鹿児島藩主への朝覲のため、薩摩に赴く際に、父親が尊崇していた天后菩薩が世子の乗船の守護神として安置されたことを記し、さらにこれに先立つ、乾隆二二年丁丑（一七五七）の謝恩船、および乾隆三九年甲午（一七七四）と乾隆四一年丙申（一七七六）の両次貢船の守護神にも採用され、すべて平安な航海となったことを記している。そして、これらの船の出航・帰還の際の菩薩の揚げ降ろしの儀式の時には、佐久川家の庭において大いに備儀・範鼓楽が挙行され、また世子の乗船の時には、特に親方・大親及扈随各員役等が派遣され、祭式を挙行し還願されたという。これらはもちろん天后の神霊の賜物であるが、また家門之栄光でもあると記されているように、この佐久川家は医道の家でありながら媽祖の像を祀り、それが王府の船の航海安全に資することを家門の栄誉としていたのである。前述のように、それは、泰郷が父・手登根から引き継いだものであるが、手登根は天文と駕船之法を学習し、楷船において水手を九回、佐事を三回、直庫を二七回、合わせて三九回も勤めた有能な船方だったが、士族に昇格することはできなかったのである。

実は、彼の弟は船方としての功績で士族になっている。その唐名は林維新で瀬名波築登之親雲上と称した。童名は真三良で康熙三三年（一六九四）生まれ、康熙五七年（一七一八）、満二四歳の時、三方目という船方役について初渡唐し、康熙五九年（一七二〇）には南風文子、康熙六一年（一七二二）には脇五主に出世して渡唐した。その後、乾隆一八年（一七五三）までの二五年間に中国へ一八回、薩摩へ八回の渡航をこなし、乾隆二一年（一七五六）に満六二歳で死去した。その間の乾隆一六年（一七五一）に、船旅役の功績により家譜を賜り、新参士族となっている。そのほぼ毎年の航海の様子をより詳しく見てみよう。[20]

二四歳での最初の渡唐から五九歳の最後の薩摩行きまでの三六年間・四三二か月のうち、航海に出ていたのは二二九か月（福州行き一七二か月・薩摩行き五七か月）、半分以上の歳月を船上で過ごしたことになる。ほぼ毎年航海にでかけ、この間、航海に行かなかった年は、五二歳・五三歳・五七歳の三年だけである。脇五主となった康熙六一年一一月から初めて航海を休んだ乾隆一一年の前年までの二三年間、二七六か月では、航海に出かけていたのは一七六か月、実に三分の二に及ぶ。

特に四二歳から五一歳にかけての一〇年間は、小唐船（進貢船の二号船）の大五主として一〇月に出航し翌年八月に帰港、その年の一二月には接貢船の大五主として再び福州へ旅立っている。この接貢船は一年以上福州に滞留することになり、那覇に戻ったのは翌々年の五月となったが、維新は休む暇もなく翌六月には夏楷船の糸荷付として薩摩に渡って同年一〇月に帰港、さらに同じ年の一二月には接貢船大五主として福州に旅立つ。翌年七月に戻ったあとは、五年ぶりに若狭町村の自宅で正月を過ごした後、五月の夏楷船で薩摩に渡り、一〇月に帰港すると翌一一月には接貢船大五主として福州に赴き、翌年九月の帰国後、また一一月に小唐船大五主となって中国で一年以上を過ごして翌年一二月に那覇に帰るも、翌年五月にはまた夏楷船で薩摩に滞在し、琉球に戻って来たのは次の年の一一月、一〇九か月のうち那覇にいたのはわずか一八か月、実に八四パーセントにあたる九一か月を海上・海外で過ごすというありさまである。

兄の手登根築登之親雲上が薩摩航路の楷船中心の船方だったのに対し、弟の真三良（林維新）は薩摩と福州の両航路で船方として活躍し、また王府の公交易を取り仕切る大五主としても功績を積んでいた。弟のほうが士族に取り立てられた理由はここにあった。これによって船方の功で士族へのぼる道が遠のいた手登根の家では、長男の泰郷が医術の道に転身して士族昇格を果たしたのであった。前述のように泰郷の医道を継承したのは次男泰典だが、『家譜』によれば彼は佐久川の家名は継がずに有銘親雲上を名乗っている。佐久川の家名は泰郷の長男泰慶が継ぎ、三世泰章、四世泰恭と、泰慶の子孫に継承されている。先述したロバート・バウン号事件に関わる渡唐船に媽祖像を提供する若狭町村の佐久川築登之親雲上は、年代から考えて、四世の泰恭であろう。

前節に登場した田里兼賢のような中級士族でも王府の定役に就くまでには長い下積みがあった。佐久川家は無禄の下級士族であり、嫡系を継いだ泰恭は四八歳でようやく任期付の久米村横目役にありついたが、一族には役職に就けない者も多い。無役者には俗業が許されていたので、佐久川家の多くの男たちは、公用船の水主や島嶼間交易など代々の船仕事で家族を養っていたと思われる。そんな一門にとって先祖伝来の媽祖像は、まさに家業の守護神であり、家門の誇りだったのであろう。また、国王世子の薩摩渡航をはじめ、公用船の航海に幾度も出動した実績は、周囲の船関係者の間に知れ渡っていたに違いない。渡唐船や楷船に勧請された民間所有の媽祖像たちは、何れもこの佐久川家の媽祖像と似た境遇にあったのではないだろうか。

（3）久米島博物館の媽祖像

現在、新参林氏佐久川家に伝わった媽祖像一式は久米島町立久米島博物館（旧久米島自然文化センター）に所蔵されている。その由来を、久米島町教育委員会文化課編『久米島自然文化センター紀要』第五号（久米島久米島自然文化センター、二〇〇五年、一二八頁）によって見てみよう。

那覇若狭町の新参林氏本家のもので、ある事情により当館に寄贈された。同氏門中会では「ブサガナシー」（菩薩さま）と呼んで尊崇した。家譜によると、一世の泰郷（佐久川親雲上）は、康熙五八年（一七一九）生まれで、医学の道に進み、納殿詰医者となる。一七五八年、中国に留学していた時、八重山船三艘が漂着した。たまたま琉球館周辺では疱瘡が流行していたが、泰郷が予防法や施薬によって一〇〇余人を疱瘡から守ったことなどの功績により、黄冠に叙せられた。「ブサガナシー」は、福州から求めた守り神であったという。当時は「唐旅」のような大旅行に携帯し尊崇したといわれている。戦時中台湾に疎開した際、空襲に遭遇したが、神像も家族も無傷で帰国したという。「ブサガナシー」は、切り妻型厨子の中に納まっており、左右合わせて六体、前に一体の従者立像がある。付属品として、金属製の耳杯・香炉・対瓶・茶わんの他、朱泥焼の茶わんなどがある。

ここで述べられている林泰郷が媽祖像を福州から求めたという近年の伝承は、『家譜』の父が尊崇していたという記載から変化しており、興味深い。この媽祖像は、二〇〇六年の九州国立博物館開館一周年記念展『海の神々――捧げられた宝物――』で公開された。その図録には、「那覇の旧家に伝わったもの。馬祖のほか七軀の脇士像が厨子に納められている。厨子内の壇には、航海中の揺れによる像の転倒を防ぐため凹みが設けられている」とあり、出品目録には、「厨子入り媽祖と祭祀具一式。媽祖・眷属：木造漆箔。祭具：錫。厨子：総高四二・三、幅三三・六、奥行二七・一。媽祖像：総高二一・七。清時代、一八世紀」とある。

論者は、二〇一一年二月に久米島自然文化センター（現・久米島町立久米島博物館）において、この媽祖像を調査した。媽祖像などを納める厨子はベニヤ板製なので、当初のものではないと考えられるが、媽祖像と侍臣像たちは、『海の神々』がいうように清時代のものである。厨子の新造の際には以前の厨子の構造を踏襲することが多いのので、当初のものも船内に安置することを前提に造られていたと思われる。この新参林氏佐久川家所伝の媽祖像の最大の特徴は、媽祖を正面から拝礼する立像があることである。先述した『大島雑記』に載る媽祖像図にも、同様に拝礼者像が描かれている。この媽祖像の信者像は男性官人だが、『大島雑記』の信者像は女性である。台湾の南方俗民物質文化資料館の徐瀛洲氏のご教示によれば、拝礼者像のあるタイプは数少ないものの清時代の福建に類例があるということであるが、当時の琉球王国の船方衆の間で、このような信者像があるタイプのものが流行していたのかもしれない。佐久川家所伝のこの媽祖像は、船方衆たちの家門に伝わった航海の守護神であり、王府の渡唐船や楷船にも貸し出された媽祖像の現在における唯一の実例である。と同時に、ユーラシア東部の航海信仰の多様なあり方の一端を、我々に教えてくれる貴重な存在であることは間違いない。

写真　新参林氏佐久川家に伝わった清代の媽祖像
（久米島町立久米島博物館蔵）

おわりに

まず、本稿で明らかにしたことを要約しよう。第一節では、福州航路の公用船の航海儀礼中の菩薩御たかべと菩薩御乗船について検証し、前者の拝礼の対象が上天妃宮の大媽祖像（本尊）と小媽祖像群、そして渡唐船に安置する渡唐媽祖であることや、媽祖の前で旅役者への公銀の受け渡しもおこなわれたこと、後者では、船中に渡唐媽祖を安置する儀礼に続いて、旅役者が船方衆の名前と役割を確認する「晴之規式」と、船方衆の祝い言の後、媽祖の供物のお下がりを共食する「津出之規式」という旅役者と船方衆の一体感を高める儀式が挙行されたことなどを明らかにした。また、渡唐媽祖は那覇の上天妃宮ではなく福州の天后宮の媽祖の仲介者（分身）として祈願されていることも確認した。第二節では、近世の琉球王国では、上下天妃宮だけでなく一族の守護神として民間の個人宅（家門の本家）に媽祖を祀る習俗があったこと、久米村の士族だけでなく船方を輩出する家門も媽祖を祀り、由緒の有るものは公用船にも船媽祖として勧請されたこと、その実例として新参林氏佐久川家の媽祖像が現存していることを述べてきた。

本論で述べたように、那覇若狭町村の船方・海商の家系から一八世紀に士族となった新参林氏が、家譜を下賜され士族となった時に「林」という姓を選んだのは、代々信仰していた唐の菩薩＝天妃・媽祖の俗姓が林だったことにあやかったものであったという。だからといって彼らの祖先が中国から来航したとは限らない。若狭町はもともと日本列島からの来住者が多かったところだともいわれているからである。[21] しかし、祖先の出自を詮索することに大きな意味はない。彼らは那覇を拠点する航海者として、一生の大半を船上や他国・他地域の港で過ごすことで、家族一族の生活を支え、さらに琉球王国の公益に奉仕し、士族となることを目指したのである。

仲村渠筑登之親雲上の二人の息子、手登根筑登之親雲上と林維新のうち、先に士族になったのは弟の維新であり、新参士族瀬名波家の祖となった。しかし、兄手登根筑登之親雲上の息子林泰郷は医術を身につけ、その功で新参士佐久川家を開き、士族になれなかった父の無念を晴らしたのである。家門が崇敬していた天后像は、兄筋の佐久川家に伝わり、航海者としての家系の栄光を子孫に伝えた。では、媽祖像を伝えなかった瀬名波家には、そのような栄誉を後世に伝える術がなかったのだろうか。いや、そうとも言えない。もしかしたら、カチャーシーの名曲として、今も沖縄の人々に広く愛される「唐船ドーイ」に、その栄光は記憶されているのかもしれない。[22]

とうしんどーい　さんてーまん　（唐船が来たぞーい！と　皆が沸きたっても）
いっさんはーえ　ならんしや　（一目散に走り出しはなさらんお人）
ユイヤナー
わかさまちむらぬ　サー　しなふぁぬ　たんめー　（若狭町村の　サー　瀬名波のご隠居さん〜）
ハイヤ　センスル　ユイヤナ

（1）　外間守善・西郷信綱校訂『おもろそうし（日本思想大系一八）』（岩波書店、一九七二年）。
（2）　池宮正治「『おもろさうし』にあらわれた異国と異域」（『日本東洋文化論集（琉球大学法文学部紀要）』九、二〇〇三年）。

（3）外間守善「おもろ概説」（前掲註（1）書所収）。
（4）上里隆史『海の王国・琉球：「海域アジア」屈指の交易国家の実像』（洋泉社、二〇一二年）。
（5）媽祖については多くの論稿がある。藤田明良「航海神――媽祖を中心とする東北アジアの神々――」（桃木至朗ほか編『海域アジア研究入門』岩波書店、二〇〇八年）参照。
（6）琉球王国の航海船・交易・乗員については以下の論稿を参照。豊見山和行「琉球・沖縄史の世界」（同編『琉球・沖縄史の世界――日本の時代史一八――』吉川弘文館、二〇〇三年）、真栄平房昭「琉球貿易の構造と流通ネットワーク」（豊見山和行編『琉球・沖縄史の世界――日本の時代史一八――』吉川弘文館、二〇〇三年）、高良倉吉「I琉球・沖縄の島々を巡る」所収「唐旅の海域へ」（『琉球・沖縄と海上の道――街道の日本史五六――』吉川弘文館、二〇〇五年）、冨田千夏「琉球～中国を移動する五主――琉球の環海性による事象の一例として――」（上里賢一・高良倉吉・平良妙子編『東アジアの文化と琉球・沖縄――琉球／沖縄・日本・中国・越南――』（琉球大学 人の移動と二一世紀のグローバル社会Ⅱ）』彩流社、二〇一〇年）、深澤秋人「海域史のなかの那覇港――一八四〇～五〇年代の状況――」同前書、深澤秋人「琉球の船舶乗組員からみた海域史――護送船・飛船の例を中心に――」（岡本弘道編『船の文化からみた東アジア諸国の位相――近世期の琉球を中心とした地域間比較を通じて――（周縁の文化交渉学シリーズ五）』関西大学文化交渉学教育研究拠点(ICIS)、二〇一二年）。
（7）袋中良定『琉球神道記・袋中上人絵詞伝』（榕樹書林、二〇〇一年）。
（8）沖縄の天妃信仰については多数の論稿があり、最近、本間浩氏が研究整理をおこなっている。同氏「琉球における天妃信仰：東シナ海周辺地域における媽祖信仰の一例として」（『神道と日本文化』五、二〇一二年）。
（9）小野まさ子「評定所文書覚書（1）――進貢船と媽祖像――」（『浦添市立図書館紀要』一、一九八九年）、真栄平房昭「近世琉球における航海と信仰――「旅」の儀礼を中心に――」（『沖縄文化』七七、一九九三年）、豊見山和行「航海守護神と海域――媽祖・観音・聞得大君――」（『海のアジア五・越境するネットワーク』岩波書店、二〇〇一年）。
（10）藤田明良「日本近世における古媽祖像と船玉神の信仰（単著）」（黄自進主編『近現代日本社会的蛻変』中央研究院人文社会科学研究中心亜太区域研究専題中心（台北）、二〇〇六年）。
（11）池宮正治「渡唐船の準備と儀礼」（『第七屆中琉歴史関係国際学術会議中琉歴史関係論文集』中琉文化経済協会出版、

一九九九年）。

（12）小野まさ子「評定所文書覚書（1）――進貢船と媽祖像――」（『浦添市立図書館紀要』一、一九八九年）。

（13）恰山院天后宮と宮之上天后宮については、深澤秋人「居留地としての福州琉球館」（同『近世琉球中国交流史の研究』榕樹書林、二〇一一年、四一～四二頁）。また、渡辺美季氏「中国における琉球関係史跡の紹介」（http://www.geocities.jp/ryukyu_history/china_ryukyu/Fujian.html、二〇一三年八月三〇日閲覧）には、この四廟について具体的な解説がある。

（14）都築晶子「琉球における道教的信仰――久米村の天妃信仰を事例として――」（『アジア遊学』一六、二〇〇〇年）、豊見山和行「航海守護神と海域――媽祖・観音・聞得大君――」（『海のアジア五・越境するネットワーク』岩波書店、二〇〇一年）。

（15）西里喜行『清末中琉日関係史の研究』（京都大学学術出版会、二〇〇五年）。

（16）浦添市教育委員会編『琉球王国評定所文書 六』（ひるぎ社、一九九一年、三六一～三六二頁）。

（17）窪徳忠「『四本堂家礼』にみえる天妃信仰」（『社会と伝承』一四―四、一九七五年）。

（18）里井洋一「阿嘉慶留間の守護神思加那志金神（天妃）」（『新しい琉球史像――安良城盛昭先生追悼論集――』榕樹社、一九九六年）。

（19）勝連晶子「近世琉球の医者に関する一考察」（『首里城研究』一一、二〇〇九年）、勝連晶子「近世琉球における医療活動の諸相〈序説〉――医官・医役の活動を中心に――」（『首里城研究』一三、二〇一一年）。

（20）冨田千夏「琉球～中国を移動する五主――琉球の環海性による事象の一例として――」（前掲註6書）。「新参林姓（瀬名波家）家譜」（『那覇市史 資料篇 一―八 家譜資料（四）那覇・泊系』那覇市企画部市史編集室編集・発行、一九八三年、五五一～五五七頁）。

（21）上里隆史「古琉球・那覇の「倭人」居留地と環シナ海世界」（『史学雑誌』一一四―七、二〇〇五年）。『新参林姓（瀬名波家）家譜』によれば、林維新の妻の実父は薩摩国久志在住の山下十左衛門であった。本論で述べたように、その佐久川家の手登根と林泰郷も経歴の初期に薩摩へ留学するなど、この家系は薩摩方面との関係が顕著である。

（22）崎間麗進「唐船どーい」（『沖縄大百科事典・中巻』沖縄タイムス社、一九八三年）。ただし、この歌の「瀬名波のたんめー」のモデル候補は、もう一人いる。『球陽』巻一一の尚敬一六年（一七二七）【始めて貢船の直庫、褒美して以て勧むることを定む】の記事に登場する「楮基（瀬名波親雲上軌里）」である。楮氏軌里（瀬名波築登之親雲上）は那覇市市民文化部歴史博物館編『氏集――首里・那覇』（那覇市、一九七六年、九一頁）にも見えるが、家譜の実物は見つかっていないようで、若狭町村の住人か否かも未詳である。

多重化するローカルな祭り——浮遊する聖人——

井本恭子

はじめに

聖母や聖人の名を冠した祭りと聞けば、その土地にまだ残っている宗教的なもの、あるいはカトリックの伝統的な行事を想像しがちである。祭りにかぎらず習俗や古い建造物を前にすれば、年月に耐えて素朴なまま今もあると思ったり、発生したときの形態や機能がそのまま保持されているように感じたりする。それはごく自然なことで、そのこと自体に違和感をもつこともないのかもしれない。しかし今ある「伝統的なもの」が、昔からあったとはかぎらないし、昔あったものがそっくりそのまま残っているわけでもない。にもかかわらず、「まだ残っている伝統」とか「失われた伝統」という表現が示すように、つねに存亡と結びつけられて意識され、持続性や継承性を問われるのは、実に興味深いことではないだろうか。

文明化（西欧化）や近代化やグローバル化といわれるような変容過程で、「伝統的なもの」が「再発見」「回帰」「復興」「保存」「懐古」の対象として求められるという指摘、そうした「伝統的なもの」への求心力の高まりが、個人・集団・地域のレベルにおける統合やつながりの喪失、アイデンティティや帰属という一体性の問題、他との差異化をはかる特殊性（たとえばエスニシティ）を規定するものと関係づけられるという説明がなされる。そのような指摘や説明は、持続性（変わらないもの）と一時性（変わるもの）の関係を単線的に把握しなければ成立しないものである。(1) このような解読のコードに異を唱えるつもりはないが、それが特権的なコードだとは思わない。

そこで本稿では、変容を捉える枠組みの単一性から少し離れて、「伝統的なもの」を動態的に捉えてみたい。「動態的に」というのは、原初のものとして「伝統的なもの」が再生（再構築）されるプロセスをありのままに記述し、その創造と革新のダイナミズムを示すことではない。「伝統的なもの」として共時的に現れる雑多なものの間に一貫性を求めることなく、当該地域の住人たちの生活のなかの位置づけに沿って、多様なままに捉えるという意味である。もう少し具体的にいえば、共同体の解体とともに消滅するはずの祭りが（そのような見かた自体、近代の幻想なのだが）、新しい社会状況のなかで再興され増殖するという現象を扱ったボワセヴァンの *Revitalizing European rituals*（Routledge, 1992）を出発点に、伝統的な祭りの形態や機能や意味の連続性や変化の説明あるいは解釈とは異なるアプローチをささやかながら試みることである。

その具体的な場として、サルデーニャ島のボーノ町をとりあげ、住人たちがローカルなかかわり合いのなかで変容に対応しつつ、選んだり捨てたりしながら創っている祭りが多重化することを示したい。

一　祭りの再興現象

（1）　ボワセヴァンの類型

少し回り道になるが、なぜ、いま「伝統的なもの」が問題なのか、どうしてサルデーニャ島のボーノ町と祭りを具体的な場としてとりあげるにいたったのか、ボワセヴァンの著作 *Revitalizing European rituals* で扱われる祭りの再興現象を起点に説明しておこう。

一九七〇年代、工業化・都市化とともに衰退すると考えられていた多くの祭りが、まるで生成と消滅のバイオリズムをもっているかのように、新しい社会状況のなかで復活していたり、これまでになかった新たなものが創出されたりという現象に、“revitalization”「再興」という名を与えて、分析したのがボワセヴァンである。この蘇生のバイオリズムをかいつまんでいえば、一九世紀末、とくに北欧のカーニヴァルのような祝祭がまず衰退し始め、戦後の一時的な再生を経て、ヨーロッパにおける祭りは五〇年代から六〇年代にかけて、共同体の解体とともに消えてゆくかに見えたが、七〇年代になると息を吹き返すという波動である。

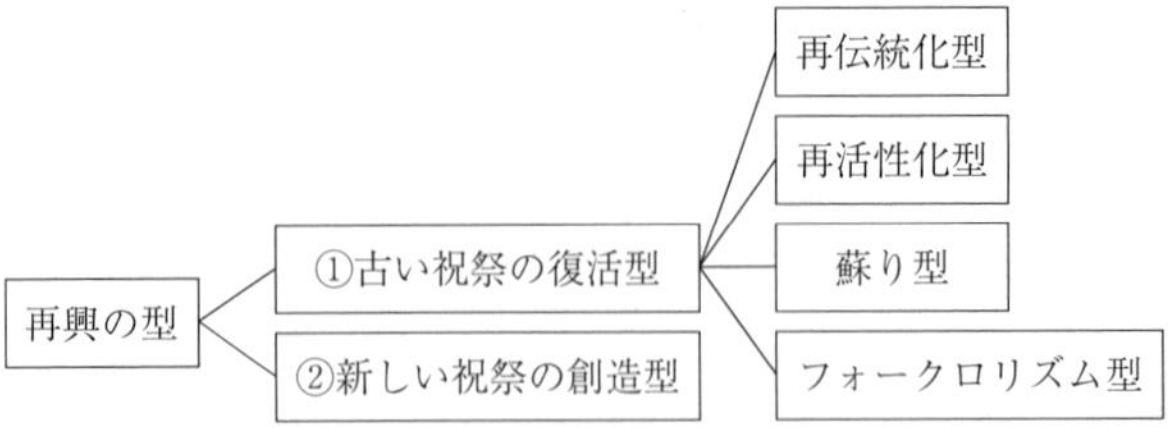

図1　再興の類型図

ボワセヴァンは、形態も意味も維持されてきた祝祭の拡張もふくめ、創造・革新・再活性・復活など、多様な実相を形態によって大きく二つに区別できると主張している（図1）。とくに「古い祝祭の復活型」については、さらに四つの下位タイプに分けているのだが、ここでは本稿とのかかわりから、「フォークロリズム型」についてのみ簡単に触れておこう。ボワセヴァンは、観光客を楽しませるように再活性化されたり、創造されたりする祭りの出現は、オランダ、ドイツ、スカンジナビアにもあるが、スペイン、イタリア、マルタといった南欧に特有の傾向だと述べる。見られる／見せる祭りの再興現象が、南欧で顕著であったという事実は、何を示しているのか、興味深い指摘である。

このような「再興」という記述概念は、戦後の「脱儀礼化」現象、あるいは世俗化＝個人化現象に対置して、事後的に設定されたものであるが、調査地でいくつかの祭りを目にしていた筆者の思考を刺激するには十分であった。筆者の調査地でも、伝統的とされる動物の仮面を中心としたカーニヴァルの再活性化は七〇年代に起こり、それが「フォークリバイバル」の名で解釈されていたからである。

「フォークリバイバル」のほうは、大衆化（平準化）に対抗する文化現象として、「民俗《フォーク》」（暮しのなかで継承されてきた固有のもの）が持ち出されているわけだが、どちらも社会の変容とかかわる祭りの再生現象を記述する概念であることに違いはない。だが、個人化や大衆化に対する対抗現象として、ローカルな祭りを介して先行状態（共同体的なもの）を復活させるというシナリオのなかに、新たな事例を加えるような分析をするつもりはない。言いかえれば、みずからの特殊性（同一性）を誇示するために、祭りを復活させたり新たに創造したりすることを指摘することが、本稿の目的ではない。たしかに、対抗現象のような異議申し立ての側面もあるだろうが、担い手たちが彼ら自身の置かれた状況や生活圏の変化に応じて実践している祭りは、なにか違うことを告げているのではないかという疑問、変容への適応（抵抗も含んだ）はもっと柔軟なのではないか、ここに本稿の出発点がまずある。

（2）ひとつの単位としてのローカル

では、なぜ、サルデーニャ島ボーノ町を選んだのか。なにか目立つような祭りがあるわけでも、伝統的な農業や牧畜のサイクルを中心とした生活がまだ残っている町でもない。役所勤めの人、個人商店主、パート勤めの人、児童・学生、年金生活者など、さまざまな活動領域をもった人びとが暮しているし、町を超えた移動もある、要するに工業化、都市化、大衆化と無縁ではない、ごくふつうの（変化してきた）町である。しかし町が単なる地方行政の末端単位 comune《コムーネ》 ではなく、paese《パエーゼ》 というひとつの生活圏の単位ともなるという意味では、特異な性格をもっているといえよう（それはイタリアのほかの町についてもいえることだが）。丘状に密集した集落とその周辺領域でひとつの景観となり、みずからの人間関係（社交関係）を展開する中心的な舞台となるといった実質的な意味で、町はひとつの単位＝paese《パエーゼ》として住人たちにも意識されているからである。つまり、各自の生活そのものが現れる空間が町なのである。ゆえに、町で行われる、大小さまざまな年周期的な祭りは、ふだんは見えない住人たちの紐帯を可視化する現象となりうる。ボーノ町を選んだ理由は、まさにここにある。

さて、祭りの再興現象では、地元住人が新たな要素を付け加えながら、祭りをスペクタクル化することやキリスト教以前の要素（異教的あるいは土着的と称するもの）を強調することばかりに目が向けられているが、彼らが祭りと呼んで実践しているものはすべて祭りである。にもかかわらず、それらの関係がどうなっているのか、あまり問題にされない(2)。たとえば、本稿で扱うボーノ町では実に多くの聖人祭があるのだが、それらは「伝統的な祭り」や「フォークロア」と名づけられ、周縁地域の特殊性（同一性）にすべて回収されてしまう。

ある種の祭りを再興の典型として分析し、その要因をいくつかあげて、地域の外延から説明するのとは異なるアプローチを試みようとすれば、ボーノ町という具体的な場に降り立ち、「伝統的な祭り」とか「フォークロア」のカテゴリに分類される祭りの雑多な実態に、もう少し目を向ける必要があるのではないだろうか。

さて、以下でとりあげるボーノ町の祭りに関する内容は、筆者自身のフィールドノート、いくつかの文献、デジタルアーカイブの映像資料に依拠したものである(3)。町の教会はすべて訪れたのだが、実際に観察できた（実行組織に参加したものを含めて）祭りは、聖ライモンド祭、聖エフィジオ祭、聖ミケーレ祭の三つである。直接確認できなかった祭りについては、いつ、どこで、何のために、いかなる形で、誰によって行われるのか、住人たちに語ってもらった。もちろん、祭りを集合として論じるには、充分な実地調査とはいえないが、「町《パエーゼ》の祭り」とか「民の祭り」と呼ばれる聖人祭を素描することはできるだろう。

二　いくつもの重なり

（1）　祭事と催事

祭りは決められた日に、一定の形式をもって、特定の場所で行われ、行政主導であろうが、住人主体であろうが、担い手がいる。それはイベント（催し）とて同じである。祭りも月日に従って並べられると、それはイベント情報でしかないが、ボーノ町の住人たちは祭事を催事と厳密に区別しており、そもそも聖人を欠いたものや催事だけのものを祭りとは呼ばない。もっとも、イベントを「催し」ではなく「出来事」とすれば、祭事との区別はあいまいになるのだが。

彼らにとっての祭事は、「聖人の日」に行われるミサと教会から出発して居住区内を巡る宗教行列から成っているのだが、教会サイドからすれば、本来は典礼のみである。しかし、ロザリオ・典礼劇・祝福・聖像につき従ってただ歩くだけの行列などを devotio popularis「民間信心」として、「正統信仰」の枠を拡大解釈して容認している。(4) それに対して催事は、文化的・商業的イベントで manifestazioni と呼ばれ、町のメインストリートや広場の特設ステージで行われる。伝統衣装の行列・伝統的な踊り・即興詩合戦・民謡・コンサート・遊戯などがそれに当たる。

住人たちが「聖××の祭り」と呼ぶものは、こうした祭事と司祭（教会）が関わらない催事が混在したものである。ゆえに、祭りはつねに祭事を包摂しているので、「祭りのイベント化」とは儀礼がなくなって商業化されることではなく、催事が肥大化（日数が増える）したりスペクタル化（劇場化）することである。あるいは祭事から催事が切り離されて、パリオと呼ばれる競馬や国際フォークロアフェスティバルといったイベントに変化して増殖する現象が並行することであろう。いまある聖人祭は、つねに／すでに変化を経ているのであって、前近代的な世界の演劇化はその一部をとりあげているにすぎない。

聖人が捨てられれば、祭りは消滅する。逆に、新たな祭りを創ろうとすれば、聖人（教会）が必要とされる。ただし、住人たち個々の聖人への祈願や返礼行為に示される信心やカトリック信仰の根強さに規定されるというよりも、聖人はもっと流動的な存在で、ふだんの時間や空間の切断や集団内あるいは集団間の結合など、ある種の操作媒体のようにも見える。これを聖人の多重化と言いかえてもよいが、ここでは深く立ち入らない。まずは、聖人祭そのものを閉じられた共同体（実体的であろうがイメージであろうが）と結びつけ、「伝統的なもの」とする見かたから距離を置いて、ボーノ町の祭りには聖人が欠かせないこと、祭事と催事が混在することを押えておきたい。

（2） 重なりあう暦

特定の場所で反復される祭りを通覧すると、住人たちが生活の時間と空間を実にうまく利用して、祭りを行っていることがわかる。先にも述べたように、彼らの祭りに儀式が欠かせない以上、教会を排除するようなやりかたはできない。だからといって、「正統信仰」すなわち典礼や教会暦に忠実に従っているわけでもない。みずからが生きる時間と空間に合わせて、枠をずらして、生活の舞台を再構成している。そこが「うまく」の意味であり、その巧みさは融通性となって現れる。

祭りは共同体のものだといわれるが、ボーノ町の聖人祭を見ると、生産の共同という基盤を失って、かつてのような労働と休止のサイクルから、労働と休日・休暇へと生活が変化すれば、用済みの祭りは捨てられ、利用価値（観光資源としても）のある祭りは再加工されている。たとえば、聖エフィジオ祭や聖カテリーナ祭は共同作業の周期に合わせて、二回ないし三回行われていたのだが、それを一回にして、夏の休暇に集中させたり、なるべ

表1　ボーノ町の聖人祭

	聖人の日	聖人名	場所
年間前期	1/17	聖アントニオ	居住区内
	5月の日曜	聖ガヴィノ	居住区外
	5月最後の日曜	聖カテリーナ	居住区内
	6/2	聖レスティトゥータ	居住区外
	6/24	聖ジョヴァンニ	居住区内
	8/31	聖ライモンド	
年間後期	9/8	聖女バルバラ	居住区外
	9月の土曜か日曜	聖エフィジオ	居住区内
	9月後半	聖アンブロージョ	居住区外
	9月の土曜か日曜	聖ニコラ	
	9/29	聖ミケーレ（守護聖人）	居住区内

註：下線はローマの殉教録と一致するもの

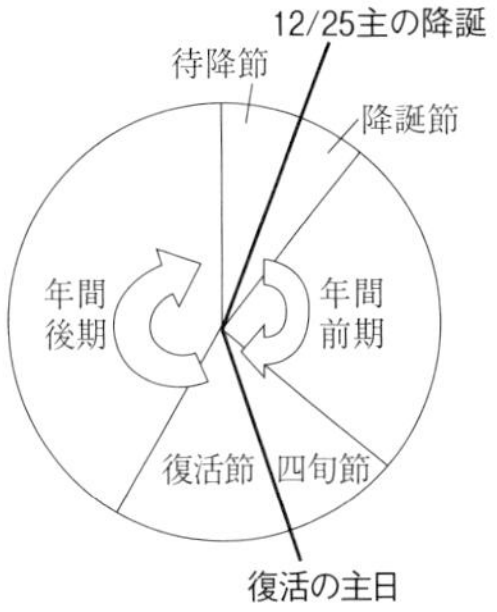

図2　カトリックの典礼暦概図

く日曜日に移動させたりしている。そもそも聖人暦には、オフィシャル版と地域版があるので同じ日に複数の聖人が並ぶことはあっても、同じ聖人が反復されることはない。このような融通性は、必要に応じていつもと違う〈場〉を創りだすために、宗教的な領域に囲い込まれている聖人を活用することの証左であろう。

図2はカトリックの典礼暦の大枠を示したものである。待降節→降誕節→四旬節→復活節の四季を巡って、イエス・キリストの事蹟を記念するようになっていること、その間にふたつの年間（前期・後期）が挿入されていることがわかるだろう。年間とは四つの節以外の期間で、三三ないし三四週ある。ボーノ町の聖人祭はすべて、年間前期と後期に行われている（表1）。イエス・キリストの事蹟を中心にした教会暦にボーノ町の聖人祭暦を重ねてみるのは、このようなあたりまえのことを確認するためではない。祭りの日と聖人の殉教日の食い違いを示すためである。

一般的に聖人の日は「殉教録」に記されたものが、「正統」（普遍的）とされる。つまり、聖人が殉教した日が聖人の誕生日なのである。ここであらためて表1を見ると、「殉教録」と一致するのは、聖アントニオ、聖ジョヴァンニ、聖ライモンド、聖ミケーレのみである。ほかの聖人は、「殉教録」をまったく無視した日と結びつけられている。それどころか、年ごとに殉教した日（聖人の日）を移動させたり、聖ガヴィノのように、「殉教録」にない聖人を登場させたりしている。些細なことのように見えるが、このずれを理念と実践の対立として片づけてしまうわけにはいかない。

これを「上から」見れば、典礼と並存するdevotio popularis「民間信心」、すなわち民衆の自発的な信仰慣習だから、ずれが生じるのも当然だといわれるだろう。身近で親しみやすい信仰慣習が望まれ、教会も典礼の枠内でこれを容認してきた結果とみるからである。事実、教会はオフィシャルな聖人と、地域でとくに崇敬されている聖人の置きかえを認めているし、地域版聖人暦の販売も禁じていない。聖人の土着化に対して寛容といえるだろう。しかし、その場合でも動くのは聖人であって、「殉教した日」ではない。

住人たちは個人的に特定の聖人、たとえば、聖ライモンドには安産、聖アントニオには家畜の守護として願かけと返礼を行っているし、聖人伝にあるような一般的な来歴も知っている。ならば、記念すべき聖人やその名がついた教会については、土地と直接結びつくような伝承あるいは縁起があるかといえば、必ずしもそうではない。建物としての教会の建立年代は歴史的に示されるとしても、ボーノ町とのつながりが欠けている（記憶が捏造されない）ことに、無頓着である。「身近で親しみやすい」のは、個人的なご利益にかかわることだけである。聖人祭はオフィシャルなものの模倣や個別の信心などと無関係ではないが、それだけでは、祭りの日の移動性を説明することはできないだろう。

ボーノ町の聖人祭の実相の雑多さが教えてくれることは、はじめから特別な日として区別されている場合もあれば、ふだんの日と切断して特別な日にしている場合もあり、そのいずれも聖人を介して差異がつくりだされていることである。つまり、聖人と祭りの結びつきは恣意的なものだと告げているのである。住人からすれば、聖人祭はどれも「正統な」カトリックの祭りである以上、「正統（秩序）／正統から外れるもの（無秩序）」あるいは典礼の一致と多様性という単一の宗教的なコードで解消するわけにはいかない。

聖人と祭りの日の関係は、教会によって一義的に固定される聖人がはみ出していること（多義的であること）を示す一例でしかない。だが、この「はみ出し」はカトリックの制度によって存在するものではなく、聖人祭全体を支えるアーチ（構造）のようなものではないだろうか。「はみ出し」の重なりあう場として、聖人祭を捉えなおす意義はそこにある。

三　ちぐはぐな関係

（1）三つの「動かない」聖人祭

ここでは、聖アントニオ祭、聖ジョヴァンニ祭、聖ライモンド祭の三つをとりあげ、その実践の場に「はみ出し」の重なりの糸口を探ってみよう。先に述べた聖人と祭りの日の関係からすれば、いずれも聖人の日がそのまま祭りの日となる、「動かない」祭りである。両者の関係は恣意的であるから、正確にいえば「動かない」のではなく、あえて「動かさない」祭りといったほうがよいかもしれない。くわえて、ボーノ町とほかの地域との違いを示す「伝統的なもの」として対象化され、たとえば近年の地域振興の一環としてツーリズムに活用される「伝統的な祭り」でもある。つまり、地域の特殊性（同一性）を創出するために、重なり合う「はみ出し」の一元化を要求する力（みずからの内にほかとは異なるものを求められること）の高まりと無縁ではいられない祭りなのである。三つの聖人祭に着目する理由は、「はみ出し」の多重化と一元化（多様性と一致ではなく、雑多と一致）が共時的に現れ、相互に作用する場となるからである。

（2） 聖人の日、祭りの日、「変り目」（あいだ）

さて、三つの聖人祭は「動かない」というより「動かさない」祭りであると述べた。それは一見すると、聖人とその記念日が分かちがたく、動かせないように見えるが、実は住人たちが聖人を使って、あらためて切断しなおしている、あえて動かさないという意味である。事実、聖アントニオ、聖ジョヴァンニ、聖ライモンドの日は、一年のめぐりに切れ目を刻むように置かれており、「変り目」あるいは「移行」を表す日だとされる。冬至・夏至といった太陽の位置、農作業や移牧の年次的な順序によって区切られた一年のめぐりと聖人暦を重ね合わせれば、冬から春――移牧の終り――聖アントニオの日、春から夏――聖ジョヴァンニの日、夏から秋――収穫期（農作業の終り／一年の始まり）――聖ライモンドの日という図式になるだろう（表2）。大事なことは、こうした「変り目」を示すものの変遷ではなく、その重なりである。

これは暦のうえだけのことではない。たとえば、「聖アントニオの火はカーニヴァルの始まり」、「聖ジョヴァンニ祭で春祭りはおしまい」、「九月は一年の始まり」（聖ライモンドの日は八月三一日）といった住人たちの言葉にも表れているように、聖人を介してそれらの日が始まり／終りの「変り目」（あいだ）として保持され、生活のなかでも経験されてきたのである。

ここで同じように聖人の日と祭りの日が一致している、聖ミケーレ祭を引きあいに出しておこう。先の三つの聖人祭のように、聖人の日が聖人以外の対象と結びつけられるような重なりが何もない、聖人そのものを記念しているからである。聖ミケーレの日は聖ミケーレ以外の対象と結びつけられない不動点、あえて「動かさない」のではなく、どうしても「動かせない」祭りだからと言いかえてもよい。

聖ミケーレは守護聖人として教区教会に固定され、はじめから日常的な空間から切断されている。日常世界のなかに、常駐する非日常的存在なのである。つまり、聖ミケーレはカトリックの正統信仰の模範という中心性

表２　ちぐはぐな要素の集まり

聖人	祭りの日	象徴的なモノ	儀式的な行為
聖アントニオ	１月17日 冬→春 移牧の終り	たき火* オレンジ付の小枝の十字架*	教会前の空地に積まれた薪が祝福され点火、それを合図に各地区で一斉に火が灯される* 十字架に火がつく前に、若い男性が、オレンジを取ってみせる* たき火の周囲を時計回り／反時計回りに回る* 灰で十字を互いの額に書く* 特別なパンと葡萄酒が分配される*
聖ジョヴァンニ	６月24日 春→夏	各地区の泉	前夜（真夜中）に町の泉に水を汲みに行く* 泉のある場所でアベマリアを唱えながら、町を一巡する
聖ライモンド	８月31日 夏→秋 収穫期 １年の始まり	牛に引かせた荷車 かぼちゃ	丘のうえから、かぼちゃを転がす 丘から馬で駆けおりる

*印は前夜（聖アントニオは１月16日、聖ジョヴァンニは６月23日）に見られるもの。

（不動点）を帯びることになる。そのため、祭りの日は聖人を記念する以外の要素をできる限り排除しようとする力が働くと考えられる。

融通のきかないことは、厳粛な祭事（原則として教会内で行われるもの）と教会の関与がないにもかかわらず、娯楽的要素が活性化しない催事にも表れている。また、聖人祭は「町《パエーゼ》の祭り」とか「民の祭り」と呼ばれるのだが、聖ミケーレ祭は「教会の祭り」だといわれ、「町」の流儀あるいは「民」の流儀との違いが示される。そのせいか、ボーノ町の特殊性を示す「伝統的な祭り」のなかには入れられず、カトリックの年中行事のひとつに位置づけられている。だからといって、住人たちが聖ミケーレを守護聖人として、上位に位置づけているわけではない。聖人は階層的に秩序づけられた体系ではなく、聖人種という集合の要素なのである[5]。

それに対して、聖アントニオ、聖ジョヴァンニ、聖ライモンドの祭りは、かなり様子が違っている。たとえば、教会が開くのは祭りの日に限られており、個人が自由に出入りできない。ふだんは祭りを組織するメンバーによって維持されているとはいえ、聖像をしまっておくだけの保管庫のようである。祭りのたびに、祭壇に花が飾られ、聖人が呼び出され（聖像が置かれ）、司祭が連れてこられてはじめて保管庫から教会へ、ミサの場として浮上するのである。もちろん、ここに見えるのは聖人の日が聖人を記念する以外の対象と結びつけられるような重なりではなく、聖人の流動性である。

（3）　祭事と催事のあいだ

三つの「動かない」聖人祭は、聖ミケーレ祭とは異なり、聖人を記念する以外の要素と結びつくという実にちぐはぐな関係を示してくれた。では、その重なりをたぐりよせる手がかりはどこにあるかといえば、祭事と催事の様式にある。たとえば、聖人像や聖人旗のように教会との関係があるとは到底思えないモノ（聖アントニオの火、聖ジョヴァンニの水、聖ライモンドのかぼちゃ）やミサや宗教行列以外の儀式的な行為が入り込み、祭事とも催事ともつかない「あいだ」が創られていることを見ればよい（表2）。

もう少し具体的に示してみよう。聖アントニオ祭から一例をあげると、儀式的な行為が行われる場で、男性の腕試しのように十字架に付けられたオレンジを取るという遊びとも儀礼ともつかないものの併存がある。近年ますます盛大になっている聖ライモンド祭では、催事の一環である大かぼちゃを教会のある丘のうえから転がすという行為が、予祝儀礼でもあり、町の英雄と結びつけられた歴史的出来事の象徴でもあり、スペクタクル化しているとはいえ、祭事と催事の相互乗り入れのような場となっている。

これをキリスト教以前の儀礼的要素との融合の結果とすれば、ちぐはぐな関係は解消され、「はみ出し」の重なりはまったく見えなくなってしまい、「変り目」（あいだ）の保持も聖人の日への読み替えとなるだろう。また、ボーノ町の特殊性（同一性）が示される場合も、重なりはすっかり消されて、「原初性」や「抵抗」と名づけられた、ひとつの「はみ出し」に還元されるのである。

この祭事とも催事ともつかない「あいだ」こそ、実は「はみ出し」の重なりの場であり、相互作用の場だと見なす筆者の立場からすれば、そうあっさりと片づけてしまうわけにはいかないのだが、紙幅が尽きてしまった。「あいだ」の扱いと具体的な重なりについては、稿をあらためて論じたい。

むすびにかえて

ローカルな場で実践される祭りの実相は雑多なものである。それが「伝統的な祭り」とか「フォークロア」のカテゴリに分類されると、その雑多さがすっかり消えてしまう。そのようなある種の秩序だてに違和感を覚え、ボーノ町の聖人祭の実践の場にこだわってみたものの、聖人ひとつとっても、それが多義的である様相（本文中の言葉を使えば「はみ出し」の重なり）にうまくアプローチできたとはいえない。また、祭事と催事についても、はじめから教会内の祭事中の祭事は除外してしまった結果、相互作用の場が教会外にしかないような印象を与えることになった。教区教会の中心性が誇示される聖ミケーレ祭でも、近年は教会内に「町」や「民」の流儀が入り込んでいるというのだから、多重化を示すならば、居住区外にある「野の教会」も含めて、相互作用の場を考えねばならない[6]。

こうした個別的なものの分析が、謎解きや種明かしとならず、少しでも一般的な有効性の射程をもち得、新たな知見を生む可能性を示すことができれば、文化（社会）人類学の学徒としての小さな試みも無駄にはならないだろう。

（1） Lanternari, Vittorio *Crisi e ricerca di identità ; Folklore e dinamica culturale* (Liguori Editore, 1976).

Mazzacane, Lello e Lombardi Satriani, Luigi M. *Perché le feste; Un' interpretazione culturale e politica del folklore Meridionale*（Edizioni Savelli, 1974).

（2）Bonato, Laura *Tutti in festa; Antropologia della cerimonialità*（Franco Angeli, 2006).

Bravo, Gian Luigi *La complessità della tradizione; Festa, museo e ricerca antropologica*（Franco Angeli, 2005).

（3）Amministrazione comunale di Bono *Le feste popolari a Bono; Fra tradizione e modernità*（Magnumu, 2003).

Pira, Michelangelo La festa grande（*Sardegna tra due lingue*, Edizioni Della Torre).

La zucca di san Raimondo in Sardegna（*Usanze e Tradizioni del Popolo Italiano*, Adelmo Polla Editore, 1912).

Satta, Maria Margherita Santi, cavalieri e pastori / Sardegna（*La festa*, Electa, 1988).

デジタルアーカイブ www.sardegnadigitallibrary.it

（4）新カトリック大事典編纂委員会編『新カトリック大事典』第三巻・第四巻（研究社、二〇〇二年・二〇〇九年）。

「民間信心は宗教的な体験、神への畏敬、超自然的現象などに基づき、個々の信心の心理を単純化したり絶対視したりするもので、超越的な存在を感覚的かつ物質的に追求し、現世的な幸福や永遠の幸福を得ようとするものである」。カトリックの民間信心の代表的なものとしては、ロザリオ・十字架の道行・祝福・聖歌歌唱・典礼劇・行列・巡礼・道に十字架を建てること・教会堂や礼拝堂建設・悪魔払いを受けることなどがあり、三位一体・キリストの受難・イエスの聖心などへの信仰・聖体礼拝・マリア崇敬・聖人崇敬・聖遺物崇敬との関連が指摘される。

（5）ボーノ町の教会はすべて教区教会の管轄である。具体的にいえば、居住区内にある六つの教会（ボナリアの聖母、聖エフィジオ、聖カテリーナ、聖アントニオ、聖ジョヴァンニ、聖ライモンド）と居住区外にある五つの教会堂（聖ガヴィノ、聖女レスティトゥータ、聖アンブロージョ、聖女バルバラ、聖ニコラ）は、守護聖人の聖ミケーレ教区教会に従属している。しかし、それはあくまでの教会サイドの組織上の関係である。住人たちの話を聞いていると、教区教会（守護聖人）、地区の教会（地区の聖人）、「野の教会」といった区別はしても、その間に上下をつけてはいない。立派な教区教会もお堂のような粗末な建物も、住人たちにとっては聖人のいる場所（聖人像の安置されているところ）に変わりはないからである。教会は聖人のいる場所の集合を構成する要素として、聖人は俗人でない人、あちら側の人の集合を構成する要素として垂直ではなく水平に並べられているのではないだろうか。

（6）「野の教会」は sas cresias de su campu と呼ばれ、聖ガヴィノ、聖女カテリーナ、聖レスティトゥータ、聖女バルバラ、聖アンブロージョの五つである。そのすべてが居住地から数キロの平野地にかたまってあり、「教会」といっても、小さくて粗末なお堂で、なかには聖像が安置されている。そこは、かつて Lorthia（または Lurcia）という集落があったところで、疫病あるいは外敵によって滅び、五つの教会だけが残ったといわれている。奇蹟譚のような聖人とのつながりや教会の縁起を伝えるようなものは、欠落しているのだが、自分たちのルーツを Lorthia に求める。はるか昔、難を逃れて山麓に住みついた人びとがつくった村から、発展してきたと語られるのである。

Ⅲ　古代史の諸相

難波長柄豊碕宮の造営過程

市　大樹

はじめに

一九五四年から続く発掘調査によって、大阪市の上町台地法円坂の一帯から二時期にわたる宮殿遺構が検出され、上層を後期難波宮、下層を前期難波宮と呼んでいる。後期難波宮が聖武朝（七二四〜四九）に再興された難波宮であることは異論を聞かない。これに対して前期難波宮は、ほぼ全面に火災痕跡があることから、『日本書紀』朱鳥元年（六八六）正月乙卯条に「酉時、難波大蔵省失火、宮室悉焼」と記される難波宮に相当するとみてよいが、造営時期を孝徳朝（六四五〜五四）・天武朝（六七二〜八六）いずれとみるのかで長い議論があった。しかし、一九九九年に北西部にある谷から「戊申年」（大化四年、六四八）と書かれた木簡が出土したことや、造成整地土から七世紀中葉の土器が多く出土したことなどもあり、現在では孝徳朝の難波長柄豊碕宮《なにわのながらのとよさきのみや》とみるのがほぼ通説となっている。(1)

『日本書紀』を繙くと、大化元年（六四五）一二月に難波長柄豊碕に遷都したとするが、一方で難波長柄豊碕宮の完成は白雉三年（六五二）九月としており、この約七年間には子代《こしろ》離宮・蝦蟇《かわづ》行宮・小郡《おごおり》宮・難波碕宮・味経《あじふ》宮・大郡《おおごおり》宮なども登場する。果たして難波長柄豊碕宮はどのような造営過程をたどり、他の難波の諸宮といかなる関係にあったのか。

この難問に対して、先行学説を批判的に摂取・検討し、[2]〈小郡宮→難波長柄豊碕宮〉という二段階造営論の立場から、明快な解答を導き出したのが吉川真司氏である。[3]それによれば、第一段階は小郡宮（＝子代離宮）で、大化元年冬に難波小郡（＝子代屯倉）の改作工事を始め、突貫工事の末、同三年夏・秋頃に竣工した。第二段階は難波長柄豊碕宮（＝味経宮）である。大化五年秋・冬頃から大規模な整地が始まり、二年後の白雉二年末には朝堂院など中枢部の造作が完了し、孝徳が遷居して難波長柄豊碕宮と命名した。翌白雉三年の元日朝賀が終わると、孝徳はいったん難波の大郡宮に移るが、同年三月には難波長柄豊碕宮に再び戻り、九月には宮全体が竣工したと理解する。

関係史料の綿密な分析にもとづく吉川氏の難波宮二段階造営論は、現在のほぼ通説をなしている。なかでも、『日本書紀』が直接には記さない難波長柄豊碕宮の造営開始年代を大化五年と推定し、同年における評制の全国施行・官僚制の整備・政権首脳部の一新などの出来事とも関連させながら、難波長柄豊碕宮の歴史的位置を明らかにした点は注目される。いわゆる大化改新の展開過程を考えていく上でも、貴重な研究成果である。

しかし、西本昌弘・古内絵里子の両氏らが疑義を呈するように、難波長柄豊碕宮の造営は大化五年よりも古く遡る可能性も否定できない。[4]本稿では、『日本書紀』を読み直すことによって、難波長柄豊碕宮（以下、豊碕宮と略称）の造営過程について再考してみたい。以下とりあげる史料は、とくに断らない限り『日本書紀』である。

一　大化五年造営開始説に対する疑問

本節では、豊碕宮の造営開始を大化五年とした吉川真司説への疑問を述べたい。まず豊碕宮造営過程に関わる吉川氏の見解をみておく。吉川氏は次の史料を考察の出発点とした。

①（白雉二年）十二月晦、於二味経宮一、請二二千一百余僧尼一、使レ読二一切経一。是夕、燃二二千七百余燈於朝庭内一、使レ読二安宅・土側等経一。於レ是、天皇従二於大郡一、遷二居新宮一。号曰二難波長柄豊碕宮一。

白雉二年（六五一）一二月晦日、味経宮で一切経を読経し、夕方になると朝庭で燃燈をおこない、安宅・土側経の読経をするなか、孝徳が大郡から新宮へ遷居し、新宮を難波長柄豊碕宮と名付けたという。味経宮には二一〇〇人余りもの僧尼を収容できる朝庭があること、『万葉集』巻六で聖武朝の難波宮を「長柄の宮」や「味経の宮」と呼んでいること（九二八・一〇六二番歌）などから、かつて喜田貞吉・新六の両氏が説いたように(5)、味経宮＝豊碕宮と理解できるとした。その上で吉川氏は次の二つの史料の検討に向かう。

②白雉元年春正月辛丑朔、車駕幸二味経宮一、観二賀正礼一。味経、此云二阿膩賦一。是日、車駕還レ宮。

③（白雉元年）冬十月、為レ入二宮地一、所二壊丘墓一、及被レ遷人者、賜レ物各有レ差。即遣二将作大匠荒田井直比羅夫一、立二宮堺標一。

②では孝徳が新宮である味経宮（＝豊碕宮）に遷る（①）ちょうど二年前に、味経宮に行幸して元日朝賀をおこなったこと、③では造営地に入ったため墳墓を壊されたり遷居させられた人に物を与え、「宮堺標」を立てたことが書かれている。③は坂本太郎氏が豊碕宮の敷地選定を示す記事と解して以来(6)、同宮の造営が白雉元年一〇月に始まることを示す史料として取り扱われてきた。味経宮＝豊碕宮とみた場合には、②③をあわせて考えると、新宮の起工以前にその宮で元日朝賀が実施されたことになってしまう。これは一見問題にみえるが、むしろ豊碕宮の造営過程を知る貴重な手掛かりになると吉川氏は述べる。

まず③について、坂本氏以来の解釈をとって整地作業の開始と読んだ場合、翌年大晦日までのわずか一年二か月ほどで整地を終え、宮中枢部の造作を完了したことになる。しかしながら、上町台地北部の地形を改変する大規模な造成と、空前の規模をもつ朝堂院の建設がおこなわれた事実からすれば、あまりに進捗が速すぎる。また、墳墓や人家が立ち退かず、地形が起伏に富む段階で「宮堺標」を立てるというのも不自然である。やや広い範囲の整地を終えてから、宮の位置を占定して立てるべきものではなかろうか。③前段の賜物記事も整地完了後の措置と考えるべきであり、ここで最終的に補償をおこなった上で建造物の構築に着手したものと理解できる。このように吉川氏は考察を進め、③は整地作業の開始記事ではなく、整地完了と建築開始を示す記事として読解できるとし、整地作業は白雉元年一〇月をずっと遡った時点から始まっていたと理解した。

その上で吉川氏は②について、白雉元年正月には宮中枢部の造成がほぼ完了し、その広い空間に幄《あく》などで殿舎を仮設して朝賀儀をおこなったことを示す記事であるとみた。その類例として、天平一四年（七四二）に四阿殿を仮設した恭仁宮の朝賀記事（『続日本紀』同年正月丁巳条）、斉明二年（六五六）に造営中の後飛鳥岡本宮で紺幕を張って朝鮮三国の使者を饗応した事例（『日本書紀』同年是歳条）をあげる。そして、工事現場での仮設朝賀は、新宮造営への強い意気込みを示すデモンストレーションであったとする。

このように②③を解釈した吉川氏は、さらに一歩考察を進め、豊碕宮＝味経宮のための整地作業が、大化五年（六四九）秋・冬頃に開始されたと推定することも可能だと述べる。そう考えれば、宮中枢部の整地に三か月から半年かかり、その後一〇か月で宮域全体（＋α）に造成が及んだことになり、面積比的にもおおむね妥当だと思われるとする。

さらに吉川氏は、豊碕宮のその後における展開について、次のように述べる。白雉元年一〇月に宮全域の整地が終わると、建築に取りかかった。同二年末には朝堂院など中枢部の造作が完了し、孝徳が遷居して難波長柄豊碕宮と命名した（①）。白雉三年の元日朝賀を終えると、しばし孝徳は大郡宮に移るが（④。内裏の仕上げのためかとする）、三月には新宮に戻り（⑤）、九月にいたって宮全体が竣工をみたのである（⑥）。

④（白雉）三年春正月己未朔、元日礼訖、車駕幸㆓大郡宮㆒。
⑤（白雉三年）三月戊午朔丙寅、車駕還㆑宮。
⑥（白雉三年）秋九月、造㆑宮已訖。其宮殿之状、不㆑可㆓殫論㆒。

以上、やや長くなったが、豊碕宮の造営過程に関わる吉川氏の見解を紹介した。ここで問題としたいのは、吉川氏がいかなる根拠によって、豊碕宮の造営開始を大化五年と結論づけたかという点である。この点に注目して吉川説を振り返ってみると、考察の前半部分、豊碕宮＝味経宮であること、③は豊碕宮の造営開始を示す記事ではないこと、の二点は従ってよいと考える。しかし考察の後半部分は、筋の通った推論がなされているが、あくまでも解釈のひとつであって、異論を差し挟む余地も残されているように思う。

第一は③の解釈に関してである。③が豊碕宮の造営開始を示す記事ではないとした点までは認められるが、だからといって、整地完了と建築開始を示す記事であるとは限らない。西本昌弘氏が指摘するように、宮域内の居住者への賜物は、都城の造営開始直後だけではなく、造営完了の見込みがついた時点にもおこなわれうるし、都城造営にともなう墳墓の処理は、藤原京や平城京の場合には宮域や京域の竣工間際になされたことを考えると、③は豊碕宮の造営がほぼ一段落したことを示す記事と理解する余地があるからである。

第二は②の解釈に関してである。吉川氏は、朝賀儀の舞台となる豊碕宮の中枢部について、整地作業はほぼ完了していたが、建物の建築はいまだ開始されていないとみた。たしかに、四阿殿を仮設して対応した恭仁宮における事例もあるが、それはあくまでも異例な措置であり、だからこそ『続日本紀』にその旨が特記されたとみるべきである。だが②の場合、とくに何の注記もない。少なくとも孝徳が出御して拝礼を受ける殿舎（具体的には前期難波宮の内裏前殿）は、存在したとみるのが自然ではなかろうか。

第三は豊碕宮の造営期間についてである。吉川説によれば、整地を含めて約三年で豊碕宮は完成したことになる。だが古内絵里子氏も述べるように、壮大な規模を誇る前期難波宮の姿（⑥の「宮殿之状、不レ可ニ殫論一」という表現も参照）を想起したとき、果たしてこれだけの短期間で完成させることができたのか、という素朴な疑問が拭えない。

以上、吉川説に即す形で、三点にわたって異論ないし疑問を述べた。大化五年に豊碕宮の造営が開始されたとする吉川説は、いくつかの仮説の上に成り立っており、断案とすることはできない。そこで節を改め、『日本書紀』の豊碕宮関係史料を再検討してみたい。

二　豊碕宮造営過程の再検討

吉川真司説が登場する以前、豊碕宮造営は大化五年（六四九）よりも古く遡るという見方があった。最も素朴な見解は、次の大化元年の遷都記事をそのまま受け取るものである。

⑦（大化元年）冬十二月乙未朔癸卯、天皇遷ニ都難波長柄豊碕一。老人等相謂之曰、自レ春至レ夏、鼠向ニ難波一、遷レ都之兆也。

しかし現在、⑦を文字どおり受け取る研究者はいない。皇極四年（六四五）正月条に「旧本曰、是歳移ニ京於難波一。而板蓋宮為レ墟之兆也」という分注があるように、難波への遷都が実施されたことは認められても、それが豊碕宮への遷都であったとまではいえない。鎌田元一氏が指摘するように、孝徳およびその朝廷は、以後の史料に単に「難波宮治天下天皇」「難波朝（廷）」などと称される以外、具体的な宮号を付す場合には「難波長柄豊前大宮馭宇天皇」「難波長柄豊崎朝」など、豊碕宮の名を冠して呼ばれる。これは豊碕宮が孝徳の居した宮としては最終的な、かつ最も規模の整った正式な宮室であったためである。『日本書紀』は大化元年の難波遷都を記すにあたり、豊碕宮の名をもって代表させたとみればよい。(7)

これに対して、次の三つの記事はよく吟味する必要がある。

⑧（大化二年三月）辛巳、詔二東国朝集使等一曰、（中略）念雖レ若レ是、始処二新宮一、将レ幣二諸神一、属二乎今歳一。又於二農月一、不レ合レ使レ民、縁レ造二新宮一、固不レ獲レ已。深感二二途一、大二赦天下一。（後略）

⑨（大化三年）是歳、壊二小郡一而営レ宮。天皇処二小郡宮一、而定二礼法一。其制曰、凡有レ位者、要於二寅時一、南門之外、左右羅列、候二日初出一、就レ庭再拝、乃侍二于庁一。若晩参者、不レ得二入侍一。臨レ到二午時一、聴レ鍾而罷。其撃レ鍾吏者、垂二赤巾於前一。其鍾台者、起二於中庭一。工人大山位倭漢直荒田井比羅夫、誤穿二溝瀆一、控二引難波一而改穿疲二労百姓一。爰有二上レ疏切諌者一。天皇詔曰、妄聴二比羅夫所一レ詐、而空穿レ瀆、朕之過也。即日罷レ役。

⑩大化四年春正月壬午朔、賀正焉。是夕、天皇幸二于難波碕宮一。

⑧では「新宮」造営のために農作月までも無視して民を使役しようとしたこと、⑨後半部では、工人荒田井比羅夫が溝を掘削して難波に引き入れようとしたが、失敗に終わり、百姓を疲弊させたことが記されている。難波宮の発掘調査に長く携わってきた中尾芳治氏は、⑧の「新宮」を豊碕宮と理解し、⑨の荒田井比羅夫は白雉元年（六五〇）に豊碕宮の造営に関わっている（③）ことから、これも豊碕宮造営に関わる基礎地業のひとつとみた[8]。また井上光貞氏は、⑩の「難波碕宮」は豊碕宮と同じものを指すとした上で、大化四年頃から豊碕宮は漸次使い始められていたとみた[9]。吉川説の登場後、こうした旧説に改めて注目した西本昌弘・古内絵里子の両氏は、前節で紹介したような点もあわせて、西本氏は大化二年頃から、古内氏は大化三年には豊碕宮の造営は始まったと理解している。

それでは、吉川氏は⑧〜⑩をどのように解釈したのか。まず⑧⑨に関しては、小郡宮（＝子代離宮）の造営関係史料として捉えており、前掲⑦・後掲⑪〜⑮などとあわせ、次のように位置づけている。すなわち、大化元年一二月に改新政府は難波に移り（⑦）、子代屯倉（＝難波小郡）を子代離宮（＝小郡宮）に改作することにしたが

（⑪）、それまでにも何らかの準備が進められていた可能性が強い。大化二年正月〜二月、改作中の小郡宮で朝賀礼・「改新之詔」宣布・使者の全国派遣（正月甲子条・是月条）・雑役停止詔の宣布（⑫）などを終えると、同年二月に飛鳥へ戻っており（⑬）、これは小郡宮の本格的な造営が開始されたことによる。それは農月さえ無視した突貫工事であった（⑧）。同年九月、孝徳は蝦蟇行宮に移る（⑭）。蝦蟇は河津の意らしく、蝦蟇宮とは堀江川に臨む小郡宮の一施設、または小郡宮そのものであろう。翌大化三年正月、朝庭で大射（⑮）などが実施されており、この頃には小郡宮中枢部は竣工したらしい。同三年四〜一〇月に小郡宮で礼法が制され、南門・庭・中庭・庁などをもつ小郡宮全体が完成した（⑨前半部）。同時に荒田井比羅夫による溝瀆の開削工事を中止させている（⑨後半部）のは、難波遷都の「役」全体を停止したことを意味する。

⑪（大化二年正月）是月、天皇御二子代離宮一。遣二使者一、詔二郡国一、修二営兵庫一。蝦夷親附。或本云、壊二難波狭屋部邑子代屯倉一、而起二行宮一。

⑫（大化二年）二月甲午朔戊申、天皇幸二宮東門一。使二蘇我右大臣詔一曰、明御神御宇日本倭根子天皇、詔二於集侍卿等・臣・連・国造・伴造及諸百姓一、（後略）

⑬（大化二年二月）乙卯、天皇還レ自二子代離宮一。

⑭（大化二年九月）是月、天皇御二蝦蟇行宮一。或本云、離宮。

⑮（大化）三年春正月戊子朔壬寅、射二於朝庭一。是日、高麗・新羅、並遣レ使、貢二献調賦一。

以上、前段階の準備作業はあったが、飛鳥へ帰還した大化二年二月から、小郡宮で礼法が制された大化三年四〜一〇月にかけて、小郡宮の改作が実施された、とみる吉川説は説得的であり、⑧と⑨後半部を小郡宮の改作工事に結びつけたのは理に適っている。しかしだからといって、この間に小郡宮の改作工事だけしか実施されなかったとは限らない。西本氏らが述べるように、農作月まで無視した大工事がなされているのは、小郡宮の改作との関係だけで理解するのは困難だと思われるからである。また、荒田井比羅夫による溝瀆の開削工事が結局失敗に終わっているのも、かなりの難工事であったことを示しており、単に小郡宮の改作にとどまるものであったとは考えにくい。吉川氏は溝瀆の開削に関して、堀江川に近い小郡宮との関係から理解すべきものとしているが、もう少し幅を広くとって、難波地域の広域的な基盤整備を目指したものと捉える方がよいように思われる⑽。

さらに、孝徳は大化二年九月に蝦蟇行宮に出御した⒁点に着目する必要がある。私も吉川氏と同じく、蝦蟇行宮は小郡宮（の一施設）を指すとみている。大化二年九月までに改作工事はおおむね完了したため、孝徳は飛鳥から小郡宮（＝蝦蟇行宮）に戻ってきたのではなかろうか。翌大化三年正月に小郡宮の朝庭で大射が実施されている⒂のも、それまでに改作工事が終わっていたことを示唆する。もちろん、大化三年是歳条の⑨前半部に「是歳、壊二小郡一而営レ宮」とあるので、大化二年九月以降も改作工事は続いていた可能性はあろうが、すでにピークは脱していたように思われる。また⑨前半部は、大化三年に新たな礼法が制定されたことを伝える点に主眼があることにも留意しておきたい。

つづいて⑩について。吉川氏は「この宮（豊碕宮――筆者註）は上町台地（味経の原）に造られたため、味経宮と称された」という本文に対して、「もちろん豊碕宮造営以前に何らかの施設が存在し、その名称を引き継いで味経宮と呼ばれたことも想定し得るし、それが「難波碕宮」（『日本書紀』大化四年正月壬午条）と同一実体であった可能性も排除できない（なおまた難波碕宮＝小郡宮の可能性もある）」という註を付けている。

つまり吉川氏は、⑩の難波碕宮について、豊碕宮造営以前に存在した何らかの施設、もしくは小郡宮とみている。前者は曖昧な表現であるが、実質的に豊碕宮であることを認めているようでもあり、そうであればとくに反対はしない。一方、後者の可能性は低いと考える。第一に、立地的にあり得る呼称ではあっても（小郡宮は上町台地の北端部に位置）、なぜ別の味経宮に対して、わざわざ紛らわしい難波長柄豊碕宮という似通った名称を与えたのか、うまく説明できない。第二に、難波碕宮は行幸先である以上、当時の王宮であった小郡宮を指すとは考えにくい。もし難波碕宮が小郡宮の異名であれば、⑩は「幸㆓于難波碕宮㆒」ではなく、「還㆓于難波碕宮㆒」と表現すべきであろう。難波碕宮については、子代離宮・蝦蟇行宮などのように「離宮」「行宮」とは表現されていないことからも、豊碕宮を指すとみるのが自然であろう。

それにしても、なぜ孝徳は難波碕宮に行幸したのか。⑩によれば、元日朝賀を終えたのち、難波碕宮に向かっている。前年の一〇月一一日、孝徳は左右大臣（阿倍内倉梯麻呂、蘇我倉山田石川麻呂）・群卿大夫を従えて有間湯泉に行幸した（大化三年一〇月甲子条）。そこで五〇日近く滞在したのち、一二月晦日に帰路につき、途中、武庫行宮で停宿した（⑯）。

⑯（大化三年）十二月晦、天皇還㆑自㆓温湯㆒、而停㆓武庫行宮㆒。武庫、地名也。是日、災㆓皇太子宮㆒。時人、大驚怪。

孝徳が武庫行宮に滞在した翌日、元日朝賀が実施されたわけであるが、⑩はその場所を記していない。可能性としては、前日に滞在した武庫行宮か、当時の中心的な王宮であった小郡宮のいずれかである（おそらく前者であろう）。だが前者とみた場合、なぜ武庫行宮でわざわざ元日朝賀を催さなければならなかったのか。後者の場合も、なぜ一二月晦日のうちに小郡宮まで戻らなかったのか、疑問が残る。朝賀儀を終えたのち、わざわざ難波碕宮へ行幸していることを考えると、もともと孝徳の意向としては、難波碕宮＝豊碕宮で朝賀儀を実施することを目論んでいたが、その造営が間に合わなかったため、やむを得ずに武庫行宮ないし小郡宮で朝賀儀を実施したのではなかろうか。孝徳の意向に関しては単なる憶測にすぎないが、大化四年正月に難波碕宮＝豊碕宮へ行幸していることから、少なくとも前年のうちに、その造営に着手していた点については認めることができよう。

これまであまり着目されてこなかったが、次の史料も豊碕宮に関わる可能性がある。

⑰（大化五年）三月乙巳朔辛酉、阿倍大臣薨。天皇幸㆓朱雀門㆒、挙哀而慟。皇祖母尊・皇太子等及諸公卿、悉随哀哭。

阿倍内倉梯麻呂の死去にともなって、孝徳が朱雀門に行幸して挙哀（死者の前で哭泣する儀礼）し、皇祖母尊（皇極）・中大兄皇子・公卿もそれに従ったとある。本記事は、天皇が臣下の喪に際して挙哀したことを示す唯一の史料である。大津透氏によれば、唐喪葬令には皇帝以下が親族や臣下の喪去に際して挙哀することを示す規定はあるが、日本の喪葬令には継受されなかった。日本では天皇が死去した際に臣下が挙哀することはあっても、臣下が死去した際に天皇が挙哀する実例は⑰を除いてなく、双方的に挙哀が実施された唐とは異なっていた。大津氏は⑰について、最も中国的な挙哀儀礼をおこなった事例であり、表面的に唐制を直輸入した大化改新政府の性格を示すものとみる。(11)

阿倍内倉梯麻呂は、臣下最高の左大臣であっただけではなく、孝徳の外戚でもあった。孝徳と倉梯麻呂の娘（小足媛）との間には有間皇子がおり、倉梯麻呂は特別な存在であったと考えられる。挙哀儀礼を孝徳がわざわざ朱雀門で挙行したのは、万人に対して、広くアピールするという政治的効果を期待してのことであろう。時代は少しくだるが、天平六年（七三四）に聖武天皇が平城宮朱雀門に出御し、男女二四〇人余りを交えた歌垣を催して、都中の人々もそれを観覧した（『続日本紀』同年二月癸巳朔条）ことが思い起こされる。

この点をおさえた上で⑰をみると、「天皇御二朱雀門一」ではなく、「天皇幸二朱雀門一」と表記されている点が注目される。『日本書紀』などの六国史において、天皇の移動に関わる「御す」と「幸す」の二つの用語が明確に区別されていたことは、よく知られた事実である。すなわち、「御す」が宮内での移動に用いられるのに対して、「幸す」は宮外への移動に使われる（ただし、たとえば平城宮の北側に位置する松林苑などのように、宮に付属する関連施設の場合には、「御す」「幸す」ともに使用される）。この原則に照らせば、⑰の「朱雀門」は、当時の王宮であった小郡宮の宮城南門ではないことになる。小郡宮とは別の宮の宮城南門、すなわち豊碕宮の朱雀門であった可能性がでてくるのである。

もっとも、「御す」と「幸す」の区別について、まったく例外がなかったと断定するのは難しい。現に⑫をみると、「天皇幸二宮東門一」と記されている。この場合の「宮東門」は、小郡宮の東門を指すとみるのが一般的な理解と思われ、そうであるとすれば、⑫は例外事例ということになる。よって⑰も例外であった可能性を否定することはできない。

しかし、このような点を十分に認識しつつも、私は⑰の「朱雀門」に限っていえば、小郡宮の宮城南門とは別門と理解する方がよいと考えている。それは立地面からである。小郡宮の所在地は、吉川氏が考証したように、堀江川を望む上町台地の北端部、具体的には大阪城本丸から北に一段下がった傾斜面に比定できる。小郡宮の宮城南門の想定位置から南にかけては、吉川氏も述べるように、登りの急斜面が展開することになる。このような立地にあった小郡宮の宮城南門で挙哀儀礼を実施したとしても、それは見下ろされる格好になり、どれだけの政治的効果が期待できるのか極めて疑わしい。⑫にあるように、大化二年二月に南門ではなく東門を使用しているのも（あくまでも「宮東門」が小郡宮の東門を指すとみた場合であるが）、小郡宮の立地によるところが大きいと思われる。これに対して、豊碕宮の宮城南門は南に向かって急激に地形が下がる高所に設けられている。発掘調査の所見によれば、桁行五間×梁行二間（二三・五メートル×八・八メートル）の規模をもち、その両翼には複廊が取り付くなど、宮城の正門として威容を誇っていた。立地的な優位性からみても、⑰の朱雀門は豊碕宮の宮城南門を指す可能性がより高いであろう。

以上、豊碕宮の造営は大化五年よりも古く遡ることを示す史料があることを述べた。

三　難波長柄豊碕宮の造営過程

これまでの考察結果を踏まえ、豊碕宮の造営過程を再構成してみよう。

蘇我本宗家を滅亡させて約半年が経過した大化元年（六四五）一二月、孝徳は難波への遷都を実施した⑦。当初利用されたのは、難波小郡（＝子代屯倉）に由来する小郡宮（＝子代離宮、蝦蟇離宮）であり、大化二年二月から同年八月頃にかけて本格的な改作工事がおこなわれたと推測される。しかし一方で、この頃から豊碕宮の造営に向けた動きも始まっていたと考えられる。大化二年三月に農作月までも無視して民を使役することを述べた⑧に登場する「新宮」は、小郡宮よりも豊碕宮を想定していた可能性の方が高いであろう。既存の施設を転用した小郡宮と違って、豊碕宮はまさに新宮にふさわしい。小郡宮は子代離宮・蝦蟇行宮など「離宮（行宮）」と表記されることはあるが、豊碕宮の場合、難波碕宮・味経宮も含めて「離宮（行宮）」と記されることはない。まさに孝徳にとって、壮大な規模を誇る豊碕宮こそ、本命の王宮であった。しかし、豊碕宮造営のためには多大な時間を要するため、ひとまず既存の難波小郡を改作して利用したと考えられる。

豊碕宮の造営といっても、建設地となる上町台地は極めて起伏に富んだ地形であるため、その一帯の土地改良にかなりの時間を要したと思われる[12]。大化三年に荒田井比羅夫が溝の開削工事に失敗したことが問題視されている⑨のも、こうした文脈のなかで理解できる。豊碕宮で建物の建設が実質的に始まったのは、大化三年になってからであろう。おそらく最初に建設されたのは、元日朝賀の際に孝徳が出御する殿舎（前期難波宮の内裏前殿）であり、大化四年の元日朝賀で使用する心づもりであったと思われる。だが完成にはいたらず、武庫行宮ないし小郡宮を利用せざるを得なかった。大化五年元日朝賀は豊碕宮で挙行されたと推測されるが、「大化五年春正月丙午朔、賀正焉」という簡単な記事が残るのみで裏付けはとれない。

大化五年三月、左大臣阿倍内倉梯麻呂の死を弔う挙哀儀礼が豊碕宮の朱雀門で実施された⑰。この時点までに豊碕宮の内裏前殿と朱雀門がほぼ完成したと考えられる。豊碕宮では国家的な儀礼時に国家の威容をアピールするのに必要な建物から優先的に建設していったのである。しかし、この時期における王宮はあくまでも小郡宮であり、大化三年に礼法が制定される⑨など、日常的にはまだ小郡宮が大きな意味をもつ段階であった。

　大化六年（六五〇）正月、味経宮（＝豊碕宮）で元日朝賀がおこなわれた②。その約一か月後の二月九日、穴戸国（長門国）から白雉が献上された。豊璋（百済王族）・沙門等・道登法師・僧旻（国博士）に下問した結果、王者の仁政を示す「休祥」であることが判明した。そこで白雉をいったん「園」に放し（以上、白雉元年二月戊寅条）、次に掲げるように、二月一五日に「大化」から「白雉」に改元する儀を催すこととなった。

⑱（白雉元年二月）甲申、朝庭隊仗、如二元会儀一。左右大臣・百官人等、為二四列於紫門外一。以二粟田臣飯蟲等四人一、使レ執二雉輿一、而在前去。左右大臣、乃率二百官及百済君豊璋・其弟塞城・忠勝、高麗侍医毛治、新羅侍学士等一、至二中庭一。使二三国公麻呂・猪名公高見・三輪君甕穂・紀臣乎麻呂岐太四人一、代執二雉輿一、而進二殿前一。時左右大臣、就執二輿前頭一、伊勢王・三国公麻呂・倉臣小屎、執二輿後頭一、置二於御座之前一。天皇即召二皇太子一、共執而観。皇太子退而再拝。使二巨勢大臣一奉レ賀曰、（中略）奉レ賀訖再拝。詔曰、（後略）

白雉改元の儀に詳細な検討を加えた水口幹記氏は、唐元会儀礼の奏祥瑞儀・貢納儀礼に範をとった中国的世界観に彩られ、儀に参列した朝鮮三国の人々に倭国が中心となることを示す対外的パフォーマンスであったとみる。また、白雉は当初は贄として貢進されたものであり、一度園に放たれた白雉を観るのは生命力（タマ）の呪的復活をはかる行為であり、国見的行為でもあったとする。さらに、儀式当日に複数の人物が代わる代わる白雉を輿に乗せて孝徳に進献しているのは、譲位のため即位時に欠落した群臣からのレガリア献上に見立てる行為で、上述の贄的側面・国見的側面・タマフリ的側面を統合する即位儀としての側面もあったと指摘する⑬。

　この水口説の細部はともかくも、白雉改元の儀が孝徳にとって極めて重要なものであったことは間違いない。それは本命の王宮である豊碕宮で挙行してこそ意味があろう。

　さらに、白雉が放たれた「園」の場所にも注目したい。積山洋氏が指摘するように、推古六年（五九八）四月条に「難波吉士磐金、至レ自二新羅一、而献二鵲二隻一。乃俾レ養二於難波社一。（後略）」とあり、「難波社」には鵲を飼育する施設があった。「難波社」は、孝徳の即位前紀に「尊二仏法一、軽二神道一。斮二生国魂社樹一之類、是也」とみえる「生国魂社」を指す。生国魂社のある杜が⑱の「園」と考えられ、大阪城の二の丸付近に比定できる[14]。「園」は豊碕宮のすぐ北方に位置しており、飛鳥浄御原宮に付属する白錦御苑、平城宮に付属する松林苑、恭仁宮に付属する城北苑などと同じく、宮の北方に付属する後苑として位置づけられよう。これに対して小郡宮の場合、「園」は南苑になるとみられ、後苑とはならない。日本の後苑は、隋唐長安城の北に広がる禁苑の影響を受けたものである。中国化を志向した孝徳朝の時代性を考えても、白雉が放たれた「園」は、小郡宮の南苑よりも、豊碕宮の後苑の方がよりふさわしい。

このように⑱は豊碕宮での儀式のありようを伝えたものとみられる。そうであれば、ここに登場する「朝庭」「紫門」「中庭」「殿前」は、順に前期難波宮の朝堂院の庭、内裏南門、内裏前殿の庭、内裏前殿の前に比定できる。白雉元年二月の段階において、豊碕宮の中枢部には、内裏前殿・朱雀門に加え、少なくとも内裏南門が建設されていたと考えられる。

つづいて、白雉元年一〇月、豊碕宮造営のため破壊された墳墓や、立ち退きを余儀なくされた人々に対する補償として、賜物がなされた。また、長年にわたって造営の責任者を務めてきた荒田井比羅夫を遣わして、豊碕宮の境界部分に標識を立てさせた（以上③）。これは豊碕宮中枢部の造営がかなり進行したことを受けての措置であろう。

白雉二年一二月晦日、味経宮に二一〇〇人余りもの僧尼が集められ、一切経が読まれた。夕方には朝庭内で燃燈がおこなわれ、安宅経・土側経が読まれた。吉川氏が指摘するように、これは倭国の王宮で実施された初の仏事であった。僧尼らが読経をおこなった場所は、おそらく朝庭の周囲に配置された朝堂であろう。前期難波宮の発掘調査によれば、朝堂は一四棟以上（一六棟カ）あり、このときまでに完成していたと考えられる。また、前期難波宮を特徴づけるものとして、朝堂院北端の東西に屹立する八角形の楼閣建物がある。これらが須弥山や霊《りょう》鷲山《しゅぜん》を模したものとする意見(15)が妥当だとすれば、やはりこのときまでに完成していたものと思われる。ともあれ、夕方から夜にかけての厳かな雰囲気のなか、孝徳は新宮である味経宮に遷居し、これを難波長柄豊碕宮と命名したのである（以上①）。

ところが、翌日の元日朝賀を終えると、孝徳は大郡宮（外交儀礼施設である難波大郡の後身）に戻ってしまった（④）。吉川氏は内裏の仕上げのためとみており、私もそれに従ってよいと考える。なぜならば、孝徳が遷居する以前の豊碕宮は、元日朝賀・挙哀・白雉改元・晦日燃燈・仏教法会といった国家的な儀礼の場で使用されており、日常的に居住する施設の建設は遅れたと推測されるからである。

周知のとおり、豊碕宮こと前期難波宮は、王宮の発展系列から逸脱する巨大な朝堂院をともなっている。早川庄八氏は、官制の整備を必ずしも前提とせず、Ａ冠位の授与を基調とする君臣関係の拡大、Ｂ全「有位者」が参加する国家的行事ならびに「集参」のあり方、Ｃ口頭伝達による執務形態、の三つの面から理解すべきだとする。(16)これに対して吉川氏は、朝堂は官人が天皇に侍し、その一環として政務をとるための施設であったという理解をもとに、Ｄ国政処理の場としての意味合いも評価すべきだとする。いずれの側面もたしかに認められるが、遷居以前における豊碕宮の利用のあり方をみると、とくにＢが重要であったように思われる。

白雉元年三月に孝徳は豊碕宮に戻る（⑤）。同年九月には長年に及ぶ造営に一応の終止符が打たれ、「宮殿之状、不レ可二殫論一」と絶賛された豊碕宮がついに完成する（⑥）。前期難波宮は、巨大な朝堂院をもつだけではなく、実務的な仕事をするための官衙域（曹司）も備わっており、前代までの王宮とは一線を画す存在であった。

しかし、その約二年後、中大兄は孝徳に難波から倭京（飛鳥）への遷都を願い出て、母の皇祖母尊（先の皇極）、妹の間人皇后、弟の大海人（のちの天武）、官人らを率いて飛鳥河辺行宮に移ってしまう（白雉四年是歳条）。翌白雉五年には、孝徳も豊碕宮で息を引き取った（白雉五年一〇月壬子条）。翌年正月に皇極つまり斉明が再び即位し、皇極時代の王宮であった飛鳥板蓋宮を即位の場に選んだ（斉明元年正月甲戌条）。乙巳の変で強制退去させられた過去をもつ斉明にとって、飛鳥板蓋宮への回帰は孝徳朝を否定する意味合いがあったのであろう。[17] 斉明は翌年、飛鳥板蓋宮の跡地に後飛鳥岡本宮（六五六〜六七）を造営し、飛鳥の大改造に着手する（斉明二年是歳条）。その後も豊碕宮は維持され、天武一二年（六八三）には複都のひとつとされたが（同年一二月庚午条）、朱鳥元年（六八六）に全焼してしまう（同年正月乙卯条）。難波宮の本格的な復興工事が始まるのは、藤原宇合を知造難波宮事に任命した神亀三年（七二六）のことであった（『続日本紀』同年一〇月庚午条）。

おわりに

本稿では、孝徳朝難波宮に関する最も有力な吉川真司説を再検討し、吉川氏が想定する大化五年（六四九）よりも早く、豊碕宮の造営は始まっていたと考えた。吉川氏は大化改新の動向と連動させて、難波宮の展開過程を捉えようとしており、そのなかで大化五年の画期性に注目するものであった。同年における評制の施行・官僚制の整備・政権首脳部の一新と連動しながら、新たに難波長柄豊碕宮の造営が始まったとみたのである。とくに造営の現実的基盤として、評制にもとづく物資・労働力の徴発が重視されている。

だが評制の施行時期については、大化元〜三年とする須原祥二説が新たに出されている。[18] 須原氏によれば、当初の立評は国造のクニを評に置き換えたものであった。『常陸国風土記』は大化五年・白雉四年（六五三）における評の設置を伝えるが、これはその後の評の再編として捉えられる。また、官僚制の整備に関しても、大化二年の品部廃止にともなう新官職・新位階の設置宣言、大化三年における冠位一三階の設置を受けて、大化五年に冠位一九階が制定され、「八省・百官」が設置されたとみることができる。本当に大化五年が画期の年だといえるのか、大化改新全体を見渡した新たな検討が必要であろう。

（1）中尾芳治『難波宮の研究』（吉川弘文館、一九九五年）、植木久『難波宮跡』（同成社、二〇〇九年）、積山洋『古代の都城と東アジア』（清文堂、二〇一三年）など。
（2）註（5〜9）で示す以外の文献として、田中卓「郡司制の成立」（『田中卓著作集六　律令制の諸問題』国書刊行会、一九八六年、初出一九五二〜三年）、大井重二郎「長柄豊碕宮と難波京」（『続日本紀研究』五―五〜七、一九五八年）、門脇禎二「いわゆる、「難波遷都」について」（『「大化改新」史論　下』思文閣出版、一九九一年、初出一九七二年）、押部佳周「難波小郡宮について」（『続日本紀研究』一七三、一九七四年）、直木孝次郎「難波小郡宮と長柄豊碕宮と難波京」（難波宮址を守る会編『難波宮と日本古代国家』塙書房、一九七七年）、同『難波宮と難波津の研究』（吉川弘文館、一九九四年）など。
（3）吉川真司「難波長柄豊碕宮の歴史的位置」（大山喬平教授退官記念会編『日本古代国家の史的特質　古代・中世』思文閣出版、一九九七年）。以下、吉川説はすべてこれによる。
（4）西本昌弘「元日朝賀の成立と孝徳朝難波宮」（『日本古代の王宮と儀礼』塙書房、二〇〇八年、初出一九九八年）、古内絵里子「七世紀における大王宮周辺空間の形成と評制」（『日本歴史』七七〇、二〇一二年）。以下、両氏の見解はこれらによる。
（5）喜田貞吉「難波京とその前後」（『大阪文化史』大阪毎日新聞社、一九二五年）、喜田新六「難波長柄豊碕宮について」（『歴史地理』八六―四、一九五六年）。
（6）坂本太郎『大化改新の研究』（『坂本太郎著作集六　大化改新』吉川弘文館、一九八八年、初出一九三八年）。
（7）鎌田元一「難波遷都の経緯」（『律令国家史の研究』塙書房、二〇〇八年、初出一九八七年）。
（8）中尾芳治「難波宮発掘」（前掲註（1）書、初出一九九二年）。
（9）井上光貞「大化改新と難波宮」（前掲註（2）書『難波宮と日本古代国家』）。

（10）孝徳天皇の時代、干魃のため河川が枯渇するという事態を受け、阿利真公なる者が、「高樋」（水を通すために地上に柱で支えた樋）をつくって、垂水（摂津国豊島郡）の岡基の水を宮内に通して御膳に奉仕し、その功績によって垂水公の姓を賜り、垂水神社を掌ったという伝承がある（『新撰姓氏録』右京皇別上）。『日本書紀』白雉三年（六五二）四月丁未条に「自二於此日一、初連雨水。至二于九日一、損二壊宅屋一、傷二害田苗一。人及牛馬、溺死者衆」とあり、白雉三年四月以前に旱天が続いていたことを示唆する（佐伯有清『新撰姓氏録の研究　考証篇第二』吉川弘文館、一九八二年、一六〇～三頁）。そうだとすれば、この伝承は豊碕宮に関わるものとなる。あくまでも伝承にすぎないが、上町台地の高燥な地に設けられた豊碕宮では、水を確保することが重要な課題としてあったことを示していよう。溝を掘削した理由については、物資運搬や治水、田の用水といった目的もあろうが、生活水の確保という目的をも考慮に入れておく必要があると思われる。

（11）大津透「天皇の服と律令・礼の継受」（『古代の天皇制』岩波書店、一九九九年、初出一九九六年）。

（12）上町台地一帯における整地の状況については、寺井誠「難波宮成立期における土地開発」（大阪市文化財協会編『難波宮址の研究　一二』二〇〇四年）が詳しい。

（13）水口幹記「表象としての〈白雉進献〉」（『日本古代漢籍受容の史的研究』汲古書院、二〇〇五年）。

（14）積山洋「初期難波京の造営」（前掲註(1)書、初出二〇〇四年）。

（15）古市晃「孝徳朝難波宮と仏教世界」（『日本古代王権の支配原理』塙書房、二〇〇九年、初出二〇〇四年）など。

（16）早川庄八「前期難波宮と古代官僚制」（『日本古代官僚制の研究』岩波書店、一九八六年、初出一九八三年）。

（17）篠川賢「皇極・斉明天皇」（『東アジアの古代文化』一二八、二〇〇六年）など。

（18）須原祥二「評制施行の時期をめぐって」（『古代地方制度形成過程の研究』吉川弘文館、二〇一一年）。

「政ノ要ハ軍事ナリ」——天武一三年閏四月丙戌詔再考——

井上勝博

はじめに

「政ノ要ハ軍事ナリ」——『日本書紀』（以下『書紀』）天武一三年（六八四）閏四月丙戌詔の文言である。東アジア世界は、長く続く軍事的緊張の中にあった。石母田正氏は、この政情を「戦争と内乱の周期」と呼んでいる。「政ノ要ハ軍事ナリ」は、そんな歴史的環境におかれた倭の支配層の政治意識——政治権力と政治過程に軍事が持つ決定的な規定力への自覚——である。その自覚の下、「組織された強力」——暴力装置——という国家の本質的属性をとりわけ強く打ち出しながら「日本の古代国家」は形成された、と石母田氏は考えた。(1)日本の律令国家の軍事的性格は、やはり色濃い。(2)そうした認識に基づきつつ、「政ノ要ハ軍事ナリ」の一節について、あらためて考えてみたい。

一　詔の構成と武田佐知子氏の議論

天武一三年閏四月丙戌詔は、三つの詔から成っている。

(1)詔曰、来年九月、必閲之、因以教百寮之進止威儀。

(2)又詔曰、凡政要者軍事也。是以、文武官諸人、務習用兵、及乗馬。則馬兵、并当身装束之物、務具儲足。其有馬者為騎士。無馬者歩卒。並当試練、以勿障於聚会。若忤詔旨、有不便馬兵、亦装束有闕者、親王以下、逮于諸臣、並罰之。大山位以下者、可罰々之、可杖々之。其務習以能得業者、若雖死罪、則減二等。唯恃己才、以故犯者、不在赦例。

(3)又詔曰、男女、並衣服者、有襴無襴、及結紐長紐、任意服之。其会集之日、著襴衣而著長紐。唯男子者、有圭冠々、而著括緒褌。女年卌以上、髪之結不結、及乗馬縦横、並任意也。別巫祝之類、不在結髪之例。

「政ノ要ハ軍事ナリ」は、(2)詔に、「凡政要者軍事也。是以、文武官諸人、務習用兵、及乗馬」とみえる。文・武官の別なく、武器の扱いと乗馬に習熟しなければならない。いかにも「軍事国家」である。

だが、詔全体の構成の中でこの一節をとらえ直すと、どうか。

こうした見方での史料解釈は、すでに武田佐知子氏が試みている[3]。武田氏は、前文的な(1)詔が、官人層へ「進止威儀」——礼制上の行為規範や服装等——を教示すべきことを掲げ、その具体的内容を(2)・(3)詔で定めた、とみた。

(3)詔は、「衣服」をはじめ、文字通り「進止威儀」についての規定。問題の(2)詔も、戦闘能力の習熟を強調する冒頭から、「則馬兵、并当身装束之物、務具儲足」と続き、その力点は、馬や武器、「当身装束之物」（身に着ける武装）の整備（「儲足」）にある。刑罰の対象が、「不便馬兵」「装束有闕」という武装の不備であるのも、これと対応する。武装の整備と扱いの熟練（「試練」）が、儀礼の場である「聚会」に支障を来さないため（「勿障於聚会」）であるのも、武田氏のいう通りだろう。同氏は、天武一三年詔がこの頃強調されてくる礼制整備策[4]の一つであることをも指摘し、この詔を、儀礼荘厳化のための装束具備と兵馬の訓練をうたったものとしている。

「政要者軍事也」の「軍事」の力点は、儀礼上の武装にある。ただ、武田氏の議論は、武官が儀仗をもって儀式の荘厳化に務める、という令制のたてまえを背景にしている。[5]しかし、詔の求める武装は文・武官の別を問わず、明らかに異なる。

またこの頃、文・武を隔てない同様の武装令は多くみられる。天武一三年詔が、天武・持統朝に特有のこうした法令群の一つでもあったことには、あらためて配慮が必要だろう。

二　天武・持統朝の官人武装政策

文・武官の別なく武装を命じる詔は、二十数年にわたり継続して発せられている。[6]

①天武四年（六七五）一〇月庚寅詔

諸王以下、初位以上、毎人備兵。

②天武八年（六七九）二月乙卯詔

及于辛巳年、検校親王諸臣及百寮人之兵及馬。故豫貯焉。

③天武一三年（六八四）閏四月丙戌「政要者軍事也」の詔

④持統七年（六九三）一〇月戊午詔

自今年、始於親王、下至進位、観所儲兵。浄冠至直冠、人甲一領・大刀一口・弓一張・矢一具・鞆一枚・鞍馬。勤冠至進冠、人大刀一口・弓一張・矢一具・鞆一枚。如此預備。

⑤文武三年（六九九）九月辛未詔

令正大弐已下無位已上者、人別備弓矢甲桙及兵馬、各有差。

これらの武装令は、京畿内を基盤とする中央官人層を対象としたものとみられ、[7]③天武一三年詔の「必閲之」、

②の「検校」、④の「観所儲兵」と、観閲をともなう。[8] とくに、④の「自今年」には、観閲継続化の姿勢がみえる。②～④が浄御原令の制定・施行期で、[9] ⑤が大宝令施行直前であることも、興味深い。[10]
律令制の本格的な構築過程に歩調をあわせ、中央官人すべての武装を制度化しようとする動きらしくみえる。

これと関連して、天平宝字元年（七五七）の勅が目につく。[11]

　依令、随身之兵、各有儲法。過此以外、亦不得蓄。

武器の所持（「随身之兵」）について遵法を強調するこの勅が、武官のみを対象としたものでないことは、一連の次の勅[12]をみればわかる。

　除武官以外、不得京裏持兵、前已禁断。然猶不止。宜告所司固加禁断。

「京裏持兵」――京内での武器携帯――は、文官には禁じられている。が、それはあくまで京内での携帯禁止で、文官の武器所持じたいは否定されていない。文官の武器・武装は、通常は文字どおり「蓄」、すなわち備蓄されているのである。

また、「各有儲法。過此以外、亦不得蓄」とあるのから推すと、先の勅が前提とする「法」は、所持すべき武器の内容・数量等を定めたものであったらしい。令制では、軍防令私家鼓鉦条が、官人の武器所持の内容について定めている。[13]

　凡私家。不得有鼓。鉦。弩。牟。矟。具装。大角。小角及軍幡。唯楽鼓不在禁限。

しかしこれは、所持すべきでない武器を定めた禁止規定で、武器所持の内容をすすんで具体的に定めたものではない。とすれば、勅にいう「法」とは――「依令」とあるのは気になるが――、天武一三年詔を含む一連の武装令の系列に属する法令とみるべきであろう。④の「自今年」を相応にとれば、④ないし⑤の詔が、直接の法的前提であった可能性も高い。[14]

官人は、常に、潜在的に武装を整備している。「天武」以降、八世紀末の「恒武」にいたるまで、（男性の）天皇の漢風諡号に「武」が入るものが集中する。これは、この頃の天皇に、武人としての資質が暗に要請されていたからだ、という。[15] 官人に求められた潜在的武装に呼応する王権の姿である。

そして、律令制のたてまえに潜むこの官人武装制は、それなりの伝統を持つ。

三　伝統的全軍体制の構造・展開と官人武装制

律令制の前、部民制の下でも、軍事を主業とする「武官」に当たる大伴や物部等の氏族はあった。プリミティブな文・武の職務分業である。しかし、対外戦争等には諸氏族が広範に加わる全軍体制をとった。

白村江の役（六六三年）では、中央豪族の「諸将」が直属の軍勢を従え、各地の豪族軍がともなった。[16] これは、評制施行後[17]――部民制の一応の終焉後――の外征軍である。しかし、遡って崇俊四年（五九一）の新羅派遣軍でも、中央豪族の「大将軍」四人が、「氏々」の「臣連」からなる「裨将（つぎのいくさのきみ）」「部隊（たむろのをさ）」を率い、全軍は「二万余」に及んだという。[18]「二万余」は大げさだが、広範な「氏々」が構成する軍中枢に、在地首長の率いる各地の豪族軍が組み込まれていたのは確かだろう。

令制では、太政官管轄下の兵部省が国司を指揮下に収め、国司が各地の軍団を管理下に置く。が、早川庄八氏によれば、「大規模な兵力動員を必要とする非常の場合には、これとはまったく別の指揮命令系統が形成された」という。[19] 早川氏のいう「まったく別の指揮命令系統」は、たとえば、神亀元年（七二四）の蝦夷征討軍にみえる。この時の「大将軍」藤原宇合は「式部卿」、「副将軍」高橋安麻呂は「宮内大輔」と、ともに文官で、さらに「判官八人」「主典八人」が指揮中枢を構成し、各地の軍団を配下においた。[20]

指揮中枢が同様の事例は、外国使迎接・行幸陪従等の儀仗騎馬隊にも現れ、[21] 中には、臨戦軍の「将軍」であった人物が、時を隔てず儀仗騎馬隊の「将軍」となっている事例もある。[22] 儀仗兵の行進は、臨戦時の軍事行動と地続きである。天平一二年（七四〇）の聖武天皇の東国行幸には、「前騎兵大将軍」「後騎兵大将軍」以下四〇〇騎ほどの騎馬兵が陪従した。[23] この行幸は、広嗣の乱に応じた緊急避難であり、その裏では、「大将軍」「副将軍」以下が一万七〇〇〇の軍勢をともない西国で乱鎮圧にあたっている。[24] 行幸供奉の儀仗兵団も、情勢によっては東国の軍団を配下に、反乱軍と対峙したはずである。史料は明示しないが、征夷軍中枢も「丸腰」で派遣されたとは考えにくく、相応の騎馬隊を従えていたであろう。[25]

平時の軍統制とは異なるこの臨戦体制は、軍防令将帥出征条[26]を背景としている。唐の軍制度では、平時の体制としての兵制と臨戦時の軍制とが明確に区別されており、日本の令制にも、こうした兵制と軍制との仕分けが受け継がれた、[27]ということなのだろう。が、一方でその臨戦体制は、文・武の別なく中央豪族によって臨時に編成された軍中枢が各地の軍勢を率いる、令制前からの伝統的な外征軍の系譜を引く。[28]

天武一三年詔の半年ほど前には、軍の隊形編成等を定めた「陣法」教習を諸国に命じている。[29] 天武一四年九月には一三年詔に基づく武装の観閲があったが、その一一月には、諸国の「私家」にあった軍旗等の軍指揮具や集団戦用の大型兵器等を収公させた。[30] こうした法令は、軍団形成へ向けた政策とみられる。持統七年の武装令の直後、同年一二月にも諸国へ陣法教習を命じている。[31] 天武・持統朝の官人武装令は、在地軍制の改革および在地軍の教化訓練政策とリンクした国家レベルの伝統的軍編成に対する改革の一環であり、その中枢部を対象としたものとみるべきである。[32] 令制下の臨戦軍中枢は、天武・持統朝に整えられた官人武装制の発動された姿であろう。[33] 臨戦軍中枢と儀仗騎馬隊とは、同様の構造を持つ表裏の存在であった。その儀仗兵の隊列が、天武・持統朝の官人武装政策の具現化であることについては、武田氏をはじめ従来指摘の多いところでもある。[34]

中林隆之氏によれば、諸氏族の枠を超え機に応じ臨時に適材を配する「プロジェクト型」の職務遂行方式が六世紀半ば頃からみえ始め、推古朝を画期に定着し律令制下にも受け継がれていったという[35]。ここでとりあげた軍の編成は、こうした臨機・臨時の職務遂行方式でも、もっとも重要で大規模なパターンといえる。天武・持統朝の一連の武装令は、伝統的な「プロジェクト型」軍編成を歴史的前提としながら、律令制の下での、国家的臨戦体制における軍中枢編成方式を生成させていったのである[36]。

天武一三年詔には、伝統的全軍体制に対する改革という側面が確かにある。この詔の力点が儀礼的な「軍事」にあることは明らかで、騎馬兵の儀仗隊列はその表れでもあるが、その意義も、実質的な軍制改革との関係で評価されるべきであろう。天武一三年は、白村江敗戦の二〇年ほどのち、壬申の乱（六七二年）からは一〇年余りだ。「戦争と内乱の周期」の軍事的緊張は、まだ続いている[37]。

四　天武一三年詔の「業」と「才」――儀礼と「軍事」の間――

武田氏の議論は、「儀礼と衣服」がテーマだったこともあり、儀礼上の衣服としての武装という論点に収斂している。天武一三年詔が実質的な軍事力の整備という趣旨をも持つことを認めつつ、正面からは分析されていない。詔に表されたこの二つの事柄――儀礼的武装と実質的軍事力――の関係を、あらためて考えてみよう。

儀礼的な武装を強調する天武一三年詔にあって、じっさいの戦闘能力を表す語が、「業」と「才」である。それは、違犯についての減刑規定に現れる。

其務習以能得業者、若雖死罪、則減二等。唯恃己才、以故犯者、不在赦例。

これを解釈すると、次のようになるだろう。

よく鍛錬し兵馬の技術に熟練している者（「務習以能得業者」）は、死罪に相当する違犯事案でも減刑すべきである。ただし、みずからの力量を恃み故意に違犯する確信犯（「恃己才、以故犯者」）は、減刑されない。

高度の戦闘能力を持つ者は、死罪に相当する違犯ですら減刑の対象となり得る。これは、詔冒頭の「文武官諸人、務習用兵、及乗馬」と応じ、官人個々の戦闘能力の習熟が重視されていることを、あらためて浮かび上がらせる。

一方、いかに秀でた戦闘能力を持とうと、あくまで減刑材料であるに過ぎない。刑罰対象としての違犯（「不便馬兵」「装束有闕」）が、個々人の戦闘能力の有無高低とは関わりのない、「装束」が象徴する形質上の武装の不備であることも、あらためて確認される。

この法令の主眼は、やはり儀礼上の武装の整備にある。しかも、個々の戦闘能力より、武装に関わる形質上の問題の方が優先され、極端な優位を保っている。確信犯には、戦闘能力の習熟を考慮した減刑規定が適用されない。どれほど優れた戦士であろうと、武装についての形質上の規定をないがしろにしたなら、ことによっては死罪をも免れ得ない。

武田氏は、この詔の主な政治的目的は、武装による儀礼の荘厳化によって「蕃客」に対する示威的効果を高めることにあったと考えた(38)。たしかに、当時の政情からすれば、王権の軍事的威信を儀礼的武装によって対外的に押し出す、という政治的パフォーマンスにも、相応の重要性があっただろう。しかしそれは、「親王」にまで及び死罪すら適用されるような際立った厳罰主義によって、個々人の戦闘能力の向上を否定してまで実現しなければならないほどの、深刻で切迫した政治的課題であったのか。

いくら技能を鍛え戦闘能力を向上させても、「装束」としての武装の方が決定的に優先される。そんな価値観ないし思想をもった法令が、白村江敗戦と壬申の戦役という古代最大の対外的危機と内乱の衝撃もまだ冷めやらない当時、「戦争と内乱の周期」を生きてきた支配層に受け入れられたのは、いったいなぜか。

疑問を解く鍵は、白村江敗戦の構造にある。

五　白村江敗戦の構造――「堅陣」と「不観気象」――

白村江の戦いは、新羅と唐の連合軍と百済と倭の連合軍との雌雄を決し、朝鮮半島が新羅によって統一されていく画期となった。『書紀』による倭軍敗戦の描写をみよう(39)。

日本諸将、与百済王、不観気象、而相謂之曰、我等争先、彼応自退。更率日本乱伍、中軍之卒、進打大唐堅陣之軍。大唐便自左右夾船繞戦。須臾之際、官軍敗続。赴水溺死者衆。艫舳不得廻旋。朴市田来津、仰天而誓、切歯而嗔、殺数十人。於焉戦死。是時、百済王豊璋、与数人乗船、逃去高麗。

唐の水軍は、錦江河口部の白村江に待つ。倭軍の幹部たち（「諸将」）は、「我等争先、彼応自退」（「我々が我先にと果敢に攻め込めば、敵は恐れをなしおのずと撤退するだろう」）と、隊列の乱れ（「乱伍」）を意に介しもせず突進（「進打」）。倭軍は、瞬く間に壊滅的大敗（「須臾之際、官軍敗続。赴水溺死者衆」）を喫した。

唐の水軍は、「堅陣之軍」と表されている。「堅陣」は、唐軍を表す語として白村江の戦いを描く『書紀』の他の記事にもみえ、倭軍に対する唐軍の優越性を特徴づける(40)。

では、その「堅陣」とは、どのようなものか。

倭の水軍は、錦江沿岸の百済拠城への加勢のため、錦江を遡ろうとしていた。唐の水軍は、錦江河口を封鎖し、倭軍の進路を遮断しようとしたらしい(41)。倭の軍勢が、わずかの間に壊滅的な大敗を喫し大量の戦死者を出したのは、「自左右夾船繞戦」という唐の戦術によって、倭の軍船が「艫舳不得廻旋」という事態に陥ったからだ、とされている。倭軍としては、「一騎打ち」よろしく河口を封鎖する敵陣に攻め込んだのだから、敵は正面にいたはずだが、いつの間にか「左右」から囲まれてしまっている。おそらく唐軍は、倭の水軍を引き付け、引き込みながら左右に開いて挟撃したのであろう。挟み撃ちで進退ままならぬ状況に追い込み、さらに火を懸けたらしい(42)。

水に飛び込んでもという溺死者が多数に及んだ（「赴水溺死者衆」）のもわかる。

これ以上唐軍の陣容展開を語るのは、憶測になる。だが、『書紀』の記述から察しても、唐の戦術の高度で綿密な計画性と、その計画の実現を可能ならしめた迅速で整然とした軍陣展開の機動性は、容易にみてとれる。そうした唐の「堅陣」は、軍組織を支配する堅固な規律と統制がなければ成し得なかっただろう。

倭軍の敗因は、「諸将」が「不観気象」だったからだ、とされている。この場合の「気象」とは、その場を支配する情勢というほどの意味だろうが、それはおそらく、戦場を支配していた唐の「堅陣」であり、その本質としての規律と統制であろう。倭の「諸将」は、個々の戦闘能力の高さと勇猛さを恃み、その「気象」をかえりみず無謀な攻撃を仕掛けた。倭軍壊滅の敗因はそこにある。客観的で冷徹なこの自己批判は、総じて「夜郎自大」的な『書紀』の記述の中で印象的である。

敗戦の記事をはじめ、白村江の役に関する『書紀』の記述のいくつかは、すでにまとめられていた独立史料に基づいたものらしい[43]。その中で、中心人物として肯定的に描かれているのは、近江の有力豪族「朴市田来津」である[44]。畿内近郊の準中央豪族といえる。白村江の役でも、相応に重用されていたようだ[45]。だが田来津は、白村江で戦死している。敗戦の記述は、彼に従って海を渡り行動をともにした、一族等近親者による記録を基にしたものか。そう考えると、戦場描写の迫真性や、『書紀』には稀な批判精神の効いた筆致にも、合点がいく。

白村江の倭軍は前・中・後の三軍から成っていたが、並立的で全軍を一元的に統制する中枢を欠き、「諸将」の間にも明確な統属関係はなかったようだ[46]。その上、将軍たち各々が従えた直属軍は、多分に族的・人格的な紐帯によって編成されていた。こうした構造は白村江以前の伝統的外征軍についても同様で、軍中枢の将軍たちは往々にして分裂・対立した[47]。「乱伍」と記されてはいるが、このような軍に、そもそも乱すほどの規律も統制もなかっただろうし、将軍たちの多くにも、唐の「堅陣」はみえなかったのであろう。

「不観気象」という田来津の批判は、倭の「諸将」へ向けられている。これも、軍幹部の内部分裂の表れである。そんな構図をも認識しつつ、『書紀』――ひいては倭の支配層――は、その批判をうけ入れ、自己批判に換えている。天を仰いで歯ぎしりした最期の痛恨（「仰天而誓、切歯而嗔」）とともに、田来津の批判は、倭の支配層全体に共有されたといえる。

この経験が、「政ノ要ハ軍事ナリ」の自覚にどう関係したのか。

六　「政ノ要ハ軍事ナリ」と「進止威儀」

天武一三年詔の武装官人は、「進止威儀」の主旨に沿って騎馬の儀仗兵の姿にもなった。一連の官人武装令の観閲の対象も、こうした儀仗兵の隊列であった。

天武八年の武装令にともなう観閲は、二年後の天武一〇年一〇月に軽市（奈良県橿原市大軽あたり）で行われ、騎馬官人の隊列が大路を行進した。(48) これに先立つ同年三月、軍の隊形組成や列立・行進など挙動様式を定めた「陣法式」が、軍楽である「鼓吹」の教習開始とあわせて制定されたとみられる。(49) この騎馬官人のパレードも、「陣法」に則り「鼓吹」の楽音に合わせた整然とした分列行進であったのだろう。(50) 先述したように、天武一三年や持統七年の武装令が諸国への「陣法」教習と連動していたことも、その武装観閲が、「陣法」「鼓吹」を前提とした儀仗行進を対象とするものであったことを示している。

本来は目にみえない軍の組織性ないし規律・統制が可視化され、「鼓吹」の聴覚的効果とあいまって各々の身体に同調し同化し、身体化していく。(51) だからこそ、儀仗兵の隊列は、同時に国家的臨戦体制の軍中枢にもなり得たのである。

こう考えてくると、天武一三年詔が、儀仗行進の一環としての武装の不備に死罪をも辞さない厳罰をもって対し、それが受け入れられたことについても、理解が及びそうだ。

天武一〇年の軽市での観閲では、「小錦以上大夫」が樹下に列座し、行進する大山位以下の「装束鞍馬」を「検校」している。(52) 小錦位以上が、大山位以下を監督・指揮する。天武一三年詔でも、小錦位以上と大山位以下とでは、処罰についての処遇が違い、小錦位以上は「罰」のみであるが大山位以下は「杖」も適用される。天武一一年には、「犯法」に対しては上申・勅裁が基本とされたが、杖罪の場合は上申せず現場で即決し杖で打つことことされている。(53) 観閲の現場で武装の不備があった場合、小錦位以上については上申・裁決を経なければならないが、大山位以下はその場での決罰もあり得た、ということである。その時、観閲の現場で大山位以下を決罰し得たのは、小錦位以上とみるべきだろう。小錦位以上の大山位以下に対する監督・指揮には、こうした決罰権も含まれる。

持統七年の武装令では、直冠を境に武装の規定に明確な相違がある。この直冠を境にした階層差は、天武一〇年の儀仗行進における小錦を境とした階層差、指揮・統率する者とされる者という軍組織の根幹となる階層の別と対応する。一連の武装令で武装の差異を明確に示すものは、軍組織中もっとも重要な関係性を表すこれのみであるが、軍の階統制に対応した差異と各階層の統一性を表す武装上の表現があったことは確かである。さらに、文武三年の武装令の「各有差」の文言を過度にとることはできないにせよ、さらなる武装の差異が規定されていた可能性も否定できない。

天武一三年詔の「不便馬兵」「装束有闕」という武装の不備は、こうした軍組織のヒエラルキーからの逸脱でありその破壊につながる。戦闘能力の高さを恃み、あえて儀礼的武装をないがしろにするものは、軍全体の組織性と規律・統制を故意に破壊するものである。その精神構造は、戦士としての力量に驕り、我先にと突進していった白村江の「諸将」のそれと、何ら変わりはない。白村江を経験した倭の支配層にとって、そうした精神構造こそ、死罪をもってしても根絶やしにされねばならなかった。天武一三年詔で否定されているのは、軍の組織性を破壊するような志向を持つ限りでの、戦士個々の戦闘能力なのである。それが否定されてこそ、規律と統制によって基礎づけられた強靭な「堅陣」が実現される。ここに、儀礼的武装は、軍全体の力量の向上を促す条件として働く。

小錦以上ないし直冠以上は令制の五位以上に相当するが、「大将軍」「副将軍」等も通例五位以上が任じられ、属僚の「判官」以下を配下におきつつ随従の騎馬隊を統率した。軽市での観閲の構造は、令制臨戦体制中枢の一元化された指揮系統と階統制へと発展していったとみられる。こうした官僚制的な軍編成は、白村江の倭軍に決定的に欠落していたものである。[54] ここに、軍制改革としての天武・持統朝の官人武装令が果たした本質的な役割がうかがえるが、それも、儀仗兵としての姿態を通じた、規律と統制の身体化を通じてこそのものであっただろう。武装は、そうした身体化を可視化させる。

「政事ノ要ハ軍事ナリ」を強調する天武一三年詔は、同時に「進止威儀」の教示を眼目とするものでなければならなかったのである。そこには、白村江での敗戦の経験と支配層の自己批判――敗戦を導いた「諸将」の精神と行動への反省――を背景としてこその、軍制改革の構造が表されている。

おわりに

武装は、儀礼上の衣服でもある。武田氏はそうとらえた上で、通常の朝服・礼服にはない武装としての特性が、儀礼の荘厳化による対外的な軍事的示威という独自の役割を果たしたと考えた。そうした側面があったことは確かである。

しかし、儀礼的な衣服には、武田氏自身がその諸研究でそのつど強調した[55]もう一つの機能がある。衣服は、差異化を通じて秩序づけられた支配共同体の統一性を可視的に確認し、その秩序を維持していく契機である。武装の場合、それは、軍の組織性を可視化し維持する契機として働いた。軍事的な示威効果は、こうした意味での武装によるところも大きかったのではないか。

「蕃客」は、煌びやかな武装の向うに、「堅陣」の強靭さをも垣間みたはずである。

(1) 石母田正『日本の古代国家』（岩波書店、一九七一年）。「政ノ要ハ軍事ナリ」は第三章第二節、「戦争と内乱の周期」は第一章第一節にみえる。
(2) 吉田孝『律令国家と古代の社会』（岩波書店、一九八三年）、早川庄八「東アジア外交と日本律令体制の推移」（『日本の古代一五　古代国家と日本』中央公論社、一九八八年）。
(3) 武田佐知子「儀礼と衣服」（『日本の古代七　まつりごとの展開』中央公論社、一九八七年）。本文中に引く武田氏の論点は、ことわりのない限りこの論文による。
(4) 天武一一年八月に「礼義言語之状」を定め、同年九月には旧来の「跪礼匍匐礼」が停止され「難波朝廷之立礼」が用いられた。さらに、一二年一二月詔で「四孟月」の「朝参」が義務づけられている。以上、『書紀』。
(5) 衣服令武官条ならびに『令集解』諸説、および『延喜式』左右近衛府・左右衛府・左右兵衛府の各条等。
(6) 以下、①〜④詔は『書紀』、⑤詔は『続日本紀』（以降『続紀』）。
(7) 関晃「天武・持統朝の畿内武装政策について」（『関晃著作集第四巻』吉川弘文館、一九九七年。初出は一九八二年）。
(8) ①詔にはこうした検閲を示す文言はみえないが、翌天武五年九月に武器の検閲があり（『書紀』）、これが①詔に対応するものであろう。
(9) ②詔の「辛巳年」は天武一〇年で、その武装「検校」は同年一〇月に行われた。一方、天武が浄御原令制定を命じたのは、天武一〇年二月。以上、『書紀』。
(10) 文武四年二月にも、「累勅王臣・京畿、令備戎具」とある。「累」ねてとあることから、前年の⑤詔を徹底させる趣旨で、内容としてはおそらく⑤詔と同じものであったろう。

(11)『続紀』天平宝字元年（七五七）六月乙酉条。
(12)同右。これらは、「制勅五条」の第二条と第三条である。
(13)『令義解』。
(14)天武・持統朝に集中する武装令は、大宝令施行以降姿を消す。これについて松本政春『奈良時代軍事制度の研究』（塙書房、二〇〇三年）は、小論と同じく天平宝字元年の勅と関連させ、こうした武装体制が定着し、法令による促進策が不必要になったためとみている（同書第三編第一章「官人騎兵制とその展開」）。武装体制の定着という理解にはとくに異論はないが、官人武装令は、臨時の促進策というよりは、潜在的武装体制の制度的契機として令制下でも機能していた可能性が高い。
(15)高橋昌明『武士の成立　武士像の創出』（東京大学出版会、一九九九年、第二章「古代の武と文」）。
(16)森公章『「白村江」以後』（講談社、一九九八年）。
(17)鎌田元一「評の成立と国造」（『日本史研究』一七六、一九七七年）。
(18)『書紀』崇俊四年冬一一月壬午条。この時の四人の大将軍は、「紀男麻呂宿禰」「巨勢猿臣」「大伴囓連」「葛城烏奈良臣」。
(19)前掲註(2)早川論文。
(20)『続紀』神亀元年四月丙申条。神亀二年閏正月には、帰還した藤原宇合以下が叙勲されている。宇合はじめ名前のあがる十数名が、「大将軍」以下の指揮中枢にあたるとみられる。また前年四月には、蝦夷征討に向けて「坂東九国軍三万人」に軍事訓練が命じられた。この「三万人」という数を鵜呑みにはできないが、軍全体のおおよその規模は推測できる。以上、『続紀』。
(21)北啓太「律令国家における将軍について」（『日本律令制論集　上巻』吉川弘文館、一九九三年）。
(22)和銅二年（七〇九）三月に「征越後蝦夷将軍」に任命された「佐伯宿禰石湯」（民部大輔）は、翌和銅三年元日には、「右将軍」として「分頭陳列」する騎兵を率い、隼人蝦夷を従えて朱雀大路を行進している。
(23)『続紀』天平一〇年一〇月丙子条。
(24)『続紀』天平一〇年九月丁亥条。

（25）諸道治安維持を目的とした鎮撫使は、征夷軍中枢の縮小版ヴァリエーションだろうが、その管轄地域入部のさいには騎兵三〇騎が随従する（『続紀』天平三年〈七三一〉一一月癸酉条）。また、神亀三年山背国愛宕郡出雲郷計帳（『大日本古文書』一）には五名の帯勲者（うち二名は従八位下の有位者）がみえる。門脇禎二「出雲郷民の生活」（同『日本古代政治史論』塙書房、一九八一年）は、これを神亀元年あるいは養老四年（七二〇）の征夷軍参加への叙勲とみた。これについて、北啓太「征夷軍編成についての一考察」（『書陵部紀要』三九、一九八七年）は、「将軍」以下の指揮中枢に各々随従した「傔従」（『延喜式』大蔵省諸使給法）である可能性を示唆するが、随従騎馬隊の一員とみることもできるのではなかろうか。

（26）『令義解』。本文は「凡将帥出征。兵満一万人以上。将軍一人。副将軍二人。軍監二人。軍曹四人。録事四人。五千人以上。減副将軍。軍監各一人。録事二人。三千人以上。減軍曹二人。各為一軍。毎惣三軍。大将軍一人」。

（27）菊池英夫「日唐軍制比較研究上の若干の問題」（『隋唐帝国と東アジア世界』汲古書院、一九七九年）、吉永匡史「律令軍団制の成立と構造」（『史学雑誌』一一六―七、二〇〇七年）。

（28）もっとも、目的に限れば、日本の律令制の軍制度は、外征よりはむしろ対外的防衛を主眼としていたようだ。松本政春『律令兵制史の研究』（清文堂出版、二〇〇二年、序論）、大津透「「日本」の成立と律令国家」（『上代文学』九二、二〇〇四年）参照。

（29）『書紀』天武一二年一一月丁亥条。「陣法」については、下向井龍彦「日本律令軍制の基本構造」（『史学研究』一七五、一九八七年）を参照。

（30）『書紀』天武一四年一一月甲辰条。

（31）『書紀』持統七年一二月丙子条。

（32）官人武装令の初例は天武四年一〇月だが、その年の三月には、令制兵部省の前身である兵政官が設置されている。天武・持統朝における、官人武装令をその一環とする伝統的全軍体制の改革も、この兵政官が主導して青写真が描かれた可能性が高い。兵政官を機軸とした兵制の主導による、軍制としての臨戦体制の構築である。下向井龍彦「日本律令軍制の形成過程」（『史学雑誌』一〇〇―六、一九九一年）参照。

（33）天武一三年詔と令制下の臨時軍編成とを結びつける発想は、板倉栄一郎「天武・持統朝に於ける畿内武装関連史料について」(『新潟史学』四一、一九九八年)にもみられる。
(34) 笹山晴生「兵衛についての一考察」(『日本古代の政治と文化』吉川弘文館、一九八七年)、前掲註(14)松本書第三編第一章「官人騎兵制とその展開」等。
(35) 中林隆之『日本古代の仏教編成』(塙書房、二〇〇七年、第一章および第二章)。
(36) 天武一三年詔を含む一連の武装令については、前掲註(7)関論文が、いわゆる畿内政権論の立場から、個別地域的政治権力としての畿内豪族の連合体が、他地域の権力に対峙し「私的」な軍事力の強化を目指したものとしている。しかし、本稿で示すように、この中央官人の武装制は、「戦争と内乱の周期」に対応した、国家的臨戦体制に関わるものとみるべきである。
(37) 前掲註(28)松本書は、この頃のより個別的な政情として、筑紫太宰が絡む内乱的動きがあったとする(同書第二編第一章「天武天皇の信濃造都計画について」)。
(38) 前掲註(30)下向井論文も、こうした武田氏の理解を継承している。
(39) 『書紀』天智二年(六六三)八月己酉条。
(40) 天智二年八月戊申条に「日本船師初至者、与大唐船師合戦。日本不利而退。大唐堅陣而守」とある。
(41) 遠山美都男『白村江』(講談社、一九九七年)。
(42) 『旧唐書』第三四劉仁軌伝。
(43) 日本古典文学大系本『日本書紀(下)』三五六頁頭注三・四、三五八頁頭注一四。
(44) 「依智秦造」の一族か。
(45) 前掲註(41)遠山書。
(46) 鬼頭清明『日本古代国家の形成と東アジア』(校倉書房、一九七六年、第二部第三章)。
(47) 前掲註(16)森書。
(48) 『書紀』天武一〇年一〇月是月条。
(49) 前掲註(29)下向井論文。
(50) 前掲註(32)下向井論文。

(51) 前掲註(14)松本書は、毎年五月の薬猟に、軍事訓練としての側面があったことを指摘する。その他折々の儀礼等での儀仗兵行進をも含め、その「訓練」としての内実を、こうした規律・統制の身体化として理解したい。
(52) この天武一〇年の観閲は、当初は広瀬野（奈良県北葛城郡河合町あたり）で、天武みずから主導することになっていたが出御はなく、軽市に場を移して行われた。その事情を、『書紀』は「唯親王以下及郡卿、皆居于軽市、而検校装束鞍馬。小錦以上大夫、皆列坐於樹下。大山位以下者、皆親乗之。共随大路、自南行北」と記している。これをみると、天武不在を受けて「装束鞍馬」を「検校」したのは「親王以下及郡卿」であることがわかる。この「郡（群）卿」は、『書紀』では普通、「百寮」等と表されるより下層の豪族と区別され（舒明八年〈六三六〉七月己丑朔）、「群卿大夫」とも熟する（大化二年〈六四六〉三月辛巳）上級豪族で、たとえば推古死後の王位継承者選考の合議に参加している（舒明即位前紀）。すなわち、この「親王以下及郡卿」は、「列坐於樹下」の「小錦以上大夫」に対応するとみてよい。
(53) 『書紀』天武一一年一一月乙巳条。
(54) 前掲註(25)北論文。
(55) 武田佐知子『古代国家の形成と衣服制』（吉川弘文館、一九八四年）。

荒ぶる女神伝承成立の背景について

松下正和

はじめに

本稿では、古代における災害認識とその対応について、主に「荒ぶる神」を中心に論じる。「荒ぶる神」については、従来、海や川や山にかかわる「交通の難所」に存在する交通妨害神であると考えられてきたが[1]、単に潮流や河の流れや道の険しさの神話的表象にすぎないのであろうか。よって本稿では、フィールドワークで得た知見を新たに加えながら、風土記や「住吉大社神代記」にみえる荒ぶる神の伝承から、古代における人々の災害観を抽出し、当該期における災害認識と荒ぶる神伝承が成立する背景について検討をおこないたい。

一　住吉大社神代記にみえる「為奈河」「武庫川」伝承

周知のように「住吉大社神代記」は、天平三・四年（七三一・七三二）の頃に勘造された神祇官帳の資料として、住吉神社の神官がその縁起・神宝・社領などを記し、神祇官へ提出した解文（報告書）がもとになっている。現在住吉大社に伝わる「住吉大社神代記」は、原本そのものではなく、延暦八年（七八九）の桓武天皇による住吉行幸に際しての上覧に供するため、社家津守氏の写しをもとに改めて書写されたものであるという。(2) このなかに、住吉大神と武庫《むこ》川・猪名《いな》川の両女神に関する興味深い伝承がある。

【史料1】「住吉大社神代記」(3) 為奈河・木津河条

一、為奈河・木津河

右の河等を領掌しし縁は、上の解に同じ。但し、源流は有馬郡・能勢国の北方深山の中より出て、東西の両河なり。東の川は久佐佐川と名け、山中を多く抜けて流れ通ふ。西の川は美度奴川と名け、美奴売の山中を流れ通ふ。両河とも南に流れて宇禰野に逮び、西南に同じく流れて合ひ、名けて為奈河と号ふ。西の辺に小さき野あり、城辺山の西方に当る。名けて軍野と曰ふ。昔、大神、軍衆を率ゐて土蛛を撃たむが為に御坐しし地なり。因、伊久佐野と号く。河の辺に昔、山直阿我奈賀居りき。因、阿我奈賀川と号く。今、為奈川と謂ふは訛れるなり。大神、霊男神人に現れ賜ひ、宮城造作るべき料の材木を流し運ばんと為行事はしめ賜ふ。時にこの川に居る女神、妻に成らむと欲ふ。亦西方近くにある武庫川に居る女神も、また同じ思を欲き、両女神、寵愛之情をなす。而して為奈川の女神、嫡妻の心を懐きて嫉妬を発し、大石を取りて武庫川の妾神に擲打ち、并にその川の芹草を引取る。故、為奈川に大石なくして芹草生え、武庫川には大石ありて芹草なし。両河一つに流れ合ひて海に注ぐ。神威に依りて、為奈川今に不浄物を入れず。木津川等を領掌すは此の縁なり。

右は、住吉大社による「為奈《いな》河」「木津《きづ》川」（猪名川）の領有に関する説話部分を抽出したものである。その記述によれば、住吉の大神が「霊男神人《くすしきえおとこ》」として現れ、宮城を造るための材木を為奈川（猪名川）で流し運ぼうとした際に、猪名川にいる女神が妻になりたいと願ったところ、武庫川にいる女神も同じ思いを抱き、両女神は激しく競い合う。為奈川の女神は、あとから言い寄ってきた武庫川の女神への嫉妬から大石を投げつけ、武庫川の芹草《せりくさ》をすべて抜き取ってしまう。だから今、猪名川に大石がなく芹草が生え、武庫川には大石があって芹草がないという伝承である。

猪名川に大石がなく、武庫川に大石があるというのは、猪名川下流の緩やかな流れのイメージと、武庫川上流にある武田尾渓谷（西宮市と宝塚市の境）のイメージを投影した可能性がある。しかし、猪名川上流部分には、高さ約三〇メートル、幅一〇〇メートルに及ぶ奇岩として有名な「屏風岩」（猪名川町）があり、必ずしも「大石なくして」と語られる様子に合致しているわけではない。

現在残る景観と伝承で表現される景観とのズレはあるものの、この『住吉大社神代記』の伝承が、なぜ川の神どうしの争いとして、しかもことさら女性どうしの争いとして語られる必要があったのであろうか。以下では、この点に絞って検討を加えてみたい。実は、この問題に迫ることが、「荒ぶる神」に表象される古代の災害認識をうかがい知ることにつながるからである。

二　大規模河川にみえる女性神——風土記に登場する川の神——

（1）『播磨国風土記』に登場する川の女神

猪名川や武庫川のような大規模河川に鎮座する神の性格を考える上で、『播磨国風土記』にみえる川の神の伝承が参考となる。以下では、川の神について記載のある三つの河川、速湍川《はやせ》（佐用川）、安師川《あなし》（林田川）、吉川《よかわ》（美嚢川）を検討してみたい。

①速湍川、広比売命

【史料2】『播磨国風土記』(4) 讃容郡速湍里条

速湍里。〔土は上の中なり。〕川の湍の速きに依る。速湍社に坐す神、広比売命は、故那都比売命の弟なり。

速湍《はやせ》川は現在の佐用川に相当する。風土記によれば、その地名の由来は川の瀬が速いためとする。速湍の遺称地としては、現在の佐用町早瀬《はやせ》がある。速湍里もおそらく早瀬付近の佐用川沿いに展開する狭隘な平野部をさすのであろう。

風土記では速湍の社に鎮座する神は広比売命《ひろひめ》であり、故那都比売《こなつひめ》の「弟《おと》」（＝妹）にあたるとの地名説話が紹介されている。広比売命は他にみえない神で不詳であるが、井上通泰『播磨国風土記新考』(5)（以下『新考』と略）によると、「故那都比売」は讃容郡条の冒頭にみえる「散用都比売《さよつひめ》」の誤りかとする。それは、『古事記』にみえる天照大御神と速須佐之男命が天安河で誓約した際に、天照大御神が速須佐之男の剣を嚙んで噴き出した霧により生まれた市寸島比売命《いちきしまひめ》（別名狭依毘売命《さよりびめ》）の次に多岐都比売命《たぎつひめ》が生まれたことをさしているのだろう。つまり、風土記の広比売命が、古事記の多岐都比売命に対応することとなる。「多岐都《たぎつ》」とは「水がわきあがる。水があふれるように激しく流れる」(6)ことを意味し、まさに速湍神としての性格を示すのにふさわしい名称ではあるが、さしあたり史料2の訓読としては底本のまま「故那都比売」のこととしておく。いずれにせよ、速湍の社と川（佐用川）に関わる神として、広比売命という女神があてられていることに注目したい。

さて、早瀬の集落北側の山腹には現在白山《はくさん》神社があり、この速湍社に比定する説がある。(7)白山神社からは早瀬の集落を眼下に、佐用川の流れを見下ろすことができる。白山神社の創建は不明であるが、祭神は誉田別尊、天児屋根命、天忍穂耳尊、素戔鳴尊となっており、広比売命という神名はみえない。(8)植垣節也氏は『新考』に従い祭神の違いから白山神社と速湍社を同一視する説に疑問を呈している。(9)

佐用川は、普段の流れは緩やかなものの、現在でもひとたび豪雨が降れば、すぐに氾濫する河川である。近年では、平成二一年（二〇〇九）の台風九号による被害が記憶に新しい。特に、真盛から早瀬、上月にかけて佐用川は大きくS字に蛇行し、また、佐用川上流部（石井川）は河床が岩盤であるため、水流が速くなることも水害の要因の一つとして考えられている。(10)『播磨国風土記』讃容郡讃容里伊師《いし》条に「伊師。即ち是は桜見《くらみ》の河上なり。川の底、床の如し。故、伊師《いし》と曰ふ」とあることと関連して、ここでは佐用川の水の流れの速さと石の河床の存在に注目しておきたい。現在のように堤防が整備されていなかった前近代においては、氾濫が起きやすかったことは容易に想像できる。

②安師川、安師比売神

【史料3】『播磨国土風土記』宍禾郡安師里条

安師里。〔本の名は酒加里なり。〕土は中の上なり。大神、此処に飡したまひき。故、須加と曰ふ。後に、山守里と然号くる所以は、山部三馬任けらえて里長と為りき。故、山守と曰ふ。今、名を改めて安師とするは、安師川に因りて名とす。其の川は、安師比売神に因りて名とす。伊和大神、娶誂せむとしたまひき。爾時に、此の神固く辞びて聴したまはずありき。是に、大神大きに瞋りたまひて、石を以て川の源を塞き、三形の方へ流し下したまひき。故、此の川は水少なし。〔下略〕

安師《あなし》川は、現在の林田川に相当する。風土記によれば、安師里の地名由来として、元の山守里から名を改めて安師としたのは、安師川の名にちなんでおり、その川名は、安師比売《あなしひめ》の神の名によるとする。(11)安師の遺称地としては、姫路市安富町安志《あんじ》がある。安師里は、安志付近を流れる林田川沿いに展開する平野部とみてよいだろう。安富町三森《みつもり》に安志姫《あんじひめ》神社がある。祭神は、安師比売神としており、本条の安師比売神との関係が想定されている。安師の意味については、鉱山・鍛冶にちなむ穴師に由来するなどの説があるが、林田川流域からは現在のところ古代のタタラ製鉄遺跡が確認されていないこと、安師里近傍の宍粟郡柏野里条や御方里条では産鉄記事があるにもかかわらず安師里条には産鉄に触れていないこと、地質上この地域の砂鉄含有量は比較的少なくタタラ製鉄には不適であることが指摘されている。(12)一方で穴師神が本来風の神であって、穴師坐兵主神社〔奈良県桜井市〕の兵主神も中国の暴風雨神の性格を持つといわれている。穴師と安師が直接的に関連するかは明確ではないが、いずれにせよ安師川と関わりをもつ神として安師比売という女神が伝えられていることが興味深い。

また安師比売神によって求婚を拒否され怒った伊和大神《いわのおおかみ》が、安師川の源を石で塞ぎ三形《みかた》（宍粟市一宮町三方《みかた》が遺称地）へ水を流したため、安師川の水流が少ないと、風土記は伝える。当時の水量も通常は豊富とはいえなかったらしい林田川の源流に近い安富町関《せき》にある水尾《みずお》神社参道前には巨大な磐座と、川を塞ぐかのような巨石群が宮ノ下渓谷に現在も残っている。この伝承は、林田川上流の景観を背景として成立した可能性もある。また、安師比売神を奉斎する林田川上流の人々と、伊和大神を奉斎する御方里の人々との水争いを示す伝承としても捉えられる。

③吉川、吉川大刀自神

【史料4】『播磨国風土記』美嚢郡吉川里条

吉川里。吉川と号くる所以は、吉川大刀自神、此に在す。故、吉川里と云ふ。

吉川《よかわ》は、現在の美嚢川に相当する。風土記によれば、吉川という川名と、吉川里という里名が、吉川大刀自神《よかわのおおとじ》に由来するという。吉川の遺称地としては、三木市吉川町や口吉川町などがある。吉川里は、両町や細川町を含めた美嚢川流域と思われる。「刀自」は主婦、老婦人に経緯をこめた尊称であり、吉川も吉川大刀自という女神に関わって伝承が伝わっていることが指摘できる。

『新考』では中吉川村法光寺の縁起に「往昔此谷奥ニ温泉涌出、則湯谷ト号ス」とあることから、エカハ・ヨカハは「湯川の訛」とする。しかし、『兵庫県美嚢郡誌』(13)口吉川村条に「吉川里トハ今ノ口吉川細川中吉川奥吉川北谷等一帯ノ称ニシテ、吉川大刀自神ハオソラク女神ナルベク、今ノ石上山ハ此ノ神ノ降リマセシ地、保木ハ其ノ祝人《ホギビト》ノ居住セシ地ナリトイフ」とある。『大系』ではこの吉川大刀自神について、「鎮座の神社は明らかでない」とするのに対して、郡誌で石上山を鎮座地とする伝承を記していることは注目に値する。美嚢川沿いは丘陵にはさまれた土地であり、特に口吉川町の最高地点は石上山（標高二二九メートル）である。吉川と吉川里を支配する女神である吉川大刀自が鎮座する場所としてふさわしい立地であろう。

以上、①から③を通じて河川と関わる神について検討を加えた結果、いずれも播磨国風土記にみえる河川に関係する神が女性神であることが判明した。また、この河川の女神と巨石との連関もうかがえ、両者の信仰のあり方にも注目すべきであろう。

（2）『肥前国風土記』に登場する川の女神

河川に関係する神が女性神であるケースは播磨だけではない。『肥前国風土記』にも同様の事例がうかがえる。

【史料5】『肥前国風土記』(14)佐嘉郡条

一いは云はく、「郡の西に川有り。名をば佐嘉川と曰ふ。年魚有り。其の源は郡の北の山より出で、南に流れて海に入る。此の川上に荒ぶる神有りき。来る人の半を生かし、半を殺す。茲に、県主等が祖、大荒田占問ふ。時に、土蜘蛛、大山田女・狭山田女といふ有り。二の女子云はく、『下田村の土を取りて、人形・馬形を作り、此の神を祭祀らば、必ず応和がむ』といふ。大荒田、即ち其の辞の随に此の神を祭るに、神、此の祭を歆けて、遂に応和ぐ。茲に、大荒田云ひしく、『此の婦、如是、実に賢女なり。故、賢女を以て、国の名と為むと欲ふ』といひき。因りて賢女郡と曰ひき。今、佐嘉郡と謂ふは訛れるなり」といふ。

又、此の川上に石神有りき。名をば世田姫と曰ふ。海の神年常に〔鰐魚を謂ふ。〕流れに逆ひて潜り上り、此の神の所に到るときに、海の底の小さき魚、多に相ひ従ふ。或いは、人其の魚を畏まば、殃無し。或いは、人捕り食はば、死ぬること有り。凡そ此の魚等、二三日住まり、還りて海に入る。

この伝承の前半部分の記述によれば、肥前国佐嘉《さか》郡の西に佐嘉川（嘉瀬《かせ》川）があり、その川上にいる「荒ぶる神」が往来する人の半数を殺したという。そこで、県主《あがたぬし》らの祖である大荒田《おおあらた》が、占いによって神意を問う。その時、土蜘蛛で大山田女《おおやまだめ》・狭山田女《さやまだめ》という二人の女子が発した、下田村の土で作った人形・馬形でこの神を祭ると必ず鎮まるとの言葉に従い、祭ったところ本当に鎮まった。この婦人が賢《さか》し女《め》であることが、賢女《さかしめ》郡（佐嘉郡）の郡名由来になったとする。

また、この伝承の後半部分で、佐嘉川の川上に「世田姫《よたひめ》」という「石神《いしがみ》」が鎮座すると伝えているのが注目される。この川上に鎮座する「石神」も「姫」とあるので、この川も女神と関わりが深いと考えてよいだろう。

さて、この「石神」と密接に関連する神社が現在もある。式内社でのちに肥前国一宮となる与止日女《よどひめ》神社[15]（別名河上神社、佐賀市大和町）がそれである。祭神与止日女命は、神功皇后の妹、また一説では豊玉姫命のことという。記紀神話における海神（わたつみ）の娘である豊玉姫は、海神国に赴いた山幸彦と結婚し、御子を生むために山幸彦を追って海辺にいたり、鵜の羽を葺いて産屋をつくる。しかし出産が迫って葺き終えぬままに産屋に入り、山幸彦に、他界の者は出産のおり生まれた世界の姿で子を生むのでみてはいけないと頼む。ところがこの禁を不思議に思って山幸彦がのぞくと、姫は大鰐となってはいくねっていた。辱めを受けた姫は、生んだ御子（鵜葺草葺不合命《うがやふきあえず》）を海辺に置き、海への通路を閉じて去る。なお、こののち姫は妹の玉依姫を御子の養育のために遣わし、玉依姫はこの御子と結婚して神武天皇以下の母となる。これらの伝承は、本条の伝承の後半部分と関連すると思われる。

しかし、佐嘉川の川上に鎮座した女神伝承の原形態は、むしろ与止日女伝承ではなく、「石神」（「世田姫」）伝承だったのだろう。嘉瀬川の上流には巨石群があり、与止日女神社のご神体と考えられている。そのため、世田姫といわれる石神については、『佐賀県史』を始めとして、諸書で与止日女神社の祭神であるヨドヒメと同一視されている。しかし、世田姫はあくまで石神であり、ヨドヒメと同一神とすることはできないという『佐賀市史』[16]の見解に従いたい。

以上、『播磨国風土記』や『肥前国風土記』にみえる大規模河川にかかわる神に関する伝承を検討してきたが、その結果、大規模河川に関わる神には女性が多く、またその地名由来も土地の川の女神に求めることが一般的であったといえよう。また伝承中に石（巨石）のモチーフが登場することも多い。もちろん、これらの伝承は史実ではないことはいうまでもない。しかしながら、猪名川や武庫川の例と併せてみると、大規模河川に関わる神は、古代においては女性とみなされる事例が多いことがわかる。古代の人々の川に対する信仰の一端をうかがい知る上でこの事実は大変興味深い。古代の人々の川に対する信仰の一端がうかがえる事例として注目すべきであろう。

三　荒ぶる女神伝承の意味

（1）荒ぶる女神――水害の擬人化――

古代には現代とは異なる独自の自然認識や災害観があった。『類聚国史』災異部によれば、地震・水害・火事などの自然災害や、旱魃・蝗害・不作などの農業被害、疫病、天体運行の「狂い」などは災異と認識された。そのため六月と一二月の晦日には災異を祓う行事である大祓が行われた。その際に唱える祝詞（『延喜式』巻第八祝詞12大祓条）に、当時認識されていた災禍の種類がうかがえる。畔放《あはなち》・溝埋《みぞうめ》・樋放《ひはなち》など、記紀神話においてスサノヲが高天原で犯した各種の「不法」行為が反映しており、このような公共的な機能をもつ施設の破壊が、擬人化された「神」の仕業と認識されていたのであった。もともと古い時代の神は、自身の存在を知らせるために人々を苦しめる側面があったといわれる。風水害・虫害・疫病などの災いをもたらす「荒ぶる神」としての側面である。そこで、村の人々は、神の機嫌を損ねないように祭ることで鎮めるのであった。このように、古代の人々にとっては、災害は神の仕業と考えられたのである。

さて、史料5でみた佐嘉川も川上に荒々しい振る舞いをする女神（世田姫）がいて、その道を行き来する人の半数を殺したが、大山田女・狭山田女という二人の女子の進言に従い、県主の祖である大荒田が人形・馬形を作り祀ることによって鎮めたと伝える。このように荒ぶる神が通行人を妨害し、半数は殺し、半数は生かすという説話のパターンは半死半生説話と呼ばれる。

同様の説話は風土記中にいくつかみられるが、従来通行妨害神として性格づけられていた荒ぶる神に対して、志田諄一氏は、一日に一〇〇〇人を縊り殺すイザナミの性格と一日に一五〇〇人を産ませるイザナギの性格を具有していることを指摘するとともに、イザナミが「黄泉津大神《よもつおおかみ》」とともに「道敷大神《ちしきのおおかみ》」という道を占める神であったと定義づけた(17)。荒ぶる神とイザナミとの類似性に着目し、説話の舞台としては国境や坂や川などの境界領域が多いことを指摘されたのは慧眼であった。ただ、古代の自然認識や災害観をふまえると、川に「荒ぶる神」が多いのは川がもつ境界領域性とともに、水害を背景としているとみるべきではないだろうか。以下では、播磨国風土記にもみえる半死半生説話を検討してみよう。

【史料6】『播磨国風土記』揖保郡広山里意比川条(18)

意比川。品太天皇の世に、出雲御蔭大神、枚方里の神尾山に坐して、毎に行く人を遮りて、半死生かしめたまひき。爾時に、伯耆の人小保弖、因幡の布久漏、出雲の都伎也の三人、相憂ひて朝庭に申す。是に、額田部連久等等を遣して、禱らしめたまふ。時に、屋形を屋形田に作り、酒屋を佐佐山に作りて、祭る。宴遊して甚く楽しび、即ち山の柏を擽ちて、帯に挂け腰に挿し、此の川に下りて相献りき。故、圧川と号く。

【史料7】『播磨国風土記』揖保郡枚方里佐比岡条

佐比岡。佐比と名づくる所以は、出雲之大神、神尾山に在しき。此の神、出雲国の人此処を経過れば、十人の中は五人を留め、五人の中は三人を留めたまひき。故、出雲の国人等、佐比を作りて此の岡に祭るに、遂に和ひ受けたまはずありき。然ある所以は、比古神先に来まして、比売神後に来ましき。此に、男神鎮まること能はずして、行き去りたまひぬ。所以に、女神怨み怒りたまひき。然して後に、河内国茨田郡枚方里の漢人、来至りて此の山の辺に居りて、敬ひ祭りき。僅に和ひ鎮むること得たり。此の神在すに因りて、名づけて神尾山と曰ふ。又、佐比を作りて祭りし処を即ち佐比岡と号く。

史料6では、品太天皇（応神天皇）の世に、枚方里の神尾山（明神山）に鎮座する出雲御蔭大神《いずものみかげのおおかみ》がいつも旅人を遮り、半数を殺し、半数を殺さないで通した。その時、伯耆の人小保弖《こほて》・因幡の人布久漏《ふくろ》・出雲の人都伎也《つきや》の三人が憂いて、神を鎮めるべく朝廷に奏上した。朝廷から派遣された額田部連久等《ぬかたべのむらじくと》らが祈禱し、鎮めたので、庄川《おそいかわ》と名付けたとある。別伝の史料7でも、神尾山に鎮座していた出雲の大神が、ここを通過する出雲国の人のうち、一〇人通れば五人を引き留め、五人通れば三人を引き留めたとある。ただ、ここでは河内国茨田《まんだ》郡枚方里の漢人が、この山の近辺に住み女神を敬い祭り、かろうじて鎮めることができたとある。

右の出雲御蔭大神をめぐる二つの説話は、荒ぶる神を交通妨害神とみなす観点からすれば、佐比岡が揖保郡内を東西に横切る道を遮るために往来の支障となっていたことを、通行人の半数が引き留められるという神話的表現に置き換えたものであると解釈することが可能である[19]一方、近年の地理学の成果を援用すればさらに違う解釈も可能となるだろう。つまり、それによれば、揖保川（宇頭川）や林田川（意比川・庄川）は、年々立地の高い東から低い西へと流れが変更していったというのである[20]。また、揖保郡を東西に横切る山陽道も、古代から中世、近世へとたどっていくと、南下していくことが指摘されている[21]。中世山陽道が古代山陽道を継承しなかったのは、古代駅制にこだわらず新たに成立した中世村落や宿、地形によって合理的に選択された結果ということもあるが、中世山陽道の道筋に不明な箇所があるのは、揖保川などの旧流路が幾筋もの支流としてあり、土地が不安定だったことも想定できる。

特に意比川流域の枚方里は、『播磨国風土記』にはみえるが、一〇世紀に成立した『倭名類聚抄』にはみえない。行政区分が再編された可能性もあるが、枚方里の東西に位置する大田から広山にかけての両里は、洪水が頻発する氾濫原であったことにより、里（郷）の維持が困難であったと考えたい。なお、「法隆寺領播磨国鵤荘絵図」(22)（法隆寺所蔵）によれば、林田川が「楽々山《ささやま》」（笹山）や「佐岡山《さおかやま》」（坊主山）のすぐ西端を流れており、現在の林田川より流路が東にあったことがわかる。一四世紀に作成された荘園図ではあるが、古代の林田川の流路を検討する上で参考となる。

つまり、荒ぶる出雲御蔭大神（女神）の交通妨害伝承は、意比川（林田川）の氾濫を擬人化したものであるといえよう。このように、旅人の半数を殺し、半数を通過させるという「半死半生説話」は、その渡河点（川）が日常的には交通の要衝かつ難所であることを示すとともに、一方で大雨や台風などにともなう川の氾濫の擬人化を示すものでもあったのではないだろうか(23)。川は、田畑を潤す水の供給源として人々に恵みをもたらすと同時に、時には流路を変え氾濫することで人々に災いをもたらす。流域の住民は、そのような川の持つ二面性から川を畏敬・畏怖の対象とし、川の氾濫を荒ぶる神の仕業となぞらえたのであった。

それでは、なぜ暴れ川の神を女性として語る必要があったのであろうか。インド神話でも弁財天が河川の女性神であるように、一般に女性と水のイメージは結びつきやすい。しかし、そのような一般的な理由だけではなく、嫉妬に怒る女性や怒りながら男性を追う女性に仮託したのではないだろうか。『播磨国風土記』には、先にみた出雲御蔭大神（女神）の伝承以外にも、逃げる男と荒ぶりながら追いかける女神の話がよく登場する。たとえば、近江国の花浪神《はななみのかみ》の妻である淡海神《おうみのかみ》が、自分の夫を追いかけようとして、播磨国賀茂郡の腹辟沼《はらさきのぬま》に到着し、遂に恨み怒ってみずから腹を割き、この沼に身を投げたので、この沼を腹辟沼と名付けたとする伝承などである（賀毛郡川合里腹辟沼条）。この夫神に関わる伝承が託賀郡法太里条にみえる。そこでは「花波山は、近江国の花波神、此の山に在す。故、因りて名とす」とあり、花浪神（花波神）の鎮座する山として花波山が登場する。花波山は、多可郡多可町八千代区中野間の「花の宮」が遺称地とされ花波山が転化したものと考えられている。先述の『新考』によれば、「今野間谷村大字貴船字中野間に村社貴船神社あり。俗に花の宮と称し慶安元年（一六四八）の棟札にも花ノ宮木船明神と書けりといふ」とあり、現在も花浪神とかかわる貴船神社が花波山の南側に鎮座している。淡海神はその名称や沼に沈むことから、水の神と思われ、花の宮の貴船神社の祭神は高靈神《たかおかみのかみ》であり、やはり水の神である。(24)

「住吉大社神代記」では、嫡妻の猪名川の女神が、妾妻の武庫川の女神に対して、大石をなげうつことを、「擲打」と表現している。この「擲打」という語に対して、田中卓氏は、「次妻打《うわなりうち》」と注釈している。(25) この「うわなりうち」は離縁をされた前妻が後妻に嫌がらせをする習俗であり、前妻が憤慨して親しい女子を集め、箒やすりこぎなどをもって後妻を襲撃し、後妻のほうでも親しい女子を集めて防戦に努めるというものだったらしい。(26) しかし文学作品上で認められるのは平安期からとされており、もしこの猪名川と武庫川の女神の争いが「うわなりうち」の様子をイメージしているのだとすれば、随分と早い例となるであろう。したがって、暴れ川としての猪名川と武庫川の女神に関する伝承が本来の形態であったと考えたい。

（2） 開発伝承としての荒ぶる神の鎮圧譚

猪名川と武庫川の女神の争いの終結は、為奈川の女神が、住吉大神にあとから言い寄ってきた武庫川の女神へ、大石を投げつけ、武庫川の芹草をすべて抜いてしまったという以上に何も語られない。それは、女神の怒りとして表現される自然の猛威としての河川の氾濫が、ある意味収まったことを示している。それでは、いかにしてそれはおさえることが出来るのであろうか。その点に関しては、史料7の『播磨国風土記』にみえる神尾山の女神伝承が参考となる。神尾山にいる出雲大神は、出雲からの通行人を引き留めたり、殺したりするので、出雲からの旅人は、サヒ（草切鍬）を作ってこの岡に祭ったが、どうしても鎮まらない。その訳は、男神が先に来たが鎮座できず、遅れてきた女神がそのことに怒ったためであるとする。

神尾山は現在の太子町とたつの市の境界付近に立地する「明神山」に比定されている。この明神山には、「男明神」「女明神」と呼ばれる巨岩があり、風土記中の男神・女神の伝承とも一致する。(27) 結局、この女神を敬い祭って鎮めることができたのは、この山の辺りに後から定住した河内国茨田郡枚方里の漢人だったとする（史料7）。また、別の伝承では中央が額田部連久等らを派遣し祈らせて鎮圧したともある（史料6）。この女神の交通妨害伝承は、先にみたように意比川の氾濫を擬人化したものでもあるが、意比川流域の開発は、中央の倭王権から派遣された額田部連氏か、河内国を本拠地とする渡来系氏族によってしかできなかったことの神話的表現でもあったと考えられる。とするならば、猪名川や武庫川の開発も、このような先進技術をもった中央から派遣された氏族や渡来系氏族の力を背景に考えたほうがよいであろう。そのことを示す伝承は、「住吉大社神代記」中に抵抗する「土蜘蛛」（土着住民）と制圧する軍大神（住吉大神）という構図にもうかがえる。

住吉神社の広大な為奈山の杣地・山・川の所領は、神功皇后から「供神料」として寄進されたものであり、元は「偽賊土蛛」が城辺山（池田市木部町・城山町が遺称地）の上に城と塹を作り居住して、人民を略奪していたため、軍大神がことごとく誅伏させて、我が杣地として領掌したとする（豊島郡城辺山条）。「つちくも」は別名「山の佐伯・野の佐伯」とも呼ばれているが（『常陸国風土記』茨城郡条）、池田市にある五月山の旧名も「佐伯山」であった。神功皇后伝承によってオーソライズされ、ヤマト王権と結びついた住吉神社によって、先住し土着していた旧住民は「つちくも」と呼ばれ、王権への「反逆者」として扱われ、討伐の対象となった。こうして為奈山を含めた広大な杣の開発・領有が進行したのである。

また、昔、猪名川の辺りに山直阿我奈賀がいたので、猪名川の旧名を阿我奈賀《あがなが》川と言い、イナ川というのはアガナガ川が訛ったものであるとする。もちろん、この猪名川の地名説話をそのまま信用するわけにはいかないが、船の用材を調達するための杣の管理や山の産物を貢納する山部を管掌する伴造系氏族である山部連氏や山直氏の存在を想定できるであろう。(28) 猪名川上流の山林の材木を川で流し運ぶ山部集団や、のちの多田銀銅山の存在を合わせてみれば、鉄の供給に関係する山部集団もおそらくは猪名川流域に展開していたと考えられるのである。(29)

つまり、「住吉大社神代記」にみえる女神同士の争いの伝承は、ヤマト王権との関わりで住吉神社の神領やその由来を示すことに重点が置かれており、「住吉大社神代記」の成立・作成背景や、女神同士の争いの形が平安期以降にみえる「うわなりうち」の構図を持つことからも新しい伝承の形を示しているといってよいだろう。さらにいえば、もともと猪名川や武庫川に伝わる伝承を二次的に再編した可能性すらあるだろう。

おわりに――民間における川の祭りのあり方――

一般に神にまつわる伝承の背後には、その神を奉斎する地域において何らかの神祭りに関する儀式が存在したといってよい。たとえば猪名川の場合、住吉神社によって川をめぐる開発（治水や舟運への利用など）がなされる以前から、地元の流域住民は荒ぶる猪名川に対する畏敬と畏怖の念を持ちつつ、猪名川の女神を和ませ鎮めるための何らかの祭りをおこなっていたことが想定できるであろう。それは、「住吉大社神代記」に、「神威に依りて、為奈川今に不浄物を入れず」という猪名川に対するタブーの記載があることからも裏付けられる。(30) 武庫川に対しては明確な祭りやタブーの存在はうかがい知ることはできないものの、おそらく武庫川に対しても流域住民によって何らかの祭りがおこなわれていたと想定しておきたい。このように、荒ぶる川の女神の伝承は、大規模河川の氾濫という災害の記憶と現実の対応を反映したものであった。王権や官人貴族層が、災害の原因を君主の不徳に求めた災異思想[31]とは対照的に、民間では大規模河川の氾濫を女神の怒りや女性の嫉妬に見立てて鎮めようと祭りをおこなっていたのであった。

(1) 倉野憲司『日本神話の再検討』（新教育懇話会、一九六〇年）他。
(2) 田中卓『住吉大社神代記の研究』（田中卓著作集七、国書刊行会、一九八五年）。
(3) 「住吉大社神代記」の訓読文は、前掲註(2)田中著書による。
(4) 播磨国風土記の訓読文は、沖森卓也・佐藤信・矢嶋泉編著『播磨国風土記』（山川出版社、二〇〇五年）による。
(5) 井上通泰『播磨国風土記新考』（初版は大岡山書店、一九三一年。臨川書店より一九八三年に複刻）。
(6) 『日本国語大辞典第二版』「たぎつ【滾・激】」の項（小学館、二〇〇一年）。
(7) 秋本吉郎校注『日本古典文学大系　風土記』（岩波書店、一九五八年）。以下『大系』と略。
(8) 祭神の情報は『佐用郡誌』（臨川書店、一九七二年）より。兵庫県神職会編『兵庫県神社誌　中巻』（同、一九三八年）によると「神社調書」には広比売命も記すとある。しかし同書掲載の「古老聞書」によると、のちに風土記の祭神として知ったため祭神を広比売命に訂正する旨を当局に願い出たが証拠不十分のため却下されたとある。
(9) 植垣節也「播磨国風土記注釈稿(一〇)(讃容郡)」(『風土記研究』一三、一九九一年一二月)。
(10) 拙稿「二〇〇九年台風九号被災資料の保全と活用——佐用郡地域史研究会・佐用町教育委員会との連携——」（新潟大学災害・復興科学研究所危機管理・災害復興分野『災害・復興と資料』二、二〇一三年三月）。
(11) 安富町史編集委員会編『安富町史』（安富町、一九九四年）によると、安富町塩野にある、塩野六角古墳（七世紀中葉築造）の被葬者は山部氏の首長である蓋然性が極めて高いという。風土記にみえる「山部三馬」との関係が想定される。また、平城宮跡出土木簡（平城宮7-11313）に「（表）播磨国宍禾郡山守里　（裏）山マ(部)加之ツ支」と記すものがあり、山守里と山部の密接な関係を示すものとして注目される。
(12) 前掲註(11)『安富町史』。

(13) 兵庫県美嚢郡教育会編『兵庫県美嚢郡誌』(初版は美嚢郡教育会、一九二六年。臨川書店より一九八五年に再版)。

(14) 肥前国風土記の訓読文は、沖森卓也・佐藤信・矢嶋泉編著『豊後国風土記・肥前国風土記』(山川出版社、二〇〇八年)による。

(15) 与土日女神は、貞観二年(八六〇)に従五位下から従五位上に(『日本三代実録』同年二月八日己丑条)、貞観一五年(八七三)には正五位下の神階が叙されている(『同』同年九月一六日戊寅条)。

(16) 佐賀市史編さん委員会編『佐賀市史』第一巻(佐賀市、一九七七年)。

(17) 志田諄一「風土記にみえる荒ぶる神」(『茨城キリスト教大学紀要　人文科学』三三、一九九九年)。

(18) 前掲註(4)沖森ほか編書によれば、麻打里内の記事とするが、通説に従って広山里内の記事としておく。

(19) 坂江渉「『播磨国風土記』揖保郡条註論(4)枚方里佐比岡条」(坂江渉編『播磨国風土記を通してみる古代地域社会の復元的研究【改訂版】』神戸大学大学院人文学研究科、二〇一〇年)。

(20) 揖保川町史編纂専門委員会編『揖保川町史　第一巻』(揖保川町、二〇〇五年)。

(21) 岸本道昭『山陽道駅家跡』(同成社、二〇〇六年)。

(22) 太子町史編集専門委員会編『太子町史　第一巻』(太子町、一九九六年)付図2〜5。

(23) なお、『太子町史　第三巻』(太子町、一九八九年)付図1「太子町とその周辺の地形・地質図」によると、明神山の西端を南下して流れる林田川の旧流路が幾筋もみえ、現流路に固定されるまでの間に枚方里付近が氾濫原であったことを物語っている。また、その他、史料1の『住吉大社神代記』によれば、「両河」つまり猪名川と武庫川が「一つに流れ合いて海に注ぐ」とある。現在の猪名川は豊中市と尼崎市との境で神崎川に合流し大阪湾へと注ぎ、武庫川は尼崎市と西宮市の境を南流し、両河川は河口部で数キロ以上も離れているため、にわかには信じがたい記述である。しかし、尼崎市立地域研究史料館編『図説尼崎の歴史　上巻』(尼崎市、二〇〇七年)に掲載の「尼崎市域の微地形分類図」によれば、両河川の旧河道が伊丹台地南縁部から海岸平野部にかけてお互いに迫っていることがよくわかる。「武庫川の水脈を速みと赤駒のあがく激ちに濡れにけるかも」(『万葉集』巻七―一一四一)と詠われた古代の武庫川や猪名川は、古代のある時期において、大雨のたびごとに決壊し、流路を変え、まさに「暴れ川」の側面をもっていたことをこの図は示しているといえよう。

(24) 八千代町史編纂室編『八千代町史　本文編』（多可町、二〇〇七年）。
(25) 前掲註(2)田中著書。
(26)『古事類苑四五　人部一』人部二親戚上後妻条（初版は神宮司庁、一九一二年。吉川弘文館、一九六八年再版）。
(27) 飯泉健司「播磨国風土記・佐比岡伝承考――風土記説話成立の一過程――」（『古代文学』三三、一九九四年）。
(28) 猪名川町史編集専門委員会編『猪名川町史　第1巻』（猪名川町、一九八七年）。
(29) 産鉄と川の神との関係は、播磨国風土記にみえる速湍里の遺称地である早瀬の東端付近の小字坂地内の雑木山の傾斜面で、奈良時代以前の砂鉄を原料とする製鉄炉遺構一基が発掘されていること（『兵庫県の地名Ⅱ』平凡社、一九九九年）、安師里の故地に産鉄の神である穴師坐兵主神を勧請した安師姫神社があることなど、いくつか関連をみいだせるが、今後の課題としたい。
(30) 史料5の『肥前国風土記』佐嘉郡条では、佐嘉川のタブーとして、海の神である鰐魚が川を遡り、上流の石姫の所に向かう際には、海底の小魚がそれに付き従い、人がその魚を畏怖せず捕食すれば死ぬことありと伝える。現在でも嘉瀬川のナマズは祭神の使いとして食べてはいけないという言い伝えがあるという。このようにそれぞれに河川にはタブーがあったのではないだろうか。
(31) 長山泰孝「六国史にみえる地震記事」（『帝塚山学術論集』二、一九九五年）。

〔付記〕本稿は、拙稿「古代播磨の災害――水害と地震――」（坂江渉編『風土記からみる古代の播磨――人々の生活と交流――』神戸新聞総合出版センター、二〇〇七年）、「神戸・阪神間の災害と古代国家」「武庫川と猪名川の女神の争い」（坂江渉編『神戸・阪神間の古代史』神戸新聞総合出版センター、二〇一一年）を元に加筆修正したものである。

「風土記」開発伝承の再検討――『常陸国風土記』行方郡条――

高橋明裕

一　開発伝承をめぐる諸問題

『常陸国風土記』行方郡提賀里《なめかたぐんてがのさと》条「古老曰」所載の箭括氏麻多智《やはずのうじまたち》および壬生連麿《みぶのむらじまろ》の開発伝承をめぐっては、さまざまな観点・視角からの検討がなされてきた。吉田晶氏(1)、原島礼二氏(2)の研究は開発主体という観点から村落首長ないし家父長制大家族による私営田経営が国家的所有形態下で再編されたとの見方で郡制への移行を見通した。亀田隆之氏は用水の支配・管理権の観点から豪族による谷水の除去の段階と国家権力による用水の支配・管理の段階とを区分した(3)。鬼頭清明氏は山野河海という行方郡の自然全体を捉えたうえで、小河川流域湿地帯における流水の貯水・排水の管理という技術的観点から郡全体の開発、条里制施行との関連を論じた(4)。これらの諸研究は自然・台地の開発の問題に対して開発主体、用水支配、流域管理などの観点・視角からアプローチし、豪家族の存在形態論や現地調査の有効性を示している。

また当該史料が風土記の伝承であることから、伝承論、夜刀神《やとのかみ》の神格の評価にも議論がおよんでいる。夜刀神は湿原を耕地へ変貌させることへの人々の危惧・恐れが生み出した観念であるとみて、自然の征服、風化の言説

として神仏イデオロギーの一環で論じる研究も多くある。(5)

本稿は風土記テキストの特性を踏まえるとともに関東の谷田に関する知見を活かして水利・治水、環境について風土記テキストを解釈・再検討するものである。それにより風土記開発伝承の一類型を析出したいと考える。

二　谷津田と谷戸田

『常陸国風土記』行方郡条の開発伝承は通常谷津田・谷地田（以下、単に谷津田とする）の開発伝承と理解されている。『広辞苑』によれば関東地方では谷を「やち・やつ」と言い低湿地を指すとされる。こうした低湿地に開発された水田である谷津田は台地にはさまれた細長い谷にある水田で、腰までつかるような強湿田が多く、また用水源としては谷からのしみ出し水に依存するしかないので、生産の低位・不安定を免れないという。低生産性という評価に対して、谷津田は古代・中世から関東平野に分布する台地間の浸食谷の開発の結果であり、幅の広い浸食谷底特有の崖端湧水、谷底勾配の緩急、土壌の保水性の条件などから低湿地となるが、そこでは直播田農法である摘田《つみた》が行われた。摘田は灌漑施設を必要とせず、また低水温対策ともなる利点があるが、深田であるため重労働となることが不利な点であるとされる。(6)

関東を対象にした中世史の研究では沖積低湿地の水田開発に比して圧倒的な比重を有するのは谷田開発にあると評価されている。南関東をフィールドとした高島緑雄氏は古代・中世の谷田の開発は谷口から谷頭へ向かって進むとする。谷口では水利を天水や湧水に頼り、それだけでは不足するようになると谷の中ほどから谷頭に谷池を造成する。これを「たて灌漑」と高島氏は呼んでいる。さらに開発が国家的・領主的権力によって主導されると谷川の上流に堰を設置して複数の谷筋をまたぐような大規模な用水が造成される。これを「よこ灌漑」と呼んでいる。(7)古代の場合はこの「たて灌漑」の段階に相当するであろう。

谷口と谷頭の違い、さらに北総地方を対象に平坦な幅の広い浸食谷に対して台地や丘陵の裾の小さい谷との相違を指摘したのは中村俊彦氏である。中村氏によれば前者の平坦な幅の広い谷、谷口に造られた水田は谷津田・谷地田と呼び、後者の小規模な谷や「谷戸」と呼ばれる谷地形を開発したものは谷戸田として区別される。

谷津田の方は谷奥への標高の高まりは極めて小さく、谷最奥部の泉の湧水とともに谷の両斜面から「根だれ」という湧水がわき出ており、これを谷の中央部に集めて谷の中央部の溝に流して排水する。つまり用排水分離の水田である。谷津田の両脇の斜面は水環境を守るため林地として保全される。背に山、左右を丘陵に囲まれ、前方には平地や流水、湖沼が広がる。集落は田より高位の台地上に立地し谷の水流が緩やかなため災害が少ないという。

一方、谷戸は「谷の戸」、つまり谷の入り口を意味し、谷戸田は小規模な谷の谷奥へ向かって階段状に水田化したもので棚田状となる。水源は谷奥にあり谷口へ向かって流下するため田ごし排水となる。集落は田の下部に立地することが多いという(8)。

谷口を天水や湧水に頼って水田化し、摘田を行ったのが谷津田とすることができよう。そこでは灌漑施設は必要ないが谷の勾配や土壌の保水性によって場合によっては排水が問題となったであろう。開発が進行すると小規模な谷の谷頭へ向かって開田が行われ、水利や治水の必要から谷池が造成されたのは谷戸田があてはまる。その際、谷奥まで水田化してしまうと天然の水源はどうなるであろうか。中世には「よこ灌漑」と呼ばれる井堰の開発が行われたようであるが、古代の関東の開発ではそこまでの段階には達していなかったと推測される。開田にともなう水源の保全・消失が古代においてはどのように認識されたのか、夜刀神として表象されたのは水源の問題として捉えることができるであろう。谷津田・谷戸田の検討から「風土記」の開発伝承の対象地域の特質について、さらに夜刀神の神格についても示唆を得られるのではないかと考える。

三　『常陸国風土記』行方郡条を読み直す

（1）箭栝氏麻多智の伝承

『常陸国風土記』行方郡提賀里条「古老曰」の箭栝氏麻多智および壬生連麿の開発を前節の谷戸田・谷津田理解を参考に再検討してみよう。麻多智に関する伝承は以下Ａ伝承、麿に関する伝承はＢ伝承とする。

古老曰、石村玉穂宮大八洲所馭天皇之世、有レ人、箭栝氏麻多智、(ア)點二自レ郡西谷之葦原一、墾二闢新治田一、此時、夜刀神、相群引率、悉尽到来、(イ－1)左右防障、勿レ令二耕佃一、俗云、謂レ蛇為二夜刀神一、其形蛇身頭角、率引免レ難時、有二見人一者、破二滅家門一、子孫不レ継、(イ－2)凡此郡側郊原、甚多所レ住之、於是、麻多智、大起二怒情一、着二被甲鎧一之、自身執レ杖、打殺駆逐、(ウ)乃至二山口一、標レ杭置二堺堀一、告二夜刀神一云、(エ)自レ此以上、聴レ為二神地一、自レ此以下、須レ作二人田一、自レ今以後、吾為二神祝一、永代敬祭、冀勿レ祟勿レ恨、設レ社初祭者、即還発二耕田一十町余一、麻多智子孫、相承致レ祭、至レ今不レ絶、其後、至二難波長柄豊前大宮臨軒天皇之世一、壬生連麿、(オ)初占二其谷一、令レ築二池堤一、(カ)時夜刀神、昇二集池辺之椎槻一、経レ時不レ去、於レ是、麿挙レ声大言、令レ修二此池一、要為レ活レ民、何神誰祇、不レ従二風化一、即令二役民一云、目見雑物、魚虫之類、無レ所二憚懼一、随尽打殺、言了応時、(キ)神蛇避隠、所謂其池、今号椎井也、池面椎株、清泉所レ出、取レ井名レ池、即向二香嶋一陸之駅道也。

Ａ伝承の傍線（ア）の部分には校訂上の問題が存在する。岩波書店の日本古典文学大系本は「截」（きりはらう）とするが、これは同本が底本とした松下見林本が「獻」としているところを校訂者の秋本吉郎氏が文意から改めたことによる。小学館の新編日本古典文学全集本は菅政友本と同じく「献」と校訂している。菅政友本は彰考館本の原型をほぼ正しく伝えているといわれる。(9)一方、最初期の校訂本である群書類従本と西野宣明本は「點」（点）と校訂している。最古の伝本である彰考館本にすでに改訂案が傍書されており、その後の書写の過程で異同が生じたと考えられるため、「獻」「献」（以下、「献」とのみ表記する）の系統を採るか、「點」（点）を採るかが問題となろう。

Ａ伝承を奉事根源としての氏族伝承とみなす義江明子氏は、「献」字の方が麻多智による開発伝承が奉事根源譚であり、天皇との関係が明確になるとする。(10)「新たに治りし田」を天皇に献上したと読むのである。継体朝の段階で東国の低湿地を開墾し、治田として王権へ献上することを想定しうるかどうか、この段階の提賀里の水田開発がその性格からして王権との関わりで推進されたものと見なしうるかどうかが問題となる。『風土記』の当条について王権を前提とした氏族伝承・開発伝承として読み解くことは一つの重要な視点ではあるが、ここでは前節の理解を踏まえ開発内容の要素分析に則して読解を進めることとする。

関和彦氏は麻多智が「墾闢」したのは郡家より「西谷」の前面に広がる葦原であったとする。従来の諸研究が麻多智の開発と麿の開発の対象地を同一の場所としてきたことに対して、両者の開発場所が別個であることを関氏は指摘した。(11) 前節の谷戸・谷津理解を採る本稿もこの立場を踏襲する。「初めてその谷を占め」たのは麿による開発であり、麻多智の段階の開発はまだ丘陵や山地の裾の小さい谷の内部を対象としたものではなく、本稿でいうところの台地の間にはさまれた細長い谷、つまり谷津にあたり、提賀里の領域では霞ヶ浦に向かって広がっている低湿地の「葦原」のことであると考える。

Ａ伝承の開発が谷津であるとすると、(ウ)「山口」は谷の両脇の斜面の林地との境界を指すのではないか。それを裏づけるように(ウ)「標の杭」を置いた「堺の堀」とは谷低地と斜面との堺に湧出する「根だれ」の集水路であると考えることができる。夜刀神が(イ－1)「左右に防障《た》へ」たとは谷の両脇の斜面に「到来」したことと解することができる。夜刀神が(イ－2)「甚だ多く住むところ」は「郡の側の郊原」だとされているが、夜刀神は「葦原」の低湿地ではなく谷の両斜面＝「郊原」に住んでいるのである。(エ)「これより以上は、神地となし」た

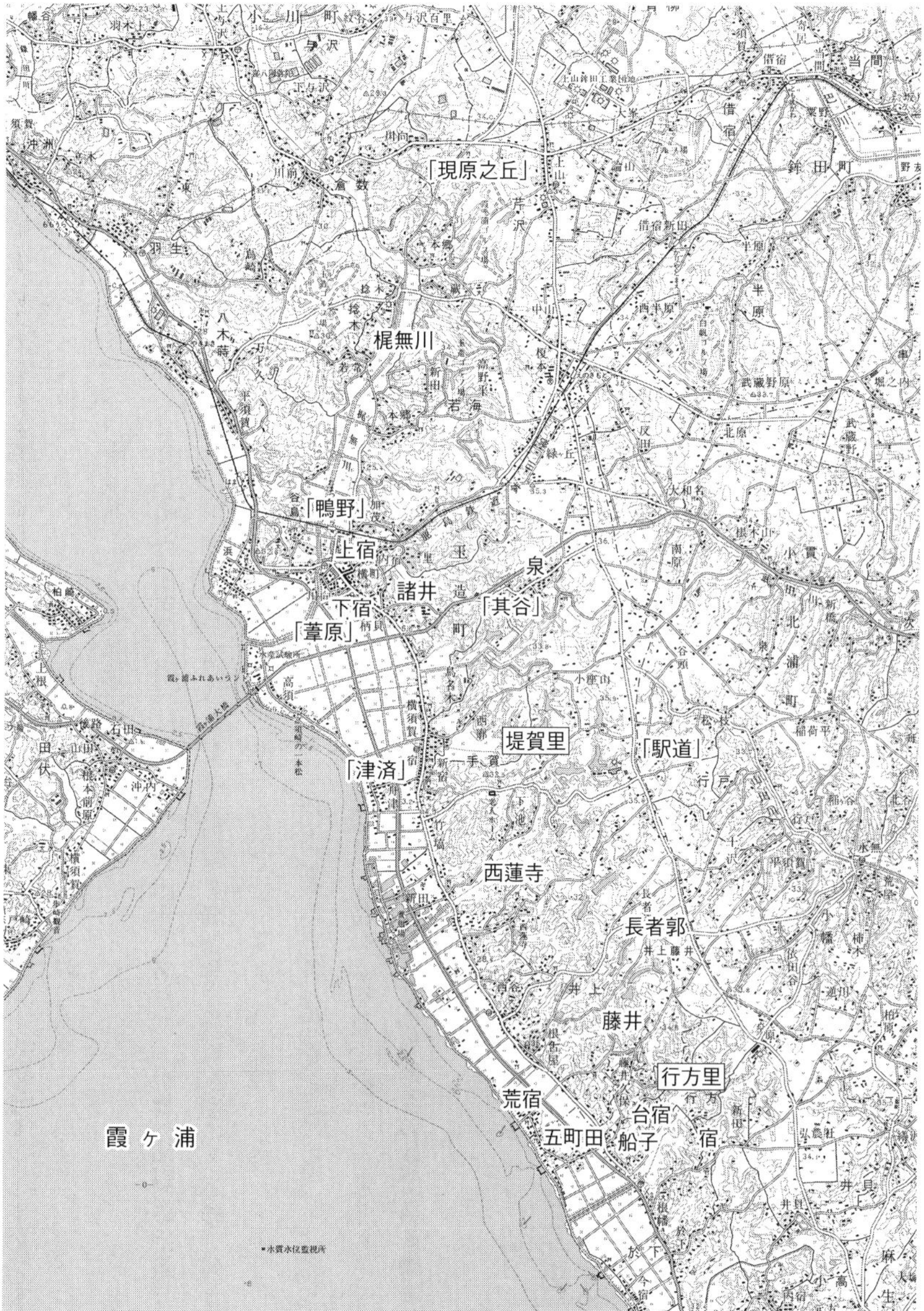

図１　行方郡主要部地図（国土地理院　1：50,000地形図「玉造」に加筆・修正）

のは谷の両斜面＝「郊原」であり、谷津においては谷の両脇の斜面は歴史的に地形と水環境を守るために林地として保全されてきた。まさに「神地」であり、その境界に「標の杭」を置いたのである。その境界「以下は、須く人の田を作」ったのであり、谷の低湿地こそが「西谷の葦原」である。

このようにみてくると麻多智による「新たに治りし田」は低湿地の水田化であって、台地の狭間の平坦な谷底部を「墾闢」したものといえる。開発田全体のうち「田一十町余」のみを麻多智一族のもとにとどめ、残りを王権へ献上したとの理解もありうるが、たとえば『日本書紀』安閑元年七月・閏十二月条の上御野・下御野・上桑原・下桑原の地の「合四拾町」と比べると「田一十町余」とは必ずしも小規模な開発と言い難い。「田一十町余」のみを一族が「相承」し残りを王権へ献上したとするとさらに広い面積の水田化を行ったと考えざるをえないことから、この時の麻多智による開発は全体でこの「田一十町余」であって、（ア）の部分の校訂は「點」（点）を採るのが妥当ではないかと考える。

安閑紀の水田開発は畿内における緩扇状地である上御野・下御野・上桑原・下桑原地区の水田化であり、用水の取得が条件となる。この地が竹村屯倉と関わる地域の水田開発であり王権への治田献上の例と考えると、麻多智の場合は低湿地の水田化という開発条件がまったく異なる開発であり、これを継体朝の段階における王権への治田献上として読む必要はないであろう。

（2） 壬生連麿の伝承

次に麿によって行われた（オ）「初めてその谷を占め、池堤を築かしめた」開発について、B伝承の記述を読解していこう。池堤築造によるいわゆる谷池の造営である。「其谷」は丘陵や山地の裾の小谷であり、谷津と区別されるところの谷奥へ向かって緩傾斜をもつ谷戸と本稿は理解する。「其谷」は葦原となっていた「自郡西谷」

ある。

の奥の小谷である。堤を築いた「其谷」も郡、つまり行方郡家の西に位置したことになるが行方郡家の所在地とそれより西に位置すると記述される谷津・谷戸の所在地に関しては従来の学説がさまざまに論じているところである。

行方郡家については遺構が未発掘であるため、比定地については旧玉造町井上字長者郭をあげる説と、郡名を負う行方里（郷）が郡家所在地であるとして行方里に比定される旧麻生町行方とする説がある。(12)行方の宿、内宿一帯には神宿遺跡があり奈良時代から平安時代の土師器、須恵器が採集されており郡家跡の可能性が指摘されている。問題は郡家所在地を行方里とした場合の「自郡西谷」とされる開発対象地の位置である。

麻生町行方の宿、内宿を郡家所在地としてその地点より「西谷」というと台宿、船子一帯の谷戸ということになる。(13)この谷は本稿の理解では麿によって開発された谷戸にあたり、台宿、船子周辺で麻多智が「墾闢」した谷の前面に広がる葦原というと霞ヶ浦に面した低地帯となる。この辺の荒宿、五町田の集落が立地する微高地との間に挟まれた霞ヶ浦の後背低地状の土地を開発した可能性は考えられるが、台地上に立地する藤井村、船子村がそれぞれ嘉元大田文に名がみえるのに対し、低地部の五町田荒宿村・五町田村は近世に入ってから独立した、それぞれ藤井村・船子村から分村した枝郷であり、村落の成立は中世後期以降であろう。延元元年（一三三六）の沙弥信崇譲状（烟田文書）には藤井村の四至を「限南入海」と記すので、古代における低湿地の開発対象とはなりえないであろう。旧玉造町井上字長者郭を行方郡家に比定し、西蓮寺の谷を「自郡西谷之葦原」と想定する茂木雅博氏、原島礼二氏の場合においても、古代の段階で霞ヶ浦に面した水田化は考えにくい。近くに船津があり、風土記の「郡西津済」をここに比定すべきであろう。水田開発の対象地ではないのである。

一方、郡家を行方に比定しつつも「自郡西谷」を玉造町諸井から泉にかけての谷に比定するのが関和彦氏である。関氏の論拠は大きく三つある。一つは諸井、泉などの地名であり、これが壬生連麿が谷を占めて築造した椎井池にあたるという主張。二つめは「古老曰」は同風土記の文中において先行する地名の地名起源伝承として位置づけられること。三つめに「古老曰」の直前にある「曾尼之駅」と、「古老曰」の文章の末尾（キ）「向香嶋陸之駅道也」はまさに対応関係にあり、谷戸の最奥部に国府から鹿島へ向かう官道の支路が通っている（百里街道）。提賀里および曾尼駅の記述と「古老曰」の文章にはこのような文章上の構造、対応関係があるゆえに麻多智の開発対象地である「自郡西谷」が「自郡西北」に位置している提賀里内に所在するとの読みが可能となるというものである。(14)

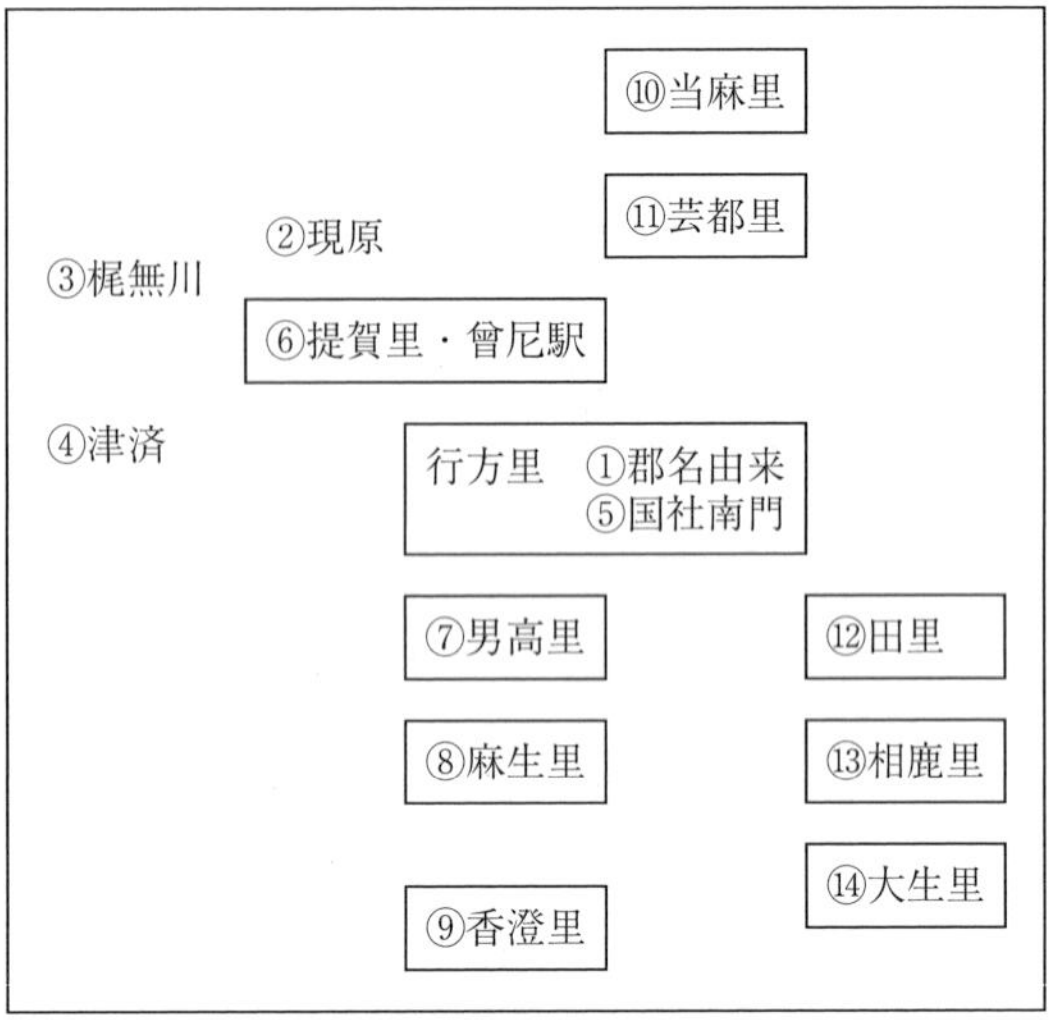

図２　行方郡諸里の位置図と記載順

筆者は風土記の文章構造にこのような空間・地理認識を読み取ることを是とするものである。これは秋本吉郎氏が風土記の錯簡の有無について論じた際に里の記載順が隣接する里へと順序立てられていること、隣接するばかりでなく幾つかの群に分けて記載されていることを指摘した点を参考にできる。秋本氏は必ずしも国府（郡家）を起点とせず郡端の一つの里を起点とするとされるが(15)、郡家を起点とする場合もあるのである。

図２に示したように風土記の行方郡の記述・里記載順はまず冒頭が建郡記事であり、郡名の由来記事において「槻野之清泉」が行方里にあることを述べ、国見を行う「現原之丘」が記述される。次いで現原丘とそこから流下する梶無川のことに言及し、これが茨城郡と行方郡の堺を流れていること、川の氾濫原は土地が痩せている一

方、「野の北」、つまり谷津を取り囲む台地上は未開の森林であることが記述される。「郡の西の津済」は玉造町船津だと考えられ、水産物の豊かさが描かれる。「郡の東の国社」「郡家南門」「庁庭」が浸水しやすいことが記述されているのは実質的に行方里の内容となる。以上の郡名由来記事と並ぶ一連の記述は、「槻野之清泉」が所在する行方里が郡の中心地であることとともに、天皇の国見譚が語られる「現原之丘」（芹沢付近に比定）とそこから見下ろす梶無川の河谷が主要な開発対象地であることを示している。

このように里の記載順および郡家所在地＝行方里の掲出の仕方を読み取ると、①〜⑥の記載群（郡家を含む郡西半、霞ヶ浦沿岸部）、郡家南方の霞ヶ浦沿岸部の⑦〜⑨の記載群、⑩〜⑭の郡東半、北浦沿岸部の記載群に分けることができる。鬼頭氏は、行方郡東半地域（北浦沿い）は小河川沿いの扇状地ないし上流の谷地に弥生時代以来の遺跡が展開しており開発が早く、東半部の河川は標高差が小さく大規模な貯水施設が必要なかったとする。一方、郡西半の西浦沿いの谷は後進地帯で、水系が短い分増水時の水流が制御しにくく、排水施設のみでなく増水期に損害を与えない貯水施設が必要だったとされる。(16) 鬼頭氏が指摘するように行方郡は郡東半と郡西半では開発条件が異なり、古墳時代における開発対象地は郡西半だった。風土記の里の記載群も郡の東西に明瞭に対応しており、また池築造の記事も郡西半に集中している。

麻多智の段階の谷低地の「葦原」の開発は、行方郡西半でもっとも流れが大きい梶無川の比較的広い河口部の水田化だったと想定される。梶無川から鴨が飛び立って堕ちた「鴨野」は土地が瘠せて草木が生えなかったという。「鴨野」は梶無川が湖岸平野部に注ぎ込む谷の出口の丘陵先端にあたる加茂に比定され、急流に洗われる丘陵低位部は荒地だったのであろう。

「野北」の丘陵上は「山林を成し」ていた。河口の海岸平野部には上宿、内宿、下宿などの集落が立地する微高地が存在し、その後背低地の排水を高めることで「葦原」の水田化を行うことが可能だったであろう。「自郡西谷之葦原」を梶無川の谷出口付近一帯に想定する所以である。鬼頭氏は小字名に条里の痕跡があることから条里制施行と関係する郡全体にかかわる開発だったとするが、小字地名からは七世紀段階の条里施行を確証できない。行方郡内を流れる梶無川の河谷は幅二〇〇メートル近くあり、実質的なダム湖である七世紀初頭の狭山池を除いてこのような河川に池堤を築くことは不可能であろう。

「谷を占めて」池堤を築いた場所は郡西半の丘陵に樹枝状に刻まれた谷戸である。関氏が想定したのは梶無川に玉造町諸井付近で合流する泉にかけての谷戸である。本稿もそのように考えるが、霞ヶ浦沿岸の郡西半の丘陵一帯には現地形で標高二〇～三〇メートル内外の谷奥に多くのため池が立地しており、七世紀中葉以降において諸井―泉の谷戸以外にもほぼ同様の立地に複数の池堤が築かれた可能性は否定できないであろう。

奈良～平安時代の木樋の一部と木簡が出土した奈良県高取町薩摩遺跡も丘陵に刻まれた谷戸といえる立地であり、谷口の幅は四〇メートル程度と見積もられる。堤の規模、貯水量は未解明だが木簡から里長クラスの渡来人が主導した築造と想定される(17)。

行方郡西半の谷戸に築かれたため池の機能について、従来の研究では谷池の機能を用水の安定的確保と貯水による低温な湧水を適温化するためと解し、それによる水田面積の拡大と収量の増加をめざす開発行為であるとした(18)。谷戸は水田化すると棚田状の形状となり、田ごし排水が特徴である。谷戸田は田ごし排水によって水温の適温化が可能であるため、ため池の機能は別に求めるべきである。郡西半の谷は水系が短いため排水施設のみでなく、増水期に損害を与えない貯水施設が必要だったとする鬼頭氏の指摘が首肯しうる(19)。

谷戸は谷奥に水源があり、現在でも湧水地に水神を祀る小祠が存在する例がある(20)。『常陸国風土記』は「椎池」以外にも池の築造を記している(「鴨野」の北の「枡池」、男高里の「池」「栗家池」など)。それらの池の周囲には「香取神子之社」が所在したり樹木や鳥獣が列挙されたりするなど自然が豊かであることが記される。ことに

社の周囲の山は森林が強調されており、谷戸の周囲の丘陵地は未開地として保存されたことを述べていると解される。(21)

関氏は谷戸最奥部と(キ)「向香島陸之駅道」、曾尼駅が対応するとみて、道の造成と谷戸田開発を一体的に捉えるべきことを説く。(22)夜刀神はⒶ伝承において水環境の保全を保障する神として信仰された。Ⓑ伝承の谷戸田開発・ため池造成においても丘陵上・斜面の林地は社にされるなどの形で自然が保存されたであろうし、谷奥まで水田化されるようなことはなく谷奥の水源地も保全されたのではないだろうか。丘陵上に百里街道にあたる駅路が整備されたことは想定しうるが、中世以降に進展する谷筋を越えた井堰開発や「よこ灌漑」の段階以前の水田開発とみるのが妥当と考える。

結語

以上の検討により『常陸国風土記』行方郡提賀里条「古老曰」所載の箭括氏麻多智（Ⓐ伝承）および壬生連麿の開発伝承（Ⓑ伝承）は、Ⓐ伝承は平坦な谷低地である谷津田の開発、Ⓑ伝承は細い谷奥へ向かって棚田状に丘陵へ入り込む谷戸田の開発を表したものであると結論した。それにより「自郡西谷之葦原」や「其谷」の具体的な位置についても提案した。

谷津田は丘陵斜面からの湧水を利用するゆえに斜面上の林地は水環境維持のために保全しなければならない。夜刀神は水環境の保全を保障する神として信仰され、その信仰は以後の時代も農民間で維持されたのではないだろうか。当伝承における郡司級豪族あるいは国家テキストによる夜刀神の貶めは『常陸国風土記』に顕著な王権の風化思想の反映ではないか。他の風土記テキストの開発伝承と比較検討する前提として当開発伝承の基本的な性格を明らかにしえたのではないかと考える。

(1) 吉田晶『日本古代村落史序説』(塙書房、一九八〇年)。
(2) 原島礼二「日本古代社会論」(永原慶二他監修『現代歴史学の課題』上、青木書店、一九七一年)。
(3) 亀田隆之『日本古代用水史の研究』(吉川弘文館、一九七三年)。
(4) 鬼頭清明「古代における山野河海の所有と支配」(朝尾直弘・網野善彦・山口啓二・吉田孝編『日本の社会史』二、岩波書店、一九八七年)。
(5) これらの研究動向については北條勝貴「耕地開発を正当化する心性/言説の出現」(『環境と心性の文化史 下 環境と心性の葛藤』勉誠社、二〇〇三年)。
(6) 籠瀬良明『低湿地』(古今書院、一九七二年)。
(7) 高島緑雄『関東中世水田の研究』(日本経済評論社、一九九七年)。
(8) 中村俊彦『里やま自然誌』(マルモ出版、二〇〇四年)。
(9) 飯田瑞穂「常陸国風土記」(『茨城県史料 古代編』一九六八年)。
(10) 義江明子『古代王権論』(岩波書店、二〇一一年)。
(11) 関和彦『日本古代社会生活史の研究』(校倉書房、一九九四年)。
(12)『麻生町史 通史編』(麻生町、二〇〇二年)。
(13) 森田悌「常陸国行方郡——建評と開発——」(『群馬大学教育学部紀要』人文・社会科学編第五五巻、二〇〇六年)。
(14) 前掲註(11)関書。
(15) 秋本吉郎『風土記の研究』(ミネルヴァ書房、一九九八年、初版本は一九六三年)。
(16) 前掲註(4)鬼頭論文。
(17)『高取町 薩摩遺跡第八次調査 現地説明会資料』(奈良県立橿原考古学研究所、二〇〇四年)。
(18) 前掲註(11)関書、佐々木虔一『古代東国社会と交通』(校倉書房、一九九五年)。
(19) 前掲註(4)鬼頭論文。
(20) 前掲註(8)中村書。
(21) 前掲註(18)佐々木書。

（22） 前掲註（11）関書。

〔付記〕 武田佐知子先生には直接講義などを受講する機会はなかったのであるが、一九九四年に武田先生と神戸大学の皆さんが韓国に旅行した際、私も同道させていただいた。全体の行程が終わった後に古代史のメンバーのみで別行程で公州からソウルまで博物館や遺跡を巡った際、先生に親しく学恩を頂戴した。それ以来、お目にかかればお言葉をかけていただいている。ここに記して感謝申し上げる。

なお本稿は科学研究費基盤研究（C）「歴史学と考古学による播磨国風土記の地方神話史料群の共同研究」（課題番号25370772）の研究成果の一部である。

播磨国風土記の民間神話からみた地域祭祀の諸相

坂江　渉

はじめに

小稿の目的は、播磨国風土記（以下、単に風土記と記す場合がある）の神話と伝承を用いて、古代の地域祭祀（神祭り）の実相の一端解明に迫ろうとする点にある。

近年、墨書土器などの出土文字資料を用いた地域祭祀研究、とくに時期的には九世紀以降の東国を中心とする研究がさかんである。[1] ところが七〜八世紀の地域社会における神祭りの中身を具体的に明かそうとする文献史研究は、このところほとんどみられない。一九九〇年代頃まで、村落祭祀論は旺盛におこなわれた。しかしもっぱらそれは「村首」「社首」など、村落首長層の支配構造の解明をめざすものであった。その一方、早くから神話学・国文学・祭祀史料論などによる神話研究は積み重ねられてきている。その成果から学びとろうとする歴史研究はあまりなかったのではないか。[2]

すでに神話研究で説かれているように、[3] 古代の神話は、机上の製作物（読むために書かれたもの）ではなかった。もともとそれは神聖な祭儀の場において、口頭で語られたものであった。その口承の一部が、史書や地誌に筆録された際の潤色には十分注意しなければならない。しかし本来、各地の地域祭祀との不可分の結びつきをもつのが古代の神話である。したがって個々の神話断片を、類例や関連する史・資料を参考にして分析すれば、その前提にある地域祭祀の復元に接近できる可能性がある。

小稿は、このような方法視角にもとづき、播磨国風土記の地名起源説話のなかに含まれる断片的神話に焦点をしぼる。そこから探りだせる地域祭祀の諸相について基礎的考察を試みる。それを通じて、奈良時代前後を中心とする地域社会論や共同体研究の活性化に資するよう努めたい。

一　断片的神話の分類

現存する播磨国風土記のテキストは、完本ともいわれる出雲国風土記とは異なり、未精撰の草稿本を祖本にするといわれる。表記順序や叙述方式の一部に混乱がみられ、また冒頭から明石郡・賀古郡の一部、赤穂郡の箇所を欠く不完全な史料である（以下、郡名については風土記の記述にしたがう）。しかしそのなかには三六五例以上の地名とその起源説話が載せられている。

出雲国風土記には合計九〇〇以上の地名が載っているが、地名起源説話が記されるのは、原則としてサト（郷）や一部の山などに冠せられる地名のみに限られている。ところが播磨国の場合、サト（里）だけでなく、村・山・丘・川・野などの自然地名についても、その由来譚が語られている。そして三六五例以上の地名起源説話のうち、一二〇例以上は、神話（神の所作や言葉により語られる地名説話）にもとづくものである。そ

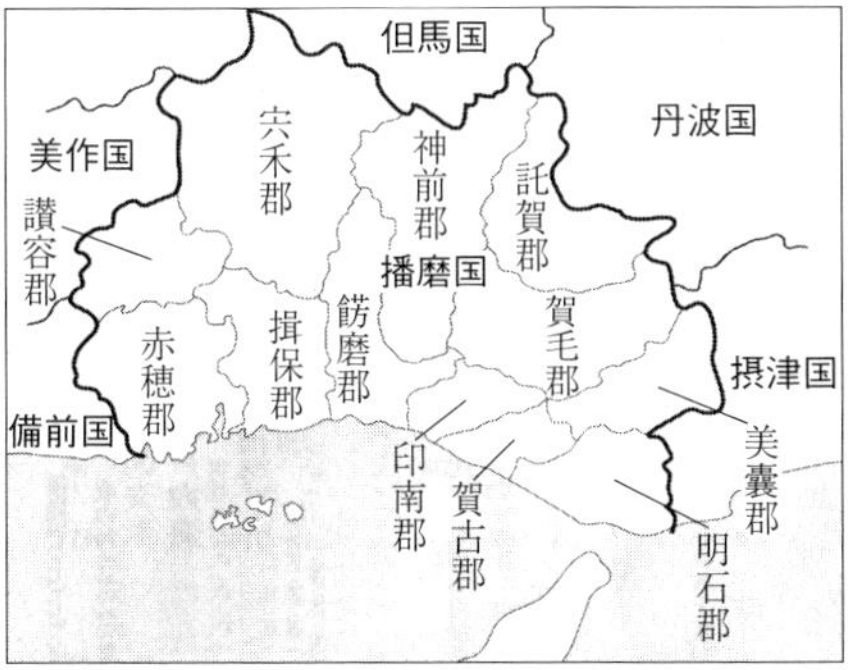

古代播磨の行政区分地図
（『兵庫県史　別巻付図』を参考に作成）

表１　播磨国風土記にみえる断片的神話群の分類

(A)神坐す(在す)型…25

①伊波都比古命がこの岡に坐す(賀・日岡)、②阿賀比古と阿賀比売がここに在す(餝・英賀里)、③筑紫の豊国神がここに在す(餝・豊国村)、④伊太代神がここに在す(餝・因達里)、⑤飯盛大刀自がこの山に居す(揖・飯盛山)、⑥大倭三山の闘いを仲裁にきた出雲国の阿菩大神が船を覆せてこの山に坐す(揖・神阜)、⑦伊勢都比古命と伊勢都比売命が山の岑に在す(揖・伊勢野)、⑧出雲御蔭大神(出雲之大神)が神尾山に坐す(揖・意比川、佐比岡)、⑨石神がこの島の西辺に在す(揖・神島)、⑩石神がこの山に在す(揖・神山)、⑪広比売命がこの社に坐す(讃・速湍社)、⑫大神が出雲国から来た時、島村の岡を呉床として坐した(讃・荃戸川)、⑬草を敷いて神の坐とした(宍・敷草村)、⑭伊和大神の妹の阿和加比売命がこの山に在す(宍・阿和賀山)、⑮建石敷命がこの山に在す(神・神前山)、⑯荒神がここに在す（神・生野)、⑰新次社に在す阿遅須伎高日古尼命神がこの野に神宮を造った（神・邑曰野）⑱豊穂命神がこの山の戴の石に在す(神・石坐神山)、⑲玉依比売命がこの社に在す(神・高野社)、⑳道主日女命がここに在す(託・荒田村)、㉑近江国の花波神がこの山に在す(託・花波山)、㉒諸村に菓子を班布した神がここに在す（毛・端鹿里)、㉓玉帯志比古大稲女と玉帯志比売豊稲女がこの社に坐す(美・祝田社)、㉔八戸挂須御諸命が志深里の三坥に坐す（美・三坥）㉕吉川大刀自神がここに在す(美・吉川里)

(B)神の落し物タイプ…7

①大汝命の船上の物(琴・箱・匣・箕・甕・稲・冑・沈石・綱・鹿・犬・蚕子など)が落ちる(餝・日女道十四丘)、②葦原志挙乎命の口から粒が落ちる(揖・粒丘)、③大神の玉がこの川に落ちる(讃・玉落川)、④大神の口から鹿の膾が落ちる(讃・荃戸川)、⑤大神の褶がこの村に落ちる(宍・比良美村)、⑥葦原志許乎命の黒葛が三方に落ち、天日槍命の黒葛はみな但馬国に落ちる(宍・御方里)、⑦戦う神の冑がこの岡に落ちる(神・冑丘)

(C)神の食べ物・食膳や米作りに関わる話…24

①日女道神が神の食物と食膳をこの丘に備えた(餝・筥丘)、②飯神の妾の飯盛大刀自がこの山を占めて居る(揖・飯盛山)、③大汝命が俵で橋を立てた(揖・御橋山)、④大汝命と少日子根命がこの山に稲種を置かせた(揖・稲種山)、⑤葦原志挙乎命が丘で食事した(揖・粒丘)、⑥玉津日女命が稲種に鹿の血を付させた(讃・讃容里)、⑦弥麻都比古命が粮を湌した(讃・邑宝里)、⑧同神が井を治った(讃・御井村)、⑨神日子命の鍬の柄をこの山で採らせた(讃・鍬柄山)、⑩大神のかびた粮を醸ませて献上させ宴した(宍・庭酒村)、⑪大神がこの峯で稲を舂かせた(宍・稲舂岑)、⑫大神の舂いた糠が飛来した(宍・糠前)、⑬国占めの神がここで米を炊いた(宍・飯戸阜)、⑭大神がここで湌した(宍・酒加里)、⑮大神がここで醸んだ(宍・神酒村)、⑯大神の軍が舂いた粳が集まり丘になった(神・粳岡)、⑰道主日女命が盟酒《うけひ》用の酒を作った田が荒れた(託・荒田村)、⑱大汝命が碓を造り稲を舂いた(毛・碓居谷)、⑲大汝命が箕を置いた(毛・箕谷)、⑳大汝命が酒屋を造った(毛・酒屋谷)、㉑大汝命の飯をこの嵩に盛った(毛・飯盛嵩)、㉒大汝命が舂かせた粳がこの岡に飛来した(毛・粳岡)、㉓この村の太水神が宍の血で佃するといって河の引水を惓《う》んだ(毛・雲潤里)、㉔住吉大神が草敷せずして苗代を作る霊験を起こした(毛・河内里)

(D)神の妻問い、配偶、出産等に関わる話…11

①男女１対神が在す(餝・英賀里)、②日女道神が男神の食物と食膳を備えた(餝・筥丘)、③④⑤男女２神の決裂の話(揖・佐比丘、揖・神尾山、毛・腹辟沼)、⑥玉足日子と玉足比売命との間に生まれた大石命が父の心に頷《うなづ》いた(讃・雲濃里)、⑦伊和大神が安師比売神に妻問いをしたが、拒絶され河の流れを変えた(宍・安師川)、⑧妊娠した宗形大神がここで胎児を抱えている時期を終えたといった(託・袁布山)、⑨妊娠した宗形大神がここで産み月を迎えたといった(託・支閇丘)、⑩冰上刀

売を妻問いした讃伎日子神が拒絶され、戦いに敗れ「つたき」といった(託・都多支)、⑪冰上刀売に拒絶された讃伎日子が戦いに敗れ、這って逃げ帰った(託・法太里)

(E)神いくさ、神争いの話…17

①大汝命とその子火明命(餝・因達神山)、②葦原志挙乎命と天日槍命(揖・粒丘)、③伊和大神の子の石龍比古命と妹の石龍比売命(揖・美奈志川)、④大神とその妹の玉津日女命(讃・讃容里)、⑤葦原志許乎命と天日槍命(宍・奪谷)、⑥葦原志許乎命と天日槍命(宍・伊奈加川)、⑦天日槍命と伊和大神(宍・波加村)、⑧葦原志許乎命と天日槍命(宍・御方里)、⑨⑩大汝命と小比古尼命(神・堲岡里、神・波自賀村)、⑪伊和大神と天日桙命(神・粳岡)、⑫伊与都比古神と宇知賀久牟豊富命(神・冑丘)、⑬播磨刀売と丹波刀売(託・都麻里)、⑭讃伎日子神と冰上刀売(託・都多支)、⑮⑯讃伎日子と建石命(託・法太里、託・甕坂)、⑰丹津日子神と太水神(毛・雲潤里)

(F)国占め神話…12

①②③伊和大神(揖・鹿来墓里、揖・談奈志里、宍・波加村)、④⑤⑥葦原志挙乎命(揖・粒丘、宍・宇波良村、宍・伊奈加川)、⑦大神の妹の玉津日女命(讃・讃容里)、⑧広比売命(讃・凍野)、⑨弥麻都比古命(讃・大村)、⑩⑪大神(讃・筌戸川、宍・伊加麻川)、⑫占国の神(宍・飯戸阜)

(G)荒ぶる神説話…6

①神前村の荒ぶる神(賀・舟引原)、②伊和大神の子の伊勢都比古命と伊勢都比売命(揖・伊勢野)、③神尾山の出雲御蔭大神(揖・意比川)、④神尾山の出雲之大神(揖・佐比岡)、⑤神島の西辺の石神(揖・神島)、⑥荒神(神・生野)

註:表の括弧内の地名のうち、郡名はつぎのように略記した。賀:賀古、餝:餝磨、揖:揖保、讃:讃容、宍:宍禾、神:神前、託:託賀、毛:賀毛、美:美嚢。

れらはいずれも短文で体系性がなく、断片的な神話がほとんどである。しかし郡の違いにもかかわらず、ある程度の類別が可能なものが含まれている。いま筆者自身の観点にもとづき、それらを大枠で区分すると、表1のように、おおよそ七つのグループを拾い出すことができる(重複分を含む)。

第一に、もっとも単純な説話群として、○○の神が××の場所に「坐《いま》す(在り)」と伝えるものがある。合わせて二五例確認できる(表1-A)。具体的な鎮座地を記さないものが若干あるが、その多くが山や丘を鎮座地とするのは注目される(一〇例)。

これらの史料群と延喜式内社との重なりをみると、重複するのは賀古郡の「日岡坐天伊佐佐比古神社」、餝磨郡の「射楯兵主神社二座」、多可郡の「荒田神社」などわずかである(延喜式、巻一〇、神名下)。播磨国風土記で鎮座伝承を伝える神の社と、『延喜式』の神社名とは、必ずしも一致しない事実がみえてくる。

二つ目の史料群として、巡行などをしている神が、各地で物を「落とす」話が七例ある(表1-B)。神が落とす物は、「比礼（褶）」「冑」「玉」「飯穂」などさまざまである。また神ではなく、巡行の天皇（すべて品太天皇）による同様の話が五例あり、これとの関連性が予想される。

つぎに類例が多いのは、神の食事・食膳や米作り（稲作）に関わるもので、合計二五例近くある（表1－C）。たとえば、大汝《おほなむち》・少日子根命《すくなひこね》のために「食物」と「筥」を備えたという筥丘《はこおか》伝承（餝磨郡）、葦原志挙乎命《あしはらしこお》が「飯《いひ》」を食べようとしたという粒丘伝承（揖保郡）、カビが生えた「御粮《みかれひ》」を「酒に醸《か》んで」神に献上したという庭音村の話（宍禾郡）、大神が岑の上で粳を「舂《つ》」かしたという稲舂岑の説話（宍禾郡）、大汝命の「飯」を盛ったという飯盛嵩の伝承（賀毛郡）など、稲をもとにして作られる飯と酒が、各地の山や丘陵と結びつけて語られている。

四つ目のグループとして、神の配偶関係や妻問い・出産などに関わる話が一〇例以上ある（表1－D）。一対の男女神が仲良く鎮座するという説話もあるが（餝磨郡英賀《あが》里）、妻問いの話は必ずしもうまく行かず、女神による拒絶の話（宍禾郡安師《あなし》川）や配偶関係の決裂の話（揖保郡佐比丘、賀毛郡腹辟沼など）も少なくない。一方で託賀郡の支閇丘《きへおか》や都多支《つたき》条などでは、女神の妊娠・出産の話がみられる。それぞれの神話が、人間の現実世界における配偶・生殖関係の実態を反映しているように思われる（後述）。

五つ目は、これは現存する他国の風土記にはほとんどみられない例であるが、各地の在来の神が、外来の神々と「戦さ」や「争い」を繰り広げる神話が二〇例近くある（表1－E）。そのなかには、後述の「国占め」争いをめぐる話が四例含まれている。外来の神として登場するのは、但馬国を代表する「天日槍《あめのひぼこ》（桙）命」がいちばん多く六例、そのほか「伊予」「讃伎」「丹波」などの地名を冠する神の名がみえる。一方、外来神を迎えうつ神としては、「伊和大神《いわのおおかみ》」「葦原志許乎命」などの名が合わせて七例登場している。さらに播磨国内や隣接する神々同士の闘いと考えられる話もわずかながらみられる。揖保郡美奈志川条では、「伊和大神の子の石龍比古命と妹の石龍比売命」が水争いをした話が語られている。

六つ目に、右の神話群と重なりをもつが、各地の里・村・川・丘・野などの地名に関連づけた神の「国占め」伝承を一〇例以上確認できる（表1－F）。伊和大神（大神）とその妹神などを主人公とする話が六例、葦原志許乎命が三例、広比売命《ひろひめ》・弥麻都比古命《みまつひこ》・占国神《くにじめのかみ》などが各一例となっている。別稿で述べたように、これはらすべて播磨在来の地方神をあらわす神格だった。(4) 説話のなかで、それぞれの神は、「国占め」のため、山上などで「飯」や「粮」を食べたり、特殊な稲種を植えさせたり、さらには「杖」を刺した大地から水が湧き出すなどの霊験譚が含まれている。

最後に、いわゆる「荒ぶる神」に関する伝承が、陸上・水上交通の要衝地・結節点と思われる地名起源に関連づけて語られる例が六例みられる（表1－G）。荒ぶる神伝承は、他国の風土記にもみられるが、播磨国はそのなかでもっとも類例が多い。

以上が、播磨国風土記の地名起源説話から引き出せる、グループわけ可能な断片的神話群である。これ以外にも、「神の言葉」（国誉め）による地名命名の話や、動物（とくにシカ）に関わる興味深い神話など、ひとくくりにできる神話断片がいくつかみられる。紙幅の関係上、これらのすべてをあつかい、網羅的に地域祭祀形態を復元することは困難である。そこで現時点でいえる諸特徴について、以下、三つの節にわけて述べてみたい。

二　地域祭祀の基本的特徴――生業と生存の維持をねがう祭祀――

（1）　自然崇拝を土台にした生業と生存の維持をねがう信仰

まず右の神話史料群をみて率直に思うことは、当時の神祭りが、山・丘・岩石・自然現象など、基本的に自然崇拝を土台としている点である。実在した人物の、死後の「霊魂」の祭りを語るような神話は一つもみられない。

そしてそのうえで、右の多くの史料に「食」と「生殖」の話が含まれているように（表1－C、Dで全体の三〇パーセント以上）、農民たちの生業（稲作）と生存の維持をねがう信仰とそれにもとづく祭祀が、その中心をなしていたと考えられる。また「神坐す」型の神話群（表1－A）で、神の鎮座地として山・丘が多く語られる点も、当時の信仰が、水源地の確保という稲作の問題と密接にリンクしていることを示唆するであろう。

従来の研究で、これらの点が古代の民間祭祀の基本をなすことは、一般に指摘されてきたことである。しかし筆者があえて強調したいのは、当時の生業と生存をめぐる社会の「現実」の問題である。人々の生活のあり方の現実の裏返しとして、民間の祭祀形態も存在したことに、眼を向ける必要があるのではないか。

（2）不安定で劣悪な社会の現実

近年の文献史研究の成果によると、古代～中世の社会が過酷な環境におかれていた事実が明らかになってきている。[5]たとえば、この時期、一年間を通じて、人がいちばん多く亡くなる季節は、初夏から夏にかけての頃であった。この季節は稲作サイクルのちょうど端境期にあたる。それまで備蓄してきた稲種や米の枯渇など、農民たちが食糧難に陥る時期であった。それにより多くの人が餓死する事態が生じたらしい。

室町～戦国期の東国のある寺院の「過去帳」を分析した田村憲美氏は、この時期、飢饉年と平常年の違いにかかわらず、「〝飢え〟は毎年決まって訪れるものであった」[6]と述べている。古代でもこれは似通った状況で、弘仁一〇年（八一九）の太政官符には、「去年不レ登、百姓食乏。至二于夏時一、必有二飢饉一」[7]とみえる。ここでは「夏時」になると、「必ず飢饉あり」と語られている。食糧事情が悪いと、栄養やカロリー摂取が不十分になり、抵抗力が弱まる。その結果、疫病が蔓延するのもちょうどこの時期であった。このため古代でも多くの人が亡くなったと考えられる。[8]

つぎに古代における庶民の平均寿命について、現存する戸籍データを素材にしたコンピューター処理的考察や人口統計学的手法にもとづく研究がすすんでいる。それによると、八世紀前後の男女の平均寿命は、ほぼ三〇歳前後（男三二・五歳、女二七・七五歳）であった(9)。乳幼児の死亡率は五〇パーセント以上にもおよび、人口の大部分の人々は、平均して四〇歳代で亡くなるのが普通だったらしい。片親や両親を失う子どもたちの発生率が高く、また配偶者と死に別れる男女も多かった。社会全体の人口構成は典型的なピラミッド型で、現在の「少産少死（少子高齢化）」とは正反対の、「多産多死」型の社会であったと推定されている(10)。

（3）神前での共同飲食

このように古代の日本は、飢饉と農業危機が慢性的に続くとともに、疫病が蔓延する過酷な社会であった。人の命が簡単に尽きるのが、この時代の社会の現実であった。こうした社会環境は、必然的に当時の人々の生活と宗教意識に影響をあたえざるをえない。そのもとで重んじられたものは、つぎの二つの「生」をめぐる問題であった。

すなわち、①食べ物の「生産」（米作り）の維持と、②人の「生殖」＝人口の維持・再生産である。そして当時の民間祭祀の世界においても、この二つの「生」の問題が、その中心に据えられていたことであろう。それぞれが各地の神祭りのなかで真剣に祈られ、また豊作と多産《たさん》を祝う各種の行事がおこなわれたはずである。その具体相の全貌をここで明かすことは難しい。

だが第一に、風土記において、神の食事・食膳の説話、および神の鎮座地に山が多いことに留意すれば、①の問題に関連して、水源地である農村近くの山上などにおいて、播種～田植え作業の前後や収穫後の時期、神と人による共同飲食の行事がおこなわれていたことは確実であろう。

たとえば播磨国風土記のなかには、「飯盛《いひもり》」という山の、神話にもとづく地名起源説話が二例収められている（揖保郡飯盛山条、賀毛郡飯盛嵩条）。そのうち賀毛郡の飯盛嵩条では、「右、号レ然者、大汝命之御飯、盛二於此嵩一。故、曰二飯盛嵩一」とある。その比定地の山容はほぼ円錐形で、「飯盛」に相応しい外見をなす。(11)ところがこの「飯を盛る」の「もる」という和語は、モノを一杯に積み上げるという意味だけにとどまらなかった。「酒もり」という言葉があるように、モノを差し出す、献上する、転じて「貴人をもてなす」の意が含まれていた。(12)

つまり飯盛山の地名説話は、かつて山上において、地元農民が飯を神に献上し、神と一緒になって食事をする神事があったことをうかがわせる史料である。山上における神の鎮座伝承（表1－A）、および山・丘陵と神の食事とを結びつける神話の多さにも着目すれば（表1－C）、それは各地でおこなわれていたのではなかろうか。

ただしその神事の中身は単純ではなく、いくつかの局面から成り立っていた。その一つとして、まずはその地域の支配者である族長（国主）が、来臨した神と「一体化」して、「飯」などの酒食を食する厳粛な神事があった。族長層からみてこれが、支配権を可視的に確認する行為であることは、後述のとおりである。そしてその後、同じ酒食は儀式の参列者にも振る舞われ、続けて農民の共同飲食の宴が繰り広げられていった。

前述のように、日常的に食糧が枯渇するこの時代、農民たちが定期的な神祭りの時、酒食を負担し、こうした宴を維持していくことは並大抵のことではなかった。にもかかわらず、これがおこなわれたのは、貴重な酒食を神に差し出し、豊饒を祈り祝うことが、自分たちの生活の維持や向上につながると意識されていたからだと思われる。現在でも各地の民俗行事でみられるように、神々へのもてなし行事が盛大になればなるほど、豊作や繁栄がもたらされるという呪術的思考があったのであろう。

（4） 神祭りの一環として歌垣の開催

第二に、②の「生殖」の問題に関連して、従来、指摘されてきたのは「聖婚」儀礼の存在である。(13) しかしより視野を広げ、農民間の行事として注目されるのは、厳粛な神事ののち、酒食の共同飲食の宴が進むにつれておこなわれた歌垣（嬥歌《かがひ》）である。播磨国風土記には、この関連史料はわずかしかみられない（揖保郡枚方里佐岡条、賀毛郡玉野村条など）。しかし他国の風土記や記紀歌謡・万葉集などに多くの史料があり、これは七～八世紀には全国各地で催されていたと考えられる。

従来、この歌垣については、「飲食」「歌舞」「性的開放」の三つを特徴とする、配偶者探しの場であったと説かれている。(14) しかし関連史料からみて、単なる配偶者探しの場ではなかった。もともとは神祭りに連動する呪術行事の一つであった。(15) 神祭りと連動している以上、この歌掛けに参加したのは、未婚の男女のみに限られなかった。既婚者はもとより、村の老人たちも参加し、酒食が入るなか、彼ら自身も歌の席に立つ、共同体全体の行事という側面をもっていた。

残されている歌垣民謡の中身をみると、とくに老人や老女たちは、歌の応酬の場において重要な役割をはたしていた。彼らはみずからの経験や見聞に事寄せて、若者たちを叱咤激励したり、笑いを交えた教訓の歌などをうたい、男女の結合を勧めることがあった。また老女が若い頃の自分の体験を語ることを通じ、娘たちに対し、事実上の「性教育」を施す場合もあった。(16)

歌垣というと、若い男女が叙情的な歌を交わし、求愛し合う場というイメージで捉えがちである。しかしこれは、老人を含む当事者以外の人たちが、神前において結婚適齢期の男女の婚姻、あるいは配偶者を失った者の再婚（再々婚）を社会的に奨励する場でもあった。

男女の平均寿命がわずか三〇歳という過酷な生存条件下では、生産（豊作）の維持と並び、「皆婚《かいこん》」(17) と「多産」

による共同体人口の維持・拡大が、社会的に重要なものと意識されていた。そこで実質的に皆婚と多産につながる可能性のある歌垣が、神祭りのなかの共食の宴と連動しながら開かれていたのである。(18)

以上、本節では、厳しい社会環境に規定された、生業（稲作）と生存（多産）の維持をねがう農民たちの信仰とそれにもとづく神祭りが、古代の地域祭祀の基本であることを述べた。そのなかには、いくつかの局面からなる神・人の共同飲食の神事、およびそれに連動して開かれた農民同士の呪術行事、歌垣が含まれていた点などを指摘した。

しかし当時の神祭りは、民衆を主体とする素朴な行事のみで成り立っていたわけではない。すでに少しふれたように、それと多分に重なる形をもって、族長の地域支配や領有に関わる祭儀も含まれていたことを見逃してはならない。

三　地域支配に関わる神祭り――「国占め」神話から――

（1）「村占め」としての「国占め」神話

この問題をみるうえで留意したいのは、表1－Fの「国占め」の神話史料群である。西播《せいばん》地方の揖保《いひぼ》・讃容《さよ》・宍禾《しさわ》郡の三郡にかたよる傾向がみられるが（三五五頁の地図参照）、播磨国風土記にはこの関連史料を、合わせて一二例確認できる。「国占め」神話については、従来、それぞれの神に体現される政治主体（族長層）が、一定領域の「クニ」＝土地を占有・領有する行為と関連すると理解されてきた。(19)

しかしその「クニ」の範囲は、出雲国風土記の「国引き」神話（意宇郡条冒頭）の「クニ」のような広大な土地ではなかった。それぞれの話が、里のほか、村・川・野・岡など、人々の直接的な生活領域に関わる地名起源説話のなかにみられる点に大きな特徴がある。(20)これにもとづき神話学の松村武雄氏は、播磨国風土記の「国占め」神話が、実は「村占め」神話にほかならないと記している。(21)また筆者も別稿において、これが村落レベルの祭祀儀礼研究に資する史料群であることを述べた。(22)神話のなかで語られている神々の所作や言葉が、各地の族長層の地域支配儀礼の内容を反映していた可能性は十分あると考えられる。とすれば、これらの神話群からどのような神事や祭儀の具体相を復元できるのか。

（2）「国占め」の祭祀儀礼

その一つは、前節の「共食」神事の箇所で述べた点であるが、国主《くにぬし》としての族長が、毎年秋、クニ内部の農民自身が作り差し出した「飯」を、神の資格で食べる食膳の儀礼である。「神の資格で食べる」というのは、族長みずからが「神がかり」して儀礼を執行することを意味する。風土記の揖保郡の粒丘条の説話などによれば、クニのなかにあった見晴らしのよい丘陵などに登り、それは実施されたようである。

しかし「国占め」の儀は、単に飯を食べるだけでは完結しなかった。二つ目の儀礼として、右の食膳の神事で飯を族長層に差し出す農民たちに対する、春の勧農の儀式があった。秋に開かれる食膳儀礼の前提ともいうべき、春の農耕行事の存在である。史料にもとづくと、その内容は少なくともつぎの二つからなる。

その一つは、国主である族長が神に扮して、クニの土地の一角に、「杖」を立てる所作をおこなう行事である。この「杖立て」が支配権の可視的誇示やその確認行事であることはいうまでもない。(23)しかし第一節で述べたように、神話のなかには、杖を刺した地から、水が湧出するという霊験譚が多くみられる。この事実に着目すれば、これはクニ内部にいる農民たちの稲作用の水源地の確保を可視的に確認する、勧農の儀式という側面を有していたと理解される。

もう一つは、春の種下ろしの時期、同じく農民たちに対して、聖なる稲種をあたえる儀式が開かれた。とりわけ風土記の讃容郡条冒頭の地名説話によると、稲作の豊饒をもたらすと信じられていたシカの血を付した稲種を、神に扮した族長が、農民たちに下行する勧農行事があったらしい。(24)もちろんシカの血が稲作に対する実際的効能をもっていたか否かは不明である。しかしいずれにせよ各地の族長は、春の農作業の開始に対応して、そうした特殊な稲種をあたえる神事の執行を通じ、クニの農民が「農」につくことを広める必要があった。

古代の「国占め」――すなわち地域社会における支配のあり方は、決して生産物を一方的に収取するだけでなかった。宗教的・祭祀儀礼的な形をとりながら、それは農民の再生産を保障する機能の執行と不可分に結びついていた。このような形態になったのは、平均寿命が三〇歳という生存条件のもと、水や稲種を確保して生業の維持をはかり、何とか生き延びようとする農民たちの厳しい生活実態があったからである。それに対する族長層による勧農儀礼の実施が、不可欠であったことを物語るのである。こうしてみると国占めの祭祀儀礼も、基本的に生業と生存を維持しようとする農民の願いと信仰が、その根底に置かれていたといえるだろう。

四　境界領域の祭り――「荒ぶる神」の説話から――

(1)「荒ぶる神」の説話

前節までにおいて、播磨国風土記にもとづき、生業と生存の維持をねがう農民たちの祭り、またそれに重層する形で、地域支配に関わる神事があることを述べた。最後に本節では、播磨国風土記に顕著にみえる「荒ぶる神」の説話に焦点をしぼる。

表1－Gに掲げたように、播磨国風土記には、往き来する人や船を「荒ぶる神」が襲うというタイプの神話群を合わせて六例カウントできる。また同じような話は他国の風土記（逸文も含む）にもみえ、その数は五例以上ある（肥前3、摂津逸文1、筑後逸文1、伊勢逸文1）。それぞれの地名の比定地をすべて現地調査したわけではない

が、その多くは、「坂」（峠）「河川渡河地」「隘路」などの交通の難所・結節点、いわゆる境界領域に位置する。そのため従来、これらの史料群は、「交通妨害神話」群などとして捉えられ、交通祭祀論の立場から議論されることが多かった。

たしかに各説話のなかには、「十人中五人を留め」「五人中三人を留め」「半死半生」など、往還者の生死にまつわる類型的表現がみられる。そこでこれを古代の交通祭祀論の視角から検証していくことは重要な課題となる。(25)

しかしその一方、これらの神話群の後半には、そこに住まいながら「荒ぶる神」を鎮め祭ったという特定の一族や、その「祖」の話が記されている点に留意すべきである。それにより「禍い」が収まったり、地域社会が平穏になったり、あるいは路行く人が殺されなくなったという結論が語られるケースが少なくない（播磨国風土記・揖保郡林田里伊勢野条、同郡意比川条、同郡枚方里佐比岡条、肥前国風土記・基肄郡姫社郷条、神埼郡条、佐嘉郡条、伊勢国風土記逸文・安佐賀山条など）。

たとえばその一つ、播磨国風土記の揖保郡佐比岡条では、神尾山にいる出雲大神が、出雲国人の往来をつねに妨げていた。それに対し出雲国人が「佐比《さひ》」をつくり祭っても、神は鎮まらない。そのわけは、男神に対する女神の怒りが収まらなかったからである。ところが河内国茨田郡枚方里の漢人《あやひと》が、この山の麓に住んで敬い祭ると、何とか神は鎮まった。だから神尾山と名づけ、佐比をつくり祭ったところを佐比岡と呼ぶなどの地名由来が記されている。

ここでは神尾山の神の「荒ぶる性」がまず語られ、それに対して往還者自身による祭りと、移住して地元に住まう漢人による祭りという、二つの神祭りのことが伝えられている。全体をみて気づくように、最終的に強調されているのは、後半の、新たに移住してきた漢人（の祖）の神祭りにより、荒ぶる神の怒りが鎮まったという点である。つまり漢人の祖の功績を顕彰するとともに、(26)漢人一族を新しい祭主として始まった、地元祭祀の起源と、その正統性を明かそうとする点がこの説話の本義である。

（2） 境界領域における神祭りの重層性

こうしてみると、荒ぶる神の神話群から引き出せる境界領域の祭りは、必ずしも一元的に捉えられない。それは重層的に存在したとみるべきであろう。

その一つは、すでに説かれている、荒ぶる神の鎮座する境界領域を通ろうとする往還者による祭祀と呪術である。これまでの発掘成果をながめても、たとえば、神坂《みさか》峠（信濃坂）・入山峠・雨飾峠など、東国各地の要衝地の峠（坂）において、古くから勾玉・管玉・有孔円板などの滑石製模造品などを捧げる、往還者による祭りがおこなわれていたことは明白である。(27) 右にみた風土記の出雲国人の「佐比」の祭りの話も、このような祭祀を反映したものであろう。

また文献史料でも、日本書紀のヤマトタケルの東国遠征譚（景行天皇四〇年是歳条）によると、右の神坂峠（信濃坂）越えの習俗として、「この山を踰《こ》える者、蒜《ひる》を嚙《か》みて人と牛馬に塗れば、自づから神の気に中《あた》らず」（原漢文）という呪術が存在したことをうかがえる。とくに峻険で難渋な境界領域を通過しようとする往来者や旅人、さらには古代国家の軍隊などが、行路や遠征の安全を祈り、こうした臨時の神祭りをおこなっていたと考えられる。

その一方、こうした所では（右とまったく同一地点であるか否かは別にして）、荒ぶる神の「怒り」や「荒ぶる性」を鎮め収めたと伝える一族を祭主とする、地元祭祀も存在した。本節でとりあげた風土記の説話の多くは、このような祭祀の存在を前提にしていたと考えられる。

関連する諸事例に眼を向けると、たとえば、前述の神坂峠（信濃坂）の美濃国側の恵那郡には、「坂本神社」という式内社が存在する（延喜式、巻一〇、神名下）。現在、この神社の比定候補社は複数存在するが、[28]「坂の本」という社名は、信濃坂の「坂の麓」にある神社を意味するのであろう。もしこれが「坂」を意識した社名だとすれば、本社はもともと「荒ぶる」信濃坂の神を、峠の麓で迎えまつる地元集団の祭祀場であった可能性が高い。

比叡山の麓、近江の「坂本」の日吉《ひえ》神社がそうであるように、山の神霊を迎えまつる祭場（神社）が、その麓にあることはよくあることである。播磨国風土記の荒ぶる神の説話でも、「社を山本に立てて敬い祭る」（揖保郡伊勢野条）、「この山の辺に居りて敬い祭る」（同郡佐比岡条）などという叙述がみられる。

もちろん坂の神に対する地元の祭りは、一か所だけでなく、坂の上（峠の鞍部）やその周辺も含め、いくつかの地点でおこなわれていた（後述）。そこで恵那郡の坂本神社については、坂の神の「霊」を麓に迎え入れ、そのもとで特定の一族を祭主にしておこなわれる、本格的な地元祭場であると捉えておきたい。

（3）　地域の守護神としての「荒ぶる神」

このような地元集団による祭りにおいては、荒ぶる神に対して、行路上の安全が祈られたわけではなかった。先の風土記の伝承のなかでは、荒ぶる神を鎮祭することにより、「家々が平穏になった」「禍いが収まった」などと語られていた。これらからみて、荒ぶる神はむしろ地域の守護神として祭られ、外的なモノの侵入から地域社会を守ることを期待される神格になっていたとみられる。これは各地の民俗事例に即していうと、「賽《さい》の神」的な役割の神である。[29]

坂（峠）・河川渡河地・隘路などに鎮座すると伝えられる荒ぶる神は、霧や驟雨《しゅうう》の発生などの急変する山の天候、河川の洪水、谷間から尾根などに吹きつける強風など、本来、荒々しい自然現象そのものを体現していた。したがってこれはその麓や近辺に住まう人々にとっても、怖ろしい存在だったはずである。

しかし地元民からみると、こうした神の鎮座地は、自分たちの住まう地域と他国・他郷との間を隔てる、まさに境界領域に相当する。ここでしばしば発生する厳しい自然現象は、外敵や疫病などの侵入を阻む役割を果たすものであった。そこで荒ぶる神は、怖ろしい神であるとともに、地域を守る共同の守護神にも転化し、地元の人々の定期的な祭祀対象になったのであろう。

（4） 神を「甕」のなかに招霊する神事

荒ぶる神への祭儀の中身については、坂の麓での祭りのほか、坂の上における神事など、複数から成り立っていたと考えられる。そのなかで、ある程度具体的な内容を復元できるのは、「甕」（瓮）を用いた神事である。播磨国風土記の託賀《たか》郡法太《はふた》里甕坂条に、「坂の神」をめぐる断片的神話が載せられている。そこでは、「甕《みか》坂」の地名由来について、他所の神を追い払った神が、「御冠《みかげ》」をこの坂の上に置き、「今後、この『界』に入るな」と語ったからだと記されている。また同条には、「丹波と播磨の国境を定めた時、『大甕《おおみか》』をこの坂に埋めて、『境』にしたから、甕坂と呼ぶ」という異説も記されている。

このうち後半の伝承の、坂の上に埋められたという「大甕」は、単なる神酒入れの容器ではなく、神寄せ用の空洞の入れ物を意味するのであろう。つまり託賀郡の甕坂という境界領域では、自分たちの守り神である「坂の神」を、甕のなかに招霊し、そのもとで土地の守護を祈願する、「結界」の祭りがおこなわれていたことを示すのではないか。

記紀の伝承においても、「坂」の上に「忌瓮《いわひべ》」を据えておこなう境界上の戦陣儀礼や（古事記・崇神段、日本書紀・崇神天皇一〇年九月条）、河川に接する陸地の「前《さき》」に「忌瓮」を据えておこなう国境画定の儀礼などが存在したことを語る史料がある（古事記・孝霊天皇段）。

これらの伝承からみて、一般に境界領域の祭祀では、神聖な甕（瓮）を用いた「結界」のための神事がおこなわれていた。そして荒ぶる神の地元祭祀でも、これと同様の神事があったと推測したい。おそらくそこで招霊した「瓮」は、その後いったん坂の麓に運ばれ、そこでは特定の一族を祭主とする本格的な祭りがおこなわれたのであろう。このように行路上の境界領域に属する地域では、神祭りが重層的に存在していたのである。

本節では、荒ぶる神の神話群にもとづき、坂・河川渡河地・隘路など、交通上の難所・結節点に位置する地域においては、いくつかの地点において、往来者による臨時の祭祀・呪術とともに、地元集団による特殊な神祭りがおこなわれ、それをつかさどる特定の一族がいたことを述べてきた。

これらは直接、米作りの維持や豊作を祈願するタイプの祭祀形態ではない。しかし右のうち、後者の祭りについては、他国・他郷からの災厄、とりわけ当時猛威をふるった疫病からの守護もその目的としていたと考えられる。これに着目すれば、広い意味でこれもみずからの生存や生命の維持をはかろうとする農民たちの生活と、それにもとづく信仰がその土台になっていたと理解される。古代の民間祭祀のあり方は、当時の社会環境や生存条件の問題と切り離して考えることはできなかったのである。

おわりに

以上、播磨国風土記の断片的な神話史料群にもとづき、古代の地域祭祀の諸相について述べてきた。当時の地域の神祭りのあり方は、不安定で劣悪な社会の現実に規定され、いずれの場合も、農民たちの生業や生存の維持をねがう信仰を土台にし、それにもとづく神事・祭祀・呪術が、その基本をなすことを指摘した。

播磨国風土記には、小稿であつかった以外にも、一つのまとまりをもつ断片的神話群が、いくつも存在する。「神の言葉」によって地名の由来を説こうとする神話群をどうみるか、あるいは海辺の民の祭祀形態をいかに捉えるかなど、さらなる問題が残されている。これについては今後の検討課題として、ひとまずここで擱筆したい。

（1）荒井秀規「神に捧げられた土器」（栄原永遠男ほか編『文字と古代日本4　神仏と文字』吉川弘文館、二〇〇五年）、平川南『全集日本の歴史　第二巻　日本の原像』（小学館、二〇〇八年）、笹生衛『日本古代の祭祀考古学』（吉川弘文館、二〇一二年）、高島英之『出土文字資料と古代の東国』（同成社、二〇一二年）など。

（2）石母田正氏の出雲国風土記の「国引き」神話にもとづく体系的な祭祀論は、その例外である（同「古代文学成立の一過程——『出雲国風土記』所収「国引き」の詞章の分析——」同『神話と文学』岩波書店、二〇〇〇年。初出は一九五七年）。

（3）松村武雄『日本神話の研究』全四巻（培風館、一九五五～五八年）、岡田精司「記紀神話の成立」（『岩波講座日本歴史』二、岩波書店、一九七五年）、松前健「神話・伝説と神々——特に儀礼との関連をめぐって——」（『松前健著作集』二、おうふう、一九九七年。初出は一九八六年）など。

（4）拙稿「『国占め』神話の歴史的前提——古代の食膳と勧農儀礼——」（『国立歴史民俗博物館研究報告』一七九、二〇一三年）。

（5）田村憲美『日本中世村落形成史の研究』（校倉書房、一九九四年）、西谷地晴美『日本中世の気候変動と土地所有』（校倉書房、二〇一二年）、今津勝紀『日本古代の税制と社会』（塙書房、二〇一二年）、葛飾区郷土と天文の博物館編『東京低地と古代大嶋郷——古代戸籍・考古学の成果から——』（名著出版、二〇一二年）、田中禎昭「古代戸籍にみる人口変動と災害・飢饉・疫病——八世紀初頭のクライシス——」（三宅和朗編『環境の日本史2　古代の暮らしと祈り』吉川弘文館、二〇一三年）など。

（6）註（5）田村前掲書、三八九頁。

（7）新訂増補国史大系『類聚三代格』巻一九、禁制事、弘仁一〇年六月二日太政官符。

（8）八世紀の疫病の問題をとりあげた新川登亀男氏は、当時の「病」が例外的な異常現象ではなく、「日常性に胚胎し、そして、日常性を露呈させていた」と説いている（同「日常生活のなかの病と死」註（5）三宅前掲書、二一六頁）。

（9）W.W. Farris, *Population, Disease, and Land in early Japan, 645-900*, Cambridge, Harvard University Press, 1985.

（10）　註（5）今津前掲書、第四章。

（11）『加西市史』第一巻・本編1（兵庫県加西市、二〇〇八年、一八〇頁）。

（12）柳田國男「酒もり塩もり」（同『食物と心臓』ちくま文庫版全集一七、初出は一九四〇年）。

（13）岡田精司氏は、宮中の新嘗・神今食の儀において、古い時代、「神がかり」した大王と、貢上されてきた采女との間で「聖婚儀礼」が実施されていたという。そして現行の民俗行事などを参考にしつつ、その源流は、民間の農耕儀礼に求められると説く（同「即位儀・大嘗祭をめぐる問題点」同『古代祭祀の史的研究』塙書房、一九九二年）。

（14）土橋寛『古代歌謡と儀礼の研究』（岩波書店、一九六五年、第六章）。

（15）関連史料は多数あるが、常陸国風土記の香島郡の童子女松原条の「嬥歌」（歌垣）の説話において、これに参加した「年少き童子《わらは》」のことを、「かみのをとこ」「かみのをとめ」と呼んだ例がある。詳細は拙稿「古代女性の婚姻規範――美女伝承と歌垣――」（『EX ORIENTE』（大阪外国語大学言語社会学会誌）一二、二〇〇五年）を参照。

（16）拙稿「歌垣と古代の婚姻」（坂江編『風土記からみる古代の播磨』神戸新聞総合出版センター、二〇〇七年）。

（17）「皆婚」という言葉は一般的用語ではないが、社会学や文化人類学などでは、ある社会の人口（社会構成員）の大部分の人が、一生の間に一度は婚姻するような状態を、英語で"Universal Marriage"と呼び、それを「皆婚」と訳している（木下太志『近代化以前の日本の人口と家族――失われた世界からの手紙――』ミネルヴァ書房、二〇〇二年、五〇頁）。

（18）ただし筆者は、歌垣のみが古代の男女の出会いの場、配偶者選びの機会であるとみるわけではない。都出比呂志氏によると、奈良時代の通婚圏は、郷程度の範囲が核となるが、郡という地域単位も無視できないという（同『日本農耕社会の成立過程』岩波書店、一九八九年、第四章）。

（19）岡田精司「大化前代の服属儀礼と新嘗――食国（ヲスクニ）の背景――」（同『古代王権の祭祀と神話』塙書房、一九七〇年。初出は一九六二年）、小松和彦「日本神話における占有儀礼――風土記を中心に――」（『講座日本の神話7日本神話と祭祀』有精堂出版、一九七七年）、飯泉健司「播磨国風土記・粒丘伝承考――〈国占め〉伝承の基盤と展開――」（『上代文学』六三、一九八九年）など。

（20）　註（4）前掲拙稿。

(21) 松村『日本神話の研究』一(培風館、一九五四年、二八八頁)。
(22) 註(4)前掲拙稿。
(23) 菊地照夫「国引き神話と杖」(『出雲古代史研究』一、一九九一年)。
(24) 註(4)前掲拙稿。
(25) 大平茂『祭祀考古学の研究』(雄山閣、二〇〇八年)、同「『播磨国風土記』から見た交通路の祭祀」(『日本考古学協会二〇一〇年度兵庫大会 研究発表資料集』日本考古学協会二〇一〇年度兵庫大会実行委員会、二〇一〇年)など。
(26) 説話中にははっきりと記されないが、もともとの口承の世界では、漢人の祖が神の怒りの原因(=男神に対する女神の怨み)を見抜いたことが、その功績であると語られていたのではなかろうか。
(27) 大場磐雄『まつり』(学生社、一九六七年)、同『神坂峠』(阿智村教育委員会、一九六九年)、椙山林継「神坂峠」(大場磐雄編『神道考古学講座 第五巻 祭祀遺跡特説』雄山閣、一九七二年)、同『入山峠』(軽井沢町教育委員会、一九八三年)、㈳長野県文化財保護協会編『信濃の東山道』(同、二〇〇五年)など。
(28) 式内社研究会編『式内社調査報告』一三巻(皇学館大学出版部、一九八六年)。
(29) 平川南「古代における道の祭祀」(国士舘大学考古学会『古代の信仰と社会』六一書房、二〇〇六年)。

〔付記〕 小稿は、平成二五年度科学研究費助成事業・基盤研究(C)「歴史学と考古学による播磨国風土記の地方神話史料群の共同研究」による研究成果の一部である。

Ⅳ 女性

日本古代における婚姻とその連鎖をめぐって

今津勝紀

はじめに

ここで論じるのは日本古代における婚姻のあり方、なかでも婚姻を通じた結合の連鎖についてである。これまでの家父長制的関係の存否をめぐる長い議論のなかで、古代の婚姻のあり方も一つの重要な論点を構成してきたのだが[1]、現在のところの大方の理解を示すならば、当時の婚姻は現在のような一夫一婦婚にいたる以前の対偶婚の段階にあり、男女の性愛関係は気の向く間だけ継続する排他性の乏しいものであり、妻の性は夫に排他的に独占されることがなかったと考えられている[2]。これは古代の戸籍・計帳にみられる戸を擬制とみなし、家父長制的関係が未成立であり双系的な関係が支配的であったとの見通しを背景とするものである。

日本古代が典型的な家父長制社会ではないことは事実なのだが、この議論には問題も多い。決定的に重要なのは、総じていえば、古代の婚姻そのものの実態が明らかでないことがあげられよう。対偶婚の内容は、離合の容易な男女の性愛関係にあるとされるが[3]、このような関係はどの時代にも存在するものであり、これまでの議論はあくまでも、家父長制の未成立を前提として論理的に導かれた婚姻像にすぎない。はたして古代の人々の婚姻の実態とはどのようなものであったのか、この点を明らかにする必要がある。

従来の研究は古代の戸籍・計帳などの史料の擬制性を強調し、籍帳の分析を回避することにより成立しているのだが、戸籍・計帳をめぐる史料批判の方法には反省すべき点がある。戸籍・計帳をめぐるこれまでの研究で明らかにされたことのうち大切なことは、国や郡ごとに編成の方針が異なることであり(4)、現存最古の大宝二年籍から時代の下った戸籍・計帳までを分析に耐えない史料とみなすことは生産的でない。もっとも古く体系的な戸籍である大宝二年の半布里《はにゅうり》戸籍が第一選択となるのは当然であって、別に述べたように、むしろこの戸籍にもとづくなら、家父長制未成立説・全面双系制説は成り立たないのであり、これまでの議論は厳しく洗い直されなければならない(5)。

小論では、これまでに報告していない大宝二年の御野国《みののくに》戸籍・西海道戸籍の分析を通じて半布里戸籍の分析での論点を検証するとともに、当時の婚姻の実態について論じることとしたい(6)。

一　古代の戸籍にみる再婚の事例

(1)　大宝二年の御野国戸籍と西海道戸籍

まず、大宝二年(七〇二)の御野国の戸籍には、半布里戸籍以外にも味蜂間郡春部里戸籍・本簀郡栗栖太里戸籍・肩縣郡肩々里戸籍・各務郡中里戸籍・山方郡三井田里戸籍が伝わるが、このうち春部里戸籍が六六六人、栗栖太里戸籍が四三七人、肩々里戸籍が一三三人、三井田里が一五七人、中里が八六人を記載する。今回はこれらの戸籍を検討する。

これらの戸籍で対偶関係にある男性と女性、すなわち妻や妾と明記されていて対偶関係にあるものを拾い出してみると、総計一〇〇例が確認できる。そこで、男性を基準に対偶関係にあるものの年齢差に着目し、二〇代の

表1　御野国戸籍での夫と妻妾の平均年齢差

夫の年代	妻	妾	妻妾
20	－1.3	—	－1.3
30	－0.6	11.0	－0.1
40	4.8	8.0	5.2
50	8.6	11.8	9.4
60	12.2	7.0	10.9
70	13.0	23.0	15.5
80	8.0	17.0	12.5

註：半布里戸籍を除いたもの。

男性とその配偶者の平均年齢差、三〇代の男性とその配偶者の平均年齢差というように、一〇年単位で集計してみると、半布里戸籍と同様に、二〇代の夫の場合、多少妻の年齢が上のこともあるが、その差は三〇代で縮まり、四〇代以降になると夫が年長となり、その差がますます開くことが確認できる（表1）。このように配偶者との年齢が開く現象は、対偶関係にあるものがともに齢を重ねるならば生じないものであり、対偶関係が組み替えられていることを示す。半布里では配偶者との死別による再婚が頻発していたのだが、これと同じことが確認できるだろう。

こうした現象がどの程度の割合で生じていたのかが問題である。不完全に残存する古代戸籍であるため、これを定量的に示すことはなかなか難しい。妻の同籍については、籍帳をめぐるこれまでの研究でも議論のあるところであり、どこまで信頼できるかは不明なのだが、戸主については同籍が前提となっていることは否定できないだろう。ゆえに、戸主に対象を限定して数え上げることで、再婚率を推測することは可能である。

半布里戸籍を除く御野国の諸戸籍では、総計すると戸主は六六例が確認できる。その内訳は春部里の場合、二八人、栗栖太里で二一人、三井田里が九人、中里が四人、肩々里が三人である。そこで、これらの戸主のうち、配偶者が計上されていないのに子がいるもの、女児の記載にみえる亡妻の記述があるものを数え上げると、春部里の場合、九人が該当し、二人に亡妻の記載があり、七人が本来妻を同籍しているはずなのに記載されていない。そこでこの九人を二八人で除すと三二・一パーセントとなる。同じく、栗栖太里の場合、配偶者が記録されていないのに子がある戸主が九人、配偶者があり再婚が明示されているものが二人であり、この一一人を二一人で除すと五二・四パーセントとな

表2　西海道戸籍での夫と妻妾の平均年齢差

夫の年代	妻	妾	妻妾
20	−0.6	10.5	1.6
30	1.3	−6.7	1.3
40	2.9	6.5	3.3
50	4.5	15.7	6.8
60	8.0	8.0	8.0
70	31.0	31.0	31.0
80	12.0	—	12.0

る。そのほかは例数が少なく有意な数とは言い難いが、ちなみに三井田里で六人（六六・六パーセント）、中里が一人（二五パーセント）、肩々里が三人（一〇〇パーセント）となる。(7)

なお、半布里戸籍では鰥寡《かんか》の比率に著しい差があったのだが、この点はどうだろう。今回対象とする御野国戸籍では六〇歳以上の男女は七二人が確認できるが、その男女比は二三対四九である。このうち配偶者のいない男女を数え上げると総計で五三人が相当し、その男女比は一三対四〇となった。これらの戸籍では、半布里戸籍よりもこの年代の男女の構成比が崩れているので、残存データに歪みがありそうだが、それでも配偶者のいない女性の方が明らかに多い。半布里戸籍や出雲国大税賑給歴名帳で確認できるように、ある特定の年代以上の女性が再婚の対象から排除されることで、鰥よりも寡が多くなる現象が生じるのであり、古代では対偶関係の対称性は認められないのである。

次に、西海道の戸籍についてだが、西海道では筑前国島郡川辺里・豊前国上三毛郡塔里・加自久也里・同仲津郡丁里、豊後国の海部郡某里のものと考えられている戸籍(8)などの断片的な戸籍が残されており、総勢一一五四人のデータがある。このうち塔里戸籍には一二九人、加自久也里戸籍は七四人、豊後国戸籍は三二人が記載されていて、川辺里戸籍が四三九人、丁里戸籍は四八〇人を数える。川辺里戸籍と丁里戸籍は、それぞれ全体の四割程度が残存しているものと推定されるが、川辺里戸籍の場合、そのうち一一二人が肥君猪手の戸で占められており、(9)全体は一五の断簡に分かれている。また丁里戸籍の場合も全体は二五の断簡に分かれている。このように西海道の諸戸籍に記載されている人数の総計は半布里戸籍に匹敵するものの断片化されているため、半布里戸籍のような体系性はなく、戸の姿を完璧に復原できるものは必ずしも多くはない。以上のような難点を抱えているのだが、分析の結果を以下に示す（表2）。

まず西海道の戸籍で対偶関係にある男性と女性は、妾もふくめて今回数え直してみたところ一四〇例がある。そのうち妻であることが明示されているものは一二一例である。ここでも同様に、男性を基準に対偶関係にあるものの年齢差に着目し、一〇年単位で平均年齢差を集計してみると、半布里戸籍と同様に、戸主・非戸主を区別せず総計した場合、二〇代の夫と妻との平均年齢差はマイナス〇・六歳であるのに対し、三〇代では一・三歳、四〇代で二・九歳、五〇代で四・五歳というように、男性の年齢が上がるにしたがって妻との年齢差が開くことが確認できる。(10)

再婚率であるが、これも戸主に限定し、まとまって残っている川辺里と丁里についてみてみると、まず、川辺里の場合、戸主は一九例確認できる。そのうち妻を同籍していないものは三人で（一例は年齢が若い可能性があるので除外すべきか）、ほかに先嫡男・先嫡女・先妾男・先妾女などの配偶者との死別が記載されているものが四例ある。さらに、戸主（四〇歳）と妻（七二歳）の年齢が三二歳の戸が一例あるが、ここには戸主の女として一一歳の小女が編附されており、この母子の年齢差は六一歳になる。明らかに不自然な戸であり、これも何らかの事情を背景に想定すべきであろう。若年戸主を除いた、少なくとも合計七例（三六・八パーセント）で再婚が発生していた。仲津里では戸主一九人のうち妻を同籍していないのは五人、先嫡・先妾が計上されているのが四例の計九例である（四七・三パーセント）。

そして、御野国の戸籍と同様に西海道の戸籍で鰥寡に相当するものを数えてみると、六〇歳以上の男女は合計六二人が確認でき、その男女比は三八対二四になるが、このうち配偶者のいない男女を数え上げると総計で三六人が相当し、その男女比は一〇対二六となる。この場合も男女の構成比を考えると、配偶者のいない女性の方が明らかに多いことがいえるだろう。

(2) 養老五年の下総国戸籍

次に、念のため、少し時代が下る養老五年(七二一)の下総国の戸籍をとりあげてみよう。養老五年の葛飾郡大嶋郷戸籍、倉麻郡意宇郷戸籍、釬托郡山幡郷戸籍が残されている[11]。それぞれ大嶋郷戸籍は六一七人、意宇郷戸籍が八一人、山幡郷戸籍が一八人の合計七一六人についての記載がある。このうち、もっともまとまっているのが大嶋郷戸籍である。

幸いなことに、大嶋郷戸籍には集計部があるため全体を見渡すことが可能なのだが、それによると、大嶋郷は令の規定通り五〇戸からなり、ちょうどこの時期施行されていた郷里制下のコザトの里は甲和里・仲村里・嶋俣里の三里から構成されていた。集計部の記載によれば、全体で一一九一人が登録されていたはずだが、残存するのは六一七人である。このうち嶋俣里には二九八人、甲和里には一八六人が復原できるが、所属の里が不明なものも多い。郷戸は不完全なもの一六戸を含めて三一戸分が復原できるが、完全に残存しているのは一五戸であり、復原率は三〇パーセントとなる。半布里戸籍に比すると大島郷戸籍の精度は格段に落ちる。

表3 下総国戸籍での夫と妻妾の平均年齢差

夫の年代	妻	妾	妻妾
10	1.0	—	1.0
20	—	—	—
30	−2.5	12.0	0.4
40	1.4	8.8	3.9
50	0.9	10.3	3.6
60	10.0	5.0	9.4
70	10.0	32.0	21.0

まず下総国の戸籍を総計してみると、夫と妻・妾の対偶関係が明示されているものは五七例である(うち妻が四一組・妾が一六例)。これも同様に集計してみたが、夫と妻との平均年齢差は夫が五〇代までは変化がないようにみえる(表3)。一見すると御野国や西海道の戸籍で確認できる現象があまりはっきりしていないようなのだが、この点については、やはり下総国の戸籍、なかでも大嶋郷戸籍の特殊性を指摘しておかねばならないだろう。

大嶋郷戸籍はこれまでも知られているように、郷戸主や房戸主以外が妻や妾を同籍する例が少なく、対偶関係を示す同籍率が低い。それにとどまらず、下総国の戸籍では夫と妻の関係が明示されている例は、右に述べたように四一例あるが、実は二〇代の夫がみえない。唯一、倉麻郡意宇郷戸籍で藤原部奈弥志麻（一八歳）と藤原部奈尓母売（一七歳）の対偶関係を確認できるが[12]、大嶋郷戸籍と山幡郷戸籍には、二〇代の夫が見当たらないのである。下総国の戸籍は残存率も悪く、大嶋郷戸籍では四四パーセントの戸主が確認できるだけであり、残らなかった部分にそれが記載されていた可能性も考えられなくはないが、現存するものでは右の一例を除いて、戸主はいずれも三〇代以上である。

当然のことながら、母子の年齢差から母が子どもを出産した時期を推定してみると、下総国戸籍で母子関係が確認できる一五一例のうち、五〇例が二〇代で出産していると考えられる。同様に父子の年齢差から子どもが生まれた時期の父の年齢を推定してみると、母と同じくに二〇代で父になったと考えられるものは二一例ある。現実的には二〇代の男性・女性は対偶関係にあったのだが、それらがいずれも戸籍上にみえないのである。こうした現象は西海道の戸籍や御野国の戸籍では確認できないので、これはやはり大嶋郷戸籍での特殊な現象であり、葛飾郡に固有の戸の編成方針に関わるものと考えるべきであろう[13]。

このように制約のある戸籍で再婚率を推定することはあまり意味がないのだが、念のためふれておくと、大嶋郷では郷戸主・房戸主を六五例確認でき、このうち妻を同籍していないものは三四例であり、戸主に限定してみると二二例中九例が妻を同籍していない。ただし、このうち子を計上しているのは孔王部鳥（四八歳）と孔王部国麻呂（三二歳）の二例となる（九パーセント）。ちなみに下総国の戸籍を総計してみて、六〇歳以上の男女を集計すると合計三二人を数える。内訳は男性九人に対して女性が二三人である。これも同様に配偶者のいない鰥寡を数え上げると鰥が一人であるのに対し寡は一八人にのぼるが、これらは、あくまでも参考程度の数値と考えるべきであろう。大嶋郷戸籍から婚姻のあり方を推定するのは危険である。

二　古代における婚姻の諸相

(1)　鰥の再婚と再嫁しない女性

以上のように大宝二年の御野国戸籍や西海道戸籍では、再婚の頻度が高いことが確認できるのだが、この点をもう少し掘り下げてみよう。こうした現象を端的に示す事例が、次にかい摘んで示す、『日本霊異記』(中三四)「孤の嬢女観音の銅像を憑敬ひて奇しき表を示し現報を得る縁」である。

諾楽の右京の殖槻寺の辺の里に、未だ嫁がず夫のいない一人の孤の嬢がいた。聖武天皇の御世に、父母が亡くなり、奴婢も逃げ散り、馬牛も死に亡せ、財を失ひ家貧しく、独り空しく宅を守り、昼夜に哀び啼きて涙を流していた。観音菩薩が願う所を能く予うと聞きて、昼夜に哭き願っていた。里に富める者があり、妻死にて鰥であった。是の嬢を見て、媒を通じて、伉儷ふのだが、求婚された女は貧しかったため、「何すれぞ面を障へて、参ヰ向きて相語らはむ」として、いったんは拒絶する。しかし男は、「彼の身貧窮にして衣服なきは、我が明かに知る所なり。唯聴さむや不や」として、強引に関係をもとうとする。女は「廼ち心に聴許し、壮と交は」り、夫婦となるのだが、貧しさゆえ、夫への食事を用意することができなかった。そこで、日頃帰依していた観音が奇瑞を示し、食事が次から次へと現れて、危機を免れる。これ以降、「ますます慇懃に彼の像を恭敬ふ」ところ、「本の大きなる富を得、飢を脱れ愁無し。夫妻夭になること無く、命を全くし身を存つ。斯れ奇異しき事なり」と結ばれる。この夫婦は、飢えを免れ、ともに早死にすることもなく、仲良く添い遂げ、命を全うし身を永らえることができたのだが、これは、観音の霊験とともに、「あやしきこと」であった。

もとより観音の霊験を示す仏教説話であって、事実を争うようなものではないのだが、ここに描かれているように、妻と死別した鰥、しかも富裕な男性が貧しく孤独な若い女性と再婚するというのは、前節で述べた古代の戸籍にみられる現象にほかならない。

そこで、戸籍のなかから具体的に示してみよう。たとえば御野国戸籍では、春部里の戸主国造族加良安（五四歳）の場合、妻国造族富売（四三歳）を同籍しているが、妻との年齢差一五歳の嫡子恵師と（二八歳）と加良安の女として亡妻児衣売（三三歳）が記載されている。(14)御野国の戸籍では男児の場合は戸主との続柄が優先するため、恵師が妻の実子である可能性がないわけではないが、衣売と同様、亡妻の子と考える方が自然であろう。加良安が妻を亡くして再婚したことは確実であるが、その際、亡妻との間に生まれた男女、とくに亡妻児衣売（三三歳）の年齢を考えると、大宝二年現在の妻富売（四三歳）よりも亡妻の年齢が高かったであろう事が推定できる。再婚にともない、配偶者との年齢差が開くのは、より若い女性と対偶関係を再構築することにより生じるものである。ちなみに加良安には妾工部姉売（三四歳）もみえる。加良安の戸は合計五一口を数える有力な戸であるが、こうした特定の男性を軸に婚姻を通じた連鎖が再構成されていったのである。妾については後述する。

西海道の諸戸籍には先妻・先妾さらには先夫などの記載が残されており、男性だけでなく女性も再婚により対偶関係を再構築していることがうかがえる。こうした例は多くあるのだが、たとえば、川辺里戸籍にみえる戸主某の従父兄葛野部身麻呂（三三歳）の妻建部与曾甫売（三二歳）には先夫女として建部多治麻売（一三歳）があり、この妻は再婚であることがわかる。同じく川辺里戸籍では戸主物部細の嫡子物部羊（三九歳）には妻卜部赤売（四三歳）があるが、先妻男女として物部鳥代（九歳）・物部非豆売（一一歳）がおり、羊は赤売と再婚している。ちなみに羊の弟にあたる物部都牟自（三〇歳）には妻物部枚太売（二五歳）があるが、枚太売には先夫卜部某との間に女児卜部宿古太売（三歳）があり、この妻も再婚である。なお、丁里戸籍にみえる戸主丁勝長兄（七七歳）には三三歳年下の妻墨田勝赤売（四四歳）があるが、「先嫡女」「今嫡女」がみえることから、戸主長兄は赤売と再婚したことがわかる。半布里戸籍でみられたように、こうした著しく年齢のかけ離れた対偶関係は再婚によると考えてよいだろう。以下、煩雑にわたるので省略するが、古代においては配偶者との死別による再婚は頻繁に行われていたものと考えられる。

一方、夫と死別したのち、再嫁しない女性もあった。節婦である。[15] 養老賦役令孝子順孫条には、

凡孝子・順孫・義夫・節婦、志行聞二於国郡一者、申二太政官一奏聞、表二其門閭一、同籍悉免二課役一、有二精誠通感者一、別加二優賞一。

とあり、孝子・順孫・義夫・節婦の表彰が規定されている。この条文に相当するものはこれまでも『唐令拾遺』で復原されていたが、近年の北宋天聖令で確認されるにいたり、当該条文はほぼ唐令に依拠して作られたものであることが判明している。[16] 濃厚な儒教イデオロギーにもとづく条文であるが、課役を免除することを規定しているため、賦役令に規定されたものである。

中国では列女伝に節婦の記録が残されているが、日本ではこうした節婦の表旌《ひょうせい》は、さまざまな政治的契機によりなされ、『続日本紀』以降に約四三の表彰例がみえる。いくつか史料をあげて実例をみてみよう。まず、初見記事は『続日本紀』和銅七年(七一四)一一月戊子条で、次のようにある。

(前略)有智郡女四比信紗、並終レ身勿レ事。旌二孝義一也。(中略)信紗、氏直果安妻也。事二舅姑一以レ孝聞。夫亡之後、積年守レ志、自提二孩穉并妾子惣八人一、撫養無レ別。事二舅姑一、自竭二婦礼一。為二郷里之所一レ歎也。

表彰されたのは、大和国有智郡の信紗である。百済からの渡来系氏族の四比氏に属するものであろう。[17] 夫亡き後、志を守り幼子八人を妾子の別なく育て、舅姑に仕えたことがその理由とされている。こうした貞節を守り改嫁しなかった女性が節婦なのだが、節婦の表彰自体が儒教イデオロギーにもとづくため、それを伝える記事にもそうした修辞がちりばめられており、ここにみえる「撫養」や「事える」「竭す」といった表現がどれほどのも

のであるか心許ない。この記事では信紗は自身の子と妾子を育て、舅姑に事えているのだが、これを鵜呑みにすることは慎むべきであろう。そのような性格の記事ではあるが、そうした修辞部分以外の事実の記述を読み解くと興味深いものがある。

『類聚国史』に残る『日本後紀』天長四年（八二七）正月丁亥条は、

節婦豊前国人難波部首子刀自売、免二其戸課役田租一、終レ身勿レ事。子刀自売、年十有八歳、適二下毛郡擬大領蕨野勝宮守一、□□廿箇年、夫宮守死去。子刀自売、独守二空室一、十二歳于茲一矣。遠近庶士、求レ之不レ少。而有レ諒二同穴一、无レ心二再醮一。愛二亡夫之遺衣一、置二独守之牀上一。朝夕毎レ見、追攀不レ息、亦得二甘珍一、必供二亡霊一。隣里无レ不二称嘆一。仍表二門閭一、以旌二貞操一也。

とあるように、難波部首子刀自売の表彰例である。難波部首子刀自売は一八歳で擬大領である蕨野勝宮守と結婚し、その生活は二〇年間ほど継続したのだが、夫の死後一〇年でその貞操を表彰されたもので、表彰時には四八歳から五〇歳であったろう。夫の死後、遠近の庶士が再婚を求めること少なからずという状況にあったのだが、再嫁しなかった。このように、再婚の可能性もあったのだが、夫を亡くしたのち貞節を守り通したというのが節婦の基本的条件であった。

難波部首子刀自売の婚姻年齢は一八歳であったが、節婦には若年で結婚した例が多い。節婦の表彰例では、戸令許婚嫁条の規定に従って一三歳から婚姻している事例が確認できるが、一四歳や一五歳、一六歳といった若年層での婚姻例がままみられる。『続日本紀』宝亀二年（七七一）一二月壬子条には、

又壱岐島壱岐郡人直玉主売、年十五夫亡。自誓遂不二改嫁一者卅余年。供二承夫墓一、一如二平生一。賜二爵二級一、幷免二田租一以終二其身一。

とあるが、この例では、壱岐郡の直玉主売は一五歳にして夫を失い、そこから三〇年余もの間改嫁せず、夫の墓

を守ったことで、爵二級を賜るとともに、身を終えるまで田租が免除されている。玉主売が初婚であることは間違いないだろう。しかし婚姻後すぐに夫が亡くなっているのである。

『日本後紀』の逸文である天長二年（八二五）三月甲子条もそのような例の一つである。

常陸国人丈部子氏女、叙位二級、終身免二其戸田租一、用旌二貞節一也。子氏女、年十五適二於同郷人勲七等新治直軍一、経二十八箇年一、夫死之後、常掃二墳墓一、朝夕悲泣、雖レ経二多年一、無レ変二其志一。

とあり、常陸国の丈部子氏女に位二級を叙し、終身田租を免除するものだが、子氏女が新治直軍と婚姻したのは一五歳であり、その後一八年を経て、夫が亡くなってのち、墓を守り、志を変えることなく尽したとある。この場合も一五歳で婚姻している。このように、節婦は若年婚が多いのが特徴である。

もう一つ節婦の事例を見渡してみて気づくことは、彼女たちはいずれも上層階層に属すると考えられることである。『続日本紀』神護景雲二年（七六八）六月乙未条には、

信濃国伊那郡人他田舎人千世売、少有二才色一、家世豊贍。年廿有五喪レ夫、守レ志寡居五十余年。褒二其守節一。賜爵二一級一。

とあり、信濃国伊那郡の他田舎人千世売が節婦として表彰された例だが、彼女は二五歳にして夫を亡くし、志を守り寡居すること五〇年余もの間、貞節を守りつづけた。表彰時には七五歳を越えていることになるが、家が「豊贍」であることに注意すべきであろう。

また、節婦として表彰された高橋連波自米女(18)・物部文連全敷女(19)・風早直益吉女(20)・刑部直真刀自咩(21)などのように連や直・首の姓を有している場合がみられる。それらがみえない場合でも夫が有姓者であったり、大領・少領など地域社会の有力者であることが多い。右にみた氏直果安や新治直軍は郡名氏族であるし、同じく節婦の夫としてみえる下野公豊継(22)や宗形朝臣秋足(23)は地域の大豪族であったろう。こうした地域社会の上層階層に属する女性が

再嫁しない場合に節婦として表彰されることがあったのである。おそらく、再嫁しない客観的条件として、節婦とされた女性には強固な経済的基盤があったものと考えられる[24]。そのような条件をもたない一般的な階層の女性が配偶者と死別した場合、再婚することで世帯を再構築していったのであり、そうした性愛の交換が生存にも直結していたのである。

（2） 複婚と婚姻の連鎖

以上は、男性・女性の再婚をとりあげたものだが、古代の婚姻のあり方を考えるうえで欠くことのできないのが妾の問題である。たとえば、筑前国島郡川辺里戸籍にみえる大領肥君猪手（五三歳）には、妻の哿多奈売（五二歳）のほかに妾として橘売（四七歳）・黒売（四二歳）・刀自売（三五歳）がいた。妾について、関口裕子氏は古代では家父長制イデオロギーは貫徹されておらず、制度としての妻と妾の地位は不分明であったことを主張する[25]。この点については中田興吉氏の批判があるが[26]、これまで妾について正面からとりあげられることは少なかった。しかし、日本古代が一夫多妻の複婚社会であったことは事実なのであって、妾の問題を避けて通るわけにはいかないだろう。

『三国志』魏書東夷伝倭人条には、「国大人皆四五婦、下戸或二三婦」とあるように、こうした複婚の習俗は古くからあるようにも考えられるが、これがどれだけの事実を伝えているのかは心許ない。今回、この点を問うことはしないが、古代において妾は、半布里戸籍を含めた御野国戸籍全体で二一例、西海道戸籍全体では一八例、下総国戸籍全体では一六例がみえる。これまでにみてきた再婚の事例は妾も含めるとより複雑になる。

まず、当然のことながら、対偶関係の再構築は妾も含めてなされていた。たとえば、各牟郡中里戸籍の戸主神直族安麻呂（四五歳）には妻神人波利売（四二歳）とともに妾として阿比古志祁太売（三五歳）があったが、志祁太売の児として国造族糠売（一一歳）が記載されている。御野国戸籍は戸主との血縁者は氏姓の表記が省略されるので、この場合、阿比古志祁太売が二四歳の時に国造族某との間になした子ということになる。その時点で彼女の地位が妻だったのか、妾だったのかはわからないが、夫である国造族某と別れたのち、神直族安麻呂の妾に収まったものである。

また、豊後国某郡某里戸籍にみえる川内漢部等与戸の事例であるが、戸主等与（五三歳）には妻として榎本連富良売（三八歳）と妾の阿曇部法提売（二二歳）がいた。妻との間には嫡子羊（一九歳）・嫡女乎夜売（一三歳）・己母理売（一七歳）・泥売（五歳）がいるのだが、先妾男として佐米（三四歳）がみられる(27)。この場合、先妾とあることから、現在の妾は二人目以降であることがうかがえるが、先妾男の佐米が三四歳であることに注意したい。つまり、彼は戸主等与が二五歳の時に先妾との間に生まれた子ということになる。現在の妻との間では、等与が三六歳、妻が一五歳の時に、第一子である嫡女乎夜売が生まれたことになるので、先に妾とされる女性との間に子をなし、その後に妻とされる女性との間に子が生まれたことになる。しかし、妻より先に妾が存在するというのはおかしな話であろう。古代の戸籍において、妾のみを同籍して妻を同籍しない事例はない。そこで戸主等与と妻との関係を見直してみると、嫡女乎夜売をなした際に、等与が三六歳、妻が一五歳というのはありえない話ではないが、半布里の事例を勘案するならばこの年齢差の夫婦は再婚と考えるべきであろう。戸主等与には先妾だけではなく、先妻も存在した可能性が高い。おそらく、現在の妻は後妻なのであり、先妻との間には子が生まれなかったのであろう。そして現在の妾も二人目とは断定できないが、二番目以降の妾であった。生き延びた男性である等与を軸に少なくとも四人の女性が婚姻を通じた連鎖を構成していたわけで、頻繁な対偶関係の再構築が行われていたことになる(28)。

先の子連れで再婚した妾の阿比古志祁太売のような例もあるが、もう一つ妾を考えるうえで外せないのは、妾のなかには著しく年齢の低いものが見受けられ、当初から妾の位置にあったものがいることである。現存する戸籍で確認できる最年少の妾は川辺里戸籍にみえる物部神山（二八歳）の妾の例で、神山には妻として額田部阿久多売（二二歳）がいるが、妾として卜部犬手売（一二歳）もあった。(29)もちろん『大日本古文書』編年文書の誤植かとも考えたが、写真で確認したところ誤植ではなく一二歳の「小女」が妾とされている。(30)戸令の規定する婚姻可能年齢の一三歳を下回っている事例である。犬手売は妾として婚姻関係を開始していたのである。

このように一〇代の初婚時に妾であったと推定できる例はほかにもみられる。そして、これらの妾に特徴的なのは、物部神山と卜部犬手売の年齢差が一六歳であるように、男性との年齢差が大きいことである。たとえば、春部里戸籍の某戸の場合、戸主には妻六人部呉売（三七歳）があり、呉売には姉売（一一歳）以下、末子の壱満売（四歳）までの計四人の女児がいるのだが、この戸主には妾として国造族当売（一六歳）があった。(31)おそらく彼女も最初から妾の位置にあったと考えられる。この例では戸主の記載が欠けており、戸主の年齢がわからないのだが、妻と同年代であったなら二〇歳程度の年齢差となるだろう。

また、先に紹介した春部里戸籍の戸主国造族加良安（五四歳）には、妾として工部姉売（三四歳）がおり、妾子として石国（一五歳）・小石（九歳）・真須（四歳）がみえる。これらの妾子はいずれも姉売との子と考えて不自然な点はないのだが、妾子石国の年齢から逆算すると、石国は三九歳の加良安と一九歳の姉売の子ということになる。(32)古代の戸籍で母と子の年齢差を集計すると、一〇代で出産している事例は多くあり、一〇代の女性が相手をみつけて性愛関係を結ぶことは不思議でないが、半布里の事例で考えると、この世代の場合、夫と妻として登録されているものの平均年齢差はさほど開いていない。しかし、これらの妾の例では当初から年齢差二〇歳の対偶関係ということになるわけで、夫と妻の平均年齢差とかけ離れていることは間違いない。前掲の表からもうかがえるように、夫と妻の平均年齢差よりも妾との平均年齢差の方が大きいことをどのように解すべきであろう。

これまでの女性史研究の理解では古代の婚姻は、夫との関係において妻妾の別はなく、男女が相互に気の向く間だけ性愛が継続する対偶婚として説明されてきたのであるが、果たして、これで、このような若年の妾や、夫と大きく年齢差のある妾の存在を理解できるだろうか。これまでの議論は根本から問い直される必要があるように思う。戸籍の記述だけでは、彼女たちが妾として扱われる事情を読み解くことは困難なのだが、妾とされるのには何かやはり特殊な条件が存在した可能性を考えるべきである。先の『日本霊異記』の事例のように、妻を亡くした富める男が貧しく若い女を妻とすることはありうることなのだが、妻が生きている時点であるならば、そうした女性は妾とされたであろう。古代でも妻と妾の別はあるのではないだろうか。

この点で興味深い事例がある。まず、御野国各牟郡中里戸籍の某戸に属する寄人丈部古麻（五〇歳）には妻とともに妾として登録されていた伊蘇部黒売（三五歳）があったのだが[33]、この黒売より二歳年上の伊蘇部広都売（三七歳）が戸主某の妾として登録されていた。これまでも指摘されているように、ともに妾である伊蘇部広都売と伊蘇部黒売は姉妹であった可能性が考えられるのだが[34]、もしその想定が正しいとするならば、背景にはどのような事情があったのだろうか。それをうかがい知ることはできないのだが、二人がともに妾とされる何らかの共通した事情が存在したとも考えられる。すでにみたように、戸主などの特定の男性との重層的な対偶関係の存在は否定できないわけで、そうした関係のもとで、「扶助」「救済」される存在というものも十分にありえたであろう。古代の婚姻関係の連鎖はかなり複雑なのが実態であった。

最後に、このように複雑な婚姻関係の連鎖の結果生じる問題として寄口《きこう》について付言しておこう。これまでに論じてきたことの要点は、古代社会は多産多死型の流動性の高い社会であり、当時は小家族の破片が常に発生していた。戸主など特定の成人男性の世帯では配偶者との死別にともなう対偶関係の頻繁な組み替えが行われており、こうした男性を中心とした婚姻の連鎖が人々の生活にとり大きな意味をもったというものだが、男性・女性それぞれ婚姻を重ね、子をなすにしても、配偶者との死別、出生した子の早世などが頻発し、家族の構成はかなり流動的である。

史料で確認できる現象として、配偶者との死別による再婚が多く発生していたことは事実であるが、戸籍・計帳に記載される戸とは、このように流動する構成の断面を切り取ったものであった。戸籍・計帳を編成するに際しては、重層的に形成されたさまざまなつながりが反映されざるをえないのであり、戸主を軸とする累積的なつながりをまとめる場合、戸主との血縁関係を表現しようのないものが含まれるのは当然のことであったろう。寄口が発生するのは、むしろ必然であった。南部昇氏は、寄口を女系親族とする門脇禎二氏以来の説を批判し、寄口の隷属性を強調するのだが(35)、これは杉本一樹氏が指摘するように、戸口は戸主との父系の血縁関係を通じてその地位が表現されるのが原則であり、父系原理で編成されたものを通じて女系原理を証明することが不可能なだけであって、寄口が女系親族を含む可能性を否定できない(36)。以前から論じられているように、寄口は戸主と女系で連なる縁者と考える説がもっとも説得的である(37)。

おわりに

以上、本稿では古代における婚姻の問題を考えたのだが、半布里戸籍にみられる再婚が頻発している現象は他の御野国戸籍や西海道戸籍でも確認できた。また鰥や節婦、妾の具体的な分析をつうじて、当時の再婚・複婚による婚姻連鎖の実態を検証したが、一般的な階層においては、頻繁な対偶関係の再構築が行われていたことは間違いないだろう。

古代の国家と社会に関する現在までの通説的理解の構造は、家父長制否定説と双系制学説が相互に補完しながら基礎を構成し、それが首長制論を媒介として古代国家論へと接続するのであるが、その基礎をなす家父長制否定説と双系制学説は、父系により編成された戸の存在を示す籍帳に依拠せずに立論されている点に特徴があった。

だが、はたして大宝二年の御野国戸籍や西海道戸籍はすべてがフィクションなのであろうか。むしろ、そのことを論証することの方が困難であろう。従来の議論では、籍帳に記載された乳幼児に片親しかみえない、もしくは両親がみえない、また結婚していてもおかしくない年齢のものが単独で記載されているなどは、籍帳がフィクションであることを示し、戸に戸主の父を同籍しないのは、家父長的関係が存在しないからだ、と考えられてきたのだが、こうした想定の背景には、いずれも当時の家族の姿が「完全」な形をしているものとの思いこみがある。しかし、そうした想定は検証されたものではないし、むしろ的外れである。

乳幼児死亡率の高さ、頻繁に発生する配偶者との死別にみられるように、古代社会の現実は厳しい。これまでの古代史研究は過去の事実とどれだけ誠実に向き合ってきたのだろうか。古代社会のより実態的な認識が必要である。

（1）この点については今津勝紀「古代家族論争」（歴史科学協議会編『戦後歴史学用語辞典』東京堂出版、二〇一二年）でふれているので、参照されたい。
（2）代表的な研究として関口裕子『日本古代婚姻史の研究』上下（塙書房、一九九三年）、同『日本古代家族史の研究』上下（塙書房、二〇〇四年）。
（3）この点を服藤早苗『平安朝の女と男』（中公新書、一九九五年）は刹那的・衝動的な性愛と表現する。義江明子『日本古代女性史論』（吉川弘文館、二〇〇七年）も母子と不特定の夫との関係とする。
（4）南部昇『日本古代戸籍の研究』（吉川弘文館、一九九二年）。
（5）本稿での分析は、今津勝紀『日本古代の税制と社会』（塙書房、二〇一二年）を前提としている。あわせて参照されたい。
（6）こうした戸籍を通じた婚姻の実態について検討した先駆的研究に、布村一夫『正倉院籍帳の研究』（刀水書房、一九九四年）がある。また栗原弘『万葉時代婚姻の研究――双系家族の結婚と離婚――』（刀水書房、二〇一二年）は、この問題についての最新の成果であり、これまでの婚姻史研究の根本を厳しく問い直すものとなっている。是非とも参照されたい。

（7）なおあまり意味のない比較ではあるが、国立社会保障・人口問題研究所が公表している人口統計では、二〇一〇年の再婚率は総数で、夫の場合一・八八パーセント、妻の場合一・五三パーセントである（人口統計資料集、二〇一二年）。

（8）『大日本古文書』一―二一四～二一八に収める豊後国戸籍については、『正倉院文書目録　一　正集』（東京大学出版会、一九八七年）と杉本一樹「戸籍制度と家族」（『日本古代文書の研究』吉川弘文館、二〇〇一年）により豊後国海部郡としておく。これは継ぎ目裏書の残画よりの判断であるが、『正倉院古文書影印集成』ではよくわからなかった。

（9）接続は『正倉院文書目録』による。猪手の戸は集計部分の記載によると一二四人だが、J断簡とD断簡の間に欠があり、復原できるのは一一二人となる。

（10）ちなみに、半布里では戸主と非戸主とでは平均年齢差に明瞭に差がみられたが、西海道の場合は、この点はむしろ非戸主の方が明瞭である。西海道の諸戸籍では、戸主の男性が年長の女性を配偶者としている場合が多くあり、なかには筑前国島郡川辺里の卜部首羊（四〇歳）が七二歳の妻を同籍しているように不自然な記載もみられる（『大日本古文書』一―一二六）。そのため戸主と配偶者の平均年齢差が小さくなっているのだが、全体をならしてみると半布里戸籍と同様である。

（11）大島郷戸籍についての基礎的データは、葛飾区郷土と天文の博物館編『東京低地と古代大嶋郷――古代戸籍・考古学の成果から――』（名著出版、二〇一二年）と市川市史編さん事業調査報告書『下総国戸籍』（市川市、二〇一二年）を是非とも参照されたい。なお、釬托郡山幡郷は『大日本古文書』編纂時に少幡郷とされていたが、山であることが明らかにされている。

（12）『大日本古文書』一―二九六～二九七。

（13）これまでも知られているように、葛飾郡大嶋郷戸籍と倉麻郡意宇郷戸籍では妻の同籍率は異なるのだが、これは郡により編成の方針・実務の進め方が異なっていたことを反映するものである。これまでの議論では大嶋郷戸籍の事例が大きな意味をもってきたのだが、むしろ特殊な事例を一般化していた可能性もあるだろう。

(14)『大日本古文書』一―三～五。
(15)節婦に関しては、菅原征子「節婦考」(『日本歴史』三四九、一九七七年)、同「節婦孝子の表彰と庶民の女性像――古代を中心に――」(『歴史評論』五一七、一九九三年)、武田佐知子「律令国家による儒教的家族道徳規範の導入――孝子・順孫・義夫・節婦の表旌について――」(竹内理三編『古代天皇制と社会構造』校倉書房、一九八〇年)を参照のこと。
(16)北宋天聖令影印本では、「諸孝子・順孫・義夫・節婦、志行聞二於郷閭一者、具状以聞、表二其門閭一、同籍悉免二色役一、有二精誠冥感者一、別加二優賞一」とある(『天一閣蔵明鈔本天聖令校証』中華書局、二〇〇六年)。
(17)「四比」は、諸写本の表記は「曰比」なのだが、この点をめぐっては狩谷棭斎以来の議論がある。考証は新日本古典文学大系『続日本紀二』(岩波書店、一九八九年)の脚注にしたがう。
(18)『続日本紀』神護景雲二年二月庚辰条。
(19)『類聚国史』五四、節婦、大同五年正月壬戌条。
(20)『類聚国史』五四、節婦、天長七年六月乙丑条。
(21)『続日本後紀』承和一三年五月壬寅条。
(22)『類聚国史』五四、節婦、弘仁一四年三月甲戌条。
(23)『類聚国史』五四、節婦、天長五年三月甲申条。
(24)さらに、もう一つ節婦を通じて考えてみなければならないことは、こうした上層女性の婚姻後の居住についてである。戸籍上の同籍は同居を意味しないのであるが、男女が同居している事例も史料のなかにはいくつも見いだせるので、古代の対偶関係にある男女がまったく同居しなかったと考えることはできない。節婦の場合も夫と同居していたものが多くあったのではないだろうか。
(25)関口裕子「律令国家における嫡妻・妾制について」(前掲註(2)関口『日本古代婚姻史の研究』下)。
(26)中田興吉「大宝二年戸籍にみえる妻と妾」(『日本古代の家族と社会』清文堂、二〇〇七年)。
(27)『大日本古文書』一―二一六～二一七。
(28)御野国の春部里戸籍にみえる戸主国造族馬手(六九歳)も同様で、妾子金(四〇歳)と妻国造族姉つ売(四七歳)の年齢差は七歳であり、この妻は後妻である（『大日本古文書』一―一九）。ちなみに本来戸主の妾とあるべき金の母国造族志波須売（六七歳）には妾の表記がない。

(29)『大日本古文書』一―一四〇。

(30)国立歴史民俗博物館編『正倉院文書拾遺』（同館、一九九二年）所収の写真による。

(31)『大日本古文書』一―一五～一六。

(32)国造族呰麻呂（五七歳）と妾国造族紫売（三五歳）の場合も同様で、二人の間には女児阿夜売（一六歳）がいるので、呰麻呂（四一歳）と紫売（一九歳）の時点から対偶関係が始まっている（『大日本古文書』一―一九～二一）。

(33)『大日本古文書』一～四五。

(34)中田興吉「寄口編付の契機について」（前掲註(26)中田書）。

(35)前掲註(4)南部書。

(36)前掲註(8)杉本書。

(37)明石一紀『編戸制と調庸制の基礎的考察――日・朝・中三国の比較研究――』（校倉書房、二〇一一年）。なお井上亘「「寄人」からみた戸」（新川登亀男・早川万年編『美濃国戸籍の総合的研究』東京堂出版、二〇〇三年）も参照されたい。

近代日本における化粧研究家の誕生——藤波芙蓉の事跡をめぐって——

鈴木則子

はじめに

「あれが藤波芙蓉といふ男だ」席を立った無精髭の中年男の後ろ姿を目で追いながら、隣のテーブルにいた男女五人連れのうちの一人がこうささやいた。「まア、だって鬚さへ一月も剃らないやうな顔して?」その言葉に、一緒にいた女が思わず声を上げげた。

大正五年(一九一六)春、三越の食堂。二人の子供を連れたこの無精髭の男は、さきほどまで高慢にも聞こえる物言いでひとしきり衣装の色合いについて三越の重役に講釈していた。そこへ帝劇女優森律子(一八九〇~一九六二)に似た美しい子爵令嬢が現れ、親しげに買いもののアドバイスを依頼すると、重役と連れだって彼女と階下へ消えていったのである。(1)

バンカラな外見とは不釣り合いにみえる、卓越したファッション知識と華麗な人脈をもつ、子煩悩な〝有名人〟、藤波芙蓉(一八七二~一九四五)。彼は明治末から昭和初期にかけて「現代化粧界の第一人者」(2)と呼ばれ、一世を風靡した化粧研究家である。現在筆者が確認できている範囲では明治四三年(一九一〇)から昭和八年(一九三三）にかけて、四冊の化粧書[3]をはじめ、『女子文壇』『婦人画報』といった雑誌、『読売新聞』などの新聞に美容連載記事を大量に執筆するとともに[4]、化粧品の製造と通信販売[5]、映画撮影の化粧技術指導と幅広く活躍した。芙蓉の筆の及ぶところ、美容に関する問題をほぼ網羅し、いわゆる化粧技術から肌や髪の手入れ法、皮膚疾患の治療法、化粧品調合方法、各科医者の紹介記事、美容体操や食事療法によるダイエット法、美容整形手術情報、トータルファッションのための服飾アドバイスなど多彩である。

だが、これほどの活躍にもかかわらず、芙蓉の業績は日本近代化粧史の中でほとんど忘却されてきた。芙蓉に関する稀少な先行研究である富澤洋子「女性雑誌にみる近代の美容研究家「藤波芙蓉」[6]」は、芙蓉を「江戸時代以来の伝統的な化粧から近代的な化粧へ、日本化粧史の転換点のキーパーソンであることは確か」と評価しつつ、美容研究家として立つまでの経歴は今後の調査課題と述べる。

その後発表した拙稿「近代コスメトロジーの普及と展開をめぐる一考察——美容家・藤波芙蓉の分析を通じて——[7]」は、芙蓉の著書、雑誌・新聞連載記事、そして芙蓉のご子孫からの聞き取りによって、彼が化粧研究家として世に現れる明治四三年一月の『新式化粧法』出版までの経歴について考察したものである。芙蓉が教養主義の仙台の第二高等中学校で学んだこと、その頃米国人女性宣教師に出会ったことが化粧研究の道に入るきっかけとなったこと、化粧家として立つ前に新聞記者として活動したことなどを指摘した。そして彼が西洋の化粧文化を日本人にふさわしい形で提供することに力を注ぎ、化粧という側面から日本人の風俗近代化に貢献した化粧家であったと述べた。

本稿はその続編として、前稿と同じく明治四三年一月の化粧書出版までの時期を対象に、前稿執筆時点では明らかにしえなかった、芙蓉の宗教研究者・小説家・評論家としての多彩な著作について紹介するとともに、仙台在住時代と『都新聞』記者時代の活動についても新たな知見と修正を加えるものである。また、彼がさまざまなキャリアを経て最終的に化粧研究家の道を選択した事情を検証することを通じ、日本の近代化過程において新しい化粧文化を創造することがいかなる意味をもったのか考察する。

一　化粧研究への目覚め

藤波芙蓉は、その戸籍によると鹿野恒吉として明治五年（一八七二）五月二八日、たばこ屋を営む鹿野太美治・ゑんの子として、仙台市に誕生した(8)。年の離れた妹が一人いることは他の史料から確認できるが(9)、それ以外の兄弟姉妹の存在は未詳である。

まず、芙蓉が化粧の魅力に目覚めたいきさつを、『新式化粧法』の中から紹介する。

芙蓉《わがはい》年少の刻《きざみ》、ブラウンといふ米国から耶蘇教を宣伝すべく、芙蓉《わたくし》の古園五城の地（仙台の別名――筆者注）に来り住んで居た一婦人の許《もと》に、英語を学習すべく耶蘇教の研究がてら暫らく其家《そこ》に寄宿したことがあつた。この嬢中々の美人で当時教会の青年者間、さては我々年少者の間にまでも噂の種となつた程の美人であつたが、或朝のこと、芙蓉は思ひもかけず、嬢の臥床から起離れた計りの顔を見て、其別人ではあるまいかと疑ふ程、その常にもなき美ならざる顔容に吃驚《びつくり》した。旋《やが》てすると、例によつて飯前の運動にと化粧室から出て来た様子、見るより再《ま》た吃驚した。いつもながらの水際立つた美人、今し方見た素顔とは似ても似つかぬ出来配、それで脂粉を施した顔とは、どうしても思はれんのである、素顔その儘の美貌としか見えぬのであつた。茲《ここ》だ、化粧美の極致といふのは。化粧して而も化粧したと見えず、素顔のやうで其実素顔より幾倍の美を呈せしむる、正に斯くなければならぬ、これが即ち化粧美術の能事である。

芙蓉はその少年時代、米国人女性宣教師「ブラウン嬢」のもとで英語と聖書を学んだ。ここでは「年少の刻」とあるが、『女子文壇』八―五（明治四五年五月）の「化粧問答」では、ブラウンに私淑したのは「高等中学時代」のことであると記す[10]。ある朝、彼は素顔の彼女を偶然見かけ、化粧した美しい顔との落差に「別人ではあるまいか」と驚嘆する。当時の日本の化粧は白粉と赤い口紅によって、いかにも化粧したように作り込むのが一般的であったのに、西洋式の化粧は「素顔のやうで其実素顔より幾倍の美を呈せしむる」。彼は、これこそが「化粧美の極致」であると知る。

「ブラウン嬢」とは、アメリカ西部婦人バプテスト外国伝道教会宣教師ハリエット・M・ブラウン（生没年未詳）のことである。日本に明治一九年（一八八六）一二月に派遣されて仙台に着任する。以後、明治二三年一〇月に山口県長府へ移動するまで、仙台で積極的な布教活動を展開した[11]。

彼女は化粧室で一日二回化粧をしていたと『新式化粧法』にある。彼女の写真を現時点では見つけられていないが、この頃の仙台にはアメリカの若い独身女性宣教師が次々と派遣されており、たとえば明治二五年に来仙したアニー・S・ブゼル（一八六六～一九三六）の美しく粧った写真が残っている。こういった若き米国人女性宣教師の麗姿が、思春期の芙蓉の美意識に大きな影響を与えたのは間違いない。

またブラウン同様にブゼルも、高等中学校の後身である高等学校の男子学生相手に聖書の教室を開いていた。当時ブゼルの薫陶を受けた学生のなかから、栗原基、島地雷夢、吉野作造、小西重直といった、のちに大正デモクラシーを支える重要人物が多く輩出された。おそらくブラウンも芙蓉に、単に英語や聖書、西洋式生活文化だけではなく、思想的な面でも大きな影響を与えたことが推測される。あとで見るように、芙蓉は社会問題領域でも積極的な執筆活動を展開した。

二　仙台での教育

つぎに、『宮城県教育百年史』第一巻明治編[12]を参考に、のちの芙蓉の多彩な活動の基礎となる、仙台で青少年時代に受けた学校教育について考察する。

ブラウン嬢に私淑した時代、既述のように芙蓉は「高等中学」に在学したとある。これに該当するのは、明治一九年四月の中学校令に基づいて明治二〇年四月に全国に七校設置された高等中学校のうちの一つ、仙台の第二高等中学校以外にない。

高等中学校は国家のエリート養成機関であった。明治二〇年六月、来仙した文部大臣森有礼は宮城県庁演説において、高等中学校の卒業生は直ちに就職する者も進学する者も、いずれも「社会上流ノ仲間ニ入ルベキ人ナリ」と述べ、高等中学校を「社会多数ノ思想ヲ左右スルニ足ルベキモノヲ養成スル所ナリ」と位置づけている。

第二高等中学校設置には宮城県、ことに当時の仙台区民の熱心な誘致運動があった。明治二四年の講堂落成後に行われた開校式翌日の運動会は、観客実に一万数千名、二日間の校内公開には二万名にのぼる参観者があった。第二高等中学校に対する地元の人びとの関心の高さと期待の大きさがうかがえる。

だが、明治五年生まれの芙蓉はこの第二高等中学校開校前の明治一九年春、一四歳で高等小学校を卒業しているので、まず既存の仙台市内の中学校に入学したはずである。当時の仙台には公立中学校として宮城中学校があった。宮城中学校は、明治一二年の「教則」によると入学許可年齢一四歳から一九歳、在学期限四年である。

翌明治二〇年四月に第二高等中学校が設立されると、宮城中学校は同年八月に宮城県尋常中学校となる。尋常中学校は明治一九年の法定によれば入学は一二歳以上で、教育カリキュラムは外国語教育の質的充実と兵式体操の導入を特色としていた。語学は第一外国語、第二外国語（ドイツ語）が教授されている。

いっぽう第二高等中学校は、入学基準を尋常中学校卒業程度の学力を持つ「本科」二年と、尋常中学校第二学年修了程度の学力を持つ「予科」三年の構成で、まず予科から教育を開始した。明治二〇年九月に予科入試が行われたが入学基準に達する学力の受験生が少なく、応募者七三人に対し合格者は七名、同年一二月に補欠募集して二〇名を追加している。

予科受験者の学力が低かったため、翌二一年四月には「予科補充科」二年を開設した。この措置によって高等中学校は尋常中学校に対応する課程（予科＋補充科で五年）を持つこととなり、宮城県尋常中学校は廃校となる（のち、明治二五年四月、再発足する）。

おそらく芙蓉はこういった教育制度改変の中で、宮城中学校→宮城県尋常中学校→第二高等中学校というコースをたどったことが推測されるが、現時点ではその学歴を一次史料によって確認できていない。

第二高等中学校のカリキュラムも第一語学・第二語学があり、また文系・理系にわたって広く授業科目が設置された。宮城中学校や第二高等中学校の徹底した語学教育と深く広い教養教育は、米国人宣教師ハリエット・M・ブラウンによる宗教・語学教育とともに、のちの芙蓉の翻訳家、宗教研究家、新聞記者、作家、化粧研究家という多彩な活躍の基礎を形成したと考えられる。

三　作家をめざす

芙蓉が第二高等中学校から東京の帝国大学へ進学した形跡はない（明治三〇年の京都帝大設立まで、帝国大学は東京だけである）。だが、時期は未詳ながら作家を目指して上京したことは確実だ。雑誌『処女』大正二年（一九一三）一一月号の「新化粧問答」に、彼自身が次のように記している。

曾ては文学に志し、故紅葉先生の指導を受け、風葉、秋声、春雨等の諸君の御名前で小説を自作したり又英仏の名作を翻訳したこともあり、その外政治、宗教、自然科学の著作を又某々大家の名で刊行したのもあり、これ等を若し蒐集すれば群書類従位の量の全集が出来上る程でせう。けれど藤波は依然として貧乏の神を駆逐すること出来ず、内田魯庵先生や南條文雄師、南弘先生などの忠言に断然文学の事に縁を切り、今では只諸家のものされたを読まして頂くのが関の山、いつぞや閑院宮家令松井修徳、東伏見宮師範杉山令吉の両氏より、芙蓉君の文筆を棄てられたは賀すべし、而して化粧道に其研究家を得たるは国家の一大利益である、何故なれば文学者は君なくも天下その人に乏しからず、化粧のことは只君を措いて他になければなりと云はれましたことを真に受け、一寸の暇を見てはこれが研究の歩武を進め、研究が進めば進む程趣味もまた格別に深くなり、今更文学などのことに筆を執る野心は毛頭御座いません、と申す程の俗物とは化したので、中々もつて新進気鋭な□女史方のお相談相手になれるやうな柄ではないのです。（□は活字不鮮明により解読不能。以下同様）

芙蓉は尾崎紅葉（一八六七～一九〇三）に師事していたのである。紅葉は新聞小説で活躍し、すでに二〇代で多くの弟子を抱えていた。

芙蓉は第四節で見るように、明治二六年には紅葉門下として小説『美人狩』を出版しているので、この頃には上京していたのではないか。明治三四年九月出版の著書『活禅録』(13)のあとがきには、東京の牛込に居住と書かれている（「牛込の僑舎に於て」）。紅葉の住居もまた牛込にあった（紅葉の死去は明治三六年一〇月三〇日）。芙蓉は最晩年に鎌倉へ移住するまで、牛込区内に居住し続ける。(14)

芙蓉は生活のために、同門の小栗風葉・徳田秋声、そして中村春雨といった作家たちの名で小説を書いたり翻訳したり、政治・宗教・自然科学の大家の代作もした。小栗風葉は弟子の代作が多いことで知られるが、芙蓉のような兄弟弟子もまた代作を担っていたようだ。ちなみに泉鏡花、徳田秋声、小栗風葉、柳川春葉の四人は「藻門下（紅葉門下）四天王」と呼ばれていた。

しかしながら小説家として生計を立てることは困難で、評論家・翻訳家・小説家として知られた内田魯庵（一八六八～一九二九）、仏教学者であり浄土真宗僧侶である南條文雄（一八四九～一九二七）、台湾総督や逓信大臣などを歴任した南弘（一八六九～一九四六）ら、当時一流の文化人・宗教家・政治家のアドバイスに従って文学の道を断念し、化粧研究に専念することになったのである。文学から遠ざかったみずからを「俗物」と卑下するのは、掲載誌『処女』が女性文芸投稿雑誌だったからだろう。

なお、芙蓉は紅葉の弟子となる上京前から仙台で創作活動を開始していたのではあろうが、彼の仙台時代の作品は未確認である。

仙台は文壇の中心である東京から遠く離れているが、明治二〇年代から三〇年代にかけて、正岡子規や与謝野鉄幹が仙台を訪れたり、若き日の高浜虚子、河東碧梧桐、島崎藤村、高山樗牛らも居住した。『東北文学』や『河北新報』といった発表媒体とともにさまざまな文芸結社があり、仙台にいながら東京の雑誌へ投稿したり、東京の出版社から著書を出版する者もいた。

第二高等中学校卒の土井晩翠（一八七一～一九五二）は、芙蓉と一歳違いである。晩翠が家庭の事情から通常の年齢よりも遅れて第二高等中学校補充科に入学したのは、一七歳の明治二一年であった。在学中から校友会誌『尚志会雑誌』（明治二六年創刊）に寄稿している。明治二七年に卒業後、上京して帝国大学に進学、明治三三年に第二高等学校教授となった。

この時期の仙台について、前掲『宮城県教育百年史』は、「仙台も文学ばやりであったらしい」と表現している。

戸籍によると明治三三年五月、芙蓉はおそらく東京在住ながら、仙台の藤波たけ（一八四五～一九二九）の養女志摩（一八八一～一九三七）の婿として、藤波家と養子縁組する。この頃撮影した、たけ・志摩・芙蓉の三人が写った結婚記念とおぼしき写真が、後年『女子文壇』に掲載されている。(15) 正装した姿は、これが志摩と芙蓉の結婚写真であることを推測させ、そこにたけも一緒にうつっているのは、この婚姻がたけと芙蓉との養子縁組でもあったからだろう。ネクタイを締め、体にぴったりあった上着を着用した洋服姿の芙蓉はいかにもハイカラな青年で、本稿冒頭のバンカラなイメージとは重ならない。ご子孫の話では、愛妻家であり、また子供たちをかわいがる良き家庭人であったという。

四　著作目録（明治二六年～明治四二年）

本稿冒頭でも述べたように、現在筆者が確認できている芙蓉の著作は、明治二六年から昭和八年までである。ここでは美容研究家として明治四三年一月に『新式化粧法』を刊行するまで、すなわち明治四二年までの著作目録をあげ、第五節以下でこの期間の代表的な業績を領域別にとりあげて考察を加える。芙蓉は芙蓉生、一如道人、一如生、藤波芙蓉、藤波一如、藤波生という筆名を使っている。使い分けに原則を見いだすのは難しいが、少なくとも小説には芙蓉、宗教関係には一如を使ったようだ。藤波姓の使用は明治三四年から確認できる。

＊印は著書、（　）内は筆名

明治二六年

＊『美人狩』探偵小説第八集、春陽堂、四月刊（芙蓉生）

明治二九年

『歯科医学叢談』高山歯科医学院

一巻五号「患者ニ對スル攝生上ノ注意」（芙蓉生訳）

明治三一年

『博物学雑誌』動物標本社

五巻五四号「菫物語」（芙蓉生）

明治三四年

＊『活禅録』文学同志会、九月刊（藤波一如（恒））

『読売新聞』

七月二三日〜八月一七日「喇《ら》嘛《ま》教」（藤波一如）

九月八日〜九月一九日「モルモン宗」（藤波一如）

『東洋』経緯社

一巻九号「阿嘉貫首を訪ふ」（藤波一如）

二巻五号「日露交通起源」（藤波一如）

『俳藪』晩鐘会

五号「巵《し》言偶譚[16]」（藤波一如）

明治三五年

＊『禅学の奥義』文学同志会、六月刊（藤波一如）

『衛生談話[17]』日本通俗衛生会

一六号、一八号、一九／二〇号、二一号　宗教談「臨終の提婆達多」（藤波一如）

明治三六年

『仏教文芸[18]』仏教文芸誌友会

一巻一号、一巻三号、一巻四号「宗教文学その折々」（藤波一如）

一巻六号、一巻八号「『テレマック』梗概」（藤波一如）

『衛生談話』

第二九号「随波遂浪」（未完）（藤波一如）
明治三七年
＊『今日の露西亜』冨山房、四月刊（ニエット著、神藤才一、藤波一如訳）
＊『現露西亜朝廷』鴻盟社、五月刊（仏国某氏著、藤波一如補訳）
明治三八年
『東京市養育院月報』東京市養育院
第五五号　家庭「ナイチンゲール嬢の話」（藤波芙蓉訳）
『仏教青年』仏教青年社
二（一〇）、二（一一）「ともしの光／トルストイ伯」（芙蓉生訳）
明治四〇年
『都新聞』
一〇月八日～一二月三一日「舜天丸」（藤波芙蓉）
明治四一年
『歴史地理』日本歴史地理学会
一一巻一号「萬歳考」（藤波芙蓉）
『東京市養育院月報』
第八九号「雑感その折々」（藤波芙蓉）
雑録「これを奈何――浮浪者却て獄舎を喜ぶ――」（芙蓉生）
家庭「犠牲」（芙蓉生）

第九〇号　家庭「大光栄」（アラルコン作、(19)藤波芙蓉訳）
第九二号　論説「感化と家庭の平和」（藤波芙蓉）
第九三号　論説「雑感その折々（其二）」（藤波芙蓉）
　　　　　家庭「当違ひ」（芙蓉生）
第九四号　論説「平和と幸福」（藤波芙蓉）
　　　　　雑録「美顔術は美顔の良法にあらず」（一如道人）
　　　　　雑録「我同盟国の慈善評議会」（ＨＨ生）
　　　　　家庭「人造金」（～第九五号）（芙蓉生）
この年『都新聞』「相談の相談」担当
明治四二年
　『朝日新聞』
　　一月六日「藤村の「春」」（藤波生）
　『東京市養育院月報』
　　第九六号　雑録「無職業者の児童救済に就て」（芙蓉生）
　　第九七号　家庭「奇妙な裁判」（一如道人）
　　第九八号　家庭「世界奇聞」（一如道人）
　　第一〇〇号　論説「感化院視学官の報告書を読む」（藤波恒訳）
　　　　　　　家庭「子の心」（未完）（藤波芙蓉）
　　第一〇一号　論説「同情すべき法律的犯罪と憎むべき道徳的罪悪」（藤波芙蓉）

第一〇二号　論説「救貧事業に於ける児童の処理及監督」（藤波芙蓉）
第一〇三号　雑録「感化授産学校事業に関する倫敦地方評議会の内容」（芙蓉生）

五　小説家としての活動

現在確認できる最初の芙蓉の小説は、明治二六年（一八九三）四月発行の探偵小説第八集『美人狩』で、まだ満二〇歳である。この探偵小説シリーズ第一一集は、同じ紅葉門下の二〇歳の泉鏡花（一八七三〜一九三九）作『活人形』、他の作者もおおむね若かったようだ。[20] 出版社の春陽堂からは紅葉が通俗小説を多数出版しているので、紅葉の紹介による仕事だろう。

本シリーズは明治二六年から毎月二回のペースで刊行され、第二五集まで出版が確認できる。「緒言」に「□□、汽船、汽車、馬車中の好伴侶たらんことを期す」とあるように、当初は各巻末に時刻表を掲載した。平易な文章で一巻読み切り、旅中で惜しみなく読み捨てできる価格設定と謳っている。

明治四〇年には新聞小説の名門『都新聞』に、藤波芙蓉の名で時代小説「舜天丸」を連載する。亡師紅葉は『金色夜叉』をはじめとする新聞小説で有名な作家であり、新聞小説は芙蓉にとって念願の仕事であったはずである。

『都新聞』の小説は社員が担当することもあれば、社外の作家に依頼することもあった。同紙は元旦の紙面に社員全員の名前とともに年頭挨拶を掲載するが、明治四〇年、四一年とも芙蓉の名前は出ていないので、[21] 連載時は社外執筆者であったと推測される。

「舜天丸」は、かつて明治三六年に書いた小説「『テレマック』梗概」（『仏教文芸』）のモチーフが使われている。「舜天丸」の評価はどうだったのだろうか。評価を記した史料を確認できていないが、『都新聞』の他の小説に比してストーリー展開の歯切れが悪く、やや難解な印象を受ける作品である。その後の小説家としての活動につながらなかったところをみても、好評とは言い難かったのではないか。

明治四一年、四二年に『東京市養育院月報』に掲載した小説については、第九節で触れることとする。

六　宗教研究

明治三四年に『活禅録』、翌三五年に『禅学の奥義』の二冊の禅学書を出版した。後述するように芙蓉にとって禅学研究は化粧研究と並ぶ重要なライフワークであった。『活禅録』については、後年『処女』の読者から、学校の先生が本書前書きを名文だと褒めていたと手紙が寄せられている。(22)

同じく明治三四年の『読売新聞』には、「喇嘛教」と「モルモン宗」がほぼ連続して掲載された。「喇嘛教」は、東本願寺の客賓として同年夏、喇嘛教の阿嘉貫首一行が来日したことにあわせた企画であり、「モルモン宗」もモルモン教宣教師来日にちなむ記事だった。

芙蓉は「喇嘛教」連載の冒頭で、貫首の来日は「時節柄非常に世人の注意を惹たやうであるが、政治上よりの立論は兎も角として、僕は少しく宗教上より観察して、我国民は喇嘛教なるものの大体だけでも一通り知つて置く必要があると思ふ」（七月二三日付――傍点筆者）と述べる。

ここで「時節柄」といっているのは、この記事が日露戦争開戦の三年前という国際情勢の中で執筆されたことにゆえんする。明治三四年一月から三月に露清密約が明らかになって、日本はロシアと清国との関係に敏感になっていた。

連載を通じて喇嘛教の教義や歴史について説明するが、それとともに、清国において喇嘛教が皇帝に尊重されていること、したがって清国との友好関係を築くには、日本が喇嘛教と親和的関係を持つことも必要であると述べる（ただし、喇嘛教のたとえば教祖の生まれ変わりに関する教義や、大量の出家僧を生む信仰形態などについては批判的である）。

ことに喇嘛教がロシアでも勢力を拡大していて、チベットの使者がロシア皇帝に謁見したことをあげ、日本もロシアの「機先を制して喇嘛教と関係を付ける」ことの重要性を論じる。この連載はその冒頭言に反して、多分に人々の政治的関心に応えるものであった。

芙蓉は来日中の阿嘉貫首と面談もした。『読売新聞』八月一日付は「藤波一如氏面謁」の見出しで、芙蓉の喇嘛教に対する造詣の深さに貫首が感心したことを報じる。

同月の雑誌『東洋』にも、芙蓉みずからが「阿嘉貫首を訪ふ」という記事を執筆した。このなかで自身のことを「多年喇嘛教研究」をしてきたと紹介している。

いっぽう「モルモン宗」は、「一夫多妻主義で有名なモルモン宗」という認識のもと、「実に精神界混沌の時代であるのに、外より種々無頼な宗教が入つて来る」、「モルモン宗とは如何なる宗旨であるかと云ふ批判の参考に供したい」と明確に批判的姿勢を示して執筆している（明治三四年九月八日）。ちなみに同時期、モルモン教に批判的な記事は他の新聞でも一斉に掲載された。(23)

七　日露戦争の時代

既述のように「喇嘛教」は宗教記事でありながら多分に政治的要素をはらんでいたが、芙蓉は日露問題に関して、より直接的な著作を残している。

明治三四年の評論「日露交通起源」は、その執筆目的を日露関係について「過去に探求して其将来の趨勢を偵得せんと欲するもの」と書いており、江戸時代までさかのぼってロシアと幕府との通商や千島列島の領有権をめぐる争いの歴史を説明し、領土問題におけるロシアの不当性を説く。

掲載誌『東洋』は、明治三四年に創刊された貴族院議長近衛篤麿が出資する個人雑誌で、国民同盟会の機関誌的役割を担い、日露開戦過程において早期開戦論を他誌に先駆けて主張した(24)。明治三七年には翻訳書『今日の露西亜』および『現露西亜朝廷』を、四月と五月に続けて刊行している(25)。二月一〇日の日露開戦からさほど間もない出版であった。両書とも『朝日新聞』紙上に広告や「新刊各種」欄の記事として掲載され、出版社が力を入れて販売したことがうかがえる(26)。

八　福祉問題への発言

芙蓉は東京市養育院の事業にも深く関わった。

東京市養育院は明治五年、路上生活者収容のために設立された施設で、やがて捨て子・孤児の収容も行うようになった。東京府営繕会議所が設立し、明治二三年に東京市に移管された。渋沢栄一（一八四〇～一九三一）が明治一四年から昭和六年に死去するまで院長を勤める(27)。

『東京市養育院月報(28)』はその機関誌で、日清戦争後の明治三四年、社会問題の顕現期という時代的特徴を背景に、日本の急務は軍備拡張・財政整理だけではない、と慈善事業振興の必要を主張して刊行されたものである(29)。本誌には、のちに芙蓉が記者として一時期在職することになる『都新聞』主筆の社会派ジャーナリスト、田川大吉郎（一八六九～一九四七）も寄稿している。

芙蓉はここに明治四一年から四二年にかけて各種の記事を精力的に執筆する。養育院の月報という性格上、社会評論も小説も貧困問題をテーマとする。たとえば論説「雑感その折々（其二）」（第八九号）では、新聞に自殺・他殺・心中記事が多いことの背景に「恒産」を持たない多数の貧民の存在を指摘し、下層民に生活手段を与えることの必要性を訴える。

芙蓉の社会評論記事の最大の特徴は、欧米の新聞や雑誌などを資料に、海外福祉事情を踏まえて書かれていることである。たとえば雑録「無職業者の児童救済に就て」（第九六号）は、「ポスト、エンド、マーキュリー」に掲載の「エス・パーカー氏」なる人物の意見の大要とあり、論説「感化院視学官の報告書を読む」（第一〇〇号）は、前年度の「カナダ感化授産学校視学官」報告書に対する批評文の翻訳である。渋沢栄一が熱心に支援した東京市養育院の仕事は、最新の欧米ジャーナルを手にすることが容易でなかった時代にあって、芙蓉にその貴重な機会を与えてくれていたことが推測される。(30)

第九四号の「ＨＨ生」と署名のある雑録「我同盟国の慈善評議会」は、この号の他の署名記事がすべて芙蓉の手になるものであることから、芙蓉が書いたとみられる。注目すべきはこの記事の冒頭に「九〇号海の内外へ掲げた文の続き」とあることだ。「海の内外」とは、『東京市養育院月報』に毎号掲載されている国内外の政治・福祉・経済関連最新動向紹介頁で、いつも執筆者の署名はない。このころ「海の内外」欄も芙蓉が無記名で執筆したとなると、第九四号はほぼすべて芙蓉一人で書いたことになる。芙蓉は明治四一年から四二年にかけて、相当深く『東京市養育院月報』に関わっていたようだ。

家庭「犠牲」（八九号）、家庭「当違ひ」（九三号）、家庭「人造金」（九四号）、家庭「子の心」（一〇〇号）は小説である。「犠牲」以外はいずれも経済的に没落した主人公を軸に据えたストーリーだが、四〇年に『都新聞』に連載した「舜天丸」と比べて、小説としての面白さは格段に向上している。

のちに化粧研究家として活動する伏線とみなしうる原稿もある。雑録「美顔術は美顔の良法にあらず」（九四号）である。遠藤波津子が銀座に開業した理容館で明治三八年から美顔術が行われ、評判となっていた。芙蓉は、美顔術が貴婦人や黒岩涙香などの「有髯男子」にまで流行しているが、かえって肌を傷める結果になると警告する。彼は後年の著書でも一貫して器械を利用した美顔術を批判し、自身の手でマッサージすることを薦めている。

九　新聞記者としての活動

明治四一年、芙蓉は『都新聞』記者として活動する。『東京市養育院月報』第八九号（明治四一年七月二五日）掲載の「雑感その折々」に、「目下都新聞「相談の相談」欄を担当」と自身で書いている。

『都新聞』の「相談の相談」欄とは、主筆田川大吉郎の提案で始まった読者相談コーナーで、明治三九年一二月二一日から毎日掲載された。人生相談から法律・病気・美容相談にいたるまでのあらゆることがらに担当記者が回答するとともに、求職・求人・結婚相手募集の告知にも対応する。好評を博して『都新聞』の名物記事となった[31]。この欄を芙蓉は明治四一年七月当時、任されていたのである。

芙蓉の仕事ぶりは明治四一年八月一〇日付「相談の相談」欄の「感じたことの二つ三つ　藤波生」という署名入り記事から知ることができる。「係記者から申上げます」という言葉に始まって、「日に一百通以上に達する皆様方よりのご相談状」をすべて読んで分類し、長文の相談は要約した上で回答を付して掲載する、掲載ずみのものおよび不採用分を焼却処分する、といった一連の仕事を自分が一人で責任を持って行っていると説明する。

人気コーナーであったせいか、「都新聞相談係」「藤波某」の名を騙って脅迫まがいのことをする者も出没した。「当欄記者は始終在社」していて外に出て仕事をすることはない、と同じ八月一〇日付本欄で読者に注意を促す。だが被害はやまなかったらしく、同年九月一九日にも「担任記者藤波芙蓉」から再び読者に注意を促す。芙蓉の名や「相談の相談係某」「相談の相談主任某」を騙る者があるが、「当相談係と申せば斯く申す私が主筆より命ぜられて担任」しているのであって、他には存在しないと述べる。ただし、相談の種類によっては「同人諸君の知識」を借りるとあり、特に法律問題は他の記者に分担してもらっているという。来社相談日も設けているが、一般的な相談は火曜日・金曜日一時~四時、法律相談は土曜日九時~四時に分かれる。

「相談の相談」には、この頃の芙蓉の美容知識を示唆する問答もみられる。「白粉のノリの不可《わるい》のを」（七月一四日）、「脂肪《あぶら》の多い顔を」（七月一五日）、「眉と目尻の下ったのを」（八月七日）といった相談に、皮膚の手入れ法や化粧技術による改善法を指南している。

また、読者の相談に問答形式で答える記事のスタイルは、明治四四年に『女子文壇』で芙蓉が開始した「化粧問答」にそのまま踏襲された。この『女子文壇』「化粧問答」を嚆矢として、その後婦人雑誌や新聞の化粧記事に問答形式が広がっていったのである。[32]

芙蓉が『都新聞』に在職した期間を厳密に特定するのは難しいが、既述のように明治四一年の社員年頭礼に芙蓉の名はない。そして四二年の年頭礼にも名がないことから、明治四一年に入ってから入社し、その年のうちに退社したのだろう。

芙蓉自身は退社の時期について、後年『女子文壇』の「化粧問答」欄で、田川大吉郎が東京市助役となったときに退社したと記している。[33]田川大吉郎が東京市助役に就任したのは明治四一年九月である。[34]このような芙蓉の退社の仕方と、先に見た九月一九日付「相談の相談」における「当相談係と申せば斯く申す私が主筆より命ぜられて担任」（傍点筆者）している、という記載から推察すると、芙蓉の『都新聞』就職には田川が大きく関与していたようだ。[35]

芙蓉の最後の署名記事が「相談の相談」に掲載されたのは明治四一年一〇月一九日。「藤波生」の名で小説の「口訳筆記者」を一名募集している。この頃、彼が記者をしながら翻訳の仕事も盛んに行っていたことがわかる。

翌年の明治四二年一月三日付「相談の相談」には、「今年又今日を第一日として相変らず本欄に筆を執ります」とあるが、同年二月、「相談の相談」担当記者として白井嶺南が入社している。[36]「相変らず本欄に筆を執」ると記したのは、当欄開設者で、少なくとも開設当初は結婚相談には自身で対応してきた主筆田川大吉郎のコメントの可能性もある。

一〇　アカデミズムからの評価

芙蓉の活躍はアカデミズムの世界にも及び、『歴史地理』へ寄稿している。

明治四一年、日本歴史地理学会の学会誌『歴史地理』創刊一〇〇号記念特集「百名家論集」に、藤波芙蓉の名で「万歳考」を執筆する。

日本歴史地理学会は、明治三二年に日本歴史地理研究会として喜田貞吉らを発起人に結成され、日本史学と地理学の学問的融合をはかるとともに、中央のアカデミズムと地方在住の研究者との学問的連携の場となることを目ざした(37)。

本号は会長蜂須賀茂韶《もちあき》や大隈重信らが祝辞を寄せるとともに、「百名家」として帝国大学教授をはじめ、多くの博士・学士が執筆する。「百名家」の一人に学位を持たない芙蓉が選ばれたのは、これまでの業績が高く評価されたからであろうが、これ以前の芙蓉の歴史地理に関する仕事については今後の調査課題である。

一一　化粧研究家藤波芙蓉の誕生

これまで見てきたような執筆活動を経て、明治四三年一月、初めての化粧書『新式化粧法』を出版する。化粧書という領域は、過去の芙蓉の著作の傾向からすると、少々異質にも見える。だからだろうか、本書第一章「序説」において、自身が長い化粧研究歴をもつことを説明している。すなわち、かつて仙台で米国人女性宣教師の化粧術に感銘を受けたことをきっかけに、「以来芙蓉《このかたわたくし》は非常な興味を以て此美術の研究実験に学余の時間を費せること幾多年、始めは芙蓉《わたくし》の妹等の顔を実験板に、漸や会得する所あるに及んで二三の某婦人、一人は人並より黒く、一人は頬骨の高い、一人はお高額《でこ》な婦人を特に選出して研究を積み、爾来五六の令嬢貴婦人に口述伝授し、昨今現に教へて居る人、習ひに来る人、七人ある」と、高等中学校時代以来、長く化粧研究に研鑽を積んで「貴婦人」方への個人指導経験も持つと述べる。

また、「序」には本書が「或る倶楽部の招請により、同志十二人の御婦人方に講演した其研究者の一人たる鈴木絹子嬢が筆記に訂正を加へて成つた」もの、すなわち小規模な化粧研究サロンの講義録であると述べている。翌明治四四年三月から『女子文壇』で連載を始めた「化粧問答」を、「化粧研究会・婦人修容会顧問」という肩書きで執筆しているが、「或る倶楽部」とは、これらの会が該当しよう。[38]

本書刊行後、芙蓉は化粧研究家として順調に活躍の場を広げていった。右の『女子文壇』「化粧問答」の連載もその一つである。連載のきっかけは、女子文壇社社長が博文館の出版部長をしていた時からの芙蓉の「友人」であることと、「十有余年以来の友人」の編纂主任河井酔茗（一八七四～一九六五）から執筆依頼されたことによるという。[39] 博文館は『新式化粧法』の出版元である。

先にも触れたように、「化粧問答」は『都新聞』「相談の相談」欄の問答形式をそのまま踏襲する、芙蓉の得意とするスタイルの記事だ。文芸雑誌に化粧相談欄は異色であったが、『女子文壇』廃刊後も後継誌『処女』「新化粧問答」に引き継がれ、『処女』廃刊まであわせて五年間にわたる人気連載となった。芙蓉の発信する化粧情報が当時の女性読者にいかに歓迎されたかを示している。

明治四四年一一月（七―一四）の「化粧問答」に、当時の仕事状況を書いている。『女子文壇』読者等から日々寄せられる化粧に関する質問の手紙に返書したり、婦人修容会、化粧研究所、映画制作会社M・パテー商会[40]の化粧顧問の仕事に忙しいという。さらに、明治四四年九月（七―一一）の「化粧問答」では「私の現在の生活は、化粧が其全部ではありませんので、外に文筆を廃すことの出来ぬ境遇に居る身の上なのであります」とも書いていて、化粧関係以外の原稿も執筆していた。ただしこの年九月、雑録「犠牲」をもって、多く寄稿してきた『東京市養育院月報』からは姿を消している。

そして大正二年一一月号『処女』において、文学の道を断念したいきさつを回顧しているのは第三節で紹介した通りである。[41]

その後、大正三年一一月号の『処女』でも、小説戯曲の翻訳をやめて現在は「禅と化粧道の研鑽に出頭没足」していると記す。[42]「禅」とあるが広く仏教研究のことをさすようで、明治四五年に『浄土真宗聖典』（藤波一如著、島地黙雷・吉谷覚寿閲、博文館）[43]、大正六年に『和英支鮮四国語訳梵文阿弥陀経　付各宗より観たる阿弥陀経』（藤波一如著、南條文雄他訳、博文館）を、いずれも藤波一如の名前で出版した。島地黙雷・吉谷覚寿・南條文雄といった、当時の宗教界の大物を校閲や訳者とする一般向け出版物で、仏教研究者として、そして知名度の高い文筆家としての芙蓉に対する出版元博文館からの高い評価がうかがえる。なお、南條文雄は芙蓉が小説家を断念するときに相談した人物の一人であったことも、第三節で確認した。

おわりに

これまで見てきたように、芙蓉は文学・宗教・政治・福祉・歴史と多くの領域にわたって一流の媒体に原稿を執筆し、また新聞記者としても活躍した。さまざまな仕事を重ねてきて、最後に化粧研究に専念することになった直接的でかつ最大の理由が経済的事情にあったことは、芙蓉みずからが認めるところであった。しかしながら化粧研究家として生計を立てるようになってからも、彼は頻繁に自分の化粧研究は生活のためではなく「道楽」で行うもの[44]、医者や美容師による美容業とは異なり、「アート」であり「サイエンス」だと主張しつづける。[45]

松井修徳（閑院宮載仁付き宮内事務官）と杉山令吉（東伏見宮依仁侍講）から、「芙蓉君の文筆を棄てられたは賀すべし、而して化粧道に其研究家を得たるは国家の一大利益である」(46)と励まされたことは第三節に記した。彼らが「化粧道」に芙蓉のような人材が登場したことを「国家の一大利益」と表現したのは、あながちお世辞や激励のための誇張表現ではない。なぜならば、明治日本は欧米列強に仲間入りすることをめざし、西欧から見て理解可能な国、西欧標準の文化を持った国となるべく、風俗の近代化にもひとつの重要な国家的課題として取り組み続けてきたからである。だがそれを化粧領域で担うべき人材は、決して豊かとは言い難かった。少なくとも当時の知識人たちはそのように認識していた。

芙蓉は三冊目の化粧書『新美装法』（大正五年）を、婦人教養叢書『家庭文庫』の一冊として婦人文庫刊行会から出版しているが、婦人文庫刊行会が付した本書の前書きには、当時「衛生」「科学」を標榜した怪しげな美容法と化粧品が婦人雑誌記事や広告で広められていることの弊害を嘆息しつつ、「本会が今ここに時勢に適応する科学的・衛生的・純日本的美装法の準縄たるべき本書を刊行する」とある。『家庭文庫』の編集顧問には東京帝国大学の教授たちや下田歌子、津田梅子、吉岡弥生といった面々、さらに都内の女学校校長や東京女子高等師範学校教授といった第一線の知識人・啓蒙家たちが名を連ねる。芙蓉の化粧術は新しい時代にふさわしいものとして、啓蒙家とその影響下にある中流以上の女性たちに迎えられたのだった。中流以上の女性を読者対象とする『女子文壇』『婦人画報』での芙蓉の活躍は、彼の支持層を明確に示している。その意味で、芙蓉はまさに時代が求めていた人材であった。

芙蓉はまた『女子文壇』に次のようにも記している。

私が平生の事業を□却して、一身を斯道（化粧道を指す——筆者注）の研究に委ぬるに至つた発心点は（中略）私が高等中学時代に、美人ブラオン嬢《（ママ）》が化粧の精妙なる技術に感じ、己が同胞姉妹の如何にも斯道に拙劣なるを気の毒に思ひ、且つ独逸の如き武断一片の国柄にあつてすら、化粧品一ケ年の消費金額は、優に同国陸海軍一ケ年の総予算を計上するとの統計学者の説を聞き、これ正に国家経済に関係する問題であると考へ（中略）。曾て東伏見宮邸で、同宮殿下の師範役杉山令吉先生から、「君子は人の美をなすといふが、貴君は正に婦人方の美をなす好個の君子じや」との讃辞を受けたことがあるが、不肖もとより当らずと雖も、心密かに所期する考はないでもない。乃ち真正の化粧美を我国土に花咲かしたいの希望からして、今尚これが研究の奥底に歩武を進めつゝあるのです。(47)

芙蓉は近代的化粧術、すなわち科学的技術と芸術的センスによって個々人の身体美を最大限に引き出していく西洋式化粧術の面白さに、少年時代に魅了された。それが彼の化粧研究の一つの大きな動機であった。同時に、青雲の志を抱き東京へ出てきた仙台のエリート青年として、日本の「婦人方の美をなす」こと、「真正の化粧美を我国土に花咲か」すことの、文化的・経済的・政治的意義を積極的に見いだすことを通じ、国家や社会に対する自分の存在意義を確認していったように見える。彼が化粧研究を「化粧道」と呼んで、膨大な化粧関係の著作群を多様な媒体に書き続けていくエネルギーの源をここにも見いだしてよいだろう。

では芙蓉がいうところの「真正の化粧美」、すなわち近代社会にふさわしい科学的・芸術的化粧文化とはいかなる特質を持ち、彼の活動は同時代の女性たちの生活と意識にどのような影響を与えていったのか。今後、芙蓉の残した化粧関連著作の個別分析を通じ、これらの問題について検討していきたい。

（1）「新化粧問答」（『処女』大正五年（一九一六）五月号）の読者投書より。
（2）「美しい婦人にはどうして成る」『読売新聞』大正一三年五月二〇日朝刊。
（3）『新式化粧法』（『家庭百科全書』二五、博文館、明治四三年）、『あわせ鏡』（実業之日本社、明治四四年）、『新美装法』（『家庭文庫』婦人文庫刊行会、大正五年）、『美粧』（東京社、大正五年一〇月）。

（4）現時点でわかっている化粧関連の記事を連載した雑誌および新聞は以下の通りである。単発記事は含めない。雑誌では『女子文壇』「化粧問答」、『処女』（『女子文壇』の後継誌）「新化粧問答」、『婦人画報』「化粧問答」、『婦人雑誌』「化粧問答」、『女性の友』「よろず問答」、『日本一』「男女修容問答」、『婦人界』「化粧問答」。この他、『女子文壇』八―一一（明治四五年一月）の「化粧門答」に『新婦人』『婦女評論』に連載中との記事あり。新聞では『読売新聞』「美容問答」、『日本』「化粧の話」、『朝日新聞（大阪）』（コーナー名未詳、典拠「化粧問答」『女子文壇』九―九、大正二年七月）。

（5）藤波芙蓉の曾孫、藤波亜由子氏によると、芙蓉は牛込にあった自宅裏の実験室でみずから化粧品の研究・製造を行っていた。販売は雑誌の誌上通信販売のみで、明治四四年一一月から女子文壇社を通じて『女子文壇』誌上で、女子文壇廃刊後の大正二年一一月からは東京社を通じて『婦人画報』誌上で行い、店舗販売はしなかった。『秀才文壇』でも一時期ニキビ治療薬を販売している。

（6）富澤洋子「女性雑誌にみる近代の美容研究家「藤波芙蓉」」（『マキエ』二七、ポーラ文化研究所、二〇〇七年）。

（7）鈴木則子「近代コスメトロジーの普及と展開をめぐる一考察――美容家・藤波芙蓉の分析を通じて――」（『コスメトロジー研究報告』二一、二〇一三年）。

（8）藤波芙蓉の戸籍は藤波亜由子氏のご提供による。なお芙蓉自身は「化粧門答」（『女子文壇』七―一一、明治四四年九月）で、明治九年生まれと記している。

（9）「新化粧問答」（『処女』大正三年一〇月号）に、声楽家志望の妹の話が登場する。

（10）『婦人画報』第八一号（大正二年四月一日）の「化粧問答」では「高等学校時代」とも記している。高等中学校は明治二七年六月に「高等学校令」によって高等学校へ移行するが、芙蓉の生年から推測すると、高等中学校とするのが正確であろう。

（11）宍戸朗大『バプテスト派の初期伝道師　東北伝道とバイブル・ウーマンの活動』（耕風社、一九九五年）。

（12）宮城県教育委員会編『宮城県教育百年史』一　明治編（ぎょうせい、一九七六年）。

（13）藤波一如（恒）著『活禅録』（文学同志会（東京）、明治三四年）。

（14）晩年の鎌倉移住は藤波亜由子氏のご教示による。

（15）「化粧問答」（『女子文壇』八―三、明治四五年三月）。

(16)『俳藪』は尾崎紅葉の弟子、星野麦人が明治三四年八月に創刊した俳句誌で、紅葉が「賛助会員」に名を連ねる（『俳藪』第二号、明治三四年八月一〇日）。「巵《し》言偶譚」は詩想と禅との関係について論じたものである。

(17)眼科医井上豊太郎が組織する、日本通俗衛生会が発行した雑誌。国民の衛生意識を向上させることを目的に一般向けに編集されたが、教育・宗教に関する問題も積極的にとりあげた。

(18)仏教文芸誌友会が発行した文芸誌で、仏教に関連する漢詩、俳句、和歌、小説の他、文芸評論などを掲載している。

(19)ペドロ・アントニオ・デ・アラルコン（一八三三～九一）。スペインの小説家。

(20)この探偵小説シリーズで生没年が確認できる作者は他に石橋思案（一八六七～一九二七）、江見水蔭（一八六九～一九三四）、大橋乙羽（一八六九～一九〇一）。

(21)『都新聞』明治四〇年一月一日、同明治四一年一月一日。なお本稿では復刻版『都新聞』（柏書房）を用いた。

(22)「活禅録といふ御本の文章は如何にお立派で、殊にその御自序は、明治文章模範に入るべき名文であると、私の学校の先生がお讃めになられたのを聞いたこともありました」（「新化粧問答」『処女』大正三年一二月号）。

(23)「モルモン宗と内務省」（『朝日新聞』（東京）明治三四年九月二四日）、「亦何ぞ妨げん」（『毎日新聞』明治三四年八月二一日）など。

(24)石川徳幸「日露開戦過程における雑誌『東洋』に関する一考察」（二〇一二年度日本出版学会春季研究発表会報告）。

(25)『今日の露西亜』を共訳した神藤才一（一八五七～一九三四）は神奈川県郡部区選出の衆議院議員で、国際政治・外交関係の著書を持つ。

(26)『今日の露西亜』は『朝日新聞』五月六日広告、『現露西亜朝廷』は『朝日新聞』七月一二日「新刊各種」に掲載されている。

(27)芙蓉は後年、渋沢栄一の車に乗せてもらったことがあると記述しているが（「化粧問答」『女子文壇』九―五、大正二年四月）、渋沢との交流は東京市養育院の活動を通じて生まれたものかもしれない。

(28)『東京市養育院月報　復刻版』（不二出版、二〇〇八年）。

(29)室田保夫「近代日本社会と『東京市養育院月報』」（『東京市養育院月報　解説・総目次・索引』不二出版、二〇〇九年）。

（30）芙蓉は美容書についても海外文献に触れる機会を豊富に持った。富澤は「芙蓉の著書の章立てや構成は、同時代あるいは少し前の海外の美容書と類似している」（前掲註（6）富澤論文）と述べている。
（31）土方正巳『都新聞史』（学術出版会、一九九一年）。
（32）「新化粧問答」（『処女』大正三年五月号）に、「昨今所々の雑誌に化粧上の問答が載せられるやうになりましたが、第一にこれが先駆の標的を示したのは女子文壇で而もこの任に最初より当つたのは不肖芙蓉でした」とある。
（33）「化粧問答」（『女子文壇』七―一一、明治四四年九月）。
（34）成田龍一「田川大吉郎年譜」（『民衆史研究』一四、一九七六年）。
（35）田川は主筆在任中、若い有為な人材を一存で何人も記者として採用している（前掲註（31）『都新聞史』）。
（36）前掲註（31）『都新聞史』。
（37）明治三九年に日本歴史地理学会へ名称変更する。
（38）明治四四年一月の「化粧問答」（『女子文壇』七―一）には「多年化粧法に就いて研究もし、経験もある東京化粧研究所顧問藤波芙蓉先生」と紹介されている。
（39）「新化粧問答」（『処女』大正二年一〇月号）。
（40）M・パテー商会は明治三八年創業の映画会社。当初洋画を輸入・公開していたが、明治四〇年から映画制作も行う。大正元年九月、M・パテー商会も含めた四社が合併して日本活動写真株式会社（日活）となる。
（41）「新化粧問答」（『処女』大正二年一一月号）。
（42）「訳者申す」（『処女』大正三年一一月号）。これは翻訳小説「芸術と宗教」のあとに付した読者へのメッセージ。「芸術と宗教」は『東京市養育院月報』第九〇号掲載の翻訳小説「大光栄」の改題再録で、『処女』の頁数を埋めるために急遽依頼されて旧稿を提出したとある。
（43）島地黙雷（一八三八～一九一一）は浄土真宗本願寺派の僧侶で、西本願寺執行長を勤めた人物。彼の息子島地雷夢は第二高等中学校の後身である第二高等学校の卒業生である（前掲註（12）『宮城県教育百年史』）。吉谷覚寿（一八四三～一九一四）は真宗大谷派僧侶であるとともに、真宗大谷大教授を務めた仏教学者。
（44）「北原先生（東京美容院院長北原十三男――筆者注）は商売人、化粧品や脱毛術を売物にして生活して居る人、私は一種の道楽に研究して居る」（「化粧問答」『女子文壇』九―一・二、大正二年一月）。
(45)「真正《ほんたう》の化粧法は一種の立派なアートで、サイエンスの上に立脚」（「化粧問答」『女子文壇』七―四、明治四四年三月）、「化粧道は医学衛生の学術以外に独立して居る立派な一のサイアンスです」（「化粧問答」『女子文壇』七―一一、明治四四年九月）など。
(46)「新化粧問答」（『処女』大正二年一一月号）。
(47)「化粧問答」（『女子文壇』八―五、明治四五年五月）。

〔付記〕　本研究はＪＳＰＳ科研費二〇三三五四七五の助成を受けたものである。
本稿執筆にあたって藤波芙蓉のご子孫である藤波亜由子氏、羽鳥彰子氏にご協力いただいた。記して謝意を表する。

小栗風葉『青春』に見る男性領域への侵犯と女性教師の周縁化

小橋玲治

本稿では、明治期に大きな反響を呼びながらも、現代においてはほとんど顧みられることのない小栗風葉《ふうよう》の『青春』(「春之巻」一九〇五年三月五日〜七月一五日、「夏之巻」七月一六日〜一九〇六年一月一日、「秋之巻」一月一〇日〜一一月一二日)という作品をとりあげる。(1)『青春』を「女学生」対「女性教師」の対立構造が見られる物語と捉え直すことで見えてくるもの、すなわち、女性教師の男性領域への侵犯、および女学生であったヒロインが女性教師になることの意味を問い直す。また、ヒロインは物語の結末において満洲に新設される女学校に赴任するという選択を行うが、風葉がなぜそのような設定を用いたのか、仮説を提示してみたい。『青春』の新たな読みを提示することが本稿の目的である。

一　『青春』以前との女性教師の描き方の違い

『青春』そのものの検討に入る前に、『青春』での女性教師の描かれ方がそれ以前のものをいかに引き継いでいるか、もしくは、いかに反しているかを確認するため、まずは『青春』以前の女性教師の描かれ方について見ておきたい。『青春』とともに当時「三大女学生小説」の一翼を担っていた小杉天外『魔風恋風』(『読売新聞』一九

○三年二月二五日〜九月一六日）にも女性教師が登場している。それが楠田友子である。

此の楠田友子と云うのは、校長の従妹とか云うことで、女子学院創立の当時から、和文の一科目と初等算術の教師で、生徒間には余り受の宜い方で無いが、その代り教師仲間では中々羽振の利く一人である。少しお饒舌で……、機嫌買で、好嫌が強くツて、高慢で、負惜みで、吝嗇家《けちんぼう》で、加之《おまけ》に人一倍の多情《すけべい》……と蔭口を云う者もある。

（……）只だ一つ悪い癖は、生徒の好嫌い……顔の美いのを贔屓することである。(2)

「誰が、愚図田先生が？ぢゃ、到頭犯《バイオ》られたんでせう。」

（……）愚図田とは、楠田友子の渾名である。(3)

彼女は「生徒の好嫌い……顔の美いのを贔屓する」ために女学生たちからは嫌悪されているが、(4)それだけではない。「冗談か知れぬが……」と、この時点では直接明示こそされてはいないものの、「犯」の字が使われ、そこに「バイオ」のルビが振られていることからも、これがviolateであることは明らかである。彼女が同性愛的志向の持ち主であることも女学生たちから嫌悪される一因と考えられる。

『魔風恋風』よりもさらに以前の作品、たとえば嵯峨の屋おむろ「くされたまご」（『都の花』九、一八八九年二月）や山田美妙『嫁入り仕度に教師三昧』（一八九〇年一〇月）にも女性教師が登場するが、彼女たちは美妙自身が表現しているように「束髪のふしだら」を表すための存在である。すなわち、その「束髪」という言葉の内側に女学生も女性教師もいるのであり、学問を学ぶ女性たちが「性に奔放」であるという言説が、たとえ実相がそうでなくとも成立してしまっている状況がうかがえる。そして、そのような存在は最終的には罰せられる運命にある。『魔風恋風』の楠田も、そのような「ふしだら」な女性教師の系譜に入る存在だが、ただし、彼女の場合その対象は同性に対してのものであって、その矛先は主人公・萩原初野に向かっている。また、この作品は女学生を中心に書かれたものであるため、楠田がいくら不品行であるように描かれていたとしても、作中彼女が悲惨な目に遭うということもない。

女学生が主人公となる長編の場合、女学校での生活も描かれることになり、女性教師の登場は必然のものとなる。そこで両者の間に見られる関係性は「対立」である。同じく女学校が舞台の『嫁入り仕度に教師三昧』で、女性教師と女学生の差異が「束髪」という同質性によって無効化されているのとは異なる女性教師の描き方が『魔風恋風』には見られる。

だが、『魔風恋風』の女性教師・楠田が直接登場する場面はここだけである。楠田はのちに主人公の夢のなかにも現れるが、その夢ではそれまでに登場した、主人公が嫌悪の情を抱く人々のなかに並列的に出てくるのみで、「嫌悪」の対象として単純化されているのである。『魔風恋風』連載の前年には『万朝報』が「堕落女学生」のネガティヴキャンペーンを展開しており、(5)追随してか『読売新聞』も「堕落女学生」問題をとりあげている。それらは確かに「女学生小説」誕生のきっかけの一つであろうが、その女学生たちからさらに差別化された存在として女性教師を見出したところに「女学生小説」の新しさがある。かつてあった「束髪」という言葉の内に込められた同質性は失われ、同じように「女だてらに」学問を志す存在でありながらここにおいては「対立」の構図が露わになっている。

しかしながら、それが物語の筋そのものに深く関わるまでには『魔風恋風』はいたっていない。女学生と女性教師の「対立」の関係性をより巧みに取り入れ、物語を進行させるための機能にまで昇華しているのが『青春』なのである。

二　「春之巻」「夏之巻」――二宮の所持品に見る、女性教師の男性領域への侵犯と繁の立ち位置――

この節では、『青春』に登場する女性教師の持ち物に注目することで、そこに作者・風葉が込めた女性教師への批判的な眼差しを掘り起こし、併せてその女性教師に同質化していくヒロイン・小野繁のありようについて分析を試みたい。

次の引用は『青春』「春之巻」から、この物語で唯一登場する女性教師・二宮が初めて姿を現す場面である。

> 「私の学校の……あら弥張《やっぱり》二宮先生だよ。」繁は赤くなってお時儀を為る。
> 二宮先生と云うのは、三十余りの顔の杓《しゃく》んだ小さな女で、思切つて突出した前髪の陰に金縁の眼鏡が光つて、此の暖いに些と鬱陶しそうな駝鳥毛のショオルは、背が低いので膝の下まで為だらなく垂れて、小紋の三紋の羽織に皮色の袴。繁のお時儀にショオルを取ると、金色の時計の鎖が煌めく。目の悪い所為か、眉を顰めて辺を見廻したが、丁度ハイカラ連の帰つた後が空いて居るので、其所の椅子を片手で引直しながら、例の金縁眼鏡でキラと這辺《こつち》へ一瞥を与《く》れて、さて向向《むこうむ》きに寛《ゆつく》り位を取つて腰掛けたのである。
> （……）「関さん、最う爰《ここ》出ませう、厭な人が来ましたから。」（……）
> （……）スプウンを取揚げ、急に又寂しい顔を為てスウプを一口吸つたが、眼鏡がパッと湯気に曇つたのを拭はうと為て、ハンケチを取出す拍子に、女持の巻莨入《まきたばこいれ》と一緒に袂から攫出した刷物は、「動物虐待禁止法案期成同盟会主意書」（6）

この場面は、大学生・関欽哉が自作の新体詩「顕世《うつしよ》」の演奏会を行い、その後女学生・小野繁とともに帰る途中、二人で入った洋食店に、たまたま繁の女学校の舎監・二宮も食事をしに来たというものである。注目したいのは、彼女の持ち物である。「金縁眼鏡」「巻莨入」、そして「動物虐待禁止法案期成同盟会主意書」。これらを二宮という女性教師が持っていること自体の意味、そして、それは彼女と繋との関係のなかでどのような意味を帯びてくるのであろうか。

まずは「眼鏡」から考えてみたい。眼鏡が単純に視力の悪さを補助する道具というだけではなく、知性を表すステータス・シンボルであるという通念は、現在でも漫画など、視覚イメージに負うところの大きいジャンルにおいては生き続けているといえるだろう。そして、その通念は知識こそが新たな時代を切り拓くために必要である明治という時代の到来によって初めて登場しえたものである。読書や勉強の末に目を悪くし、眼鏡をかけるにいたるという経緯によって、眼鏡をかける人物＝博識と見なす図式が形成されたのである。[7]だが、その人物が女性であった場合、その構図は一転否定的な意味を成すことになる。すなわち、女性が知識を追求することに対し、それを非難する社会からの眼差しが存在しているのである。森崎光子氏は日本の近代文学において女性が眼鏡をかけることの意味を考察しており、[8]「伝統的に想定されていた性差の境界を無視する事であり、これは性差の境界を当然視する男性側（およびそれを内在化した女性たち）にとっては好ましからざる行動にほかならない」とする。[9]

実は繋も眼鏡をかける側として作中で描かれていることは注目に値する。「此娘の命は無論目で、毎も若い燃易い情の影が炎の如く其れに映つて見えさう。折々心の中を捜すやうな、意味有りげな下目を使つて凝と瞬きもせずに居る内、瞼が静かに閉ぢてパッチリ開くと、黒い潤んだ瞳が天を見て輝く」[10]と、その目の美しさを強調される繋ではあるが、実はこれよりも以前に「銀縁の眼鏡も似合しく」[11]と書かれている。繋は目の美しさについて語られるよりも前に、すでに眼鏡をかける側にある者として区分されているのである。連載時に付された挿絵では眼鏡をかけた姿で描かれたことはなく、また、繋の眼鏡について言及される場面はここだけである。ゆえに、先に触れた森崎氏は『青春』を事例としてとりあげるなかで、眼鏡をかけない女として繋は設定されているとする、二宮との違いの方により重点を置いた分析を行っているのである。確かに首肯できるところはあるものの、繁が眼鏡をかけていることを作者がわざわざ挿入しているからには、十分に意味があるのではないだろうか。つまり、同じく女学生である友人・園枝と比しても、引用部に見られるような敵対関係にあるはずの二宮との方が、繁はより同質性を有している。それを担保するものとして、眼鏡は機能しているのである。

これは「たばこ」について検討した際により明らかとなるであろう。二〇世紀初頭という時代において、女性がたばこ、特に紙巻きたばこを嗜むことに対して、それを好ましくないと感じる空気があったことは確かである。藤田和美氏は、江戸時代から明治初期には咎められることのなかった女性のたばこ文化が、紙巻きたばこという新しい喫煙習慣にそのまま継承されることなく、「女性性、男性性といった恣意的に差異化されたジェンダーによって、女性と男性では著しく異なる喫煙規範を形成させた」[12]と説く。

女性にとっては、たばこを吸うこと自体がスキャンダラスな行為であり[13]、それは男性の領域を侵すことに他ならなかった[14]。次の引用からは、二宮に喫煙の習慣があることに対して繁の驚いている様子が見られる。

と、二宮は袂から巻莨を出して吸附けたので、繁は目を見張つて、「先生は莨を喫《あが》るんですか？」

「秘密《セクレット》よ。」と我流の英語で言つて、薄笑ひを為ながら頤を歪めてフーと煙を吹く。

「私、些とも知らなかつた！」と言つて和《にッ》と打笑む[15]。

ここで重要なのは、喫煙の「秘密」を共有することで、対立していたはずの二人の間に束の間の平和が訪れていることだ。前の引用部では、二宮の予期せぬ登場によって欽哉との食事を邪魔された繁は、彼女に対して悪感情を抱いていたが、「夏之巻」のこの場面では二宮は繁に縁談を持ち込んでおり、欽哉という存在があるものの、繁にとっては決して悪い話ではない。ゆえに、繁は二宮に対して抱いていた感情を抑え、ここではむしろ秘密を分かち合うことで二宮に対して歩み寄る機会を得ているのである。それがたばこによってもたらされているということは重要であろう。繁自身には喫煙の習慣はないものの、たばこの存在が二宮に対する嫌悪の情を瞬間的にでも中和する役目を担っているのであり、(16)眼鏡と併せて考えるならば、やはりこのような男性性を帯びた小物が二人の仲を取り持っていることになり、ひいては二人の同質性をも示唆しているのである。

では、「動物虐待禁止法案期成同盟会主意書」は何を意味するのであろうか。二宮が動物愛護に格別の興味を示しており、何らかの活動をしている、という場面は作中見られない。つまり、彼女がこの主意書を持っているということ自体は何の伏線ともなっていない。

明治期における動物虐待への取り組みについて確認しておきたい。動物を過度な虐待から保護しようという活動自体はイギリスから始まった。一八二二年に庶民院議員リチャード・マーティンによって家畜の虐待を禁止した最初の動物虐待禁止法、いわゆる「マーティン法」が成立し、二年後には英国国教会牧師アーサー・ブルームの呼びかけで動物虐待防止協会が立ち上げられた。(17)日本も二〇世紀初頭になってようやくこの動きに同調するようになり、動物虐待防止会が成立したのは一九〇二年、すなわち『青春』が始まる三年前のことであった。(18)

本家イギリスでは政治家主導で導入された動物保護であるが、日本の場合は民間、それも宗教者、そして教育関係者が多く集っていた。また、同年の『中央公論』五月号には「動物虐待防止会の成立」という評論が載り、(19)そこには「動物虐待防止会設立趣意書（案）」も掲載された。これは「動物虐待禁止法案期成同盟会主意書」と酷似した名称であり、風葉がこの時の『中央公論』を読んでいた可能性も考慮に入れるべきだろう。

「動物虐待防止会設立趣意書（案）」を読んでいたかもしれない風葉ではあるが、動物虐待防止会に関わる人物たちが教育界と密接につながっているということまで風葉が知っていて、あえてここで教師の二宮にその主意書を持たせた、という訳ではおそらくあるまい。彼女がこれを持参していたのは、そういった活動に興味を持っている人物ということを読者に提示するためにすぎないであろう。『青春』よりも二〇年近く遡ることになるが、

図1　「女学生と煙草」
（『団団珍聞』1895年8月3日）

政治小説が隆盛であった頃、その代表的な作品である末広鉄腸『雪中梅』（博文堂、一八八六年）では、政治集会に参加するような女性として教師という設定が選ばれており、また、現実においても、男性主体の団体である殖民協会に入会の意思を示した女性を新聞が報道しているが[20]、彼女の職業は教師であった。このように、政治色を帯びた活動に参加しうる女性という設定として教師が選ばれるのであり、実際そうだったのである。

ただし、『青春』の場合それは内実をともなっていない。『雪中梅』では、ヒロイン・お春は青年志士・国野基と同じ方向を目指せる女性であることを示すためにも、彼女が演説会に参加するという設定は必要なものであったが、二宮の場合はその設定が指し示すものが存在しないのである。

では、「主意書」が意味するところは何であるのか。ここで参照したいのが、図1である。これは『団団珍聞』一八九五年八月三日号に掲載された「女学生と煙草」なる漫画である。女学生を揶揄した図像としてしばしばとりあげられるものだが、注目したいのはこの女学生が二人とも「たばこ」を吸い、一人は「眼鏡」をかけており、さらにその眼鏡をかけている方が「新聞を読んでいる」ということである。新聞を読んでいること、これが示しているのは彼女たちが知識を指向しているということである。そして、女性が眼鏡をかけていること自体がそうであったように、この絵の制作者が揶揄、もしくは批判の意図をもって描いていることは明らかだ。つまり、この図像のなかで成立しているのは、知識を志向する女性＝眼鏡をかけ、たばこを吸うような輩＝批判されるべき存在、という、当時の社会――それも主に男性の意思を反映した――の意識の縮図なのである。

翻って『青春』の二宮に戻ると、この図式は彼女にもぴたりと当てはまる。二宮にとっての新聞にあたるもの、それが「主意書」なのである。しかし、注意したいのは、この図像自体は「女学生」を示すものであることで、『青春』ではそれをそのまま「女学生」に当てはめるのではなく、「女性教師」にその役割をスライドさせている。それによって、作品内における揶揄・批判の対象は女性教師である二宮に一元化されることとなり、女学生と女性教師との間の明確な差別化がなされている。これは不良女学生が紙巻きたばこを吸っている『魔風恋風』とは異なる。『魔風恋風』は女学生と女性教師との間に対立構造を導入したが、どちらか一方にすべての機能を委ねている訳ではなく、女性教師にも女学生にもどちらにも批判されるべき理由を見出すことが可能なのである。

『魔風恋風』と『青春』の間に横たわるこの違いはどこから生まれるのであろうか。『魔風恋風』にはなく『青春』にあるもの、それは園枝という、まさに「女学生」そのもののような存在の介入である。『青春』においては、一方の極に二宮という女性教師、もう一方に園枝という女学生があり、繁はその中間にあって物語の進行によってその均衡が崩れ、女性教師側へと傾斜していく存在と見立てることが出来る。[21] そして、そこで問題になるのは、作中何度も話題に上る「結婚」、そして繁自身の「独身主義」である。

教師とは結婚出来ないような女性がなるもの、といった固定概念が存在した、あるいは現在もあるやもしれない。「一九〇三（明治三六）年頃の調査、「女子高等師範学校の卒業生に就いて」によると、一八九八（明治三一）年度に於ける「日本中の女の配偶の有無を見るに二十歳以上四十歳までの女総数六百二十四万零八百四十七人の中配偶者ある者は四百二十万八千四百七十八人即ち六割七分は確かに結婚者である。之を……女教師の結婚数（明治二一年以降の総卒業生七九九中三七二人即ち四割六分が結婚者――筆者註）に比べて見れば女教師の方は二割一分だけ寡ない」[22] というデータは確かにあるが、女性教師がいればその半数近くは結婚しているとも考えることが出来、無論上記の固定概念は未婚の女性教師の存在のみをことさらに強調したものにすぎない。ではあるが、言説のなかではその概念は大手をふってまかり通っていた。先にあげた『嫁入り仕度に教師三昧』は、親が不憫に思うほどの不器量に生まれたがためにせめて自活の道をと娘に教師を選択させた。そして、『青春』の二宮も、繁に縁談を勧める際、三十を過ぎて独身の自分を自虐的に語り、繁の独身主義の翻意を説いている。この縁談が『青春』の分岐点となっている。というのも、この縁談はその後園枝に回ることになり、彼女はそれを受諾することによって結婚を獲得した。すなわち、「お嬢様から貴婦人へ」転身するという、当時の女学生にあってはごくごく一般的な道を歩んだのである。(23)

一方、この縁談を逸した後の繁にはいくつもの苦難がつきまとう。その最大のものは、「夏之巻」の山場である堕胎の場面であろう。堕胎罪を一身に背負った欽哉が警察に捕まる、というところで物語は最終章「秋之巻」へと移るのである。

この展開を分析するならば、欽哉との、でなくとも二宮の持ってきた縁談を受諾さえしていれば、その相手とのありえたかもしれない結婚という未来から滑り落ち、結婚できない側へ、すなわち女性教師である二宮の側へと一転した繁の物語として『青春』を解釈することも可能である。だが、そもそも繁は「独身主義」を標榜していたのであり、その可能性は最初から閉じている。結婚「できない」のではなく「しない」ゆえに、彼女は二宮の側へ、女性教師になるべくしてなったのである。

だからこそ、繁は予め二宮と同質のものを共有する存在として描かれていた。その二宮が所持していたのは男性の領域にあるべきとして認識されていたものであり、女性である二宮にとってみれば、本来は「禁断の果実」にも等しいものであるはずだ。それを身につけていたからには、たとえば城下を馬に乗って男装姿で練り歩いたという逸話を持つ佐々城豊寿のように直接的な「侵犯者」でこそないものの、二宮は確実に「男性の領域」を侵す存在、ある意味ではそれを「異性装」とも捉えることが出来ようが、そのような存在は疎外される運命にあり、二宮に与した繁も同輩なのだ。繁の転落は最初から作者・風葉によって準備されていたのである。「眼鏡」の解釈で見たように、それは物語のごく初期から用意されていたのであり、風葉の周到さが浮き彫りになるであろう。

新聞掲載時には、二宮初登場の際挿絵が描かれており、彼女の姿は可視化されている。それが図2であり、これは『読売新聞』一九〇五年四月二四日朝刊に付されたものである。そして、同時代の女性教師の可視化の事例として図3をあげることが出来る。これは『女学世界』三―二（一九〇三年二月五日）掲載の遅塚麗水「初鮭」に付された挿絵である。森崎氏はこの作品の主人公、越山鏡子を肯定的に描かれた女性の事例としてあげているが、しかし、挿絵として可視化された時、そこに現れたイメージは、肯定的に描かれているとされる「初鮭」の鏡子も、否定的に描かれているとされる『青春』の二宮も、どちらも似たようなものとして提示される。これらはまさに「女性教師らしい女性教師」の原型といえるだろう。そして、このイメージは今でもメディアによっては生命を保ち続けている。(24) 一〇〇年以上も前に男性の領域を侵犯した者に与えられたイメージは、今なおその罰を償え切れていないかのように保存され続けている。そして、女学生から女性教師へと移行してなお繋は、挿絵にお

図２　『青春』の女性教師・二宮
（『読売新聞』1905年４月24日、読売新聞社）

図３　遅塚麗水「初鮭」の越山鏡子
（『女学世界』1903年２月）

いて美しく描かれてはいるものの、そのような「女性教師らしい女性教師」の予備軍なのである。

三　「秋の巻」――繁の満洲行きへの試論――

最終章「秋之巻」で繁と欽哉はそれぞれ別の道を選択する。欽哉の出獄から物語は再開するが、それまでの数年間を繁はさまざまな職を転々としながら糊口をしのいできた。そして、そのなかには忌避していたはずの二宮と同じ教師という職もあった。ここにおいて、繁は女学生から結婚へ、という道筋から完全に逸脱し、二宮側にあることがうかがえる。

「秋之巻」では、教師という職業を見る男性側／女性側の眼差しの差異が、欽哉の視点、繁の視点からそれぞれ述べられていることが興味深い。

「駄目ですな、到底も那様自信は有りません。憖《なまじ》ひ那様事を思つて、及ばん望を何時までも抱いて居るよりも、小学教師なり、何なり、敗卒は敗卒相応な為事を見付けて、田舎で最う果てた方が平和でせう。[25]」

これは繁との恋に破れた後の欽哉の台詞だが、三年間の獄中生活を経て、かつて自作の新体詩を披露した輝かしき姿はもはやそこには見られないものの、そんな彼にとっても田舎の教師という職は「敗卒に似合いの職」として、少なくとも彼の考えのなかではまだ手に入れることができると考えているものである。そのような考え方は「君ほどの俊才が、田舎の小学教師なんかで果てやうてのは、国家の此の、人材適用の上にも不経済な話だ！[26]」という、欽哉の友で園枝の兄の香浦や、「だから那儘若し田舎の小学教師ぐらゐで老朽ちて了ふやうだつたら、それは実に惜しむべきだが[27]」という、欽哉の旧友にして繁のかつての縁談の当事者、今は園枝の夫である北小路も共有している。男たちにとって田舎教師の職がいかに魅力のないものであるかうかがえる。彼らは島崎藤村『破戒』（一九〇五年）の瀬川丑松や田山花袋『田舎教師』（一九〇九年）の主人公・林清三ら、東京を志向する田舎教師とほぼ同世代であり、田舎に引っ込むという行為は、彼らにとって耐え難いのである。
一方、女性である繁にとっての教師という職に対する眼差しは、それを下に見ていた男性たちのものとは異なる。

「今度の事で学校との関係が絶えて了つたから。何うして貴方、学校からでも尽力して貰はなかつたら、田舎の女教員にだつて、なか〳〵此節は口が無いんですつて。何にしても私、情無い境界になつて了つたわ！ね、何とか為なければ、此先最う……此儘ぢや私……全く死にでも為るより道が無いわ！」(28)

繁は「田舎の女教員」の口にすら苦労している。嫌がっていたにもかかわらず、教師という職は、女一人で何とか生活していくためには必要な手段として描かれている。教師という職業に対するこの欽哉と繁の落差は、そのまま理想主義者である欽哉と現実の困難を知る繁の、生き方に対する考え方の落差である。欽哉が獄につながれるという辛い経験までしながらも何一つ変わらない理想主義者でしかないのに比して、繁は教師として身を立てねば生きていけないこと、生活の苦労を知悉している。

二人は「秋之巻」に相応しく天長節の日を最後に別れるが、そこで繁たちの前に再び姿を見せるのが二宮である。「春之巻」での初登場が、繁と欽哉が初めて二人きりで連れ立った日であったことを想起すれば、繁と欽哉の二人の出会いと別れのどちらにも加担しているのが二宮であり、そのような存在は他にはいない。そして、皮肉なことに、あれほど自身の独身の辛さを若い繁に警告として与えていた二宮が、ここでは夫婦で連れ立っているのである。

「曩《さつき》、若いハイカラの男と一緒の乗つて居た人ね――私がお時儀を為た女の人、貴方覚えて披居つて？」(……)
「然うですか。那麼に若かつたですかね？僕は最つと深《ふ》けてたやうに記憶してるが……」
「那時最う三十二三だつたんですから、彼是四十近くでせうよ。夫《ハズバンド》が若いものだから、それで那様若作りを為るんでせう。」

「夫が出来たんですね？」

「え、、一緒に乗つてた、那のハイカラの男が然うなのよ。」

「那の若い男が?!」と呆れたが、「一体男は何者です？」

「何でも婦人雑誌の記者とかで、クリスチャンですつて。」

「クリスチャンの婦人雑誌記者に、女学校の舎監、好い配遇ですな。」

「ですから、嫌はれないやうに、那麼若作りを為てるんでせうよ。」繁は突当る人を避けて傍へ離れたが、直ぐ又寄つて、「ですが、那年になつて、那麼若い男と一緒になるなんて気が知れないぢや有りませんか。那の為めに学校の方も可けなくなるし、今では何でも女学生なんか預つて、素人下宿のやうな事を為てるつて話ですが……那れまで辛抱したんですから、独身で最う通したら可さゝうなものですに、ねえ貴方。」(29)

二宮とは対照的に、繁はこれから欽哉と別れることになる身である。ここに独身主義を体現していたかつての女性教師と、そのような女性教師に忌避を抱いていたはずなのに今や女性教師となってしまったかつての女学生の立場は逆転してしまう。しかも、二宮が堕落の象徴として繁を戒めていた下宿をみずから経営しているとあっては、繁にとって屈辱以外の何物でもない。

　しかし、この場面で読者は二宮の唐突な再登場に不自然さを感じるのではないだろうか。二人の物語の最初と最後に同じ女性教師が介在するという構成は、確かによく練られたものではある。と同時に、それまで結婚できないということと女性教師を結び付けるために注意深く配列していたにもかかわらず、二宮が結婚して再登場することでその設定は矛盾を来すこととなる。確かにかつての女性教師とかつての女学生の立場の逆転は読者に大きな印象を与えはするものの、これによって『青春』はそれまで築いてきた設定をみずから崩してしまっているのである。それが、結婚した二宮の不自然さとして読者の前に露わになっているのだ。

このように、ヒロインの繁を従来のように欽哉との関係性においてのみ捉えるのではなく、二宮との関係性をも考慮に入れてみるならば、そこに女学生と女性教師の対立構造が見出せるのであり、女学生が女性教師となってしまうというその結末を考えるならば、それはヒロインの「零落」ともいえるだろう。それを踏まえて、最後の繁の満洲行きについて考察してみたい。

最終的に物語の結末で繁は満洲に新設される女学校に赴任するという道を選択する。この終わり方に対する評価には二通りの方向性がある。戸松泉(30)や岡保生、(31)真銅正宏、(32)平石典子(33)各氏は「教師」として自立する繁を肯定的に捉える立場にあり、武藤史子氏は若い男と関係を持ったために失職する二宮や、田舎で教師をしながら家庭を養わざるをえない友人の姿こそ、ありうべき繁の未来像とはいえないだろうか、とそのような繁の自立を否定的に捉える。(34)ただし、二宮の失職に関してはその評価を下しているのは繁であり、二宮が自身の失職をどのように考えているかまでは作中書かれておらず、否定的に捉える氏の見解には疑問が残る。

これまで見てきたように、繁の描かれ方は、女性が自分で「自立」する道を獲得してきたというよりも、そうせざるをえなくなった女性としてのものである。では、なぜ風葉は繁をさらに満洲に向かわせることにしたのであろうか。筆者はすでに女性教師たちの海外派遣およびその表象化について論じているが、(35)同時代の事象として女性教師たちの海外派遣が現にあり、実際風葉が『読売新聞』紙上に『青春』を連載している間にも河原操子、そしてその後任の鳥居きみ子が内蒙古のカラチンへと派遣されている。『青春』の幕の閉じ方を考える上で注目したいのは後者の鳥居きみ子である。

約一年半にもおよぶ『青春』の連載であるが、その間新聞を開けば毎日この小説が掲載されていた、というわけではない。実際には二五〇回程度であり、連載の間に何度か体載を余儀なくされている。そして、その最長の休載が最終章に当たる「秋之巻」が始まって直後の一九〇六年二月三日から四月二三日である。しかも、同年一月一〇日に始まってから連載が途絶える二月三日までに全部で七回しか掲載されていない。すなわち、二〇日弱の間に七話しか進んでいないのだが、このくらいの連載ペースはこれまでにもあった。だが、さすがに二か月以上にもおよぶ休載はなかった。『青春』を書きあぐねた風葉は、二月一七日に房総半島の那古《なこ》へと突如思い立って旅だったのである。さすがに編集部も長期の休載に対して二度ほど読者宛に社告を入れている。一度目がすでに休載から二か月を経た四月七日、「小説青春について」、二度目はその約一〇日後、一六日の「青春につきて」である。一度目の際には編集部は徳田秋声を小栗風葉のいる房総半島に派遣した旨が述べられており、秋声からの手紙を転載している。[36]

結局連載が再開したのはさらに一週間経った二四日である。この休載期間にこそ、『青春』が繋の満洲赴任という形で終わった理由があるのではないだろうか。実はこの間に同じ『読売新聞』で連載が始まった読み物があり、それこそ先述した鳥居が同紙に請われて著した手記「蒙古行」なのである。「蒙古行」は風葉の筆が止まっているまさに二月二一日に始まり、随時掲載されながら『青春』継続中の八月二九日で終結している。現に今海外で教師をしている人物の手記から、風葉が海外に赴任する女性教師という着想を得たとは考えられないだろうか。[37]

他の可能性も考えてみよう。イギリスでは海外に派遣される女性教師がおり、[38]また、住込みの女性家庭教師であるガヴァネスが海外に行くという筋書きを持つ物語もあった。『青春』自体ツルゲーネフの『ルージン』（正確にはその邦訳である二葉亭四迷による『うき草』）から着想を得ており、また、それ以前にも早い段階からゾラを受容していたりと、海外作品から創作の手掛かりを得ることの多かった風葉ゆえ、海外に赴任する女性教師というモチーフもそこから得たという可能性はある。だが、風葉にはその知識はなかったのではないだろうか。なぜならば、風葉は『青春』中で一度だけ「ガヴァネス」という語句を使用しているものの、そこではいわゆる女性家庭教師の意味で使用されていないからである。

（……）始めは家庭教師にと云ふので、公爵や貴族院議員なんかで二三軒好い口も有つたんですが、お兄さんが、那様知らない所へ入つて気兼を為るより、寧そ家へ来て家政の取締を為てくれつて——それも弥張私の為めを思つて、深切に言つて下さるのですから、私も被仰る通りに随つて、それから引続き香浦さんの所の女執事《ガヴァネス》と云ふ格で、今日までまあ御厄介になつて居ます。(39)

The Oxford English Dictionary を引けば、確かに第一義は"A woman who governs (e.g. a kingdom, province, a community,religious institution); a female governor or ruler."である。だが、もしも文学作品によってガヴァネスという言葉の知識を得ていたのであれば、むしろ前者の「家庭教師」の方にこのルビをふるであろう。(40)このことから、彼が得ていた「ガヴァネス」の知識は辞書が指し示す枠組みのものでしかないことは明らかである。ゆえに、女性教師の海外派遣に関して風葉が同時代の海外作品から着想を得たとは考えにくい。(41)

以上はあくまで当時の紙面に現れる状況から勘案しての仮説にすぎない。それよりも重要なのは、そのように繁を描くことによって、読者がどのように繁を受容するか、という点にある。紹介した先行研究のようにこれを肯定的に捉えるものもあるが、繁はここにいたるまで結婚を待つ立場にある女学生という立ち位置から己の独身主義によって滑落し、辛苦をともなう女性教師という立場にみずからを追い込んでいる。風葉の筆が彼女をそうなるように仕向けているのであり、彼女の満洲行きもその延長線上にあると考えるべきである。

同時代の女性教師の海外派遣は、恋に敗れた結果海外へと渡ることでそのままフェードアウトしていくという形で表象化されることが多く、それが一つのパターンと化していた。ゆえに、たとえ鳥居の手記を目にしたことによって風葉が着想を得ていたのが事実だったとしても、河原や鳥居らの行動が女性自身による社会的束縛からの解放を意味していたことを読み取ることなく、あるいは故意に無視して、欽哉との関係性を断ち切るための方便として、現実の女性教師の海外派遣が担っていた意味を結果的には矮小化しているのである。そして、それが『青春』という作品の結末のために必要であったことは、これまでのこの作品における女性教師という地位のありようから考えれば理解できることなのである。

おわりに

以上分析してきたように、『青春』は女学生小説を代表する作品という「肩書」があるがためにこれまで見過ごされてきたが、その内部では「女学生」対「女性教師」という明確な対立構造を見出すことが出来るのである。ヒロイン・繁は女学生から女性教師へと立場が変わっていき、掲げている独身主義通りに結婚できない存在へとみずからを追いやっている。本稿は物語の細部から検証することで、繁と女性教師・二宮との同質性を示したが、風葉が繁と二宮との立場の逆転を描いたがために、その同質性は解消されてしまい、物語内部で矛盾が生じている。結果、繁だけが女性教師として取り残されるのであり、彼女が最終的に満洲へ赴任するという結末は、女性の「自立」を表しているというよりは、むしろ女性教師が周縁化していく様を表していると捉えることが出来るのである。

筆者は先に「女性教師への批判的な眼差し」と述べたが、風葉が本当に女性教師という立場に批判的であったかは分からない。しかしながら、彼の筆致は女学生と背馳する存在として鮮やかに女性教師を描き出している。結婚へといたることが出来る存在として女学生を設定したならば、女性教師は結婚できない存在として否定的に描かざるをえなかった。そのあたりの構成はさすがにいく度もの休載を挟みながら苦心の末に畢生の大作として『青春』を送り出しただけあって、非常によく練られたものである。と同時に、それは社会通念を多分に反映しているということでもあり、どうしても通俗にならざるをえなかった。奇しくも同年に発表された島崎藤村『破戒』や夏目漱石『吾輩は猫である』に比して、『青春』が時代の壁を越えられずに取り残されたのは、そのあたりにも理由がありそうである。風葉は社会の眼差しを自作に取り込むにあまりに長けていたがために、そのパラダイムが変化した後には見向きもされなくなってしまったのである。

どこまでが彼の意思を反映しているのか分からない作家・小栗風葉であるが、自身も創作を行っていた妻・籌《かず》子が、『青春』終了の翌年に中等教員検定試験を受験し、他ならぬ女性教師になってしまったことは何とも皮肉な巡り合わせである。しかしながら、その顚末すら風葉は「默従」（『東京日日新聞』一九一二年一月一日～四月二四日）で作品化しているのであり、[42]根っからの作家であったといえるであろう。その風葉が現在では顧みられることがないという事実もまた皮肉なものである。

（1）小栗風葉という作家に対する評価の転変に関しては、大東和重『文学の誕生 藤村から漱石へ』（講談社、二〇〇六年）の第四章「文学の〈裏切り〉――小栗風葉をめぐる・文学をめぐる物語――」に詳しい。

（2）小杉天外『魔風恋風 前編』（岩波文庫、一九五一年初版、一九九九年第一〇版、七四～七五頁）。以下引用において下線を引いている場合、すべて筆者による。

（3）同右書、八二頁。

（4）嫌悪されていることの証左の一つが、引用部で楠田を愚図田と陰でいうような、学生たちがつけたあだ名である。大正期の事例ではあるが、男性教員に比べると女性教師のニックネームはあまり多くないが、「おばあちゃん」「モダンババ」「コルク婆」「伯爵夫人」など手厳しいものが目立つ」（稲垣恭子『女学校と女学生――教養・たしなみ・モダン文化――』中央公論社、二〇〇七年、二七頁）ものであった。時代をさらに下ると、壺井栄『二十四の瞳』（一九五二年）の大石先生も子どもらから「小石先生」「泣きミソ先生」とあだ名をつけられるが、それはむしろ親しさからである。女学校と小学校という場の違い、そして時代背景の違いなども勘案せねばならないだろうが、あだ名をつけるという行為にメンタリティの差が表れていることは確かである。なお、『青春』の場合も二宮には宮の字にちなんで「シュライン」というあだ名がつけられている。これも呼び捨てにしていることから敬意からのあだ名ではないだろう。教師にあだ名をつけるという着想を、風葉は『読売新聞』に先に掲載された『魔風恋風』から得たのかもしれない。

（5）土佐亨「『魔風恋風』考――受容・材源・テクストについてのノート――」（『文芸と思想』三九、一九七五年）。

（6）小栗風葉『青春（上）』（岩波書店、一九五三年初版、一九九四年第七版、一一〇～一一一頁〈「春之巻」九〉）。

（7）明治以降の日本におけるステータス・シンボルとしての眼鏡については、白山晰也『眼鏡の社会史』（ダイヤモンド社、一九九〇年、二七三～三〇九頁）に詳しい。

（8）森崎光子「眼鏡をかける女・かけない女――二葉亭四迷『浮雲』から太宰治「女生徒」まで――」（『近代文学論叢』三、二〇〇〇年）。

（9）一例をあげると、『読売新聞』一九〇四年一二月七日朝刊の「もしほ草」では、「目下眼鏡業者ハ装飾的として婦人専用の眼鏡を作らんと考案中なるが何れにしてもハイカラが殖ゆるばかり！」と批判的に見ている。また、同月二六日にも「女学生の眼鏡」という記事が掲載され、こちらではいわゆる「伊達眼鏡」に対して「近視にもあらざるに近視鏡を使用し居るものハ到底救済す可らざる患者にして論外とせざる可らず」とある。森崎氏も『浮雲』のお勢を例にあげて指摘しているが、眼鏡をかける必要がないにも関わらず知性を示す装飾品として眼鏡を使用する女性たちに対しては手厳しい評価が下されている。

（10）『青春（上）』五六頁（「春之巻」五）。

（11）同右書、三一頁（「春之巻」三）。

（12）藤田和美「近代日本における女性の喫煙規範の成立」（舘かおる編『女性とたばこの文化誌――ジェンダー規範と表象――』（世織書房、二〇一一年、二六頁）。

（13）藤田氏も指摘しているが、「当時西洋の作法では、たばこは女性の前では遠慮しなければならない男性の嗜好品と紹介された」（前掲註(12)書、八頁）。また、日本では上流階級の女性たちが紙巻きたばこを嗜むことが容認されていたことを示し、女性のなかでも喫煙という行為における階級格差があったことを明らかにしている。なお、タイでは紙巻きたばこを吸うのが男性で、そのたばこを上手に巻けるのが良い女性であるというように、たばこにおいてジェンダー・

ロールが厳然と存在していたという指摘を平松秀樹氏よりいただいた。女性の喫煙規範は普遍性を持った問題である。

（14）裏を返せば、「紙巻きたばこは二〇世紀の喫煙の歴史を支配しており、また、この正史によると、西洋女性による紙巻きたばこの喫煙行為の採択は、彼女たちの解放や現代化を示すものとして利用され、広く解釈された」（Tinkler, P., "Sapphic Smokers and English Modernities" in *Sapphic Modernities: Sexuality, Women and National Culture*. Eds. Jane Garrity & Laura Doan, Palgrave Macmillan, 2006, p.75）ということに他ならない。同論文はイギリスのレズビアンにおける喫煙の意味を問うものであるが、喫煙をMasculinityのサインと見なす社会においては、パッシング、すなわち、先天的な性別に気づかれることなく、自分の望む性で周囲に認知されている女性たちにとっても、たばこの消費はmasculinityの痕跡を強化する手段として機能している。喫煙の習慣が己の性別の隠れ蓑となっているのであり、それはとりもなおさずいかに喫煙という行為から女性が締め出されていたかを示している。

（15）小栗風葉『青春（中）』（岩波書店、一九五三年初版、一九九四年第四版、六九頁〈「夏之巻」六〉）。

（16）一方で、たばこは繁が他人に対して嫌悪観を示す際の契機ともなっている。自身の堕胎の責を負い、獄につながれた欽哉が出所し、堕胎を受負った佐藤とともに繁は出向えるが、欽哉に対して佐藤が刻みたばこを勧める態度に、「何といふ尊大な風だらう！」と繁は傍で憎らしく思つた。」（『青春（下）』岩波書店、一九五三年初版、一九九四年第六版、一三頁〈「秋之巻」一二〉）二宮に対して抱く感情との違いは明白であろう。

（17）マーティン法がそれ以降の動物擁護運動の展開に与えた影響に関しては、伊東剛史「「マーティン法」の余波――十九世紀イギリスにおける動物福祉の法制化と世論形成――」（『金沢学院大学　文学・美術・社会学編』一〇、二〇一二年）参照。また、一九世紀イギリスにおいて動物に向けられた眼差しの変化については、Thomas, K. *Man and the natural world: changing attitudes in England, 1500-1800*, London: Pantheon, 1984（『人間と自然界――近代イギリスにおける自然観の変遷――』山内昶監訳／中島俊郎・山内彰訳、法政大学出版局、一九八九年）、Ritvo, H. *The Animal Estate: The English and Other Creatures in Victorian England*, Cambridge, Massachusetts: Harvard UP, 1987（『階級としての動物――ヴィクトリア時代の英国人と動物たち――』三好みゆき訳、国文社、二〇〇一年）に詳しい。

（18）日本における動物虐待防止会の展開については、中村隆文「動物愛護運動のはじまり」（井波律子・井上章一編『日文研叢書三六　表現における越境と混淆』国際日本文化研究センター、二〇〇五年）や伊勢田哲治「明治期動物愛護運動の動機づけはいかなるものであったか――関係者の背景分析を通して――」（『社会と倫理』二〇、南山大学社会倫理研究所、二〇〇六年）参照。

(19)『中央公論』の前身『反省会雑誌』はもともと西本願寺派の「反省会」なる組織の機関紙として出発しており、その中心メンバーの高楠順次郎や、主筆を務めた桜井義肇らも、動物虐待防止会の発起人である。

(20)『読売新聞』一八九四年四月二七日朝刊、「女教師、殖民事業に情熱　同協会に入会申し込み」。

(21) 平石典子『煩悶青年と女学生の文学誌――「西洋」を読み替えて――』（新曜社、二〇一二年）では、「『青春』という作品が、女性の新しい二分法を生み出した」（一五三頁）としているが、この場合の「二分法」とは「都会の女学生」と「田舎のいいなづけ」、換言すれば「新しい女」と「旧い女」という二分法である。本稿は、その都会に住む知識層である女性たちのなかでも、女性教師と女学生の間に一線を引いた作品として『青春』を捉えるものである。

(22) 中内敏夫・川合章編『日本の教師四／女教師の生き方』（明治図書出版、一九七四年、七三頁）。

(23) 黒岩比佐子『明治のお嬢さま』（角川学芸出版、二〇〇九年）参照。

(24) たとえば、浅井忠『当世風俗五十番歌合』（一九〇七年）のうちの「女教師と新聞記者」や『大阪パック』一九一〇年一一月一五日号の「女教師組合入り」という漫画など、女性教師を図像化したものは眼鏡をかけた分かりやすい指標として現れることが多い。女性教師の表象化に関しては、拙論「日英の雑誌に見られる女性教師表象の比較」（藤田治彦編『日本学術振興会「頭脳循環を加速する若手研究者戦略的海外派遣プログラム」アジアをめぐる比較芸術・デザイン学研究――日英間にひろがる二一世紀の地平研究報告論文集――』大阪大学大学院文学研究科、二〇一三年三月）を参照されたい。現代の漫画から事例をあげると、大和和紀『はいからさんが通る』（一九七五～一九七七年）に登場する女性教師の場合、舞台が大正時代であるため『青春』の時代空間からそれほど隔たっていないとも考えられるが、ごく最近の作品、桃森ミヨシ『ハツカレ』（二〇〇三～二〇〇六年）に登場する女性教師でも同様に、女子高生たちは一人も眼鏡をかけていないなかで女性教師のみ眼鏡をかけている。少なくとも眼鏡に関しては、現在でも女性教師としてのイメージの命脈を保っているのだ。

(25)『青春（下）』一六八頁（「秋之巻」一四）。

(26) 同右書、一六九頁（「秋之巻」一四）。

(27)同右書、一七五頁(「秋之巻」一五)。
(28)『青春(中)』一七一頁(夏之巻」一五)。
(29)『青春(下)』一五九～一六一頁(「秋之巻」一三)。
(30)戸松泉「小栗風葉「青春」の繫」(『国文学　解釈と鑑賞』一九八〇年三月臨時増刊)。
(31)岡保生「繫、そして小夜子、美禰子ら」(『文学』一九八六年八月)。
(32)真銅正宏「小栗風葉『青春』／議論の活用――明治大正流行小説の研究(六)――」(『人文学』一六一、一九九七年)。
(33)前掲註(21)平石書、一五三頁。
(34)武藤史子「小栗風葉『青春』試論――肉欲の行方を中心に――」(『国文論叢』三五、二〇〇四年三月)。
(35)拙論「日本から海を渡った女教師たちとその表象」(橋本順光編著『「卓越」セミナー第二回〈コンフリクトの人文学セミナー第八六回〉「世紀転換期の日英における移動と衝突――諜報と教育を中心に――」報告書』、大阪大学大学院文学研究科、二〇一三年三月)、「清子は蒙古王の家庭教師となる――大月隆『臥龍梅』(一九〇六年)に見る女性家庭教師表象の一側面――」(『待兼山論叢　文学篇』四七、二〇一四年一月刊行予定)を参照されたい。
(36)前年五月に風葉が実家のある豊橋に戻り、一か月休載した際、「目なし児」を二六回にわたって連載し、紙面の空きを埋めたのも秋声であった。秋声は風葉と同じく尾崎紅葉の硯友社出身である。
(37)指月「満韓巡り」(もしくは「廻り」)という、教育者が大陸の学校を視察するという手記も、同年八月五日から三一日まで掲載されている。八月一四日からは「教育団体」を角書きにして、「教育団体 満韓廻り」で名称は統一された(一六日のみ「巡り」)。
(38)堀内真由美『大英帝国の女教師――イギリス女子教育と植民地――』(白澤社、二〇〇八年)参照。
(39)『青春(下)』二九～三〇頁(「秋之巻」三)。
(40)当時日本で流布していた英和辞典はウェブスター辞書である(早川勇『ウェブスター辞書と明治の知識人』春風社、二〇〇七年)。風葉が実際にどのような英和辞典を利用していたかまでは分かりかねるが、試みに当時流布していたウェブスター辞書の一つ、イーストレーキ・棚橋一郎共訳『ウェブスター氏新刊大辞書 和訳字彙』(三省堂、一八八八年)でgovernessの項を引くと、「管轄女、女教師」とあり、「女執事」とは出てこない。この言葉自体は、同年の『学鐙』第六号から九号まで掲載された薄田斬雲の「トルストイの女執事に由て記されたトルストイ伯の日常生活」なる記事で登場する。『学鐙』は丸善のPR誌であるため、目にした者も多かったであろうし、あるいはここからこの「女執事」なる言葉を風葉は得たのかもしれない。

(41)「放浪」や「漂泊」といった、あてどもない移動に対して風葉は関心があったようであり、それをゴーリキーの受容から考察する研究もある（ブルナ・ルカーシュ「「木賃宿」という舞台、「放浪者」という存在——小栗風葉「世間師」におけるゴーリキーの影響——」日本近代文学会二〇一三年度秋季大会口頭発表、二〇一三年一〇月二六日）。

(42) 岡保生『評伝 小栗風葉』（桜楓社、一九七五年、二九八～三〇二頁）。

〔追記〕本稿は、口頭発表「小栗風葉『青春』に見られる女学生の二重の疎外——「植民地」に赴任する「女教師」の意味——」（日本比較文学会第七一回全国大会、大阪大学、二〇〇九年六月二〇日）、および「眼鏡をかけ、タバコを吸う女性たち——小物に見る「異性装」——」（大阪大学ミニ講演会「女の服、男の服：古代史から見えるもの」大阪大学バンコク教育センター、二〇一三年九月一六日）をまとめ、大幅に改稿したものである。

タイ文学にみる女性の「解放」——『ワンラヤーの愛』を中心として——

平松秀樹

はじめに

タイ文学においても、他の多くの国と同じように、女性は男性の性の欲望の対象物として描かれてきたとされる。タイ社会の伝統的価値観は女性から自由と権利を剝奪してきたとも批判され、〈女は水牛、男は人〉といった言い回しも伝えられる。ちょうど日本・韓国などにとっての儒教文化と同様に、いわばタイ女性はバラモン・ヒンドゥー文化の影響を受けた「三従の訓え」の桎梏に捉われた存在であったとされる。タイ古典文学に目を転じれば、確かに女性は抑圧された存在として提示されていることがしばしばであり、それは〈象の後ろ足〉と一般にいわれる事態と符合するものであった。文学におけるこのような女性の図は、古典より近代まで延々と続いてきたのであった(1)。

女性の立場は、絶対王政から脱却した立憲革命（一九三二年）以降になって、文学作品中においても徐々に変化していくのではあるが、内なるコロニアリズムともいうべきサクディナー（封建）体質が近代社会においてもいまだ階級差別・性差別の暗い影を強固に落としているのであった。近代以降も、文学中の女性の描かれ方は、いわゆる作者による同情の域を超えるものではなかったと評される。

本稿では、作品中で伝統的価値観や社会の精神的腐敗を批判してきたとされるセーニー・サオワポン เสนีย์ เสาวพงศ์（一九一八〜）をとりあげ、とりわけ小説『ワンラヤーの愛（クワームラック・コーン・ワンラヤー）』ความรักของวัลยา において、いかにその伝統的枠組みから女性の解放を目指したかに着目するものである。

一　セーニー・サオワポンおよび『ワンラヤーの愛』について

セーニー・サオワポンはその文学において、タイ女性をタイの伝統的価値観や社会の枠組みから解放したといわれる(2)。ある批評家は、伝統的に女性が、前足（すなわち男性）に付き随う〈象の後ろ足〉と呼ばれる、より劣った存在としてのみ遇されてきたのに比し、女性を平等視する現代の作家の代表としてセーニーを讃えている(3)。初期作品以来、女性の登場人物に高い価値をもたせて描く筆は一貫しており、セーニーの描く女性は新しい女性の象徴であり、「セーニーはマーニャ（『敗者の勝利』の主人公――引用者註）からワンラヤーにいたるまで常に各作品で女性たることを讃えてきた。加えてワンラヤーには新しい愛の見解を提示させている(4)」とされる。とりわけ『ワンラヤーの愛』は、女性の登場人物にタイ文学で初めて自立的価値をもたらした作品とも評されている。

このような観点から鑑みれば、『ワンラヤーの愛』はそれ以前のタイ文学に見られぬ独自の特徴をもつといっても過言ではあるまい。しかしながら、一体どういう点で「解放」であるのか、「新しい女性」であるのか、あるいはワンラヤーの目指す「解放」は本当に「解放」であるのかといった問題について、具体的に分析した先行研究は見当たらない。

本稿はセーニー作品の転換点となった『ワンラヤーの愛』という作品の先駆性を、「女性の解放」を主眼として再評価するとともに、タイ古典文学より続く伝統的タイ女性像を打ち破る主人公ワンラヤーの「愛」の様相、およびその新しい人物像、さらには、その問題点や限界について考察していくものとしたい。まずその前提として作者および作品の成立について簡単ではあるが触れておこう。

セーニー・サオワポンは一九九〇年度のタイ国国民芸術家賞をも受賞したタイ現代文学を代表する最も著名な作家の一人である。セーニーは、いわゆる〈人生のための芸術〉派的作品として、『ワンラヤーの愛』（一九五二年）および『妖魔』（一九五三～五四年）を残している。この二作品は、それ以前の外国を舞台とし「異郷小説」的雰囲気に満ちた最初期の作品『敗者の勝利』（一九四三年）や『東京からの便りなし』（一九四五年）から質的に大きく転換したといわれる。それらの初期作品は、内容的な思想表現において〈芸術のための芸術〉的な立場を鼓吹しているとされる。(5) たとえば、「芸術のための芸術の仕事に人生を送って欲しい」、「芸術家は芸術のために存在する。自己自身のためにあるのではない」(6) などといった言葉が作品中に見られるのである。

それ故、セーニーは当初、エキゾチックな作風をもつ、あるいはロマンチックな作品を綴る作家であると考えられていた。しかしながら、これに比して一九五〇年代の『ワンラヤーの愛』や『妖魔』では、人生に裨益するものとしての芸術・文学という立場を強く打ち出している。この展開はまた、よりリアリズム的なテーマへと進む当時のタイ文学の動きと合致するものでもあったといえるであろう。(7) 当時それまで隆盛を極めていたロマンチックなテーマにかわり社会派的なテーマが出現しつつあった。こうした変化を、ある評者はロマンチックな作品からまさにリアリズムへと発展していく段階と捉え、(8) また芸術のための芸術から人生のための芸術への転換点とする者もいる。(9)

『ワンラヤーの愛』の成立について。初出は週刊『サヤームサマイ』สยามสมัย（シャム時代）誌一九五二年二月四日～七月二八日、初版はオーディエンストア版一九五三年である。当時の時代背景としては、「第二次大戦終結後、民主主義の期待が高まったが、間もなく冷戦の開始によってその期待も薄れ、著作活動においても自己検閲

（センサー）を課さねばならない雰囲気になっていた」[10]という指摘がある。セーニー自身もそうした時代的制約を受け『ワンラヤーの愛』において表現に奇妙な箇所が生じたことを認めている。[11]共産主義勢力撲滅を是とした当局による取締りの影響は進歩的作家の著述にもおよび、多くの文筆家が表現の自己規制をするにいたった。その社会風潮の中でセーニーもまたいやが上にもみずからの文学的立場を明確にしていったのであろうか、一九五二年三月三一日の有名なタマサート大学での講演「著作と社会」では、作家の社会に対する責務や政治との係わりについて厳しく語るにいたっている。

作品のストーリーとしては、パリで音楽を学んでいるタイ人女性の留学生ワンラヤーを軸に話が展開する。ストーリーの語り手として在パリのタイ大使館に勤めるセーニー・サオワポンが登場し、また出世を狙う同大使館員パイチットを夫にもつワンラヤーの親友トゥアンターや、農村出身の船員ヨンなどが物語の進行の中核をなす。話の進行は登場人物たちの対話を中心に成り立っており、それ以外は日記書簡体の箇所でほぼ構成されている。すなわちダイアローグなどにより、それぞれの登場人物の思想的意見交換を示すことがメインとなっており、当作品には思想提示があるのみで話の筋などはない、[12]といった批評を受けている。確かに次作の『妖魔』にくらべれば、理念の提示に力が入りすぎていて、いわゆる作品の芸術的完成度は低いとする批判は首肯されるものかもしれない。一方で作者の表明する思想内容はそれ故直截的に伝達されるものでもあろう。本稿の立場はその表現される思想の解釈を主眼とするものであり、言語芸術としての観点からの作品の芸術的評価、あるいは「意余って弦響かず」の誹りは、ひとまず置いておくこととしたい。

二　ワンラヤーの「愛」——人類愛、あるいは慈悲（メッター・カルナー）——

全体の考察を始めるにあたり、作品のタイトルにもなっている「ワンラヤーの愛」の「愛」とは、一体いかなるものであるか考えてみたい。ワンラヤー自身による見解を、まず聞いてみよう。

「一人だけあるいは多くても二人だけのための幸せや欲望でしかない愛は、狭い愛だわ。私たちの愛は、他の人生、すべての人々にいたるべきよ。私たちの人生を価値あるもの有意義なものにするために。生まれてきたのを無駄にしないために。……鳥たちは他の鳥たちの苦しみを想うことなしに、歌いたいときに歌うことができるかもしれない。でも私たちはそうあるべきでないわ。」（『ワンラヤーの愛』一四五）[13]

ここからうかがえるのは、彼女が意図するのは恋愛感情などといった甘美なものではなく、個人的な幸福・欲求を超えたところにある人類愛的な「愛」である。語り手のセーニーの表現を借りれば、ワンラヤーの愛とはすなわち「平和な幸福への愛であり、芸術と人生への愛」なのである。さらには「人生は愛を生み出し、愛はそれ自身に人生を変革する果をもつ、すなわち人生を価値あるより高きものへと導く」（一九五）ものと語られている。その愛の対象にあげられるのは、特に社会の貧者や弱者であり、いわば弱き人々に慈しみ（慈悲、タイ語でメッター・カルナー）とでもいうべき気持ちが捧げられるといった特徴を具えたものである。

こうしたワンラヤーの「愛」に、作者セーニーは、他の登場人物たちの抱く理想をも呼応させている。たとえば、船員のヨンは、午下がりのリュクサンブール公園で、本文の表現に従えば、「本来ならば若き青年が女性に愛を囁きかける」はずの場面で、次のような言葉をワンラヤーに発するのである。

彼らは互いに近寄って静かに座っていた。……「ワンラヤーさん、僕は君にお願いがあるんだ。」ヨンは彼女の顔を見ることなくいった。彼は敬愛する若い女性に愛の告白をする若者のように恥じらいを感じた。

……「僕は君に不運な人、苦しんでいる人、捨てられて誰にも顧みられない人のための芸術家になってほしい。ただ他人の苦しみの上にのって安寧に暮らすこと以外には何にもする必要のないような僅かな人のための芸術家ではなく、働く人々のための芸術家になって欲しい。」（一五六〜一五七）

「二人は不幸な人、困難のうちにいる人に対する愛という同じ感情を分かち合っていた。そしてそうした人々のために自身の仕事をしたいという共通の理想を持っていた」（一五八）というナレーションのごとく、『ワンラヤーの愛』に示される愛は、若い男女間にありがちな偏狭な愛にとどまらない寛大で情け深い愛である[14]。まさにこうした愛は、〈人生のための芸術〉的立場を立脚点としたセーニーの求める理想的な愛の思想表明でもあるともいえよう。そこで語られている「愛」は、愛も、また芸術も、すべては人々の生へと捧げられるべきものであるといった、極めて超俗的な「愛」であるのだ。

（1） 新しい女性（人間）像――古典から現代（セーニー）へ――

以上のようなセーニーの目指す「愛」の所信表明を踏まえて、次に作者の描く「新しい女性（人間）像」について、「二人の女性――トゥアンターとワンラヤーの結婚（観）の対比」「トゥアンターと古典文学に見られる女性の従属」「近現代文学における視点の変化と『ワンラヤーの愛』」といった三つの角度から考えてみたい。

古典文学以来のいわば「軛《くびき》」につながれた存在からの解放を志したセーニーの新しい女性像とは一体いかなるものであったのだろうか。主要登場人物に則して具体的に考察していくこととしたい。二人の女性登場人物、トゥアンターとワンラヤーの結婚（観）の対比にまず着目すべきであろう。

①二人の女性――トゥアンターとワンラヤーの結婚（観）の対比――

▼トゥアンター：受身の古典的女性像

トゥアンターのおかれた結婚の状況を、本文から見てみよう。

トゥアンターのような女性は「クリッサナー、妹への教え」や「スントーン・プーの女性訓」のままの素性の良き女性（クンラサトリー）であり、愛も結婚も年長者の手配に任せられていた。彼女は詩の美しさが好きだった。星や月の輝きが好きだった。……しかしサヤーム（シャム）の素性良き女性の徳である、感受性を抑え付ける伝統慣習によって、その不思議な力を発揮する機会には恵まれなかった。……彼女が外国に来たのは夫であるパイチットの能力のおかげだと信じ、それによりいっそう夫を愛し夫につくそうと思うのであった。〈夫は吉祥、婦女に偉大な威光を示す。〉（二五～二六）

実際にトゥアンターはよい人であり、よき妻であった。……彼女は夫や家庭の幸せや平穏な生活以上にさして人生に望むものはない女性であった。権利や社会や政治については考えたこともなかった。彼女は古の女たちが求めてきたであろうもの以外に何も多くを必要としなかった。しかしそうした古典的な旧い生活さえパイチットによって与えられることはなかった。（一〇〇）

「パイチットの妻」トゥアンターの置かれている状況は、まさに古典文学中の女性と軌を一にするものであるといえよう。古典文学中では、女性は上品で良き妻、男に仕える役割のみ与えられ、「クリッサナー、妹への教え」や「スントーン・プーの女性訓」によって目指される女性は、究極のところ世間を彩る花でしかなかったのである。[15] そのような状況は、本文中では次のような言葉で批判されている。

彼女は、妻そして主婦としての役割に何か欠けたところはないか常に自分を反省してきたのだった。それはある種「タート（奴隷）」というのとほとんど同義語であった。（一〇一）

こうしたトゥアンターの像はまさに、「タイ文化の規範にそった素性の良いタイ女性（クンラサトリー）の代表[16]」である、といえよう。そしてこのようなトゥアンターと対照的な存在として、親友ワンラヤーが配置されているのである。

▼ワンラヤー：新しい「愛」、そして新しい時代の新しい生き方

次に、ワンラヤーの結婚観をみてみよう。以下は、パリでワンラヤーが許婚に近い存在の男性（レイワット）

から求婚されたときの会話である。

「あなたには解らないわ、レイ。女性が愛に何を求めているのか。」彼は肩をすくめた。「船は大海原を必要とし、鶏はとまり木を必要とし、女性は安寧で静かな人生を必要とする。」

ワンラヤーは首を振った。口許に嘲笑の笑みが浮かんだ。「おそらくある人にとってはね。レイのいうとおり、幸福のための愛、幸福のための結婚。でもレイの「幸福」の意味とわたしのとでは異なっている。あなたのような血統よく富裕な人と人生をともにするのは、退屈なほど平穏で波風のない日々の人生を意味する。その道の果てに待っている自分の火葬のかすや葬式の配本がはっきり眼に浮かぶほど平穏な人生。その種の幸福はわたしには必要ない。……」

「夢だ。」彼は嘲笑った。（一七）

ワンラヤーの目指す愛とはすでに述べたように個人的な男女の愛ではない。彼女の愛は新しい時代の新しい生を切り拓くような愛なのである。彼女はさら語る。

「ごめんなさいレイ。わたしは、自分自身のためや、地位名声のため、他人の尊敬を勝ち取るためにではなく、真に働く人を愛し結婚するでしょう。自分の生まれた世界や仕事のために働く人を。未来の新しい時代を創きつつある大きな機械の一部となる男性を。その歯車の轂《こしき》や歯に徒に宿り日々を個人の幸せを求めて過ごし、なにも背後に跡を残すことなく自身の業が果てて死んでいく人ではなく。」

「君は、狂ったラディカルだ。」ほとんど叫び声で彼はいった。（一八）

ここに見られるように、ワンラヤーの住む世界はレイワットのそれとは違う。評論家の賛辞に従えば、彼女は「夫や姑の心を摑んだり財産を握ることに執心するような女の世界でなく、社会全体のために自己を犠牲にする考えを持つ女性の世界に住まう」[17]のである。すなわち、まさに「単なる象の後ろ足でもなく、従う者でもなく、窓際の花でもない、社会を築く女性、そうしたものとしてセーニーはワンラヤーを創造した」[18]のである。ここで描かれている、社会の桎梏に捉われたトゥアンターとその「軛」から自由な存在のワンラヤーの対比は鮮やかであろう。ところで、トゥアンターの置かれた状況をより理解するために、少々迂回するが、古典文学に見られる女性の従属の問題について考えてみたい。

②トゥアンターと古典文学に見られる女性の従属

トゥアンターはすでに述べたようにタイ文化の規範にそった素性の良いタイ女性の代表である。彼女は「外国に来たのは夫であるパイチットの能力のおかげだと信じ、それによりいっそう夫を愛し夫につくそうと思う」ほどに善良な人間であり、〈夫は吉祥、婦女に偉大な威光を示す〉と信じきっているほど貞淑な妻である。「夫は吉祥、婦女に偉大な威光を示す」とは、先の引用中にも出てきた「スントーン・プーの女性訓」中の表現であるが、こうした訓えは、作品中でワンラヤーと語り手たるセーニーとの会話においても弾劾の対象となっており、悪しき旧社会の代名詞として使われている。

「この旧き慣習をどう思うの。」

「そんなものは捨ててしまうか、「スントーン・プーの女性訓」とともに博物館に入れるべきだと思うね。」

（一四二）

反体制詩人・思想家のチット・プーミサック（筆名ティーパコーンほか）によれば、タイの伝統社会においては、女性は男のバラミー（威光、後光）を増す飾りの花でしかなく、女の数はバラミーのインデックス、男の甲斐性は女の数であった。[19]この批判を踏まえた上で再び繰り返すならば、古典文学あるいは伝統社会においては、要するに、〈女は水牛、男は人〉[20]であったのだ。当地では水牛とは人によって酷使されるが、必要不可欠な道具存在、かつ貴重な財産でもあった。こうした女性の置かれていた状況を補足するため、以下ではその源泉となっている歴史的・社会的要因を「古典文学に見られる女性の従属」という観点からさらに考察していくこととしたい。

▼古典文学に見られる女性の従属

タイにおける伝統社会とは一般的にはラタナコーシン（バンコク）朝初期、すなわちラーマ三世治世期（在位一八二四〜五一）までを指すのであるが、そこでの基調観念は上・中・下層ともに、女性に子さえ産めばよい「母」としての、いわゆるリプロダクションとしてのみの役割を期待するものであった。(21) そうした社会基盤に現れた「クリッサナー、妹への教え」や「スントーン・プーの女性訓」は男の作者・詩人によるアドヴァイスであり、「クリッサナー、妹への教え」は、特に上流階層の娘へ夫に良く従う女性としての心構えを説き、「スントーン・プーの女性訓」は、中流階層の娘へよき夫に恵まれるための心構えを説いたのであった(22)と歴史学者のニティは指摘している。

そうした作品には先の〈夫は吉祥、婦女に偉大な威光を示す〉や〈女の真価はケーオ（宝石、クリスタル）のような処女性〉などと説いた科白が随所に見受けられるのであるが、男性中心の一夫多妻制の価値観が、近世のサクディナー文化（前者）や近代のブルジョワ文化（後者）へと流れ込んだものといった指摘も加えられている。いずれにせよ両者の教えともに、女は男の補完物として規定されていた。さらに言葉の上でもタイ語の sami（夫）はサンスクリット語の svami（主人）から来ている。一方、タイにおけるビクスニー（比丘尼）サンガ復興の指導者で仏教学者としても有名なチャッスマンは、女性はバラモン教の影響により鎖につながれた犬であったと女性の置かれていた社会状況を厳しく断罪している。(23)

そうした観念の源泉にはマヌ・タンマサート（マーナヴァ・ダルマシャーストラ）の影響が大きいとされる。古代インドのマーナヴァ・ダルマシャーストラ（マヌ・タンマサート）がタイにおいてはプラ・タンマサートと形を変え、内容的な変化はあるものの継承された。さらにアユタヤ朝以来の法典がラーマ一世時に編纂され三印法典（一八〇五年）となった。その中の夫婦法では、夫唱婦随が説かれ、夫は妻・娘・女奴隷を本人の了解なしに売買可能でもあった。もちろん、法的条項の内容自体は必ずしも一致するものではないことには細心の注意が必要であるが、(24)文化的基底には『マヌの法典』五・一四八、九・二〜三にみられる「三従の教え」の影響が強くみられるのは否定できるものではなかろう。女性はいわゆる"free agent"ではなかったのである。(25)

最も有名なタイ古典文学の口承物語『クンチャーン・クンペーン』（バンコク朝初期に文筆作品として成立）においても「女は針仕事、男は紙と筆」といった言葉がうかがえ、B・フリーダンが指摘したヴィクトリア朝における女性の娘・妻・母としての役割への囲い込みと同様の情況を、バンコク朝初期に想定するものもある。(26)『クンチャーン・クンペーン』の編者・執筆者の一人でもある詩人スントーン・プー（一七八六〜一八五五）は、すでに述べたように女性は「ケーオ」としての処女性が大事と説き、さらに、女の美徳は、感情・愛を出さず、愛されるようにすることと唱えたのであった。加えて、古典文学の『ラーマキエン』『イナオ』『サントーン』などの女性は、自己を滅し貞操を貫く《女の鑑》であり、一方『クンチャーン・クンペーン』『カーキー』の女性はみずからの意思というよりは男性に翻弄されたゆえの悲劇的結果であるにもかかわらず、「二夫に見えた」という理由で、一般読者からも蔑視の対象となったのである。

また、調査例として、「スントーン・プーの女性訓」が一九五〇〜八〇年代においても新聞雑誌のコラムの女性相談に影響している、(27)あるいは、現代の女性（一九八四年時点で）にもいまだその「女性訓」の意識が大である、(28)との分析がなされているのは興味深い。

古典文学に規定されるこのような男女（夫婦）関係は、曲折なしにトゥアンターとその夫パイチットとの関係につながっているのであり、それは作品中の次のような言葉に集約され得るであろうか。

「夫は常に一点の曇りなくお互いよく理解しあっていると誇りをもって表明する。しかしこれは家財道具や愛玩動物の取り扱い方を知っているにしか過ぎない」（一二六）

③現代文学における視点の変化と『ワンラヤーの愛』

さて、上記のような古典文学中の女性やそれに連なるトゥアンターの姿に対比させるべく、以下では逆に近現代文学における女性への視点の変化およびそこから出生するワンラヤーの姿に焦点を当てて考察していこう。次なる会話は、すでに触れた、物語の語り手であるセーニー・サオワポンとワンラヤーの会話の箇所である。

「僕は知りたい。女性が、特にタイ女性がオープンに詳らかに人生について語るのは本当にまれなことだから。我々の慣習がしてきた制約を考えれば。女性は、愛について、そして人生について、たとえ自分自身のことであっても語ることは恥ずかしいとされてきたのだから。まるで女性が人生に何の係わりも持ってこなかったかのように。」

「この旧き慣習をどう思うの。」

「そんなものは捨ててしまうか、「スントーン・プーの女性訓」とともに博物館に入れるべきだと思うね。」

「私もその女性訓をよんだわ。母に読むように与えられて。それはタイトルを「女性の状況」に変えるべきね。それは古きサクディナー社会における女性の状況を我々にはっきりと見せてくれる意味では完璧ね。その意味では価値あるわ。だけど訓えとしては無用よ。人生の動きを封じその発展を妨げるものだから。」

僕は頷いた。（一四二～一四三）

サクディナー社会とはここではタイの封建制社会を指すのであるが、こうした社会においてワンラヤーの出現する基盤はどこにあるのだろうか。以下では、彼女がよって出る背景となった、近現代文学における女性への視点の変化について検討してみたい。いかにしてワンラヤーのような女性の出現が可能となるのであろうか。

▼近現代文学における視点の変化

ラーマ七世期（在位一九二五〜三五）以前においては、文学作品に女性への視点というものはなく、一九三二年の立憲革命前夜くらいより男性のそれとともに女性の権利・平等にも視点がおよぶようになったと指摘する者がある。[29] その背景には、実質的な開港・開国であるバウリング条約（一八五五年）によりヴィクトリア朝文化が流入し、ミッショナリーなどにより当時のタイ社会に対して、一夫多妻制・妻の売買・服装などへの批判が激しく行われたことなどがあげられるであろう。[30] そうした中日本の福沢諭吉に比されることもあるティエンワン（一八四二〜一九一五）という思想家が、女性の隷属状態をはじめて公に批判し一夫多妻制に反対した。しかしそれは新時代にそった有能な妻・母の創出を狙ったものではあるが、女性の立場の改善といった点よりも、有能な男性が多くの女に時間を浪費し健康と財産を損ねることを憂慮するといったような、一夫多妻が男性に与える「悪い影響」を懸念したものであったのだ。[31]

一九〇〇年代に入ると、『ナーリン』『クンラサトリー』『サトリーサン』などの女性雑誌を中心に、その担い手である上・中流の教育を受けた二〇世紀初頭の女性の観念が映し出された。それらは主に妻・母のリプロダクションの役割に関心をもったものであったが、その中の一部から、売春婦、女性の労働といったテーマへの関心をもつグループも現れた。一九二〇年代になると女性雑誌『サトリータイ』が売春婦の問題を扱い、その他の女性雑誌でも平等・教育・一夫多妻の問題が論じられるようになった。またこの頃の多くの文学作品（主に短編小説）のテーマは、見合い結婚の否定かつ自由（恋愛）結婚への希求であった。

一九二九年には雑誌『スパープ・ブルット（紳士）』が個人の自由で相手を選ぶべきと説き、さらにはこの年以降、タイ近現代文学の成立の旗手と呼ばれる三人の作家が活躍した。すなわちアーカートダムクーン（一九〇五〜三二）が『人生の劇』（一九二九年）において一夫多妻制への反対を表現し、女性作家ドークマイソット（一九〇六～六三)は『彼女の敵』(一九二九年)などで、西洋文化の影響により新しい教育を受けた女性を描き、新旧の女の対比を示した。また彼女は作中で、クルム・トゥン・チョン(袋詰め合わせ)と呼ばれる親同士による取り決めの結婚への強い反発を示した。さらにシーブーラパー(一九〇六～七四)は『絵の裏』(一九三七年)などで、〝クンラサトリー〟から別の女性への途の可能性を模索した。『絵の裏』では、まさにトゥアンターのような古来の躾を受けた上流階級の女性主人公が因習の圧力により愛を表現する術を知らず不幸な死を迎える場面を描き、別の作品では結婚に失望し別の道を選ぶ女性の姿を描いた。

三者の作品ともに、みずからの選択により道を進む女は、悲劇に終わるのであったが、当時の社会通念としては、為す側(自分で選ぶ)は悲劇、逆に為される側(親・年長者に従う)は幸せであり、また、愛を自分から告白する女は批判されるのであった。やはりこのタイ近現代文学の嚆矢を担った三作家の作中でも、規範に逸れた(逸れようとした)女性たちは最後には「罰せられる」といった、日本の多くの文芸作品などと同様の結末になっていることは留意すべきであろう。(32)

それ以外にも、マーライ・チューピニット(一九〇六～六三)を原作者とし、立憲革命を経験した後の一九三三年頃を時代背景として「永遠の愛」の存在の可否を描いた映画『チュアファー・ディンサラーイ(天地果てるまで)』(二〇一〇年、原作は一九四三年)においても、イプセンの『人形の家』の影響を受け自由な生き方を求めた女主人公が破滅する姿が描かれている。

さらに一九三七年には女性作家のコー・スラーンカナーン(一九一一～九九)が『イン・コン・チュア(賤しい女、売春婦)』を上梓し、当時蔑まれ社会的底辺に位置した売春婦へ、ヒューマニティの意識からの同情を提示した。これは以前にはなかった女性への視点であり、社会的な話題作となった。(33)社会的には、一九三二年の立憲革命により名目上は男女平等となったが、一夫多妻制はそのまま放置され、三五年の家族法により初めて法的に一夫一婦制となったのである。しかし法的に変化しても現状は一夫一婦多妾のようになっただけで、大きな進展はなかった。また三八年には時のピブン首相によるラッタ・ニヨム（国家信条）政策により「女性は国家の花、美しくして夫を支えるべし」などといったスローガンも唱えられたのであった。

そのような状況の中、セーニーは、ワンラヤーを「愉快に軽やかに飛び廻っているキレイな小鳥ではなく……新しいタイプの女性」（一九四）として創出したのであった。さらに言葉を借りれば、ワンラヤーは、「新世代の学生であり知識人」なのであり、「戦後の生活の物質条件とありようが新しい精神風土を産み出した」状況下から誕生したのである。

タイ・サクディナー制は、近代化とともに制度としては廃止されるのであるが、内実としては近代化以降も非常に大きな動かしがたい存在として、タイ社会に暗い影を落としていた。『ワンラヤーの愛』や『妖魔』の書かれた二〇世紀半ばになっても、その影響は色濃かったのであり、ワンラヤーの提唱する思想[34]を消化できる素地が当時のタイ社会にあったか否かは甚だ疑問ではある。しかしながら、こうしたタイ社会の中で、曙光が山の頂をまず照らすがごとく、一九五〇年代にすでに男性作家セーニーにより、女性を"agent"として捉え直す先駆がなされたと評するとすれば、「絵空事」との謗りを受けるであろうか。

「わたしたちは二十世紀の後半にいるというのに、いまだに中世のような考えで女性を、より劣った何かと見なしたり、自分の妻を一人であれ複数であれ、何も自由に考えたり行動したりする権利のない一つの財産だと考えている男がいっぱいいる。……でも今日は偉大な出発の重要な時だわ。」（一九）

と、物語の初めに、作者セーニーはワンラヤーに所信を語らせている。前足に付き随うのみの象の後ろ足といった視点から、描かれる女性の立場は、立憲革命前後より文学作品中においても変化していくのではあるが、近現代文学における諸作家の中でもとりわけセーニーの描く女性が担う役割は大きいのである。[35]

三　従属から「解放」へ――「なす」立場の新しい女（人間）たち――

（1）トゥアンターの覚醒

以上検討してきたような社会および文学的背景の中から、セーニーのワンラヤーは生まれてくるのであるが、ワンラヤーの新しさはいうまでもなく、みずから確固たる主体となり、他の女性や人々（トゥアンターなど）を従属から「解放」へ導く点にあり、また確固たる立場・思想を表明するところにある。そうした姿は、次のような場面の展開によく表れているであろう。トゥアンターは結局、母国にいる実父の失脚後夫パイチットに捨てられる。父の政治的威光を利用するためだけに、彼は結婚したのだということに気づかされる。さらにはあるクリニックの一室で堕胎するという結果となるのである。堕胎後の病室で彼女はワンラヤーより与えられた一冊の本を手に取る。

女性は人類の半分を占める、それ故女性は社会のかけがえのない力である。その本のある箇所はそう述べていた。……その本は、人類社会全体の進歩発展の力となる女性の労働の価値にいたるまで、社会における女性の状況を語り分析していた。トゥアンターはそれらの意味がよくわからなかった。彼女が受けてきた〈古き良き人〉式の躾や教育は、真実の光が差し込まないよう彼女の思考の門戸をぴったりとかたく閉ざしていたからだった。しかし彼女のそうした信念はいまや揺らぎ始めた。……

「弱さは事態を改善するのに何の解決の役にもならないわ。」……ワンラヤーは今日の苦境を思い遣ってトゥアンターの青白く憂いに満ちた顔をみつめた。トゥアンターと同じ運命に出遭わなければならない多くの女性がいる。いや彼女より何百倍何千倍も酷い目に。（二一七～二一八）

堕胎の術後のベッドに横たわるトゥアンターの傍らには、彼女を鼓舞し続けるワンラヤーの姿が常にあるのであったが、彼女はトゥアンターに、以下のようにも語る。
「女性が男性と同等の権利のないところではどこでも女性の搾取（サウェーン・プラヨート）は存在している。」……「結婚は、女性が夫たる男性の個人的財産になることを意味するべきでないわ。」……勉学し仕事を持つことは、女性が愛や結婚をしてはいけないことを意味するのではないわ、その愛は誰か独りのために独占してあるべきではないの。私たちは社会の一員として生まれて来たのだから、社会のためにまた愛し働かなくてはならないのよ。」トゥアンターは横になったまま黙って聴いていた。「もし一方の側がもう一方の側より経済的に優位に立ち、その手に相手の全命運を握っているとするなら、女性と男性の平等な愛は不可能だと私は思うわ。」（一二一〜一二二）
こうしたワンラヤーの言葉に導かれるように、やがてトゥアンターは覚醒していく。
彼女が高値で買ったこの人生の教訓は、無駄ではなかった。それは彼女に人生の真実や矛盾をよく理解させた。愛とは何か？　競争を人生の法則とし、お金や地位や位階を名誉とした……社会システムにおいて夫婦とは何であるか？（一二三）
女性と男性の世界はそれぞれ別の世界に別れていて、そこに橋を架けようと努めるものは誰もいなかった。誰も勇気を出して真実を見ようとせず、そもそも結婚の初日から横たわっている障碍物を壊そうとはしない。（一二四）
トゥアンターは、自身と夫パイチットとの関係は所詮、先にあげた「夫は常に一点の曇りなくお互いよく理解しあっていると誇りをもって表明する。しかしこれは家財道具や愛玩動物の取り扱い方を知っているにしか過ぎない」とでも表現され得る程度のものでしかなかったのだということに、ようやく思いいたるのである。彼女はやがて、独り先にバンコクへと戻り、教師として働き、そこでの不正と闘いながら未来を拓いていくことに身を捧げようとする。それまで他人の手の中にあった運命を自己の手中に取り戻そうとするのだ。それはまさに受身一辺倒であった人生に、みずからの責任のもとみずから働きかけようとするかのごとくである。このトゥアンターの転換は、この作品の最大のテーマの一つと読み取ることができるであろう。「なされる」存在から、ワンラヤーと同様の「なす」存在へと移行するのである。さらには、この移行は、女性ではないが新しい人間としての労働者ヨンの人生に生起することをも、見逃してはならない。

(2) ヨン:労働による人生の新しい意味を発見

フランスのある町で人生が暮れかけていたヨンは、ペドロという名の労働者に救われ、かれら労働者の姿から人生の意味を新たに見いだす。

ペドロのことを考えるといつもヨンは自身のことを思った。たとえ自分とペドロのような人間を比べることはできないとしても、いつも自分自身を思い起こさせる何かがあるのだった。社会状況によって微かに動くこともできないくらいにきつく細かい糸がその人生に編み込まれている時代に同じく生を受けた人々の人生には、いつもなにか共通するものがある。……彼は自分のことを想った……彼の人生は多くの貧しい少年たちのように、十分な機会を与えないよう人を押し潰す稠密で分厚い網を、押し開けることができないでいる。運命に委ねられた(ヤターカム)ままの人生。(八一~八二)

ヨンはペドロとの出逢いを契機にそれまで諦めていた運命という暗い網を、みずから打ち破る方向へと一歩を踏み出すのである。彼自身はのちバンコクの労働者となり、恰もトゥアンターと同じように社会の不正と闘いながら未来を拓いていくことに身を捧げようとする。それは第二節のはじめで見た、午下りのリュクサンブール公園でワンラヤーと誓い合った「愛」の言葉を証明するがごとくに。ヨンもまた運命を諦念により甘受する立場から、未来を見つめみずから行動に働きかける存在へと移行するのである。

四　パリの意味——パリの存在、バンコクの未来への収斂——

最後に、次作『妖魔』とのつながりを捉える上でも重要であると思われるので、舞台となっているパリのもつ意味について、若干の考察を加えたい。

私はパリを愛する。パリは生命に満ちた街であり、人類の歴史の重大な出来事を多く経験している街だからだ。この街は血、涙、残酷、闘争、犠牲、裏切り、革命を見つめてきた。……私はバルザック、ヴォルテール、ユゴー、そしてロランのパリ、……ドラクロワのパリを愛する。（九〜一〇）

と作品の冒頭近くで、語り手のセーニーは述べている。作者セーニー・サオワポンにとって、パリは輝かしき歴史の過去を持つ街であり、偉大な作家たちの街である。さらにはフランス革命やパリ・コミューンで活躍したフランス女性たちの存在は、自身の属するバンコクの未来の変革に勇気を与える重要な要素となっている。作者セーニーは、パリのある古本屋の女主人に次のように語らせている。

「もしフランスの国民が女性のみであったなら、どんなに恐ろしい国であるだろうか。その意味解るかね」……「これは私の言葉ではなくパリ・コミューンの発生を伝えるロンドンのタイムズ紙の言葉だよ。パリ女の革命的精神を生む勇敢さを伝えているのさ。新聞を震撼させているんだよ。」……「パリ・コミューンのまえにもフランス女は一七八九年に祖国の自由と尊厳のための闘いに大きな力を示しとる。」……「しかし一九四〇年もナチスに占領されて一八七〇年と同じようにフランスは再び困難に打ち当たったが、フランスの女たちは自分らがパリ・コミューンの娘であることを真に証明しおったのさ。」（四四〜四六）

パリは、かつて実際に、一九三二年の立憲革命の立役者となるタイ人留学生たちが集った街でもあった。「今から三〇年ほど前の第一次大戦後、若きタイの留学生たちがカルティエ・ラタンのLa Sourceやデュポンカフェに集い、瑣末なことから祖国の政治の大問題にいたるまでを議論した」（一〇）街であるのだ。[36] セーニーはそうした歴史背景のあるパリという舞台にワンラヤーを立たせ、彼女に未来への希望と可能性を託しているのである。しかしワンラヤーはパリの留学生であり、パリという舞台でしかいまだ存在し得ない点は重要であろう。フランス女性の輝かしい過去の活躍という威光を受けながら、そのバラミー（威光、後光）の援護射撃の中でしか思想を表明することができないのである。

しかしながらすべてはバンコクへと収斂されていかなければならない。作品の後半部でもまた、語り手セーニーは次のように述懐する。

> パリは大きなこころをもった大きな街である。私はバンコクのことを思った。……バルザック、ユゴー、バルビュス、そしてアラゴンはパリを知っていた。ディケンズ、サッカレーはロンドンを知っていた。しかしバンコクはそのこころに入り来り十全に表現する作家をいまだ待っている……。
>
> ああ、我らのクルンテープ（バンコク）よ！（一五〇）

かつてのフランス女性の活躍から放射される未来への希望が、ワンラヤーを媒介として、翻ってはバンコクの未来に対する希望へと収斂していかなければならない。少なくとも作者はワンラヤーにそうした責務を付しているのである。その使命はバンコクを舞台とした次作『妖魔』の主人公ラッチャニーへと受け継がれていく。すなわち、舞台はついにバンコクへと移行するのである。繰り返しになるが、重要な点は、『ワンラヤーの愛』では、主人公の活躍する舞台にフランスのパリという異国の地を借り、そして異国の思想を多分に体現する「留学生ワンラヤー」に仮託してしか、自身の思想を表現できなかったという点であろう。セーニーは次作『妖魔』においてはじめて「タイ女性」ラッチャニーを創造し、その自立していく姿を描くことができるにいたるのである。

『ワンラヤーの愛』の作中、有名なドラクロアの *La Liberté Guidant Le Peuple*（民衆を導く自由の女神）がある種の羨望とともに出てくるが、作者セーニーにとってのワンラヤーは、譬えるならば、さしずめ、「人々をタイ的な〝慈悲〟（メッター・カルナー）で導く la Liberté（自由の女神）」とでもいった「半タイ半西洋」的存在であろうか。

おわりに

『ワンラヤーの愛』はセーニーの文学において、〈芸術のための芸術〉的内容から〈人生のための芸術〉的内容へと発展していく転機にある重要な作品である。作品中での〈人生のための芸術〉的視点に立脚した「愛」や「女性の解放」といったテーマの表現方法は、言語芸術の観点からみればやはり直截的に過ぎ、稚拙さの批判を免れないであろう。しかしその提示される思想内容は当時の社会状況を顧みれば、いまの我々が考える以上に斬新であったという評も十分成り立つであろう。貧富の差や階級差別・女性差別等の桎梏に囚われた旧社会から脱却し、新しい社会を拓いていく未来への希望を、作者セーニーは登場人物および彼女／彼らがこれから創造していくであろう「芸術」そのものに託した。それにより社会変革という「鉄の扉」を開こうとしたのである。語り手のセーニーは物語の最終場面をこう結んでいる。

……今にいたるまで高い理想をともなった愛なのである。いまでも、わたしは、彼女が一人の男性に対して持つような愛、個人的な愛、については語ることが出来ない。……ワンラヤーはかつて、今日は新しい理想の創造と発展が古より堅く閉ざされてきた鉄の扉を壊し人類全体のために開き放つ偉大な出発の時だと語った。……もし読者の皆さんが最初からこの話をある女性による男と女のストーリーだと期待されたならきっとがっかりされたことだろう。（一九五一〜一九五六）

このような見解を援護するように、当時の大御所作家で先述のマーライ・チューピニットもまた、「本作品は読者の脳裡に単に「愛」の話ではなく、次世代の世界の発展に寄与する新世代の人生の話として末永く残るであろう[37]」といった最大の賛辞を送っている。

ここで、再びまとめるならば、『ワンラヤーの愛』は、トゥアンターの夫パイチットに代表されるサクディナー社会の性差別との対決に特に力点が置かれており、「なされる」存在から「なす」存在への移行が強調されているといえよう。とりわけ「なされる」女から「なす」女へといった変化に重きを置いた作者の女性への視点は看過してはならないといえる[38]。さらにはこうした観点は次作『妖魔』においてさらに展開し、主人公の父たちに代表されるサクディナーの社会構成全体との全面対決を、セーニーは提示するのである。

ところで、さらなる問題点として、次のようなことが考えられよう。論者（平松）による本論のもう一つのテーマは女性の「解放」でもあったが、セーニー・サオワポン『ワンラヤーの愛』に見られる女性の解放は、はたして本当の「解放」であるのだろうか。すなわち、この「解放」は男性知識人からの女性への支持としてのものであり、男性作家から見たあるべき理想像としての女性の「解放」に重点が置かれているとも考えられる。そこには時代の限界、あるいは男性作家の描く作品の限界といったものの指摘も、現代のフェミニズム理論を識る我々の眼からは可能であろう。

すなわち、理想像としてのワンラヤーは、その内容がまったく裏返ってはいるが男性からの一方的な理想像の押し付けという点においては、とりもなおさず保守的な「スントーン・プーの女性訓」の理想像と同一の軌条にあるのではないか、つまり現代版の革新的「女性訓」として男性作家から「与えられた」女性へのこうした理想的女性像が、ある者にとっては「抑圧」因子とも捉えられてしまうのではないかということである。さらに一方でトゥアンターのような姿の強調は、解釈者や読者の観点と相乗して「抑圧された女性」図の再生産につながり、いわゆる「抑圧」史観を助長する危険を孕むとする批判者もいるかもしれない。

『ワンラヤーの愛』は、こうした幾多の批判を乗り越えることができるであろうか。歴史から答えの手懸りを紡ぎ出せば、本作は実際、一九七三年一〇月一四日の事件、いわゆる「学生革命」を担うのちの世代に性別を問わず多大な影響を与えた。さらにはワンラヤーや『妖魔』の主人公女性ラッチャニーは、「学生革命」で活躍する実在の女子学生たちの先駆となったともいえるのである。現実のみならず小説においても、たとえば日貨排斥運動に始まる「学生革命」当時を描いたトムヤンティー（一九三七〜）の『クーカム2』（一九九一年）では女子学生が社会変革のリーダーとして活躍する姿が描かれている（ただし保守作家トムヤンティは登場人物を、女性の規範から逸脱する者は最終的には罰せられるというすでに指摘したシェーマ〈図式〉の範疇にとどめているのではあるが）。

このように一時期、学生や進歩派読者によって「バイブル」のごとく扱われた本作ではあったが、現在ではほとんど一般には読まれることはなくなってしまった。「革命」より四〇年たった今では、男性女性を問わず、かつての学生運動の闘士たちも今では大学教員などになって（一部は停年退職を迎えて）、過去の「栄光」を懐かしむのみですっかり落ち着いてしまった感があるが、「思想の時代」はすでに終焉したのであろうか。

『ワンラヤーの愛』とほぼ同時期に書かれたククリット・プラモートの小説『シー・ペンディン』（一九五二〜五三年）が昨近でもミュージカル化されて成功を収めるなど、継続して幅広い読者層に高い人気を博しているのとは対照的である。〝クンラサトリー〟（素性の良いタイ女性、良家の婦人）の代表ともいえる『シー・ペンディン』主人公のプローイという名は、（小説からの借用で）現在でも多くの若い女性に好んで付けられている。夫に尽くすのが妻の役割かつ悦びといった、トゥアンターの受けてきた教育を彷彿とさせる保守的な「プローイ」像は、理想の女性として今でも君臨し続けているのである。[39] 対して la Liberté としての「ワンラヤー」像はその役割をすでにおえたのであろうか。

最後にもう一度作品の内容に話を戻せば、トゥアンターの行く末が筆者には気になるところである。『人形の家』のノラの自立に対して、「ノラは家出してからどうなったか」（一九二三年）と語った魯迅の顰《ひそみ》に倣っていえば、トゥアンターは、離婚してその後どうなったのであろうか。当時のタイの社会状況は、それを許容できたのであろうか。読者の多くもまた、同じ疑問を感じているのかもしれない。

（1）逆に、かつてタイ（シャム）を訪れた西洋人たちが主に（水上）マーケットなどで活躍するタイ人女性をみて驚き、その自立を過剰に述べている文献が少なからず存在するが、そうした視点の根底には、中国の纏足やインドのヴァルナ（カースト制）の下での女性の状況と相対させようとする西洋からみた一方的な意図が感じられる。また最近では古典文学中の女性を、主体的な女性としての観点から読み直そうと試みるタイ人の研究者も出てきている。

（2）Mattani Mojdara Runtin. *Modern Thai Literature*, Bangkok, Thammasat University Press, 1988, p.115.

（3）ソン・カッチャサーン สน คชสาร「文学における〈女性〉：セーニー・サオワポンを通した考察」（『ロークナンスー』โลกหนังสือ, 一九七八年一月号、七二～七三頁）。

（4）ウェーヌワン・トーンラー เวฬุวัน ทองลา「新しい文学における女性のための闘い」（週刊『サヤームラット』สยามรัฐสัปดาห์วิจารณ์, 一九八〇年三月二日号、三七頁）。

（5）注目すべき点は、セーニー自身はこうした立場に固執するようになった理由として、「ある大御所作家（ヤーコーブ）が商業広告のためにみずからの文学を使用したことに反発して、文学・芸術の自立性を強調するためあえてそのような〈芸術のための芸術〉的な主張をした」と当時を回想している。必ずしも本意ではなかったのかもしれない。「セーニー・サオワポンの昨日と今日」（『ウィタユサラーンロム』วิทยุสราญรมย์, 二〇〇〇年一〇～一二月号、八八～八九頁）。

（6）引用は、セーニー・サオワポン『東京からの便りなし』ไม่มีข่าวจากโตเกียว（プレーオ แพรว 版一九九四年）七五頁、一〇五頁より。

（7）この期のタイ文学の動向に関しては、詳しくはトリーシン・ブンカチョーン ตรีศิลป์ บุญขจร『タイ小説と社会　一九三二―一九五七』（第二版）นวนิยายกับสังคมไทย พ.ศ.๒๔๗๕-๒๕๐๐（チュラーロンコーン大学文学部テキストプロジェクト、一九九九年）一四五頁以下を参照されたい。

(8) サティエン・チャンティマートーン เสถียร จันทิมาธร「セーニー・サオワポン　芸術の為の芸術から人生の為の芸術へ」(『ロークナンスー』โลกหนังสือ, 一九七八年八月号、五六頁)。

(9) スウィット・ウォンウィーラ สุวิทย์ วงศ์วีระ「セーニー・サオワポンとその短編および長編」(サティエン・チャンティマートーン編『普通の人たる作家　サクチャイ・バンルンポンの七二年』๗๒ปี ศักดิ์ชัย บำรุงพงศ์ นักเขียนสามัญชน マティチョン、一九九〇年、四〇頁)。

(10) スウィット・ウォンウィーラ สุวิทย์ วงศ์วีระ「編者の言葉」(セーニー・サオワポン『ワンラヤーの愛』サーンサン・ウィッチャーカーン สร้างสรรค์-วิชาการ 版、一九九六年、七頁)。

(11) 「ラーングン（ヤンゴン）にてセーニー・サオワポンと会う」(『ロークナンスー』โลกหนังสือ, 一九七八年八月号、五一頁)。

(12) タイの著名な比較文学者であるチェータナー・ナーカワッチャラとの対話」(週刊『サヤームラット』สยามรัฐสัปดาห์วิจารณ์, 一九八二年二月二一日号、三四頁)。

(13) 『ワンラヤーの愛』ความรักของวัลยา の使用テキストとしては、マティチョン มติชน 版二〇〇一年を用いた。以降『ワンラヤーの愛』の引用については頁数のみを記す。訳および傍線・波線は筆者による。なお、訳出にあたりMarcel Barang (trans.), *Wanlaya's Love*, Bangkok, tmc, 1996の英訳を場合によっては参照し、誤記はサーンサン-ウィッチャーカーン版によって改めた。また本文中のその他の引用訳および傍線もすべて筆者による。

(14) パイリン・ルンラット ไพลิน รุ้งรัตน์「愛　タイ文学における不滅の珠玉」(『クルパリッタット』คุรุปริทัศน์, 一九八一年二月号、五四頁)。

(15) サオワパー・チャルンクワン เสาวภา เจริญขวัญ「古典文学の中の女主人公」(『ワーラサーン・マヌサヤサート』วารสารมนุษยศาสตร์〈チェンマイ大学〉、一九七八年九～一二月号、六六～六八頁)。

(16) ランチュワン・イントラカムヘーン รัญจวน อินทรกำแหง『文学評論』วรรณกรรมวิจารณ์（トンオー・グラミー、一九九六年、五六六頁)。

(17) ブワペーン・ナンタピサイ บัวแพน นันทพิสัย「三月八日国際女性デーによせて　変わり行く女性描写」(週刊『サヤームラ

ット』 สยามรัฐสัปดาห์วิจารณ์, 一九八〇年三月九日号、三七頁）。

（18） パイリン・ルンラット「タイ文学における女性の闘いと社会の現実」（『クルパリタット』 ครุปริทัศน์, 一九八六年三月号、七四頁）。

（19） ティーパコーン ทีปกร「タイ女性の過去・現在・未来」（『タイ女性の歴史』 ประวัติศาสตร์สตรีไทย チョムロン・ナンスー・セーンダーオ、一九七六年、初出は一九五七年、九一頁）。

（20） シリラット・タウィールートニティ ศิริรัตน์ ทวีเลิศนิธิ『ドイツおよびタイの女性文学における比較研究』 การศึกษาเปรียบเทียบวรรณกรรมสตรีของเยอรมันกับไทย（チュラーロンコーン大学出版、一九九五年、一五頁）、およびサティエンコーセット เสฐียรโกเศศ『タイ慣習研究』 การศึกษาเรื่องประเพณีไทย（ラーチャバンディッタヤサターン、一九六二年、八〇頁）ほか多数参照。

（21） Suwadee T. Patana, "Gender Relations in the Traditional Thai Lower Class Family", Paper to be presented at the 7th International Conference on Thai Studies, Amsterdam, the Netherlands, July 4-8, 1999, p.4.

（22） ニティ・イオシーウォン นิธิ เอียวศรีวงศ์『鵞ペンとジャンク船の帆』 ปากไก่และใบเรือ（アマリン、一九八四年、一九七頁以下、および二七八頁以下）。

（23） チャッスマン・カビンラシン ฉัตรสุมาลย์ กบิลสิงห์『仏教における女性の様相』 มาตสตรีในพระพุทธศาสนา（サーマッキー・サーン、一九八五年、一一九頁）。

（24） 石井米雄『タイ近世史研究序章』（岩波書店、一九九九年、第八章）、および Yoneo Ishii, "The Thai Thammasat (with a Note on the Lao Texts)", in M.B. Hooker, (ed.), *Laws of South-East Asia. Vol.1: the Pre-Modern Texts*, 1986, pp.143-203では、単なるタイ化した「ダルマシャーストラ」でないことに対して留意を促している。

（25） ただし、原実「古代インドの女性観（二）」（『国際仏教学大学院大学研究紀要』六、二〇〇二年）によれば、『マヌの法典』の当該部分の主題は、「従」ではなく男による「守護」とされている。

（26） チョンチット・アナンクーシー จงจิต อนันต์คูศรี『Beauvoir, Plath, Schwaiger およびウンハトゥープ小説におけるフェミニズム概念』 มโนทัศน์สตรีนิยมในนวนิยายของซีโมนเดอ โบวัวร์ ซิลเวีย พลาธ บริกิตเทอะ ชไวเกอร์ และ ศิรมอร อุณหธูป（チュラーロンコーン大学比較文学科修士論文、一九九七年、五三頁）、およびポーンペン・ハントラクーン พรเพ็ญ ฮันตระกูล「三印法典中の女性　女性の偉大から女は水牛男は人まで」（『ワーラサーン・アクサラサート』 วารสารอักษรศาสตร์〈チュラーロンコーン大学、二〇〇三年一〜六月号（三二―一）〉二二六頁）参照。女性の地位は良き「奴隷」に過ぎない、その知識は家庭内のみの事に制限されていて「メーシールアン」と呼ばれ、いわゆる“Angels in the House”（家庭の天使）と近い存在であったと指摘されている。

（27）Sumalee Bumroongssook, *Love and Marriage: Mate Selection in Twentieth-Century Central Thailand*, Bangkok, Chulalongkorn University Press, 1995, p.124.

（28）プラーニー・スラシット ปราณี สุรสิทธิ์『西洋の影響以前の文学からのタイ女性の訓え』คำสอนสตรีไทยจากวรรณกรรมช่วงก่อนได้รับอิทธิพลตะวันตก（シーナカリンウィロート大学プラサーンミット校修士論文、一九八四年）。

（29）前掲註(7)トリーシン・ブンカチョーン『タイ小説と社会　一九三二―一九五七』三一頁以下。

（30）Suwadee T. Patana, “*The Politics of Women's Dress in Thai Society, 1945–1970*”, Paper to be presented at the 5th International Conference on Thai Studies, SOAS, London, 1993, p.2.

（31）Suwadee T. Patana, “*Polygamy or Monogamy: the Debate on Gender Relations in Thai Society, 1913–1935*”, Paper to be presented at the 13th IAHA Conference, Sophia university, Tokyo, September 5-9, 1994, p.9.

（32）この点に関して、日本文学・テレビドラマ・マンガなどを題材とした分析が佐伯順子氏の論文、たとえば「メディアにおける女性表象と性的倫理――現代の視聴覚メディアの事例から――」（『同志社メディア・コミュニケーション研究』二、二〇〇五年、一四一～一五二頁）などでなされている。

（33）サーイサモーン・チューイトローンカーン สายสมร เฉยครองการ『ドークマイソットおよびコー・スランカナーン小説におけるタイ女性の社会的状況（一九三二―一九五〇年期）』สถานภาพทางสังคมของผู้หญิงไทย（ในช่วงปี พ.ศ. 2475–2493）ในนวนิยายของดอกไม้สด และก.สุรางคนางค์（チュラーロンコーン大学比較文学科修士論文、一九八五年）参照。

（34）こうしたワンラヤーの思想の源泉はどこにあるのであろうか。筆者とセーニーの直接面談（二〇〇二年九月一六日、於バンコク、セーニー宅）から得た情報によれば、ひとつの手掛かりとして詩人・思想家のナーイ・ピー（一九一八～八七）の影響があげられる。このナーイ・ピーに影響を受けた他の思想家に前述のチット・プーミサック（一九三〇～六六）がいるが、ナーイ・ピー、チットともにベーベルにその思想的近似性がうかがえることを参考までにあげておきたい。ナーイ・ピー「「歴史に依拠した女性の地位」講演に関する見解」（前掲註(19)ティーパコーン『タイ女性の歴史』所収、初出は一九五二年）、および前掲註(19)ティーパコーン論文参照。またベーベルについてはアウグスト・ベーベル／加藤一夫訳『婦人論』世界大思想全集三三（春秋社、一九二八年）、昭和女子大学女性文化研究所編『ベーベルの女性論再考』（お茶の水書房、二〇〇四年）などを参照した。

ところで一九五〇年代においてタイには現代フェミニズム（ボーヴォワール以降のいわゆる第二波以後）の影響を未だ認めることはできない。*Le deuxieme sexe*『第二の性』（一九四七年）出版当時、外交官としてモスクワ大使館へ赴任していたセーニーは、パリにも何度か足を運んでおり、直接原典などでその思想に触れた可能性は十分考えられるが、筆者との直接面談では、本人はその影響を否定している。

(35) 前掲註(4)ウェーヌワン・トーンラー論文三七頁。

(36) サーンサン・ウィッチャーカーン版に従った。マティチョン版ではLa Souree と誤記されている。

(37) 前掲註(10)スウィット・ウォンウィーラ「編者の言葉」八〜九頁中に引用。

(38) しかしながら、セーニーの文学は男性の側からみた女性への同情のレベルにとどまり、女性の女性による女性のための文学はまだない、といった批判（前掲註(20)シリラット・タウィールートニティ『ドイツおよびタイの女性文学における比較研究』二五頁）も無視できないであろう。またセーニー作品に「性」は描かれない。セーニーの描く女性の「限界」は、たとえば西洋文学などにしばしば見られる母性・性の解放といったテーマや日本のケースと比較した場合も踏まえて、さらにはポストコロニアリズム・フェミニズムなどの問題も考慮に入れた上で、改めて検討されねばならぬ課題であろう。

(39) プローイの女性像とその影響に関しては、拙稿「ククリット・プラモート『シー・ペンディン（王朝四代記）』と〝クンラサトリー〟――タイ近代女子教育の日本との関わりの考察とともに――」（『待兼山論叢』四二、二〇〇八年、九九〜一一八頁）で論じたので、参照いただければ幸いである。

スペインの婦人参政権に関する一考察

岡本淳子

はじめに

一九三一年四月一二日の地方選挙において社会党と共和主義左派の党が圧倒的勝利を収めると、スペイン国王アルフォンソ一三世はみずからの支配体制の失敗を認め亡命する。そして四月一四日、スペイン第二共和政が成立する。共和国成立後、五月八日の法令にて二三歳以上の全男性に参政権が、女性と聖職者には被選挙権のみが与えられた。七か月後の一二月九日には女性の参政権も認められる。

スペインにおいて女性は、既婚女性を民法上無能力とみなす「ナポレオン民法典」を継承した民法、[1] 抑圧的な刑法、[2] さらにはカトリック教会によって隷属状態におかれてきた。[3] そのようなスペインで共和国成立後に短期間で婦人参政権が付与されたのはなぜなのだろうか。フェミニスト運動が盛んに展開されたイギリス、フランス、そしてアメリカにおいて婦人参政権の獲得が長い年月を要したことを鑑みると、スペインでの婦人参政権付与が非常に特殊なケースとして映るのである。

本稿では、まず他国のフェミニズム運動と比較しながらスペインにおける女性運動を俯瞰する。続いて、第一次世界大戦およびヨーロッパに広まった民主化の波がスペインに与えた影響と当時のスペインの国内情勢を考察する。次に、選挙権に関する憲法第三六条をめぐる各党の動き、議会での討論、投票までの経緯をみる。最後に、女性が投票所に出向いた一九三三年一一月の総選挙の結果およびその後の議会の動向を考察し、スペインにおける婦人参政権の特質について論じる。

一　婦人参政権運動

(1)　イギリス、フランス、アメリカの婦人参政権運動(4)

イギリスの場合、一八五一年に婦人参政権に関する運動が始まり、参政権が付与される一九一八年までに六七年を要している。しかもその年に認められたのは三〇歳以上の女性に限られた制限付き参政権であり、二一歳以上のすべての女性に権利が与えられるには、さらに一〇年待たねばならない。イギリスでは非常に活発な婦人参政権運動が繰り広げられ、その中心になったのは一八九七年結成の「女性参政権協会全国連盟（ＮＵＷＳＳ）」と一九〇三年結成の「女性社会政治連合（ＷＳＰＵ）」である。フォーセット婦人を会長とするＮＵＷＳＳは比較的穏健な活動をしたが、パンクハースト母娘を中心とする急進的な団体ＷＳＰＵは投石や放火などの過激な運動により何人もの逮捕者をだした。両連合の運動形態はかなり異なっていたが参政権要求の根拠はともに、ジェンダー的に男性とは異なっている女性の家庭的な側面を公務に活かすために女性の参政権が必要なのだというものであった。女性としての特殊性を武器としての参政権獲得、つまり人間としてというよりは女性としての政治領域への参加であったといえる。また、「工業化は膨大な量の労働力を必要としたため、女性たちを民事上自由にする必要性が生じた(5)」ことも参政権付与を推進する要因となった。

フランスの場合、「ナポレオン民法典」による女性の抑圧やカトリックの支配など、スペインとの類似点が多い。一八六八年に始まった婦人参政権運動が実をむすぶのは七六年後の一九四四年である。フランスで婦人参政権付与が遅れた要因としては、カトリックの文化的重圧や保守的な女性票の行方に対する共和主義者たちの不安などがあげられる。上院は婦人参政権に対して執拗な反対姿勢を示し、一九二二年、一九二五年、一九三二年、一九三五年の四度にわたって下院を通過した婦人参政権案を否決している。(6) 興味深いのは、フランスでは参政権は個人間の政治的平等の原則に由来すると考えられていたため、女性を個人として見なすことの難しさが婦人参政権付与の真の障害であったという指摘である。(7) したがってイギリスとは対照的に、女性の特殊性が女性を政治から遠ざけたといえるのである。

アメリカでは、西部の四州において一八九〇年に婦人参政権が付与されている。足枷となる伝統が存在しなかったことが早期の付与をもたらしたとの見方もあるが、アメリカにおいてもイギリス同様に活発な婦人参政権運動が行われたことを忘れてはならない。一八六九年にはすでに婦人参政権に関する条項を含んだ修正案が連邦議会に提出されており、イギリスの急進的なWSPUの影響を受けて「全国婦人党」が結成され、一九一七年には党内の急進派女性九七人が投獄されるという事件もおきている。(8) 早い時期に女性に参政権が付与された州があるものの、合衆国憲法において婦人参政権が批准されるには一九二〇年を待たねばならない。

(2) スペインでの婦人参政権獲得運動

スペイン初の女性権利獲得運動組織「スペイン女性全国連合(ANME)」は一九一八年に結成され、左翼でも右翼でもない中立を保つ連合であった。この組織の結成の背後には外国における婦人参政権の獲得と一八八九年の民法で規定されたスペイン女性(特に既婚女性)の法的地位の低さがあったという。(9) では、ANMEが実際に婦人参政権運動にかかわっていたのかを考察していこう。

ＡＮＭＥは雑誌『近代学校』一九一九年一月号にて、結成動機を述べた宣言文と具体的なプログラムを発表している。[10] ＡＮＭＥ設立の背景には外国における婦人参政権の獲得があったにもかかわらず、プログラム内に参政権についての言及がない。よって少なくともＡＮＭＥの当初の活動の中に婦人参政権獲得運動は含まれていないと推測される。また、スペインにおける初期のフェミニズム運動では政治面よりも女囚の社会復帰の援助などの社会面に重点がおかれ、権利獲得運動が本格的になるのは一九二一年からである。[11] その一〇年後の一九三一年には婦人参政権が付与されたのであるから、イギリス、フランス、アメリカのような長年の活発な獲得運動はスペインにおいては存在しなかったといえるであろう。したがって、「イギリス、北米の女性が勝ち取らねばならなかった権利は、スペインにおいては女性からの圧力も要求もなしに付与された[12]」という見方が当然のこととして浮上する。

二　第一次大戦とヨーロッパの民主化

(1)　他国の婦人参政権獲得年

先ほど英、仏、米の例でみたように、女性の参政権獲得にいたるには婦人団体の長年の努力が必要とされた。ただ、女性たちの活動以外の要素も参政権付与に大きく関係していたことをみておかねばならない。参政権獲得年には二つの大きなピークがある。一つ目は一九一八年から一九二〇年、つまり第一次世界大戦後であり、二つ目は第二次世界大戦後の一九四五年から一九四六年である。このことは世界大戦が婦人参政権付与に大きな影響をおよぼしたことを証明する。フランソワーズ・テボーは、婦人参政権を戦時中の女性の貢献に対する褒賞と解釈するなら、それまでの長期にわたる婦人参政権のための闘争を過小評価することになると述べている。[13] しかし、長年にわたり活発な参政権獲得運動が行われてきたイギリスにおいてさえ、一九一八年には二大婦人団体のＮＵ

WSSとWSPUがともに戦争協力のために運動を停止しており、婦人参政権付与が運動によって勝ち得たものというよりは大戦中の女性の貢献に対する恩恵であるという印象が強い。あるいは、働き手のいない戦時中、男性に代わって女性が国家を支えたことで女性の立場が確立され、社会に受け入れられていったと考えることもできるであろう。また、それまでのフェミニズム運動が、戦時中の女性の努力と貢献によって実をむすんだと理解することもできる。

スペインは第一次世界大戦において中立の立場をとり参戦していないため、国家への貢献に対する女性への褒賞という理由づけはあてはまらない。また、婦人参政権が付与されたのが一九三一年であるから、いずれにしても第一次世界大戦を直接的な影響とみるには時間が経過しすぎている。ただ、第一次世界大戦後に多くの国が民主主義国家となり、女性に参政権を付与したことは、一九三一年に成立したスペイン共和国に大きな影響を与えたであろうことは想像に難くない。婦人参政権は「スペインを政治的に民主的な国家、社会的に公平な国家に変える改革の中の一番の要素[14]」であったし、「スペインの第二共和国が目指す本来の民主主義は、女性に政治分野に参加する権利を認めるものであったので、その公理に反することはできなかった[15]」のである。スペインの一九三一年の憲法は、参政権を含む両性平等の権利を認めていた一九一七年のメキシコおよび一九一八年のロシア憲法、そしてとりわけ一九一九年のワイマール憲法に刺激されていたことからも[16]、間接的にではあるが第一次世界大戦の影響を受けているといえる。

(2) スペインにおける一九三一年以前の婦人参政権の請求

スペインでは一八七七年に婦人参政権が議会に請求され、その後一九〇七年、一九〇八年にも同様の請求がなされるが、否決される。ただ、「それらの請求案は、すべて、寡婦や独身女性に限って参政権を授与するというものであった。つまり、一九世紀から二〇世紀初頭にかけての、婦人参政権請求は、女性個人への参政権授与ではなく、家族票という考え方であった[17]」のである。したがって、のちの一九三一年の婦人参政権の請求や、イギリス、フランスが獲得運動に励んだ婦人参政権とは別のものとして考えなければならない。

婦人参政権の請求がなされた一九〇七年、一九〇八年といえばアルフォンソ一三世統治のなか社会主義者やアナキストたちが台頭し、暴動が激発していた頃である。一九〇五年のロシア第一革命の勃発がヨーロッパ全土に影響を与えたことはまちがいなく、スペインも例外ではなかったはずである。革命を恐れる指導者たちにとっては、革命要因を極力排除することが重要であり、市民の不満を抑えるために民主主義的な姿勢を示す必要があった。婦人参政権請求は民主主義的な新しい試みのひとつであったとも考えられる。

その後、一九二三年、カタルーニャ方面軍司令官ミゲル・プリモ・デ・リベラ将軍がスペインの国難打開を標榜しクーデターをおこす。プリモ・デ・リベラ独裁政権下の一九二四年四月一二日、一家の長である独身女性と寡婦（ただし売春婦は除外）に対して市政選挙での参政権が付与された。この場合、個人票ではなく家族票としてみなされ既婚女性は除外された。夫婦が異なる意見を持つと家族のまとまりが脅かされるため、投票所においては夫が妻の意見を代表するという理由づけがなされた[18]。

プリモ・デ・リベラが市政レベルとはいえ女性の参政権付与に踏み切った背景にも民主化の動きがある。先述したように婦人参政権は民主主義の象徴とされ、第一次世界大戦後、多くの国家が次々と婦人参政権を認めていった。大戦中にはデンマーク、アイスランド、カナダ[19]、アイルランド、イギリス、キルギスタンとロシアで、ドイツ軍と連合国軍との間に休戦協定が成立した一九一八年一一月以降は、ドイツ、ラトビア、ジョージア州（合衆国）、エストニア共和国、ポーランド、オーストリア、ベラルーシ、ウクライナ、ベルギー、ルクセンブルグ、スウェーデン、オランダで続々と婦人参政権が付与された[20]。このような他国の民主化がプリモ・デ・リベラによる選挙制度の改革に少なからず影響を与えたのである。[21] しかしながら、女性が投票する機会が一度も来ないまま、一九三〇年一月に独裁者が失脚し、この条例も白紙に戻った。

(3) スペインにて共和国成立

スペインでは一九三〇年、一九二三年から続いたプリモ・デ・リベラによる独裁政治が終わる。支配層は独裁制以前の状態である寡頭政治の復活を望んだが、一九三一年四月一二日の統一地方選挙では支配層の期待を大きく裏切り、スペインの主要都市のほとんどで共和主義者が勝利をおさめた。二日後の一四日には共和国宣言がなされ、ただちに臨時政府が組織される。「共和主義者たちは労せずして国家権力を手中に収め、容易に『無血革命』が成功した」[22]といえる。

一八三三年のイサベル二世の時代から進歩派が出現し、民主化の動きはすでに始まっていた。徐々に力を増大させていった共和主義者たちが遂に共和国を成立させた。第一次世界大戦後に生まれた数々の民主主義国家への仲間入りを果たそうとする共和国スペインは、民主化に向けての改革に取り組んでいるという姿勢を国内外に示す必要があったはずである。そして、「改革の一つとして婦人参政権に関する議論を、共和国樹立の最初の年に政府案に盛り込むことは重要なことであった」[23]というわけだ。

共和国政府新内閣の閣僚一二人のうち七人は法科出身者であり、純粋な自由主義理念をもって国家機構の改革を指向した。[24] 新政府は成立後すぐに新体制の基礎を確立するために憲法制定議会選挙を行い、新憲法の起草に取り掛かった。加えて、多くの改革に取り組み、宗教の自由や修道会の規制に関する条例を採択するなど、伝統的なカトリック色を払拭した民主的な共和国を目指したのである。この社会的・政治的改革のなかに婦人参政権問題も含まれていた。

では次に、共和国政府が実際にその法案をめぐる投票において民主的であったのか、婦人参政権付与は民主化の一環としての女性解放のためだったのかを各党の動きをみながら考察していこう。

三　スペインにおける婦人参政権

（1）議会案三四条

憲法制定議会において議論の対象となったのは婦人参政権付与に関する議会案三四条、最終的には憲法第三六条[25]となるものである。草案からどのような経緯をへて最終条項となったのかをみていきたい。

法律顧問委員会が提出した草案は、「男性も女性も、二三歳以上のすべてのスペイン人は選挙権を有する」というものであった。それが議会案三四条では、「二三歳以上の一方、そして他方の性を有する市民は法の定めに従って同様の選挙権を有する」となり、以後この文言が検討の対象となる。[26]社会急進党は選挙権を男性のみに制限する修正案を提出する。[27]一方、社会党のトリフォン・ゴメスは、「二一歳以上の一方、そして他方の性を有する市民は法の定めに従って同様の選挙権を有する」という修正案を提出し、政治的に未熟である若者と女性に選挙権の使用方法を理解させるための宣伝運動を行うと述べている。[28]共和主義行動党のイラリオ・アユソは、「二三歳以上の男性市民と四五歳以上の女性は法の定めに従って同様の選挙権を有する」という内容の修正案を提出するが否決される。[29]女性はその年齢に達するまで十分な意思と知性をもちあわせていないとし、女性年齢を引き上げたのである。[30]一方、急進党のゲラ・デル・リオは、議会案三四条から「同様の」という文言を削除し、「二三歳以上の一方、あるいは他方の性を有する市民は法の定めに従って選挙権を有する」という修正案を提出する。彼は、男性票は共和政を保障するものであるが、女性票は右派と結びついて共和政を脅かすものとなると演説している。[31]

他にもさまざまな思惑の錯綜する討論が展開された。[32] 投票のすえ、議会案三四条は修正されることなく憲法第三六条として次のレベルで討論されることになる。では、三六条をめぐる討論で各党がどのような立場をとったのかをみる前に、この討論で注目された三人の女性議員について紹介する。

(2) 三名の女性議員の主張

共和国成立後の五月八日、女性に被選挙権が付与され、六月二八日の憲法制定議会選挙では三名の女性が当選する。急進党のクララ・カンポアモール、社会急進党のビクトリア・ケント、そして社会党のマルガリータ・ネルケンである。

三人の中で最も熱心に婦人参政権を擁護したのはカンポアモールであった。彼女がとくに力をいれて主張した法案は、二条（法の前においてはいかなるスペイン人も平等である）、二五条（出身、素性、性、社会階級、財産、政治思想、宗教によって人は差別されない）、三六条（婦人参政権）、そして四三条（結婚と離婚に関する男女平等の権利）であった。[33] カンポアモールには男女平等という強い信念があったことがわかる。弁護士であり、国際連盟のスペイン代表をつとめると同時にＡＮＭＥのメンバーでもあったカンポアモールは、みずからが所属する急進党が婦人参政権付与に反対の立場をとっていたにもかかわらず、終始一貫して女性の権利の擁護につとめる。一九三一年九月二九日に憲法第三六条に関する議論が始まるとカンポアモールは独特の弁証法を用いてあらゆる反対意見に反駁を加えていく。そのなかでも注目を集めたのは社会急進党のビクトリア・ケントとの対立であった。

教師から弁護士になったのちに議員に選出されたケントは所属政党の立場を擁護し婦人参政権付与に反対する。ケントの主張は、スペイン人女性を大学生や働く女性を基準にして考えるべきではなく、三六条の批准は共和国に危険をもたらすというものであった。[34] つまり、現時点においては女性が反進歩主義の党に投票することが懸念されるため、共和国存続のためにも共和国の利点を女性が理解できるようになるまで選挙権の付与を見送るべきであるとした。(35) 結局、彼女は共和国の謳う自由や進歩を推し進めるよりは選挙における保守票を回避することを重視したのである。ケントの主張に対してカンポアモールは、そもそも参政権というのは民主主義の土台で万人共通の法であるため議員の投票によって決められるべきものではなく、政治的嗜好(36)によって選挙権を否定することは非民主主義的であると反駁した。(37)

もう一人の女性議員マルガリータ・ネルケンは画家、美術評論家、そして作家でもある。彼女はマドリード生まれだが両親がドイツ系ユダヤ人の移民であり、一九三一年までスペイン国籍を取得できなかった。三六条に関する討論が始まった時、ネルケンは国籍問題で係争中であったため討論に参加していない。(38) しかし、著書(39)のなかで婦人選挙権に反対する姿勢を明らかにしている。彼女はスペイン女性の無教養や保守傾向が共和国にとって脅威となることを主張し、「数年したら適切に使えるだろうことを想定して子供に危険な武器を持たせることはできない。（中略）真に自由を愛するスペイン女性はスペインの進歩のために権利の獲得をみずから延期するものでなければならない」(40) と述べている。

このように三名の女性のうち二名は婦人参政権を即座に付与することに反対している。討論の場でカンポアモールの演説中は多くの野次がとび、たびたび中断されたが、ケントが演説するときには場内は静かで多くの拍手があったという。(41) 議会全体としては三六条に反対する雰囲気が優勢であったという印象である。

（3）白熱した討論

一九三一年九月三〇日の午後、憲法(43)第三六条をめぐる長く白熱した討論が繰り広げられた。(42) 社会党は男女は政治的に平等であるべきという基本理念に忠実にあるべく、また一九世紀末から婦人参政権を綱領にいれているため、女性票の行方を危惧してはいたが女性への選挙権付与に同意する。社会党員のオベヘロは一〇月一日の討論で、「社会党は取引も恐れも、迷いも異議もなく女性がスペインの政治論争に参加できるよう要求する。次の選挙で議席を失う可能性があることはわかっているが、議席数が減ったからといってなんだというのだ。大事なのはスペイン女性の政治的教育である。(中略)女性の意識を呼び起こしスペイン復活の有能な協力者にするために婦人参政権を要求する」(44)と演説した。

右派はそれまで常に政治の場での女性の不在を要求してきたが、一九三一年四月の選挙で左派の躍進を目のあたりにし、女性票獲得のために婦人選挙権の付与に同意する。(45)ひとたび女性に選挙権を与えると彼女たちの要求はそれにとどまらないだろうとして選挙権の付与に反対する者もいたが、ほとんどの者は選挙戦を勝ち抜くことを目的に第三六条に賛成票を投じることに同意していたようだ。(46)平等主義の原則に基づいて婦人選挙権を擁護した社会党ははからずも、理念の対立する右翼政党の支持を得る。つまり、憲法第三六条は二つの相反する動機づけによって支持されることになる。

一方、急進党と社会急進党は婦人選挙権を支持はするが時期が適切ではないとして反対する。理由は先述したビクトリア・ケントの主張の通りである。「広場の澄んだ空気に向けて——一九三一年のスペイン婦人参政権獲得——」の著者ジュディス・キーンの言葉を借りれば、「自由主義者はしばしば平等主義の信念に言及するが、それはうわべだけのもので、贖罪司祭の指先で動く女性の無教養な信仰心を非難していた」(47)ということになろう。理想概念にしたがうか、予見しうる影響を阻止するかの選択をせまられ、彼らは後者を選ぶ。女性票を恐れる意見に対してカンポアモールは、「女性が共和国にとって危険だとは思わないし、思えない。女性が独裁制に反発し、共和制に協力するのを見てきたからだ。危険なのは独裁制が女性に権利を与え、共和制がその権利を否定すると女性が考えてしまうことだ」と論じた。(48)急進党のゲラ・デル・リオは、九月三〇日に一四〇万人のスペイン女性が教会関係者に集められてデモ行進したと発表し、こわいのは労働者団体に動かされる女性ではなく、司祭や修道士によって操られている女性であると強調する。そして、議会案三四条は共和国憲法ではなく、共和国議会の都合の良い時に廃止することのできる「選挙法」にのみ記されるべきであると主張した[49]。

また、ガリシア共和主義連合のロベルト・ノボア・サントのように女性蔑視を露わにする議員もいた。彼は「女性の本質は感情的で激情的であり批判精神に欠け、物事を判断する知的能力を持ち合わせていない。婦人参政権を含むことにより新憲法は法にヒステリーを持ち込むことになりかねない」と力説する[50]。あるいは、女性は「月経によって心をかき乱されるので、閉経を過ぎないと理性をもって投票できない[51]」と主張する者もいた。

このように種々の思惑が錯綜する討論であったが、三六条への投票は個人レベルではなく、各党があらかじめ自党の立場を決め、その指針がすべての代表に義務づけられた[52]。ただ、ごく少数の者はあえて党の指針に反する意見を主張した。その一人が先述した急進党のカンポアモールである。個人の意思で投票しにくい状況でどのようなことがおきたのかを次項でみていこう。

（4）投票そして可決

一九三一年一〇月一日、一六一票対一二一票で憲法第三六条は可決された。賛成票を投じたのは社会党（八二票）、共和主義自由右翼（一一票）、農業党（一三票）、エスケラ（一一票）、共和主義奉仕団および少数党の進歩主義者たちである。反対票は急進党、共和主義行動党、社会急進党によるものであった。保守派による賛成票もあるが多くは女性の権利の平等を擁護する団体の票であったといえる。

四七〇名の議員のうち一八八名が棄権しており、四〇％の議員が投票しなかったことになる。この数字は婦人参政権問題への関心がそれほど高くなかったことを示すという見方もあるが[53]、はたしてそうだろうか。「党に関係なく条項に反対する者が議会を欠席あるいは棄権した」[54]とすれば、社会党や保守党に所属している者の中で婦人選挙権に反対する者が所属政党の指向とあわないために棄権したのだと推測できる。あるいは、三六条に反対している党に所属するが実際にはこの条項の可決を望む者が欠席や棄権をしたと考えることもできる。とりわけ急進党には女性票獲得を望む保守的な議員が少なからずいたと考えられる。というのも急進党は共和国成立当初は共和主義左派を自称し、中産下層や労働者下層を支持基盤としてきたが、次第に保守的な色が濃くなり、一九三二年にはスペイン独立右翼連合（ＣＥＤＡ）と連合しているのだ。ただ、党全体としては婦人参政権付与に反対する意見が多かったと思われる。投票日翌日のエル・ヴォス紙によれば、採決を不服とする急進党、社会急進党、共和主義行動党の議員たちが興奮して大臣席につめより、あたかも大臣を襲撃しているかのような騒ぎだったらしい。[55]その様子をカンポアモールは、「一〇月一日は議会の内外において男性ヒステリーが発生したものすごい日であった」[56]と語っている。

しかしながら、この投票で決着がついたわけではなかった。可決された憲法の見直し期間が設けられ、婦人産権付与に関する数々の修正案がだされる。[57]一二月一日の議会で共和主義行動党のパニャルバは、女性は地方選挙には投票できるが、市議会が完全に一新するまでは総選挙には投票しないという修正案を提出する。同日の午後に投票が行われたが、修正案に賛成一二七票、反対一三一票という僅差で憲法第三六条は議会を通過する。長く続いた議論の結果、一〇一条項からなる新憲法は一二月九日に批准された。

四　女性の投票——一九三三年一一月の総選挙——

女性が投票する初めての総選挙は右派の大勝に終わった。はたして女性票が右派を勝利に導いたのだろうか。ロサ・マリア・カペルは否と断言する。[58]では、市民の支持を右派へ移行させたと思われる要因をみていきたい。

まず一つ目に考えられるのは共和国政府への批判である。政府の行った反教権主義政策[59]や農業改革[60]などは失業、社会紛争、労働者のストライキ、アナキストの騒乱などを引きおこした。社会不安は農村から都市へと広がり、共和国反対勢力を結集する政治団体「アクシオン・ナシオナル[61]」が結成される。教会問題に関しては政府内で対立がおこり、国民は政府に対する不信感を強めていく。失業率が上がり暴動が激化するにつれ、保守的な野党グループの支持が高まるなか、ＣＥＤＡ、スペイン刷新党、伝統党、農業党が中心となり、「右翼勢力連絡委員会」を結集し一九三三年の総選挙にのぞんだのである。

二つ目の要因は社会党と共和主義左派の分裂である。早急な社会改革を望む労働者による圧力を受けて、社会党はより急進的になることを余儀なくされ、社会急進党と共和主義行動党との関係を悪化させる[62]。一九三一年の選挙では連合を組んだこの三党は一九三三年には単独で選挙にのぞむこととなった。

三つ目はアナキストたちの存在である。不安定な政府に対する不満から、彼らは組織をあげて棄権を呼びかけていたため、左寄りの票が減少した。

共和主義左派の敗因がこれら複数の要因によると考えられるにもかかわらず、彼らはカンポアモールと婦人参政権論者にみずからの敗北の責任を押しつけた[63]。この総選挙の敗北を女性票によるものとする見方はその後も続く。共和主義左派の敗北の責任を負わされたカンポアモールは、共和国の政治を不服とする者が男女ともにいた結果としての敗北であると反論している。カンポアモールの主張を裏づけるように、総選挙に先んじて行われた一九三三年九月の最高裁判所選挙では投票者がほぼ男性であったが、右派である急進党とＣＥＤＡが勝利をおさめたことがヘラルド・アレキサンダーによって指摘されている[64]。アレキサンダーは、論文「投票箱前の女性そして男性――スペインの二つの民主制での投票――」のなかで、「共和政研究の歴史家はよく女性は男性よりも右寄りであったという議論をもちだすが、投票結果からは宗教、言語、性、その他の特徴は現れてこないし、男女別投票数等の信頼できるデータがないにもかかわらず、このような議論がなされていることを認識すべきである」(65)と論じている。おそらく左派の得票数の減少は、男女問わず国民が共和国政府に幻滅し、野党による社会の立て直しを期待したためであるといえるであろう。

結　論

スペインでは女性の被選挙権が労せずして一九三一年五月八日に付与されているため、本稿では女性の投票権に焦点を絞って論考した。婦人参政権付与をめぐって右派・左派が対立したが、さまざまな思惑が交差し、状況は単純ではなかった。

イギリス・フランス・アメリカの婦人参政権獲得運動と比較しながらスペインのフェミニズムを概観してみたが、スペインの婦人団体の活動は婦人参政権付与に貢献するほどの大きな力はもっていなかったといわねばならない。どちらかといえばヨーロッパの民主主義国家の影響が強かったであろう。君主制を翻して成立した第二共和政はスペインにおいて長い歴史をもつ教会と国家という固い結び目を解こうと反教権主義をとる。そのような共和国にとって他の民主主義国家同様に女性に参政権を付与することは重要な政策のひとつであった。

「婦人参政権付与」という概念はスペインの民主化によって出現したのだが、実際に賛成したのは女性の権利を擁護する社会党と、女性を利用しようとする保守政党であった。そして社会党とともに民主化を叫び改革に乗りだした共和主義左派はそろって反対の立場をとる。婦人参政権付与をめぐる各党の姿勢にみられるのは利己主義である。スペイン女性の参政権付与は平等主義や女性の権利や解放を意味するものではなく、党の利益あるいは共和国という名のために都合よく利用されたといえる。

最後まで平等主義に基づく婦人参政権付与を主張したカンポアモールは選挙戦敗北の責任を負わされ、次期総選挙では急進党の候補者から外される。一九三五年には共和主義左翼に入党を希望するが断られ、一九三六年には人民戦線連合への参加もならずフランスに亡命、二度とスペインの地を踏むことなく一九七二年にスイスで亡くなる。共和国政府の失敗を一手に負わされたカンポアモールがスケープゴートとなった事実が、スペインの婦人参政権付与の非民主的な側面を象徴している。そして一九三九年、フランコの独裁制が始まるとカンポアモールが汗と涙で勝ち得た選挙権は女性から剝奪されることになる。

（1）たとえば、一八八九年の民法五七条では、妻は財産の売買、職探しや旅行にいたるまでのすべてに関して夫の許可を必要とし、それに従わなければ罰金を命じられるか投獄されると記されている（Victoria Lorée Enders and Pamela Beth Radcliff, "Introduction to Part I", *Constructing Spanish Womanhood*, Albany, 1999, p.21）。

（2）女性の不貞は「姦通」と呼ばれ、最長六年の刑を受けることになるが、男性の不義は法に反するものではない。また、妻が夫の不貞を現行犯で見つけ夫を殺害した場合、最高刑は無期懲役であるが、その逆の場合、夫は六か月から六年間その町から出るだけでよい。前掲註(1)書、二一頁。

（3）家父長制がカトリック社会の基盤であり、教会がキリストに従属しているように女性が夫に従属することが要求された。Geraldine M. Scanlon, *La Polemica feminista en la España contemporanea (1868-1974)*（AKAL, 1976, P.214）.

（4）紙幅の制限があるため多くを紹介することはできない。イギリスに関しては、エメリン・パンカースト『わたしの記録――婦人参政権運動の闘士パンカースト夫人自伝――』（現代史出版会、一九七五年）、横川真理子「イギリスの婦人参政権運動について」（『お茶の水史学』二一、一九七八年）、今井けい『イギリス女性運動史』（日本経済評論社、一九九二年）を、フランスに関しては、武藤健一「コンドルセの女性参政権論――〈女性の市民権の承認について〉を中心に――」（『一橋論叢』一一二、一九九四年）、ピエール・ロザンヴァロン「婦人参政権の歴史――フランスの特殊性に関する考察――」（『女の歴史を批判する』藤原書店、一九九六年）、ジャン・ラボー『フェミニズムの歴史』（新評論、一九八七年）を、アメリカについては、Marjorie Spruill Wheeler（Ed.）*One Woman, One Vote - Rediscovering the*

Women Suffrage Movement（Newsage Press, 1995）、篠田靖子「アメリカ婦人参政権運動の反対勢力」（『金城学院大学論集　英米文学編』一九八〇年）を参照されたい。総合的な参考文献として井上洋子他『ジェンダーの西洋史』（法律文化社、一九九八年）をあげておく。

（5）マリエット・シノー「法と民主主義」（『女の歴史Ⅴ　二十世紀二』藤原書店、一九九八年、七五六頁）。

（6）ピエール・ロザンヴァロン「婦人参政権の歴史――フランスの特殊性に関する考察――」（『女の歴史を批判する』藤原書店、一九九六年、九八、九九頁）。

（7）前掲註（6）論文、一〇〇頁。

（8）篠田靖子「アメリカ婦人参政権運動の反対勢力」（『金城学院大学論集　英米文学編』一九八〇年、一〇九、一一〇頁）。

（9）砂山充子「スペイン女性全国連合――スペイン初の女性権利獲得運動――」（『紀尾井史学』一三号、一九九三年、一三頁）。

（10）前掲註（9）論文、一四頁。

（11）前掲註（9）論文、一五頁。

（12）Rosa María Capel, "El voto femenino durante la II República"（*Tiempo de Historia* Núm.19, Ediciones Pléyades SA, 1976, p.29）. 彼女の姓は正式には Capel Martínez であるが、当論文では Capel と記しているためその表記に準じる。

（13）フランソワーズ・テボー「第一次世界大戦　性による分割の勝利」（『女の歴史Ⅴ　二十世紀一』藤原書店、一九九八年、一一三頁）。

（14）前掲註（12）論文、三〇頁。

（15）前掲註（12）論文、三〇～三一頁。

（16）Mercedes Roig, *A través de la Prensa. La mujer en la Historia: Francia, Italia, España. S. XVIII - XX*, Madrid, Ministerio de Asuntos Sociales, 1989, p.257）.

（17）前掲註（9）論文、二一頁。

（18）Concha Fagoaga y Paloma Saavedra, *Clara Campoamor —La sufragista española*, Instituto de la Mujer, 1986, p.16）.

（19）カナダでは一九一七年九月に女性の選挙権が付与されるが、被選挙権が認められたのは一九二〇年七月である。

(20) 井上洋子他『ジェンダーの西洋史』（法律文化社、一九九八年、一八三頁）。

(21) 前掲註(12)論文、二六頁。

(22) 若松隆「スペイン第二共和国の政治体制　政党政治の一考察」（『法学新報』八七―七・八、一九八〇年、五三頁）。

(23) Judith Keene, "Into the Clear Air of the Plaza: Spanish Women Achieve the Vote in 1931" (*Constructing Spanish Womanhood*, Albany, 1999, p.326).

(24) 渡部哲郎「スペイン第二共和国　改革主義の二年間（一九三一―一九三三年）共和国崩壊の原因をめぐる一考察」（『上智史学』二五、一九八〇年、二五頁）。

(25) 最終的な共和国憲法においては三六条であるが、議会案としては三四条であった。本論では混乱を避けるため、最終の憲法第三六条と比較する場合は「議会案三四条」と記し、それ以外は三六条で統一する。

(26) 前掲註(18)書、九一頁。

(27) 前掲註(3)書、二七五頁。

(28) 前掲註(18)書、九二頁。

(29) 前掲註(18)書、九二頁。

(30) 前掲註(3)書、二七五頁。

(31) 前掲註(18)書、九五、九六頁。

(32) Juan Carlos Monterde García, "Algunos aspectos sobre el voto femenino en la II República española: Debates parlamentarios" (*Anuario de la Facultad de Derecho*, vol. XXVIII, Universidad de Extremadura, 2010, pp. 261-277)を参照のこと。

(33) 前掲註(16)書、二五六、二五七頁。

(34) 前掲註(23)論文、三三八頁。

(35) 前掲註(3)書、二七七頁。

(36) カンポアモールも、まだ政治参加の準備ができていない女性たちが右派に投票することを予想していた。そして、女性票が共和国にとっての脅威となることを危惧して「女性共和連合（Unión Republicana Feminista）」を結成した。

（37） Gerard Alexander, "Women and Men at the Ballot Box :Voting in Spain's Two Democracies"（*Constructing Spanish Womanhood*, Albany, 1999, p.353）.

（38） Roger Solé Solé, "Arraigo y desarrollo de la conciencia femenista"（*Historia* 16. AñoXIII - No. 145, mayo 1988, p.84）.

（39） *La mujer ante las Cortes Constituyentes: El divorcio, el voto, la cuestión religiosa, la ley del trabajo*（『憲法制定議会での女——離婚、選挙権、宗教問題、労働法——』）。

（40） 前掲註（37）論文、三五二頁。

（41） 前掲註（3）書、二七七頁。

（42） 討論の詳細は、前掲註（18）書の九〇～一〇四頁を参照。

（43） Gloria Angeles Franco Rubio, "La contribución de la mujer española a la política contemporanea: De la restauración a la Guerra Civil（1876–1939）（*Mujer y Sociedad en España（1700–1975）*, Madrid, 1986, p.252）.

（44） スペイン共和国憲法制定議会の議事録である Diario de Sesiones de Cortes Constituyentes de la República española（DSCC）, 1 octubre de 1931からの引用であるが入手できなかったため、Concha Fagoaga y Paloma Saavedra, *Clara Campoamor—La sufragista española*（Instituto de la Mujer, 1986, p.117）から引用。

（45） 前掲註（43）論文、二五二、二五三頁。

（46） 前掲註（18）書、九〇頁。

（47） 前掲註（23）論文、三三七頁。

（48） DSCC, 30 de septiembre de 1931. Cit en Concha Fagoaga y Paloma Saavedra, *Clara Campoamor—La sufragista española*（Instituto de la Mujer, 1986, p.97）.

（49） 前掲註（48）議事録、一〇一、一〇二頁。

（50） 前掲註（48）議事録、九七頁。

（51） ダニエル・ビュシー・ジュヌヴォア「スペインの女性たち　共和政からフランコ体制へ」（『女の歴史V　二十世紀1』藤原書店、一九九八年、二九五頁）。

（52） 前掲註（12）論文、三二一頁。

（53）Rosa María Capel Martínez, *El sufragio femenino en la 2ª República española* (Universidad de Granada, 1975, p. 184).
（54）前掲註(23)論文、三三六頁。
（55）前掲註(3)書、一〇四頁。
（56）前掲註(18)書、一〇四頁。
（57）前掲註(32)論文、二七四、二七五頁を参照。
（58）前掲註(12)論文、三四頁。
（59）民法による自由結婚と離婚の容認、イエズス会の追放、教団や修道会による学校教育独占の排除が主な内容。急進的な反教権主義者たちによる教会や修道院の焼き討ちが頻発し、保守派の反発を引き起こしていた。川成洋・奥島孝康編『スペインの政治――議会君主制の「自治国家」――』（早稲田大学出版部、一九九八年、二一頁）。
（60）大土地所有制による弊害を是正し富を社会的に分配することが目的であったが、大土地所有者にとっては個人財産への攻撃であり、社会革命への恐れをもたらした。前掲註(24)論文、二七、二八頁。
（61）一九三一年四月二六日に結成された「アクシオン・ナシオナル」は一九三三年に「スペイン独立右翼連合（ＣＥＤＡ）」に発展解消される。
（62）前掲註(37)論文、三五四頁。
（63）前掲註(16)書、二六五頁。
（64）急進党はこの時にはすでに与党を離脱し右派になっている。
（65）前掲註(37)論文、三五〇、三五一頁。

土地の表象を纏う――「ご当地キティ」をめぐるジェンダー表象論――

山崎明子

はじめに

今、日本はご当地ブームのなかにある。地域・地方の特色ある文化や名所旧跡だけでなく、日常の暮らしの差異にいたるまでが話題になり、このテーマだけでテレビのレギュラー番組が制作できるほどである。行政を中心に乱造される「ゆるキャラ」たちは、地方新聞の紙面で癒しの話題として定期的に登場する。最近では「ご当地ヒーロー」なる戦隊ヒーローたちが各地の意匠で登場し、町の大型ショッピングモールで敵と戦いながらご当地の平和を守っている。その一方で「ご当地アイドル」も各地で産出され、方言による語りや地域文化を歌うことで話題になっている。平成二五年（二〇一三）春から放映されたＮＨＫの朝の連続テレビ小説「あまちゃん」もこうした「ご当地アイドル」が主要なモチーフであり、現代文化を映し出したものだと理解できる。

二〇一三年現在、間違いなく日本は「ご当地ブーム」の真っ只中にあるのだ。こうしたご当地ブームのなかで、一定の支持を得ているのが「ご当地キティ」である。サンリオの「ハローキティ」（以下「キティ」とする）は一九七五年に発売され一九九〇年頃までは赤いリボンをつけた少女向けのキャラクターとして普及し、消費されてきた。

このサンリオがつくった白い猫のキャラクターは、昭和四九年（一九七四）一一月一日ロンドン生まれで、体重がリンゴ三個分という設定はよく知られている通りである。デザインは、一九七四年から七六年までが清水侑子、一九七六年から八〇年までが米窪節子、一九八〇年以降が山口裕子であり、三人の女性デザイナーがこのキャラクター作りを支えてきた。初期のハローキティは青いサスペンダーに頭に赤いリボンをつけたデザインで、顔は真正面を向きながら体は横向きで統一されており、固定的なイメージであった。また基本的には二次元の存在であり、少女たちの衣服や文房具に貼りついていた。

そのキティが現在では小さな根付になっている。伝統的な根付のように小さな彫物細工の型をとり、三次元の姿で表現されている。また、そのデザインも無数のご当地のイメージを纏いながら多種多様になり、原型をとどめないほどにヴァリエーションを増やしているのだ。

近年、「カワイイ」という語をキーワードにキティについて複数の論稿が登場している。(1) また、すでに膨大な数になったご当地キティについても、観光文化研究において論及されている。(2) もはやキティの動向は論及すべき「日本文化」の一部となり、無視できない存在となっているのだ。

「カワイイ」文化の隆盛は、「女性文化」の地位向上にもみえたり、「日本文化」の世界的評価ととらえられたりもする。(3) また日本各地の観光地（現在では海外版も多数存在する）で、ご当地の表象としてキティの身体が用いられるのは、それらに対する視覚的・物理的欲望が存在するからである。ご当地のイメージをキティの身体に付与すること、そしてそれを消費することは、現代社会においてどのような意味をもつのであろうか。本稿では、ご当地キティの衣装——纏い、コスプレ、擬態——を通じて検討してみよう。

一　ご当地キティの誕生――色彩を纏う意味――

「ご当地キティ」は、全国の観光地の売店で販売されている。その普及を示すかのように、二〇一三年春にリニューアルされた国立歴史民俗博物館（千葉県佐倉市）の第四展示室「民俗」では、現代の観光文化の一つの象徴として多数の「ご当地キティ」が展示されている。まさに現代日本社会の「民俗」と位置づけられたということだろう。もともとは、サンリオという一企業のマスコットのような位置づけで、少女たちの小さな持ち物を飾ったこの白いネコのキャラクターだが、現代日本社会ではあたかも土産物の代表格であるかのような位置に置かれているのだ。

まず、この「ご当地キティ」とはどのようなアイテムなのかという点から考えてみたい。

「ご当地キティ」の源流には、「限定ハローキティ」と呼ばれる「季節の食べ物、十二支、水族館など、季節、職業、売る場所を限定して宣伝、販売促進用や、趣味的に作りこまれたもの」がある。この「限定キティ」の第一号は、平成九年（一九九七）にキティのメインカラーである赤色をピンク色に替えた「ピンクキティ」だったとされる。この「ピンクキティ」が「好評で、飛ぶように売れていった」ことから、翌一九九八年に地域にテーマを絞った「地域限定ハローキティ」の第一号である北海道限定「ラベンダーキティ」が生まれ、二〇一三年には、その誕生から一五年を迎えたことになる。(4)

「ハローキティ」は誕生当時より赤をベースにしたデザインで知られていた。青いサスペンダーを纏い、赤いリボンをつけた白いキティは、キティのアイテムであるリンゴをイメージさせる赤をシンボルカラーとしていた。前述のピンク色の「限定キティ」が発売されたことは、単にこのシンボルカラーが変換されたことを意味するのではなく、長年にわたって固定されてきた赤のイメージが揺らぎ始めたことを意味している。つまり「ハローキティ」とは赤でなければならなかったはずのものが、赤でなくても良くなったのである。

実際に、ピンクキティが発売されたのち、色彩の自由を獲得したキティは紫色を纏い「ラベンダーキティ」という名で登場する。それは「北海道限定ハローキティ」となった。固有のキャラクターは、シンプルなデザインであるほど色彩によって規定される部分が多く、定番のキティから「限定キティ」への移行が色彩の転換によってなされることによって、その色彩的固有性は解体される。固有性そのものが揺らぐことによって、キティは何色をも纏えるようになっていくのである。色は無限に存在するわけだから、キティは色彩を纏うことにより、何通りものヴァリエーションを産みだす可能性――あくまで可能性であるが――を手にしたことになる。

つまり、キティは「限定」としてピンクという例外を生むことによって、無数の「限定」を生み出すことができるようになったことになる。一つの「限定」商品の誕生は、すなわち事実上の限定解除だった。その後生まれる無数の「限定」品は、なんら「限定」的価値をもたないことはいうまでもない。限定解除されたものが、なおも限定品として存在し得るのはなぜだろう。

注目されるのは、無数の「限定」を限定的に存在させるために――それが無限に存在する色彩の固有性を担保するものであるため――色彩の固有性を北海道という地域と関連づけるという手法がとられている点である。一九九八年に発売された紫色の「北海道限定ハローキティ」は「紫」という色を「北海道」のイメージとしてとらえさせ、それが人気を博し、翌一九九九年にはこれに「ラベンダーキティ」という名称が与えられた（図1）[5]。

その後「ラベンダー」イメージは、数回にわたって北海道の限定品として発売されるが、九八年に発売された最初の「ラベンダーキティ」はいたってシンプルな造形であった。右手をあげて左手を下ろしたキティの典型的な姿勢、ピンクとラベンダー色の服に濃い紫色のリボンをつけている。それ以前と異なっているのは、色彩だけであった。

図1　ラベンダーキティ（1998）

色彩だけで土地のイメージを想起させるのは容易ではない。花のモチーフは多様であり、北海道の花である「ハマナス」や北国をイメージさせる「スズラン」もあるなかで、「ラベンダー」はその色彩において圧倒的に北海道の大地を表象してきた歴史をもつ。戦後、特に富良野一帯で盛んになったラベンダー栽培は、主に香料生産用に行われてきたものだが、昭和五一年（一九七六）に日本国有鉄道のカレンダーに富良野のラベンダー畑が紹介され、その風景そのものが観光化された。紫色の絨毯のような大地は、「花」よりもその大地の色彩を鑑賞させる。その光景に魅了された多くの観光客が富良野を訪れたとされる。この圧倒的な色彩によるイメージ作りは「ハマナス」や「スズラン」にはできない。それは大地そのものを彩る畑であったからこその表象であったといえよう。

当然、こうした観光化を後押しする動きもあった。昭和五六年（一九八一）にはフジテレビ系列でドラマ『北の国から』が放映され、富良野を舞台とする家族の物語を多くの人々が消費した。平成一〇年（一九九八）三月末には北海道エアシステムが就航することでアクセスの良さもアピールされた。さらに一九九九年四月からはＮＨＫ朝の連続テレビ小説で『すずらん』の放映が始まり、北海道で生きる人々の戦前から戦後の暮らしを、太平洋戦争や鉄道、炭坑などのイメージを絡めて描き出した。もちろん、北海道の観光化はこの時期に始まったことではないが、しかし、一九七〇年代後半から作られていく北海道イメージは、視覚イメージを強く意識した新たな観光化の段階だったといえるのかもしれない。そして、北海道の大地のイメージを特化した色としてラベンダー色が浮上してくるのである。

このように、ベーシックな赤いキティはラベンダー色を纏うことによって、北海道そのものを示す表象となった。そのイメージの読み取りに必要な「ラベンダー色＝北海道」という認識も、すでにマスメディアを通じて広く共有されており、色彩を変換するだけで土地の表象が成立するという稀な事例が出来上がったのである。

実は、九八年に発売された最初期のご当地キティがもう一つ存在する。長野県の「信州キティ」（図2）は、同年の「ラベンダーキティ」とまったく同じ姿勢で、黄色のTシャツとペパーミントグリーンの服を纏い、同色の花を頭につけたものである。ラベンダーキティ同様、色彩以外に特別なご当地モチーフをつけていない点は注目される。信州の山々や水をイメージさせる色であろう。この最初の二点のキティから、やはり赤から多様な色彩へという限定解除が契機となったことがわかる。

図2　信州キティ（1998）

だが、その土地を的確にイメージさせる色彩がすべての地域にあるわけではない。「北海道限定」品が成功すれば、残りの四六都府県の限定品制作に向かうのは必然で、色彩の限定解除ののち、キティが次なる土地の表象として機能するためには、定型化されてきた型の変化が必要となる。

二　地域の表象――キティはどのように「地域」を表象するのか――

一九九八年に「北海道限定ハローキティ」として「ラベンダーキティ」が発売され、これが支持されたことによって、これ以降、各都道府県観光地には多種多様なキティが作られた。それはもはやオリジナルのキティにも、色彩のみで表現する初期のご当地キティにもとらわれず、「地域限定」だけを条件として展開された。以下、各都道府県の初出のご当地キティのデザインをみながら、ご当地の表象はキティを通してどのように形成されるのかを検討していこう。初出のご当地キティをとりあげる意義は、各地域がその土地のイメージを、何をもって代表させるのかという判断が強く表れるためである。

管見の限り二〇〇二年までには各都道府県のご当地キティが出そろっており、九八年からわずか五年ですべての地域にご当地キティが登場したことになる。また本稿では初出のキティを中心にとりあげているが、二〇〇二年までに限定しても第二、第三のご当地キティのヴァリエーションが増えている。このように初期のご当地キティの歴史を追ってみると、キティを使って「ご当地」の表象を作る際のある種のパターンがみえてくる。これらは、第一に「土地の祭りや風習」、第二に「土地の物語や歴史」、第三に「土地の食文化や産物」という三つに分類することができる。

(1) 土地の祭りや風習

キティはさまざまなご当地のイメージを纏う。「纏う」という意味が最も強く表れるのは、土地の祭りや風習において人々が着用する衣服・衣装をキティに纏わせた例である。

たとえば「沖縄琉装キティ」(図3)は、立ち姿と座り姿の二種類が同時に発売されたが、いずれも紅型を思わせる琉球王朝時代風の黄色地の民族衣装を身につけ、手に琉球の花笠をもつ。頭には古典琉球舞踊の女踊りで使われる紫色の鉢巻を締め、「メーバナ(前花)」と呼ばれる造花をつける。通常は椿や牡丹だが、ここではハイビスカスのようにみえ、「南国」のイメージを強化しているのだと思われる。

図3 沖縄琉装キティ (1999)

図4 伊勢志摩キティ (2001)

こうしたご当地の衣裳は現在では日常着としてではなく祭りやイベントにおいて着用されることが多く、祝祭空間において突出して表出する。非日常の姿だからこそ多くの視線を集め、そもそも視覚的欲望の対象として演出されている。また、ご当地において日常であったとしても、観光のまなざしによって非日常化される「伊勢志摩キティ」（図4）のように海女の姿が視覚化される例もある。

各都道府県の初出のご当地キティのなかからみると、以下のようなものを拾うことができる。

一九九九年「沖縄琉装」（沖縄）
二〇〇〇年「福岡山笠」（福岡）、「日光」（栃木）、「お台場」（東京）
二〇〇一年「なまはげ」（秋田）、「伊勢志摩」（三重）、「京都」（京都）、「お遍路」（香川）、「青森ねぶた」（青森）、「長崎おくんち」（長崎）、「よさこい」（高知）
二〇〇二年「阿波踊り」（徳島）、「鵜飼」（岐阜）、「砂風呂」（鹿児島）

（2） 土地の物語や歴史

第二の特徴は、土地の物語や歴史の表象としてのご当地キティである。たとえば前述の「沖縄琉装」と同じ年に登場したもう一つのご当地キティである「赤い靴キティ」（神奈川）（図5）は、白いワンピースを着て、赤いリボンを頭につけ、赤い靴を履いている。キティも赤い靴を履いているが、丁寧に赤い靴をアイテムとしてつけることによってそのイメージは強調されている。これが童謡「赤い靴」の少女を表していることは説明するまでもないだろう。

この事例は意外に多く、「奥の細道」の松尾芭蕉、「伊豆の踊り子」（図6）、「国定忠治」、「水戸黄門」（図7）、「武田信玄」というように、歴史上の人物や物語の登場人物などに「扮装」したご当地キティが初期の段階からみられる。武田信玄や伊達政宗などの「武将もの」は、現在まで続くご当地キティの定番で、そのヴァリエーションを増やしている。また物語もその土地に根ざしたものがあれば、いくつも視覚化され続けている。

図5　赤い靴キティ（1999）

図6　伊豆の踊り子キティ（2000）

図7　水戸黄門キティ（2001）

前述した「土地の祭りや風習」のイメージと決定的に異なるのは、これらが不特定多数の人が纏う「衣装」ではなく、特定の誰かに由来する「扮装」（＝コスチューム・プレイ）である点である。特定の誰かをさまざまなモチーフによって記号的に指し示すことで、その土地がもつ歴史や物語が強く描き出されていく。宮下雅年氏が、こうした「扮装」について「子猫に似合わぬ厚かましさを発揮して縄張りを食い、歴史や伝統を乗っ取ってしまおうとする」[6]なりすましの行為であると指摘するように、キティがもつ「何者にでもなる厚かましさ」は、キティという身体が有するある種の普遍性ととらえることができる。

初出のものだけでも以下のものが存在し、既存のご当地の物語はご当地キティの視覚化に重要なものと認識されていたことがわかる。

一九九九年「赤い靴キティ」（神奈川）
二〇〇〇年「奥の細道」（山形）、「伊豆の踊子」（静岡）、「出雲大社」（島根）、「大阪キティ物語」（大阪）
二〇〇一年「国定忠治」（群馬）、「岡山桃太郎」（岡山）、「伊達正宗」（宮城）、「水戸黄門」（茨城）、「武田信玄」（山梨）、「忍者」（石川）、「おてもやん」（熊本）
二〇〇二年「坊ちゃんとマドンナ」（愛媛）、「銀河鉄道」（岩手）

（3） 土地の食文化や産物

現在のご当地キティで定番のスタイルは、ご当地の食文化や産物を纏うキティであり、このスタイルは全国津々浦々まで広く展開されている。初期の「かぼすキティ」や「カニキティ」（図8）のように名産品そのものになる事例と、「佐渡朱鷺キティ」のようにご当地に特有のアイコンとキティが一緒にいる事例があるが、前者の方が圧倒的に多い。前者はキティが着ぐるみを着てモノ化され、後者はキティがモノを所有・消費する形をとる。

現在では「一般的」と思われがちな着ぐるみによるモノ化だが、人間が着ぐるみを着るのではなくキャラクター（そもそも着ぐるみを着たような存在）が着ぐるみを着るという二重の「扮装」の一般化においてご当地キティの存在は大きい。一見「扮装」のように感じられるが、特定の誰かに扮するのではなく「モノ」そのものになるという意味で、これらは「扮装」というより「擬態」に近い。

近年ではこの「擬態」化がより強まり、二〇〇七年の「たこ焼きキティ」（図9）や「淡路たまねぎキティ」（図10）などはもはやキティの原型をとどめていない。ほぼ目と鼻とひげがあれば（時にはリボンもある）、それが「キティ」であると誰もが認識できるようになっているのである。

モノに擬態するキティには以下のようなものがある。

図8　カニキティ（2001）

図9　たこ焼きキティ（2007）

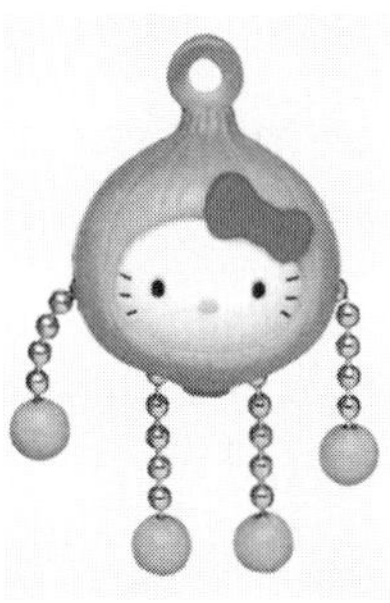
図10　淡路たまねぎキティ（2007）

二〇〇〇年「かぼす」（大分）、「佐渡朱鷺」（新潟）、「淡路島」（兵庫）

二〇〇一年「名古屋キティ物語」（愛知）、「カニ」（福井）、「広島もみじ」（広島）、「山口ふぐ」（山口）、「有明ムツゴロウ」（佐賀）、「房総」（千葉）、「赤べこ」（福島）、「鹿」（奈良）

二〇〇二年「蛍いか」（富山）、「琵琶湖なまず」（滋賀）、「和歌山梅」（和歌山）、「二十世紀梨」（鳥取）、「埼玉」（埼玉）

初期のご当地キティは前述のように三種類に分類することができ、この三つのご当地表象の方向性は現在まで続いている。その総数は、データをみる限り二〇〇五年には八五〇種、二〇〇七年には一六三八種という想像を絶する速度で増え続けているのだ。一体日本にはどれほど多くの観光地があるのかと思わされる。

二〇〇〇種を超えていると推察できる現在の「ご当地キティ」であるが、それらが「ご当地キティ」であることを担保するのはすべてが「キティであること」以外にない。つまりたった一つのモデルが「纏う」こと、「コスプレ」すること、「擬態」することによって、ご当地の表象が形成されていくのである。

土産物はそもそもヨーロッパで巡礼者たちが持ち帰ることができるように「聖地」や「聖人」を象った小物や絵の複製品が商品化された歴史をもつ。いわば旅に土産物はつきものだった。(7) 日本でも文化・文政年間、社寺詣の旅が大衆化する際に、旅の土産物が発生する。それは「土地の霊力そのもののありがたい「しるし」（シンボル）であった」とされる。(8) かつて土産物とは、信仰に立脚した神仏の力の代替もしくは断片であったわけである。

しかし旅そのものの信仰との結びつきが希薄になると、土産物は旅から持ち帰る必然性のないモノとなる。そこでは土地の霊力や神仏の有難さではなく、旅を通してみたものや経験したことが旅の価値を決定していく。つまり明確な「目的地」で得るもの（護符やお守りなど）よりも、旅をしたことの証となるような記憶の断片が近代の旅の土産物となるのである。

とはいえ旅のプロセスはさまざまである。たとえパッケージ化された旅であっても、すべての観光客が画一的な旅をしているわけではない。福井を旅してカニを食べる人もいれば食べない人もいる。しかし、福井を旅したことの証として「カニ」はシンボリックな表象となり、福井の旅の記号として機能する。観光旅行の画一化が進んだともいえるが、むしろご当地の表象の画一化・記号化が進んだことにより、ご当地への旅はこうした記号を拾ってくる行為に過ぎなくなっているともいえるだろう。

旅が多様化すればするほど、個々の旅の経験は多様化する。しかしその土地へ行った経験を代表させ、経験の差異を埋める普遍的な記号があれば「〇〇の旅」は成立しやすい。それがいかに陳腐なものだとわかっていても、他者と旅の経験を共有するためには記号が必要になるのだ。それゆえ旅が多様化すればするほど、多様化を望めば望むほど、記号によってその多様性を簡便に包括せざるを得ない。なぜなら、土産物は自己の旅の経験を、旅をしていない他者と共有する媒介物だからである。

ご当地キティは、たった一つのモデルが衣装を纏い、コスプレし、擬態するという統一規格を有しているという意味において、その土地を端的に記号化することに成功している。いかなる多様な記号もキティという普遍化された身体に乗っかることによって、旅の目的地を差異化でき、また同じ目的地であっても旅のプロセスで生まれた差異を埋めることができる。

また同時に、統一規格をもつことによって「自分自身の旅」を規格化することもできる。各地の観光地を旅する自己の記憶をご当地キティという統一規格によって代替させることでコレクションを形成していく。そうすると、どこのご当地を訪れてもご当地キティを集めている限り、「自己」の旅の経験は一定の枠組みのなかに収めることができる。モデルがすべてキティである以上、そのコレクションはご当地の差異のみが特化した意味をもち得ることになる。

三　「ご当地」の表象は誰が消費するのか

では、こうしたご当地の表象は一体誰が消費するのであろうか。ご当地の表象——特にご当地のイメージを付与された身体を描いたもの——は、ご当地キティに始まったことではない。多くの絵画作品のなかには、さまざまな地方の風景と「女性」をとりあわせたイメージがある。特に大正から昭和一〇年代までには土田麦僊らによって、「見る者に地方の特定の場所を喚起させる風景、すなわち田園や山村、あるいは漁村の風景と、特色ある土地のいでたちの女性たちとを組み合わせた絵画が描かれ[9]」たことを池田忍氏は指摘している。

池田氏によれば、それらは「いずれの作品においても、女たちの個別性はほとんど意識されて」おらず、また「彼女たちの身体は、風景の中にとけこみ、自然の一部をなすように描かれている[10]」という。つまりご当地の表象は、キティがさまざまな土地のイメージを背負っているように、個別性のない無名の女性身体とともに描かれてきたのである。

ここで扱われている土田麦僊の作品は、一九一二年（明治四五）第六回文展に出品した屏風「島の女」と一九一三年（大正二）に同じく第七回文展に出品した「海女」である。「これらの絵画は従来の分類でいえば、風俗画、もしくは美人画とされてきた」ため、それらが「ご当地」という「特定の土地の風景や自然のモチーフと女性を組み合わせて描」かれていることに特別な関心が払われることも、またその意味を問うこともなかったとされる[11]。

とはいえ、この時代に一般にご当地への関心がなかったわけではない。むしろ土地の風景や自然のモチーフと女性という組み合わせは、特に議論されることもなく鑑賞者に受容されていただけで、裏を返せばそれがある種の大衆の視覚的な欲望を満たしていたからこそ、その意味を問う必要がなかったといえる。池田も指摘するように、この時期の地方風俗（いわゆる「ご当地」）への関心の広がりは、二次元の視覚表象だけでなく、博覧会など

における見せ物などにもみられるものであった。(12)

土田麦僊のようなご当地風俗への視覚的な関心は、一つにはすでに指摘されてきたように雑誌『白樺』に掲載された柳宗悦の評論「革命の画家」におけるゴーギャンの評伝などにインスパイアされたものである。(13)しかし、麦僊個人の意識だけでなく、こうした「ご当地」への関心は当時の画家や鑑賞者だけでなく、都市の中産階級の人々びとに広く共有されていたと考えられる。(14)ある意味では、『白樺』を経由した日本の中産階級におけるゴーギャンの受容も、ご当地（当時のパリからみた「未開」の楽園）のイメージを、女性身体を通して享受しようとする集団的欲望に立脚していたのかもしれない。

麦僊以前の「ご当地」への視覚的欲望についても当然指摘されてきた。たとえば『風俗画報』などのように日本国内のさまざまな地方風俗をとりあげた視覚メディアがそれである。『風俗画報』における地方色豊かな土地を紹介する記事は、「地方異聞」「地方風俗」といった見出しの連載形式をとって毎号のように掲載され、『画報』の記者が実際に旅をしてレポートしたものだけでなく、地方都市の読者からの寄稿もさかんであったとされる。(15)こうした複製メディアを中心とするご当地イメージの流布は、麦僊のような画家たちが「ご当地」イメージを求めて旅立つ動機づけとなっていった。まさに「画家の旅は探していたものを見つけ出す旅であった」(16)のだ。

こうした背景には、近代化つまり西欧化の担い手であった都市の男性知識人にとって、ご当地の自然は豊かな実りをもたらす場所として自分たちの手中にあることが確認されなければならず、またそこに生きる女性たちも、自然の産んだ美しい果実とみなすような、女性と自然を同化させていこうとする意識がある。(17)ご当地の無名の女性たちは土地の豊かな自然とともに描かれ、時には名産品や豊かな実りを手にして描かれた。こうしたご当地の表象を作り出し、またそれらを視覚的に消費することは、自分が訪れた（征服した）ご当地のイメージを所有することにほかならず、その媒介者は無名の描かれた女性（＝他者）なのだ。

現代社会においても、この論理が有効であることはご当地キティの存在からわかる。かつて「日本画」という表現手法によって描き出されたさまざまなご当地は、近代日本において、それが西洋男性と肩を並べること（＝近代化・西洋化）を目指した結果選択されたものであった。つまり、ご当地イメージの所有と消費は、その主体にとって優位な表現を通して行われ、イメージの消費によってライバルに介入されずにみずからの豊かさを確保することが可能になった。現代社会において、いたって古風な根付というミニアチュール的表現手法によってご当地を消費している多くは女性であり、そこで形成された世界に「ライバル」である男性は介入しづらいことが推察できよう。そして、ご当地イメージとともに描き出される「他者」こそがキティなのである。

日本画に描かれた女性たちが特定の誰かでなく「女」という普遍的身体であったように、現代のキティはもはや人でも猫でもない普遍的身体となっている。キティ以外の何者でもなく、すなわち何者にもなれる普遍性を有する。ご当地キティは、祭りや風習を纏う時には限りなく人間的な姿で登場し、歴史や物語をモチーフにコスプレする時には既存のテクストを可能な限り反映し、産物に擬態する時には人はおろかキティの姿すらも残らないほど変形していく。ご当地を訪れた観光客が欲するイメージに合わせて、キティは何者にもなり、またご当地の自然や文化の表象のなかに取り込まれていくのである。それらはすべて、女性観光客がそれぞれの土地に対して期待するステレオタイプなイメージでありながら、それがキティという徹底した他者であることによって、女性たちにとってご当地のイメージを自己のモノとして消費できるのだといえよう。

四　空虚なる身体と無意味な記号

さて、土産物としていかなるご当地をも表象し得る普遍性を獲得したキティという身体は、前述したように、それは家父長制社会における男性による女性身体の普遍化と同じ構造をもち、視覚化されてきたものである。

「ご当地」という地方イメージを領有しようとする男性知識人たちが、日本画という手法を用いて他者（＝女性）に多様なご当地のアイテムを付与し、表象を消費してきたように、現代社会においては観光というイベントを領有しようとする女性たちがミニアチュールという手法によってご当地キティを消費する。この時、まさしくキティは「他者」「客体」なのである。

ご当地キティは、さまざまなアトリビュートによって特定の土地のイメージを視覚化するが、これはある意味では寓意像にも似た機能をもっている。寓意像において女性身体が用いられてきた歴史について、若桑みどり氏は次のように述べる。

「女性像」は、実際に存在した女性たちのイメージではないことはいうまでもない。それらは、その社会のなかの、イメージを生産し消費するジェンダーと階層にとって意味のある女性についてのある観念を表象しているのである。しかもそれが大量に生産され消費された場合には、それはその社会の広範なグループに共有されたものであると考えられる。(18)

視覚表象の大量生産・大量消費現象は、その背後に巨大な消費者集団をもたなければならない。そしてそれは社会集団として（特定の文脈ではあれ）支配的な位置に置かれている。支配集団は集団内に決して存在し得ない名もない他者（＝「抽象的で空白な記号」）を視覚化し、それを集団内でともに領有することで心性の統合が図られるのだ。(19)若桑氏は、「文化の創造主体である男性たちは、実にさまざまな目的や意図や願望をもって、支配的文化の客体として差異化された女性たちの身体を、彼らにとって価値のある概念の「入れもの」として使用し、消費してきた」(20)と指摘する。こうした寓意像における女性身体の歴史は、既存の社会のジェンダー構造の反映である。

表象の歴史において「他者」であった女性たちが、主体的かつ自己中心的消費者となるためには、土地をイメージさせ都合よく体現してくれる「別の他者」身体が必須である。それは誰の身体でも良いのだが、しかし消費者の自己身体を想起させず、確実に他者化できることが必須である。故にそれは男でも女でもなく、また可能なら人間でない方がより「他者」化しやすい。さらには、自己の記憶のなかに存在する他者であれば、なおかつ愛着をもって所有してきた他者であれば、よりイメージの領有は簡易になる。

旅行者にとって観光地とは他者の土地であり、その土地のイメージを所有することは「観光」イベントの完結を意味する。これはいわば土地の柔らかな征服と領有であり、ご当地のシンボリックな空間で記念写真を撮り、ご当地の食材を味わうこともしかりである。「観光」とは、そうした欲望のあり方を隠蔽し、口当たりよく受容させるための仕掛けなのである。それゆえに、観光というイベントを煽る（＝宣伝する）際には、決して現実の他者の暮らしを脅かしたり、侵犯したりするイメージは浮上しない。キティのように限りなく他者的身体をもつ「キャラクター」は、（たとえそう感じていなくとも）他者の土地を視覚的に領有する旅行者の欲望を覆い隠し、心地よく消費させるフィルター機能をもつのだ。そうしなければ「観光」というレジャーは完成することはない。とはいえ現代社会における「観光」は、単なるご当地への侵犯ではなく、ご当地への経済的な還元が期待されている。土産物は重要な観光収入の一つであるため、より多くの土地のイメージの視覚化は土産物生産を支える鍵となる。

前述したように、イメージの大量生産・大量消費を支えているのは特定の文脈の支配的な消費者集団であるが、現代の観光開発においてこれは「女性」集団が想定されている。それは必ずしもジェンダー構造において女性が優位に立ったことを意味するわけではなく、旅の消費者集団として未開発だった集団を発見してしまったに過ぎない。女性消費者という集団を意図的に作り出していくためには、消費されるべき無意味で空虚な身体が必要となる。「くまモン」や「ひこにゃん」が、現代のゆるキャラブームのなかで生み出された土地の寓意像でありながら、その普遍性が担保されていないのは、それが特定の誰か（熊本の、彦根のというアイデンティティをもつ）であるからである。その意味でキティはご当地に固有のアイデンティティをもたないことで、何者にもなれる普遍的身体性をもち、消費されるべき他者を演じることが可能である。

結　論

歴史のなかで常に空虚な身体とされ、さまざまなアトリビュートを身につけ、モデルとなりご当地のモチーフを纏ってきた他者なる「女性」には、その前提として決して現実を生きる女性たちが想定されていなかった。なぜなら、そこでは描く側も見る側も男性であり、生産と消費の両空間において女性は他者であり無意味だったからである。

現代社会において「女性向け」「女性的」商品が開発されるとき、そのモチーフは女性自身の生身の身体が犯されるものであってはならない。特別な生身の身体性は固有の物語をもち、不特定多数の消費の欲望には耐えられない。可能な限り女性の身体性からは遠い他者の創造が肝要であり、女性消費者の育成には、その代替身体が模索されてきたのだといえる。結果として全国の（いまや世界各地の）観光地において不可欠な存在としてご当地キティが存在している。その背後にはこの普遍的身体の消費を通してご当地を領有する女性旅行者集団がみえてくる。

そのことが社会のジェンダー秩序の解体を意味するかといえば、依然としてジェンダー秩序は解体していない。一方で新たに女性消費者を作り出すことは旅行者集団の母数を増やすという意味をもち、そのことがご当地側の観光施策の課題となって久しい。この課題をクリアするために、単に男／女という対比ではなく、消費するもの／されるもの、生産するもの／されるものという視覚文化におけるジェンダー秩序を反復し、入れ子状態に構造化することが試みられている。既存の社会のジェンダー秩序は維持したまま、劣位に置かれた側（女性消費者集団）をある種の支配集団に育てていくには、さらなる「消費されるべきもの」を創造することが必要である。その際、劣位集団に特化された受容形態を作り出すことで、その集団の特権的な消費が保証され、構造内部に入れ子状の偽・優位集団を形成することが可能になる。

「ご当地キティ」は、まさに現代の寓意像である。その普遍的身体はどんなご当地のアイテムも纏い、どんな歴史も乗っ取り、どんなモノにも擬態できる。しかし、固有の物語（アイデンティティ）をもたず何者にでもなれる身体を発見したということは、かつて「女性」の身体を通して男性知識人たちがご当地イメージを消費・領有してきたことと同様に、女性消費者たちに向けて、消費すべき新たなる「他者」が創出されたことを意味する。この新たなる他者（キティ）は物理的には男性も消費できるものでありながら、あたかもそれが「女性向け」であるかのように振る舞い、女性支配集団の特権化を偽装することで、入れ子状に所有・消費のジェンダー秩序を内包する。その時、決して社会のジェンダー秩序は解体されることなく、視覚文化のジェンダー秩序――視覚的消費・所有による支配構造――を、既存の社会の内部にスライドさせ構造化することができるのである。

現代日本の「カワイイ」文化の代表格ともいわれる「ハローキティ」は増殖を続けている。その増殖を女性文化の隆盛と語る際、その「女性文化」をも内部に取り込み決して解体されない強大なジェンダー秩序の不可視化が図られている。

（1）『デザイン学研究』一九―四（二〇一二年）、常見美紀子「カワイイファッションの系譜――源流からメディアミックスまで――」一八～二七頁、神野由紀「表象としての少女文化「カワイイ」デザインの起源に関する一考察」二八～三五頁。

（2）宮下雅年「旅するハローキティ――「ご当地キティ」における結合、分離、非知、交渉――」（『大交流時代における観光創造』北海道大学大学院メディア・コミュニケーション研究院、二〇〇八年三月）。

（3）ベルソン&ブレムナー『巨額を稼ぎ出すハローキティの生態』（東洋経済新報社、二〇〇四年）。
（4）限定キティ保護者会編『ハローキティBOX2　限定キティ　パーティーブック』（講談社、二〇〇六年、二頁）。
（5）本稿の図1～10については、以下の文献から転載している。限定キティ保護者会編『ハローキティBOX4ご当地キティ　ヒストリーブック』（講談社、二〇〇九年）。また、以下の文献も参照している。限定キティ保護者会編『ハローキティBOX限定キティBOXご当地キティ完全カタログ』（講談社、二〇〇五年）。限定キティ保護者会編『ハローキティBOX限定キティパーティブック』（講談社、二〇〇六年）。限定キティ保護者会編『ハローキティBOXご当地キティ完全カタログ2』（講談社、二〇〇八年）。限定キティ保護者会編『ハローキティBOXご当地キティ完全カタログ3』（講談社、二〇一〇年）。株式会社サンリオ『地域限定ハローキティ一五周年記念オフィシャルナビゲートブック二〇一三』（エムオン・エンタテインメント、二〇一三年）。
（6）前掲註(2)宮下論文、六四～六五頁。
（7）同前、五八～五九頁。
（8）同前、五九頁。
（9）池田忍『日本絵画の女性像――ジェンダー美術史の視点から――』（筑摩書房、一九九八年、一七一頁）。
（10）同前。
（11）同前、一七二頁。
（12）同前、一七七頁。
（13）『白樺』一―二、（一九一〇年）にはゴーギャンの「タヒチの女」が紹介され、同誌三―一（一九一二年一月）には評論「革命の画家」が掲載されている。
（14）前掲註(9)池田書、一七五頁。
（15）同前、一七九～一八〇頁。
（16）同前、一八三頁。
（17）同前、一九九頁。
（18）若桑みどり『象徴としての女性像――ジェンダー史から見た家父長制社会における女性表象――』（筑摩書房、二〇〇〇年、六頁）。
(19) 同前、一一頁。
(20) 同前、一三〜一四頁。

V　文化の交錯

絲綢を運んだ南海の船舶と文化

辻尾榮市

はじめに

中国の秦代末期から前漢時代にかけて、広東省広州市を中心とする嶺南地域に南越国が出現している。南越国は中原との融合した文化を保ちながら、しかも友好的な関係を維持したが、漢の武帝は元鼎五年（紀元前一一二）、大規模な討伐を企て、番禺城（のちの広州）は陥落し、滅亡した。中央と地方政権の地域差のある政治的・文化的な外交関係は、わずか九三年間しか継続しなかった。私見をいえば、すでに武帝は先見的な国策として、南海「シルクロード」として発達する番禺の存在、のちには国際都市として確立するこの地域を、意識した戦略を企てていたと見ることに強ち誤りはないだろう。南越国がさらに南方の地域との交流を考えた時、南海海域にはすでに先進的な船舶の航行があり、外交的な目的を備えた交易を主とする政策が進展していたと考えられる。

漢代の中国と東南アジア、インドとの海上航路は、『漢書』「地理志」にある漢字表記の地名は今日、適確に比定し難いが、日南郡の障塞（ベトナム中部付近）あるいは徐聞（広東省徐聞県）、合浦（広西省合浦県）から出航し、インドシナ半島に沿って南下、都元国（ベトナム南圻一帯）にいたり、さらに邑盧没国（インドシナ東海岸）へ、諶離国で舟・船を降りて上陸し、マレー半島を横切り、夫甘都盧国（マレー半島西海岸）にいたる。そこから再び舟・船で航行して黄支国（インド東岸付近）にいたり、その南に已程不国（スリランカ）があり、漢の使者はここから、再び元の航路に沿って帰るのである。

黄支国は「その州は広大で、世帯が多く、珍しい物が多い」とあり、中国の絲綢《しちゅう》（絹織物）は贈答と貿易を通して各地に輸出したのである。南越墓から出土した海外に関する実物資料を見ると、この南海交通航路は南越国の時期には開航していたということになる。このことから想像し得ることは、もしも南越国の時期に造船業の基礎構築と海上交通による経験の蓄積がなかったなら、「武帝以来」の盛況な南海航路の出現はなかったはずである。

さて、この南海地域の情況を交易・交流の観点から船舶を視野に入れながら紹述したいが、その要諦を得た徐恒彬[1]の報告からその状況が理解されるので紹介しよう。

一　南海の海域

中国は世界で最も早く養蚕を行い、生糸を使った国である。古代西欧の国が養蚕や絹織物をまだ知らなかった時代、中国の絹織物は中央アジア、西アジアやヨーロッパ諸国では不思議な貴重品として見られた。彼らは自国の特産物との交易により、競って中国の絹織物を求めた。この中国と西欧とのいわゆる交易と文化交流の道を代々伝えて「シルクロード」と呼んできた。その絹織物を生産する中国は「生糸」の国とも呼んでおり、「シルクロード」には陸路もあれば、海路もあった。

陸路の開始は、一般的には建元二年（紀元前一三九）に張騫（?～紀元前一一四）が漢武帝の命を請けて西域に出使したのがはじめてであるといわれている。漢代の陸路「シルクロード」は長安（西安市）を出発点とし、西域南路あるいは北路を経て、中央アジアや西アジア諸国に達する。そしてさらにこれらの国を経て、ヨーロッパの大秦国（ローマ帝国）などの地に達した。漢代以降、これら陸路「シルクロード」は絶え間なく発展してきた。海路の「シルクロード」は南海地域が中心である。古代の「南海」と現在の南海とでは概念上非常に大きな違いがある。元代（一二七九〜一三六八）以前の中国文献では南中国海以南を通過する海路に向かって到達できた地域はすべて「南海」と呼ばれている。航海が頻繁になった元代には、その海域は東西洋とも呼ばれていた。(2) 今日の南海はまた南中国海と称して、その海域面積は約三六〇万平方キロであり、その範囲は台湾海峡の南に向かって真っ直ぐ曾母暗沙付近までとなる。この果てしなく広い海域は太平洋とインド洋の間の重要な航路地点であって、中国から東南アジア、南アジア、西アジア、中東、アフリカ、ヨーロッパおよび南太平洋やオーストラリアなどへの海上交通路として避けて通ることができない航路であった。

古代の南海の中心港湾都市は広州であり、広州は南海「シルクロード」の主要な位置を占めている。

二　船舶の基地「番禺」

秦漢時代の広州は嶺南の政治・経済・文化の中心であるとともに、最も繁栄していた都市であり、紡織・陶器・金属精錬や食品の生産加工は比較的高い水準に到達していたと考えられる。

広州は三国時代以前まで「番禺」と呼ばれていた。それはこの地が「番山の隅」にあったことに由来する。(3) 番禺は秦代以前からすでにひとつの都市であり、秦が嶺南を統一（紀元前二一四）した後は南海郡に属した。秦代末期から漢代初期（紀元前二〇七〜一一一）にかけては南越国の都城がおかれ、漢武帝が元鼎六年（紀元前一一一）に南越国を統一したのち、再び南海郡に属したのである。『史記』「貨殖列伝」には「番禺は都市のひとつである。珠玑、犀象、玳瑁や果物、布の産地である」とある。『漢書』「地理志」でも「海に近い所で、犀象、玳瑁、珠玑、銀、銅、果実、布の集貨が多くあり、中国の行商人は多額の利益を得ていたが、番禺はその都市のひとつである」と記している。

海上の「シルクロード」は広州からはじまるが、『漢書』「地理志」の記載では、漢武帝の時期、漢が南越の宰相呂嘉の反乱（紀元前一一一年）を平定したのち、黄門の使者を派遣して東南アジアや南アジア諸国に出使させたのである。漢代の海外貿易は少府によって専管され、その少府の属官のひとつである黄門に通訳の長がおかれている。その黄門の使者は黄金、絹織物などの物品を携帯し、応募した商人や民間人を統率して船隊をつくり、番禺の基地を出発点として徐聞港を経由して遠洋航行し、マレーシア半島の都元国、シンガポール西方の皮宗国、ビルマ境内の邑盧没国、諶離国、夫甘都盧国、インド半島南部の黄支国、スリランカの巳程不国などの地に到達したのである。(4)

当時の漢代の使者らが利用した海上の「シルクロード」は民間人や番禺の地方官史によってすでに開拓され掌握されていた航路であった。考古学的調査による新発見はすでにこの歴史的事実を証明している。一九八三年、広州の象崗山で発見された南越文王墓ではアフリカ象の象牙と西アジアの銀盒箱が出土しており、これは南越国の時期からすでに東南アジア、南アジアの海路を経て西アジア、アフリカなどの地と交通交易の往来があったことを証明している。(5)前漢時代中期になると、広州は地中海岸のローマ帝国と交通交易関係があったのである。

広州小北路横枝崗第一号の前漢時代中期墓からは三点のガラス碗が出土している。口径一〇・六センチ、壁厚〇・三センチ、深青色で半透明、口沿部が広く、胴部が丸く、わずかな高台がある。遺物の形状からみると、外壁から口沿部にかけて磨きがかけられており、その口沿の下にさらに磨きがかかった幅のある弦紋が一筋あり、そして朱砂色に染めてある。同位元素X線放射による蛍光分析によれば、それはソーダ石灰系ガラスに属する。(6)その製作風格、元素成分の分析から地中海岸ローマガラス様式であり、紀元前一世紀の製品であることがわかっている。
　これらの事実から、広州の珠江口より東南アジアや南アジアに到達する航路のうち、最も古いもののひとつが南海航路であり、すでに先秦時代から開通していたことが理解される。当時の航運技術の限界から、船舶は海岸に沿ってしか航行できず、日中は沿岸を指標に方向を定め、夜間は宿星の動きを見て船舶を操作していたのであろう。それに加えて船体は小さく、設備は貧弱で、携帯食品や飲料水の積載量にも限りがあるため、一定距離ごとに必要な時には、港に寄って補給を受けなければならなかったのである。番禺はその航路の本拠地であり、前漢時代はここから出航して、徐聞港を経て東南アジアに向かっており、後漢時代は徐聞を経て合浦に向かい、そこから東南アジアへと出発したのである。このようにして『漢書』と『後漢書』の「地理志」でいわれる番禺―徐聞―合浦の南海の「シルクロード」の航路が形成されたのであろう。[7]
　徐聞は雷州半島の南部、要衝の琼州海峡に位置し、秦漢時代の北部港湾地域の合浦、交趾および東南アジア各国へ向かうには必ず通らなければならない地点である。漢代の徐聞港の位置についての論争は少なくないが、現在の海康県にあったという説もあれば、徐聞県大黄郷土旺、邁陳鎮新地埠頭あるいは五里郷二橋、仕尾村という説もある。一九九〇年五月末、広東省の考古学研究者が二橋村において大規模な漢代の遺跡を発見し、大量の軒平瓦、軒丸瓦や刻印紋の陶片が出土している。特に周囲を驚かせたのは、ここで初めて「万歳」銘が押印された瓦当が発見されたことである。その瓦当は厚くて重く、直径一四・五センチ、中は四区分に分かれていて、真ん中には小篆に近似した「万歳」銘の二字があり、両側は雲紋を配し、軒平瓦・軒丸瓦の品質は、規格・風格が一致しており、典型的な漢代の遺物であった。この発見は漢代に徐聞港が二橋村にあったという有力な証拠を提示したのである。
　ところで番禺の造船業と航海技術の発展は、南海「シルクロード」の開拓とその発展に少なからず重要な影響をおよぼしている。

一九七四年、広州市中山四路西側で発見された秦漢時代造船工場遺跡は、秦代から前漢時代初期のものと見られる。この遺跡から番禺における造船規模が巨大であり、その船台構造は先進的であり、材木の選択や加工技術を極めており、造船能力およびその技術水準がいずれも非常に高いことがわかる。船台の規模から推測すると、第一号船台の幅は一・八メートル、第二号船台の幅は二・八メートル、それぞれ分けて造船でき、船体幅は五～八メートル、積載量が二五～三〇トンの木造船が建造できたと推定される(8)。秦漢時代の造船工場遺跡から約三〇〇メートル離れた中山五路東側でも、一九七七年に後漢時代の造船工場遺跡が発見されたが、構造および規模は秦漢時代のものと比較するとはるかに小さい施設であったことが知られている(9)。中国古代の南越人は造船に精通し、航海を得意としたことが理解できる。

彼らは長期間を南海で生活しており、技術水準の高い大型船を造れただけでなく、航海で船を操業する経験も積んでいた。また、舟・船具類においてその南海では世界で最も早く船舵や錨が使われた地域でもある。広西省貴県の羅泊湾の前漢時代初期一号墓で出土した大銅鼓には羽人の戦舟・船紋を銘範《ようはん》した模様があり、その船首船底部には錨に似たものが、船尾には舵に似たもの(10)が描かれている。

一九五五年、広州市東郊外の先烈路の後漢時代墓で出土した陶製舟・船模型では、すでに錨の模型が作られ、舵の模型も作られていた。しかもこの船には前・中・後部に三つの船艙室があり、船艙室の上には篷《とま》があり、後部の船艙室は特に高く、操舵室（舵楼）になっている。船尾にはまた小さな船尾楼が一つあり、後部船艙室の右側付近には厠所がある。船の両側には篙《さお》取りのための走道がある。船首の両側には各々槳架が三か所おかれ、繋船柱に船錨が吊られており、錨の形状は十字の柱基礎に似ていて、一端が双扁角に分かれている。船尾には舵をまわす車輪軸のような部分があり、舵の形状は下の方が広く、上の方は狭く、下部は船尾に向かって反っていて、広くて平らであるのは船舶の進行方向を把握しやすくするためであろう。上部の狭い円形は舵取りの操作を把握しやすくするためである。(11)

船全体の構造は複雑で、とくに横梁材（隔壁）の設置は船体の肋骨を堅強にし、吃水深を取り、積載量を大きくし、また船体の安定を保つことができ、風に煽られても転覆しにくい構造である。船体比率によると、この船の全長は約二〇メートルくらいで、設備が完全に整った船舶であり、ある程度の遠洋航行をすることが可能である。徳慶県の後漢時代墓で出土した陶製舟・船模型においても海上航行に適した構造と見られる。船首と船尾が反り返っていて、甲板下には船艙室があり、甲板上にも楼艙室がある。舷側には走道板が置かれており船首から船尾まで繋がっている。船尾にも舵艙室があってその船尾舵は高くて大きく操縦しやすくなっている。

早期の錨は岩石で作られており、中国古代では「矴」「碇」と称している。鉄製の錨が出現したのは比較的遅く、ほぼ宋代以後のことである。一九七六年、アメリカのカリフォルニア州パロスベルギス半島の「浅瀬」で発見された三六点の石錨の多くは、中国および外国の研究者たちが調査研究を進めたところ、アジアの早期の石錨であると考えられている。広西省貴県銅鼓の舟・船紋中の錨や広州市陶製舟・船模型上の錨が、早くも二〇〇〇～三〇〇〇年前からあったとされていることから、中国人、すなわち嶺南の越人が最も早く北アメリカ(12)に到達した可能性が非常に高いと推論している。

漢代の造船技術のなかで先進的水準の高さを最も代表しているのが楼船である。広州市東郊外の龍生崗四三号の後漢時代墓で出土した木製の楼船模型が最初の発見であるが、その船上には重楼、舷側板、一〇本の槳、一本の櫓、木製俑などがあった。船板に彩られた図柄や模様は朱・黄・藍・桃・黒の五色で描かれている。残念ながらこの模型は復元(13)できていない。

また広州の漢代の都城に使用された磚上に彫られた楼船図を実見した報告によれば、その形は非常に複雑で、当時の楼船は船首が低く、船尾が高く、船尾には大きな船艙室が一つあり、船体の左側に合計一〇層の船艙室が連なっている。中央には大きな鐘が一つあり、船体の右側にはマストがあり、その上に帽子のように広がっている帆が掛けられ、色とりどりの旗が掲げられているという。船縁の側面には浮木と辺架がある。(14)

この種の楼船には帆が広げられており、辺架は船体の安定を保ち、風に沿って航行できるので、近海航行に適していたのであろう。漢代の番禺は南海地域で楼船を造船する中心地であった。後漢時代の伏波将軍里援が交趾に遠征した時に統率した楼船はおよそ二〇〇〇余隻に達し、漢代における嶺南の造船能力と技術水準の向上に影響を及ぼしたといわれる。漢代の南海における木造船はすでにかなりの完成度と比較的成熟した帆船の段階にあったことが理解される。大型楼船の甲板上には重楼、帆、舵、錨、槳、櫓などが完備され優れており、しかも海上での遠洋航行や海上戦を行うことができた。これは中国の造船と航海史上においてひとつの高峰を築いていたことになる。

航海技術や知識は、漢代にはすでにかなりの水準に達しており、海洋船の遠洋航行ではすでに風力や星座の知識を援用して航海できる技術を知っていたのである。しかもその航海経験をまとめた著作は『海中日月彗虹雑占』『海中五星順逆』『海中二十八宿国分』『海中二十八宿臣分』など一三六巻にも達し、当時の航海における宿星の動きを観察して位置を知る技術がすでに実用されていたことがわかる。(15)

漢代の南海「シルクロード」の輸出商品の主要なものは黄金・釉色陶磁器・玉器および生糸である。漢代の釉色陶磁器はインドネシアのジャワ島やスマトラ島で出土し、玉帯鈎はタイでも出土する。ともに当時の輸出の状況を証明している。

とくに生糸は輸出の主要商品である。広州における南越国時期の捺染絹織物の技術はすでに非常に高い水準であった。象崗山南越文王墓から一つの覆布が発見されており、その中に最も早期のものである絹織物用銅製捺染具が二点出土しており、一点は大型で、もう一点は小型であり、それらは一式になっており、広くて薄い板状で、画面の凹凸からかなり精巧な図案線紋になっており、背面は平らで真ん中に一か所環状の小鈕があり、縄を繋ぎ握るためのものと考えられる。大型のものは長さ五・七センチ、幅四・一センチで、火炎紋をした旋曲状の模様が描かれており、その形は小樹に似ている。小型の方は長さ三・四センチ、幅一・八センチで、その形は「人」字に似ている。

出土した時、二点の捺染の凸板は絹織物で包まれており、その付近はすでに炭化していたが、完成した絹織物が多数見つかっている。その絹織物の組み方や模様は、はっきり認識することができ、中でも灰白色の火炎紋の花模様は凸板の図案と一致している。(16)

このほか広西省貴県の羅泊湾一号前漢時代初期墓で一組の木製紡績工具が出土している。その中には翹刀が三点、緯刀が一〇点、巻経板八点、吊杆三五点、調綜棍二点、紡錘棒四点、円棒三点、繞線棍八点、繞線筒一二点、瀼棒二点、錐釘三点などがある。副葬された紡績品は非常に多く、精好な絹織物をはじめ布・衣服・袋などの出土がある。すでに腐蝕しているが、残片と痕跡からみて、絹織物もあれば麻織物もある。広西省の絹織物工業研究所の鑑定を経て、絹織物は主に平紋様であり、織り糸の目が非常に細く、その密度は一平方センチあたり縦線が四一本、横線が三一本であることがわかった。また黒色糸に赤色糸を巻きつけた紋様の綿織物の残片もあった。(17)考古学的観点からこれらの資料の発見は、南越国時期に中国嶺南地域の絹織物と捺染技術がすでに非常に高い水準にあり、それらは国と民間の資本による重要な手工業品であったこと、絹織物の海上貿易に適した品質条件が現出していたことを示している。

南海「シルクロード」の繁栄と発展は番禺での市場の繁栄を促進したといえる。ローマのガラス器具、アフリカの象牙・犀角、西アジアの銀器、南アジアおよび東南アジアの琥珀・瑪瑙・玳瑁・果品（ドライフルーツ）など地域の特産物は、海上「シルクロード」を通って中国の番禺に輸入され、さらに陸路を通って漢王朝の都城にもたらされ、皇室・貴族・官僚・財産家たちに供給されたはずである。

南海「シルクロード」の発展にともなって、番禺には少なからず海外の船員たちが臨時的に、あるいは短期居住しており、これらの人たちは交易の使命をはたしたのち、船に乗って番禺を離れた。中には長期居住する人もおり、これらの人たちは一般的に家内使用人と呼ばれている。

番禺の貴族富豪が一般的に使用人を養い使役するようになったのは、広州漢墓の出土品によれば前漢時代晩期からはじまったと考えられ、それは副葬品の中に外人俑の座灯(灯明台)が発見されたからである。河南省大元崗一五号の前漢時代晩期墓で出土した一点の陶製の外人俑座灯は、胡俑の頭上には束ねた椎髻を結い、鼻は高く、顎には髭があり、目は丸く出て、口を開けて舌を出している。裸体、裸足で、体毛が生えており、膝を曲げ、膝立ちして、左手は灯盤を斜めに持ち、右手で足を支えており、頭部が左側の灯盤に向いている。作られた塑造の像容から見て、西アジアあるいは東アフリカの人に似せてあると考えられ、遠く番禺へと送り込まれた使役人が、同地で貴族富豪に雇われた「家奴」であると考えられる。家奴はすでに当時の社会風習として形成されていたと見られ、副葬品の中にはそれを反映して出土したのであろう。

後漢時代になるとこの種の托灯、頂灯の胡俑はさらに多く副葬されており、広州の後漢時代墓の発見だけでなく、韶関の後漢時代墓でも発見されている。東山三育路三号の後漢時代墓で出土した胡俑頂灯は、目が深く、鼻が高く、口はわずかに開いており、口の上下には髭があり、体つきはしっかりとしており、体毛が生えていて、両足を曲げて、膝立ちしている姿勢、頭上に頂灯が巻きつけてある。広州東郊外の先烈路三号墓で出土した二点の女侍胡俑は、その中の一つには貫通した短い袖衣を着ていて、腕および双方の乳房を強調していて、胸の前には交差した線紋で薄物の衣服を羽織っていること示したと見られる刻みがあり、地までつく長い身ごろを着けてが現れているのであろう。

おり、頭部は布（ターバン）を巻きつけて、右手に托盤をかかえ、托盤は肩の上に位置している。盤内には菓子がのせてあり、体はやや前に傾いておりちょうど歩いている姿勢につくられている。(18) 当時、海外から雇われた家内使用人には女奴も少なくなく、女奴と男奴とでは任される仕事に違いがあり、副葬俑の衣服や姿勢にも違いが現れているのであろう。

三　広州からの発展

三国時代、呉国の孫権が黄武五年（二二六）、交州を交州・広州の二州に分け、南海・蒼梧・郁林・合蒲の四郡を広州とし、南海群に番禺を設置した。広州という名はこの時に始まっている。後漢時代末期以来、中原では戦乱が頻繁に起こり、西北の陸路であった「シルクロード」はよく阻まれた。それに比べて嶺南は穏やかで、広州の晋代の墓からは「永嘉世、天下荒、余広州皆平康（永嘉の世では天下は荒れるが、広州は平安である）」と記された磚銘が、まさしくこの時代の状況を反映している。当時、広州の位置した嶺南は発展し、商業が繁栄しており、中原の人たちは競って南方との交易を求めた。その結果、経済・技術・文化の融合と発展が促進された。海上「シルクロード」は三国時代から南朝時代にいたるまでさらに一歩進んだ繁栄・発展を成していた。南海「シルクロード」の中心基地・対外貿易港としての広州の地位は一層確立し、交州を越え、徐聞・合浦港に取って代わって南海「シルクロード」の主要港となったのである。

広州港の地位向上は、ある一面で広州の政治・経済の発展と地理的な形勢が関係している。また一面では新航路の発見に目を向けずにはおられなかった。一九七五年、広東省の考古学研究者が西沙群島を調査した時、北礁において南朝時代の青釉陶磁器六耳罐と杯を発見した。これらはこの海南島東部を経て西沙群島北礁にいたる新航路が、南朝時代以前にすでに開通していたことを証明している。(19) 三国時代の康泰『扶南伝』と万震『南州異物志』には西沙群島一帯の珊瑚岩礁について記載されているが、この新航路は三国時代の黄武五年（二二六）に康泰が扶南に出使した時すでに発見していたと説明しており、康泰は船隊を引きつれてこの航路を通ったことが記してある。このことは、両書にこの航路一帯の海域状況が記録されていることからも理解できるであろう。万震の記載によるとこの航路に関する情報が一般的に広まるには、それほど時間はかからなかった。新しく発見された航路は徐聞・合浦・交州港間の航海距離を縮めたが、それは環状に北部の港を経由する曲がりくねった航路であり、中国海南島東部、西沙群島北礁を経て東南アジア諸国にいたったのである。

南海新航路の発見とともに、西アジアと地中海沿岸国家に向けた海上「シルクロード」の西部航路も新しく開通している。インドと西アジアおよび地中海地方との通商関係は早くも一世紀には活発になっていたことが知られている。二世紀になると漢王朝とローマ帝国との海上貿易が盛んになり、三国時代にもその発展が見られた。さらに三世紀中葉のことを記している中国文献『魏略』には地中海世界との貿易に関する記載がある。それによると「大秦国は海西にあり、古くからその地を海西と呼んでおり、その国は河から出て、西にまた大海があり、海西には遅散城（タルソス）がある」[20]とあり、大秦国（ローマ帝国）は、海西とも呼ばれた。三九五年にローマ帝国は東西二国に分裂し、大秦は東ローマ帝国を指すようになるが、引用文中の海とは地中海のことで、その河とはナイル川である。タルソスやアレキサンドリアに都市が築かれ、現在のエジプトのアレクサンドリアとなったのである。当時、広州から紅海に向かう船舶は、ジャワ島で中途停留するだけで済んだが、飲料水と生活用品の補給はインド、ペルシャあるいは紅海で行うことができた。また紅海から地中海に入ることは許されず、人と貨物は駱駝を使ってナイル川に運び、そこで再乗船して川を下ってタルソスにいたったという。タルソスはローマ帝国の海外行政公署で、地中海、インド洋および極東貨物の集積地点である。海上の「シルクロード」を通って運ばれた中国貨物はタルソスからヨーロッパ各国に送られたのである。

三国時代から東晋時代にかけて、造船・航海技術はさらに向上した。東晋時代の僧法顕の『仏国記（法顕伝）』によると、この時代の船舶は長期に渡って航行することができ、途中で港湾に寄って停船することはなく飲料水や生活用品を補給する必要もない。目的地の遠近を問わず、頻繁に錨を下ろして沿岸の陸地に寄る必要はなく、「四方大海の中、東西、方向が認識できなくても」、「ただ太陽と月、星の動きを観察」して航行したという。法顕が乗った船舶の乗組員は二百数名、三か月を航行し、一二昼夜の狂風と巨大波浪に耐えさまざまな困難苦労を乗り越えて、最終的には何事もなかったかのように中国に到着したのである。これは当時の船体構造が優れており、航海技術も非常に高い水準であったことを示している。その当時、名の知られた呉国都城の航海士たちの出身地は広東省や福建省であった。左思『呉都賦』によると「篙工楫師は、閩や番から選ばれ」たと言い、その番とは番禺のことである。東晋時代の盧循が広州を攻めた（四〇三年）のち、軍艦を八隻造り、その高さは一二丈、楼閣は四層と巨大な規模であったというが、それも広州の造船技術の水準が高度に発達していたことを示している。

　この当時、東西洋を往来した南海船舶は、中国船を除いて天竺船・ペルシャ船の他に扶南船があった。『南州異物志』によると、「外国の人から船は舶と呼ばれ、大きなものは長さ約二〇余丈、高さは水面から二ないし三丈、まるで高楼を望むようで、積載人数は六〇〇〜七〇〇人、万斛の積載量を運ぶ[21]」とあり、「国境外の人たちは船によって大きさの異なる四つの帆をつけ、前後が重なり合って順に置かれている。牖《ゆう》（連子窓）の形をした長さ一丈余りの帆は藺草《いぐさ》などの植物で編んである。その四本の帆は前向きで、わずかに斜めに張り、全部同じ方向に張られ、その移相が異なり、風を受けて流すことができる。後方の帆は風力を得るためにかなり傾けてある。必要に応じて帆を操作して風力を得て、マストはそれほど高くないので倒れる心配はない。したがって強風や荒波をものともせず航行[22]」できたのである。三国時代の万震は南海船舶が大規模なこと、積載人数・重量の他に詳細な帆の数量、形状や操作技術を記している。この記載から当時の南海船舶は帆で風力を使用する技術水準が高く、前代に比べて飛躍的に進歩していることがわかる。

中国と外国官吏が頻繁に使者を遣わし朝貢貿易の交流をしたのが、この一時期の南海「シルクロード」を盛んにした要因のひとつである。呉国の孫権は海外との交通の発展に重点を置いていた。黄武五年（二二六）、宣化従事の朱応、中郎の康泰を林邑（ベトナム）、扶南（カンボジア）などの国に派遣している。彼らは伝承では百数十か国を訪問しており、呉国と東南アジア諸国と関係を強めた。康泰はまた扶南で天竺（インド）の使者と会見している。帰国後、朱応は『扶南異物志』を、康泰は『呉時外国伝』を記したのである。

扶南と中国の交流は極めて頻繁に行われた。中国の文献記載によると三世紀の三〇年代から七世紀前半にかけて、使節の派遣は少なくとも二六回行われている。[23] 扶南の造船と航海技術は相当発達しており、中国使者の朱応・康泰はそれを警戒しているほどである。康泰は『呉時外国伝』で、「扶南国は木を切って舡を造っている。長さ一二尋、幅六尺で船首尾は魚に似ていて、すべて鉄で武装してあり、大型のものでは積載人数は一〇〇名である。乗組員は長短の楫および篙をそれぞれ一人ずつ、船首から船尾にかけて一面に五〇人あるいは四二人、舡の大きさによって乗るようにしてある。長い楫は立って用い、短い槳は座って漕ぎ、水が浅い時は篙を使い、皆のかけ声はひとつにまとまっている」[24] と記している。永明二年（四八四）の扶南王が斉の武帝に宛てた上表文には、扶南王は「使者に貢物を持たせて広州に派遣し、貿易を行った」とあり、すなわち朝貢貿易を進め、その使者には王自身の船舶で行かせている。それは広州の天竺道人の釈那伽仙を招聘するためであり、このことは「使者の船で扶南に来てほしい」[25] ということを意味している。

このほか林邑国（ベトナム中部）、盤盤国、金領国（以上インドシナ半島）、頓遜国、盤皇国、丹丹国、于陁利国、狼牙修国（以上マレー半島）、訶羅陁国、啊羅単国、闍婆婆達国、婆利国（以上マレー群島）、師子国（スリランカ）、天竺（インド）、波斯（イラン）、大秦（ローマ帝国）など、前後して派遣した使者に答礼の品物を携えさせて朝貢訪問および貿易を行っている。西晋時代の太康二年（二八一）、ローマ帝国は使者を中国に派遣した。まず使者は広州に上陸して、回り道をして都城の洛陽にいたったという。[26]

朝貢貿易で輸入した品物は、伝統的な象牙・犀角・珠玑・玳瑁・ガラス器以外に吉貝（棉布）や香料も日増しに増加した。輸出の品物は大量の絹織物の他に、陶磁器・漆器・鋼鉄器が顕著に増加していることが知られる。広州と耶婆提国（インドネシアのジャワ島あるいはスマトラ島にある）との間で頻繁に商船が往来しており、通常の状況下で、風を利用する帆船は五〇日で到着することが可能であった。[27]

この時期に埋蔵され出土した遺物は海上「シルクロード」の状況を反映している。ペルシャ銀貨は広東省の三か所で発見され、そのうち二か所は粤北の英徳県滄洸鎮と曲江県南華寺、もう一か所は粤西海浜の遂溪県である。すべて円形で直径二・六～二・八センチ、厚さ〇・一センチ、重さ二・三グラムほどである。英徳県では三枚出土、曲江県では破片が九点出土し、そのうち復元できたのは一枚だけであった。正面には一人の半身王像が鋳造してあり、頭上には王冠をかぶっている。背面には祭壇が鋳造してあり、火焔・五角星・新月・祭司も見られる。正面と背面共にバフラヴィー文字の銘文がある。夏鼎の考証によると、ササン朝ペルシャのベーローズⅠ世の時代、すなわち四五九～四八四年の間に鋳造されたものである。[28]遂溪県附城辺湾村の貯蔵庫で出土したものは二〇枚以上に達し、さらに銀製の鐲・環・簪・碗・盒・金製の腕輪、純度の高い金銅製円錐底器など精工な金銀器も発見されている。遂溪県で出土したペルシャ銀貨はササン朝のベーローズⅠ世時代に鋳造された銀貨以外に、ヤズデギルドⅡ世すなわち四三八～四五七年間のもの、シャーブールⅢ世すなわち三八三～三八八年の間の鋳造銀貨が発見されている。

同時に出土したその他の金銀器もペルシャ風であった。その中でも純度の高い金銅製円錐底器が二点あり、口沿部はわずかにすぼまり、丸い胴部で円錐形の底部である。高さは七五センチ、口径八・三センチである。その紋様は六層に分かれており、底部から上部に向かって数えて、第一層は一〇弁の丸い花弁を組み合わせたひとつの花であり、第二層は二重の八弁の花びらを重ね合わせた大きな円形の花、第三層は忍冬紋唐草花紋様、第四層は花葉で魚獣および鳳凰紋様、第五層は忍冬紋唐草花紋様、第六層は帯状の柵紋様のものである。花紋の構成は巧妙で、彫刻はまるで本物のようであり、海上輸入による精密な工芸品(29)である。

中国と外国との仏教僧の頻繁な往来もまた南海の「シルクロード」が栄えるための重要な特徴の一つである。仏教は早くは前漢時代すでに中国に伝来していた。海路により広州に来た仏教僧は最も早い例で西晋時代恵帝の光熙元年（三〇六）と推測され、インドの名僧であった耆域である。東晋時代安帝の隆安三年から五年（三九九～四〇一）にかけて罽宾国（カシミール）の三蔵法師曇摩耶舎が広州の王園寺（現・光孝寺）に仏教を伝導するために来ている。宋の武帝永初元年（四二〇）、曇無竭は同志ら二五人と集ってインドを越え、南インドから船舶で海沿いに広州(30)へ到着した。宋の文帝の劉義隆が元嘉一二年（四三五）には、中インドの高僧求那跋摩が船舶で海を渡って広州にいたっている。梁の武帝の時にはインドの香至王の第三皇子、禅宗東土の初祖菩提達磨が広州の西来庵（現・華林寺）に布教活動に来ており、その後、北上し、建康（南京）を経て河南省の嵩山少林寺にいたった。他にもインドの高僧求那羅跋陀三蔵・智薬三蔵・拘那羅陀・真諦などが広州に布教(31)するために来ている。僧侶たちは仏教を伝導するとともに、インドの哲学・文学・医薬・絵画・彫刻や建築芸術などを伝え、光孝寺の菩提樹はすなわち智薬三蔵がインドから植樹栽培を伝えたといわれる。

南海「シルクロード」の繁栄は広州にさまざまなものを集め、「船舶の経路であり、商人や使節の交流の地」として一時の盛期を迎えた。『晋書』「呉隠伝」によると、「広州は山にかこまれ、海に面し、珍品・宝物は竹籠ほどであっても、他所に持って行けば数世代にわたって暮らせる」と当時の言い伝えを記している。また『南斉書』には「広州刺史、城門を経て通過すると三〇〇〇万銭を得るだけの価値がある」[32]といわれ、これは海外交通貿易の繁栄を反映・指摘している。便宜と利益だけでなく、その他の利益もあって対外貿易の往来が発展したのである。

おわりに

南海地域での文化的背景を抄録した。南越は南方諸国への強い興味から文化移入を企だて、国際的な都市形成を確立した様相が知られたであろう。その受容の背景には海上航路を通して東西諸国と連繫し易かったことがある。海を隔てた国々の異質な文化に触れながら、造船術・航海術に関して高度な技術を持つようになった。南越で出土した舟・船模型品、あるいは秦漢時代の造船工場遺構で見られたように高度な造船術を得たことは事実である。そのことが海上交易に対する関心を強くし、南海を越えて接触することになった。南海の「シルクロード」は唐宋時代において最盛期に達し、新しい時代を迎えた。その広州は中国最大の湾港都市となり、世界で屈指の東方の大湾港都市となったのである。

（1）徐恒彬「南海〝絲綢之路〟概述」（『南海絲綢之路文物図集』広東科技出版社、一九九一年）。
（2）陳佳栄・謝方・陸峻岭『古代南海地名彙釈』（北京・中華書局、一九八六年）。
（3）呉壮達「〝番禺〟釈名問題」（『嶺南文史』第一期、広東省文史研究館、一九八四年）。
（4）班固『漢書』巻二　地理志八下（北京・中華書局、一九六二年）。
（5）憑承鈞『中国南海交通史』（台北・台湾商務印書館、一九六二年、一～一〇頁）。
広州市文物志編纂委員会『広州市文物志』（嶺南美術出版社、一九九〇年、九九頁）。

西漢南越王墓博物館『嶺南文史』西漢南越王墓専輯（広東省文史研究館、一九八九年）。

(6) 広州市文物志編纂委員会『広州市文物志』(嶺南美術出版社、一九九〇年、一〇九頁)。
安家瑶「中国早期玻璃器皿」(『考古学報』第四期、一九八四年)。
(7) 班固『漢書』巻二　地理志八下(北京・中華書局、一九六二年)。
憑承鈞『中国南海交通史』(台北・台湾商務印書館、一九六二年、一～一〇頁)。
(8) 広州市文物志編纂委員会『広州市文物志』(嶺南美術出版社、一九九〇年、五〇頁)。
(9) 広州市文物志編纂委員会『広州市文物志』(嶺南美術出版社、一九九〇年、五一頁)。
(10) 広西壮族自治区博物館『広西貴県羅伯湾漢墓』(文物出版社、一九八八年)。
(11) 広州市文物志編纂委員会『広州市文物志』(嶺南美術出版社、一九九〇年、一一七頁)。
(12) 林岩「美州海底発現中国古代錨」(『歴史与文物資料』第六期、中国歴史博物館、一九八〇年)。
袁光禄「哥倫布和中国航海家」(一九八一年一〇月五日付「人民日報」)。

石鐘健「古代中国船隻到達美州的文物証拠——石錨和有段石斧——」桂林・第二届百越民族史研究会年会論文。
(13) 広州市文物志編纂委員会『広州市文物志』(嶺南美術出版社、一九九〇年、一一一頁)。
(14) 羅香林『百粤源流与文化』(国立編訳館中華叢編審委員会印行、一九五五年)。
(15) 班固『漢書』巻三〇「芸文志」(北京・中華書局、一九六二年)。
(16) 広州市文物志編纂委員会『広州市文物志』(嶺南美術出版社、一九九〇年、一〇〇頁)。
(17) 広西壮族自治区博物館『広西貴県羅伯湾漢墓』(文物出版社、一九八八年)。
(18) 広州市文物志編纂委員会『広州市文物志』(嶺南美術出版社、一九九〇年、一〇九、一一六、一一七頁)。
(19) 広東省博物館ほか「広東省西沙群島第二次文物調査簡報」(『文物』第九期、一九七六年)。
(20) 陳寿『三国志』巻三〇(北京・中華書局、一九五九年)。
(21) 李昉『太平御覧』巻七六九「舟部二」(上海・中華書局、一九六〇年)。
(22) 李昉『太平御覧』巻七七一「舟部四」(上海・中華書局、一九六〇年)。
(23) 和田久徳「東南アジア諸国家の成立」(岩波講座『世界歴史』第三巻古代三、岩波書店、一九七〇年)。
(24) 李昉『太平御覧』巻七六九「舟部二」(上海・中華書局、一九六〇年)。

(25) 肖子顕『南斉書』巻五八（北京・中華書局、一九七二年）。
(26) 欧陽詢『芸文類聚』巻八五「布部」（北京・中華書局、一九六五年）。
(27) 法顕『法顕伝』（文学古籍刊行出版社、一九五五年）。
(28) 楊豪「広東英徳、連陽南斉和隋唐古墓的発掘」（『考古』第三期、科学出版社、一九六一年）。
広東省博物館「広東曲江南華寺古墓発掘簡報」（『考古』第三期、科学出版社、一九八三年）。
(29) 広東省博物館ほか『広東出土晋至唐文物』（香港中文大学文物館、一九八五年）。
遂渓県博物館「広東遂渓発現南朝窖蔵金銀器」（『考古』第三期、科学出版社、一九八六年）。
(30)『大正大蔵経』巻三「慧皎高僧伝」「県無竭伝」
(31) 馮承鈞「南北朝時往来南海之僧人」（『中国南洋交通史』台湾商務印書館、一九六二年、三一〜三七頁）。
(32) 肖子顕『南斉書』巻三二「王琨伝」（北京・中華書局、一九七二年）。

参考文献
辻尾榮市「中国秦漢時代の広州珠江造船工場遺跡」（『田辺昭三先生古稀記念論文集』古稀記念の会、二〇〇二年）
——「中国秦漢時代広州珠江造船工場遺跡の出土遺物」（『新世紀の考古学』大塚初重先生喜寿記念論文集刊行会、二〇〇三年）
——「樓船考」（『古代学評論』六、西嶋定生先生・藤澤一夫先生追悼祈念、古代を考える会、二〇〇五年）
——「中国宋代の泉州湾后渚港出土の船」（『考古学の諸相Ⅱ』坂詰秀一先生古稀記念論文集古稀記念会、二〇〇六年）

『浪花名所獨案内』を読む

辻尾千曉

はじめに

諸所の名所図会などの研究は、近年翻刻成果が続々と公刊されているのをうけ、多くの読者がこれまでになく描かれた絵図などに興味をもっている。なかでも古今を対比させながら読み解いた研究がすすみ、身近にその理解が深まっている。本稿は「道中記」といわれる旅行案内書、あるいは名所旧跡を案内した地誌的な版本から往時を解きながら、案内記を垣間みようと翻刻紹介するものである。このような近世の道中記を読む楽しみのひとつには、歴史書にみられない発見があるということである。紹介する『浪花名所獨案内』には近世大阪における豪商三井家によって経営された呉服店越後屋の様子が描かれており、本書を通してそれを実感できれば幸いである。

さて、近世の書物は三都の本屋仲間が、出版、販売を独占しており、その本屋仲間には出版事情を書き残した記録がある。そのうちのひとつである『大坂本屋仲間記録』「出勤帳(1)」は、いわゆる業務日誌であり、任期中の行司が出勤日におけるさまざまな業務を記録している。しかしその「出勤帳」のうち、ここに紹介する版本『浪花名所獨案内』が該当すると思われる「出勤帳」第六〇番、「自安政五年正月至安政六年五月」と表紙書きされた「出勤帳」のなかに、この版本は記録されていない。またこの『浪花名所獨案内』については、『大坂本屋仲間記録』第一三巻の「板木総目録株帳二」(2)にも記載がない。

当時の出版物には、本来正規の手続きによって出版が許可され、登載されることによりその板株、権利が発生するのだがこの版本にはそれがないのである。板株とは版権のようなものであるが、有効期間に限りがなく、現在の版権より重みをもつものであり、本屋を裁配する仲間行司にとって重要な帳簿に本書が記載されていないのは疑問が残るところである。さらに、いわゆる開板人が仲間行司に提出した開板願書綴りである「新板願出印形帳二」第二〇冊(3)にも、この願出により行司の責任において許可され出版の運びとなる記録であるにもかかわらず、本書の記載はない。出版物は通常こうした経過により出版され、明らかな版本となるのである。

『浪花名所獨案内』には著者が記されていない。この本は現在の大阪市内の名所旧跡に挿絵を添えて紹介した案内書である。その形態は懐中携帯用の横綴版本であり、版本の装幀は縦八・五センチ、横一七・五センチ、糸綴三か所、横綴本一冊(4)。丁数わずか袋綴一二丁二四頁の紙数である。

内容は、表紙裏扉に「越後屋酒袋店」の「酒袋目録」として「大廣、幅廣、折返、裁違、古袋、幷渋染」とあり、酒袋の品目を記載している。この冒頭に記される「酒袋」(5)とは、平織りで長方形に織った厚手の木綿布に防水防腐材である柿渋という渋柿の液汁を塗り、繊維を固めて丈夫にした袋である。素材には当時全国有数の綿作地帯であった河内地方の特産品である河内木綿が使用されていた(6)。発酵させた「諸味《もろみ》」を入れて木製の酒槽に積み重ね、自重により荒搾りするために使用される袋で、もっぱら造り酒屋が酒を絞るために用いる酒造道具のひとつである。毎年七月の土用の時期に杜氏みずからが柿渋を塗り直し破損個所の修繕をするという風習があったが、店では使用済みの袋や柿渋の染めなどの注文も受けていたようである。

さて、この最初の頁（一表）には、「こゝろあらむ人に　見せはや津国のなにはわたりの春のけしきを」とあり、『後拾遺和歌集』「後拾遺和歌抄」巻第一春上四三「正月許に津の国に侍りける頃、人のもとに言ひつかはしける」として能因法師の詠が記される。(7) その意は「情緒を解する心があるであろう人に見せたいものだ。津の国の難波あたりのこの美しい景色を」(8)である。

この『浪花名所獨案内』に記されているのは現大阪市内に所在する名所旧跡だけであり、そのほかの情報はない。本文（一裏・二表）には、画工松川半山の手になる挿図である「かうらいばし一丁目、ゑちごや、三井呉服店」の大規模な店構えが描かれている。さらに（二裏）には松川半山描く「越後屋酒袋仕入所」である「梶木町御霊筋　ゑちごや定次郎」の店が描かれ、大きな酒袋が搬入されている様子がみてとれる。

本文（四表）には画工である松川半山の手になる挿図で大坂の中心である大坂城が描かれ、つづいて（四裏）に住吉神社、（五表）に天満天神、（五裏）に堂嶋米市とつづいている。（七裏）に桜の宮、（七表）に安治川口天保山、（九表）に道頓堀芝居、（九裏）に高津神社、（一一表）に四天王寺、（一一裏）に新清水寺と、全部で一〇か所の名所が描かれている。

その画工松川半山（一八一八～一九三二）(9)とは、江戸幕末から明治にかけての浮世絵師である。本名は松川安信、通称高二とよんだ。文政元年、大阪西横堀石屋橋畔に生まれ、菅松峰の門に入り、丹羽桃蹊、石田玉山らの画風にしたがったが安藤広重の風景画に影響を受け、詩情豊かな画風を描いた。半山の代表作といってもよい名所図会には『澱川両岸一覧』『宇治川両岸一覧』『登舩獨案内』などがある。また半山は浮世絵師暁鐘成との共著が多くあり、その共通点は狂歌を詠む雑学的な戯作三昧の一生とまで評される。半山が暁鐘成の名所図会に挿図を描いたものには『御迎船木遇図絵』『西国三十三所名所図会』『月瀫尾山梅渓道の栞』『月瀫尾山梅海渓真景之図』『浪華の賑い』『正信偈訓読図会』『再撰花洛名勝図会東山之部』『淡路国名所図会』『摂津名所図会大成』などがある。松川半山の挿図の特徴は風景に対する着眼の巧みさにあり、その筆遣いは流麗で写実的な画面を構成する。

この『浪花名所獨案内』の刊記ともみられる最終行（一二裏）をみると、「浪花名所獨案内終　安政六己未年（一八五九）春　酒福楼蔵梓」とあるが、前述のとおり安政六年の『大坂本屋仲間記録』「出勤帳」第六〇番に記された記録、「新板願出印形帳」あるいは「開板御願書扣」[10]などにその記載はなく、末尾に書かれたこの版木を蔵するという「酒福樓」は冒頭に記されている「酒袋」をもじっていることはいうまでもないので、越後屋の私家版ということであろう。とすれば版木を所蔵しているのは越後屋にほかならず、店の顧客などに配布した引き札などと同じく粗品贈答用としたものと考えられる。

以上が『浪花名所獨案内』の概要である。この版本は越後屋が出版した大阪を紹介する名所旧跡のダイジェスト版ともいえ、現在の大阪市内の名所旧跡に挿絵を添えて紹介している。しかもその説明の仕方は簡明でありながらくわしく網羅した内容となっており、その地域の豊かな情報が記されている。本書は携帯に便利な懐本として刊行された近世のある種の道中記であり、貴重な資料の一冊であろう。

『浪花名所獨案内』翻刻

（表紙）畫図　松山半山
浪華名勝獨案内
（表紙裏）酒袋目録
　大廣　巾廣　折返　裁違　古袋幷渋染
巻木綿其外袋地　一式別機請毎次第　織立差上申候
右之品々御為宜敷地合　第一ニ相撰直段格別下直シ　奉差上候間不限多少　御用向被仰付可被下候様偏ニ奉

希上候已上
○酒袋店
（一表）こゝろあらむ人に　見せはや津国のなにはわたりの春のけしきを
（二裏）かうらいばし一丁目
○三井呉服店　ゑちごや
（絵の中）えちごや　三井　越後屋　三井　ゑちごや　たび店
三井　越後屋　道具店　べつこう店　三井　越後屋　糸店　三井
越後屋絹さく春やゑびす講　えちごや　紙店　其角
（二裏）かうらいばしゟ三丁北のすじ　よどやばし筋一丁西
○酒袋仕入所
梶木町御霊筋　ゑちごや定次郎
（三表）浪花名所獨案内
○高麗橋　かうらいばし　東掘北より第三の橋にして諸方へのみちのりハ此橋より定む
○金城　おしろ　高らいばしを東へ行ハ御城へいたる夫ゟ北へゆけバ京橋ニいたる
京橋　きやうばし　御城の北ニありこの橋つめにて毎朝川魚市ありて賑ハし
○網島　あミじま　京橋の東ニあり川崎を一ト目にみわたして絶景いわんかたなし
○桜の宮　さくらのミや　あミしまの北東二丁余りにあり弥生花ざかりニハ掛茶屋等有て賑ハし
○樋の口　ひのくち　桜の宮西の岸ニて此堤もさくら数百本ありて花の頃ハ賑ハしき所也
○川崎御宮　かハさきおミや　東照宮を崇め祭る所にして例年四月十七日ハ神事ありて平人の参詣を許し群

集していと賑ハし

○天満天神　てんまてんじん　川崎の御宮の西ニありて六月廿五日ハ天神祭りとて浪花第一の祭礼なり

（三裏）○青物市　あをものいち　天神橋北つめにあり毎日青物市ありて振ハしき所也是を天満市場といふ

○八軒屋　はちけんや　京橋より三丁余り西京都のぼり舟ありてこれを三十石といふ

○天神橋　てんじんばし　八軒やの西に有て浪花三大橋の一ツなり

○三井呉服店　ミついごふくだな　高らいばし壱丁目にあり

此向イ側其外所々に三井別家有て諸品を商ふ何レも本家同様ののうれん印有

○三井両替店　ミついりやうがいだな　ごふく店の西ニありて古金銀の引替所也

○虎屋饅頭　とらやまんぢう　同西に是浪花の名物なり

此所ニて下店へ御光来可被下候

○革煙草入店　かハたばこいれミせ　よどやばしの南つめに数軒あり是名物也

○堂嶋米市　とうしまこめいち　中の島大江ばしの西にあり此所ニて諸国の米相場を立るなり

（四表）類ぐひなき城ハなにはのはつ日冨士けむる霞に雪のしら壁　江戸四方丸　金城　京橋

（四裏）住吉社　町丸　子の日にも猶かへ添えて無を祝ふ前にひかるゝすみよしの松

（五表）天満天神　紹巴　春風の空に梅咲匂ひかな

（五裏）堂嶋米市　北濱や水うつうへの初しぐれ　大江丸

（六表）○御霊宮　ごりやうミや　平の町西ノ亀井町ニ有六月十七日祭礼なり又毎月六刻夜店出て振ハし

○津村の御坊　つむらのごバう　俗に北の御堂と称ス京都西本願寺の掛所也

○難波の御坊　なんばのごバう　南の御堂ト称ス東本願寺の掛所なり

○座摩社　さまのやしろ　南御堂のうしろにあり六月廿二日祭礼にて振ハし

○仁徳天皇社　にんとくてんわう　ばくろ町に有俗ニばくろ町のいなりといふ六月廿一日祭礼ニて振ハし

○順慶町夜店　じゆんけいまちよミせ　新町ばしより東へ四五丁のあいだ毎夜商人店出てにきハし

○新町廓　しんまちくるハ　新町橋より西ニあり通り筋ハ夜毎に遊女の店付あり又九軒の揚屋其外大茶屋等ニいたる迄其振ハしき事言語に云尽しがたし

○ざこば魚市　ざこばうをいち　京町堀の西ニ有毎日海魚の市をたつる

○安治川口　あじかハくち　大川筋の西ニありて諸国の廻船入津して頗るはんじやうの大湊なり

（六裏）○天保山　てんほうさん　安治川の西海岸ニ有て廻船入津の目印トす

○木津川口　きつかハぐち　此所も大湊にして諸国の海船入津して振ハ敷

○千本松　せんほんまつ　木津川の出口ニあり至て風景よし

○あミだ池　あミだいけ　ざこばの東南ニあり是ハ善光寺如来出現の地なりといふ　二月十五日四月八日植木市あり振ハし

○四ツ橋　よつばし　あミた池の東ニ有此橋の左右きせる店多く有て世ニ名高し

○新築地　しんつきじ　四橋東つめより南へ道頓堀迄のつき地也

　小見世物　四時共に見世物小芝居有

○御蔵　おくら　右築地を南へ行バ大黒橋也夫ゟ新川につゞく此川御米御舟入川也

○広田社　ひろたのやしろ　御蔵の南今宮村に有九月十八日やぶさめ有

○戎社　えびすのやしろ　同村ニあり毎年正月にハ参詣群集して浪花第一の大市なり

（七表）安治川口天保山

（七裏）桜の宮　其角　海を妻つまをてかけの花見哉　宿たちに袖すれあふて花見かな　里人
（八表）○天下茶屋村和中散　てんかちやむら　今宮村の南にありて住吉街道の往還也　此村に和中さんを売薬店あり　世に天下茶やのわさんと云て名高し　此村の南の出口に天下茶屋と云茶店あり
○岸の姫松　きしひめまつ　天下茶や村の南往来東ニ松原あり
○住吉神社　すみよしやしろ　天下茶や村の南ニあり是摂津国一の宮なり又住吉新家ニ伊丹屋三文字や小の料理やあり此所の名物とてころ〳〵せんへい竹馬麦わら細工等のミやげものを売家多くあり六月晦日大祭礼あり
○難波屋松　なにハやのまつ　住吉の南安立町の料理やにありて世に名高し
○小町茶屋　こまちちヤヤ　安立町の北にありて茶店なり
○安倍野街道　あべのかいどう　住吉の東北にありてすミよしより天王寺にいたるかい道なり
○清明社　せいめいのやしろ　安部野海道ニありて安倍の晴明を祭ルと云
○庚申堂　かうしんとう　天王寺南門の南ニありて毎月かのへさるの日参詣ありてにきハし
（八裏）○四天王寺　してんわうじ　天王寺ニあり聖徳太子の草創にして諸堂巍々たり
○一心寺　いつしんじ　同西門の西ニあり元祖法然上人日想訳て修したもふ寄場なり
○茶臼山　ちやうすやま　一心寺の南にあり
○安居天神　やすいてんじん　一心寺のにしにあり菅公を祭る所なり
○福屋　ふくや　一心寺の北ニありて大料理屋也貝盃の名物有
○合邦ヶ辻　がつぽうかつぢ　当社の西に石の焔魔堂あり此東ニ大坂の清水とて名水あり
○新清水寺　しんきよミづ　安居天神の北にあり本尊十一面観音なり毎月十八日にきハし

○勝蔓院　しやうまんいん　清水寺の北ニ有本尊愛染明王安置する
○家隆卿塚　かりうきやうのつか　しやうまんのうしろに有古松の大樹塚の上ニ有
○生玉社　いくだまのやしろ　真言坂の上にあり六月廿九日祭礼にて振ハし
○北向八幡　きたむきはちまん　生玉門前の南にあり
○梅屋敷　うめやしき　生玉の東ニあり梅数珠を植る
（九表）道頓堀芝居　大西　中　市川　中村　中　角
（九裏）高津社　高臺にたかふとまれどしたを見て梅の花笠きなく鶯　女千町
（一〇表）○産湯清水　うぶゆのしミづ　梅屋敷の東にあり此辺一圓に桃の林なり花の頃ハ群集して振ハし
○野中観音　のなかくハんをん　うぶゆ清水の西ニあり桃はたけ多し
○上の宮　うへのミや　野中の南にありさくら萩多くあり
○宝樹寺　ほうじゆじ　梅屋敷の北ニ有庭前ニ楓の樹数珠有て紅葉の頃ハ一しほよし　世ニもミぢ寺と云
○高津社　かうづやしろ　もミぢ寺の西ニ有仁徳天皇を祭る此社地一円高くして市中を眼下ニ西ハ摩耶山西ノ宮　或ハ淡路嶋迄見わたして頗る絶景也六月十八日祭礼
○二ッ井戸　ふたついと　高津の西道頓堀の東にあり
○吉助牡丹　きちすけのぼたん　二ッ井戸の東ニ植木や有て其庭ニ毎年諸人ニ見せる
○道頓堀　とうとんぼり　二ッ井戸の西を道頓堀といふ四時共に振ハしき所なり
○日本橋　につほんばし　道頓堀堺筋ニわたす橋也此辺ニ旅舎多し
（一〇裏）○長町　ながまち　日本橋通の南ハ付長町といふ住吉堺への往還なり
○毘沙門堂　びしやもんどう　長町の南ニあり毎月寅の日の参詣多し

○竹田芝居　日本橋南詰西ニあり
○若太夫芝居　竹田の西ニあり
○角芝居　若太夫の西にあり
○中芝居　南の芝居の西ニあり
○大西芝居　中の芝居の西ニあり
○法善寺　金毘羅祠　中の芝居の後にしてかる口昔咄揚弓や茶店等有て常に参詣の人たへまなく妓婦たをゆめの往来等ニて賑ハし
○自安寺妙見宮　法善寺の南に有て毎月午ノ日ハ参詣群集してにぎハしき寺なり
○難波新地見世物小家　毎年早春より興行して見物の群集にて振ハしき所なり
（一一表）天王寺　蝶々も袖ぬぎかけて彼岸哉　支考
（一一裏）新清水　西の海霞むけしきは都よりしん清水の春のあけぼの　浪丸
画図　松川半山
（一二表）○登加久　とかく　戎ばし通りの南に有て大料理屋なり
○心斎橋夜店　しんさいばしよミせ　南ハ戎ばしより北ハ順慶町までつゞきて毎夜諸商人の夜店ありて振ハしき事浪花第一のはんじやう也
○三津寺　ミつてら　三ッ寺すじ西にあり毎月廿一日大師めぐりにてにきハし
○三津八幡宮　ミつはちまん　三ッ寺すじの一筋北のすぐきのやばしの角にあり六月十五日祭礼
○油掛地蔵　あぶらかけぢぞう　安堂寺町一丁目ニあり祈願の人油をそゝぎて称うへハしるしありとぞ
○二軒茶屋　にけんちやや　安堂寺町を東へ行を奈良街道と云東ハ玉造ニ至る町はづれに　西側に茶屋二軒

有此所伊勢参宮越や大和廻り等ハかならず是ニて酒もりをして別るゝなりゆへに春さきハ殊ニ振ハし
○豊津稲荷社　とよついなりのやしろ　是を玉造いなりといふ舞台より東を見はらして絶景なり
○梅薬師　むめやくし　いなりの北ニあり梅数株をうへる
（一二裏）○猫間川　ねこまがハ　金城の東にあり堤にハ桜ニ秋るとらへて風景よし
○森の宮　もりのミや　猫間川の西にあり天王寺亀井の水の旧跡也
○杉山　すぎやま　金城の巽ニありて杉の大樹しげりし山なり尤風景よくして春の頃ハ貴賤群集遊宴して振ハし
○鴫野辨天祠　しきのべんてんやしろ　京橋の南筋うね門をぬけしぎのばしをわたりて参詣す毎月巳の日ハわきてにきハし
○茶湯地蔵　ちやとうぢそう　のう人ばし筋の東百軒屋敷の角にあり
○番場　ばんバ　御城の四方いと廣くして二月初午にハ市中の老若群集して弁當小竹筒等をひらきてひねもす　遊宴なし西山ニ日のかたむくをしらず実に泰平の御息吹仰ぐへし尊むへし
浪花名所獨案内終　安政六己未年春　酒福楼蔵梓

おわりに

以上が『浪花名所獨案内』の内容である。

この書は誰が記したものであるのか、その手掛かりはない。しかし松川半山が描いた名所旧跡の挿絵を添えて紹介した案内書というだけではなく、越後屋、三井呉服店を訪ねるための懐中携帯用の横綴版本であったとも考えられる。全体の構成は、丁数わずか袋綴一二丁二四頁の紙数だが、内容は高麗橋一丁目の「三井呉服店」に導く案内書としての特徴がある。

いうまでもないことだが「越後屋」[11]といえば、延宝元年（一六七三）に三井高利が江戸と京都で三井家の伝統的家業である呉服業を経営したのにはじまり、創業期の繁栄の礎を築いた呉服店である。その後、元禄四年（一六九二）に大坂高麗橋筋に店を構え、東京・京都・大阪の三都にまたがる呉服・両替両業務を展開し、隆盛の一途をたどっていった。

高麗橋通りは江戸時代における代表的な商業の中心地であり、そこに軒を連ねる大呉服商の筆頭が越後屋、三井呉服店であった。『浪華百事談』[12]には「其地は堺筋の東南側にて、長暖簾をかけ、屋根に看板を掲げて、すこぶる美しき大店なり、大坂に於て昔呉服の小ぎれを売るは、此店が始めなりといひ伝えり、此店の他に優れるは、呉服店の対ひ北側には、支店軒をならべ、糸店、べっこう店、紙店、紅白粉店、ぬり道具店、また堺筋の角の小家に鏡店ありて、婦女嫁入の拵へは此所に来れば、悉皆ととのふ様になせり」と述べられるほどの賑わいであった。経営の中心は江戸駿河町の越後屋であり、その様子は井原西鶴『日本永代蔵』[13]にも記され、大店舗は江戸名所のひとつとしてあげられるほどの繁盛ぶりであった。

『浪花名所獨案内』は、三井呉服店における隆盛の過渡期の一端を担ったであろう、酒袋業務の存在を明らかにし、大豪商へのしあがってゆく礎を垣間みることができるものである。現在の三越の名が、三井の「三」と越後屋の「越」をあわせた商号であることは広く知られており、さらに明治三七年（一九〇四）の、いわゆる「デパートメントストア宣言」[14]により、豪商三井家は呉服店から百貨店へと変化していくのである。

（1）大阪府立中之島図書館『大坂本屋仲間記録』五「出勤帳五」。

（2）大阪府立中之島図書館『大坂本屋仲間記録』一三「板木総目録株帳二」。

（3）大阪府立中之島図書館『大坂本屋仲間記録』一五「新板願出印形帳二」。

（4）『浪花名所獨案内』は複製品の可能性がある。裏表紙の内裏に奥付が貼りつけられており、その情報は「昭和七年十一月十日発行、定価金一圓五十銭、貳百部限定版、発行者板原七之助、発行元大阪市西區靫南通五丁目三　淺妻屋書店」とある。復刻の理由は不明。

（5）小島喜逸『醸技』（リブロ社、一九九四年）。

（6）「酒袋仕入所　新古」引札（早稲田大学図書館、西垣文庫蔵、一八七四年）。

（7）能因法師は平安時代中期の歌人、生没年は不詳であるが、俗名橘永愷と言い、中古三六歌仙の一人として秀歌が多いといわれる。歌人藤原長能に師事してのちに出家し、摂津古曾部に住み古曾部入道と称した。偏執的に和歌に生涯をかけ、自由な境涯に身をおいたといわれている。

（8）久保田淳・平田喜信校注『後拾遺和歌集』新日本古典文学大系八（岩波書店、一九九四年）。

（9）下中弥三郎編『大人名事典』六（平凡社、一九五四年）。三善貞司編『大阪人物辞典』（清文堂出版、二〇〇〇年）。

（10）大阪府立中之島図書館『大坂本屋仲間記録』一八「開板御願書扣三」。

（11）末田智樹『日本百貨店成立史』（ミネルヴァ書房、二〇一〇年）、「三越のあゆみ」編集委員会『三越のあゆみ』（三越本部総務部、一九五四年）、梅本浩志『三越物語　劇的百貨店、その危機と再生』（ティビーエス・ブリタニカ、一九八八年）。

（12）日本随筆大成編輯部『日本随筆大成　第三期二』（吉川弘文館、一九九五年）。

（13）井原西鶴『日本永代蔵』（堀切実訳注、角川学芸出版、二〇〇九年）。

（14）明治三七年（一九〇四）一二月一七日、社名を「株式会社三越呉服店」と変更し、商標を再び〇に越のマークに改めた翌年、東京日日新聞など全国の主要新聞に一頁広告を掲載した。そこに記載された、今後の三越の経営方針、挨拶「当店販売の商品は今後一層その種類を増加し、凡そ衣服装飾に関する品目は一棟の下にて御用弁じ相成候様設備致し、結局米国に行われるデパートメントストアの一部を実現致すべく候」をもって「デパートメントストア宣言」と呼ばれる。

一八世紀中葉の兵庫津方角会所と惣代の家――岡方惣代善八の不正事件をめぐって――

河野未央

はじめに

「未会所やかましく扱〻面動(倒)事し(じ)ゃ」[1]――これは、元文三年（一七三八）に尼崎藩兵庫津奉行の任にあった斎藤惣右衛門の言である。「面動事」は、同年兵庫津町役人である惣代が起こした不正事件（会所保管銀の横領）がひきがねとなった一連の騒動を指す。その解決が図れない状況を嘆き、思わず洩れた言葉であった。この一連の騒動は、惣代の就退任、「方角入用」（会所保管銀はこの一部である。後述）の算用、惣代の「家」の相続と財産等、いくつかの問題が絡まり合って展開していた。兵庫津奉行はそれらを「方角会所」（後述）を舞台として展開する問題として包括して、このように表現したのである。

こうした表現からは、惣代をめぐるいくつかの問題は方角会所という「場」を抜きにしては語れないことを示しており、両者の密接な関係がうかがえる。すなわち、惣代という役職の性格をとらえるためには、方角会所という場にそくした検証が必要なのである。しかしながら、筆者は以下に述べるように、これまで兵庫津惣代を素材とした分析・考察を試みてきたが、このような方角会所と惣代の関係についての分析は、必ずしも十分ではなかった[2]。したがって、惣代をめぐる一連の騒動を素材としながら、方角会所という「場」にそくして惣代を検証することが、本稿の第一の課題である。

さて、惣代は、兵庫津の「方角」より給銀を支給され、専業でその職に従事する町役人である。筆者はこれまで惣代が、①西摂地域において都市域を越えた役割を果たしていることを指摘したほか[3]、②職務については、従来「多忙な名主を助けて、事務をとる雇用人[4]」との記述しかなかったため、基礎的な考察をおこなった[5]。そして②では、一八世紀以降尼崎藩が兵庫津に置いた「陣屋」による支配、「行政」関係の業務が惣代に集中していったこと、また陣屋と惣代の関係がより密接となる傾向があること、さらに一八世紀中葉を境に方角会所を中心に行政組織としての整備が進むことなどを指摘した。惣代が、一八世紀以降に都市「行政」を支える、欠くことのできない重要な存在となることは、惣代の職務内容のあり方とその変化により明らかになった。

なお、従来の拙稿での分析は、主として厚い蓄積のある京都の近世都市支配構造研究を念頭においたものである[6]。京都の場合、基本的には京都町奉行所と町代、町代と町組といった支配機構・町役人・住民団体の相関関係を問うことにより都市構造「総体」の特質にせまるという分析手法がとられている。この手法は兵庫津のような他都市の構造分析においても有効であると考え、拙稿でも上記のような分析を行ってきた。しかしながら、このような分析は、あくまで町役人としての役職、職務内容にそくしたものである。ゆえに、そもそも惣代が、どのように兵庫津のなかで暮らしていたのか、都市社会内でどのような存在であったのか、その実態を十分に把握できていたとは言い難い。かかる実態把握のためには、惣代の家の継承、再生産、経済状況等、存在形態そのものを主軸とした検証が必要であろう。本稿でとりあげる方角会所をめぐる「面倒事」＝一連の騒動は、その手がかりを与えてくれる好個の素材となっている。

以上から、本稿では②の分析の際に掲げた課題、すなわち惣代を兵庫津と尼崎藩陣屋（兵庫津奉行所）の媒介項として位置づけ、彼らの存在から兵庫津の都市「行政」、あるいは都市運営像にせまることを引き続き意識しつつも、冒頭で示した兵庫津奉行の認識にしたがい、会所という「場」にそくした検証を進めてみたい。特に、方角会所と関わりの深い惣代の家とその相続の問題に留意しつつ分析を進めたいと思う。

一　兵庫津の都市構造および元文三年岡方惣代の不正事件概要

（1）兵庫津都市構造の概要

最初に兵庫津都市構造の概要について説明しておく。[7] 元和三年（一六一七）、戸田氏鉄の入封により尼崎藩が成立すると、兵庫津も尼崎藩領となった。その後、青山氏（寛永一二年〈一六三五〉〜）、桜井松平氏（宝永八年〈一七一一〉〜）と二度の領主の変遷を経たのち、明和六年（一七六九）には、西宮などの西摂沿岸地域とともに、幕府領に編入された。本稿では、尼崎藩領期の兵庫津惣代の役割について検討を加える。当該期には、兵庫津の中心部にある池田氏によって築かれた兵庫城跡に、陣屋（兵庫津奉行所、以下陣屋に統一）が設置され、兵庫津奉行が常駐し、町方を支配していた。兵庫津の人口は、宝永八年には二万人を越え、以後、幕末まで、ほぼ一万九五〇〇人前後を保っている。城下町である尼崎の人口が、近世期を通じて一万四〇〇〇人〜一万六〇〇〇人ほどであったことを考えると、[8] 兵庫津は、都市として次第に発展し、城下町尼崎を凌ぐ規模を有するようになっていた。

兵庫津の都市構造は、支配の基礎単位として町があり、さらに町の地域的まとまりとして「方角」があった。方角は、それぞれ岡方・北浜・南浜と呼ばれていた。なお、三つの方角＝「三方《みかた》」は、兵庫津惣町を指す言葉である。北浜と南浜は、まとめて浜方として認識されており、主に兵庫津の港湾機能にたずさわっていた。一方、港湾部より少し離れた後背地域と、西国街道筋の町によって形成される岡方は、主に宿駅機能を担当していた。本稿では主に岡方についての検証を加えたい。

兵庫津の役人は、個別町には「組頭」と「町代」、方角には、方角ごとに複数名の「名主《みょうしゅ》」と「惣代」がいた。本稿が対象とする時期には、名主は七人（岡方三・北浜二・南浜二）、惣代は四人（岡方二・北浜一・南浜一）である。町役人のうち、組頭はそれぞれ個別町の町人中、名主は方角内の組頭中の入札によって選出され、家業があり、兼業で役人の職務に就いていた。一方、町代・惣代はそれぞれ個別町と方角から給銀を支給され、専業でその職に従事していた。また、方角には会所が存在していた。岡方・北浜・南浜の会所はそれぞれ、小物屋町、鍛冶屋町、新在家町にあり、方角の事務はこの会所で執られていた。

以上が都市機構の概要である。他に兵庫津には農政事務＝地方支配に関する役人として「庄屋」、その他「馬役人」「人足頭」などの役人もいたが、これらについては省略する。

（2）　元文三年岡方惣代の不正事件概要

つぎに、元文三年（一七三八）に兵庫津岡方惣代である善八の起こした不正事件の概要を示しておく。事件の発端は、善八の養母である「八右衛門後家」が善八の不正を名主へ密告したことにはじまる。八右衛門は善八の前任の惣代であり、養父である。八右衛門後家は当時岡方名主のひとりであった正直屋弥右衛門へ善八の不正を密告した。なお、以下の事件内容については、正直屋弥右衛門の公務日記である『官要録』の元文三年一月一一日～同年一二月一七日の記載をもとにしている。[9]なお、事件経過の詳細については表1、人物相関図は図（後掲）としてまとめておく。

さて、八右衛門後家によれば、善八はかねがね「不行跡」であり、①「手かやとも致、寺方抔在々へダウヲ取廻杯致」し、②「日要殊之外不孝又存ざいニ相暮」し、③「此度分一銀之名主口封取、余程之銀子盗捨、其外支配帳へモリクハリ致、盗人同前之仕形」であったという。[10]①の後半部分の「ダウヲ取」は「どうを取る」で、博

表1　元文3年善八役儀取上げ一件（跡役清七就任まで）

月日	事件経過および名主の動向
1/11	善八の母(八右衛門後家)、名主(正直屋弥右衛門)に善八の不正を密告。
6/ 8	善八留守につき、岡方名主3人で内談。
6/10	善八不正について内々に兵庫津奉行(斉藤惣右衛門)に報告。
6/11	永福寺本堂において、善八引負の下相談を岡方名主3人で行う。
6/13	善八の吟味開始。
6/14	善八の吟味開始を奉行に報告。
6/20	善八、会所立退、親類へ身柄を預けられる／陣屋、岡方組頭中へ報告。退役に関する書付を陣屋へ提出するように命じられる。
6/24	岡方役人で、善八未完の巳年冬勘定を行う。
6/25	善八退役につき書付、陣屋へ提出。
6/26	善八に横領した会所溜り銀については10年賦で返済させることを決定／善八跡役決定まで組頭昼1人、夜2人会所詰とすることを決定。奉行へ報告／善八退役の旨、兵庫津役人中、そのほか関連の者に報告。
6/27	善八の母(八右衛門後家)、会所へ置きがたき旨、組頭中より報告。
7/11	善八給銀の払いについて月番組頭と面談。
8/ 1	八右衛門後家、未だ会所に居住の旨、奉行より名主中へ伺い／八右衛門後家と善八、財産分与で争う。名主より組頭中へ取扱を申しつける。
8/ 6	尼崎斉藤伊作より書状到来。善八の跡役に尼崎中在家町前惣代喜兵衛倅九兵衛(のち清七に改名)が願い出る。
8/ 7	岡方名主3人立合、斉藤伊作への返答書作成。
8/ 9	組頭中より名主へ善八、八右衛門後家の取扱難航の旨報告。
8/16	善八、八右衛門後家取扱難航。再度取扱うことを申しつける。
8/17	善八、八右衛門後家、取扱に得心する。
8/24	八右衛門後家、会所より門口町裏借屋へ移る。半季200匁ずつ会所よりあてがい金が支給されることが決定／組頭詰番以降は夜のみ／新役決定に際し、惣代出勤制に改めることを名主中が決定する。
9/ 6	木場町干鰯屋清兵衛を尼崎中在家町喜兵衛倅九兵衛のもとに遣わす。
9/11	惣代新役希望九兵衛について奉行より伺い。表立挨拶人を平人から立てることを陣屋に報告。
9/16	挨拶仲立人を、干鰯屋清兵衛存付綸屋久右衛門に決定する。陣屋へ報告。陣屋より、新役惣代の住居について下問／惣代出勤制に改めることを報告。
9/20	尼崎大口彦市へ九兵衛を兵庫津に遣わすようにと書状を遣わす。
9/22	惣代給銀に関して陣屋より書付提出を申しつけ。
9/24	岡方26町組頭名代、名主ともに参会。惣代新役九兵衛に内定。
9/26	惣代新役給銀について奉行より指図あり。組頭よりも名主に申し入れ。
9/30	惣代新役九兵衛に正式に決定。陣屋へも報告。
12/ 6	惣代(九兵衛改め)清七尼崎より兵庫津に移る。
12/ 7	惣代清七、町中へお目見え。
12/ 8	惣代清七、町中へお目見え。
12/10	惣代清七、陣屋へお目見え。
12/17	惣代清七給銀、組頭中にて決定。

註：『官要録』より作成。

打で賽を入れた筒（どう）を振る役、あるいは胴親になることであり、(11) 博打の主催者となることを指す。そのうえで前半部分を「手か（＝手下）」が「やと（＝宿）」をしているとすれば、全体の意味は、「（善八の）手下が（博打の）宿をし、さらには寺方や在々などで博打を主催している」となる。

博打は改めて述べるまでもなく、公儀法度によって禁じられている。八右衛門後家の言葉の通り、それに町役人たる惣代が関わっているとなれば、問題は大きい。八右衛門後家によれば、それ以外にも善八は、②日常の暮らしぶりも悪く親不孝者であるうえ、③会所に保管している「分一銀」(12) について、名主が封をしていたものを横領しただけではなく、支配帳＝「分一銀」の出納を記した帳面において数字を操作しており、「盗人同前之仕形」であるとのことであった。

密告から半年後、岡方名主中は「内々」に陣屋に報告した。さまざまな取り調べのうえ、名主中は正式に惣代善八の退役を決定した。退役の理由は、「母子間柄不宜、依之家内騒敷不勤」であること、「会所溜り不埒」、「勘定ハ相立申筋ニ仕候へ共」未だ勘定をせず、「末々無心元奉存候」というものであった。このような名主からの報告に対し、奉行は、「軽役人とハ乍申大切成御用取なやミ申者ニ左様成心〆無心元、勝手次第役儀取上ケ被申候」（傍点引用者）と、その退役を承認している。(13)

善八の退役ののち、新たに九兵衛（のち清七と改名）が善八のあとを襲っている。(14) また、善八の同役として儀助がいた。この不正事件を皮切りに惣代の人事が大きく動くことによって、惣代の家の再生産や給銀をはじめとする諸々の生活基盤について、さまざまな事実が明らかになる。そこで、善八・九兵衛（清七）・儀助という三人の惣代を中心に、以下就退任・給銀・住居・財産等について、具体的に分析していきたい。

二　惣代の家――就退任・財産・住居・給銀――

（1）就退任

惣代の就任は、基本的に世襲であったと考えられる。たとえば、南浜の惣代は近世初期～中期にいたるまで一貫して「助太夫」であり、「家名」が継がれていることがわかる。(15)もっとも今回の不正事件をめぐって岡方では、①善八、②儀助とその倅の藤蔵、③善八の後任である九兵衛（惣代就任後、清七と改名、以下清七に統一）とさまざまなケースがみられる。世襲を基軸としながら、どのような職の引き継ぎパターンがあるのか。まずはひとつひとつ紹介し、そのうえで分析してみたい。

①善八の場合――世襲――

善八は、前惣代八右衛門家へ養子に入り、八右衛門の死後惣代に就任したと思われる。惣代職が基本的に世襲であることから、養子の選定は、次期惣代（候補）の選定を意味する。そのためだろうか。善八については、名主の指示によって組頭中が相談し、人物を選定していたことがわかる。八右衛門の養子がいまだ決定していない時期に、名主中が組頭中に対し、「八右衛門養子之事、相談相極申候様ニ」(16)と指示している。惣代は、養子などを迎えて世襲されることがしばしばあったと考えられ、(17)したがってこのような方角での養子の人選もまたその都度おこなわれていたと考えられる。つまり、養子の選定＝後任惣代候補の決定権は、方角中にあった。惣代の家から見た場合、自己の家の養子の決定権がその家にないことになり、きわめて他律的に家の再生産がおこなわれていたことになる。

②儀助の場合――立身――

儀助は世襲で惣代職に就任した者ではなく、「日雇ゟ致立身町代成、夫ゟ惣代本格ニ新兵衛様御勤役之節致立

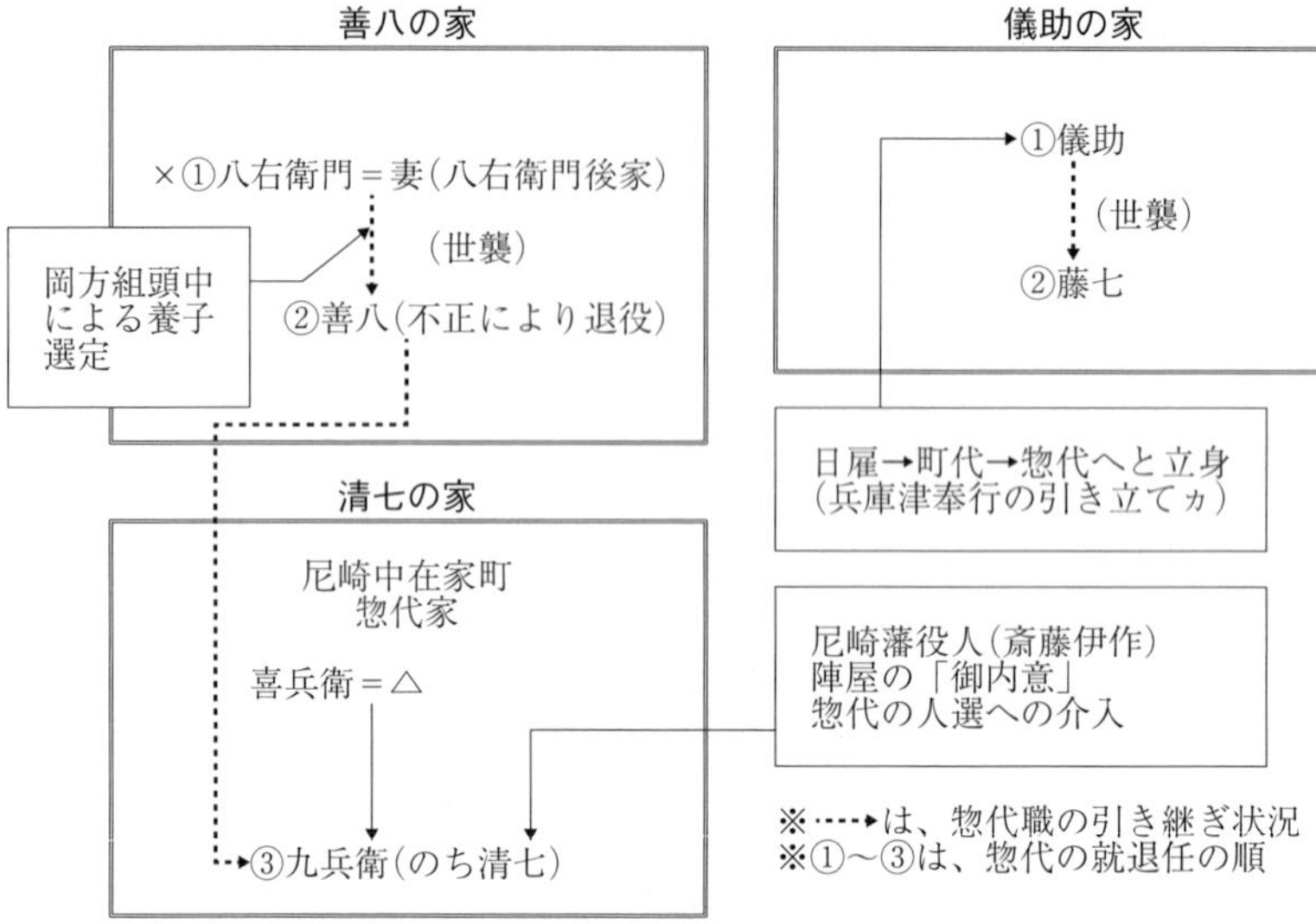

図　18世紀の岡方惣代（２名）の就退任および惣代家の状況

身」（傍点引用者）[18]した者であった。そして、儀助の立身は、兵庫津奉行が高木新兵衛の代に実現したものであった。少し時期を遡って状況を見てみよう。

【史料１】

一、廿三日、仕舞之御用日あり、罷在三方名主中ノ間へ被仰付候ハ、来年ハ弥朝鮮人参申候様ニ相聞候、尤尼崎ゟハ不申参候得共、御代官衆方ニテハ取沙汰有之由相聞へ申候、左候へハ物代が第一之者ニ有之候、用ニも不立物代被召置、仕様無調法有之候へハ其方衆へかゝり申候間、左様ニ兼〻可被相心得候、我等が無調法ハ　殿様之御無調法ニ罷成申候との御事にて、急度いたし候御意ニ有之候

（後略）[19]（傍線引用者）

史料１は、享保三年（一七一八）の『官要録』の記述で、兵庫津奉行に高木新兵衛が、翌年に朝鮮通信使の来朝・帰帆を控えた年の瀬に、兵庫津奉行が名主を陣屋の「中ノ間」に通して、その接待準備上の心構えを説いているものである。[20]ここでは、物代を「第一之者」と評価したのが当時の兵庫津奉行・高木新兵衛[21]であることを確

認しておきたい。惣代の実務処理能力を重視する高木新兵衛の存在と、儀助の立身の実現は、密接に関係していたと考えられる。

それでは、儀助の後任はどのように継がれたかというと、倅である藤蔵が就任した。つまり、儀助のポストについても、その後は世襲で継がれたのである。ただし、儀助から藤蔵への惣代職の継承は、岡方名主中により「儀介も来年退役させ、倅藤蔵出し可申」といった「密談[22]」により決定、遂行されたものであった。通常であれば惣代職を誰に勤めさせるか、ということはもちろん、就退任の時期なども、方角（組頭中・名主中）の決定事項であったことがわかる。

③清七の場合――「家筋」の重視――

善八の後任は、儀助の時のような個人の「能力」を重視した選定方法ではなく、「家筋」を重視する考え方のもと、人事が進められた。

次期惣代候補の選定について、具体的な動向が知られるのは八月六日以降である。その日、尼崎の斎藤伊作[23]から、岡方名主である正直屋弥右衛門・八左衛門宛に次期惣代候補の推薦書が到来している。推薦されているのは、以前尼崎中在家町[24]において惣代職を務めていた喜兵衛の倅清七である。なお、尼崎城下は、当該期は八町あり、町ごとに名主、惣代がいるといったように兵庫津と異なる都市構造をもっていた。

書状を受け取った正直屋両名は、返答書作成のため、岡方のもうひとりの名主である釼菱屋一郎右衛門と相談し、返答書を作成している。史料2の傍線部は、この返答書の内容を示す記述である。

【史料2】

一、昨日見候尼崎斎藤伊作殿惣代跡役之事申来候返事、於会所相役三人共立会相認候、五日状故□返答ニ書
尤文言惣代壱人明有之ニ付、於其元□成仁之由思召寄委細被仰聞忝奉存候、今壱人惣代有之故御用向勤

申取〆相談不仕候、所ミゟ申参候義御察之通と認、則以上留ニ而書判なし為御答と留、急能便見当り不申候ニ付、小使安右衛門へ渡置、便聞立遣候様ニ申付置帰候、則書状返事扣共相役八左衛門方ニ有之候(25)

ここでは、物代の推薦に対する礼とともに、物代候補選定について、兵庫津側の状況が示されている。その内容は、第一に、現状はもう一人の物代（＝儀助）が御用向きを務めているため、後任候補について、これまで特に相談はおこなっていなかったこと、そして、第二には、物代人事について「所ミゟ申参」があったことである。どのような内容・情報が寄せられたのかは詳らかにならないが、それでも兵庫津物代人事に関して多くの人々が関心を寄せていた様子がうかがえる。

しかし、ここで注目したいのは、「内ミ」「御内意」というかたちで、兵庫津奉行を中心とした尼崎藩の役人たちの意向が少なからず反映されていることである。「御内意」「内ミ」による指示については表2にまとめた。物代人事に、もっとも関心を寄せていたのは、兵庫津奉行（＝陣屋）であった。表2は、斎藤から書状が到来したのちの経過を示したものであるが、陣屋側の対応として、「御内意」「御内ミ」という非公式のかたちではあるものの、奉行の意向がたびたび伝えられていることがわかる。さらに、九月一一日においては、奉行からの「御意」として、物代後任に清七を後押ししている。こうした陣屋の介入状況についてはのちにもう一度触れることにしよう。

さて、善八の後任については返答書にあった通り、斉藤伊作からの推薦状到来までは方角内部においては目立った動きは見せていないが、陣屋からたびたびの「御内意」「御内ミ」もあり、さらに名主中でも独自に情報収集をおこなった結果(26)、物代は清七に決定した(27)。

以上より、最初に述べたとおり、物代は基本的に世襲の職であったことが確認できた。ただし、ここで重要なのは、第一に、養子の選定等は、方角の町役人（名主・組頭中）の意向が強く反映されるものであったこと、第

表2　元文3年清七の就任過程と「御内意」

月日	内容	備考
8/6	尼崎斎藤伊作より惣代善八後任候補（＝清七）を書状にて知らせ	
8/14	清七の儀につき「御内意」	
9/5	方角名主三人会所にて参会、「惣代跡役聞合事内談」	「御内意」を得たことにより参会
9/6	清七に関する情報収集（木場町干鰯屋清兵衛を遣わす）	「御内〻も在之」
9/11	御陣屋にて「御意」 「惣代新役ニ尼崎喜兵衛倅九兵衛（＝清七）事、勤兼不申者と及承ニ付、先達而内証申候」 その後、名主三人会所にて参会 「愈惣代新役尼崎中在家喜兵衛倅九兵衛ニ内談相究」 挨拶人を平人にて立てることを小頭銀兵衛（兵庫津奉行所役人・小頭佐藤銀兵衛）に相談	「兼而御内意ヲ被仰聞ニ付如此候」
9/13	仲立人（＝挨拶人）の事、小頭銀兵衛に相談	
9/16	方角名主3人会所にて参会／仲立人木場町清兵衛「存付」の綸屋久右衛門に内定→小頭銀兵衛へ内談 小頭銀兵衛との内談にて、銀兵衛より 「御奉行より尼崎御頼衆へ内〻可申参事も候」	
9/20	小頭銀兵衛、名主（正直屋弥右衛門）私宅へ御出 尼崎大口彦市を介し、清七親喜兵衛に兵庫津へ来るよう指示したことを名主へ報告	「御奉行御内々ニ而御差図ニ而御座候」
9/24	清七の惣代給を引き下げて設定したことに対し、小頭銀兵衛より「御内意」仰せ付け／名主中は参会の上、理由提示の書き付けを作成	
9/25	清七の惣代給銀の引き下げ理由についての書き付けを小頭銀兵衛に提出	
9/26	名主、陣屋にて惣代給に関して奉行へ上申／奉行からの問い合わせ	

註：いずれも『官要録』の記述による。

二に、享保期以降、惣代の都市行政における重要性が高まってくると、その人事には奉行をはじめとする陣屋も介入するようになったことである。もっとも、そうした介入は表立ってはおこなわれず、「御内〻」ないし「御内意」として方角の町役人に伝達された。[28] 惣代の人事は方角の組頭中・名主中が決定すべきものであり、そのことは陣屋（奉行）の側も認めていたが（本来であれば、人事には関わらないで済む存在＝「軽役人」）、その一方で惣代の職務上の重要性（「大切成御用取なやミ中者」）から人事へ関与することになった姿が、ここでは認められよう。

（2）給銀と住居

奉行からの「軽役人」との評価は、惣代の存在形態（経済基盤）の問題によるところが大きいと考えられる。そこで、方角から惣代に支給される給銀とともに、惣代に与えられたさまざまな保障について検討していきたい。

①惣代に支給される給銀

惣代の給銀は、冬は米で、夏は銀で支給されていた。給銀は決まった額を支給するのではなく、組頭中が相談し、おおよその額を名主中に提示し、名主中が決定する、という手続きをとる。善八の在役中は、一年に八石五斗と銀四〇〇匁であった。[29] もっとも、変動はあったようで、元文三年の善八の夏給銀は七五〇匁であり、そのうち三〇〇匁は一～五月に月々渡している。[30]

儀助の場合、惣代就任当初は八石と三〇〇匁であり、のちに九石と二五〇匁が支給されるようになっている。先述のように儀助は町代からの「立身」であったことが影響し、就任当初の給銀はやや低めに設定されていたようだが、その後昇給している。

清七の給銀は、組頭中は当初八石と三〇〇匁として定めたが、名主中が「義介（ママ）給分ニ二百目下ケ」（九石と五〇匁ヵ）とするよう指示している。もっとも清七の給銀を低く抑えたことについて、陣屋から「御内〻ニ」忠告を受けた。すなわち、「惣代給書付」を陣屋に提出したところ、奉行から、「先達而惣代給新役ハ引下ケ候格も見へ不申候、然ハ此度他所ゟ参候迚引下ケル様ニ見へ申候」、また「筋之立不申候事其分ニ不罷成」との忠告を受け、再度、名主中・組頭中に対し、支給する給銀の額について協議させている。(31)「内〻」での指示であったことから、本来であれば惣代給銀の決定は、方角内部の問題であり、奉行が表立って介入する用件ではないと推察される。奉行の「忠告」の理由は定かではないが、清七の就任過程を考えれば、そこに介在したさまざまな尼崎藩役人の存在によってこのような奉行の配慮が引き出された可能性は高い。この時期、給銀の問題を含め、惣代人事に関連する事柄は実質、方角（組頭中・名主中）と惣代との関係にとどまらない様相を呈していた。

ちなみに清七については、一年ほどで「本給」に引き直されることが決定し、(32)元文四年に儀助の跡を襲った倅藤蔵とともに、「本給」として一〇石と五〇〇匁として支給されるようになった。(33)

最後に惣代給との比較として「名主給米代」を提示しておこう。名主は一年に「銀一包」を受け取っていた。これは「掛目正身分銀弐拾四匁八分」であり、(34)惣代給と比較すればその額は圧倒的に低く、役職としては名誉職的であったことが知られる。

②惣代の住居

次に、惣代の家における家計の問題について、特に、給銀以外になされる数々の惣代への保障についてとりあげてみたい。最初に惣代の住居について検討しよう。

善八の場合、在役中は岡方会所に八右衛門後家とともに居住していた。そして善八は退役後、親類へ預けられ、会所から退去している。一方、八右衛門後家は二か月半ほどたった八月二四日まで会所より退去しなかったため、問題となっていた。八右衛門後家は「他寄方モ無之者」(35)であったため、行き先がなかったのである。しかし、事件処理は八右衛門後家を退去させる方向へ進み、彼女は門口町の裏借家へ転居することになった。

同じ岡方惣代であった儀助は借家住まいであった。借家賃については、方角入用のうちから支給されていたようだ。直接示す史料はないものの、組頭中が、善八について会所に居住していたため、「屋賃いり不申給銀ニ而事済」(36)んでいたと述べていることから類推すれば、儀助の借家賃は、方角入用のうちから支給されていたと考えるのが妥当であろう。

八右衛門以前の岡方惣代の住居については定かではない。しかし都市構造の位相はさまざまであるものの、京都の用人や大坂の惣代などの、一般に「抱え」的な役人が会所に居住することが多かったことから、八右衛門以前の惣代も本来的には住居＝会所であったと考えることができる。

③必要経費の支給

惣代が職務を遂行する際に必要経費として申請したものについては、方角より支給されていたと考えられる。たとえば、組頭中が名主中に対し、「油炭紙筆等是迄義介《ママ》取遣余程ニ而候」(37)といっているが、これは会所と住居地が異なる儀助が、私宅にも仕事を持ち帰り、職務を遂行していることを理由に、私宅での仕事にかかった経費について申請したものと考えられる。実際不透明な部分の多い経費だが、「取遣余程」との表現から、結果的には方角から経費の支払いが実施されたのであろう。

なお、必要経費以外でも、惣代の家（家族）に対し、金銭等が渡されることがあった。合力銀の支給である。北浜の事例になるが、北浜惣代兵蔵の養母佐助後家について、佐助が死去したのち、佐助後家・娘・孫の三人に対し、一年に米三石と銭五貫文ずつが支給されていた。(38)八右衛門後家も会所から退去後に「半季ニ百目ツ、」の合力銀を支給されていた。(39)惣代の家の他律的な再生産のかたち（＝「抱え」の状況）は、こうした方角による惣代の家族への「合力」からもうかがうことができる。(40)

（3）小括

　これまでの分析をまとめてみたい。惣代の就退任については、基本的に世襲であったと考えられる。ただし、注意したいのは、惣代の家に養子を迎える場合、その選定は方角の組頭中がおこなっていたことである。養子の選定が惣代職の後任人事と直結するゆえに、そこには方角中の意向が反映される構造がとられていた。一八世紀以降、兵庫津都市「行政」における惣代の職務の重要性が増すにしたがって、惣代人事には、陣屋（ないし兵庫津奉行）の意向が反映されるようになる。惣代への「立身」、あるいは「家筋」の重視は、そうした陣屋の意向の反映の結果として考えられよう。しかしながら、かかる意向は「御内〻」「御内意」として方角中に伝えられた。そこには、本来的には惣代の人事は方角の組頭中・名主中が決定すべきものであるという方角中・陣屋の共通認識がうかがえるが、それをふまえたうえで積極的にその人事に関わろうとする陣屋の状況も看取できる。

　惣代の給銀については、必ずしも定額が支給されているわけではなく、就任経緯や経験が反映されていたことがうかがえる。また、一八世紀以降は、給銀の決定まで奉行が介入している状況がうかがえる。しかし、惣代の住居や必要経費等は、方角が準備し、負担しており、場合によっては惣代の家族への「合力」もおこなっていた。ここからは、惣代の家が、方角の「抱え」的な性格をもっていたことが明らかになる。

三　惣代の家と会所改革

　ところで、一八世紀初頭～中葉にかけて、岡方では財政負担（方角入用・三方入用）の増加が顕著であった。また、兵庫津都市経済全体も、凶作・飢饉の影響を受け、苦しい状況に直面することがたびたびあった。こうした事態についての具体的な検証は別稿を準備したいと考えているが、このような事態となると、組頭中などを中心に方角入用の削減が唱えられるようになる。そしてその批判の対象となるのが、「会所財政」であり、さらに町役人人事であった。とりわけ、惣代の家が上記の通りその経済基盤を方角によっていることから、上記の問題は、惣代の人員削減の問題に直結し、主張されることとなる。もっとも問題はそう単純でないことが多い。そこで、本節では、「会所改革」の唱えられたふたつの時期について検証を加えたい。

（1）享保七年の会所改革と惣代人員削減要求

ひとつは、享保七〜八年に浮上した、岡方惣代儀助進退問題である。享保七年一月二一日に、岡方名主中および「岡方弐十七町名代」として数名の組頭とが「岡会所諸遣簡略之極相談」をした。[41]詳細は判明しないが、文字通り岡方の方角入用、特に支出を抑制する算段を練るものであったと考えられる。その後「岡方会所定書」が認められ、岡方組頭中への読み聞かせが実施された。[42]方角入用支出制限は、そのまま町役人の解雇にもつながっていった。読み聞かせのあった二八日のうちに、惣代のもと会所に務めていた小使は、「隙出し」された。また、同日「惣代八右衛門壱人ニ被成被下候様ニとの願書、惣代儀助隙被下候様ニとの願書」の二通を、岡方名主釼菱屋市郎右衛門・正直屋新助が陣屋役人の佐藤五太夫のもとに持参し、奉行への提出を願い出ている。惣代は小使と異なり、人事や人数削減については、陣屋に許可を求めていたことがわかる。

上記より、方角入用の増大→方角の支出抑制のための会所定書作成＋役人の解雇という、会所改革構想が読み取れる。では、解雇の対象がなぜ儀助であったのか、という点にいま少しこだわってみたい。じつは前年の享保六年一〇月、兵庫津奉行高木新兵衛は三〇石の加増を受け、「御鑓大将」に就くことになった。[43]年末には高木が兵庫津から転出、新たに堀宇右衛門が兵庫津奉行として着任している。[44]こうした高木の異動直後に、儀助の退役要求が岡方名主中・組頭中より提出されたのである。前節で触れたように、儀助の惣代への「立身」は、高木によって実現されたものであった。このような「立身」のあり方を考えれば、少なくとも、高木の在任中には、岡方名主中・組頭中が儀助の退役願いを提出することは難しかったであろう。ここでは第一に、高木在任中については、惣代人事の実質的な決定権を方角が有するものであるという、本来的な姿から逸脱する状況であったこと、第二に、それとは別に岡方名主中・組頭中には儀助との間で退役を要求せざるをえないような問題が生じていたことが指摘できる。

第二の問題を直接示した記述は、管見の限り『官要録』には見当たらない。しかし同年末に儀助の借財に関する問題が出てきていることから、おそらくそれと推測できる。儀助には「年々借り過し之銀」があり、その内実は「但馬屋加兵衛西宮内町庄左衛門右両人ゟ合力」であった。これについて、なぜ合力が必要であったのか、その詳細はわからないものの、儀助の「年々借り過し之銀」については「会所之帳面」に記載してあることから、次項の善八の事例でも触れるように、給銀の前借りであったり、職務上の必要経費であったり半ば公的なものとして考えることができるだろう。(45) もっとも、こうした問題がありながら、結果として儀助は退役とはならなかった。陣屋役人からは「惣代之願ハ重而ゆるりと可差出」との指示があったので提出した退役願いは持ち帰り、「封ヲ致市郎右衛門新助両人之致印形惣代八右衛門ニ預ケ置」いた。(46) さらに、儀助に対して「合力として銀子五枚遣」していることから、(47)「年々借り過し之銀」については、岡方が肩代わりをすることで決着をつけたものと考えられる。

以上、少なくとも儀助に関しては、通常渡される給銀、必要経費の範囲では収まらない額（ただし、用途は不明）の金銭が必要であったことが判明する。もっとも、もう一人の岡方惣代、八右衛門の経済状況については定かではないため、それが当該期惣代一般の特質として語れるものなのかどうかはわからない。

ここでは、借財も含め、惣代にかかる経費の問題が、「会所改革」の文脈で語られること、また組頭中・名主中は、惣代等雇用する役人の人数削減（リストラ）でもって問題解決を図ろうとしていたことがわかる。

（2）元文三年（善八一件）の会所改革と物代人員削減要求

物代にかかる経費の問題が、「会所改革」の文脈で語られるのは、善八の退役、さらに清七の物代就任と物代人事が動いた元文三～四年の時も同様であった。名主中による会所改革が断行されたのである。[48]

八月二四日、岡方「廿六丁名代」として、魚棚・磯・門口・細辻子四町の組頭四人が岡方名主中三人へ面談を申し入れた。[49] 岡方組頭中の総意として伝えられたのは、物代人事に関する提案であった。それは、「自今物代ヲ壱人ニシテ義介《ママ》ヲ是へ入、壱人ニ而難勤候ハ、悴藤蔵ヲ下役ニ被成候而ハ如何候」というものであった。現在は会所には居住しておらず、別宅を構えている儀助を会所に居住させたうえで、今後岡方物代職は儀助一人に務めさせようという提案である。さらに後者について、物代定員の削減によって万一務め向きに支障をきたすような場合があれば、儀助の倅である藤蔵を「物代下役」として就任させてはどうか、名主中にその可否を問うた。

しかしながら、組頭中の提案は名主中から却下された。理由は、第一に、儀助一人では「御用」は務めがたく、物代職の定員はやはり二名必要であること、第二に、組頭中とは別に名主中で構想された会所改革をおこなうためであった。この会所改革とは、「会所ハ本役所と立、物代弐人共会所出勤ニ致、両人格番ニ泊り参候様ニ」するというものである。善八は会所に居住していたが、後任物代はもはや会所には居住させず、「会所北隣ヲ繕候而可置」と名主中で意見が一致した。会所の絵図面を検討しながら、「下地弐間ニ六間」をもとに拡張工事をおこない、住居を建築する計画を立てている。「是ゟ会所之格ヲ改候」とし、組頭名代中と面談した。

組頭中からは、「二所世帯ニ御座候ニ付物入多御座候」と、経費の増大についての懸念が示される。先述したように、儀助については、私宅で業務を実施していたことを理由に「油炭紙筆等」の経費を申請していたようで、組頭中は「取遣余程ニ而候」との認識のもと、物代の会所出勤制度については反対であり、物代経費の節減のため改めて物代人員を「壱人ニ被成被下候様ニ」と願い出ているのである。しかし、名主中は、「出テ勤ニ致候へ者書事も会所ニ而書候へ者、油も炭も私宅ニ而不入事」であり、「少ニ而も書事ハ会所ニ而書候様ニ致出勤候へと堅被仰付候」と、私宅での業務遂行を禁じることにより、業務遂行に必要な経費を明確化することによって、経費節約が可能となることを述べて、組頭中の願いを退けている。「会所に鍋釜不入様」になれば、「万事廿六町之為」としてしかるべき対策を立てるとしている。

以上から、名主中の目指した会所改革は、会所の「本役所」化＝公的施設化であり、惣代の私的な要素である居住空間・私宅での仕事などを極力排除することが目的であった。

しかし、組頭中は再度相談し、九月二三日に小物屋町組頭が名主中に面談を申し入れ、相談結果を伝えている(50)。やはり「物入多」くなることを懸案し、儀助を「会所へ壱人ニ而先年之通勤させ度」と申し入れている。

その時応対したのは、名主中のうち正直屋弥右衛門のみであったが、弥右衛門は、先日組頭中が儀助の倅藤蔵を下役にして勤めさせたいという願いについても、「御目掛鏡ニテ見習被仰付候事ハ余国ニも有之」としながら、「親子同役之様之事下ニして勤候事有之間敷事」と反論した。また、「先年ハ惣代八右衛門ニ下役喜六会所ニも物書吉右衛門其後久兵衛なと」がいて、惣代業務を支えていたのであって、儀助一人のみの現状では、「頼申事無心元」と、業務が滞る可能性があることを心配している。この人員削減は、前項の享保七・八年の「会所改革」を指していると思われる。当時は、惣代下役、物書等、惣代の職務を支える人々を雇っていたが、人員削減を実施したため、現状では会所の「小使」をのぞき、二人の惣代のみで職務を遂行していたことがわかる。

また、弥右衛門は「会所へ入候事、古役之組頭衆ハ先年之義御存被成」と述べており、儀助の会所居住について、組頭の案を退けている。詳細は判明しないものの、念頭には、前項の借財をめぐる儀助とのトラブルがあったことは間違いないだろう。

会所改革の結果、惣代は出勤制になるなど務め方にも変更が生じたため、「勤方定書」が作成され、清七へ手渡されていた。この「勤方定書」は、会所にも「付張置」かれている。[51]

以上、惣代の会所居住をめぐって、儀助、善八とさまざまに問題が生じていたことなどから、会所を「本役所」、すなわち惣代の私的な生活空間と分離させ、公的施設へと「格ヲ改」めることを、特に「此度か万事改所」と考えた名主中によって、会所改革が断行されたのであった。

このような改革がなぜ必要になったのであろうか。別稿で明らかにしたように[52]一八世紀に入って、従来は名主中と惣代とがともに務めていた方角の事務のうち、一部は惣代への一元化が図られ、惣代のみが務めるようになっていた。同じく、名主中不参の状況下で惣代のみが陣屋「御用」を務める局面も増え、陣屋と惣代の関係もより密接なものとなっていた。陣屋から惣代が直接職務について指示を受けることもたびたびあったと考えられる。以上から、当該期については、惣代が担っていた事務の内容を、名主中・組頭中ともに完全に掌握することは、ほぼ不可能であったという状況が生じていたことは、容易に想定しうる。そもそも善八の不正をめぐる、一連の騒動が発生すること自体、名主中・組頭中が惣代の職務状況を把握しきれていない証左であろう。だからこそ、そうした惣代の職務への管理・監督を徹底するための会所改革であったのではないか。惣代の管理・監督を徹底するためには、ひとまず職務を担う空間（＝公的空間）を限定することが必要と考えられ、その目的のために生活空間（＝私的空間）は会所から排除されたのであろう。さらに、惣代の「勤方定書」はわざわざ会所に「付張置」かれたが、このことも惣代の執務場所の限定を強調する可視的効果をもったであろうと考えられる。

むすびにかえて

兵庫津惣代に関しては、一八世紀中葉に生じた職務上の変化――すなわち兵庫津の「行政」需要の増大とその対応として惣代＝都市における専業町役人への職務の一元化と陣屋からの重用――を受けて、その存在形態にも変化がみられた。世襲で職を継ぎ、その限りにおいて家を形成できる方角の「抱え」的存在であった惣代については、職の引き継ぎ方法の慣習（方角組頭中・名主中による人選）は、建前としては維持されたものの、内実は陣屋の介入を受ける存在となっていたことは本稿で明らかになったことである。このような事態を受け、従来一体であった惣代の生活空間と職務空間を分離する「会所改革」も断行された。惣代は、「軽役人とハ乍申大切成御用取なやミ申者」(53)であった。この「大切成御用」を務めるにふさわしいと考える人材を陣屋は求めていた(54)。そのような陣屋の意を汲むかのように、「大切成御用」を務めるにふさわしい場を準備すべく、会所の改革も実施されたのである。惣代の役職上の性格の変化は、会所という「場」の性格も大きく変えていったのであった。

ところで、惣代の家に関しては、合力を方角に要求したり、あるいは借財を抱えていたりと、経済的な不安定さを有していた点も見逃せない。史料的制約から、兵庫津の惣代に関しては、かかる不安定の原因を追究するのは難しいが、他都市における「雇用」された専業役人の事例との比較検討などを通じて明らかにしたい。今後の課題である。

最後に余談になるが、善八の「その後」について述べて締めくくりたい。惣代を退役した善八が、その後どのような人生を歩んだのか。

翌元文四年六月二〇日に「今福や善八」なる者が、「西柳原茶屋明石きし借家茶屋谷宇右衛門跡」に入って「借住」まいをしていること、そして「諸商売判」を近日とり、営業（おそらく茶屋であろう）を開始したい旨の願書を名主中まで提出していると、『官要録』の記述にある。善八から届書が提出されたら、営業開始を認可する旨を述べ、記事は締めくくられている(55)。惣代であった善八と、「今福や善八」が同一人物である確証はないが、営業開始の時期等を考えてもその蓋然性が高い。だとすれば、善八は、惣代退役後も兵庫津に残り、まずは借家人（広義の町人）として、新しい生活をスタートさせたものと思われる。

（1）『官要録』元文三年八月一日条。『官要録』については後掲註（9）参照のこと。

（2）拙稿①「近世兵庫津の町役人・物代の職務について」（『歴史と神戸』四六―二、二〇〇七年）、拙稿②「『兵庫岡方文書』から見た兵庫の都市支配・都市運営とその変容」（大手前大学史学研究所オープン・リサーチ・センター研究報告書七『兵庫津の総合的研究――兵庫津研究の最新成果――』二〇〇八年）など。

（3）拙稿③「近世初期における摂津国沿海地域秩序の形成――いわゆる「三ヵ浦」システムについて――」（『神戸大学史学年報』二一、神戸大学史学研究会、二〇〇六年）

（4）『新修神戸市史』歴史編近世Ⅲ（一九九二年）。以下、『新修神戸市史』と記す。

（5）前掲拙稿①②参照のこと。

（6）町代研究に関しては下記参照。秋山國三『公同沿革史』上巻（元京都市公同組合聯合会事務所、一九四四年、のち改訂版『近世京都町組発達史』法政大学出版会、一九八〇年）、木下政雄「京都町組における町代の性格――上古京親町組文書を中心として――」（『立命館文学』二〇四、一九六二年）、同「京都における『町代と四座雑色』」（『講座日本の封建都市』二、文一総合出版、一九八三年）、辻ミチ子『町組と小学校』（角川書店、一九七七年）、朝尾直弘「元禄期京都の町代触と町代」（岸俊男教授退官記念会編『日本政治社会史研究』下、塙書房、一九八五年）、杉森哲也「近世京都町組発展に関する一考察――上京・西陣組を例として――」（『日本史研究』二五四、一九八三年）、同「近世初期町代の系譜――十七世紀上京における町組と町代――」（『論集きんせい』一〇、一九八七年）、同「近世京都における町代の成立について」（『史学雑誌』九八―一〇、一九八九年）、塚本明「都市構造の転換」（『岩波講座日本通史』一四近世四、岩波書店、一九九五年）、同「町代――京都町奉行所の「行政官」として――」（『京都町触の研究』岩波書店、一九九五年）、同「近世中期京都の町代機構の改編」（朝尾直弘教授退官記念会編『日本社会の史的構造』近世・近代、思文閣出版、一九九五年）など。近年では、牧知宏「近世前・中期京都における都市行政の展開――年寄と町代の関係をめぐって――」（『史林』九三―二、二〇一〇年）などの成果がある。また、大坂の惣代については、塚田孝『歴史のなかの大坂　都市に生きた人たち』（岩波書店、二〇〇二年）が、物代の「仲間」としての特質に触れている。

（7）以下兵庫津の都市概要については、『新修神戸市史』歴史編Ⅲ近世、『尼崎藩領時代の兵庫』（兵庫区役所、二〇一〇年）等を参照のこと。

（8）『尼崎市史』第二巻（一九六八年）。
（9）『官要録』（『兵庫岡方文書』第六〜七輯所収、神戸市教育委員会、一九九一年〜一九九四年）は、兵庫津の有力町人である正直屋が名主在職中に記した公務日記である。年代・作成者によって史料名は若干の異同があるが、大半は『官要録』の名称を使用しているため、本稿でも便宜上『官要録』に統一し、以下引用は、「『官』〇〇年〇月〇日条」と記す。なお、史料引用に際しては、漢字の旧字体は適宜常用漢字に改めた。
（10）『官』元文三年一月一一日条。
（11）『日本国語大辞典』（小学館）。
（12）「分一銀（＝二十分一銀）」は方角の転入時に方角に納入されるが、日頃は名主中によって封印され、会所に保管されていた。前掲拙稿①参照。
（13）『官』元文三年六月二五日条。
（14）『官』元文三年九月三〇日条。
（15）前掲註（4）『新修神戸市史』第二章第二節、表一八参照。
（16）『官』享保三年一二月二三日条。
（17）判明する限りで事例を提示すると、北浜の惣代であった兵蔵は、前任の惣代である佐助とは養父子関係にあった（『官要録』元文三年八月二四日条）。また、寛保三年（一七四三）に北浜の惣代見習であった栄介は、前惣代平治の養弟である。
（18）『官』元文三年九月二六日条。
（19）『官』享保三年一二月二三日条。
（20）前掲拙稿①参照のこと。
（21）尼崎藩の「藩家中分限」（『尼崎市史』第五巻）高木新兵衛は、享保元年（一七一六）兵庫津奉行に就任。三〇石の役料を下され、同三年には二一石が加増されている。享保六年にはさらに五〇石加増のうえ、「御物頭」に就任していることがわかる。
（22）『官』元文三年九月二六日条。

(23) 斎藤伊作は、尼崎藩役人であり、のちに尼崎藩郡代となる人物である。岸添和義氏のご教示による。

(24) 城下町である尼崎は、八つの町から形成されており、その町ごとに名主・惣代が存在していた。したがって、いくつかの町が寄り集まって地縁的結合をなし、そこに複数名の名主、一～二名の惣代がいるといった兵庫津の都市構造とは異なった構成を見せる（『尼崎市史』第二巻）。同じ領主支配でありながら、都市ごとにこのような差異が生じること自体、興味深く、おそらく近世初期の都市成立の時点において、それぞれの都市がもつ歴史的性格が大きく影響したことは間違いないと思われるが、（この点、吉田伸之氏によって提出された「創出型」都市・「安堵型」都市の相違として考えることも可能であろう。「町人と町」『講座日本歴史』五巻、東京大学出版会、一九八五年、のちに同氏著『近世都市社会の身分構造』東京大学出版会、一九九八年に所収）本稿ではその点について明らかにしうるだけの準備ができていない。今後の課題としておきたい。

(25) 『官』元文三年八月七日条。

(26) 『官』元文三年九月六日条。

(27) 『官』元文三年九月一一日条。

(28) 兵庫津奉行より、名主に対して「内意と申事ニ而ハ無之候、名主心付ニ申談」などと指示することがあった（『官』元文四年八月一三日条）。こうした言葉からは、「内意」は非公式であるものの、一定の強制力をもった指示である様子がうかがえる。

(29) 『官』元文三年九月二六日条。

(30) 『官』元文三年八月一日条。

(31) 『官』元文三年九月一六日条。

(32) 『官』元文三年九月二六日条。

(33) 『官』元文四年六月六日条。

(34) 『官』元文二年一二月晦日条。

(35) 『官』元文三年八月二四日条。

(36) 『官』元文三年九月二三日条。

(37) 『官』元文三年八月二四日条。
(38) 『官』元文三年八月二四日条。
(39) 『官』元文三年八月二四日条。
(40) 『官』元文三年八月二四日条。
(41) 『官』享保七年一月二一日条。
(42) 『官』享保七年一月二六・二八日条。
(43) 『官』享保六年一〇月九日条。
(44) 『官』享保六年一一月二七日～一二月八日条。
(45) 『官』享保七年一一月二八日条。
(46) 『官』享保七年二月九日条。
(47) 『官』享保八年一二月二五日条。
(48) 会所改革については、前掲拙稿②においても概要を触れた。あわせて参照いただきたい。
(49) 以下については、いずれも『官』元文三年八月二四日条。
(50) 以下については、いずれも『官』元文三年九月二三日条。
(51) 『官要録』元文三年一二月七・八日条。この「勤方定書」の内容については不明。
(52) 前掲拙稿①参照のこと。
(53) 『官』元文三年六月二五日条。
(54) 名主中は屋号を名乗り続けるのに対し、尼崎藩における兵庫津支配の末期の段階である宝暦年間には、惣代は苗字を名乗るようになっている。すなわち、宝暦年間には、惣代はそれぞれ岡方は湯浅・高井、北浜は石原、南浜は榎並を名乗っているのである（『官』宝暦一〇年〈一七六〇〉、冒頭の名簿より）。このことは惣代に対する特権付与として考えられるが、管見の限り名主中と惣代とにおいて、立場の逆転があったようには見えない。これについては、「御用」を務めるにふさわしい格式を備えるためにとられた措置だったのではないだろうか。この考察に関しては今後の課題としておきたい。

(55)『官』元文四年六月二〇日条。

近世中後期に見る近代アルピニズム的思考

中井祥雅

はじめに——近代アルピニズムとは？——

日本は山国である。人々は古来からどのように山とかかわってきたのだろうか。日本人にとって山は信仰の対象であり、宗教を実践する場でもあった。その目的は山で修行することによって験力《げんりき》、呪力《じゅりょく》などを得ることである（＝信仰、宗教登山）。山は近くにある景色の背景として存在し、その美を讃えるもので登高の意思はない。また、稲作に必要な水を供給してくれる水源としての価値を持つ存在であった。

一方、明治維新後、新政府に雇われたお雇い外国人は広い意味でいうスポーツとしての登山（＝近代アルピニズム）の概念を持ち込み、日本の山岳地帯で実践した。近代アルピニズムは一七八六年、スイスの言語学者ド・ソシュールによるモンブラン（四八〇七メートル）初登頂に始まり、山に登るということだけをすべての目的とする。山は登攀の対象であり、プレイグラウンドでもあり、初登頂に最高の価値を見出す。

本稿は日本では信仰、宗教登山が中心であった近世中後期に、それとは別の思考のもとに登山する人がいたことを実証し、そうした土壌があったからこそ明治になって持ち込まれた近代アルピニズムへのスムースな移行につながったことを明らかにしようとするものである。

一　近代アルピニズムが生まれる背景――遊びとしての登山が生まれる必要条件とは？――

仏文学者で登山家の桑原武夫氏は『登山の文化史』で登山を支える地盤の重要性をあげ、それは市民社会であると指摘する。

山登りは危険を伴うものであり、直接利益をもたらさぬ無償の行為的面を持っている。日常の社会そのものに危険があるときには、明日の生命も分からぬというような乱世には、わざわざ危険な山へ行くものがあろうはずがない。また乱世でなくても、各人の生活があまりに乏しくて、単純生活を余儀なくされているような社会では、山の単純な生活が美しく見えるはずはなく、また山の露営を楽しいと思う道理はないのである。（中略）市民社会が形成されるに及んで登山者が激増することになるのであって、ヨーロッパにまず近代登山が起こった理由の一つはここにある。(1)

桑原氏は昭和三三年（一九五八）、京都大学がチョゴリザ（七六五五メートル）に挑戦したときの隊長を務め、登頂を成功させた。これはカラコルムにおける日本隊として初の快挙だった。日本山岳会は昭和三一年（一九五六）、マナスル峰（八一六三メートル）に登頂、日本人としては初の八〇〇〇メートル峰に成功したことと重ね合わせ、日本の近代アルピニズムが世界的レベルに達したことを証明したのである。

江戸中後期になると、登山は信仰・宗教的なものばかりでなく本草学の発展にともなう植物の採集、江戸、大坂など大都市で建設、土木工事が盛んに行われ、木材需要が高まったことで材料となる木材資源保護の山林巡視、藩と藩との境界を確定するための測量、北辺の探検など多方面に広がりを見せ始めた。このような登山とは別に、登山それ自体を楽しむ風潮が一部の文人、医師、画家などの間にうかがわれるようになった。これは誰しも憧れている旅の延長から発生したものである。そういう意味では、近世は旅行の時代でもあった。外交官だったアーネスト・サトウが慶応元年（一八六五）、大坂から江戸へ向かったときの様子を『外交官の見た明治維新』に著し、日本の旅事情を書きとめている。

実に日本人は大の旅行好きである。本屋の店頭には浮世絵と並び宿屋、街道、道のり、渡船場、寺院、産物、その他旅行者の必要な事柄を細かに記した旅行案内の印刷物（木版画）がたくさん置いてある。かなり正確な地図も容易に手に入る。

イギリスではトマス・クックによる大規模な国際的観光旅行が始まっていて、そのイギリスから来たサトウにとっても、当時の日本人はかなりの旅行好きに映った。近世になって貨幣経済が発達すると、流通の中心を担い、両替などによる金融経済に携わっていた商人は富を蓄え、衣食など日常生活も豊かになってきた。また、農民は肥料の改善、品種の改良、新しい農地の開墾などで生産が拡大し、生活にも余裕が生まれるようになった。彼らは富を蓄える一方、財を消費することで生活を楽しむ風潮が生まれてきた。農民や商人、職人は非日常を求め、伊勢講、富士講など信仰登山、宗教登山の指導者である御師《おし》に導かれた団体旅行を経験できるようになった。

行きすぎた消費に対し幕府は何度も「奢侈禁止」の触れを出し、贅沢、華美な生活を戒めようとするが効果はなかった。庶民はさまざまな理由をつけ旅行に出かけ、日常生活では触れの抜け道を見つけ出し豪華さを競うようになった。経済的に力をつけた民衆は新しい市民社会を作り出し、歌舞伎や浮世絵など新しい文化の流れを形成していったのである。明治中期から広がりを見せ始めた近代アルピニズムの素地はこの時代から見出すことが出来る。

二　近代アルピニズムの導入――誰が、いつこの概念を日本にもたらしたのか？――

徳川封建体制が崩壊し、明治維新によって新しい国家の枠組みが出来上がった。三〇〇年近く続いた鎖国政策を解き、欧米諸国の知識、科学技術を取り入れて近代国家建設を目指す明治政府は多くの外国人を招聘した。その分野は製鉄、造船、鉄道建設、通信、土木、医療、外交、教育など多岐に及んだ。彼らはそれぞれ専門分野で日本の近代化に貢献するかたわら、余暇を利用し、大臣を超える高額報酬を使って彼らにとって未知であった日本を調査し地理、歴史、風俗、習慣、言語などを明らかにしていった。明治五年（一八七二）、「日本アジア協会」が設立され、機関誌である『アジア協会誌』にそれぞれが調査したことを掲載して日本の実情を紹介した。

明治政府は天皇の神権的権威確立のため、政治上の主権者と宗教上の権威者を同じにする宗教政策の一環として、慶応四年（一八六八）神仏判然令などを出した。これら法令により、神仏習合を否定し、神道を仏教から独立させた。このため各地の神社に所属する僧侶の還俗が命じられ、仏像を神体とすることも改めさせた。この政策により宗教登山として大きな影響力を持っていた修験は壊滅的な打撃を受け、衰退の道をたどることになる。

ウイリアム・ガウランドは明治五年一〇月、大阪造幣寮（明治一〇年、大阪造幣局と改称）の化学、冶金技師として招かれた。ガウランドはサトウとアルバート・ジョージ・S・ハウス共著のガイドブック *A Handbook for Travellers in Central & Northern Japan* の制作に協力、吉野、信濃、飛驒地方の踏査を行い執筆を担当した。その中で飛驒山脈の高山を「日本のアルプスと見なしていいかもしれない」（"might perhaps be termed the Japanese Alps"[2]）と表現した。氷河に削られ、岩山から成るヨーロッパ・アルプスと違い日本の高山は標高、険しさ、ピークの鋭さでは劣る。ガウランドはヨーロッパ・アルプスに関する知識があったので、「アルプス」という言葉をすんなり当てはめることを躊躇し、ためらっているのが英語の表現の中に見て取れる。

明治二一年（一八八八）、宣教師として赴任したウォルター・ウエストンは〝*A Handbook...*〟を参考に日本の山岳を歩き回り、*Japan Weekly Mail* や一八五七年（安政四）に世界で初めてイギリスで設立された登山クラブ The Alpine Club の機関紙である *The Alpine Journal* に寄稿し「日本のアルプス」を世界的に紹介した。ウエストンは明治二九年（一八九六）、*Mountaineering and Expedition in the Japanese Alps*（邦訳『日本アルプス登山と探検』梓書房、一九三三年）を出版し、「日本アルプス」の名称を広めた。

また、志賀重昂は *A Handbook...* を下敷きにして、明治二七年（一八九四）『日本風景論』を著し、信仰登山・宗教登山とは種類を異にする登山を提唱した。志賀は『日本風景論』で日本の地理、気象を論じるとともに付録として「登山の気風を興作すべし」と登山の素晴らしさや効果を述べている。

楼に登りて下瞰す、なほかつ街上来往の人を藐視するの概あり、東京愛宕山に登りて四望す、なほかつ広遠の気象胸中より勃発するを覚ゆ、何ぞいはんや嵯峨天に挿むの高山に登るをや。（中略）いはんや山に登るいよいよ高ければ、いよいよ困難に、ますます登れば、ますます危険に、いよいよますます万象の変幻に逢遭して、いよいよますます快楽の度を加倍す。これを要するに山は自然界の最も興味ある者、最も豪健なる者、最も高潔なる者、最も神聖なる者、登山の気風興作せざるべからず、大いに興作せざるべからず。(3)

学校教員たる者、学生生徒の間に登山の気風を大いに興作することに力めざるべからず、その学生生徒に作文の品題を課する多く登山の記事を以てせんことを要す。(4)

志賀は「国粋保存主義」を提唱、欧化政策と藩閥政府への反対、大同団結と初期帝国議会の在野党支持を主張した。彼の山に関する考え方は高さを求め、危険が増せばますほどそれを乗り越え、登頂することで価値観が高まるというもので、近代アルピニズムの「より高きを、より困難を」追求する考え方と一致する。ここには信仰登山・宗教登山とはまったく異なる異文化としての登山論が述べられている。登山の教育的効果にも触れ、感想文を書かせることで、山への印象をより永続させようとする意図がうかがえる。

『日本風景論』は明治三五年（一九〇二）には一四版を重ね、福沢諭吉の『学問のすゝめ』とともに当時のベストセラーになった。高級サラリーマン、富裕層、旧制高等学校生徒、大学生に広がり、定着しつつあった近代アルピニズムは志賀の『日本風景論』が広く読まれることで、より関心を集めた。同書は、登山人口の底辺拡大に貢献したといえる。

三　どのような人たちが登山に興味を抱いたのか

近世中後期になり市民社会が成熟し、人々の生活に経済的余裕が生まれるようになると日本古来の信仰・宗教登山とは異なった視線や考え方で山と対峙する画家、医者、文人が現れるようになった。登山をめぐる思想、信仰登山・宗教登山に厳しい目を向けながら登山を行った人々や、彼らの登山をめぐる実態を当時の富士山、立山などを例に明らかにする。

当時の身分制度は「士農工商」のがっちりした枠組みで規定されていた。二代目の日本駐在のイギリス公使だったハリー・パークスは伝記の中で日本の身分制度を七階級に分析している。それは、①宮廷貴族である公家（位階だけあって威信、権力、財産はなかった）、②武家（領主とその家臣から成る）、③農民、④職人、⑤商人、⑥賤民、⑦神官、僧侶（宗教関係者）である。(5) さらに領主お抱えの、あるいは独立した画師、文人、学者、医師など特殊な技能を持った文化人は別の階級と見なすことが出来る。武家は領主の監督下にあり、農民は土地に縛られ、職人や商人の活動は地域内の制限を受ける。比較的自由に行動できたのはパークスの身分制度分類に属さないこうした人たちであった。

池大雅（画家、一七二三～一七七六）

寛延元年（一七四八）、富士山（三七七六メートル）登頂。寛延三年（一七五〇）白山（二七〇二メートル）登頂、富士山、立山（三〇〇三メートル）と合わせて三霊山に登ったのを記念して「戊辰登不二、己巳登立山、庚午登白山」という印を作り、「三岳道者」の印と共にしばしば使い、登山愛好家であることをアピールしている。(6)

谷文晁（画家、一七六三～一八四〇）

画集『名山図譜』を作成、三巻に渡り八八座を収める。その後、普及版として『日本名山図会』が出版され、発行元として江戸七、備前・岡山二、備中・倉敷、京都、大坂各一と一二軒の店の名前があることを見ると、相当の部数が発行されたのが分かる。

当時の画家は画材を求めて諸国を回った。山を写生の対象として観察し、山の美を追求していく過程で山を信仰の対象として眺める姿勢はうかがえない。池大雅の場合、三霊山に登頂したことを誇りに考え、落款を二種類制作し、画によって使いわけていた。安藤広重、葛飾北斎は富士山の浮世絵を残している。どの地点で富士山が美しくみえるか、どんな構図が富士山の優美さを引き出せるかの工夫がみられ、人物を描き込んだものもあるが、曼荼羅に見るような宗教色を感じることは出来ない。

古川古松軒（地理学者、蘭医、一七二六～一八〇七）

諸国を周遊して交通、風俗、物産、史跡を研究した。『西遊雑記』『東遊雑記』などを顕した。

（前略）日本僅の国ながらも、その地に至らずして人の物語を信じて書に顕す故に大ひに違ひしことのありと思はれ侍る也。（中略）予諸州をめぐりて其実を正し見るに、妙々不思議との奇説を言ならはせし所は何

れも佛家神道家より言出せし虚説にして、埒もなきことなり。(7)(『東遊雑記』巻八)

『東遊雑記』巻九では東北地方の小繋と沼宮内の間の正覚寺を訪れている。

堂の後に清水出る所あり、言伝へに、源頼義公当国征伐のとき軍兵労れて水に渇す。源頼義公仏神へ祈誓し給ひ弓の筈を以つて岩の間を穿ち給へば忽ち霊水湧出で諸軍渇をうるほしぬ。(中略)予つくづく此邊の地理を見しに右の事跡虚説なること顕かなり。(8)

また、弘法大師が杖で指し示したところを掘ると、水が湧き出たという伝説が各地に残っている。宗教家としての弘法大師はよく知られているが、彼は遣唐使として中国に渡り、当時としては最先端の自然観察術、土木工事の技術も習得していた。伏流水が流れているところを掘れば水を得られるのは当然で正覚寺の湧水伝説もこの類だろう。

中尊寺では「(前略)すべての縁起などと称せる記には佛家の説を加へて虚談まま多し、信じ難し(9)」と述べている。地方の名勝地にある神社、仏閣の縁起などは人は有難がって聞くが、おおむね根拠もなく、科学的裏づけのない絵空事であると切り捨てている。

弘前の岩木山(一六二五メートル)の麓に来て「岩木山は女人禁制の山とされているが、安寿姫を祀ってある山なのになぜ女性の登山を禁止しているのか、女性を嫌う神も仏もないというのに不思議なことだ。全国に女人禁制の山が多いのは女性にとっては迷惑なことだ」と迷信打破を主張している。信仰登山・宗教登山から始まった日本の登山は、女性を穢れた存在と見なし、神聖な山への立ち入りを拒んできた。立山では宿坊のある芦峅《あしくら》で登山口の川にかかる橋に白い布を渡し、女性はそこから先へは行かせないようにしていた。この時代、富士山でも登頂を希望する女性は多く、対処に苦労している(第四節参照)。修験発祥の大峰山の主峰の山上ヶ岳(一七一九メートル)は現在でも女性の登山を禁止している。岡山県の後山《うしろやま》(一三四五メートル)も女性の登山を禁止し、大分県の宇曾山《うそやま》は年間、三日間に限り女性の登山を許可している。

まだ古い因習の残る時代に、古松軒が合理的考えを持ち、女性蔑視をあざ笑うかのような新しい考え方が出来たのは、山の美しさ、登山することの楽しさを味わうことは性別を問わず、人間共通の喜びにしなければならないという近代アルピニズムの意識が作用していたからだといえる。近代アルピニズムはスポーツとして捉えることも出来る。登山は他のスポーツと違って男女の区別はなく、体格差によるクラスわけもない。最も大きな相違点は登山にはルールが存在しないことである。登るのは自分の意思に基づき、他人から強制されるものではない。ヨーロッパ・アルプスで女性の登山が禁止されることはなかった。近世の日本でも古川古松軒のように近代アルピニズム的発想をする人が現れてきたが、日本の山は信仰登山・宗教登山の考え方に支配され、近代アルピニズム的思考の受け入れを拒否していたといえる。

上田秋成（国学者、歌人、読本作者、一七三四～一八〇九）

享和二年（一八〇二）、随筆集『藤簍冊子』巻五に「御嶽さうじ」と題し、大峰山（一九一五メートル）に登った様子を記している。

（前略）西ののぞき岩と云うは、いくち尋しらぬ谷の深きにさし出たる巌なり。さし覗けば、白雲その下を走り過ぐるひまに、を闇う見揺ゆるは、此のふかきに生い茂る松杉の群立なるべし。修行どもここに押しおろされてさいなまるる。さいなまれて、今より親兄によく仕へんとて、手をすりてわぶる、いとも見るめの恥ずかしきは思はぬなるべし。(10)

（前略）囲炉裏のほだ木のもゆる光に、人々さぐりあひつつ、誰がしはここにか、あなうしや、腹の寒きという。飢ゆともここに死なん命のかたじけなき、ただただ大菩薩をたのみ奉れという。親恋し女恋しとかこてるが中に、ここに置きつるもの、いづちへ行きし。かくたふとき御山にも、盗人の入りぬるよという。あなかま、あないみじ。[11]

老いたる人の、頭に黒き巾をかうぶりてあやし。額に角あるかたちを作りなし、身には賀輿丁の着るべき麻衣をふし染めにして、僧俗のけじめ知られぬ出で立ちしたり。大菩薩のまへしりに、萬をつかんまつりたる。かくれ神のみ末の人と名のる。行者達よ、御身を守りの札いただかせ給へとて、唯銭ほしげなり。[12]

この文章には修験の聖地ともいうべき大峰登山であるのに信仰的・宗教的色彩はまったくなく、きわめて冷静に、しかも客観的に行者たちの行動を観察している。大峰行のハイライトである覗き行を「恥ずかしいと思わないのか」と一言で片付けている。また、山小屋の混雑の中では、修行中の行者が下界と同じ不満を訴え、修行を旅など遊びの一環として考えているのではないかという疑問を投げかけて、怪しげな老人が札を売るために付きまとい、行者たちが何の疑いもなくそれを崇めるのを見ては、その無知さかげんにあきれ果てている。

秋成以前の時代、すでに修験道は確立されていた。その考え方の基本になるのは一度死んで山岳という母胎に入り、修行を経て成仏し、新たな生を受けてよみがえる「擬死再生」と、山中で得た験力を里で生かし、神仏と衆生（大衆）の間に立って衆生の苦しみを受ける「代受苦」である。古代から中世にかけてしばしば死に至る荒行も実行され、身投げなど捨身修行も頻繁に行われていた。捨身修行の起源は火山爆発、地震、洪水、山火事、疫病など人間の知恵や力ではどうすることもできない自然災害から共同体の運命を守るためだとされ、採集や狩猟で生計を立てていた時代の信仰の名残ともいえる。人間の罪や穢れが招いた山の神の怒りを鎮め、共同体の全滅を免れるために、最も尊いもの、すなわち命を犠牲にするのである。最も厳しいとされる大峰修行でさえ、秋成の時代には旅の要素が入り込んでいた。

現代の大峰修行はどのようなものなのか。宗教学者の五来重氏が六〇歳を過ぎて修行に参加し、『山の宗教』

を著し体験談を記録している。

この巌壁（西の覗き）は垂直一〇〇メートルぐらいであるが、のぞきこむと奈落の底のようにおそろしい。しかしその深い谷の緑はまた浄土のように美しいのである。荒々しい巌峯とこれに生えた緑という対照は、永遠に人をひきつける山の美観であろう。新客はこの谷にむかって綱で懸垂させられる。これは捨身行の実践だから、熊野大峰修験道ではもっともたいせつな修行といえる。一般人の捨身は擬死再生の儀礼として、ここで一切の罪障を祓いきよめて、生まれかわるのである。堅い岩盤に腹這いになって断崖に身をのりだしたときは、悪寒が頭の先から足の先まで走ってまったく真剣になる。まさか落ちることはないと理性は高をくくっているのだが、本能は恐怖で全身を硬直させる。本能的に両手は岩にかたくしがみついて、ずるずると下がっていくと、先達は両手を離して頭の上で合掌せよと命ずる。この手を放すときの恐怖は筆舌につくすことができない。まことに巧妙な死の体験の技巧を修験道は持っていたものである。この状態で先達は親に孝行するか、勉強するか、信心するかと問いかけて、拷問的にイエスの答えを引き出し、誓約させる。ちかごろの大衆団交によく似ている。後で順番を待っている連中はゲラゲラ笑っているのだが、自分の番が来ると一様に硬直するのである。（中略）西の覗き岩に連なって日本岩があり、谷行《たにこう》の伝説があるということだった。高さはあまり高くないが、厳しい垂直の崖である。ここから、山中で罪障のあった山伏は谷行に処せられたり、死体を捨てられたという。謡曲『谷行』は葛城山を舞台にしているが、〝山伏の大法〟というからには、大峯でも山中で病気のため動けなくなれば、それは罪障の報いとして谷行に処せられたであろう。山岳抖擻というものはそれほど厳しいものであって、いまの遭難救助隊を待つような甘い登山ではなかった。『谷行』にも、此の道は難行捨身の行体にて、とあるように、病気になって動けなくなれば、崖から捨てられるのは覚悟の前だった。これは山中で死ねば山を死穢でけがすために、山神の怒りを怖れる心と、谷行に

なればむしろ再生するという信仰があったからだろう。（後略）(13)

五来氏は宗教学者らしく大峰修験の歴史を踏まえたうえで、かつては死を覚悟した修験が時代とともに変化していった様子を述べている。しかし捨身の舞台装置としての「覗き」で擬死再生を経験させ、古代から伝わる信仰登山・宗教登山の伝統を維持している。近代アルピニズムにおける山は登るべき対象であり、登ることに喜びを見出し、人間と自然が存在するだけで他に介在するものはない。大峰における信仰的・宗教的登山には近代アルピニズムを受け入れる要素はなさそうである。

ウォルター・ウエストンは The Alpine Club のメンバーで、近代アルピニズムによる登山がどんなものかを理解していた。彼は明治二七年（一八九四）、外国人として初めて笠ヶ岳（二八九八メートル）に登り、その後、御岳（三〇六七メートル）にも登り日本の信仰・宗教登山を観察した。そして明治二八年（一八九五）、The Alpine Club の集会で「日本における登山と山の迷信」と題して講演を行った。近代アルピニズムを日本の山で実践したウエストンの目に、日本の信仰・宗教登山はどのように映ったのであろうか。『日本アルプス登山と探検』で立山（三〇〇三メートル）登山について書いている。

有名な立山の峯は、龍山温泉から五千フィート以上の高さに聳え、この山のためにこの地方は立山と呼ばれている。そしてその荘厳な山姿は、数多の白衣の巡礼者たちを夏ごとに、その頂上へ引き付けているのである。一般に登山季節は僅か六週間と見做され、七月二〇日に山開きという儀式を挙げて開山式を行うのである。そのとき、山頂に鎮座する小さな祠の世話をしている神主が、巡礼者たちの群れを引き連れて、彼らの上に地の神が恵を垂れ給はんことを祈りに行くのである。（中略）立山の峯の麓にあるアルプス日本の〝クラブ小屋〟ともいうべき室堂の巡礼小屋で私は休んで朝食を取った。ここから雪渓を七つ八つ斜めに攀じ登り、次に凹凸のかなり険しい岩道を登って、最高点に達するのである。そこここの岩の突出部にごく小さい社が立っていて、巡礼登山者たちの捧げものを受けている。捧げ物とは何かというと、煙草入（煙管なしの）とか、祈願を記した紙片とか、あるいは時としては二三厘とか、あるいは数珠である。頂上近くには、疲労者が登り易いようにと、二三の鉄の鎖が一番険しい岩場にぶら下がっている。鋭い岩の火口丘には、絵のような朱塗りの社が、あたりを睥睨して最高点（九千二百フィート）を示している。ほとんど槍ヶ岳からの展望に匹敵するこの景色を眺めようとしていると、この聖山の守り役をしている神主に連れられた巡礼者たちの一行が登ってくるのが見えた。神主はいかにも敬虔に儀式張って、その社の前に下げられ、金で染め抜いた鷲の羽根の組み合わせ模様のある真紅の錦襴の幕を開いた。それから彼は扉を開け、数々の霊宝を取り出し、不思議そうに眺めている巡礼者たちの前に見せた。彼の周りを取り巻いて、昔の偉人たちの話に聴き入っていたときの、彼らの茫然と気を取られ、畏懼に打たれた顔つきは、見る価値のある光景だった。これらの宝物の中には、かつては有坂左衛門（立山の開山者）のものだった矢の根や槍先、及び日本のロマンスの中でアルセスティスにも当たる弟橘姫の夫、すなわち有名な日本武のものだといわれる貨幣や鏡がいくつかあった。次に神主は、鷲の羽の紋で飾られた美しい漆器の酒の容器と盃を持ってきた。そして彼はその容器から喜び迎えられる酒を巡礼登山者たちに分配した。彼の好意はまた、一人ぼっちの外国人にも向けられ、神酒を飲みなさいと私をも丁寧に招いてくれた(14)。

ウエストンの文章から当時の信仰、宗教登山としての巡礼や神主の行動が冷静に描写されている。科学者のように事実を客観的に捉え、ウエストン自身の感想は述べられていない。ヨーロッパ・アルプスで登山を経験したウエストンにとって雪のない立山は技術的に困難ではなく、余裕をもって登れた山である。頂上で神主と巡礼者との間で執り行われた儀式は外国人のウエストンにとって理解しがたいものであっただろうが、いつの間にか不思議な儀式に参加させられた。

橘南谿（医者、文人、一七五三〜一八〇五）

伊勢の人。京都で医学を修め全国を周遊。『東遊記』『西遊記』『北窓瑣談』を著す。『東遊記』後編で「名山論」の項目を設け、全国の山々を自身の公平な目で高さ比べをした。

余幼より山水を好み、他邦の人に逢へば必名山大川を問に、皆各々其国の山川を自賛して天下第一という。甚だ信じ難し。既に天下を巡りて、公心を以つて是を論ずるに山の高きもの富士（三七七六メートル）を第一とす。又餘論なし。其次は加賀の白山（二七〇二メートル）なるべし。其次は越中の立山（三〇〇三メートル）、其次日向の霧島山（一七〇〇メートル）、肥前の雲仙嶽（一四八六メートル）、信濃の駒が嶽（二九五六メートル）、出羽の鳥海山（二二三六メートル）、月山（一九八四メートル）、奥州の岩城山（一六二五メートル）、岩鷲山（二〇四一メートル）なり。是に次いで豊前の彦山（一二〇〇メートル）、肥後の阿蘇山（一五九二メートル）、同国久住山（一七八七メートル）、豊後の姥ヶ嶽（一七五七メートル）、薩摩の開聞嶽（九二二メートル）、伊予の高峯（石鎚山、一九八二メートル）、美濃の恵那嶽（二一九一メートル）、御嶽（三〇六七メートル）、近江の伊吹山（一三七七メートル）、越後の妙高山（二四五四メートル）、信濃の戸隠山（一九〇四メートル）、甲斐の地蔵嶽（二八四〇メートル）、常陸の筑波山（八七六メートル）、奥州の幸田山（八甲田山、一五八四メートル）、御駒が嶽（一六三七メートル）等なり。其余餘は碌々論ずるに不足。伯耆の大山（一七二九メートル）、上野の妙義山（一一〇三メートル）は余いまだ是を見ず。（後略）[15]（註：標高は徳久球雄、三省堂編修所編『コンサイス日本山名辞典』による）

富士山は早くから最高峰であることは認識されていた。白山と立山の順番が間違っているのは霊山としての知名度の違いによるものだろうか。また、北岳（三一九二メートル、富士山に次ぐ標高）や赤石岳（三一二〇メートル）、穂高連峰の槍ヶ岳（三一八〇メートル）、穂高岳（三一九〇メートル）など三〇〇〇メートル級の山が抜け落ちているのは南谿がその地域を訪れていないので仕方ないかもしれない。二〇〇〇メートルにも満たない山々がランキング入りし、一〇〇〇メートル足らずの山も顔を出している。三角測量により全国の山々の高度が計算されたのは明治になってからで、南谿の時代の測量技術、測量器具はお粗末な上に彼は測量の専門家ではなかった。南谿は自分が測量している地点の標高を把握しないで、立っている地点から頂上までの距離を測ったためこんなランキングが出来上がったのだろう。

幕藩体制が安定していたこの時代、二五〇前後の藩があった。南谿が訪れた地方の人々は、自分が住む国の高い山を誇りと考えていた。彼はそんなお国自慢の山々に南谿的公平さをもって序列をつけた。正確とはいえないが、彼は京都の北山を連峰と認識したのと同様に、明治中期以降日本における近代アルピニズムの舞台になった劔岳（二九九八メートル）を立山連峰の一部と認識していた。山を観察する目は確かだったといえる。

松浦静山（平戸藩主、随筆家、正続各一〇〇巻、後編七八巻からなる『甲子夜話』を著し大名、旗本の逸話、市井の風俗などの見聞を記録。一七六〇～一八四一）

『甲子夜話』五で山好きの医者を紹介して、「河村寿庵（南部産）と云いし町医者、風雅人にて、其人名山を好んで諸国を登渉せり」「寿庵は奇男子と云うべきものなり。（中略）毎日早旦より巳の牌までに医業畢るやうにして、鐘声巳刻を報ずれば、笛を腰にして、出て管絃会集の許に行き、合奏して日を終ふ」「寿庵は殊に芙蓉（富士山の雅称）を好み、幾度か登れり。居宅の楼上に架を作り、名は火の見と称し、実は眺岳のために設く。（中略）名山図を刊行す。画は文晁にかかしめしが、山形はみずからの指点なりとぞ。岳に登るときは必ず魚味を携へ、窟室中にて用ゆ。道家叱すれども肯ぜず。岳巓は人の高声さへ禁ずると云うに、いつも石に踞して笛を弄し、数曲闋て山を下る。先達と呼ものも、如何ともすること能はざりしとなん」(16)と記している。

寿庵は山をみたり、山で遊ぶことを生活の一部として取り入れ、人生を楽しんでいる風景が目に浮かぶ。この風流な山との関わりを松浦静山は、市民の贅沢や行きすぎを取り締まらなければならない立場にありながら、咎める様子もない。むしろ、寿庵の風流をうらやましがっている感じさえする。現在、山に登るだけではなく、山を遊びのフィールドとして捉え、さまざまなレジャーが考えられている。寿庵は時代を先取りしていたともいえる。寿庵の山に向き合う姿勢には信仰心・宗教色は微塵もうかがうことは出来ない。

四　近世登山の風景――富士山の場合――

富士山は近世には全国から多数の人々を集めていた。富士登山集落の一つである須走村は、近世には御師《おし》や宿泊業者が集まり、富士山への参詣、登山の拠点として栄えていた。同村に伝わる宿泊者名簿（宿帳）によれば、江戸など関東、甲信地方のほか、東北、近畿、九州地方からやってきた参詣者の名前も記載されており、北は津軽から、南は日向まで全国から参詣者が富士登山に集まってきたことが分かる。

では、どれほどの人数が集まってきたのか。須走村の宿帳から同村を訪れた参詣者数を調べると、明和期（一七六四〜七二）から安永期（一七七二〜八一）にかけて増加し始め、寛政期（一七八九〜一八〇一）にピークに達する。須走村米山豊彦家文書の「参詣控え」によれば、寛政元年で一万人、翌年二年で一万二〇〇〇人、寛政一二年（一八〇〇）には二万三七〇〇人に達していた。須走村以外にも、甲州側には吉田村、川口村、駿州側には須山村、村山など御師や修験、宿泊業者が集住する村が発達していた。

須山村が寛政一二年に集めた参詣者は五三九八人だったが、同村の御師、土屋平太夫は天保七年（一八三六）から一四年（一八四三）にかけて、年平均一八〇〇人余りの参詣者を集めている。同じく村山の富士修験は宝永元年（一七〇四）から明和七年（一七七〇）にかけて八万一二七三人、年平均で一二一三人を集めていた。[17]吉田村は、文化・文政期（一八〇四〜三〇）以降、江戸を中心とする地域において大流行した信仰・参詣集団である「富士講」と強く結びつくことで他の村以上に参詣者を集めるようになった。富士講は江戸初期、長谷川角行《かくぎょう》が教義を整え布教し、講を組織した。江戸を中心に商人、職人、農民の組織として発達し、最盛期の天保一二年（一八四一）には四〇〇余の講があり、「江戸八百八講」といわれるほどの隆盛を誇った。

富士山に多くの参詣者が集まった背景には吉田村や須走村に住む御師や住民による経営努力があった。御師はそれぞれの村の浅間神社に奉仕する宗教者集団であるが、村の外に富士山信仰に基づく檀那場を持っており、毎年それらの檀那場を回って配札や初穂徴収を行い、檀那たちを富士山参詣に勧誘していた。そして檀那たちは富士山を訪れたときは、従来から関係を持っていた御師の屋敷に宿泊し、登山の準備を整えた。

近代以前、信仰登山・宗教登山の対象になっていた山岳では女性による登山を禁止、または制限する慣習が広く存在していた。富士山でも女性が登れるのは庚申の年、つまり六〇年に一度とされていた。女性が登ると気候が不順になり、農作物の収穫に悪影響をおよぼすと根拠もなく信じられていたからである。女性は穢れた存在で、神聖な山に登るのはふさわしくないという迷信ともいえる習慣により、富士山では女性はある地点まで登ったところで山麓に引き返させ、一種の登山制限が行われていた。

近世中期以降、富士登山の拠点となる吉田村、須走村は登山客を受け入れることで生計を立て、登山客の多寡で共同体の経済が左右された。こうした信仰・宗教登山集落は女性登山客者を新たな客層として認識しており、地域外から訪れる登山者を受け入れることは経済の拡大をはかる材料でもあった。一方、登山ルートから外れた村々の生活の基盤は農業に置かざるを得なかった。しかし、富士山裾野は火山灰地で米の生産には適しておらず、生産性も低かった。こうした村々の住民の間では、みずからの生活を防衛、維持しようとする意識と結びつきながら、女性の富士登山に対する忌避感が共有され、女性の富士登山禁止を維持しようとする側に回った。両者のせめぎ合いは明治五年（一八七二）の太政官布告（「神社仏閣の地にて女人結界の場所これ有り候処、自今廃止せられ候条、登山参詣等勝手たるべき事」）まで続く。

それまで近世中後期に富士登頂を試みた女性はいなかったのか。吉田登山口ルートでは二合目から四合目までは女人禁制をめぐるグレーゾーンになっていて、女性登山者はその間を吉田村の手引きで行き来していた。史料で確認できる女性による富士山初登頂は「高山たつ」が天保三年（一八三二）九月に不二道孝心講の小谷三志に同行して、吉田登山口を経て達成したものである。高山たつがどこの人なのか、結婚していたのか、未婚なのか素性は不明である。(18)

公的に女性が富士登山できるのは庚申の年とされていたが、近世中後期には形骸化していた。女性がいつでも自由に富士山に登れるというイメージを定着させたのはパークス夫人である。彼女は二代目イギリス領事であるハリー・パークスの妻である。パークスは慶応元年（一八六五）に来日し、翌年、夫人とともに富士山に登った。彼女は富士山に登った初めての外国人女性で、浅間山（二五四二メートル）にも初登頂している。高山たつの女性としての富士山初登頂は住民に知られることなくこっそり行われた。しかし、パークス夫人の場合は幕府公認のもとで公然と実行された。ちなみに、パークスの前任者、ラザフォード・オールコックは万延元年（一八六〇）七月、幕府の反対を押し切り、公使館員七人他、日本側護衛、人足など一〇〇人以上、馬三〇頭という大部隊で、外国人による初の富士山登頂を成功させている。(19)

上田秋成は前述した大峰登山の記述で登山にかかる「銭」の問題を記録していたが、富士山でも同じようなことが日常的に行われ、登山者に不快感を与えていた。近世後期、池川春水は『登富士山之記』で批判している。(20)「登山道に勝手に銅仏を置き、通行者から無理やり賽銭をむしり取る」、「鍬を担いだ人が、道を整備してやったから協力金、手間賃をよこせ」、「金名水、銀名水と称して、ただの水を薬代わりに販売する」など、あの手、この手で登山者から銭を要求していた。人が集まるところに小ざかしい手段を用いて金儲けをしようとする不心得者が現れるのはどの山にも共通している。

世界に誇る美しさを持つ富士山は平成二五年（二〇一三）六月、三保松原も含め世界文化遺産に決定した。国連教育・科学・文化機構（ユネスコ）の世界遺産委員会が、日本の推薦したものを承認したもので、ユネスコの諮問機関「国際記念物遺跡会議（イコモス）」は、遺産の名称は推薦した際には「富士山」だったが、三保松原もふくめ「富士山――信仰の対象と芸術の源泉」に変更し、ドイツやメキシコなどの支持もあって了承された。世界遺産条約は人類全体の遺産を国際協力によって保護するため、一九七二年にユネスコ総会で採択された。世界遺産に登録されると締約国には遺産を保護する義務が生じ、その国の法律や制度で、将来にわたって守ることが必要になる。

山部宿禰赤人は万葉集に富士の山を望む歌一首と短歌を詠んでいる。

天地の　分れし時ゆ　神さびて　高く貴き　駿河なる　富士の高嶺を　天の原　振り放け見れば　渡る日の影も隠らひ　照る月の　光も見えず　白雲もい行きはばかり　時じくそ　雪は降りける　語り継ぎ　言ひ継ぎ行かむ　富士の高嶺は

反歌

田子の浦ゆ　うち出て見れば　ま白にそ　富士の高嶺に　雪は降りける

富士山は独立峰で近代アルピニズム的観点から見ると魅力に乏しい。しかし、万葉の昔から日本人が山と接する原点のような存在である。現在、夏山シーズンの登山者は三〇万人を越える。世界遺産に決定したことでさらに増える可能性がある。オーバーユースによる弊害は早くから指摘され、美しい姿を維持していくためには登山制限を含め、何らかの方法を取らなければならない時期に来ている。山部赤人の時代から「語り継ぎ言い継がれてきた富士山」は、信仰登山・宗教登山、近代アルピニズムなど人間の知恵、営為をはるかに越えた山だけに、このままの姿を後世に残していく義務があるといえる。

五　近世登山の風景――立山の場合――

天明（一七八一～八九）の頃、富山藩に仕えていた歌人の佐藤月窓が立山に禅定登山をして紀行文を残している。それによると、当時の立山には回国の修験者や優婆塞に混じり、多くの庶民が参詣していたことが分かる。この頃には立山参詣は信仰と観光が一体化しており、下山後の迎えや祝宴の風習が一般化していた。信仰者、修験だけの立山が観光化し、旅行の要素も加わってきた。立山山麓の宗教集落、芦峅寺では享和元年（一八〇一）、一山組織の規模が三三坊、五社に確定し、明治まで増減なく続いてきた。こうした状況は立山を訪れる参詣者数が享和期まで増え続け、各宿坊が存続維持出来るほど安定してきたことを証明している。

江戸後期、どれほどの人数が立山を訪れていたのだろうか。芦峅寺文書によると、文化一一年（一八一四）頃、芦峅寺での宿泊者は参詣者と立山温泉の湯治客を合わせて年間四〇〇〇人程度で、このうち二〇〇〇人が湯治客であった。また、文化一三年（一八一六）頃には年間四〇〇〇人が立山登山の基地となっていた室堂に宿泊した。幕末の安政五年（一八五八）頃には一夏（旧暦六、七月の二か月間）の登拝者は六〇〇〇～七〇〇〇人になった。これらの参詣者は江戸、大坂といった大都市を含め全国から集まっていた(21)。

文人でもあり、経済学者でもあった海保青陵は、文化五年（一八〇八）七月に立山登拝し、『綱目駁談』を著し、立山の硫黄、燐などの鉱物資源の開発を行うことを主張している。富山藩士の野崎雅明は文化九年（一八一二）六月、立山に登り『立山ノ記』を著した。その中で「已ニ投宿ノ者、堂ニ満ツ」や「後ヲ顧ミレバ他ノ登山者モ魚貫シテ来ル」など当時のシーズン中の混雑ぶりを記録している(22)。

立山は女人禁制で女性は登拝することが出来なかった。立山の高さは三〇〇〇メートルを越え、健康な男子にとっても簡単に登れる山ではなかった。天候が安定するのは梅雨明けの旧暦六月～七月の二か月間だけである。江戸中期以後、各地の社寺、霊山参詣が大衆化するとともに、立山を訪れる女性や老人の参詣者も増えていった。こうした人々は立山に登ることなく、立山を開山した慈興上人の廟所があり、立山大権現が祀られている山麓の霊場芦峅寺に参詣し、そこで行われている祭礼に参加、参詣することで立山に登ったのと同じ意味を見出した。

むすび

近代アルピニズムはイギリスで生まれ、欧州各国に波及した。その背景にあるのは産業革命であり、近代資本主義が成立することで、新しくブルジョア階級が誕生した。彼らは大量生産が可能な生産手段を手に入れたことにより、短期間で巨大な富を蓄積した。その富は旅行という水平移動（トマス・クックは世界初の旅行社を設立）を可能にし、それに飽き足らず登山という垂直移動（近代アルピニズム）へ目を向けさせた。垂直移動の中心になったイギリス人たちはヨーロッパ・アルプスを舞台に近代アルピニズムを一挙に開花させた。マッターホルン（四四七七メートル）がヨーロッパ・アルプス最後の未踏峰として残されていたが、一八六五年（慶応元）、ウインパーらによって初登頂された。マッターホルン初登頂までの七年間に、ヨーロッパ・アルプスの未踏峰一四〇座が初登頂され、そのうち七二座がイギリス人登山家によるものであった。近代アルピニズムが生まれたイギリスでは貴族、ブルジョアを中心とする世界初の登山クラブ The Alpine Club が一八五七年（安政四）に設立されており、近代アルピニズムの流れはまだ未踏峰が多く残されているヒマラヤやアンデスへと向かうことになる。

桑原武夫氏は、登山を支えるのは成熟した市民社会だとしている。日本には、近代アルピニズムの概念はお雇い外国人によってもたらされた。それまで日本の登山の主流だった信仰・宗教登山とは異なる登山方式を受け入れることが出来たのは、江戸中期以降経済的に豊かになり、新たな文化を作り出すことが出来る市民社会が日本にも出来上がっていたからである。信仰登山・宗教登山からみれば異文化ともいえる近代アルピニズムが理解され、受け入れられ、その後の日本の登山文化の流れを変えていった。

江戸中期にはすでに多くの人たちが山の美しさ、素晴らしさを知り、宗教的色彩を持たずに登山を登山として楽しむ風潮がみえ始めているのは前記の人々の例からも明らかである。先陣を切ったのは文人であり、医師であり、画家であり、学者だった。これはヨーロッパにおける初期の登山の歴史と共通し、年代的にも大きな隔りはない。登山によって味わうことの出来る感動は人類共通の喜びである。それがまったく近代アルピニズムの概念が存在しなかった江戸中期に、日本でも芽生えていたことは明らかである。

(1) 桑原武夫『登山の文化史』(平凡社ライブラリー、一九九七年、三四頁)。
(2) E. M. Satow & A. G. S. Hawes, *A Handbook for Travellers in Central & Northern Japan*, 1881, p.265.
(3) 志賀重昂『日本風景論』(岩波文庫、一九九五年、二〇三頁)。
(4) 同右、二〇三〜二〇四頁。
(5) F・Vディキンズ『パークス伝』(平凡社東洋文庫、一九八四年、九頁)。
(6) 山崎安治『日本登山史　新稿』(白水社、一九八六年、一六六頁)。
(7) 本庄栄治郎など共編『近世社会経済叢書』(改造社、一九二六年、一九四頁)。
(8) 同右、二〇八頁。
(9) 同右、二一三頁。
(10) 三浦理編『上田秋成集』(有朋堂、一九二六年、五七三〜五七四頁)。
(11) 同右、五七四頁。
(12) 同右、五七八〜五七九頁。
(13) 五来重『山の宗教』(淡交社、二〇〇二年、一八〇頁)。

(14)『日本アルプス探検と登山』岡村精一訳（梓書房、一九三三年、一六一頁）。
(15) 永井一孝校訂『東西遊記』（有朋堂、一九一七年、一九二～一九四頁）。
(16) 中村幸彦校訂『甲子夜話』巻五（平凡社東洋文庫、八五～八六頁）。
(17) 青柳周一『富嶽旅百景』（角川書店、二〇〇二年、六頁）。
(18) 同右、一二八頁。
(19) 前掲註(6)山崎書、一九一～一九三頁。
(20) 前掲註(17)青柳書、一六九頁。
(21) 福江充『立山信仰と立山曼荼羅』（岩田書店、一九九八年、四五頁）。
(22) 同右、四五～四六頁。

近代における奄美群島からの渡台者について

高嶋朋子

はじめに

本稿は、近代の国民国家周縁地域といえる奄美群島から、日本の統治下にあった台湾に渡った（渡台）人々の移動過程や現地での活動について考察していく端緒を開こうとするものである。

移民史研究は、第一次世界大戦以後、人的移動を、移動の形式と実態によって区別した語で分類している。形式に着目した場合、日本の勢力範囲内に出て行く場合は「植民」、勢力圏外に出て行く場合には「移民」を使用し、移動の実態をみた場合は「永住」「出稼ぎ」の語を使用するようになった。(1)

「植民」については、矢内原忠雄氏が民族的・政治的側面を重要視せず、「植民研究」の対象が植民の社会経済的側面にのみあると述べたことについて(2)長いあいだ議論がなされてきたが、(3)しかし、各語とも厳密に確立された定義はなく、その指し示す範囲は、実態や当事者の意識、その当時の政策側の意図などを踏まえた各論者によって異なる。たとえば、石川友紀「日本における出移民研究史概説――一九九〇年代以降――」（『ＪＩＣＡ横浜　海外移住資料館　研究紀要』第三号、ＪＩＣＡ、二〇〇八年）であげられた岡部牧夫氏の研究では、移民を「ある民族や

国家の成員が、就業の機会をもとめ、もとの居住地のそとに移住する」[4]ことだと簡潔に定義し、そして、その移住先を、

①独立の主権国家
②独立の主権国家の植民地・勢力圏
③日本の植民地・勢力圏

の三類型に大別した。つまり、岡部のいう広義な「移民」に、いわゆる「植民」や「出稼者」がすべて包括されている。ただし、近代における奄美群島からの人の移動を考えるさいには、「居住地以外の国内他地域」への移住という、もうひとつの類型を加える必要があろう。

明治から大正期の爆発的人口増加と地域内産業の零細性という問題を抱えた奄美群島からは、「内地」への人口流出が途絶えることはなく、とくに、一九二〇年代からは阪神地方を目指し、工業地帯で就労する男性や紡績女工として働く女性が非常に多かった。[5]現在、奄美群島出身者および二世・三世の阪神地域居住者は、三〇万人ともいわれている。[6]そのため、奄美群島からの人的移動をテーマにした研究は、この阪神地域がフィールドの中心である。阪神地域での奄美群島出身者の定住過程とその構造や、同郷者コミュニティーの形成状況などについては、西村雄郎氏、中西雄二氏、田島忠篤氏らの研究成果が積み重ねられている。そして近年では、阪神地域で他言語との接触をへた奄美群島出身者の経験がどのような言語観を生みだすにいたったかを検証しようとする前田達朗氏の研究もあり、多様な切り口が展開されてきた。[7]

また、奄美群島から「①独立の主権国家」への移動については、奄美大島の宇検からのブラジル移民、喜界島の小野津からのアメリカ移民などを中心に、移民輩出の歴史的経緯と定住先での生活、また移民輩出後の母村の変容について、田島康弘氏が研究を進めてきた。[8]ところが、「②独立の主権国家の植民地・勢力圏」「③日本の植

民地・勢力圏」への移動についての研究は、ほとんど進められていない。②については現在のところ、統計資料上ではその移動が把握できておらず、先行研究もみあたらない。

③について、筆者は、日本統治期台湾での生活経験がある奄美群島出身者への聞き取り調査と関係史料調査を行っているが、残存史料が限られていることもあり関連する先行研究はないに等しい。当時を知る人々は「奄美からの渡台者は多かった」と口々に語り、台湾居住経験者たちが手記を執筆した蓄積[9]があるにもかかわらず、これまでまったくといっていいほど、その渡航理由や台湾での生活についてなどを聞き取ってまとめる作業は行われてこなかったようである。

大正七年（一九一八）まで奄美大島に開校されていた大島農学校関係者の渡台が多かったことは拙稿にまとめた[10]が、本稿では、奄美群島から台湾への移動の実態をさぐるため、残された統計資料と同郷会の活動が記録された同郷者メディアから、奄美群島出身渡台者についての基礎的情報を整理していく。

一　大島郡から「内地」・「外地」への移動の傾向

まず、近代における奄美群島からの総体的な人の移動の傾向をみていきたい。

原口邦紘氏は、「「移民県」と呼ばれた鹿児島県における出移民に関する研究状況と関係史料の所在状況についてまとめ[11]」たなかで、鹿児島県の出移民数について検証している。これによれば、第二次世界大戦以前（明治三二年〈一八九九〉～昭和一六年〈一九四一〉）の総出移民数六五万五六六一人のうち、鹿児島県出身者は約一万四〇〇〇人で県別では一二位と、一位の広島県約九万七〇〇〇人、二位の沖縄県約七万二〇〇〇人に比すればかなり少なく、六位の和歌山県約三万一〇〇〇人の半数ほどである。実数のうえでは、『鹿児島県史』に書かれた「有数の移民県[12]」という記述にはやや違和感があるものの、ハワイ・北米・南米など、近代を通じて一定の移民を送り出し続けていた。原口氏はそれに加えて、「鹿児島県が、古くから新潟県と並ぶ全国でも有数な国内出稼県であった事実などもあって、「移民県」と称されるようになったというところであろうか」[13]と、鹿児島県の移民県イメージの源について指摘している。

昭和一一年（一九三六）の『九州労働事情概要』では、「国内出稼」を多数生みだす鹿児島県が抱えた特殊事情として、「大島、種ヶ島等の島嶼の職業人口と職業との関係即ち過剰人口の消化の問題」[14]があげられている。鹿児島県に限ったことではないが、島嶼には「本土」との関係によって経済が維持される地域と、関係性が保持できずに立ち行かなくなる地域が存在する。鹿児島県下には三〇余の有人島嶼があるが、なかでも、ここでいう「大島」つまり奄美大島を含む当時の大島郡は、非常に厳しい状況におかれていた。

近代における大島郡とは、琉球弧上に位置する上三島・吐噶喇列島・奄美群島を指すが、この大島郡の財政は、明治二一年（一八八八）「大島郡経済分別施行令」（鹿児島県令第一四七号）により、その後五三年間にわたって鹿児島県の財政から分離されていたのである。その理由は、次のように述べられた。

其理由は該各島嶼は絶海に点在して、県庁を距る殆んど二百里内外に渉り、風土、人情、生業等内地と異り、従つて地方税経済上に於ても亦其利害の関する所自ら異らざるを得ざるものがあるを以て、地方税規則第九条に依り其の経済を分別するといふにあつた[15]

「地方税規則第九条」とは、明治一三年（一八八〇）に改正された、

島嶼ノ地方税ニ係ル経費ハ府県会ノ決議ヲ経テ府県知事令ヨリ内務省ニ具状シ其ノ裁定ヲ得テ本属府県ノ経費ト之ヲ分別スルコトヲ得

という項目である。鹿児島県は、慶長一四年（一六〇九）の琉球侵攻以来、藩政時代は稲作を禁じて換糖上納制や惣買入制をしき、維新後は大島商社をおいて奄美群島の黒糖による収益を吸い上げていたが、つまり今度は改

めて経済的に切り離す政策をとったのである。[16]

こうした「独立経済」の強制によって、大島郡は昭和一五年（一九四〇）まで、基本的には郡内地方税のみで行政を賄ったため、緊縮財政を強いられていた。郡の基幹産業である製糖業や大島紬織物業への補助も充分ではないなか、郡民の自然人口増加率は高く、必然的に郡外に職を求めざるを得なかった。

大島郡出身者の他道府県への移動は、一九〇〇年代から顕著になる。当初は九州北部への炭鉱労働者としての出稼ぎから始まったといわれており、明治三一年（一八九八）の台風被害によって、翌年、沖永良部島や与論島から長崎県口之津へ移住し、三池炭鉱から運びだされた石炭の船積み人夫として働いたことなどが、初発の例としてあげられよう。大島島庁は、当時の人口問題に対して、以下のように「移住出稼」の奨励ととれる言及をしている。

其増加ノ度ハ十年間ノ平均ヲ以テスルモ壱万人ニ対スル比例ハ百七十人余トナレリ全国中沖縄県ヲ除ケハ本郡ノ如キ高キ地方ハ蓋シ之レナカルベシ若シ此ノ如キノ速度ヲ以テ推移スルトキハ十数年後ヲ出テスシテ本郡民ノ生活状態ニ一大困難ヲ惹起サシムルノ止ムベカラサルニ至ラム是ヲ以テ一面各種産業ノ発展ヲ図ルト同時ニ一面ニ於テハ移住出稼ヲ奨励スルノ必要ナルヲ認ムルニ至レリ[17]

その後、一九二〇年代の全国的恐慌と軌を一にして、郡の基幹産業も大打撃をうけ、「ソテツ地獄」と呼ばれる困窮状況に陥ると、さらに多くの者が郡外に出て行った。『伊仙町誌』に「わずかの家財や農地を売り払って、阪神や工業地帯へ出稼ぎに行った[18]」と記されているように、この時期の主な行き先は、当時、重化学工業へと進展して多くの労働力を必要としていた阪神工業地帯である。近代の阪神地方は、他府県や朝鮮からの出稼移住労働者を抱えた地域であり、大島郡出身者の一大集住地域にもなった。[19]

現存している大島郡全体の人口動態統計では、各他府県への移動者数詳細について知ることは出来ない。各町

表1　1941年古仁屋からの出稼移住

	男	女	計
東京	190	131	321
横浜	30	10	40
大阪	679	715	1,394
神戸	370	386	756
福岡	50	15	65
台湾	215	224	439
朝鮮	90	68	158
その他	1,905	1,604	3,509
計	3,529	3,153	6,682

出典：堤元編著『奄美の産業の展開構造』（瀬戸内町、1960年）123頁より転載（吉田富実穂「古仁屋農村調査報告書　昭和十七年」に収められたデータである旨記されているが、本書の詳細は不明）。
註：他に満洲移民義勇軍38人あり。

村から大島支庁に提出した報告書の類に詳細が掲載されていたが、逸失された報告書もあるため、全体像の把握は困難である。ここでは例として、二つの統計結果をあげておく。まず、沖永良部島警察署によって作成された「昭和十六年　管内一般概況情勢」によれば、昭和一四年（一九三九）に沖永良部島からの県外出稼移住者総数一万九七人中大阪在住者は三四五七人、兵庫在住者は二一二一人、昭和一五年（一九四〇）では総数一万四九三人中大阪四六〇三人、兵庫二一四九人と、いずれも阪神地域の在住者だけで県外出稼居住者総数の半数を上回っていた。[20] そして、奄美大島南部の古仁屋町における昭和一六年（一九四一）の調査でも、表1のように、大阪・神戸に偏った人口移動がみられるのである。

また、この表において、「外地」への移動のなかでは台湾へ向かう人口が極めて多かったという点にも注目したい。

明治二八年（一八九五）から日本の統治下におかれた台湾には、昭和六年（一九三一）時点で二五万人余の日本人が居住していた。[21] 在台日本人人口は当初から西日本出身者が多く、『台湾総督府　第三四統計書　昭和五年』（台湾総督府民政部文書課、一九三二年）によれば、同年に渡台した日本人のうち九州出身者は四四・七パーセントに達しており、そのうち鹿児島県出身者は全在台日本人の六パーセントを占めていた。西村雄郎氏は、戦前期の鹿児島県からの人口移動先について、「北海道、東京、大阪、神戸、そして朝鮮半島、中国東北部、さらにはブラジル、アルゼンチンといった南米地域をあげることができる」[22] と示すのみで、台湾への移動については言及がなく、大島郡からの流出入人口統計にも「外地」各地域への移動者を反映していない。(23) 鹿児島県全体からの渡台者は台湾総督府の統計資料から容易に確認できるが、たしかに、大島郡から「外地」への人口移動を総じて通時的に把握するデータは不足している。各年『大島郡統計書』には、明治四〇年（一九〇七）から大正八年（一九一九）までの大島郡出移民データが存在するが、年度によって、統計項目に変更があったり、台湾・朝鮮・樺太への移動者数が合算されていたりと、対照することは難しく、大正後期数年分、昭和一四（一九三九）～二〇年（一九四五）の統計資料も抜けている。しかし、現存する昭和四（一九二九）～昭和一三年（一九三八）の『大島郡勢要覧』所収データから作成した図1の通り、大島郡から「外地」・外国への移動のなかで、渡台者は最多であり、また年々増大していた。

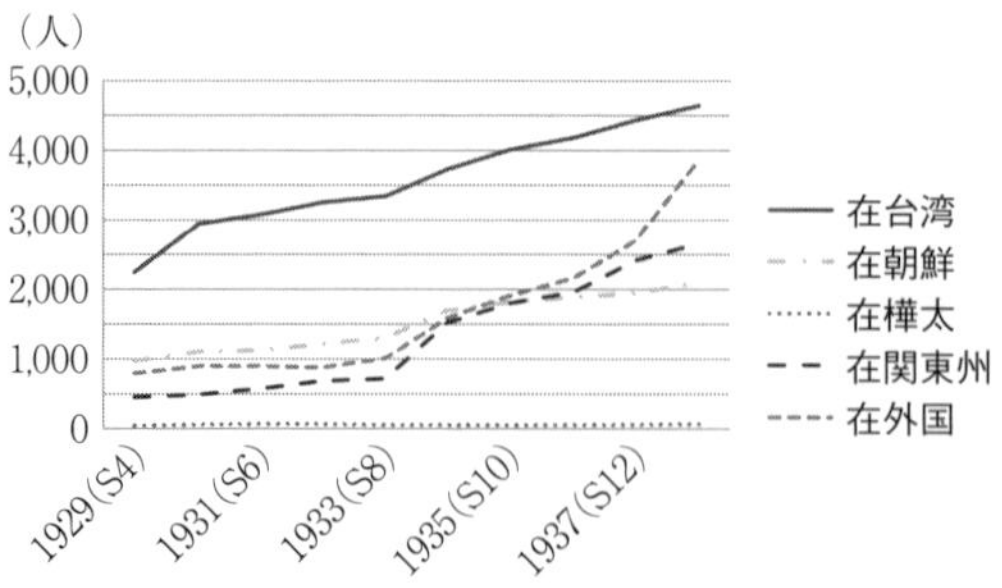

図1　大島郡から外地・外国への移動

以上の統計にみたように、大島郡は、「内地」においては阪神地域、「外地」においては台湾への人口移動の傾向があったことがうかがえる。こうした傾向は、同郷者メディアの月刊誌『奄美大島』の大正一五年（一九二六）九月号に掲載された、各地在住の同郷者数についての記事からも看取される。

（前略）最近本社が各地在住有志に徴した見込み数の主なものを見ても、大阪府三万、鹿児島県一万三千、兵庫県八千、東京府七千、福岡五千、台湾五千、長崎四千、沖縄二千、朝鮮二千といふ概数を示して居るからである。(24)

そして、この引用箇所の前部には以下のような指摘がみられる。

郡外にある郷人が総てゞ幾ら居るかこれも確かな数を知る方法はない、大正一三年度末の郡勢要覧を見ると郡外出寄留人口を二八八八八人としてあ

る、これは寄留届によって調べ出した数で、総ての郡外人口でないことはいふまでもない(25)

本節で確認してきた統計は、大島郡からの人的移動の傾向をみるには有用であるが、実際の「郡外人口」はこれをはるかに上回っていただろう。この記事にみられるように、行政による統計以上に、各地域に居住した同郷者間の情報によってその実態は把握されていたはずである。次節では、この月刊誌『奄美大島』所収の台湾関連記事によって、奄美群島出身渡台者の動向をみていく。

二　奄美群島出身渡台者の動向

これまで特定地域からの渡台に関しては、奄美群島と同じ琉球弧に位置する八重山が注目されてきた。中心になったのは八重山女性の台湾での「「女中」出稼ぎ」をめぐる研究であるが、金戸幸子氏によれば、一九二〇年代の台湾で女子実業教育の充実が図られるなか、「女中」として就労した八重山女性には、そのかたわら職業学校に通い、専門性の高い仕事に転職して社会的上昇を目指した者も多かったという。女性の職域が拡大されていく社会のなかで職業教育を受ける機会を獲得したことに加え、台湾の物質的・文化的近代性への憧憬もあいまって、八重山女性は「自分に付加価値を付けていくことが可能な、可動的労働市場が形成されていた植民地台湾」(26)で社会的アイデンティティを構築していった。そして、八重山女性のなかでもとくに与那国島出身女性は、引揚後の故郷で、初の女性町議や初の美容院経営者として、地域社会の近代化を牽引したという。台湾で学びとった文化や養われた社会意識が、戦後初期の地域再建に貢献したと、金戸氏は位置づけている。

奄美群島は、台湾銀行券が流通する完全な台湾経済圏にあった与那国島とは異なるが、進学・就職先のひとつとして渡台という選択肢は身近に存在した。筆者のインフォーマントAは、大正一一年（一九二二）生まれの加計呂麻島出身男性で、高等小学校卒業後に渡台し、昼は台湾総督府で給仕として働き、夜は台北第二商業学校で学んだ。すでに二人の兄は台湾で就職しており、兄弟全員が台湾に居住した。仕事をしながら学校に通う目的で、台湾に行くことは始めから決めていたという。タイピストなどの新しい職業の女性が洋装で市内を闊歩していたのが印象的だったと繰り返される語りには、上記の八重山女性が体感した近代性の一端がうかがえる。

Aが渡台したのは一九三〇年代だが、これ以前の渡台者には、明治三四年（一九〇一）から大正七年（一九一八）まで奄美大島に開校されていた大島農学校の卒業生が多くみられる。これについては、新出史料を用いて拙稿で提示したことがある[27]が、こうした人々の台湾での活動を明らかしめる史料は、多くは残されていない。現状で確認できた史料としては、月刊誌『奄美大島』に掲載された関係記事が、もっとも大きな史料群だといえる。

既述の通り、一九二〇年代に奄美群島出身者の移動が増加したが、彼らは移動した先で相互扶助や親睦を目的に同郷団体を設立していった。月刊誌『奄美大島』は、この時期に鹿児島市で発刊された大島郡同郷者のための情報誌である。大正一四年（一九二五）創刊で、一九二七年（昭和二年）七月号から『奄美』と改名され（以下、『奄美』と表記）、昭和一九年（一九四四）まで発行されていた。『奄美』は郷里が抱える経済問題や選挙についての意見投稿が柱のひとつで、各地域在住奄美群島出身者の投稿記事がみられる。もうひとつの柱は、各地の有力な奄美群島出身者の消息や、同郷者団体の動向についての記事であった。同郷者団体は、東京や関西・九州など「内地」各地域だけでなく、台湾や朝鮮・満洲といった「外地」、ニューヨークなどの外国でも組織されていた。各同郷会の活動は通常号での記事で報告される以外に、同郷者の多い地域については特輯が組まれ、東京・大阪・神戸・長崎・沖縄、そして台湾の特輯号が発行された[28]。

台湾には、北部・中部・南部各地域に同郷者団体が存在していたことが、『奄美』誌上から確認できるが、この初出は大正一五年（一九二六）三月号で「各地郡人会」の項目に掲載された「台湾北部大島郡人会」の記事である。

台湾北部大島郡人会と称するも別段団体的組織を有するにあらず毎年時宜に依り、一、二回会合し親睦懇談互に激励するに止まり附帯事業を為さず。（中略）総督府には財務局に殖産局税務鉄道警察に属官又は技術者として中堅を為す堅忍力行の数人を有し潜勢力は決してあなどるべからず時来らば何ぞ躊躇するものあらんやである(29)

組織されたのがいつ頃なのかは不明確で、この時点では積極的な活動があったわけではないようだが、すでに何年かに渡って定期的に顔を合わせていることがうかがえる。また、同記事にあわせて載せられた名簿によれば、全一〇六人中には総督府勤務者が四六人、郡役所・市役所勤務者一一人、教員六人、警察四人など、公務に就く者を中心に組織されており、中西が指摘するように「同郷の名士とされたエリート層を中心に形成されていった同郷団体」(30)であることがわかる。台湾北部奄美会からは、同年一二月号にも例会報告記事があがっており、会の進行を追うと、幹事からの経過現状報告や今後の行事方針の議了決定があったことが記されている。出席者は一五〇名あり、先掲記事が書かれて以後、会としての活動が活発化したのではないか。この時の集合写真は本号表紙に採用されている。

その後は台湾北部という広域での同郷団体ではなく、各市や地区などの狭い範囲での同郷会も紹介されている。台北奄美会では、総督府勤務者の昇進祝賀会を有志で催したという事例がいくつか確認でき(31)、総督府勤務者による会合が中心になっていたことが看取される。他にも、昭和五年（一九三〇）四月には基隆奄美会が創立、翌年には台中郷人会が存在していたことが確認できた(32)。こうした同郷会のなかで注目すべきは、昭和三年（一九二八）一二月号の表紙写真（図2）に「台湾二結奄美会」とある説明書きである。写真についての解説が確認できないため詳細は不明だが、二結とは、台北州羅東郡五結庄二結に間違いないだろう。この二結に一定数の大島郡出身者が居住していたのである。

もともと、二結には、台南製糖の製糖工場があった。また、製糖の原料である甘蔗を搾汁したあとの残渣、バガスを原料とする製紙事業を始めていたため、製紙工場も併設された。経営悪化によって、昭和三年（一九二八）一月に同社による台湾での製糖業は昭和製糖が継承したが、この写真はまさに、台南製糖から昭和製糖へ変わって間もない頃のものであろう。(33)

　昭和一一年（一九三六）に作成された郷土資料の復刻版（『羅東郷土資料　昭和十一年〈一九三六〉羅東公学校編』〈林本源中華文化教育基金会、一九九四年〉）によれば、当時（昭和一〇年度）二結が校区に含まれる羅東尋常高等小学校に在籍した児童は本島人や原住民を含めて三七〇名いたが、本籍地ごとの統計では鹿児島県が最多で二九名だった。また、在籍日本人児童の保護者職業別統計では、会社員が最多で三七名と記されている。しかし、この統計では本籍地について道府県以上の詳細は記載がなく、鹿児島に本籍を持つ者の中に大島郡出身者がどれぐらい含まれたのかは浮かび上がらない。また、会社員についてもその内訳は不明である。ただし、都市とはいえない二結の場合、製糖以外に主たる産業はなく、二結奄美会として写真に写った男性二〇名弱のほとんどは製糖会社関係者だと考えられる。

図2　『奄美』1928年12月号表紙

　他の同郷会関係記事でも、大正一五年（一九二六）の台湾中部地方の大島郡青年会会員全九四人中、官吏三五人、会社員三五人が上位で同数みられる。(34)会社員の職業詳細は明らかにされていないものの、筆者のインフォーマント女性B（大正二年〈一九一三〉、加計呂麻島生まれ）の夫で製糖会社勤務だった男性の名が、会社員として記されていることから、おそらくここで列挙された他の会社員にも製糖会社勤務者は少なくないだろう。それから、昭和二年（一九二七）の台湾南部嘉義周辺の同郷人会合出席者は、七二人中総督府関係者九人、教員八人に比し、製糖会社社員は三七人だった。[35] 以上により、二結に限らず、台湾中南部に多数分布した製糖会社の工場（農場）に勤務した奄美群島出身者が多かったことが裏付けられる。これは、『奄美』に設けられた、転勤や昇進などを記す「消息」欄に表われる在台大島郡出身者の動向に、総督府関係者の次に製糖会社社員が多いことからも指摘できよう。

公学校教諭を退いたのち、鹿児島市に暮らしていた石黒鉄研氏は『奄美』の特輯台湾号に、昭和五年（一九三〇）に再渡台して奄美群島出身者と会った時のことを、詳細に著している。この渡台は一か月ほどの日程で、実に三〇人を超える同郷者と会っているが、その三分の一以上は製糖会社関係者であった。面会者のひとりで、台湾総督府殖産局の課長を勤めた川村直岡（徳之島、天城出身）については、

同君は友人川村鍋太郎兄の実弟で鍋太郎氏が台湾にて製糖会社に勤めて学資を投じ中学、高等学校、大学を卒へしめた[36]

と書いている。他にも、石黒が面会した人物のなかには、製糖会社勤務ののちに土地家屋を購入して貸家業を営んでいる者、農地を購入して農場経営に転じた者などがおり、台湾の製糖業は実入りの良い仕事のひとつとしてひとまず就職するにあたっては現実的な職業と、奄美群島内で認識されていたのではないか。先掲のインフォーマントBは、夫が台湾での製糖会社勤務を選択した理由を、奄美や内地で働くより給料がいいと紹介してくれる人がいたからだと語ったと記憶している。聞き取り調査のなかで、奄美群島からの渡台者が製糖関係の仕事に就くケースが多かったという語りに出会うことは多いが、台湾総督府の統計資料では、出身地域別の職業分布を把握できず、この語りを裏付けることは難しかった。しかし、上述の通り『奄美』の当該記事から、具体的に台湾の糖業と奄美出身渡台者の密接な関係を確認することができた。

では、なぜ奄美出身渡台者には製糖業に就く者が多かったのか。明治三五年（一九〇二）の台湾糖業奨励規則によって優遇された日本資本が近代製糖業を展開させていく台湾に、群島内で製糖業経験をもった人々が労働力として渡っていったと考えるのは蓋然性が高い。ただし、ここには、初期に台湾に渡った製糖業関係者の手引きがあったということが考えられる。

たとえば、明治三七年（一九〇四）に大島糖業試験場模範場の技師となった豊島栄は、大島郡の農業発展に寄与した人物として知られている。豊島は、大島農学校の農産製造科目で製糖についての講義も担当していたが[37]、それ以前には台湾総督府民生部技手兼台北県技手として、台北県農事試験場に勤めていた[38]。大島農学校教員だった中林直俊は、同校の廃校によって大正五年（一九一六）に退職したあと、すぐに渡台し、同年八月から東洋精糖株式会社に勤務した後、嘉義農林学校の教諭となっている[39]。他にも、昭和三年（一九二八）から大島支庁で大島郡農政に深く関与した豊島林良には十数年の在台期間中に臨時台湾糖務局勤務経験があり[40]、大島農学校卒業生の岡泰良は塩水港製糖会社に技師として明治四一年（一九〇八）から勤務していた[41]。

こうした総督府の農政の補助役に就いた者や、製糖会社勤務経験のある群島出身のエリート層が同郷者に台湾での仕事を紹介したということについては、複数の証言を得ている。これについては証言を裏付ける史料を踏まえて、改めて別稿で論じたい。

むすびにかえて

以上、奄美群島からの渡台について基礎的情報を整理してきた。一九二〇年代より増大した奄美群島からの人口移動は、奄美の近現代史を紐解くにあたって等閑視できない事象である。しかし、渡台者は大きな統計調査では埋没してしまい、これまで注目されることがなかった。本稿では、いくつかの統計資料を継ぎ合わせながら、奄美群島からの渡台者を浮かび上がらせようと試み、彼らが台湾でどのような活動を行ったのか、同郷会の分布を中心にその動向を追っていった。ここから明らかになったのは、製糖業へ就く者の多さで、それが奄美群島出身渡台者の特徴だといえるだろう。

近年、やまだあつし氏が、台湾農政を牽引した札幌農学校出身者の補佐役としての熊本農学校出身者に注目し、即戦力を充分にもった彼らが一九〇〇年代の台湾の農業技手の過半数を占めていたことを指摘している。(42) これは、奄美群島出身渡台者で総督府技手や製糖会社技師についた者の履歴を調査するうえで有効な示唆を与えてくれるものであるが、さらに、農業技手や技師、現場を統括する要員に就いた奄美群島出身者が、帰島後に群島の農政に寄与した側面が大きかったのではないかという新しい課題も想起させられる。

奄美群島の近現代史は、鹿児島との関係や米軍占領期に集約されがちであるが、日本近代史の一領域としても、奄美群島自身の近代史としても、「外地」への人的移動の研究は、今後一層深められるべきである。

（1）木村健二「近代日本の移植民研究における諸論点」（『歴史評論』五一三、歴史科学協議会、一九九三年）。
（2）ある社会群が他地域に移住して社会的経済的に活動する「実質的植民」が「植民」の本質であり、ある社会群が他地域に移住することで発生する政治的従属は「形式的植民」によるもので、その場合に領有した植民地は真の意味の植民地とはいえないという認識。植民研究の主たる対象は「実質的植民」であるとする（矢内原忠雄『植民及植民政策』、有斐閣、一九二六年）。
（3）岡崎滋樹「矢内原忠雄研究の系譜——戦後日本における言説——」（『社会システム研究』二四、立命館大学、二〇一二年）に詳しい。
（4）岡部牧夫『海を渡った日本人』（山川出版社、二〇〇二年、五頁）。
（5）皆村武一『奄美近代経済社会論』（晃洋書房、一九八八年）によれば、奄美地域は幕末から明治にかけて増えてきた人口が、さらに爆発的増加となって大正まで続いた。文政七年（一八二四）に八万人弱だった人口は、大正九年（一九二〇）には二三万人超まで増えたとされている。なお、この現象には他地域からの人口流入は無関係で、自然増によるものだった。

（6）小林多寿子「都市のなかの「ふるさと」：京阪神芝会の一日」（『年報人間科学』七、大阪大学人間科学部、一九八六年）。

（7）たとえば、西村雄郎『阪神都市圏における都市マイノリティ層の研究――神戸在住「奄美」出身者を中心として――』（社会評論社、二〇〇六年）、中西雄二「奄美出身者の再移住とネットワークの広がり――神戸と倉敷における同郷団体の事例をもとに――」（『人文論究』五九（二）、関西学院大学文学部文学研究科、二〇〇九年）、田島忠篤『村落コミュニティの地域性と都市移住：奄美大島出身者と済州島出身者の比較を通して』（『天使大学紀要』一、二〇〇一年）、前田達朗「「経験」としての移民とことば「奄美人」とシマグチを事例として」（『ことばと社会』一二、二〇一〇年）など。

（8）田島康弘「奄美出身者のアメリカ移住：喜界島、小野津出身者を中心に」（『南太平洋研究』一〇（二）、一九九〇年）、「奄美とブラジル移民」（『鹿児島大学教育学部研究紀要』人文・社会科学篇四八、一九九七年）など。

（9）台湾総督府交通局に勤務していた斎藤赫は「終戦前後の思い出」（瀬戸内町『わが町の戦中戦後を語る』瀬戸内町、一九八九年）に、中華民国による留用をへてアメリカ軍政下の奄美大島に引き上げた体験を綴っている。また、湾生の師玉アツミは、台中での生活を中心に台湾時代の経験を連載している（師玉アツミ「水平線の太陽」『ルリカケス』三六、二〇〇六年など）。

（10）拙稿「大島農学校をめぐる人的移動についての試考」（『日本語・日本学研究』三、東京外国語大学国際日本研究センター、二〇一三年）。

（11）原口邦紘「移民研究と史料――鹿児島県の場合――」（『JICA横浜海外移住資料館　研究紀要』四、二〇〇九年、三九頁）。

（12）『鹿児島県史』第四巻（鹿児島県、一九四三年、一〇九八頁）。

（13）前掲註（11）原口論文、四〇頁。

（14）『九州地方労働事情概要』（福岡地方職業紹介事務局、一九三六年、一〇七頁）。
（15）前掲註（12）『鹿児島県史』第四巻、六一六頁。
（16）奄美の近現代社会経済史については、西村富明『奄美群島の近現代史』（南島叢書六八、海風社、一九九三年）に詳しい。
（17）『大島郡治概要』（鹿児島県大島支庁、一九〇九年、八頁）。
（18）『伊仙町誌』（伊仙町、一九七〇年、二三四頁）。
（19）以上、参考書籍は、前掲註（7）西村書、『徳之島町誌』（徳之島町役場、一九七〇年）、神戸奄美会編『神戸奄美会創立六〇周年記念誌奄美』（神戸奄美会、一九九〇年）、南日本新聞社編『与論島移住史――ユンヌの砂――』（南方新社、二〇〇五年）、神戸沖洲会編『神戸沖洲会創立八〇周年記念誌』（神戸沖洲会、二〇〇六年）。
（20）沖永良部警察署「昭和一六年　管内一般概況情勢」（鹿児島県警察部情報室「大島熊毛地方各署管内概況」『新居善太郎関係文書』資料番号五〇七、国立国会図書館憲政資料室所蔵、一九四一年）。
（21）『台湾総督府統計書　第三五統計書　昭和六年』（台湾総督府民政部文書課、一九三三年）。
（22）前掲註（7）西村書、五二頁。
（23）同右、六〇頁。
（24）「巻頭語　大阪の同胞」（『奄美大島』九月特輯大阪号、大正一五年九月一日発行、『縮刷版　奄美大島』上巻、奄美社、一九八三年、九二頁）。
（25）同右、九二頁。
（26）金戸幸子「一九三〇年前後の八重山女性の植民地台湾への移動を促したプル要因――台湾における植民地近代と女性の職業の拡大をめぐって――」（『移民研究』三、琉球大学移民研究センター、二〇〇七年、二一頁）。
（27）前掲註（10）拙稿。
（28）大正一五年（一九二六）六月特輯東京号、同年九月特輯大阪号、同年一〇月特輯神戸号、昭和二年（一九二七）七月特輯長崎号、昭和五年二月特輯沖縄号、昭和七年（一九三二）四月特輯台湾号。
（29）「各地郡人会　台湾北部」（前掲註（24）奄美社書『奄美大島』三月号、大正一五年三月一日発行、三三～三五頁）。

(30) 中西雄二「奄美出身者の定着過程と同郷者ネットワーク――戦前期の神戸における同郷団体を事例として――」(『人文地理』五九(二)、人文地理学会、二〇〇七年、七〇頁)。
(31) 「平参事　瀬戸山理事官　昇進祝賀会　台北」(前掲註(24)奄美社書『奄美大島』三月号、大正一五年三月一日発行、二〇八頁)など。
(32) 「基隆」(前掲註(24)奄美社書『奄美』二月号、昭和六年二月一日発行、五八七頁)、「台中郷人会　ルリカケスの会の盛況」(前掲註(24)奄美社書『奄美』七月号、昭和六年七月一日発行、六三三頁)。
(33) 「バガスから製紙　注目すべき三亜製紙の創立」大阪毎日新聞、一九二七年九月二四日、「台南製糖が昭和製糖となる迄(一)」台湾日日新報、一九二七年一〇月九日など参照。
(34) 「台中洲　大島郡青年会員」(前掲註(24)奄美社書『奄美大島』三月号、大正一五年三月一日発行、三五頁)。
(35) 「森　中林両氏祝賀会を兼ねて　盛んな郡人会　翠緑滴る嘉義公園清香亭に於て」(前掲註(24)奄美社書『奄美』四月号、昭和二年八月一日発行、一九二～一九四頁)。
(36) 石黒鉄研「郷土同胞歴訪　台湾旅行日記」(前掲註(24)奄美社書『奄美』四月号、昭和七年四月一日発行、七〇七頁)。
(37) 前掲註(10)拙稿、五〇頁。
(38) 「台湾総督府技手豊島栄　本県技手ニ兼任ノ件(台北県)」明治三一年一二月一五日(『明治三一年　台湾総督府公文類纂　二九』冊号九二八五、文号一五、国史館台湾文献館所蔵)。
(39) 前掲註(10)拙稿、五〇頁。
(40) 「豊島林良　恩給証書下付」大正一一年七月一日(『大正一一年　台湾総督府公文類纂　第四巻　永久保存　第一門』冊号三二六七、文号二四、国史館台湾文献館所蔵)。
(41) 「古参渡台者」(前掲註(24)奄美社書『奄美』四月特輯台湾号、昭和七年四月一日発行、七〇九頁)。
(42) やまだあつし「一九〇〇年代台湾農政への熊本農学校の関与」(『人間文化研究』一八、名古屋市立大学大学院人間文化研究科、二〇一二年)。

民俗世界における食の地域性と方言圏——北陸地方の雑煮に注目して——

中井精一

一　研究の視点

北陸地方は、近畿地方東北部につながる福井県から新潟県までの、約四〇〇キロにおよぶ若狭から越後までの範囲をさす。一方、福井県や石川県、富山県の自治体やメディアでは「北陸三県」という区分名称が用いられ、その場合は新潟県を含まず、新潟県は、関東甲信越地方あるいは甲信越地方と区分されている。

日本語の地域区分を「方言区画」と言い、文法や音韻、アクセントの体系的な違いに注目して、東條操氏などによる区画が示されてきた。東條氏によれば、日本語の方言は、まず本土方言と琉球方言にわけられ、本土方言は、東日本方言・西日本方言・九州方言の三つにわけられる。福井県から新潟県までのエリアは、福井県・石川県・富山県が西日本方言域である。新潟県は東日本方言域に大きく区分され、日本語学では福井県・石川県・富山県の方言を北陸方言としてあつかうことが一般的といえる。

ことばの地域差は、その地域の性格、具体的にいえば、その地域の自然環境や社会的・経済的条件、さらには歴史的要因などの複合的な構造（地域特性）によって顕在化すると考えられる。日本列島の多様な自然環境を背景に、その適応を目的にいくつもの地域社会が形成され、長い歴史のなかで性差や貧富の差、階層差、生業（職業）の差異、さらには信仰に由来する差異などに対応したかたちで社会集団や社会的カテゴリーが編成され、これがことばの変種を創出する背景にもなっている。

本稿では、日本語方言区画における「北陸方言域（富山・石川・福井）」を、文化事象におけるひとつのまとまったエリアとし、当該地域の方言分布と儀礼食である「雑煮」に注目し、言語とその基盤となる地域特性について社会言語学的観点から検討を試みるものである。

二　日本の方言区画と北陸地方

（1）北陸方言の共通性

北陸方言は、東条（一九五四）の最終区画案によると福井県嶺南地域は近畿方言に区画され、それ以外の富山県・石川県・福井県嶺北地域は「北陸方言」とされる。北陸方言の特徴として、音韻では、母音を無声化させることが多いことがあげられる。また、佐渡・富山県・能登でシとス、チとツ、ジとズの混同があり、イ段・ウ段の母音は中舌母音[ï]・[ü]となる傾向がある。これらは、東日本方言あるいは東北方言の特徴と共通して、音韻からは日本語の辺境性を示す。一方、文法からは、断定の助動詞は、「ヤ」「ジャ」を用いること。打消表現に未然形＋んを用いること。形容詞の連用形では、「白ウなる」とウ音便を用いること。五段動詞で「買ウタ」とウ音便を用いるなど、現在の近畿地方中央部と同じ用法を使用するが、東日本方言同様、完了と継続の区別がなかったり、高知県と同じように「の」に当たる準体助詞に「が」を用いるなど近畿地方を中心とした周圏分布の周縁的傾向をみせる。

アクセントについては、地域差が大きく、複雑である。まず、近畿地方中央部に近い福井県嶺南地方は、おおむね四型の京阪式アクセント地帯である。一方、福井県の嶺北平野部は沿岸部を除き無アクセント地帯で、これは東日本では北関東から南東北、西日本では熊本および宮崎などと共通の辺境アクセントといえる（図1）。

富山県および石川県のアクセントは、典型的な垂井式アクセントで、おおむね広母音（a、e、o）か狭母音（i、u）か、また子音が有声子音か無声子音かなどによって変化する特徴をみせる。なお、富山県で認められる下がり目の後退現象は、北奥羽方言や出雲方言の特徴と共通しているといわれている。

また、福井県嶺北地方から石川県加賀地方、富山県とつながる地域では、拍間の高低差が小さく、高低差が明確な近畿地方中央部と大きな差異がある。日本列島に最初の本格的な国家であるヤマト政権が確立するのは七世紀といわれている。「越（高志）」とよばれた北陸地方は、比較的早い段階でこの勢力下に入ったが、アクセント・音韻などから推測される北陸地域の「基層言語」は、近畿地方中央部のそれと大きく異なるようである。

（2）北陸方言の地域的差異

北陸方言の音韻的特徴としては一般に中舌母音やセがシェと発音されることなどがあげられるが、表1のとおり、中舌母音は福井県にはなく、富山県の五箇山、石川県の金沢市周辺でもみられない。セがシェと発音されることについても富山県ではほとんどみられず、北陸地域全体の特徴とはいえない。文法的特徴では動詞の打消し形が「〜ン」であることや、形容詞の仮定形が「〜ケリャ」であることなど北陸地域全体でみられる特徴がある。だが表2をみてわかるとおり、それらの特徴は近畿方言、西日本方言の特徴であり、西日本方言圏である北陸地域で共通してみられることは当然である。つまり、北陸方言域内の地域差は、中央語であった近畿中央部方言を指標にして、近畿的なのか否かといった観点から整理され、近畿に近い福井県は、文法や音韻の面で近畿的要素が濃く、遠い富山県は非近畿的要素が濃いということになる。

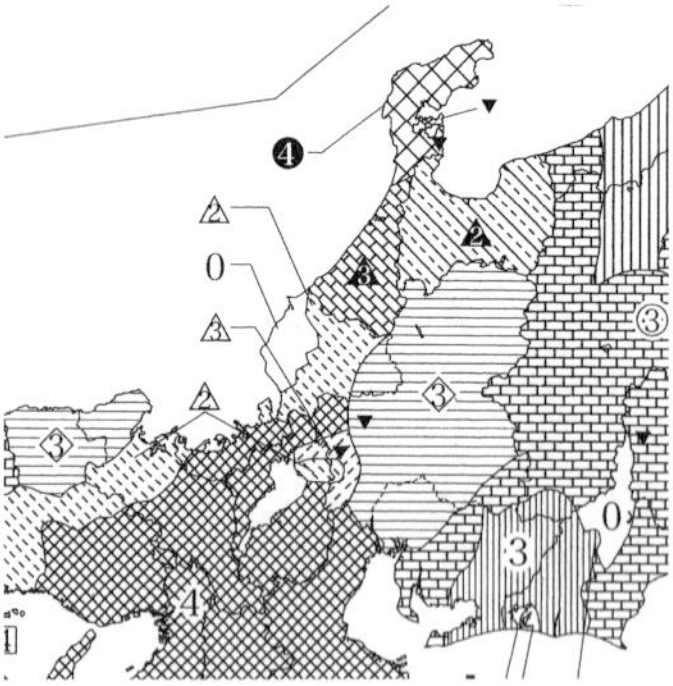

図1　北陸地方のアクセント分布略図

本図は、「全国方言アクセント区分図」（山口『日本語東京アクセントの成立』、付図）をもとに、北陸地域に焦点をあてて作成した。なお図中の4、3、0などの数字は4型、3型、無型アクセントを示し、③や△は3型アクセントのなかの変異を表わしている。

表1　北陸方言の音韻的特徴

音韻的特徴		福井県	石川県	富山県	近畿	西日本
母音・半母音の特色	①中舌母音	×	△	△	×	△
	②イとエの混同	○	△	○	×	×
	③連母音の融合	△	○	△	△	△
	④母音の無声化	×	○	△	×	△
	⑤半母音の直音化	×	△	×	×	△
	⑥合拗音	×	△	○	×	×
子音の特色	⑦ヒとシの混同	△	○	×	△	△
	⑧セの口蓋化	△	○	×	△	△

表2　北陸方言の文法的特徴

文法的特徴		福井県	石川県	富山県	近畿	西日本
動詞の活用	①意志形が「～ウ・～ヨウ」	○	○	○	○	△
	②打消し形が「～ン」	○	○	○	○	○
	③一段動詞のラ行五段化	×	×	○	×	△
	④サ変の上一段化	×	△	△	×	△
形容詞の活用	⑤打消し形が「～ナイ」	△	○	○	○	△
	⑥仮定形が「～ケリャ」	○	○	○	○	○
助動詞の特色	⑦断定の助動詞「～ヤ」	△	△	△	○	△
	⑧推量の助動詞「ヤロー」	○	○	△	○	△

※○は全域で見られる特徴、△は一部地域のみでみられる特徴、×は全域でみられない特徴を表している。「近畿」は近畿方言、「西日本」は西日本方言の分布を示している。

三　日本の伝統食「雑煮」と北陸地方

（1）社会環境からみた北陸地方

北陸地方は、背後に白山、立山連峰の急峻な山地を擁し、冬季は対馬海流によって発生した上昇気流がこれらの山地によって降雪となり、豪雪地帯を形成する。また、福井県嶺北地方では、足羽川・九頭竜川、加賀地方では、手取川、富山県内では、小矢部川・庄川・神通川・黒部川などの日本海へ流下する河川はいずれも急流であって、下流には扇状地や沖積平野を形成し、沿岸のいたるところにラグーンのあったことがわかっている。それゆえ加賀平野や富山平野は、中世以降に開発された水田や集落が多く、西日本各地にくらべ歴史が浅いともいえる。

北陸地方は、浄土真宗のさかんな土地として知られているが、親鸞聖人の祥月命日の法会である「報恩講」は、現在でも盛大に営まれていて、往時の教勢をうかがい知ることができる。真宗は、合理性を重んじ、作法や教えも簡潔であったことから、庶民に広く受け入れられたが「門徒物知らず」と揶揄されることが多い。また、墓や石碑あるいは位牌がなかったり、門松や〆縄を飾らないといった民俗性の少ない教団であるという理解もある。以下では、富山県・石川県・福井県およびその周辺地域の伝統食である雑煮に注目し、方言形成の基盤ともなる北陸エリアの地域性について考えてみる。

（2）北陸地方の雑煮

雑煮は、日本の正月の祝い膳には欠くことのできない料理となっている。雑煮の起源にはいくつかの説があるが、室町時代、武士階級の宴席の料理が次第に庶民階層にも広がって、江戸時代には各地で正月の儀礼用料理として食されるようになった。また餅が入った雑煮は当初畿内周辺にしか存在せず、現代でも雑煮に餅を用いない地域があって地域的なバリエーションが豊かな料理といわれている。全国各地の雑煮は、餅の形状が丸か四角の切り餅か、味つけが味噌味か醬油味のすましかといった観点から区画され、おおむね西日本は丸餅の味噌仕立てが多く、東日本は四角い切り餅ですまし仕立てが多いとされる。

北陸地方の雑煮に関しては、佐伯安一氏および富山大学日本語学研究室で実施した調査をもとに考察した永森理一郎氏の研究がある。ここでは、これらの先行研究を参考にするとともに、筆者が、二〇一〇年正月に、富山大学の一般教養の授業「言語と文化」の受講学生二九九人に実施した調査をもとに検討する。

調査に先だって、「言語と文化」の授業では数回にわたって日本各地の雑煮の特徴について講義をおこない、雑煮の地域性や歴史的変遷について、エリアごとに「だし」「味付けのための調味料」、「餅は丸餅なのか四角い切り餅（角餅）なのか」また「餅は焼くのか焼かないのかといった処理方法」を説明するとともに、雑煮に入れる具材について、東京を中心とした関東風雑煮と京都・大阪を中心とした上方雑煮を例に説明し、実家の元旦の雑煮について、しきたりや作法および調理の詳細について画像とともに提示してもらった。富山県に隣接する新潟県から福井県にかけての雑煮で特徴的なものを例示すれば図2～11のようになる。

（3）　**餅の形状**（図12）

おおむね三重県・滋賀県と石川県の手取川以西は丸餅であるのに対し、愛知県・岐阜県と石川県の手取川以東は角餅であるといわれる。

調査データからは、「北陸地方」の東縁である新潟県・長野県では全回答が角餅となった。また、富山県と岐阜県は、一部に丸餅の使用をみるが、角餅が圧倒的多数という状況であった。

調査で報告された各地の雑煮

【だし】昆布／鰹
【味付け】醤油
【餅の種類】角餅
【餅の処理】別の鍋で餅だけ煮る／焼いてから煮る
【食材】大根／ごぼう／にんじん／こんにゃく／イクラ／塩引きの鮭／小松菜

図2　新潟県新潟市の雑煮

【だし】鰹
【味付け】醤油／白砂糖
【餅の種類】角餅
【餅の処理】焼いてさっと湯通しする
【食材】ねぎ／大根／ごぼう／にんじん／こんにゃく／サバ／かまぼこ／焼き豆腐
【備考】サバは焼いてほぐしたもの

図3　富山県入善町の雑煮

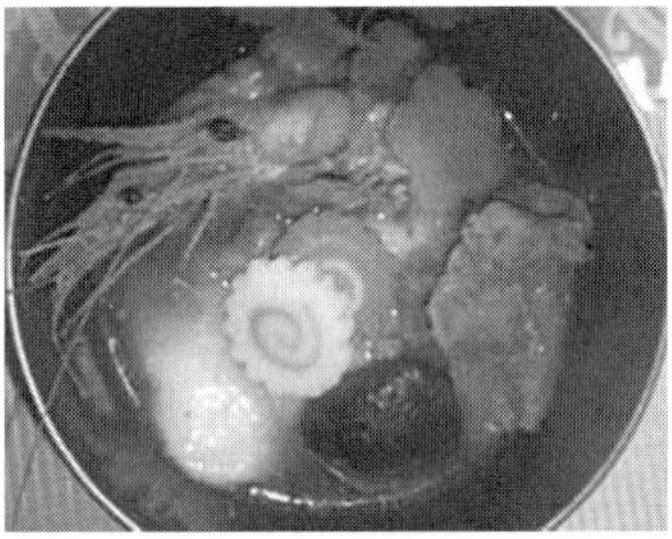

【だし】昆布／鰹
【味付け】醤油
【餅の種類】角餅
【餅の処理】別の鍋で餅だけ煮る
【食材】三つ葉／にんじん／椎茸／エビ／なると巻き／牛肉
【備考】母が作る

図4　富山県富山市の雑煮

【だし】昆布／煮干し
【味付け】醤油
【餅の種類】角餅
【餅の処理】焼く
【食材】ねぎ／三つ葉／鶏肉／まいたけ

図5　富山県入善町の雑煮

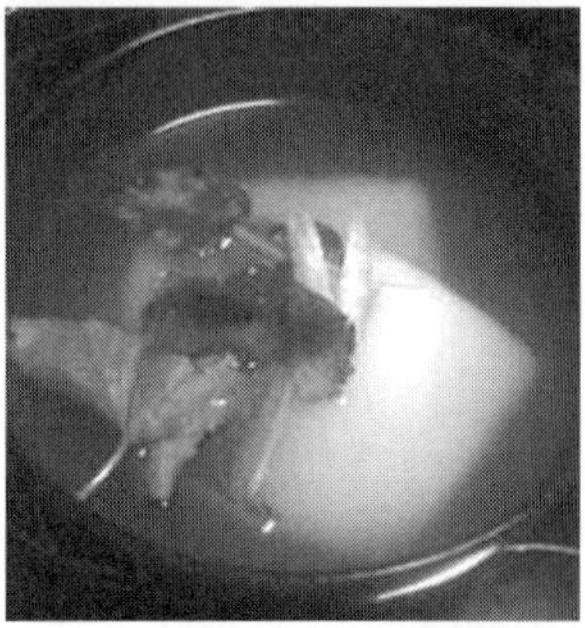

図6　富山県南砺市の雑煮

【だし】昆布／椎茸
【味付け】醤油／酒
【餅の種類】角餅
【餅の処理】具材と一緒に煮る
【食材】三つ葉／柚子
【備考】三つ葉と柚子は餅を煮たあとにのせる。

図7　石川県中能登町の雑煮

【だし】なし
【味付け】塩／砂糖
【餅の種類】丸餅
【餅の処理】別の鍋で餅だけ煮る
【食材】小豆

図8　石川県金沢市の雑煮

【だし】鰹
【味付け】醤油
【餅の種類】角餅
【餅の処理】具材と一緒に煮る
【食材】ねぎ／鰹節
【備考】隣の松任市では丸餅だが金沢市では角餅らしい。餅は焼くと「やきもち」になるので元旦は焼かない

図9　石川県小松市の雑煮

【だし】鰹
【味付け】醤油
【餅の種類】丸餅
【餅の処理】別の鍋で餅だけ煮る
【食材】ねぎ／鰹節
【備考】各自の茶碗と箸を使う

【だし】鰹
【味付け】白味噌
【餅の種類】丸餅
【餅の処理】そのまま鍋に入れる
【食材】鰹節

図10　福井県福井市の雑煮

【だし】昆布／鰹
【味付け】合わせ味噌
【餅の種類】丸餅
【餅の処理】別の鍋で餅だけ煮る
【食材】なし
【備考】母が作る

図11　福井県敦賀市の雑煮

石川県では、奥能登・南加賀地方で丸餅が多く、金沢を中心とする北加賀では角餅主流となる。

福井県では、近畿地方に隣接する嶺南地方のみならず、嶺北地方も含めて、全地点で近畿地方と同じ丸餅を使用するという回答となった。

（4）汁と調味料（図13）

雑煮の汁については、滋賀県・奈良県・和歌山県・大阪府・京都府・福井県・徳島県・静岡県などの近畿地方とその周辺では味噌仕立て、そのほかでは醬油仕立ての傾向にある。また日本海側の鳥取県や島根県および石川県能登地方および長崎県では小豆汁であるといわれている。

今回のデータからは、富山県・石川県（加賀地方）では醬油味のすまし汁、石川県能登地方の一部では小豆仕立て、福井県内は嶺北地方ですましと味噌が混在し、とくに平野部では近畿地方と同じ白味噌を使用していること、また嶺南地方では合わせ味噌を使用していることがわかった。なお、

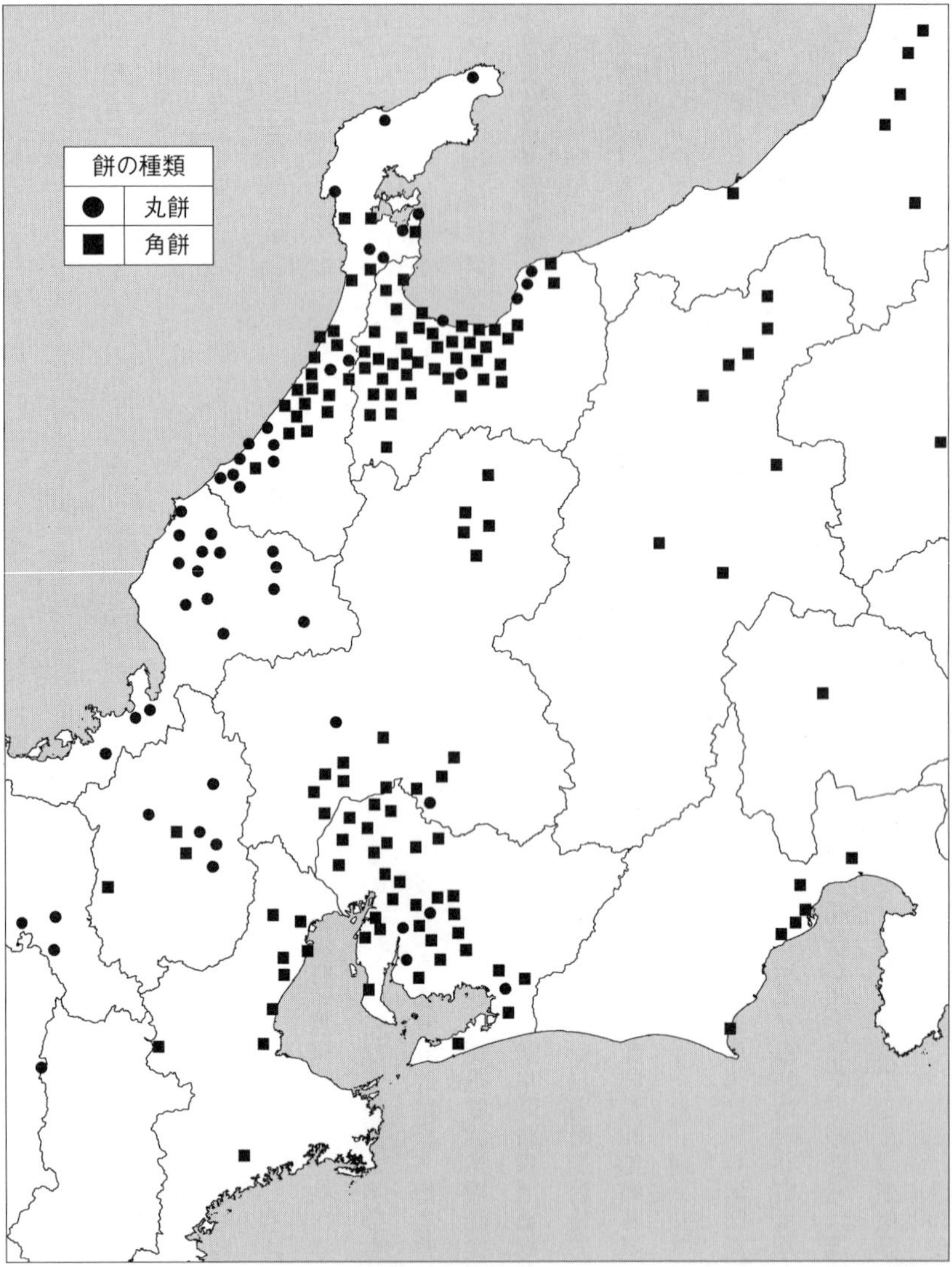

図12　雑煮の餅の形状

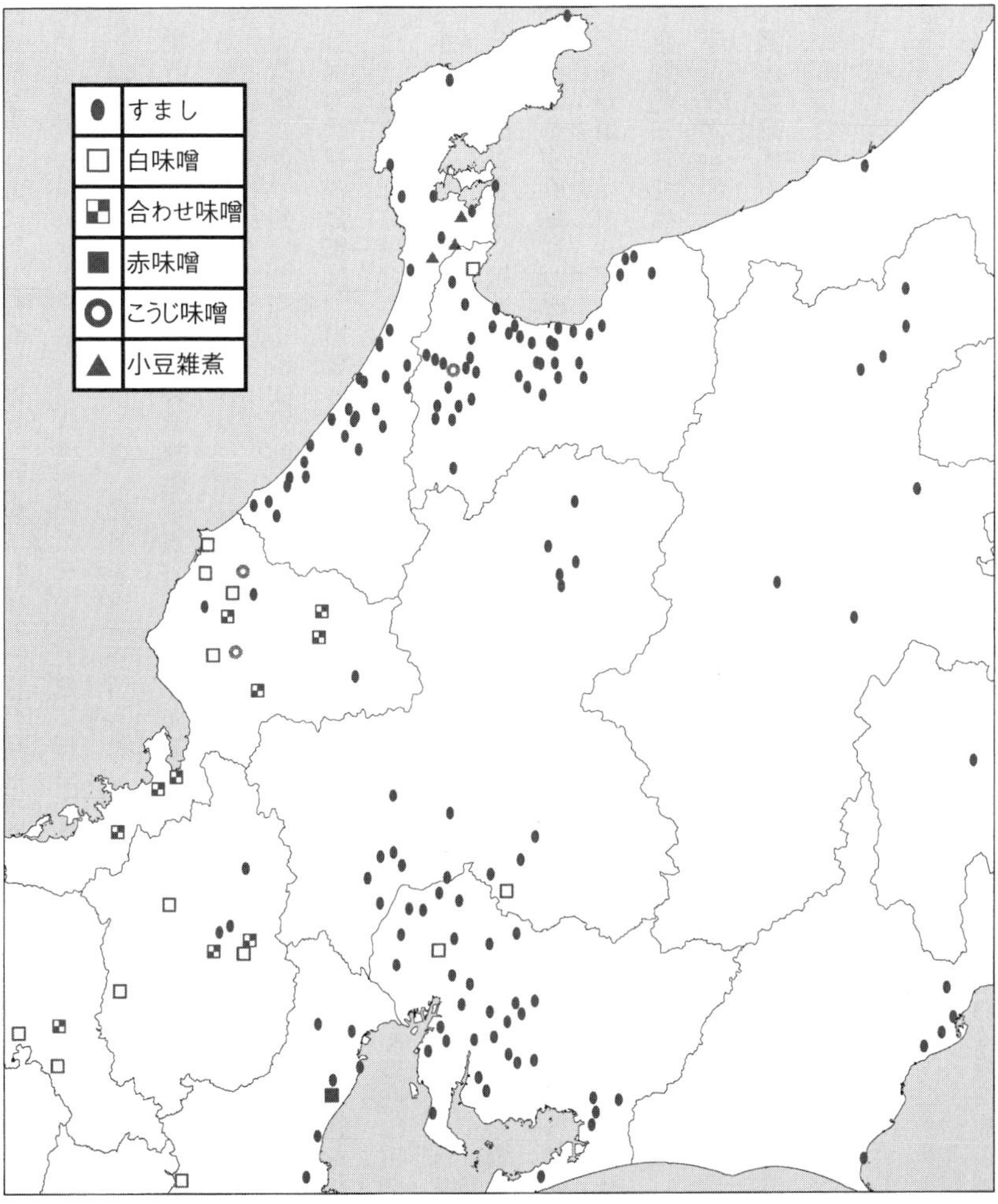

図13　雑煮の汁と調味料

滋賀県湖北地方には、東海地方と同じすまし汁の雑煮を食する地点もあった。

(5) 具材について（図14・15）

雑煮の具材に関しては、牛肉・豚肉・鶏肉といった肉類の使用、ブリ・サバ・エビといった魚介類の使用について考えてみる。

①肉類

日本のハレの食事は、神仏とともになされることから家畜の肉を使用することは忌避されてきた。一方、鶏や兎は、食用として飼育されていて、鶏は客をもてなすご馳走として、またウサギの肉は、かつては精肉店でも販売される一般的食材であった。

今回の調査では、伝統的な鶏肉の使用に加えて、牛肉・豚肉を使用する事例が数多く報告された。伝統やしきたりに配慮する正月の行事食が、雑煮を調理する者や家族の意向で容易に変化するものであることがわかる。

②魚介類

全国的にみた場合、雑煮に魚介類を入れるのは沿岸域の特徴といえる。

今回のデータからも富山湾沿岸域でブリの幼魚であるフクラギやエビの使用がみられた。

富山県東部の新川地域では、みそ汁にカワハギやサバを日常的に使用していて、魚介類への依存度が高く、雑煮にもこれが反映している。

(6) データからみえる北陸地方の雑煮

北陸地方の雑煮の構成要素のなかから餅の形状、味付け、具材をもとにその特徴を考えてみた。餅の形状は、

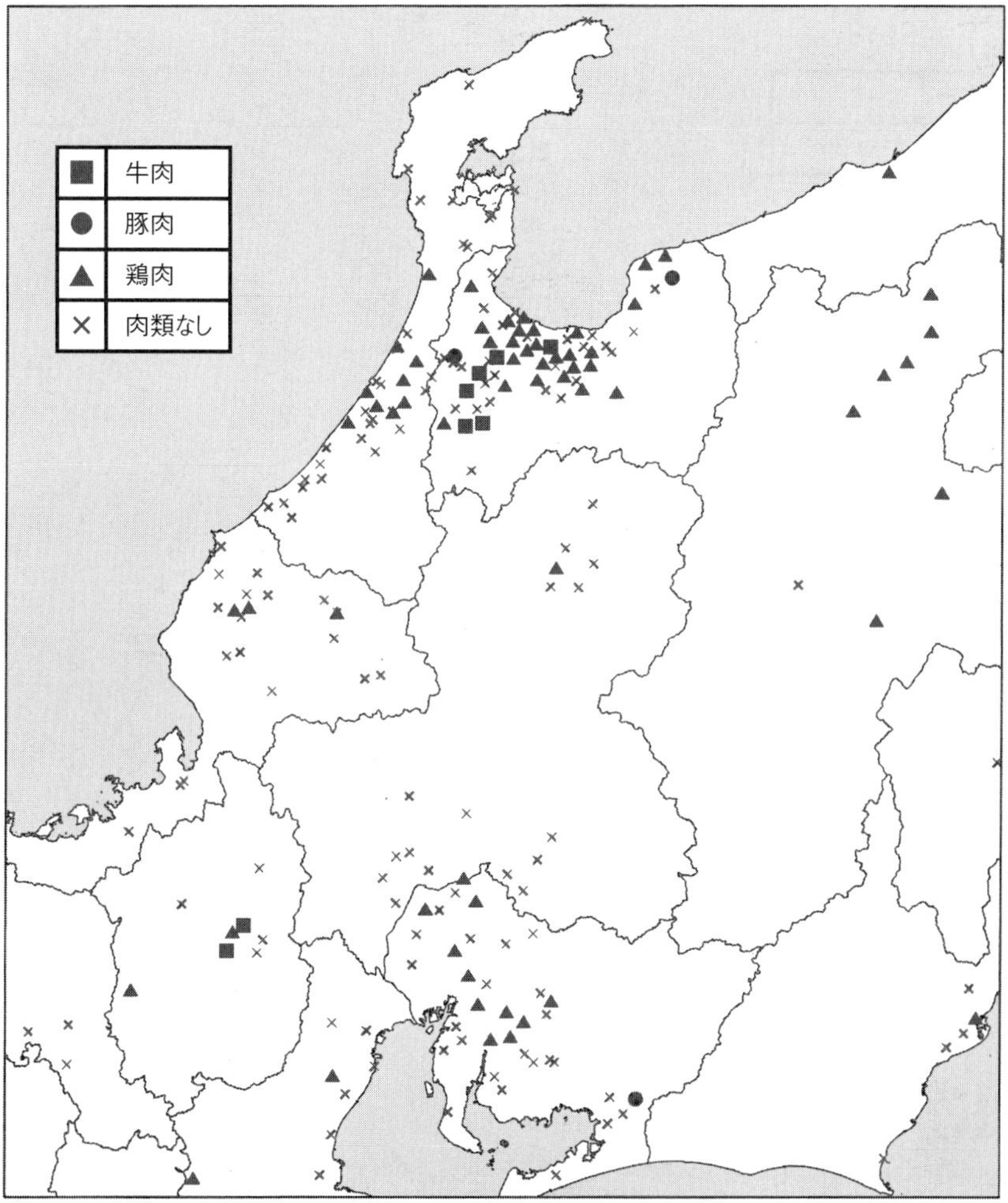

図14　雑煮の具材（肉類）

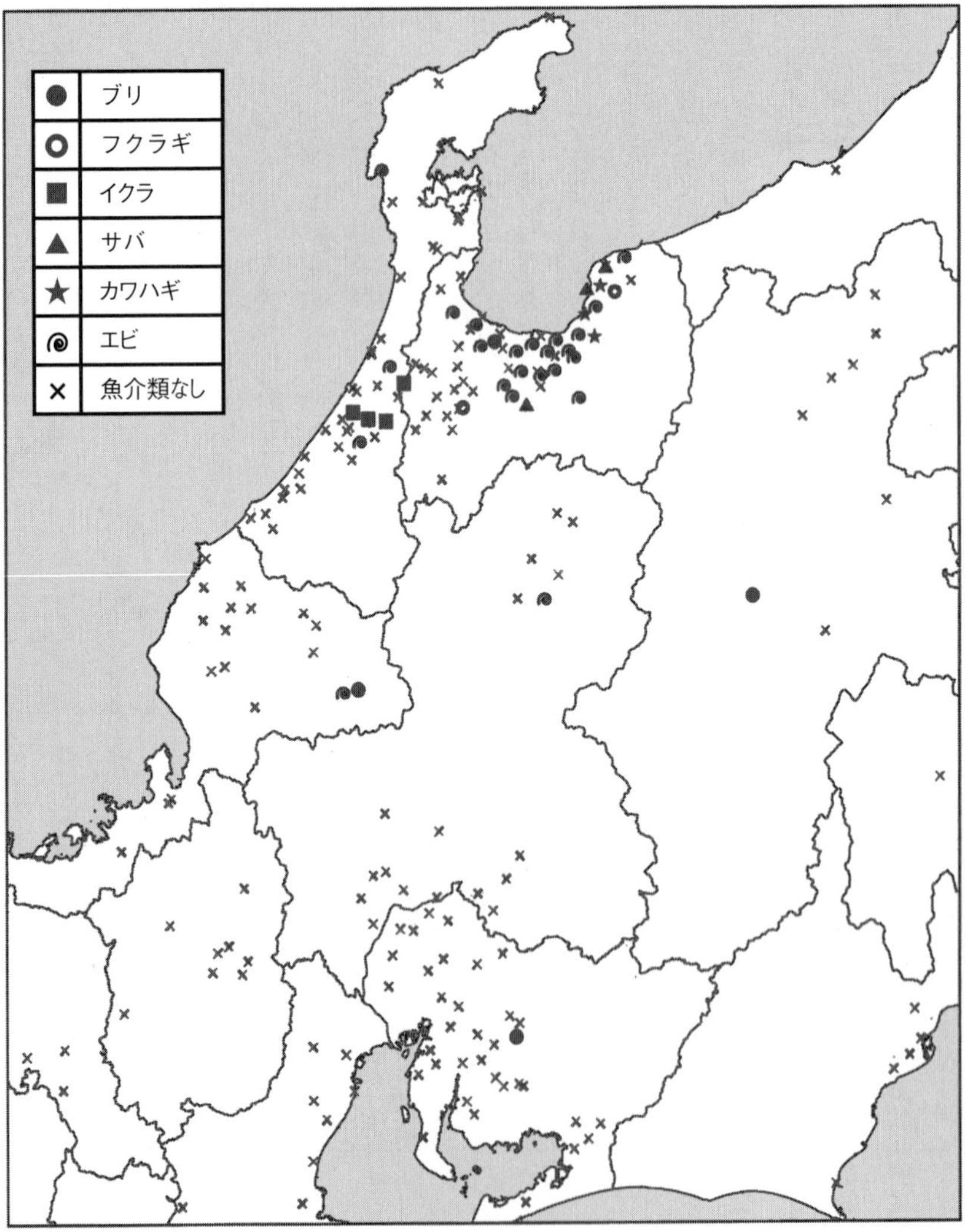

図15　雑煮の具材（魚介類）

富山県および石川県加賀北部では角餅で東日本的であるのに対し、石川県加賀南部以西は西日本的な丸餅を使用していた。また味つけでは、富山県・石川県（加賀地方）ではすまし、石川県能登地方の一部では小豆仕立て、福井県内の大部分では味噌味で、とくに平野部では近畿地方と同じ白味噌を使用していることが確認された。餅の形状と味つけでは、富山県は東日本的（非近畿的）、福井県は西日本的（近畿的）、石川県はその漸移地帯であるとともに日本海側特有の雑煮が認められた。

四　雑煮の地域性とその背景

(1) 食材からみえる地域性（図16）

日本では、牛肉や豚肉はもちろんのこと魚介類も「生臭物」と呼ばれ、ほかの食材と区別してきた。地方（家庭）によっては、生臭用と精進用の二膳を使うこともあった。また、今でも葬儀や仏事には生臭物を食べないことが一般的である。全国各地の雑煮では、ダイコン・ニンジン・サトイモ・小松菜などの野菜類や、豆腐・あげ・こんにゃくなどの加工品に加え、鶏肉や豚肉、魚介類やちくわ・かまぼこなどの魚類加工品が具材として使用されている。しかしながら豚肉や魚介類、ちくわ・かまぼこなどの魚類加工品は、神仏と食をともにする正月の儀礼食としては適切ではなく、ゴボウ・ダイコン・ニンジン・サトイモ・小松菜などの野菜類や豆腐・あげ・こんにゃくなど、いわゆる精進料理に使用される具材を使用することが圧倒的に多い。

北陸地方の場合、富山県東部地域で魚介類や魚類加工品が多用されているが、精進料理を基盤として発展した雑煮本来の姿を思いかえしてみれば、この具材は特異ともいえよう。一方、富山県西部地域から石川県加賀地域、福井県嶺北地域には具材のない雑煮が作られていて、ゴボウ・ダイコン・ニンジン・サトイモ・小松菜などの野菜類や豆腐・あげ・こんにゃくなどを用いる精進料理風の上方雑煮からみれば、やはり特異といえる。このエリ

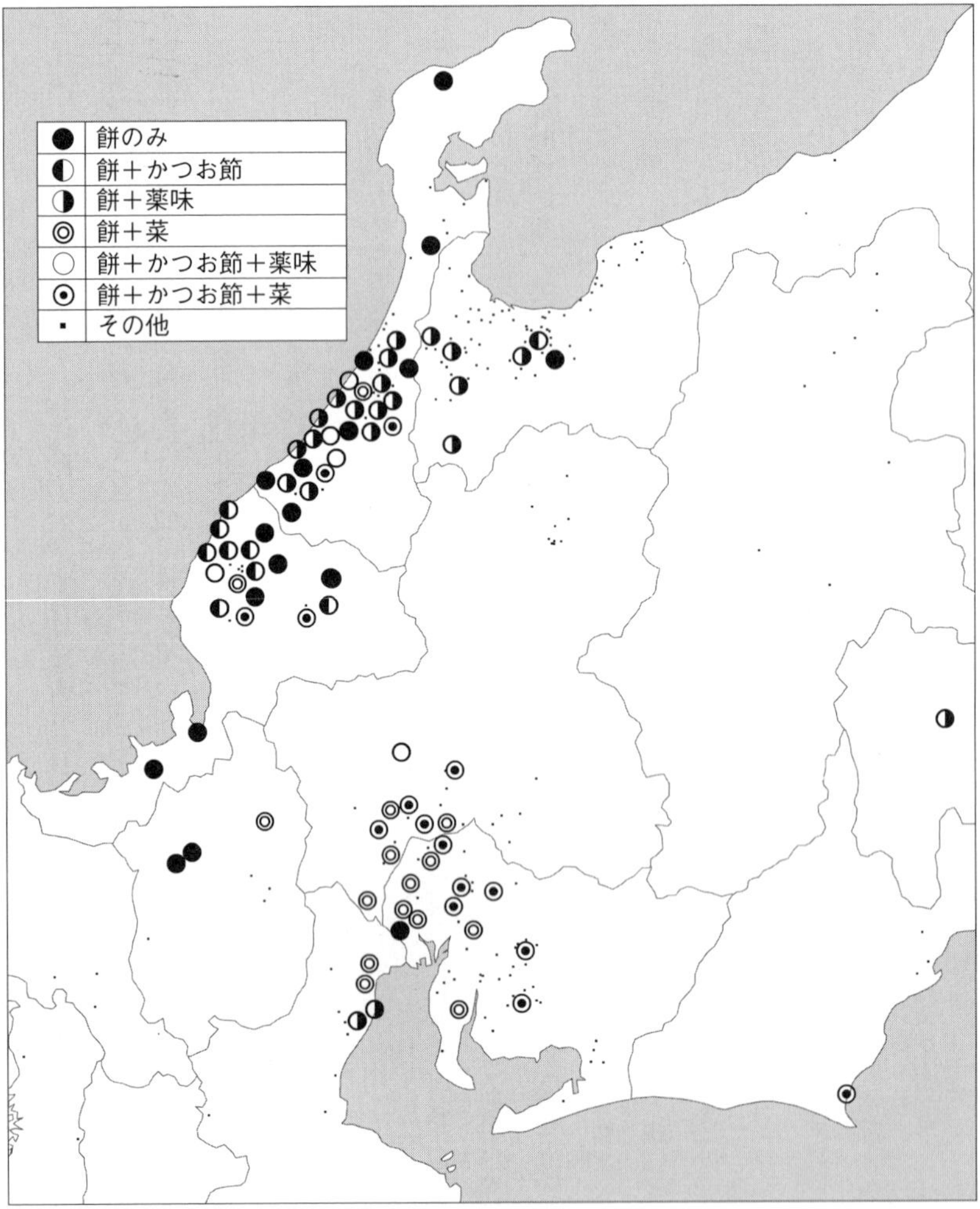

図16　雑煮の食材

アの雑煮は、神仏とともに新年を祝うハレの食をこえるなんらかの宗教的あるいは政治的背景があるのかもしれない。

（2）真宗民俗との関連性

北陸地方は、浄土真宗の教勢がさかんな地域で、「真宗王国」とさえいわれることもある。浄土真宗は、門徒―寺―講―本願寺という組織をもち、時の勢力に対する強固な集団へと発展し、ついには一向一揆へとエスカレートした時期もあったが、江戸時代には信仰と行事とを兼ねて大いに栄えた。

富山県内でも寺院の約七〇％は真宗寺院が占め、年に何回かはお講（お座）が開かれ、報恩講、御満座には門徒の人たちが大勢お参りし、斎《とき》が供される。御満座は親鸞聖人の命日のお講で、この時に供されるのがいとこ煮などの精進料理である。いとこ煮は野菜などを小豆とともに煮た汁である。大根・人参・ごぼう・里芋など丸いものは大きさによって輪切り・半月・いちょうに切り、豆腐・あげ・こんにゃくは色紙に切る。これらを軟らかく煮て、別に軟らかく煮た小豆と一緒にして味噌で味つけをする。いとこ煮は、真宗行事の精進料理に起源をもち、今日では富山県の郷土料理の一つとして知られている。佐伯安一氏は「砺波地方は真宗篤信の土地柄から精進仕立てで、魚は使わない」と富山県西部地方の雑煮が真宗による影響を受けていることを明確に述べている。(1)富山県西部地域から石川県加賀地域、福井県嶺北地域は、各地に拠点となる触頭《ふれがしら》の真宗寺院がある。具材がほとんど入らないシンプルな雑煮は、真宗の教勢や真宗民俗との関係を丁寧に検討することで、その特徴に光明が見い出せるかもしれない。

民俗文化のなかには、意外にも上層文化に起原をもつものが多いことは、俳句が中世の連歌から発展し、江戸時代に庶民階層に広がった例からもわかる。京都や大阪で食される白味噌仕立てで小さな丸餅に頭芋や雑煮大根、金時人参などの入った上方雑煮は、宮中賢所《かしこどころ》のそれと酷似している。真宗寺院の料理が宗教行事を通じて広く北陸地方の人びとの行事食に影響をあたえている可能性は十分にある。

（3） 武家習俗の普及と階層性

雑煮の地域差は、近世後期の京都・大坂・江戸の三都の風俗に通じた喜田川守貞の『守貞漫稿』に、

元日、二日、三日、諸国トモニ雑煮ヲ食フ。（中略）京師ノ雑煮、戸主ノ料ニハ、必ラズ芋魁ブ加フト云リ。大坂ノ雑煮ハ味噌仕立也、五文取計リノ丸餅ヲ焼キ加之、小芋、焼豆腐、大根、乾鮑、大略此五種ヲ味噌汁ニテ製ス。（中略）江戸ハ切餅ヲ焼キ、小松菜ヲ加へ、鰹節ヲ用ヒシ醤油ノ煮ダシ也。

と簡潔に表現している。(2) これらの記述は、現在と大きな変化はない。

江戸の雑煮は、富山県西部地域から福井県にいたるエリアで認められるシンプルな雑煮によく似ている。また、名古屋を中心とした愛知県および岐阜県といったエリアの雑煮にも近い。名古屋の尾張徳川家中では、江戸の徳川宗家に準じた儀礼をおこなっていたため、ご家中の雑煮は、すまし汁に餅を入れて青菜を乗せるシンプルなものであった。それが時間の経過とともに町方にも普及し、現在では広くこれが「名古屋雑煮」と呼ばれるようになったと考える者も少なくない。同様に、金沢でも儀礼的なことに関しては徳川幕府に準じていたため、江戸の武家風の習慣が入って、藩の御用商人や藩士を祖先とする家では関東風の角餅の雑煮を、藩政時代以前からある土着の家では京風の丸餅の雑煮を食べると報告されている。

篠田統氏の『米の文化史』によれば、

江戸の世に大名が各地に封ぜられており。彼らはその土地に自分たちの雑煮をもって行った。領分では、叙蜘の雑煮は家中風に、領民の雑煮は領民風にと、それぞれ別形式で祝われる。領主の力をもってしても民

間信仰や民俗まではうごかせなかったとも見られるし、雑煮にまで士族と平民との階級差をはっきりさせたものともいえる。が、そのいずれにせよ、明治維新は城下町の雑煮の祝い方に微妙な影響を与えた。

小さな城下で、御一新後旧士族の勢力の微弱なところでは、旧士族の雑煮が平民化して行くに対し、大きな城下で旧士族が明治以後も相当の勢力を維持しえた所では、これをしおに町家が武家風の雑煮を遠慮気兼ねなしにつくり出す。一種の下克上だ。

三河系大名の例をあげてみると、岡山県真庭郡勝山は三浦氏二万三千石。維新後多くの士族は都会へ出てしまい、町中に旧家中屋敷の原形をうかがえるのは一軒もない。この町で純三河風の雑煮を祝うのは「今日では私の家だけくらいでしょう」とは町立図書館長の三浦旧藩主の直話である。

一方雲州松江は一八万石の外に預り領もあり、内福でもあった上に旧藩主は明治政府の役人にもなる。明治いっぱいは、それでも、醤油汁は旧家中、町家はみな小豆雑煮と、正月の雑煮をみただけで出自がわかったというが、今日は猫も杓子も大方清し汁だ。

などとある。(3) 近世期には、武士階層と庶民階層では雑煮に違いがあったが、近代以降、それが緩んで武士階層の雑煮であったすまし雑煮が、庶民階層に急速な勢いで普及・拡大し階層性を消滅させたこと、また地域差を変容させたことをうかがわせる。

(4) 古態民俗の残存と儀礼化による拡大

今日、一般にみられる雑煮は、室町時代以後、武家社会で成立したものが庶民のあいだに普及したとする説もあるが、大晦日の夕方に神や仏に供えた餅を朝になっておろし、地元の野菜や魚・鳥などを加えて煮たものが雑煮であって、民俗社会におけるハレ食の側面の方が強い。水田地帯や米を主食とする人びとは餅を中心とした雑煮、畑作地帯では餅を拒否した「餅なし正月」にふさわしく、本来の主作物を材料とした里芋などを煮た汁物であることが多い。

今回、調査報告からは餅なし雑煮の報告はなかったが、富山県東部地方では魚やかまぼこなどを入れた特色ある雑煮、富山県氷見地域から能登半島にかけては鶏肉や野菜をふんだんに使った雑煮もあって、当該地域の食材を生かしたハレ食の側面の方が強い。

一方、富山県西部地方から福井県嶺北地方にみられる角餅に小松菜やゆずなどを入れたすまし汁、あるいは丸餅に大根やかつお節を入れた味噌仕立ての雑煮は、民俗社会における華やかなハレ食の側面を宗教色や政治性によって抑えた儀礼的側面が強いように思われる。このうち宗教色については、浄土真宗の行事食の影響が、また政治性については、各地の城下町に伝わる武家習俗の事例が参考になる。ただ、北陸地域に広範囲に拡がるシンプルな雑煮の存在を、まず徳川家によって東海地方の雑煮が江戸に持ち込まれ、それが徳川家の儀礼に準じる金沢やその分家の富山や大聖寺、あるいは福井をはじめとする各地の大名家で受け入れられ、時代とともに庶民に普及した結果だと判断するには少し検討が必要であろう。

徳川家が江戸に政権を築きつつあった頃、ジョアン・ロドリゲスは、『日本大文典』（一六〇四年）を著し、そのなかで、

三河から日本の涯にいたるまでの東の地方では、一般に物言ひが荒く、鋭くて、多くの音節を呑み込んで発音しない。又これらの地方の人々相互の間でなければ理解されない、この地方独特で粗野な語が沢山ある。

と、三河以東を東日本方言圏とし、子音を強く発音し母音の無声化がさかんな地域で、中央とは異なる言語圏であるととらえている。(4) つまり、徳川家の基盤であった三河・遠江・駿河などの東海地域は、東の果てにいたる地域と同じ辺境の言語を使用し、中央文化の行き渡らない辺境地域であると考えていたことが推測される。一七世

紀初頭の東海地方をその果てにいたる辺境地域と想定した場合、徳川家が江戸に持ち込んだ雑煮は、中央の影響の少ない辺境の雑煮であった可能性も強く、これに近似する福井県嶺北地方や加賀平野ならびに富山県西部地方にかけて認められるシンプルな雑煮は、文化の辺境性と米を優位とする基盤によって形成された共通のハレ食とも考えられよう。すなわち北陸地方にみられるシンプルな雑煮は、真宗による宗教的側面や武家習俗の一般化というよりも、中央の影響の少なかった北陸の民俗社会で成立した古い雑煮をベースにしているのではないか。つまり「真宗の精進料理の影響」や「江戸の武家風雑煮の普及」といった要因は、古態民俗に正統性をあたえその残存を後押しする働きをしたにすぎないのではないかと考える。

五　方言のバリエーションと地域社会

言語研究は、言語変異を内面から支配している、あるいはそのように規制する力はなにか、を考察し説明するのが目的である。したがって、古い時代に形成された言語形式や現代に残っている珍しいことばをくわしく調べることは一つの手段であって、けっしてそれを目的としているわけではない。地域社会に存在するさまざまな事象がどのような理由によってなされ、その根幹にはなにがあるのか。言語行動を含めた人間行動を規制し、人びとにある行為を迫る決定的要素をつきとめることこそが求められている。

北陸方言は、おおむね富山県・石川県・福井県嶺北地域をその範囲とし、音韻は東日本方言あるいは東北方言の特徴と共通しており、日本語の辺境性を示している。またアクセントからは、福井県嶺北平野部の無アクセントは典型的な辺境性を示すとともに富山県および石川県も垂井式アクセントであって、近畿地方中央部のそれとは大きく異なっていることがわかる。一方、文法は、近畿地方中央部あるいはそれと隣接する地域と共通する運用がなされていて、近畿地方を中心とした周圏分布の周辺的傾向をみせる。

つまり文法のような比較的獲得が容易な事項は、近畿的用法に推移し、その同心円上にあるが、音韻やアクセントといった習得困難な事項は、非近畿的で、近畿を基準にみた場合には辺境的でもある。北陸地方は、早い段階で畿内ヤマト政権の勢力下に入り、ヤマト化の進行した地域と意識されることも多いが、存外、言語ならびに民俗に非近畿的あるいは非ヤマト的要素も多く、なお、広範な調査と詳細な検討による研究の進展が望まれる地域といえるであろう。

今回、北陸地方の雑煮の構成要素のなかから餅の形状、味つけ、具材をもとにその特徴を考えてみたが、北陸地方の雑煮には、非近畿的な「すまし汁」や「小豆汁」「角餅」といった特徴以外にも、魚介類や鶏肉の使用、ゆずやかつおぶしあるいは小松菜だけといった極端に具材の少ない雑煮に、近畿地方との非連続性が認められた。もちろんこのような食文化の一側面をとらえただけでは、研究として完全とはいえないばかりか、文化そのものを分解して部分のみをとりあげたという批判はまぬがれない。総合的な考察への道のりは道なかばで、その成果ははるかな将来にまたねばならない。しかしながら、恩師武田佐知子先生のご退職のお祝いに拙ない私の歩みを捧げることで、今後の発展を誓うものである。

（1）佐伯「とやまの雑煮にしひがし」五頁七～八行による。
（2）「春時」巻之二六、宇佐美英機校訂（二〇〇二）『近世風俗志――守貞謾稿――』四による。
（3）篠田『増訂　米の文化史』一一二頁九行～一一三頁七行による。
（4）ジョアン・ロドリゲス著・土井忠生訳『復刻版 日本大文典』六一二頁一四行～一七行による。

参考文献

宇佐美英機校訂「近世風俗志――守貞謾稿――」四（岩波文庫版、二〇〇一年）

蒲池勢至『真宗民俗の再発見――生活に生きる信仰と行事――』（法蔵館、二〇〇一年）
神崎宣武『「まつり」の食文化』（角川書店、二〇〇五年）
小林一男 他編『聞き書　福井の食事』（日本の食生活全集一八、農山漁村文化協会、一九八七年）
佐伯安一『富山民俗の位相――民家・料理・獅子舞・民具・年中行事・五箇山・その他――』（桂書房、二〇〇一年）
佐伯安一「とやまの雑煮にしひがし」（『富山写真語　万華鏡』一五七（雑煮）ふるさと開発研究所、二〇〇五年）
篠田統『増訂　米の文化史』（社会思想社、一九八二年）
ジャワン・ロドリゲス著・土井忠生訳『復刻版　日本大文典』（三省堂、一九九二年）
杉本節子『感謝の精進料理』（本願寺出版社、二〇一三年）
鈴木晋一〔歴史〕・坪井洋文〔民俗〕「雑煮」（『日本史大事典』四、平凡社、一九九三年）
高谷朝子『宮中賢所物語』（ビジネス社、二〇〇六年）
高山直子「雑煮」（『国史大辞典』八、吉川弘文館、一九七八年）
千葉徳爾『地域と民俗文化』（大明堂、一九七七年）
東條操編『日本方言学』（吉川弘文館、一九五四年）
中井精一・永森理一郎ほか『伝統的「食」の語彙――雑煮　二〇一〇年正月版――』（日本言語文化研究報告八、富山大学人文学部日本語学研究室、二〇一〇年）
永森理一郎「北陸地方の雑煮数量的データを使用した考察」（『東アジア内海の環境と文化』日本海総合研究プロジェクト研究報告五、桂書房、二〇〇九年）
西山郷史『蓮如と真宗行事』（オリエントブックス、木耳社、一九九〇年）
農山漁村文化協会編『聞き書　ふるさとの家庭料理　五　もち　雑煮』（二〇〇二年）
橋本鉄男他編『日本の食生活全集二五　聞き書　滋賀の食事』（農山漁村文化協会、一九九一年）
平山輝男編『現代日本語方言大辞典』一（明治書院、一九九二年）
星永俊他編『聞き書　愛知の食事』（日本の食生活全集二三、農山漁村文化協会、一九八九年）
堀田良他編『聞き書　富山の食事』（日本の食生活全集一六、農山漁村文化協会、一九八九年）

森基子他編『聞き書　岐阜の食事』（日本の食生活全集二一、農山漁村文化協会、一九九〇年）
守田良子他編『聞き書　石川の食事』（日本の食生活全集一七、農山漁村文化協会、一九八八年）
安室知『餅と日本人――「餅正月」と「餅なし正月」の民俗文化論――』（雄山閣、一九九九年）
山口幸洋『日本語東京アクセントの成立』（港の人、二〇〇三年）
横山理雄・藤井建夫編『伝統食品・食文化in金沢――加賀・能登・越中・永平寺――』（幸書房、一九九六年）

リンネの「帝国」と「使徒」の使命――スウェーデンから見たテューンバリ訪日の背景――

古谷大輔

はじめに

近世日本におけるヨーロッパの学知受容の歴史において、長崎出島のオランダ商館医として訪日し、江戸期の日本について博物学的観点から研究を行ったケンペル（Engelbert Kaempfer, 1651-1716）、テューンバリ（Carl Peter Thunberg, 1743-1828）、シーボルト（Philipp Franz Balthasar von Siebold, 1796-1868）の事績は、オランダ東インド会社を介した日欧交流の実態を示す事例としてしばしば言及される。

日本では、彼らは「出島三学者」として顕彰され、とりわけテューンバリとシーボルトについては、彼らのもたらしたヨーロッパの学問に関する情報が、江戸後期における蘭学の発展を刺激したと理解されている。これに対して、ヨーロッパにおける日本学では、これら三者の業績は「開国」以前の極東に位置する未知なる国の子細な情報を伝えたという点で評価されている。ケンペルは一七世紀後半、テューンバリは一八世紀後半、シーボルトは一九世紀前半の日本事情をそれぞれヨーロッパへ伝えた。彼らの記述は、ヨーロッパ諸国との交流がオランダに制限された一七世紀前半から日本が欧米諸国と外交関係を回復する一九世紀後半にいたる時期の日本事情をリレーしながら、つなぎ合わせる意義をもっている。

これら三者のうち、ケンペルについては、徳川綱吉体制の再評価の流れを「他者」の視点から刺激した『日本誌』研究や、『日本誌』付録論文の志筑忠雄（一七六〇～一八〇六）による翻訳から導出されることになった江戸後期における「鎖国」言説の創造に関する研究を通じて、日本史研究の分野でも知られる存在である。(1) シーボルトについては、鳴滝塾や江戸参府における数多くの蘭学者たちとの交際、蛮社の獄に先立つ最初の蘭学者弾圧事件となったシーボルト事件の誘発など、日本史研究のなかでも数多く言及されてきた人物である。ヨーロッパの見地から見ても、啓蒙期に最も読者を獲得したケンペルの日本記述や、生物学・民俗学・地理学などの観点から多数の標本や情報をオランダへ送ったシーボルトの事績は、日本学の発展という見地から重要であることは確かである。(2) しかし近世から近代へいたるヨーロッパ学問の歴史的展開の文脈で名前が言及される機会が最も多く、その業績が評価されてきた人物はケンペルやシーボルトではなく、唯一スウェーデン出身のテューンバリであろう。

テューンバリは八〇〇種以上にも及ぶ日本植物の収集から日本植物相に関する整理分類の基礎を築く一方、梅毒治療の水銀療法について安全性を考慮した処方を蘭方医に伝授したことから、植物学や医学の分野において評価は高い。そうした日本での彼の植物学・医学の業績は、長崎出島においてオランダ通詞として活動し、吉雄流紅毛外科の祖として数多くの蘭方医を育てた吉雄耕牛（一七二四～一八〇〇）や、テューンバリの江戸参府時に彼から語学や医学を学び、『解体新書』の翻訳事業に携わった桂川甫周（一七五一～一八〇九）や中川淳庵（一七三九～八六）ら、蘭学者たちとの親密な交流によって実現されたものだった。それゆえ日本では、テューンバリの事績は一八世紀後半における蘭学勃興を刺激した点で重要だと理解されているものの、ケンペルやシーボルトに比べれば、蘭学史上のひとつのエピソードの域にとどまっているといわざるを得ない。(3)

ヨーロッパにおいて、テューンバリはスウェーデンのウップサーラ大学医学教授はもとより、ウップサーラ大学学長、スウェーデン王立科学アカデミー会長などを歴任した生前の栄達ぶりから見て、ケンペルやシーボルトとは比較にならない高評価を同時代の学界から得ていた。彼の名声の一部は、『日本植物誌』や『日本植物図譜』、『日本動物誌』など、訪日時の調査に基づいてスウェーデン帰国後にまとめられた博物学的研究に基づくことは事実だが、決して「極東の未知なる国」の紹介者としてのみ評価されていた訳ではない。

彼の名声は、「分類学の父」と称されるリンネ（Carl von Linné, 1707–78）の高弟として、リンネが創始した動植物の分類方法をもって世界各地を調査し、その方法を世界に普及することを使命としたリンネの「使徒」の一人であり、リンネの死後も生きた「使徒」として、ウップサーラ大学を拠点にリンネの方法論を後世に伝えたことに由来している。[4] ヨーロッパにおけるテューンバリの評価は、現在にいたるまで影響を持ち続けているリンネ分類学の世界的展開という文脈のなかで理解されているのである。[5]

このような日欧におけるテューンバリ評価の相違を背景に、従来の日本では彼がリンネの高弟であったことが断片的に語られることはあっても、同時代のスウェーデンにおける政治的・文化的文脈に即しつつ、彼の訪日の背景や活動の特徴が語られることはなかった。そもそも「出島三学者」のいずれもがオランダ出身ではないことからみて、江戸後期以降の蘭学の発展を刺激したヨーロッパの学知を理解するには、日蘭の二国間関係に限定された視点を超えて、トランスナショナルな近世ヨーロッパの情況を踏まえる必要があろう。

さらにいえば、長崎出島の植物園跡に現在も残されている顕彰碑のなかで、シーボルト自身がその功績を称えたケンペルとテューンバリは、二人とも若き日にスウェーデンのウップサーラ大学で博物学的素養の研鑽を積んだ。リンネとその「使徒たち」の活動は一八世紀当時に存在が知られていた世界の五大陸を対象としたものだったことから、グローバルな観点から近代を切り拓いた自然認識構築の前史として近年脚光を浴びており、[6] テューンバリに刺激された江戸後期における日本の蘭学勃興も、近代を準備した世界観構築法のグローバルな共有という視点から再解釈されるべきだろう。しかしグローバルな観点を前倒しした検討に集中するだけでは、子細な日本記述を生み出す可能性がヨーロッパの北縁に位置するスウェーデンで育まれたというローカルなコンテクストを浮き彫りにすることは難しい。

そこで本稿は、蘭学発展の歴史における一断章として語られてきたテューンバリの事績をリンネとその「使徒たち」によるグローバルな活動のなかに位置づけつつ、それを生み出した歴史的背景について同時代のスウェーデンのローカルな文脈から明らかにしようとするものである。

なお本稿はタイトルに「リンネの「帝国」」を銘打っているが、この「帝国」は帝国主義概念に基づく意味ではない。ここでの「帝国」は、多様な来歴をもつ複数の地域秩序が普遍的な政体理念のもとで包摂された近世ヨーロッパに一般的な「帝国」のイメージに準えている。第一節で論じるように、リンネが提示した分類の体系は、神の創造物たる自然の体系を理解するために導き出され、「使徒」たちの調査旅行によって蓄積された世界各地の自然資源に関する情報に支えられながら、万物を包摂する機会を得た。本稿は、リンネの提示した自然の体系を普遍的な政体理念、「使徒」たちの集積した世界各地の自然資源の情報を個別の地域秩序に準えながら、「リンネの「帝国」」を謳うものである。

一　「バルト海帝国」の経験——リンネの「帝国」の前提——

(1)「バルト海帝国」に育まれた独特な世界観

リンネと彼の「使徒」たちが活動した一八世紀のスウェーデンは、大北方戦争(一七〇〇〜二一)での敗北の経験から国家再編の時期を迎えていた。スウェーデンにとっての近世は、バルト海域における戦争の経験を通じて形成されたスウェーデン王権を頂点とする広域支配圏の拡張と挫折の歴史だった。一二世紀以来、スウェーデン王はその東に位置するフィンランドを支配し、一六世紀以降はエストニアなどのバルト海東岸部、スコーネなどのスカンディナヴィア半島南端部、ブレーメンや西ポメルンなどの北ドイツの一部を配下に治め、バルト海を内海とするように広域支配圏を形成した。

この広域支配圏にはそれらの地域を包含する統一された法体系や行政制度はなく、中世以来の独自の性格をもったさまざまな政治秩序が同一の為政者を得たという理由によって寄り集まることで、緩やかな政治的複合体を構成していた。それは同一の為政者を組織の頂点に据えているという点で統一されてはいるものの、我々が想起するような政治的一体性を備えた国家と呼べるものではなかった。「本国とその服従地域」という呼称しかなかったこのスウェーデン王による広域支配圏について、二〇世紀以降のスウェーデン史研究者は便宜的に「バルト海帝国」と名付けてきた。(7)

「バルト海帝国」には、ドイツやデンマーク、ノルウェー、バルト海東岸、フィンランドといった地域が含まれた結果、さまざまな地域がモザイク状に寄り合う性格があったが、この広域支配圏を統合する普遍的な秩序理念については、スウェーデン王がローマ皇帝の系譜につながらない以上、ローマの帝権理念とは異なる論理を新たに創造する必要があった。近世スウェーデンはその軍事力をもってバルト海世界に覇を唱え、その支配圏の版図はほぼ福音主義ルター派が信仰されている地域を覆っていた。スウェーデン王は勢力圏に対して軍事的保護を提供することで、その支配権が承認されていた。一七世紀当時の史料のなかに「神の子、スヴェーア」という文言が繰り返されたことに見られるように、スウェーデンは福音主義信仰を共有する複数の地域のなかでも、神に選ばれた特異の存在であることが明確に意識されていた。軍事的保護を提供する神に選ばれたスウェーデンによる広域支配の正統化言説は、ゴート主義と呼ばれる理念に結実していった。(8)

ゴート主義とは、スウェーデンに居住する者が古代ローマ帝国に引導を渡したゴート族の末裔であるという考えである。それは、古来スウェーデン南部に居住していたユータ族（Götar）の存在とゴート（Göter）族が意図的に結びつけられながら、一五世紀以降徐々に構築された。その始まりは、一四三二年に開催されたバーゼル公会議にデンマーク・スウェーデン・ノルウェーの三王国連合の代表として参加したヴェクシュー司教ラグヴァルディ（Nicolaus Ragvaldi, 1380?–1448）が、会議での席次をめぐってみずからの優位をゴート族の末裔であることに結びつけて主張したことに求められる。

一六世紀には、ウップサーラ大司教マグヌス（Johannes Magnus, 1488–1544）は、『ゴートとスウェーデンの全国王の歴史』のなかで、旧約聖書にいうノアの末裔をゴート族ならびにスウェーデンの祖とした。さらに、ゴート族はスカンディナヴィアへ移って王国を建て、この王国を起源とする一部の集団が東欧や南欧などへ移住したことから、ヨーロッパはスウェーデンを起源として形作られたことを主張した。そしてバルト海域に広域支配圏が築かれた一七世紀後半、ウップサーラ大学で医学を講じリンパ系の発見者としても知られているリュードベック（Olof Rudbeck den äldre, 1630–1702）の『アトランティカ』でゴート主義は完成をみた。彼の説では、ゴート族はノアの末裔とされただけではなく、神に選ばれし民の末裔であるゴート族に対して約束された楽園こそが古代ギリシアのプラトンが記したアトランティスであり、それがスウェーデンであるとされた。

マグヌスやリュードベックらのゴート主義の所説に導かれながら、「バルト海帝国」の時代に生きたスウェーデン出身者は、言語・宗教・政治・社会などをめぐるヨーロッパ文明の起源はスウェーデンに帰すると理解するようになっていた。この説を実証する目的にたって、スウェーデン政府は、現在の王立スウェーデン文学・歴史・古物アカデミーの起源にあたる組織として古物顧問会議を一七世紀後半に設置し、ウップサーラ大学で活動する学者などを動員して、スウェーデン内外に残された文献・遺跡の調査を推進した。『日本誌』で知られるケンペルは、一六八一～八三年にかけてウップサーラ大学で研鑽を積んだが、その時の交流記録にはリュードベックらも含まれていることから、ケンペルもまたゴート主義に支えられたスウェーデンに独特な世界把握の雰囲気に触れていたことが想起される。(9)

（2） 継承される独特な世界観

こうした「バルト海帝国」に普遍的な秩序理念を提供したゴート主義をめぐる経験は、リンネの学問形成においても看過できないものである。ウップサーラ大学におけるリンネの直接の指導者は『アトランティカ』を執筆したリュードベックの息子であり、ウップサーラ大学医学教授という父の地位を引き継いだリュードベック（Olof Rudbeck den yngre, 1660-1740）だった。若き日のリンネの研究業績は一七三二年に実施された北極圏に位置するラップランドへの調査旅行から出発するが、ラップランドへの調査自体は師リュードベックがすでにスウェーデン王室の援助を得て一六九五年に実施した方法を踏襲していた。

リュードベックのラップランド調査は北極圏における自然資源の情報を的確に伝えたものの、そもそもこの調査の本来の目的はスウェーデンにおける言語の古代性を実証すべく、北極圏に居住するサーミ人が話す言語と聖書を記したヘブライ語との関係を見出すことに置かれていた。それゆえ、リュードベックの報告は北極圏の自然を記録しただけではなく、サーミ人の言葉に耳を傾けながら、彼らの生活や文化にも触れるものだった。(10)後述するように、ラップランドを嚆矢としてリンネ自身が行ったスウェーデン国内での調査旅行について、彼はそれぞれ旅行記をまとめているが、それらにみられる各地に独特な生活や風俗への観察眼のあり方は、後年のテューンバリを含む「使徒」たちの旅行記執筆のスタイルに継承されていくことになる。

ゴート主義をめぐる経験は未知なる地域への目を育んだだけではない。それは、神が創造した世界と、ゴート主義に従えば神から与えられたスウェーデンという土地に生きる者との関係を考察する機会を与えるものでもあった。たとえば、リンネの著述活動は、天地創造の物語にはじまる神と人間、自然と信仰の関係などについて、彼自身の自然観察に基づく独特な世界観を提示した詩作にも及んでいる。一般的に神、自然、人間の三者間の関係は、啓蒙期のヨーロッパにあってなお科学者や哲学者にとって検討対象であり続けていた。

一八世紀において神、自然、人間の関係を検討する学問は自然神学（Physicotheology）として知られ、リンネはスウェーデンにおける自然神学の代表的な主張者として知られていた[11]。彼は一七三九年に王立科学アカデミーで行った『昆虫の驚異』と題された講演のなかで、神によって創造された驚異として自然を表現している。彼は、自然を調査することが神による天地創造の事績を解明することに結びつくと自覚し、宗教と自然に関する研究が人類にとって必要不可欠であると主張していた。

リンネの論法に従えば、自然の体系に関する研究は、神と天地創造に関する人類の知識を強化するものであり、科学的知見は宗教的現象の理解にも重要であるとされた。たとえば、リンネは「万物の存在目的は何か？」と問いかけ、「神による壮大な計画の一部であること」と答えている。自然を討究する者の任務は、この万物に秘められた神の目的を発見することにあった。

また、リンネは海洋生物の化石が陸上で発見される事実から海面下降と陸上隆起を唱えていたが、これを立証することはノアの洪水伝説以降の世界の成り立ちを解明することにつながると理解していた。リンネの学問的関心は、地球規模で神が創造した壮大な世界を考察することに向けられていたのである。これらの事実を勘案すれば、リンネと「使徒たち」にとっての学問とは、我々が自然科学として理解するものとは本質的に異なるものであり、「神による壮大な天地創造の計画」を理解するためにも、世界規模での探索調査が求められることになったといえよう。

（3）「バルト海帝国」を支えたオランダのネットワーク

リンネの「使徒たち」による世界規模での探索調査を考える際、「バルト海帝国」の経験は、海外諸国とのネットワーク形成という点でも重要だった。一八世紀の半ばから後半にかけて「使徒たち」の探索調査を支援した国家はデンマーク、オランダ、ロシア、イギリス、スペインの五か国に及ぶ。そのなかでもオランダは、一七世紀以来、スウェーデンとの間で密接な経済的・文化的関係をもっていた。鉄や銅などの鉱物を除けば、近世のヨーロッパ市場で交換価値を有する資源をもたなかったスウェーデンは、広域支配圏の拡張と維持に必要だった軍事のための財源をオランダ商人などからの借入金に多々依存した。数多くのオランダ商人がスウェーデンとオランダの間を往来しただけでなく、一七世紀のスウェーデンには造船技師や建築家、画家などとしてオランダ出身者が多く来訪した。こうした密接な両国の関係を背景としながら、一七世紀半ば以降、オランダ東インド会社は数多くのスウェーデン出身者を雇用するようにもなっていた。

そうした経歴をもつスウェーデン出身者としては、一七世紀半ばに長崎出島で第一六代・第二一代の二度にわたりオランダ商館長を務め、その後、鄭成功（一六二四～六二）に敗れるまでオランダ領台湾で最後の行政長官を務めたコイエット（F. Fredrik Coyet, 1615?–1687）が最も知られるところだろう。一七世紀後半には、オランダを出帆した東インド会社船の乗組員の四～八パーセント、延べ人数で換算すれば一〇〇〇人程度がスウェーデン出身者だったとも推定されている。彼らの多くは、バタヴィアを活動拠点として生活していた。オランダ東インド会社に出仕したスウェーデン出身者の多さは、たとえば、一七七〇年代にいたるまでスウェーデン政府が毎年バタビアで死去したスウェーデン出身者の統計を作成していたことからも想像できる[12]。

一七七一年一二月にテューンバリもまたオランダ東インド会社船に外科医の資格で乗船して、南アフリカへ向かった。一般的にいって、オランダ東インド会社に出仕したスウェーデン出身者うち、名前が記録されている者の多くは科学に造詣が深く、外科医や地図作製者のような職責で雇用されていた。(13)こうした経歴をもつスウェーデン出身者の嚆矢となる人物としては、一六七〇年代にバタヴィアのオランダ東インド会社商館で医師として活動し、スウェーデンへ帰国後、東インドの薬用植物に関する書籍を執筆したグリム（Herman Niclas Grim, 1641-1711）が知られている。グリムは、彼が収集した膨大な植物標本をスウェーデン政府の一部局である医学顧問会議へ寄贈しただけではなく、地質学にも強い関心を持ちながらスマトラでは鉱夫としても働き、銀や金をスウェーデンに持ち込んだ。リンネによる博物学の分類体系は植物・動物・鉱物の三相に及び、「使徒たち」の調査対象もそれに準じていたが、グリムの事例は、すでに一七世紀後半には、植物や鉱物の情報がスウェーデン市場を富ませるための有用性という観点から求められたことがわかる。

テューンバリは、『日本植物誌』や『日本動物誌』といった博物学的研究書のほかに、一七七〇～七九年にかけてのオランダ・南アフリカ・日本に及んだ彼自身の旅行記録を『ヨーロッパ・アフリカ・アジア旅行記』として刊行している。こうした旅行記の執筆もまた、一七世紀の「バルト海帝国」の経験に前史をもっている。とりわけ、オランダ東インド会社と日本の関係から見れば、会社員として雇用され日本記述を残したテューンバリの先人として、一七世紀に生きた二人のスウェーデン出身者の業績が知られている。

一人は、ウップサーラ大学で学んだ後に一六四七～五六年にかけてオランダ東インド会社で航海士として雇用されたチューピング（Nils Matsson Kiöping, 1630?-67）である。(14)彼は、オランダのアジア交易の拠点となった地域を訪れた経験をもとに、『日本を含む三度の旅行に関する記録』を刊行した。スウェーデンにとって未知なるアジアの動植物の姿が活写されていたチューピングの旅行記は、一八世紀の半ばにいたるまでに数回再版される程、スウェーデンで人気を博した。

彼の旅行記は若き日のリンネに大きな印象を与え、リンネは後年チューピングの旅行記に記録された情報に依拠しながら人間を分類した。リンネは、現世人類についてはじめてホモ・サピエンスという学名を与えたが、この規定をはじめて掲載した『自然の体系』の第一〇版において、彼はホモ・トログロデュッテス（穴居人）とホモ・カウダトゥス（有尾人）の情報も同時に記載した。これらの野生人や奇形人は、モルッカ諸島やマラッカといった東インドにのみ生活しているとリンネは記しているが、その記述はチューピングの旅行記を資料的根拠としていた。リンネのこうした人間に関する記述は、東南アジアの沿岸部と内陸部に住む人間の身体的特徴の差異に関するヨーロッパ出身者の誤認に基づくことが明らかとされてはいるが、スウェーデン出身者がもたらした情報へのこうしたリンネの信頼からも、一七世紀以降のオランダ東インド会社へのスウェーデン出身者の関与が見て取れる。(15)

テューンバリの日本旅行記は、日本の政治・社会・文化の各側面を詳細に描写する特徴をもつが、こうした観点を有した日本叙述については、スウェーデンではケンペルに先立つ例があった。ヴィルマン（Olof Eriksson Willman, 1620-73）による『東インドと日本への旅行記』である。彼もまたウップサーラ大学で学んだ後、一六四七～五二年にかけてオランダ東インド会社の航海士として雇用され、一六五一～五二年には実際に長崎に来訪した。ストックホルムへの帰還後に執筆された彼の旅行記は、東アジアにおけるオランダの存在によって作り出された政治的・社会的状況にまで焦点を当てている。(16)

リンネの「使徒たち」が残した旅行記については、いずれもが探索地域の文化や社会の状況に貸して豊かな記述をもつ。その直接的な背景については、後述するように、リンネ自身によるスウェーデン探索の記録方法とウップサーラ大学での彼の指導方法に依拠する点が大きいが、スウェーデンにおいては広く人口に膾炙していたヴィルマンやケンペルに見られる日本記述のスタイルが、後年日本への旅行記を執筆したテューンバリにとって模範となったことも念頭に置くべきだろう。

二　「リンネの帝国」の使命——有用性の追求——

（1）国家の再編と学問の目的

大北方戦争敗北後の国家再編をめぐる施策を下支えしたスウェーデンでの学問的議論には、国家再興という目的に有用な経済資源の追求という特徴が見られる。ヨーロッパの社会思想史上、有用性の追求は啓蒙期に発展した経済的議論や科学的議論の根底を支えていたとされるが、この傾向は戦後復興の過程にあったスウェーデンでとりわけ顕著だった。

リンネと彼の「使徒」たちの事績は一般的に植物学を中心に紹介されているが、彼らの事績はそれにとどまらず、その対象は植物、動物、鉱物の三相を対象としている。リンネは、数多くの著作のなかで「どのような利益のために？」と問いかけを発しているように、当時のスウェーデンでは植物や鉱物などへの知見によって新たな資源開発を促進することが期待されていたのである。大北方戦争以後の王国議会を中心とした政治体制のもとでは、国富の源泉をヨーロッパ市場で高い付加価値を認められる商品開発に求め、その生産基盤として国内資源の開発を目指す施策が推進された。これに呼応しながら学術の分野でも、たとえば王立科学アカデミーを中心に国富増加に資する研究が積極的に進められ、リンネやその「使徒たち」の活動も支援された(17)。

リンネのような自然神学の信奉者にとって、有用性の追求は、国家再編に資する社会経済上の問題のみを対象とするものではなかった。自然神学の議論では有用性の追求は宗教的な問題にも関与した。リンネは「自然の経済」という概念を多用したが、ここでいう経済とは神がみずから創造した自然を統御する方法と同義であった。リンネは、神が創りあげた完全無欠な自然統御の原則の解明を目標としながら、一七四九年に公刊した『自然の経済』、一七六〇年に公刊した『自然の政治』などの著作を公にした。そこでは、現実生活に適応されることを最良の結果とみなす学術的発見は、創造主の偉大なる御技の証明とも考えられていた。自然を討究する者の任務は、この万物に秘められた神の目的を発見することにあったが、それは副次的にスウェーデンの社会経済にとって自然がもたらす有用性も明らかにできると考えられていた。リンネにとっての自然神学はキリスト教の世界観を把握する方法であると同時に、スウェーデンの国家再編にとって有用な自然に関する知識を準備するものだった(18)。

（2） リンネの経験と有用性の追求

リンネの研究と有用性の追求との関係を示す業績として、後年の「使徒たち」による世界探索の模範となったリンネ自身によるスウェーデン国内の探索調査とその旅行記について、ここで言及する必要がある。リンネ自身の海外滞在経験は、一七三五年にオランダのハイデルワイク大学で医学博士の学位を取得する目的でスウェーデンを出発し、オランダ・イギリス・フランスを歴訪して一七三八年に帰国するまでの一度しかなく、しかもそれは探索調査とは無縁だった。しかし彼はスウェーデン国内において、一七三二年のラップランド地方を嚆矢として、一七三四年にはスウェーデン中央に位置するダーラナ地方、一七四一年にはバルト海に位置するウーランド島とゴットランド島、一七四六年にはスウェーデン南西に位置するヴェステルユータランド地方、一七四九年にはスカンディナヴィア半島南端に位置するスコーネ地方への調査を実施している。

最初の探索調査は北極圏の資源探索を目的とし、王立科学アカデミーが資金援助することで実現された。北極圏における動植物や地質への綿密な調査だけではなく、旅行記では現地に生きるサーミ人の生活や風俗などについても活写されている。リンネのラップランド調査は有用性の追求という同時代の求めに合致し、国内における彼の名声を高めた。以後の、ダーラナ地方への調査は現地の知事からの、ウーランド島およびゴットランド島、ヴェステルユータランド地方、スコーネ地方への調査は王国議会からの要請に応じて行われた調査であった。

リンネは、ラップランド調査の手法に従って、各地の動植物や鉱物の調査とその地方に独特な環境と生活様態を同時に記録した。その結果、たとえば、ダーラナ地方の場合には、スウェーデン経済を支える鉱物資源として長年重要となった銅などの存在を、ウーランド島およびゴットランド島の場合には、古生物の化石の発見と石灰岩上に築かれた特殊な土地利用のあり方を紹介している。また、ヴェステルユータランド地方の調査ではこの地で発展していた繊維産業のあり方や、スコーネ地方の調査ではスコーネ経済を支える農業のあり方が報告された。(19)

当時の経済政策をめぐる議論のなかで、繊維業の全国的普及は国富増加のための方法として有望視されていた。たとえば、ヴェステルユータランド調査では、伝統的に繊維業が盛んであった現地の紡績・織布・染付の方法が記述され、その方法はのちにスウェーデン各地で実践される契機となった。リンネの調査事業は、それまで全国的に共有されることのなかった各地の産業や植生の情報を集積し、それらの情報をスウェーデン全体で共有することで、スウェーデンの環境に適応した産業の可能性を提示するものだった。大北方戦争以降の有用性追求の目的から各地に特有な環境とそこに育まれる資源、それに対応した産業の様子を記述するうえで、こうした調査事業は重要な役割を果たしていた。後年の「使徒たち」が、世界各地で動物・植物・鉱物の情報や標本を集積するだけでなく、旅行者として現地に生きる人間の様子を旅行記として整理した背景には、スウェーデンの環境に応用可能な資源活用の有無を見出す目的もあった。

(3) リンネが指示した「使徒」の使命

ヴェステルユータランド調査の際に、リンネが、現地の染付で用いられていたキバナモクセイソウのような染料植物が主にフランスから高価で輸入されていたことを指摘している点は、「スウェーデンにとっての有用な植物はなにか？」という観点から見て興味深い。そこで、彼は、かたやスコーネ地方では古来こうした染料植物が自生しているにもかかわらず、高い値段で外国から輸入していることを嘆いている。[20] 彼にとっての有用植物はスウェーデン経済を支える民衆たちに新たな生活の糧を与えるものだけではなく、国富の海外流出を抑制するうえでも国内で栽培、生産できるものであるべきだった。そうした彼の理解は、発疹チフスの治療に必要なニガキ、養蚕業を支える桑、サロン文化の興隆とともに需要の高まった茶など、スウェーデンに自生していない植物の獲得を記した「使徒たち」への指示書にも反映されている。

リンネは、一七六三年に彼の兄弟たちに宛てて書かれた書簡のなかで「私の「使徒」たちを世界の隅々にまでいたるよう私自身が手配している」と記しているように、世界各地への調査に出立する学生たちに、獲得の必要がある文物について指示を与えていた。[21] たとえば、リンネの最初の「使徒」として一七四九年にスウェーデン東インド会社船に乗って中国へ向かったターンシュトゥルム（Christoffer Tärnström, 1711-46）には、出立の際に茶・桑・パトロンであった王女への進物用の金魚など一四点に及ぶ指示書を与えた。[22] ターンシュトゥルムは南ベトナムのコンソン島にて死去したため、リンネはスウェーデン東インド会社船に乗った中国へ向かう旅行者たちにそれらの獲得を指示し続け、ようやく一七五〇～五二年に中国やジャワ島などを調査したオスベック（Pehr Osbeck, 1723-1805）がスウェーデンへ帰還した際に、それらを入手することができた。

一七五四年以降に南アメリカのベネズエラへ調査旅行を実施して名を馳せ、スペイン王立植物園の基礎を築いたことで知られるルーヴリング（Pehr Löfling, 1729-56）が、スペイン王室からイベリア半島の動植物調査の依頼を受けたリンネの指示で一七五一年にスペインに出立する際、リンネから与えられた指示は、四足獣類、鳥類、両生類、魚類、昆虫はもとより、樹木、香草、苔などのサンプル、さらには土壌の種類や植物の栽培方法と現地におけるそれらの使用状況や有用性、それらの現地名などの情報も含め二七点に及んだ。[23] ルーヴリングもまた経済学、地質学、病理学、薬学などへの洞察とそれらの見地に基づく報告を求められ、リンネの待つスウェーデンへ彼は「スペインに存在するあらゆる薬草を含む植物標本」と「スペインの植物相と動物相に関する完璧な目録」と称する調査結果を送った。

後年、フィンランドのオーボ・アカデミー教授としてスウェーデン王国下のフィンランドの博物学を牽引したカルム（Pehr Kalm, 1716–79）が、スウェーデン政府と王立科学アカデミーから北アメリカへの資源調査の要請を受けたリンネの求めに従って一七四七年に北アメリカへ出発した際も、リンネは長大な指示書を作成している。[24]リンネは、このなかでスウェーデンの後援者たちを満足させるために、数多く有用植物を発見することを明確に指示している。リンネが求めた植物の一つは、寒冷な気候でも生育可能な桑だった。「もしスウェーデンの冬に耐えられる桑の種を発見できたとしたら、海外からどれだけの絹をスウェーデンが購入する必要がなくなり、どれだけ多くのスウェーデンの人々が桑を栽培し、絹を生産することで生計を立てられるようになるか想像せよ」と記したリンネの指示書からも、科学的な関心というよりも経済的な関心に基づきつつ、「使徒たち」の調査旅行が企画されていたことが想像できよう。

リンネから文書で指示を受けたもう一人の「使徒」としては、南アメリカのスリナムにあったオランダ植民地へ調査旅行を行ったロランデル（Daniel Rolander, 1722–93）が知られている。ロランデルへの指示書に掲げられた動植物のリストは一〇〇を越え、それぞれそれらの有用性についても説明がなされていた。[25]ロランデルの一七五五〜五六年の調査ではとりわけ数多くの昆虫標本が収集されたことが知られているが、スウェーデンにおける有用性との議論のなかで注目される植物はニガキである。当時数多くのスウェーデン人を死亡させていた発疹チフスを治療できる薬用植物が求められていたが、ニガキはそうした観点から必要とされていた。

リンネ自身から「使徒」と呼ばれ、世界各地を調査旅行した者の数は二十数名に及ぶが、上述したような指示書は、リンネが壮年期をむかえた一七五〇年代に集中する。これに対して、リンネの晩年期になると「使徒たち」への包括的な指示は明らかに減っていった。たとえば、中国や南アフリカに向かったスパルマン（Anders Sparrman, 1748-1820）、中央アフリカのギニアに向かったバリーン（Andreas Berlin, 1746-73）、西アフリカのシェラレオネへ向かったアフセーリウス（Adam Afzelius, 1750-1837）など、一七六〇年代以降に活躍した「使徒たち」はリンネの指示を受けずに調査旅行を行った。現在のリンネ研究の成果によれば、一七六〇年代以降のリンネは、調査旅行においては彼も予測不能な事態が発生するため、「使徒たち」の自発的な判断に任せるようになり指示を減らしたと推測されている。(26)

テューンバリは一七七一～七九年にかけて南アフリカならびに日本への調査旅行を行ったが、この時期は一七七八年に死去したリンネの最晩年にあたる。九年間におよぶ旅行のなかでテューンバリは、現在ウップサーラ大学に保管されているものだけでも二万七八〇〇点に及ぶ植物標本、二万五〇〇〇点に及ぶ昆虫標本を持ち帰っているが、これらはリンネの指示によるものではなく、テューンバリ自身の判断で収集されたものと推測される。

三　持たざる者の苦闘――「使徒たち」の実像――

（1）　曖昧な世界探索の企て

リンネは一七四一年から没する一七七八年までウップサーラ大学で教鞭をとったが、この期間に彼の薫陶を受けた数百人の学生のうち、リンネ自身から「使徒」と呼ばれ、世界各地への調査旅行を委託された者は、二十数名に限られた。その背景には、リンネおよびリンネの生きた時代のスウェーデンが独力で世界各地への探検事業を企画できなかった事情がある。スウェーデン自体、一七三一年に特権商事会社としてユーテボリを拠点にスウェーデン東インド会社を設立したが、そのネットワークは唯一中国との航路に限られ、商船団を形成する船舶数も少数であった。(27)「バルト海帝国」としての覇権が失われたのちのスウェーデンは、広東を除いてはアジアやアメリカに交易拠点を有していなかった。それゆえ、リンネの関心を満足させうる有用性をもった自然資源の情報収集については、アジアやアメリカ、アフリカなどに交易拠点を有する他のヨーロッパ諸国のネットワークに依存せざるを得なかった。

リンネの名声は、スウェーデンにあっては上述した彼自身の調査旅行の実績によって高まり、ヨーロッパにあっては『自然の体系』で披瀝された「性体系」に基づく生物分類方法の衝撃でもって高まっていた。リンネ分類学への信奉者たちは、アムステルダム、マドリード、ロンドン、ベルリン、パリといった学術的関心の高い都市に広まっていた。(28)有用性の追求という思潮は啓蒙期のヨーロッパで一般的であり、各国とも有用な自然資源を求めて探索事業を企画していた。それゆえ、スペイン王室への求めに応じたルーヴリングの推薦やデンマーク王室へのフォッシュスコール（Peter Forsskål, 1732-63）の推薦のように、リンネのもとには彼の方法論を熟知した研究者の照会が相次いだ。スウェーデン東インド会社のもつ限られたネットワークで調査旅行ができたターンシュトゥルムやオスベックを除けば、ほとんどの「使徒」たちの調査旅行は、アメリカやアジアなどにより広範なネットワークを有するデンマーク、オランダ、ロシア、イギリス、スペインなどの協力によって実現されたものだった。

一七八〇年代にラ・ペルーズ（Jean François de Galaup, comte de La Pérouse, 1741-88）によって行われたフランスの太平洋探検や、フォッシュスコールも参加した一七六〇年代のデンマークによるアラブ探検などの綿密な計画をもった他国の調査事業と比較した際、リンネの「使徒」たちによる調査事業が全体として組織化されたイメージをもたいない理由は、他国からの協力要請があった機会に応じて、リンネが「使徒」たちの派遣を個別に決定せざるをえなかったことによる。(29)リンネと彼の「使徒」による世界探索は、リンネ自身の名声を担保として得られた個別の機会をパッチワークのように結び合わせることでようやく実現できたといえるだろう。

（2）「使徒たち」の資質と苦闘

リンネは自身の名声を担保としながら各国から「使徒」たちの後援者を広く獲得したが、それゆえに、調査事業に対する後援者たちへの不安を払拭する意味で、「使徒」たちをウップサーラ大学の学生たちから厳選することに腐心した。ウップサーラ大学でリンネは座学のみではなく、ウップサーラ郊外で積極的に自然資源調査の実習を行った。[30] 一七五二年に王立科学アカデミーへ宛てた書簡のなかで、「星々のなかに見出される彗星のように、教授というものは数多の学生から適切な才能を選び取る力量でもって名をなすものである」とリンネは書き記しているが、ウップサーラでの実習を通じて、彼自身のスウェーデン国内における五度の調査旅行の経験に基づきつつ、調査に必要な観察眼の有無はもとより、強靱な体力とそれに基づきながら自主的に作業を進める力量の有無の点において、学生たちの「使徒」としての資質を見極めていた。[31]「使徒」としての称号は、これらの資質に適う人材にのみ与えられるものだった。

「植物学の世界で最強の人物である」とは、リンネがそれぞれの調査事業の後援者たちを前に「使徒」の称号を得た学生たちを評する際にしばしば用いた言い回しだが、ここでの「最強」とは、博物学的素養はもちろんのこと、過酷な航海や異国の環境に対応可能な肉体を持っているという意味でもあった。テューンバリもまたリンネから「最強」と評された人物である。『江戸参府随行記』の中でも箱根山中での植物収集のくだりは、江戸への道中でテューンバリが唯一見出した植物探索の機会として描かれているが、随伴する日本人の目を盗んで調査ができた理由として「アフリカの山々で鍛えた脚力」が記されているように、テューンバリは壮健な肉体をもっていた。[32]

リンネは後援者たちの求めに応じて「使徒」たちの選定にあたったが、「使徒」たちの調査事業に必要な資金までは工面しなかった。[33] リンネは、王立科学アカデミーやスウェーデン王室、王国議会などから資金援助を受けていた。しかしデンマークの支援を受けたフォッシュスコールやスペインの支援を受けたルーヴリング、ロシア皇室に雇われて南ロシアやシベリアを調査したファルク（Johan Peter Falck, 1732-74）のように、他国の遠征事業に「使徒」たちを派遣する場合には、「使徒」たちが収集した標本を他国から買い取る必要があるため、多額の資金を手元に残しておかねばならなかった。

「使徒」のなかには個人的に調査旅行への出資者を募って、探検に旅立った者さえ存在する。[34] 北アメリカへ向かったカルムは、フィンランドのオーボ控訴裁判所判事を務めていたビールケ男爵（Sten Carl Bielke, 1709-53）をはじめ、知己の同僚や聖職者などに出資を求めた。カルムは北アメリカへ到達した後も現地で支援者を求め、そのなかには、フランクリン（Benjamin Franklin, 1705-90）と並んで高名なアメリカの博物学者バートラム（John Bartram, 1699-1777）も含まれていた。聖書における天地創造の物語を解釈する上で「聖地」における自然環境の情報が必要だというリンネの主張に刺激されたハッセルクウィスト（Fredrik Hasselquist, 1722-52）は、単身中東へ向かったものの、資金難に陥り一七五二年にトルコ西岸のイズミルで没した。彼が極貧のなかで死去したことを知ったリンネは、ハッセルクウィストの収集した資料回収を目的にようやく重い腰を上げ、時のスウェーデン女王ロヴィーサ・ウルリカ（Lovisa Urika, 1720-82）に資金援助を求めた。

「使徒たち」は、彼らの調査に対する謝金報酬をリンネから得ることが一切なかった。それゆえ個人的に後援者を募って資金を調達できない場合には、調査旅行中に何らかの手段で旅費を稼ぐ必要があった。[35] ターンシュトゥルムやオスベック、テューンバリのようにスウェーデン東インド会社やオランダ東インド会社の商船に乗り込んだ「使徒」の場合、彼らは、牧師や医師などとして働くことでようやく旅費に充てられる報酬を得ることができた。

日本においてテューンバリは蘭学者たちにオランダ語やヨーロッパ医学を教授したということで評価されているが、彼にとって、オランダ語や医学の知識は、オランダ東インド会社の被雇用者として生きるために必要とされたものだった。(36) 医学については基礎をウップサーラ大学で学んでいたものの、そもそもテューンバリはパリにおける医学研鑽の最中に学資難に陥り、リンネと交流のあった博物学者ビュルマン（Johannes Burman, 1707-80）の伝手を頼ってオランダへ移っていた。それゆえ、彼はオランダ語の知識をもともと有していた訳ではなかった。その後、ビュルマンがテューンバリの医学や博物学に関する素養を高く評価したことで、日本へ向かうオランダ東インド会社船の医師に推薦されたが、テューンバリがオランダ語を習得したのは、ようやく日本訪問前に滞在した南アフリカのケープ植民地でのことだった。

運良く調査旅行を生き長らえスウェーデンに帰還できた「使徒たち」の多くは極貧だった。「使徒たち」のなかには、調査事業から持ち帰った標本や珍品をみずからの財産と主張することで、リンネとの関係を悪化させた者もいる。(37) たとえば、南アメリカから一七五六年に帰還したロランデルは収集物の扱いをめぐってリンネと対立したため、リンネの論敵であったコペンハーゲン大学教授クラッツェンステイン（Christian Gottlieb Kratzenstein, 1723-95）へ彼が持ち帰った植物の種子を提供してしまった。

本来、世界各地へ調査に赴いた事業の成果は「使徒」たちの業績に帰せられるべきであるが、リンネは、標本はもとより彼らの日記に記載された情報までも、みずからの業績として扱う傾向があった。ロランデルの例は、こうしたリンネの態度に関するひとつの例証である。南アフリカと日本での調査を終えて、一七七九年三月にスウェーデンへ帰還したテューンバリにとって幸いだったのは、そうしたリンネが帰還の前年に死去していたことで、テューンバリ自身が集積した標本や情報をみずからの業績として扱えたことにあっただろう。

おわりに

本稿は、テューンバリの日本における業績の背景にあったリンネの「使徒」としての活動背景を、近世スウェーデンの歴史的文脈において検討した。リンネとその「使徒」たちの活動した時代のスウェーデンには、ゴート主義に裏付けられた独特な世界把握の方法やオランダとの密接な関係など「バルト海帝国」の経験が継承されていた。リンネとその「使徒」たちの世界把握のための観察眼は突如として発現したのではなく、こうしたスウェーデンの経験の上に育まれた。これらの背景をもっていたからこそ、テューンバリがオランダ東インド会社医師として訪日し、日本の自然資源はもとより社会や文化にいたるまで徹底した観察の眼を向けることもできたのである。

リンネにとって見れば、神の創造物たる自然の体系を明らかにすべく動物・植物・鉱物の情報収集も必要だったが、彼らが生きた時代のスウェーデンの観点に立てば、「使徒たち」の調査旅行の目的は、スウェーデンの寒冷な自然環境で栽培可能な有用植物を見出し、高額を要したそれら有用植物の輸入を削減する点に置かれていた。輸入を縮減することでスウェーデン国内の「富」の流出を制限しようとする発想こそが「使徒たち」による探検調査の原動力であり、調査旅行への公私にわたる支援者たちの目的だった。こうした点からリンネはみずからのスウェーデン探索の経験に基づきつつ「使徒たち」を指導し、その薫陶を受けたテューンバリもまた単に日本の自然資源だけでなく、それを活用する日本の社会や文化の様子にまで透徹した観察の眼を向けることができたといえよう。

ただし、こうしたテューンバリの活動を実現させるにはリンネからの資金的援助がなかったため、彼自身がオランダ東インド会社の医師として報酬を稼ぐ必要があった。持たざる者の必要から得られたオランダ語や医学の知識が、極東の日本においては近代を切り拓く蘭学の発展という想定外の結果を生むことになっていったのである。

本稿を閉じるにあたって、テューンバリの業績に刺激されたスウェーデンにおける日本への関心が、後年どのように継承されたかを整理しておこう。(38) テューンバリが日本の自然だけでなく、社会や風俗の様子にいたるまで詳細に伝達した日本の情報は、博物学的関心を越えて一九世紀以降のスウェーデンにおける日本イメージの創造に貢献するものとなっていた。アルムクヴィスト（Carl Jonas Love Almqvist, 1793-1866）やストリンドバリ（Johan August Strindberg, 1849-1912）ら、一九世紀スウェーデンを代表する文学者は、テューンバリの残した情報に依拠しつつ、日本を題材とした文学作品を執筆した。そうした作品から刺激された日本への関心は、大陸ヨーロッパで発生したジャポニスムの影響も相まって、現在ではスウェーデンの国民的画家として知られるラーション（Carl Larsson, 1853-1919）が「画家としての祖国」として日本をあげるなど、一九世紀後半から二〇世紀前半のスウェーデンにおける日本熱を高めた。

スウェーデンにおける日本への関心は、二〇世紀初頭以降、再び経済的観点から高められることにもなった。スウェーデンと日本との外交関係は一八六八年に締結された修好通商条約で開かれたが、しばらくは駐日オランダ大使が日本におけるスウェーデンの外交業務を代行していた。しかし、その関係は日露戦争を契機として改められることになった。一九〇五年にスウェーデン王国議会の外交領事委員会は独自の大使館を東京に設置して、初代の特命全権大使としてワレンバリ（Gustaf Oscar Wallenberg, 1863-1937）を任命することを決定した。

ワレンバリ家は現在にいたるまで数多くの上場企業を有してスウェーデン経済を牽引する一大財閥であり、初代大使ワレンバリは、第二次世界大戦中にハンガリーでユダヤ人救出に尽力したラウル・ワレンバリ（Raoul Gustaf Wallenberg, 1912-47?）の祖父としても知られる。日露戦争の終結した一九〇五年は、スウェーデンにとっては海外貿易に秀でたノルウェーとの同君連合が解体された年であり、スウェーデンは日露戦争の勝利で東アジアにおける政治的プレゼンスが上昇した日本との経済関係の強化を図る目的から、あえてワレンバリ財閥の者を派遣した。ワレンバリは、内陸アジア探検で知られたヘディーン（Sven Anders Hedin, 1865-1952）や地政学の方法をまとめた政治学者チェレーン（Johan Rudolf Kjellén, 1864-1922）などの知識人を日本へ招聘して、日本社会へのスウェーデン紹介を委託した。さらにスウェーデン帰国後の彼らに滞在記の執筆を依頼することで、スウェーデン社会における日本熱を刺激する日本・スウェーデン交流の演出を企図した。

日本との交流が演出され旅行者や研究者の訪日が相次ぎ、日本に関する情報が数多くスウェーデンに伝えられると、日本への好奇心は次第に客観的な日本観察へと変化をみせる。たとえば、大正期に来日した女性旅行家のリンデル（Estrid Linder, 1890-1972）が記した『幸福な旅の十三章』には、関東大震災以前の東京に生きる人々の生活が子細に記録されている。彼女の客観的な日本描写は、のちに太平洋戦争中のアメリカでベネディクト（Ruth Benedict, 1887-1948）が『菊と刀』を執筆する際に素材として利用したほどである。またスウェーデンでは、一八世紀末にアイヌがロシアからスウェーデンへ渡ったという民間伝承があったことからアイヌへの関心も高く、生物学者や言語学者がサハリン、千島列島、北海道を訪れて調査を行ってもいる。

チューピングやヴィルマン、ケンペルらを先駆けとしたスウェーデンにおける日本紹介は生活や文化、政治などを網羅的に扱う傾向があったが、彼らののちに博物学的な観点からテューンバリが伝えた情報は、オリエンタリズム的関心をもった文化人たちの活動を刺激することでスウェーデンにおける日本イメージの「結像」に貢献し、やがてワレンバリが展開した日本外交を契機として、オリエンタリズム的好奇心を越えた客観的な日本観察へと変質していくのである。

（1）ボダルト＝ベイリー『ケンペルと徳川綱吉――ドイツ人医師と将軍との交流――』（中公新書、一九九四年）、ボダルト＝ベイリー『ケンペル――礼節の国に来たりて――』（ミネルヴァ書房、二〇〇九年）、大島明秀『「鎖国」という言説――ケンペル著・志筑忠雄訳『鎖国論』の受容史――』（ミネルヴァ書房、二〇〇九年）など。

（2）大島明秀「ケンペル――体系的な日本像をまとめた旅行研究家――」、沓澤宣賢「シーボルト――西洋医学を日本に伝え、日本情報を西洋にもたらした医師――」（ヴォルフガング・ミヒェル・鳥井裕美子・川嶌眞人共編『九州の蘭学――越境と交流――』思文閣出版、二〇〇九年）。

（3）高橋文「ツュンベリー――至適用量の梅毒水銀処方をもたらした商館医――」（前掲註（2）ミヒェル・鳥井・川嶌編書）。

（4）リンネのカナ表記については、スウェーデン語の発音に依拠すれば「リネー」が適切であるが、本稿では混乱を避ける目的で、これまで日本で慣用的に用いられてきた「リンネ」を用いる。

（5）B. Nordenstam（red.）, *Carl Peter Thunberg :linnean, resenär, naturforskare*（Atlantis, 1993）、西村三郎『リンネとその使徒たち――探検博物学の夜明け――』（朝日選書、一九九七年）、西村三郎『文明のなかの博物学――西欧と日本――』上・下（紀伊國屋書店、一九九九年）、松永俊男『博物学の欲望――リンネと時代精神――』（講談社現代新書、一九九二年）。

（6）近年のスウェーデンにおける新たな研究潮流を代表するリンネ研究として、以下の二点を紹介する。W. Blunt, *Carl von Linné : en biografi*（Albert Bonniers Förlag, 2001）, S. Sörlin & O. Fagerstedt, *Linné och hans apostlar*（Natur och Kultur, 2004）.

（7）古谷大輔「近世スウェーデンにおけるナショーン概念の展開」（近藤和彦編『歴史的ヨーロッパの政治社会』山川出版社、二〇〇八年）。

（8）古谷大輔「「バルト海帝国」とゴート主義」（村井誠人編『スウェーデンを知るための60章』明石書店、二〇〇九年）。

（9）G. Lonieus, "Engelbert Kaempfer och Sverige"（B. Edström & I. Svanberg red., *Fjärrannära : kontakter mellan Sverige och Japan genom tiderna*, Arena, 2001）.

（10）O. Rudbeck d.y., *Iter Lapponicum : skissboken från resan till Lappland 1695*（Coeckelberghs, 1987）.

(11) C. J. Glacken, *Traces on the Rhodian Shore: Nature and Culture in Western Thought From Ancient Times to the End of the Eighteenth Century* (University of California Press, 1967).

(12) C. Skott, "The VOC and Swedish Natural History. The Transmission of Scientific Knowledge in the Eighteenth Century" (H. Siegfried, Jan L. de Jong, E. Kolfin, *The Dutch Trading Companies as Knowledge Networks*, Brill, 2010).

(13) J. T. Arne, "Svenska läkare och fältskärer i holländiska Ostindiska kompaniets tjänst" (*Lychnos*, 1956).

(14) S. Almquist, "Nils Matsson Kiöping och hans mecenat" (*Lychnos,* 1965).

(15) C. Granroth, "Flora's Apostles in the East Indies. Natural history, Carl Linnacus and Swedish travel to Asia in the 18th century", (*Review of Culture*, vol. 21, 2007).

(16) O. E. Willman, *En kort beskrivning på en resa till Ostindien och Japan den en svensk man och skeppskapiten, Olof Eriksson Willman benämnd, gjort haver* (Fisher, 1992).

(17) S. Lindroth, *Svensk lärdomshistoria: Frihetstiden* (Norstedts, 1989).

(18) T. Frängsmyr, "Den gudomliga ekonomin" (*Lychnos*, 1971&1972), S. Sörlin, *Naturkontraktet: Om naturumgängets idéhistoria* (Carlsson, 1991).

(19) *Carl von Linnés Lappländska resa* (Natur och Kultur, 2004), *Carl von Linnés Dalaresa* (Natur och Kultur, 2004), *Carl von Linnés Öländska resa* (Natur och Kultur, 2005), *Carl von Linnés Västgötaresa* (Natur och Kultur, 2005), *Carl von Linnés Skånska resa* (Natur och Kultur, 2005).

(20) 前掲註(19)*Carl von Linnés Västgötaresa.*

(21) "Carl Linnaeus to Samuel Linnaeus, 22 March 1763" (*The Linnaean correspondence*, linnaeus.c18.net, letter L3225).

(22) "Instruktion till Magister Tärnström" (C. von Linné, *Bref och skrifvelser af och till Carl von Linné*, Afd.1, D. 2, Ljus, 1908).

(23) S. Sörlin, "Globalizing Linnaeus :Economic Botany and Travelling Disciples" (*TijdSchrift voor Skandinavistiek*,vol. 29, 2008).

(24) H. O. Juel, "Om Kalms bemödanden att i vårt land införa Nordamerikanska växter" (*Svenska Linnésällskapets årsskrift,*

1930）.

（25）S. Sörlin, "Globalizing Linnaeus :Economic Botany and Travelling Disciples"（*TijdSchrift voor Skandinavistiek*, vol. 29, 2008）.

（26）前掲註（25）Sörlin 論文。

（27）T. Frängsmyr, *Ostindiska kompaniet : människorna, äventyret och den ekonomiska drömmen*（Wahlström & Widstrand, 1976）.

（28）前掲註（5）西村『文明のなかの博物学』（上）。

（29）S. Selander, *Linnélärjungar i främmande länder*（Stockholm, 1960）, S. Sörlin & O. Fagerstedt, *Linné och hans apostlar*（Natur och Kultur, 2004）.

（30）S. Sörlin & O. Fagerstedt, *Linné och hans apostlar*（Natur och Kultur, 2004）.

（31）T. M. Fries, *Linné: Levnadsteckning*, d.2（Fahlcrantz, 1903）.

（32）ツュンベリー『江戸参府随行記』高橋文訳（平凡社東洋文庫、一九九四年）。

（33）前掲註（30）Sörlin & Fagerstedt 書。

（34）前掲註（25）Sörlin 論文。

（35）前掲註（30）Sörlin & Fagerstedt 書。

（36）B. Nordenstam（red.）, *Carl Peter Thunberg :linnean, resenär, naturforskare*（Atlantis, 1993）.

（37）前掲註（25）Sörlin 論文。

（38）B. Edström & I. Svanberg（red.）, *Fjärrannära : kontakter mellan Sverige och Japan genom tiderna*（Arena, 2001）.

あとがき

今、本書の目次を見ながら、感無量である。本書に論文を寄せてくれた三一人の人々は、すべてが私の教え子というわけではなく、さまざまな研究会に集って一緒に勉強した、私の尊敬する先輩研究者であり、同僚や後輩の仲間たちである。分野も日本古代史に限らず、ヨーロッパ史もいれば考古学もあり、文学、民俗学、言語学、民族学、美術史学、女性学と、多岐にわたる。

大阪外国語大学に一九八五年に奉職してはや二九年の月日が過ぎた。私は史学科の教官として籍をおいたのではない。得意な語学を武器に、やがて世界に飛び立っていこうとする学生たちに、彼らが赴いた先の国々の人から尋ねられるのは、日本の文化についてであり、日本の歴史だからという理由で、大阪外大で初めて枠が設けられた日本史の助教授として、私は赴任した。赴任当時は外国語を専攻して学ぶ学生たちに、一般教養としての日本史を教えるのが私の任務だった。

日本史を学ぼうとこころざして外大に入ってくる学生はまずいない。外国語の辞書を片手に、次の時間の授業の予習を兼ねて講義を受けにくる学生たちに、彼らが内職する手を止めて、私の話に耳を傾けてくれるよう、興味の持てる話をと、心がけて授業をしてきたつもりである。私の書いたものについて、皮肉まじりに「よくまあこうも人の気を引ける話を書くものだ」と言われたことがある。もしそうだとすればそれは、三〇年近くやむなく培われてきた、私の哀しいさがかもしれない。ともあれ、必ずしも歴史が好きで、日本史が好きで……というわけではない学生たちを相手に、些かでも興味を持ってもらえるようにと、歴史学の、日本史の、おもしろさを私なりに説いてきたつもりである。一般教養の講義だけでなく、関連科目として、「日本文化史演習」というゼミを持ち、少人数で毎年さまざまな史料をとりあげて、学生たちと議論を重ねることも出来た。

やがて大学改革が行われ、語学専修の地域文化学科と並んで一九九三年に国際文化学科が創設され、言語の学習を通じて地域の思想・歴史・社会を知るというコンセプトの比較文化講座が出来、私はそこへ所属することになった。専攻の学生も集まり、日本史や世界史を学ぶ学生たちに、専攻として卒論指導が出来るようになった。一九九八年には博士課程も設立されて、修士から博士課程へと進む学生も出て来た。

それにしても外大の、語学の得意な学生たちの、思考ののびやかさはどうだ！　歴史に進み、文学に進み、語学研究に進んだにせよ、私はゼミの学生たちの発想の豊かさ、しなやかさにしばしば舌を巻いた。語学の訓練は右脳を鍛えるとされるが、右脳はイメージ力や感覚表現力を養うというのは、誤謬説もあるにせよ語学能力との相関があるのかもと思ってしまう。

さて、こうして学生や院生生活のある時期、私の研究室に集ってくれた学生の刺激を受けつつ、私はいくつかのプロジェクト、科学研究費や学内研究助成、そしてサントリー財団の助成を得て研究会を組織し、この書に集ってくれた多分野の研究者の皆さんと一緒に勉強してきた。そうした仲間たちの共同作業の成果として本書がある。そういう意味で、本書は私を刺激し、成長させてくれた仲間たちとの知の結晶なのだと言えよう。これは私の専門の日本古代史分野の専書ではない。まさに「交錯する知」の集成なのである。

結びにあたり、厳しい出版事情のなか、この論文集の刊行を引きうけ、ご尽力いただいた思文閣出版の原宏一取締役部長と、編集の労を執ってくださった田中峰人氏にあつくお礼を申し上げたい。

武田佐知子

執筆者紹介（収録順）

武田佐知子（たけだ　さちこ）→別掲

矢田尚子（やた　なおこ）
1967年生．東北大学大学院文学研究科博士後期課程修了．盛岡大学文学部日本文学科准教授．
「楚辞「離騒」の「求女」をめぐる一考察」（『日本中国学会報』第57集，2005年），「笑う教示者――楚辞「漁父」の解釈をめぐって――」（『集刊東洋学』第104号，2010年），「唐代における宮女の男装について」（武田佐知子編『着衣する身体と女性の周縁化』思文閣出版，2012年）．

菅谷文則（すがや　ふみのり）
1942年生．北京大学歴史系考古専修過程修了．奈良県立橿原考古学研究所所長．
『北周・田弘墓』（文物出版社，2009年），『三蔵法師が行くシルクロード』（新日本出版社，2013年），「騎馬楽俑考」（『中国考古学』6，2006年）．

堤　一昭（つつみ　かずあき）
1960年生．京都大学大学院文学研究科博士後期課程学修退学．大阪大学大学院文学研究科教授．
「大元ウルス治下江南初期政治史」（『東洋史研究』58-4，2000年），「チンギス・カン画像の“興亡”」（『石濱文庫の学際的研究――大阪の漢学から世界の東洋学へ――』平成23年度大阪大学文学研究科共同研究報告書，2012年），『グローバルヒストリーと帝国』（共著，大阪大学出版会，2013年）．

津田大輔（つだ　だいすけ）
1972年生．甲南大学大学院日本文学研究科修士課程修了．滝川中学校・高等学校教諭．
「平安時代前期服飾復元の可能性」（『古代文化研究』16，2008年），「『西宮記』女装束条について」（『古代文化研究』17，2009年），「組掛――天皇・家元・武家をつなぐ紐――」（武田佐知子編『着衣する身体と女性の周縁化』思文閣出版，2012年）．

伊藤　純（いとう　じゅん）
1956年生．大阪市立大学文学部卒業．大阪歴史博物館学芸員．
『大阪橋ものがたり』（共著，創元社，2010年），「李王家博物館から柳宗悦の民芸運動へ――李王家博物館に学んだ人々――」（『柳宗悦展――暮らしへの眼差し――』ＮＨＫプロモーション，2011年），「法隆寺に関する一史料――中西文庫『斑鳩ミやげ』について――」（『大阪歴史博物館研究紀要』11号，2013年）．

岡美穂子（おか　みほこ）
1974年生．京都大学大学院人間・環境学研究科博士後期課程修了．博士(人間・環境学)．東京大学史料編纂所助教．
『商人と宣教師――南蛮貿易の世界――』（東京大学出版会，2010年），『海域アジア史研究入門』（共著，岩波書店，2008年），『海からみた歴史――シリーズ東アジア海域に漕ぎ出す第１巻』（共著，東京大学出版会，2012年）．

竹居明男（たけい　あきお）
1950年生．同志社大学大学院文学研究科博士後期課程中退．同志社大学文学部教授．
『日本古代仏教の文化史』（吉川弘文館，1998年），『天神信仰編年史料集成――平安時代・鎌倉時代前期篇――』（国書刊行会，2003年），『北野天神縁起を読む』（吉川弘文館，2008年）．

稲城正己（いなぎ　まさみ）
1949年生．大谷大学大学院文学研究科博士後期課程修了．光蓮寺住職．
『〈語る〉蓮如と〈語られた〉蓮如――戦国期真宗の信仰世界――』（人文書院，2001年），「上代写経識語注釈（その十六）大般若波羅蜜多経巻第一百七十六」（『續日本紀研究』第400号，2012年），「『法華験記』の贈与論について」（『日本宗教文化史研究』第17巻第1号，2013年）．

榊原小葉子（さかきばら　さよこ）
1971年生．スタンフォード大学大学院人文科学部歴史学科博士課程修了．スタンフォード大学歴史学科講師．
「古代中世の対外意識と聖徳太子信仰――法隆寺僧顕真の言説の期するもの――」（『日本歴史』617，1999年），「地誌としての寛文刊本『聖徳太子伝記』――近世太子信仰の展開に関する一考察――」（武田佐知子編『太子信仰と天神信仰　信仰と表現の位相』思文閣出版，2010年），"End of a Tradition: Cosmology and Science in Japan's Last Buddhist Map," K. Wigen, F. Sugimoto, and C. Karacas eds., *Cartographic Japan: A Reader*, University of Chicago Press, forthcoming (2014).

高島幸次（たかしま　こうじ）
1949年生．龍谷大学大学院文学研究科修士課程修了．大阪大学コミュニケーションデザインセンター招聘教授，追手門学院大学客員教授．
「大阪天満宮と大将軍信仰――星辰信仰と疱瘡神――」（大阪天満宮史料室編『大阪天満宮史の研究』2，思文閣出版，1993年），「天神祭の成立と発展」（大阪天満宮文化研究所編『天神祭　火と水の都市祭礼』思文閣出版，2001年），「太子信仰と天神信仰――真宗史の視点から―――」（武田佐知子編『太子信仰と天神信仰　信仰の表現と位相』思文閣出版，2010年）．

松浦　清（まつうら　きよし）
1959年生．東北大学大学院文学研究科博士前期課程修了（美学・美術史学専攻）．大阪工業大学工学部総合人間学系教室准教授．
「正面向きで直立する異色の束帯天神像について」（武田佐知子編『太子信仰と天神信仰――信仰と表現の位相――』思文閣出版，2010年），「星曼荼羅の構成原理と成立について」（津田徹英編『仏教美術論集2　図像学Ⅰ――イメージの成立と伝承（密教・垂迹）――』竹林舎，2012年），「「片袖縁起」における時の視覚化について」（関西軍記物語研究会編『軍記物語の窓　第四集』和泉書院，2012年）．

藤田明良（ふじた　あきよし）
1959年生．神戸大学大学院文化学研究科博士課程単位取得退学．天理大学国際学部教授．
『海から見た歴史――東アジア海域に漕ぎ出す1』（共著，東京大学出版会，2013年），「航海神――媽祖を中心とする東北アジアの神々――」（桃木至朗ほか編『海域アジア史研究入門』岩波書店，2008年），「東アジアにおける島嶼と国家――黄海をめぐる海域交流史――」（村井章介ほか編『日本の対外関係四――倭寇と「日本国王」――』吉川弘文館，2010年）．

井本恭子（いもと　やすこ）
1963年生．大阪外国語大学大学院外国語学研究科修士課程修了．大阪大学大学院文学研究科准教授．
共著『ヨーロッパ・ことばと文化：新たな視座から考える』（大阪大学出版会，2013年），「ex voto の謎――セディロの聖コンスタンティヌスに返礼する人びと――」（『AULA NUOVA イタリアの言語と文化』６，2007年），「ローカルなものの様相――オルゴーゾロの事例から――」（『待兼山論叢』46，2012年）．

市　大樹（いち　ひろき）
1971年生．大阪大学大学院文学研究科博士後期課程単位取得退学．大阪大学大学院文学研究科准教授．
『飛鳥藤原木簡の研究』（塙書房，2010年），『すべての道は平城京へ――古代国家の〈支配の道〉――』（吉川弘文館，2011年），『飛鳥の木簡――古代史の新たな解明――』（中央公論新社，2012年）．

井上勝博（いのうえ　かつひろ）
1961年生．神戸大学文化学研究科単位取得退学．武庫川女子大学非常勤講師．
共著『日本史における公と私』（柏書房，1996年），共著『王と公』（柏書房，1998年），「日本古代における「公」と王権」（『日本史研究』440，1999年）．

松下正和（まつした　まさかず）
1971年生．神戸大学大学院文化学研究科単位取得退学．近大姫路大学教育学部こども未来学科講師．
『水損史料を救う　風水害からの歴史資料保全』（編共著，岩田書院，2009年），『新修神戸市史　歴史編Ⅱ古代・中世』（共著，神戸市，2010年），「貞観10年の播磨国大地震」（『いひほ研究』４，2012年）．

高橋明裕（たかはし　あきひろ）
1965年生．立命館大学大学院文学研究科博士後期課程単位取得退学．立命館大学・天理大学非常勤講師．
「古代の猪名地方における猪名部と猪名県」（『地域史研究』29－３，2000年），「氏族伝承と古代王権」（『歴史評論』611，2001年），「高校・大学の歴史教育における地域遺産の活用」（『立命館高等教育研究』）12，2012年）．

坂江　渉（さかえ　わたる）
1959年生．神戸大学大学院文化学研究科単位取得満期退学，博士(文学)．神戸大学大学院人文学研究科地域連携センター研究員．
坂江渉編『風土記からみる古代の播磨』（神戸新聞総合出版センター，2007年），坂江渉編『神戸・阪神間の古代史』（神戸新聞総合出版センター，2011年）．

今津勝紀（いまづ　かつのり）
1963年生．京都大学大学院文学研究科博士後期課程研究指導認定退学．岡山大学大学院社会文化科学研究科教授．
『日本古代の税制と社会』（塙書房，2012年），「日本古代の村落と地域社会」（『考古学研究』50－３，2003年），「古代播磨の『息長』伝承をめぐって」（『日本史研究』500，2004年）．

鈴木則子（すずき　のりこ）
総合研究大学院大学文化科学研究科博士後期課程学位取得修了．奈良女子大学研究院生活環境科学系生活文化学領域教授．

『日本梅毒史の研究　医療・社会・国家』（共編，思文閣出版，2005年），『江戸の流行り病　麻疹騒動はなぜ起こったのか』（吉川弘文館，2012年），「江戸時代の女性美と身体管理」（赤阪俊一・柳谷慶子編『ジェンダー史叢書８　生活と福祉』明石書店，2010年）．

小 橋 玲 治 （こはし　れいじ）
1981年生．大阪大学大学院文学研究科博士後期課程単位取得満期退学．甲南高等学校非常勤講師．
The "Japanized" Translation of *Jane Eyre*（『大阪大学・チュラーロンコーン大学・国際ワークショップ「日本・タイ相互交流の文学研究のために」報告・論文集』2011年），「日本から海を渡った女教師たちとその表象」（『「コンフリクトの人文学国際研究教育拠点」セミナー第２回「世紀転換期の日英における移動と衝突——諜報と教育を中心に——」報告書』2013年），「清子は蒙古正の家庭教師となる——大月隆『臥龍梅』（1906年）に見る女性家庭教師表象の一側面——」（『待兼山論叢文学篇』47，2014年予定）．

平 松 秀 樹 （ひらまつ　ひでき）
1968年生．タイ国チュラーロンコーン大学大学院修士課程修了，大阪大学大学院文学研究科博士後期課程修了．博士（文学）．大阪大学文学部・外国語学部およびチュラーロンコーン大学大学院非常勤講師．
「ククリット・プラモート『シー・ペンディン（王朝四代記）』と"クンラサトリー"——タイ近代女子教育の日本との関わりの考察とともに——」（『待兼山論叢』42，2008年），「東南アジアの日本文学」（日本比較文学会編『越境する言の葉——世界と出会う日本文学——』日本比較文学会学会創立六十周年記念論文集，彩流社，2011年），「［タイ］新しいヒロイン像——日本・韓国表象とともに——」（『地域研究［総特集］混成アジア映画の海』13－２，2013年）．

岡 本 淳 子 （おかもと　じゅんこ）
1961年生．大阪外国語大学大学院言語社会研究科言語社会専攻博士後期課程修了，博士（言語文化学）．大阪大学言語文化研究科助教．
「もうひとつの歴史を叙述するアントニオ・ブエロ・バリエホの戦略：国家のイデオロギーを可視化する『バルミー博士の二つの物語』の多層ナラティブ」（*EXORIENTE* 11，2004年），「アントニオ・ブエロ・バリエホの *El tragaluz* における記憶と歴史」（*HISPÁNICA* 49，2005年），「アントニオ・ブエロ・バリエホの『ラス・メニーナス』におけるベラスケスの絵画」（*Estudios Hispánicos* 37，2013年）．

山 崎 明 子 （やまさき　あきこ）
1967年生．千葉大学大学院社会文化科学研究科博士後期課程修了．奈良女子大学研究院生活環境科学系准教授．
『近代日本の「手芸」とジェンダー』（世織書房，2005年），共著『女性とたばこの文化誌 ジェンダー規範と表象』（世織書房，2011年），共著『ひとはなぜ乳房を求めるのか 危機の時代のジェンダー表象』（青弓社，2011年）．

辻 尾 榮 市 （つじお　えいいち）
1949年生．大阪市立大学大学院文学研究科前期博士課程修了．大阪府立大学大学院人間社会学研究科客員研究員．
『『對馬國卜部亀卜之次第』攷』（地域歴史民俗考古研究所，2010年）「舟・船棺をつかう埋葬法」（『人文学論集』29，2011年），「濱松歌國の『大石摺櫻花短冊』」（『地域学研究』２，2012年）．

辻尾千曉（つじお　ちあき）
1980年生．大阪大学大学院言語社会研究科博士前期課程修了．
「明治初期「買物案内」にみる洋装化と都市（上）」（『郵政考古紀要』47，2009年），「明治初期「買い物案内」にみる洋装化と都市（中）」（『郵政考古紀要』49，2010年），「明治初期「買い物案内」にみる洋装化と都市（下）」（『郵政考古紀要』51，2011年）．

河野未央（こうの　みお）
1976年生．神戸大学大学院文化学研究科修了．博士（学術）．近大姫路大学教育学部助教．
松下正和・河野未央編『水損史料を救う――風水害からの歴史資料保全――』（岩田書院，2009年），「海辺の支配と神戸～尼崎」（辻川敦・大国正美編著『神戸～尼崎海辺の歴史古代から近代まで』神戸新聞総合出版センター，2012年），「近世初期における海上交通役の編成――摂津・和泉・播磨三カ国沿海地域を素材として――」（『ヒストリア』235，2012年）．

中井祥雅（なかい　よしまさ）
1943年生．大阪外国語大学大学院言語社会研究科博士前期課程修了．大阪大学大学院文学研究科・文化形態論博士後期課程．
「ワーズワースとアルピニズムの黎明」（『関西学院大学山岳会会報』，2008年），「信仰登山から近代アルピニズムへの変遷――立山を舞台に――」（修士論文，2010年）．

高嶋朋子（たかしま　ともこ）
1975年生．大阪外国語大学大学院言語社会研究科博士後期課程単位取得退学．東京外国語大学留学生日本語教育センター非常勤講師．
「初等教育における内台共学――「在台内地人」教育からの照射――」（『近代日本と台湾』創成社，2011年），「大島農学校をめぐる人的移動についての試考」（『日本語・日本学研究』３，東京外国語大学国際日本研究センター，2013年），『瀬戸内のシマグチ』（瀬戸内のシマグチ編集委員会，2013年）．

中井精一（なかい　せいいち）
1962年生．大阪外国語大学大学院外国語学研究科修了．博士（文学）（大阪大学）．富山大学人文学部教授．
『社会言語学のしくみ』（研究社，2005年），『都市言語の形成と地域特性』（和泉書院，2012年），『都市と周縁のことば』（共著，和泉書院，2013年）．

古谷大輔（ふるや　だいすけ）
1971年生．東京大学大学院人文社会系研究科博士課程修了．大阪大学大学院言語文化研究科准教授．
『歴史的ヨーロッパの政治社会』（共著，山川出版社，2008年），『スウェーデンを知るための60章』（共著，明石書店，2009年），「バルト海帝国とスコーネの「スウェーデン化」」（『IDUN』vol. 15，2003年）．

◎編者紹介◎

武田佐知子（たけだ　さちこ）

1948年10月２日，東京都生まれ
1971年３月　早稲田大学第一文学部　卒業
1977年３月　早稲田大学大学院文学研究科史学専攻修士課程修了
1985年３月　東京都立大学大学院人文科学研究科史学専攻博士課程修了
同　文学博士
1997年１月　大阪外国語大学教授
2007年10月　大阪大学理事・副学長
2009年10月　大阪大学文学研究科教授，現在に至る
〈専門分野〉
日本史学　服装史　女性史
〈主著〉
『古代国家の形成と衣服制――袴と貫頭衣――』(吉川弘文館，1984年)
『信仰の王権　聖徳太子――太子像をよみとく――』(中公新書，1993年)
『衣服で読み直す日本史――男装と王権――』(朝日選書，1998年)
『娘が語る母の昭和』(朝日選書，2000年)
〈受賞〉
1985年　サントリー学芸賞　思想歴史部門
1995年　濱田青陵賞
2003年　紫綬褒章

交錯《こうさく》する知《ち》――衣装《いしょう》・信仰《しんこう》・女性《じょせい》――

2014(平成26)年３月９日発行

定価：本体12,000円(税別)

編　者　武田佐知子
発行者　田中　大
発行所　株式会社　思文閣出版
〒605－0089　京都市東山区元町355
電話 075－751－1781(代表)

装　幀　上野かおる(鷺草デザイン事務所)
印　刷
製　本　亜細亜印刷株式会社

ISBN978-4-7842-1738-0　C3021

◆既刊図書案内◆

武田佐知子著

古代日本の衣服と交通
装う王権 つなぐ道

国家によって整序された衣服の制度は、その展開される場の存在を前提としている——。衣服が着用される儀礼の空間としての都と地方が、連続した人工的空間としての道路で結ばれていること、その道路の国家と公民における意味、などを考察の対象とした諸論考を冒頭に配し、日本列島の衣服制を見通す。

ISBN978-4-7842-1723-6

▶A5判・416頁／本体6, 800円（税別）

武田佐知子編

着衣する身体と女性の周縁化

着衣という共通の素材を通して、さまざまな社会におけるジェンダーのあり方を考察。グローバルな視点から、衣服と身体の表象について解き明かす論文集。とりあげる素材は、「民族衣装」「魔女」「リカちゃん人形」「マイケル・ジャクソン」など、多岐にわたる一書。

ISBN978-4-7842-1616-1

▶A5判・500頁／本体5, 800円（税別）

武田佐知子編

太子信仰と天神信仰
信仰と表現の位相

時代を超えて、上下を通じた諸階層の篤い崇敬を得てきた、聖徳太子信仰・天神信仰の比較研究。各専門分野の研究者による、両信仰に関わる美術史、文学史、宗教史、芸能史的研究を集成し、時代のニーズとともに変化する信仰の形態や、それに付随するイメージの付与、そして宗派や地域を越えて多面的に利用されるそれぞれの信仰の進化形について明かす。

ISBN978-4-7842-1473-0

▶A5判・352頁／本体6, 500円（税別）

鈴木則子編

歴史における周縁と共生
女性・穢れ・衛生

日本の歴史のなかで女性の周縁化（地位の劣化）が進行していく過程を、その身体に対する認識の歴史的変化に着目しつつ論じる共同研究の成果。仏教と神道等の諸宗教における女性認識の諸相、血穢などに対する地域社会の対応の展開、伝統的医学・近代医学双方からみた病気や女性身体観の変容など多様なテーマをとりあげる。

ISBN978-4-7842-1714-4

▶A5判・368頁／本体6, 800円（税別）

尾形充彦著

正倉院染織品の研究

宮内庁正倉院事務所で研究職技官として、一貫して染織品の整理・調査・研究に従事してきた著者による、35年にわたる研究の成果。正倉院事務所が行った第1次・第2次の古裂調査（昭和28～47年）や、C.I.E.T.A.（国際古代染織学会）の古代織物調査方法に大きな影響を受けて、身につけた調査研究方法により進めてきた正倉院染織品研究の集大成。

ISBN978-4-7842-1707-6

▶B5判・416頁／本体20, 000円（税別）

渡邊誠著

平安時代貿易管理制度史の研究

九世紀以降、日本の対外交易は朝鮮半島・中国大陸から来航する海外の商人（海商）によって担われてきた。彼らの活動を即座に国家権力と対峙させる従来の理解に再考を迫り、海商の貿易活動を国家が管理する「制度」を中心にすえて、その消長を明らかにすることで、新たな貿易史像を呈示する。

ISBN978-4-7842-1612-3

▶A5判・396頁／本体7, 000円（税別）